제6판 머리말

　제6판에서도 지난 한 해 동안 새로이 나온 최고 심급의 판결 및 결정들을 반영하였다. 의사, 의료기관 및 세무사 등 소위 자유업 종사자의 상인성 나아가 그들의 활동에서 발생한 채권에 대해 상법 제64조의 적용가능성을 다룬 판례 (2022다200249; 2021다311111)들이 있었다. 자유업종자(自由業種者; Freiberufler) 의 상인성에 대해서는 독일에서도 논의가 많다. 우리나라에서도 법정책적 측면에서 깊이 있는 논의가 이루어져야 할 것이다. 상법 제42조는 지난해에도 여전히 상법총칙의 여러 조문 중 최고의 인기를 이어가고 있다. 영업양도 당시에는 양수인의 채무인수가 없었음을 알지 못했으나 7개월 후 이를 알게 된 채권자가 양수인에게 상법 제42조 제1항상의 책임을 물은 사안에서 대법원은 채무인수의 부존재에 대한 선의는 영업양도 당시를 기준으로 한다고 판시하면서 원고의 청구를 인용하였다(2021다305659). 지난해에도 상법 제64조(상사시효)를 다룬 판례들이 많았다. 이들은 2021년에 이어 계속 큰 주목을 받고 있다. 세무사의 직무에 관한 채권의 소멸시효기간을 판단함에 있어 민법 제163조 제5호(3년)나 상법 제64조(5년)의 적용을 부정한 후 10년의 민사시효를 인정한 사례(2021다 311111), 주식매수청구권의 행사기간에 대하여 상법 제64조를 유추적용한 사례 (2019다271661), 상인으로 간주되는 공기업(매도인)으로부터 토지를 매수한 후 매도인을 상대로 채무불이행이나 하자담보책임을 원인으로 손해배상을 청구한 사안에서 상법 제64조를 적용한 사례(2017다242232) 등이 그들이다. 그 외에도 유치권의 불가분성에 관한 민법 제321조는 상사유치권에도 적용된다는 판례 (2018다301350), 상법 제56조와 관련하여 민법 제467조 제2항상의 '현 영업소'에는 '채권의 추심관련 업무를 담당하는 영업소'까지 포함될 수 있다는 판례(2021 마6868) 등이 주목할 만하다.

　이번 제6판을 내놓음에 있어서도 여러분들의 도움이 있었다. 법문사 사장님을 비롯하여 언제나 열과 성을 다하시는 편집부 김제원 이사님 그리고 영업부 정해찬 과장님께 감사드린다. 언제나 훌륭한 발표와 토론을 이어가고 있는 고려대학교 일반대학원생들에게도 감사의 인사를 전한다. 눈에 보이지 않는 곳에서 제6판을 준비해주신 모든 분들께 감사드리며 2023년 계묘년(癸卯年) 새해에 독자 여러분의 건강과 행복을 기원합니다.

2023년 1월
김정호

제5판 머리말

제4판이 나온 지 1년 만에 다시 제5판을 내놓게 되었다. 이번 개정에서도 그간 나타난 새로운 판례와 학설들을 반영하였다. 특히 지난 한 해에는 상사시효 관련 대법원 판결들이 눈에 띄게 많았다. 실제로 발생하지 않은 보험사고의 발생을 가장하여 청구·수령된 보험금을 보험회사가 부당이득으로 보아 그 반환을 구하는 경우 상법 제64조를 유추적용한 2018다258074, 피보험자의 과잉입원으로 인한 보험금 반환채권의 시효기간을 산정함에 있어서도 상법 제64조의 유추적용을 긍정하여 이를 5년으로 본 2019다269354, 보험계약이 양속위반으로 무효인 경우 보험회사는 기지급한 보험금의 반환을 청구할 수 있는 바 이 경우 반환청구권의 시효에 대해서도 상법 제64조의 유추적용을 긍정한 2019다277812[전원합의체], 위법배당으로 인한 배당금의 반환청구에 대해서는 상법 제64조의 적용을 부정하고 10년의 민사시효를 인정한 2020다208621 등이 특히 주목을 끈다. 지금까지 일반상사시효에 대해 이미 다수의 판례가 누적되어 온 것은 사실이나 2021년에 나온 위 판례들은 상법 제64조의 적용범위를 한층 선명히 해주었다.

제5판을 내면서도 여러 분들의 도움이 있었다. 법문사 사장님을 비롯하여 언제나 열과 성을 다하시는 편집부 김제원 이사님, 영업부 정해찬 과장님께 감사드린다. 김배정 박사는 이번 학기에도 연구실 조교로서 많은 도움을 주었다. 언제나 날카로운 질문과 적극적인 발표로 뜨거운 열정을 전해주는 고려대 로스쿨 및 일반대학원생들에게 감사드린다. 눈에 보이지 않는 곳에서 제5판을 준비해 주신 모든 분들께 감사드리며 2022년 임인년(壬寅年) 호랑이해에 독자 여러분의 건강과 행복을 기원합니다.

2022년 1월
고려대학교 법학전문대학원 연구실에서
김정호

제4판 머리말

제3판을 낸 지 1년 만에 제4판을 내놓게 되었다. 제4판에서도 그간 나타난 성문법규의 움직임과 판례법의 발전을 반영하였다. 국내에서는 2020년 6월 상호가등기관련 상법개정이 있었다. 상법 제22조의2가 개정되어 유한책임회사 역시 상호가등기의 대상으로 되었다. 주식회사나 유한회사에서만 가능하던 상호가등기 제도가 유한책임회사에도 확장된 것이다.

한편 국외로 눈을 돌려보면 주목할 만한 것은 일본 상법의 변화였다. 특히 본서의 주요 구성부분이라 할 육상운송법 분야에서 획기적인 변화가 있었다. 주요한 것만 추려보면, 첫째 화물상환증제도를 전면 폐지하였고, 둘째 과거에는 우리 법에서처럼 육상운송구간에 속하던 평수구역(平水區域)을 해상운송 영역으로 편입하였고, 셋째 청구원인의 여하를 불문하고 운송인의 책임을 감면하는 다수의 규정들은 불법행위상의 책임에 대해서도 적용가능하게 되었다. 특히 맨 마지막 부분은 1998년의 독일 상법과 유사한 법개정으로 장차 아시안 하이웨이(AH)나 유라시아철도(TSR) 등 북한의 변화에 따라 민감하게 바뀔 수 있는 육상운송환경을 고려할 때 매우 의미 있는 변화이다. 이로써 우리 상법에 가장 큰 영향을 주고 있는 두 대륙법계 국가의 육상운송법이 더욱 가까이 접근하게 되었다. 가히 회사지배구조 못지않은 육상운송법의 국제적 수렴이라 할 만하다. 향후 우리 상법의 개정시 반드시 참조하여야 할 대상이 되었다.

국내외의 성문규정 못지않게 판례법 역시 역동적이었다. 상법 제42조는 지난해에도 상법총칙 중 가장 인기 있는 조문으로서 관련 판례(2019다270217)가 새로이 추가되었다. 나아가 제3판에서 소개하지 못했던 양도금지특약의 효력에 관한 대법원 전원합의체 판결(2016다24284)은 상호계산기간중의 효력을 설명함에 있어 큰 의미를 갖게 될 것이다.

제4판을 출간함에 있어서도 적지 않은 분들의 도움을 받았다. 법문사 사장님을 비롯하여 편집부 김제원 이사님, 영업부 정해찬 과장님께 감사드린다. 중국 변호사 태예영 양은 이번 학기에도 연구실 조교로서 적지 않은 도움을 주었다. 언제나 날카로운 질문과 적극적인 발표로 뜨거운 열정을 전해주는 고려대

로스쿨 및 일반대학원생들에게도 감사의 인사를 전한다. 눈에 보이지 않는 곳에서 제4판을 준비해주신 모든 분들께 감사드리며 2021 신축년(辛丑年) 새해에 독자 여러분의 만복을 기원한다.

2021년 1월

고려대학교 법학전문대학원 연구실에서

김정호

제3판 머리말

제3판에서는 그간 나타난 성문법규의 움직임과 판례법의 발전을 반영하였습니다. 특히 민법상 제한능력자제도가 바뀌면서 상법전에도 변화가 수반되었고 새로운 판례들이 추가되었습니다. 특히 판례법 중에서도 유질약정이 유효하기 위해서는 질권설정계약의 피담보채권이 상행위로 인한 것이면 족하고 질권설정자가 반드시 상인이어야 하는 것은 아니라는 2017다207499, (주)대성홀딩스와 (주)대성지주간 상호사용의 금지청구를 다룬 2013다76635, 영업의 임대차에 대해서는 상법 제42조의 유추적용이 이루어지지 않는다는 2014다9212, 상법 제69조 제1항은 불완전이행으로 인한 손해배상청구에는 적용되지 않는다는 2013다522, 서렌더 선하증권의 효력을 다룬 2016다276719, 상법 제115조상의 사용인 여부를 판단함에 있어서는 그가 채무자에 대하여 종속적 지위에 있는지 독립적 지위에 있는지는 문제시되지 않는다는 2015다246186, 금융리스이용자에 대한 리스업자의 의무를 구체화한 2016다245418 등이 주목할 만합니다. 기타 독일이나 일본 등 대륙법계 국가의 상법총칙 내지 상행위법 분야의 동향을 반영하였습니다.

제3판을 준비함에 있어서도 적지 않은 분들의 도움이 있었습니다. 법문사 사장님을 비롯하여 편집부 김제원 이사님과 영업부 정해찬 과장님께 감사드립니다. 고려대 일반대학원에서 학위취득후 강의와 연구에 매진하고 있는 김배정 박사는 이번 학기 연구조교로서 큰 역할을 하였습니다. 김 박사의 대성을 기원합니다. 수업시간 중 적지 않은 의견제시와 좋은 발표를 해준 고려대 로스쿨생들과 일반대학원생들에게도 감사의 인사를 전합니다. 눈에 보이지 않는 곳에서 제3판을 준비해주신 모든 분들께 감사드리며 2020 경자년(庚子年) 새해에 독자 여러분의 만복을 기원합니다.

2020년 1월 11일
고려대학교 법학전문대학원 연구실에서
김정호

제2판 머리말

초판이 나온 지 6년 반 만에 제2판을 내게 되었습니다. 우선 독자제위께 개정판이 늦어진 점에 대해 송구스러운 마음을 전합니다. 초판이 나온 지 얼마 되지 않아 상법전의 총칙편과 상행위편이 개정되어 2010년부터 시행되었습니다. 그 사이 로스쿨제도의 도입 등 법학교육전반에 걸친 일대 변혁이 있었습니다. 이번 제2판에서는 2010년 및 2011년의 상법개정부분과 2014년 초까지의 판례들을 반영하였고 그 사이 나타난 학설들을 추가하였습니다. 2010년의 상법개정에서는 표현지배인에 관한 상법 제14조의 문언 변경, 상법총칙상 자산평가규정(제31조)의 삭제, 기본적 상행위에 관한 상법 제46조에서 4호, 7호, 9호 및 19호의 개정과 22호의 추가, 대리권의 존속에 관한 상법 제50조의 문언변경, 격지자간의 청약의 구속력에 관한 상법 제52조의 삭제, 상법 제55조와 제56조의 문언조정, 화물상환증의 채권적 효력에 관한 상법 제131조의 개정, 육상운송인의 손해배상책임에 관한 제135조 및 제137조의 문언조정, 공중접객업자의 책임에 관한 제152조의 개정, 기타 리스, 팩터링 및 프랜차이즈 등 신종 상행위의 성문화가 주요한 변화입니다. 2011년의 상법개정은 주로 회사편에서 이루어졌지만 상행위편에서는 합자조합제도(제86조의2 이하)가 신설되었습니다. 훨씬 큰 변화를 보인 부분은 판례법의 발전입니다. 특히 상사시효관련 판례들, 최근의 상사유치권 관련 판례, 영업양도와 관련된 판례, 대리상의 보상청구권의 유추적용 관련 판례 및 준위탁매매인 관련 대법원 판례들은 주목할 만합니다. 기타 육상운송법 역시 아시안 하이웨이 및 철의 실크로드와 관련지어 주목해야 할 영역이 되었습니다.

대학강단에 선 지도 2014년 여름으로 이제 만 25년이 되었습니다. 4반세기가 흘러간 것입니다. 그럼에도 불구하고 책 한 권을 세상에 내놓을 때에는 언제나 두렵기만 합니다. 강호제현의 많은 비판과 채찍질을 달게 기다리겠습니다.

이번 제2판을 출판함에 있어서도 많은 분들의 도움을 받았습니다. 법문사 사장님을 비롯하여 편집부 김용석 과장과 영업부 권혁기 대리의 도움을 받았습니다. 나아가 내용 정리 및 교정 등에 있어 본인의 연구조교인 고명수 군이

많은 노력을 하였습니다. 고 군의 대성을 기원합니다. 눈에 보이지 않는 곳에서
제2판을 준비해주신 모든 분들께 진심으로 머리 숙여 감사드립니다.

2014년 6월
고려대학교 법학전문대학원 연구실에서
김 정 호

머 리 말

　대학강단에 선 지도 18년이 되었다. 지난 강의경험을 토대로 새로이 상법총칙·상행위법을 출간하게 되었다. 내용은 과거 상법강의(상)의 해당 부분을 승계하는 것이 되겠지만 향후 상법의 각 분야를 좀더 깊이 있게 다루는 전문서로 발전시켜 나갈 계획이다. 본서의 영역은 상법전의 총칙과 상행위편 부분이 되겠는데 제법 판례법이 많은 분야이기도 하다. 가능한 한 최근까지의 관련판례들을 모두 반영하고자 하였다. 본서는 상법의 기초개념과 주요 문제점을 전달하는 데 주력하면서도 개개 문제점에 있어서는 학설의 새로운 경향을 동태적으로 반영코자 하였다.

　본서의 출간을 주도하신 법문사 배효선 사장님, 정현성 부장님, 현근택 차장님께 감사드립니다. 특히 필자의 원고를 오랜 기간 전담하면서 편집 및 색인 작성 등 모든 작업을 주도하신 현근택 차장님께 감사드립니다. 나아가 본인의 연구실 조교였고 현재는 사법연수원에서 예비법조인의 길을 걷고 있는 심종혁군과 본인의 석사지도생 강민국군, 그리고 이번 학기 연구실 조교인 석사과정생 정다영양은 교정 외에도 여러 가지로 수고해 주었다. 제군들의 대성을 기원한다.

2008년 2월 25일
고려대학교 법과대학 연구실에서
김 정 호

차 례

제1편 총 칙

제 2 편 상 행 위

제 2 장 상행위 각칙 (324~469)

참고문헌

주요 국내문헌 및 인용약어

강위두   상법총칙·상행위법, 제3전정판, 형설출판사, 2009년.   [강위두]
김성태   상법[총칙·상행위]강론, 제2판, 법문사, 2002년.   [김성태]
김성탁   상법총론[총칙·상행위], 법문사, 2021년.   [김성탁]
김인현   해상법, 제6판, 법문사, 2020년   [김인현]
김홍기   상법강의, 제7판, 박영사, 2022년.   [김홍기]
박상조   상법총론(증보판), 1999년.   [박상조]
박세민   보험법, 제6판, 박영사, 2021년.   [박세민]
손주찬   상법(상), 제15보정판, 박영사, 2004년.   [손주찬]
송옥렬   상법강의, 제12판, 홍문사, 2022년.   [송옥렬]
신현윤(감수)   상법총칙·상행위편 해설, 상법 해설서 시리즈 I,
               - 2010년 개정내용, 법무부, 2010년.   [신현윤]
이기수·최병규   상법총칙·상행위법, 제8판, 박영사, 2016년.   [이·최]
이철송   상법총칙·상행위, 제16판, 박영사, 2022년.   [이철송]
임홍근   상법[총칙·상행위], 법문사, 2001년.   [임홍근]
정동윤   상법(상), 제6판, 법문사, 2012년.   [정동윤]
정찬형   상법강의(상), 제25판, 박영사, 2022년.   [정찬형]
채이식   상법강의(상), 개정판, 박영사, 2006년.   [채이식]
최기원·김동민   상법학신론, 제20판, 박영사, 2014년.   [최·김]
최완진   신상법총론, 한국외국어대학출판부, 2013년.   [최완진]
최준선   상법총칙·상행위법, 제12판, 삼영사, 2021년.   [최준선]

주요 구미(歐美)문헌 및 인용약어

Baumbach/Hopt   Handelsgesetzbuch, 38. Aufl., Beck,
                München, 2018.   [Baumbach/Hopt]
Brox/Henssler   Handelsrecht, 23. Aufl., Beck, München 2020.   [Brox/Henssler]
Canaris   Handelsrecht, 24. Aufl., Beck, München 2006.   [Canaris]
                Vertrauenshaftung im Deutshcen Privatrecht, 1971.
Canaris/Habersack/Schäfer, Staub HGB, Grosskommentar, 1.Band

	Einl. §§ 1-47b, de Gruyter Recht, Berlin, 2009.	[Staub]
Goode	Commercial Law, 6th ed., Penguin, 2020.	[Goode]
Heymann	Handelsgesetzbuch, de Gruyter, Berlin/New York, 1989.	[Heymann]
Hofmann	Handelsrecht, 8. Aufl., 1993.	[Hofmann]
Hopt	Handelsgesetzbuch, 41. Aufl., Beck, München, 2022.	[Hopt]
Hüffer/Koch	Aktiengesetz, 13. Aufl., Beck, München 2018.	[Hüffer/Koch]
Koch	Aktiengesetz, 16. Aufl., Beck, München 2022.	[Koch]
Lettl (Tobias)	Handelsrecht, 4. Aufl., Beck, 2018.	[Lettl]
Medicus/Petersen	Bürgerliches Recht, 27.Aufl., Vahlen, 2019.	[Medicus/Petersen]
Münchener Kommentar zum Handelsgesetzbuch §§ 1-104a,		
	4. Aufl., Beck/Vahlen, München, 2016.	[Münchener Kommentar]
Palandt	Bürgerliches Gesetzbuch, 77. Aufl., Beck, München, 2018.	[Palandt]
Wiedemann	Handelsrecht, PdW, 6. Aufl., Beck, München, 1992.	[Widemann/PdW]
	Gesellschaftsrecht, Bd. 1, Beck, München, 1980.	[Wiedemann I]
	Gesellschaftsrecht, Bd. 2, Beck, München, 2004.	[Wiedemann II]
Wolf/Neuner	Allgemeiner Teil des Bürgerlichen Rechts,	
	11. Aufl., Beck, München, 2016.	[Wolf/Neuner]

주요 일본(日本)문헌 및 인용약어

江頭憲治郎	商取引法, 第9版, 弘文堂, 2022年.	[江頭]
近藤光男	商法總則・商行爲法, 第8版, 有斐閣, 2019年.	[近藤]
落合誠一/大塚龍男/山下友信, 商法 I - 總則・商行爲, 第6版,		
	有斐閣, 2019年.	[落合/大塚/山下]
弥永真生	リーガルマインド 商法総則・商行為法, 第3版,	
	有斐閣, 2019年.	[弥永]
江頭憲治郎・山下友信 編, 商法(總則・商行爲)判例百選, 第5版, 有斐閣, 2008年.		[百選]

법령약어표

상법 ··· 상
상업등기법 ··· 상업등기
민법 ··· 민
어음법 ··· 어
수표법 ··· 수
민사소송법 ··· 민소
형법 ··· 형
비송사건절차법 ··· 비송
특허법 ··· 특허
상표법 ··· 상표

법조문 표기례

상법 제522조 제3항 ···································· 상 522 Ⅲ
상법 제289조 제1항 제4호 ························· 상 289 Ⅰ 4호
상법 제42조 제2항 제1문 ························· 상 42 Ⅱ 1문
비송사건절차법 제150조 제1항 ···················· 비송 150 Ⅰ
민법 제450조 유추 ······························ 민 450 analog

제 1 편

총 칙

제1장 상법 서설

제1절 상법의 개념

I. 형식적 의미의 상법과 실질적 의미의 상법

다른 법역에서와 유사하게 商法(commercial law; Handelsrecht; droit commercial)에서도 형식적 의미의 상법과 실질적 의미의 상법의 구별이 있다.

1. 형식적 의미의 상법

상법은 형식적인 뜻으로 파악하면 '상법'이라 이름붙여진 제정법, 즉 1962년 1월 20일 법률 제1000호로 공포되고 1963년 1월 1일부터 시행된 '상법'이라는 성문법을 의미한다. '상법'은 제1편 총칙($\substack{상 \\ 내지\ 45}$), 제2편 상행위($\substack{상\ 46\ 내지 \\ 168의12}$), 제3편 회사($\substack{상\ 169\ 내지 \\ 637의2}$), 제4편 보험($\substack{상\ 638\ 내지 \\ 739의3}$), 제5편 해상($\substack{상\ 740 \\ 내지\ 895}$), 제6편 항공운송($\substack{상\ 896 \\ 내지\ 935}$)과 부칙으로 구성되어 있다. 이를 형식적 의미의 상법이라 한다.

이러한 형식적 의미의 상법은 그 입법방식에 따라 주관주의(subjektives System), 객관주의(objektives System) 및 절충주의(gemischtes System)로 나누어진다. 주관주의 입법의 대표적 예는 스위스채무법이다. 主觀主義 商法에서는 商人의 개념을 먼저 정하고 그가 하는 행위를 商行爲로 하여 상법의 규율대상으로 삼는다. 반면 客觀主義下에서는 상법의 규율대상이 되는 행위의 외연을 그 행위의 주체와 관련없이 객관적으로 정하는 것이 주관주의와 다르다. 그 대표적 예는 프랑스상법이다. 한편 折衷主義는 이 양자를 말그대로 절충시킨 것으로서 상인의 개념과 상행위의 개념이 상호보완적으로 정해진다. 우리나라나 일본상법이 이에 속한다. 독일상법은 절충주의 상법전이었으나 1998년의 개정에서 주관주의로 선회하였다.

2. 실질적 의미의 상법

(1) 개념정립의 의미

이러한 형식적 의미의 상법, 즉 '상법전(商法典)'이라는 것은 가지고 있는 나라도 있고 없는 나라도 있으며, 상법전이 있는 경우에도 각 나라마다 그 내용이 같다고 할 수 없다. 따라서 상법전의 유무 및 그 내용에 구애됨이 없이 통일적이고 체계적으로 파악될 수 있는 특수한 법역으로서 상법이라는 것이 존재하느냐, 존재한다면 이것은 어떤 내용을 갖는 法域이냐라는 물음이 제기된다. 이렇게 성문화된 상법전의 유무 및 그 내용으로부터 독립되어 상법학의 실질적인 연구대상이 되는 특수법역을 우리는 '실질적 의미의 상법'이라 부른다. 이러한 실질적 의미의 상법이 무엇인지를 밝혀내기 위해서는 상법이라는 특수법역의 형성기반이 되는 생활관계의 특징을 규명하여야 한다. 그리고 이 작업은 민법에 대한 상법의 자주성을 설명하는 데에도 중요한 의미를 갖는다. 민법이나 상법은 모두 사법(私法)에 속한다고 하는데 이 양자간의 관계가 위의 작업을 통하여 밝혀질 수 있기 때문이다.

(2) 상의 개념확장

우선 상법은 그 명칭에서도 알 수 있듯이 "상(商)"에 관한 법이라고 할 수 있다. 그러면 도대체 "상"(Handel)이란 무엇일까? 한자어의 풀이로는 '장사'라는 뜻을 갖지만 본시 "상"이란 경제학적 개념으로서 그 기본적인 내용은 "유형재화(有形財貨)의 전환(轉換)을 매개(媒介)하는 것"이라 할 수 있겠다.[1] 경제가 유치한 단계에 있을 때에는 "상"의 개념은 이와 같이 '재화이전(財貨移轉)의 媒介'라는 단계에 머물렀고 우리는 이를 고유한 의미의 상이라 부른다. 중세의 교회법이나 1212년의 이탈리아 팔마(Palma)의 商人條例는 모두 고유한 의미의 상을 그 규율대상으로 하였다.

그러나 경제가 발전함에 따라 상의 개념은 점점 확대된다. 그리하여 고유한 의미의 상과 직접, 간접으로 관련을 맺으면서 이를 보조하는 영업, 예컨대 중개업, 운송업, 창고업, 은행업, 위탁매매업, 대리상 등도 하나의 독립된 영업으로 발전하게 되었고 이들도 상의 개념 속에 포섭되게 되었다. 이와 같이 고유한

---

1) '상(商)'이란 한자어는 등짐을 지고 이 장 저 장을 떠돌던 사람의 뒷모습에서 유래한다.

의미의 상을 넘어서서 이와 직간접으로 관련을 맺는 보조영업까지 포함시킨
광의의 상을 경제적 의미의 상이라 한다. 그리하여 1807년의 프랑스상법전(code
de commerce)은 이러한 경제적 의미의 商뿐만 아니라 이와 관련이 없는 촬영업
과 같은 것도 商行爲(acte de commerce)에 포함시켜 그 규율대상으로 삼게 되
었다.

한편 1897년의 독일 신상법(Handelsgesetzbuch)이나 1911년의 스위스채무법
(Schweizerisches Obligationenrecht)은 주관주의 내지 절충주의의 입법을 취하여
상인(Kaufmann)의 개념을 먼저 정립해 놓고 그 상인이 영업으로 하는 행위나
영업을 위하여 하는 행위는 모두 상법전의 적용대상이 되게 함으로써 "상"의
개념은 더욱 넓어졌다고 할 수 있다. 우리는 이를 **법률적 의미의 상**이라 부른다.

(3) 실질적 의미의 상법

이와 같이 법률적 의미의 상의 범주는 크게 확대되었으므로 이와 관련된 생
활관계를 대상으로 하는 법규들을 상법으로 통일시키기 위한 노력에서 다음과
같은 학설들이 주장되었다.

(가) 매개행위설(1875년) Goldschmidt는 상법의 대상이 되는 생활관계에
공통되는 기본적 특징을 매개행위에서 찾으면서 생산자로부터 소비자에게로
상품유통을 매개하는 모든 활동을 상법의 규율대상으로 보았다. 그러나 이에
의하면 매개행위와 관련되지 않는 원시생산업자의 매매행위나 출판, 인쇄, 촬
영 등의 영업부문은 상법의 적용대상으로 설명하기 힘들다.

(나) 집단거래설(1902년) Heck에 의하면 상법은 '법률행위에 의한 집단영
업거래에 관한 법'(Recht des rechtsgeschäftlichen Massenbetriebs)이라고 한다.[2]
그러나 거래의 집단성이라는 것이 상법에만 나타나는 것은 아니므로 이것만으
로 상법의 대상을 만족스럽게 설명할 수 없다.

(다) 역사적 관련설(1903년) Lastig에 의하면 오늘날 법률상의 상은 "상품
유통의 매개와 관계가 있거나 이로부터 전문화하였거나 분화된 형태로 발전된
영업활동의 총체"를 뜻한다고 한다. 그러나 현재 상법의 규율대상이 되고 있는
모든 영업활동이 재화이전의 매개에서 분화하였다고 단정할 수 없으므로 이
학설도 통일적인 "상"의 설명에는 한계가 있다.

---

2) AcP 92(1902), 456.

(라) 법률제도의 집합체설(1921년)   Lehmann은 상법의 대상을 "법률적 의미의 상을 위하여 필요하고 유익한 각종의 법률제도와 법률규정의 집합체"로 보았다. 그러나 이 학설은 실질적 의미의 상이 무엇이냐에 대해서 직접적인 개념정립을 시도하였다고 보기 어렵다.

(마) 기업법설(1921년)   Wieland는 경제학에서 형성된 기업이라는 개념을 중심으로 실질적 의미의 상법을 설명한다. 그리하여 상법은 기업생활의 특수한 수요에 응하기 위하여 형성된 기업에 관한 법이라고 한다. 이 학설은 상법의 대상인 생활관계를 비교적 내용면에서 통일적으로 파악하는 데 성공한 학설이라고 할 수 있다. 이 설은 일본이나 우리나라에서도 거의 통설적 지위를 누리고 있다.[3]

(바) 상적 색채설(商的 色彩說)(1938년)   일본의 다나카(田中耕太郎)는 상법을 상적 색채를 띤 거래법으로 명명하면서 일반 사법상의 법률관계가 무색(無色)임에 반하여 상법상의 법률관계는 색채가 있는데 이 색채는 투기매매에서 연유되는 것으로서 영리성, 집단성, 개성상실성 등으로 설명된다고 한다.[4] 이 입장은 Heck의 집단거래설의 연장선상에서 파악할 수 있으나 상법적 생활관계의 외부적 특징만을 파악하는 데 그친 감이 있다.

(사) 대상추구포기설(1958년)   J. v. Gierke는 오늘날 확대된 법률상의 상의 범위를 하나의 단일개념으로 설명하려는 시도 자체가 불필요한 낭비이며 모든 설은 불투명하다고 비판한다.

(아) 상인법설   이 학설은 상법을 상인법(Kaufmannsrecht)으로 이해한다. 상법의 중심개념은 상인(Kaufmann)이며 상법의 제규정은 상인의 법률관계에 대한 규율을 목적으로 하므로 상법은 상인에 관한 법이라 한다. 1998년 독일상법이 개정되기 전까지의 독일 통설이다. 국내에서도 일부 학자의 지지를 얻고 있다.[5]

상기의 여러 학설 중 현재 의미를 갖는 것은 기업법설과 상인법설뿐이다. 여타의 학설은 역사의 지평으로 사라졌고 현재 이 두 학설만이 국내외적으로 의미를 갖는다. 상인법설은 1998년의 독일상법개정 이전에는 독일의 압도적 다

---

3) (일본통설) 落合/大塚/山下, 6頁; 近藤, 5頁; 弥永, 1頁;(우리나라 통설) 송옥렬, 4면; 정동윤, 8면; 정찬형, 7-11면; 이철송, 7면; 김홍기, 4면; 최준선, 32면; 최완진, 7면.

4) 田中耕太郎, 改正商法總則槪論(1938), 7, 35, 43면 이하.

5) 이기수, 고려대 법학논총, 제23집(1985), 189, 190면.

수설이었다. 국내에서는 이와 반대로 기업법설이 그러하였다. 그러나 독일의 상인법설은 조심스럽게 다룰 필요가 있다. 독일에서 상법(Handelsrecht)이라는 용어를 사용함에는 광의 및 협의의 두 가지 용례가 있다. 협의의 상법은 상법 총칙과 상행위법만을 지칭한다. 이 부분만을 상법이라 부른다. 그러나 광의의 상법(Handelsrecht im weitesten Sinne)에는 상법총칙, 상행위법뿐만 아니라 회사 법, 어음·수표를 비롯한 유가증권법, 보험법, 해상법, 은행법, 증권거래법 등 넓은 범위에 걸친다. 상법을 상인법으로 보는 경우 많은 독일학자들은 이 때 협의의 상법을 지칭하고 있다.[6] 광의의 상법에 속하기는 하지만 협의의 상법에 는 속하지 않는 어음법이나 수표법의 경우 상인자격(Kaufmannseigenschaft)을 그 적용전제로 하지 않는다. 따라서 독일에서의 상인법설은 필자의 주관으로는 협의의 상법만을 그 대상으로 하고 있다고 본다. 이에 반하여 우리나라에서는 광의의 상법을 대상으로 기업법설이 통설적 지위를 누리고 있다. 따라서 협의 의 상법과 광의의 상법의 차이를 인식하면서 양학설의 내용을 비교법적으로 접근하는 것이 바람직할 것이다.

상인법설은 상인개념을 실질적 의미의 상법의 중심개념으로 삼아야 한다고 주장한다. 그러나 독일에서도 Karsten Schmidt 같은 학자는 상법을 기업의 외 부사법(Außenprivatrecht des Unternehmensrechts)으로 보아야 한다고 주장하면 서 상인법설에 반대하였다. 한편 독일에서는 오랫동안 논란이 되어 오던 상인 개념이 1998년의 개정으로 대폭 손질되었다. 개정 전에는 상인법설에 따라 설 명하는 것이 무리가 없었을지라도 개정된 독일상법상으로는 기업법설이 더 타 당하지 않을까 생각된다. 개정된 독일상법은 당연상인, 의제상인, 소상인의 구 별을 없앴다. 즉 기본적 상행위니 준상행위니 하는 구별이 없어졌고, 무엇을 하 건 그것을 영업으로만 하면 상인이 되는 것이다. 이렇게 영업의 개념이 상인개 념의 중심이 되었으므로 상법을 기업의 외부사법으로 주장해 오던 K. Schmidt 의 손을 들어준 셈이다. 더구나 우리나라에서처럼 상법을 광의의 개념으로 이 해한다면 기업법설에 따라 상법을 '기업에 관한 법' 또는 '기업생활관계에 관한 법'으로 이해하는 것이 타당할 것이다.

---

6) Canaris, Handelsrecht, 24. Aufl., S. 3.

II. 상법과 타법과의 관계

상법의 개념을 좀더 구체화시키기 위하여 상법과 여타 法域間의 관계를 알아볼 필요가 있다.

1. 상법과 민법의 관계

(1) 특별사법으로서의 상법

商法과 民法간의 관계는 한 마디로 일반법과 특별법으로 설명할 수 있을 것이다.

상법도 사법의 일부를 형성하므로 민법은 일반사법이요, 상법은 특별사법(Sonderprivatrecht)이 된다. 물론 형식적 의미의 상법인 商法典에는 공법적 색채를 띤 규정들도 있다. 예컨대 상업등기($\frac{상법}{이하}^{34}$)나 상업장부($\frac{상법}{이하}^{29}$)에 관한 규정들이 그것이다. 그렇다고 상법이 공법이 되는 것은 아니다. 이러한 제도들은 상인이라는 개념에 바탕을 둔 합목적적 입법의 소산이다.

상법과 민법간의 관계는 상법 제1조에 성문화되어 있다. "商事에 관하여 본법에 규정이 없으면 商慣習法에 의하고 상관습법이 없으면 民法의 규정에 의한다"고 하여 특별사법인 상법이 일반 민법에 우선함을 천명함과 동시에 성문법과 관습법간의 관계에 대해서는 민법 제1조에서와 같이 성문법우선주의를 취하여 상법전상의 성문법규가 상관습법에 우선함을 밝히고 있다.

상법의 규정들은 민법에 대한 관계에서 크게 다음과 같은 세 가지 유형으로 특별법화되어 있다. 첫째는 일반 민법에 대한 보충 변경이다. 예컨대 상사채권의 시효를 5년으로 단축한 것 등이다. 둘째 민법의 일반제도를 특수화하고 있다. 가령 상업사용인, 대리상, 중개업, 위탁매매업, 운송업, 창고업에 관한 상법의 규정들은 민법전상의 대리, 위임, 도급, 고용, 임치 등의 제도를 특수화한 것이다. 또한 상법상의 회사제도 역시 민법상의 조합이나 법인제도를 수정한 특수형태로 볼 수 있다. 셋째 일반 민법에 없는 특수제도를 마련하고 있다. 상업등기, 상호, 상업장부, 상호계산, 공동해손, 보험 등이 그 예이다.

이제는 상법의 특칙성을 민법총칙, 물권법, 채권법의 순서로 그 주요 예들을 정리해보자. 우선 총칙 부분에 대한 특칙을 추려보면 상법은 기업활동의 특수성을 고려하여 개별적이고 구체적인 민법의 대리제도를 수정한 특칙을 두고 있다($\frac{상}{48.50등}$). 민법상의 대리는 현명주의(顯名主義)가 원칙이나 상행위의 대리에는 현명주의를 포기하여 상거래의 간이신속성을 반영하는 동시에 거래의 안전을 꾀하고 있다($\frac{상}{48}$). 나아가 본인의 사망을 대리권 소멸사유($\frac{민}{127}$)에서 제외하여 상거래의 개성상실성 및 기업유지의 이념을 반영하였으며($\frac{상}{50}$), 상업사용인의 대리권은 포괄정형적 성격을 갖게 하였다($\frac{상}{15}$). 상업사용인의 대리행위도 임의대리의 성격을 띠나 대리권 수여의 주체가 상인이므로 그 대리권은 포괄정형적으로 법정하여 사적자치를 제한하고 있다. 이는 특히 거래상대방의 보호를 꾀하기 위함이다. 나아가 민법상 채권의 소멸시효는 10년이나($\frac{민}{162}$), 상행위로 인한 채권의 소멸시효는 5년으로 하고 있다($\frac{상}{64}$).

다음 물권법상의 특칙들을 보자. 첫째 일반 민법상의 유치권에서는 그 성립요건으로 피담보채권과 유치목적물간의 개별적 견련성이 요구됨에 반하여 상사유치권에서는 이러한 견련성이 요구되지 않는다($\frac{상}{58}$). 나아가 특별 상사유치권에 관한 특칙들이 있다($\frac{상}{147.807등}$). 둘째 질권설정시 나타나는 유질계약금지의 원칙($\frac{민}{339}$)은 상행위로 인한 채권에는 적용되지 않는다($\frac{상}{59}$).

끝으로 채권법상의 예들을 보자. 첫째 계약성립과 관련하여 상법은 상인이 상시거래관계가 있는 자로부터 그 영업부류에 속하는 계약의 청약을 받은 때에는 지체없이 낙부통지를 하게 하고 있다($\frac{상}{53}$). 둘째 민법상의 위임에서는 무상이 원칙이나 상법은 상인이 그 영업범위 내에서 타인을 위하여 행위를 한 때에는 이에 대해서 상당한 보수를 청구하게 하고 있다($\frac{상}{61}$). 셋째 민법상의 법정이율은 5%이지만 상행위로 인한 채무의 법정이율은 연 6%로 하였다($\frac{상}{54}$). 넷째 민법상의 보증인은 연대보증이 아닌 한 최고검색의 항변을 할 수 있으나 ($\frac{민}{437}$), 상사보증인은 이를 누리지 못한다($\frac{상}{57}$). 다섯째 상인간의 매매에 있어서는 하자의 조사통지의무를 규정하고 있고($\frac{상}{69}$), 定期行爲時에는 계약해제의 의사표시가 없는 경우에도 해제의 효과를 의제시키고 있다($\frac{상}{68}$).

(2) 민상이법통일론(民商二法統一論)

이처럼 상법은 기업생활관계를 위한 특별사법의 지위를 가지나 상법을 민법에서 독립시켜 별도의 법전을 만드는 등 二法化할 필요가 있느냐라는 의문을 제기하며 양자를 하나의 법체계로 통일시켜야 한다는 주장이 오래 전부터 있어 왔다. 이를 민상이법통일론이라 한다. 이러한 논의는 프랑스에서 1804년에 민법이 제정된 데 이어 1807년 상법이 제정되어 중세기에 상인의 계급법이었던 상법이 商事의 개념을 매개로 널리 일반인에게도 적용된 데서 발단되었다. 상법상의 여러 제도는 민법의 일반원칙에 바탕을 두고 있고 私人의 경제생활을 民商 양법이 교차 지배하므로 양법의 적용한계가 불분명한 경우 일반인은 뜻하지 않게 불리한 지위에 놓일 수 있다. 이러한 것들을 논거로 들며 1847년 이탈리아의 몬타넬리가 또 그 뒤를 이어 1888년에는 비반테가 民商二法統一論을 주장하였고 이 이론의 취지에 따라 1911년의 스위스채무법, 1929년의 중화민국민법, 1942년의 이탈리아민법 등이 民商法을 단일법전화하였다.

민상이법통일론의 주장과 이에 대한 반론을 살펴보고 이들을 비판해보자. 우선 統一論은 상법이 중세기에는 신분관계에서 연유되어진 계급법으로 존재하였으나 오늘날에는 상법상의 諸制度가 일반법화하였으므로 상법을 계속 독립시키는 것은 상법을 계급법 내지 신분법으로 보던 과거의 고정관념의 산물일 뿐이라고 주장한다. 나아가 상법은 연혁적으로 그 편찬단계에서 대상인(大商人)의 영향 아래 그들의 이익보호를 위하여 만들어졌으므로 일반인의 이익이 상인의 이익을 위하여 희생될 수 있으며, 양법 구분을 위한 학리적 기준이 명확하지 않고, 법률상의 商 및 商人의 개념이 불확정적이어서 법률생활의 불안을 야기시킬 수 있다고 한다. 끝으로 통일론은 양법의 병존은 하나의 사법체계를 양분하여 개별적으로 연구하게 함으로써 사법이론의 통일적 발전을 저해한다고 한다.

이러한 통일론의 주장에 대해서는 다음과 같은 분리론의 반박이 있다. 우선 分離論은 상법이 상인의 계급법에서 유래한 것은 사실이지만 私人에게 적용될 법이 반드시 일원화되어야 할 필요는 없다고 비판한다. 나아가 상법이 大商人의 이익을 옹호한다 할지라도 그 입법과정상의 불공평을 공평한 방향으로 개정하는 것이 설득력있는 주장이지 이로써 상법의 자주성을 부인한다는 것은 타당하지 않다고 주장한다. 또한 양법을 구분할 학리상의 근거가 박약하다는 주장도 상법 중 상행위통칙에서 발견되는 소수의 규정들, 예컨대 상사법정이율, 상사시효 및 계약의 성립시기 등을 지목한 것에 불과한 것이며 그나마도 입법기술상의 문제요, 이것이 통일론의 정당한 근거가 될 수는 없다고 지적한다. 끝으로 양법의 구분이 사법이론의 통일적 발전을 저해한다는 주장에 대하여도 법률체계는 생활현상의 실상에 순응해야 하기 때문에 단순한 외형적 유사성을 들어 그 구조나 정신이 전혀 다른 생활현상을 동일한 개념 속에 억지로 포섭하려 함은 무리라고 비판한다.

생각건대 민상이법통일론의 주장도 전혀 근거가 없는 것은 아니다. 사법의 세계를 굳이 민법과 상법으로 양분하여야 한다는 필연성도 없다. 나아가 영미법에서도 일반사법(civil law)과 상법(commercial law)의 공식적 구별은 존재하지 않는다.[7] 그러나 이러한 사실들도 위에서 살펴본 분리론의 비판을 뒤집지는 못할 것이다. 나아가 통일론자였던 비반테마저도 자신의 주장을 포기하였으며 비록 통일론에 입각한 몇몇 법전이 있기는 하나 오늘날 兩法 分離論이 지배적인 경향이다. 단지 분리론을 취한다 할지라도 상법전을 반드시 상사에 관한 모든 법규를 포함하는 방대한 단일법전으로 만들어야 할 필연성은 없다. 방대한 단일법전은 법개정상의 기술적 어려움으로 급속히 변모하는 경제동향에 민감하게 대응할 수 없기 때문이다. 따라서 그 개정의 편의와 국제적 통일의 견지에서 특히 경제의 동적 변화에 민감한 영역은 단행법으로 독립시키는 것이 바람직할 것이다. 그 좋은 예가 제네바통일어음법 및 수표법이다. 상법전의 방대한 울타리를 벗어나 단행법으로 국제적 통일을 이루었다. 나아가 독일상법전도 주식회사에 관한 규정 및 보험 부분을 각각 주식법(AktG) 내지 보험계약법(VVG)으로 독립시켜 상법전(HGB)에는 상법총칙, 상행위, 인적 회사법 및 해상편만이 잔존하고 있다.

(3) 민법의 상화와 상법의 자주성

민법의 商化라 함은 상법에서 승인되거나 형성된 사실 또는 법규가 민법에 의해서 수용되는 현상을 말한다. 예컨대 법률행위의 방식의 자유라든지, 법률행위의 해석에 있어서 당사자의 의사와 거래의 관행을 참작한다든지 또는 손해를 배상함에 있어서는 실손해액 이외에 이행이익 또는 신뢰이익을 포함시킨다든지 하는 현상들은 원래 상법에서 통용되던 법원칙들이었으나 근대사법의 발전과정에서 민법의 일반원칙으로 수용되었다고 한다. 민법이 商化하는 현상은 양법이 그 규율대상으로 하는 생활관계의 관련성에서 나타난다. 양법은 경제생활 및 거래관계를 규율한다는 점에서 동일하다. 나아가 중세의 상인법(Lex Mercatoria)이 상인의 신분법으로부터 만민법으로 변모하면서 일반인도 상인의

---

7) Goode, Commercial Law, 5th ed., Penguin Books, p. 157.

경제정신과 생활태도를 배우게 되었고 이에 따라 상법의 진보적 원리는 일반 민법에 영향을 미치게 된 것이다.

그러나 이렇게 민법이 商化한다 할지라도 상법의 자주성이 침해되지는 않는다. 왜냐하면 민법의 상화에도 그 성질상 한계가 있기 때문이다. 우선 민법의 신분법은 상화될 수 없고, 재산법 부분에서도 상법이 예정하는 대량적, 반복적, 조직적, 집단적 거래와 개별적, 소량적, 일회적 거래간에는 지워질 수 없는 차이가 있기 때문이다. 또 한편 상법은 부단히 발전하는 상거래에 힘입어 끝없이 새로운 규범을 만들어가고 있으며 민법이 상화하는 속도보다 더 빨리 새로운 제도들을 창출해가고 있다.[8] 이리하여 상법은 법발전의 견인차(Schrittmacher der Rechtsentwicklung)로서 민법의 상화현상에도 불구하고 그 독자성을 잃지 않을 것이다.[9]

2. 상법과 노동법의 관계

자본주의경제의 양대 생산요소는 자본(Kapital)과 노동(Arbeit)이다. 따라서 기업은 인적 보조자 없이는 생산활동을 할 수 없다. 이렇게 기업이 인적 보조자를 사용할 때에는 필연적으로 이에 대한 법적 규율이 수반되는데, 상법과 노동법은 각각 다른 시각에서 자신의 기능을 수행하고 있다. 상법은 인적 보조자가 상인의 대리인으로 활동하였을 때 제3자와 본인인 상인간의 관계를 규율하는 데 중점을 두는 반면, 노동법은 이러한 외부관계가 아니라 상인과 그 보조자간의 내부관계에 중점을 두고 있다. 상법은 강한 외관신뢰주의를 적용하여 거래의 안전을 추구하나, 노동법은 경제적 약자인 피용자의 보호를 위하여 일반 민법의 원리를 수정, 근로계약에 대한 특별사법을 형성하는가 하면 단체협약제도를 통하여 근로자의 집단적 이익을 옹호하기도 한다.

회사법, 노동법 및 상법은 오늘날 기업법(Unternehmensrecht)이라는 새로운 법영역으로 합일되고 있다. 독일에서는 경영조직법(Betriebsverfassungsgesetz)이나 공동결정법(Mitbestimmungsgesetz) 등을 통하여 이들 영역이 기업법이라는 새로운 영역에서 함께 발전되어가고 있다. 이러한 기업법의 시각에서 보면 상법은 '기업의 외부관계법'(Außenrecht der Unternehmen)으로, 반면 노동법은 '기

---

8) 리스, 팩터링, 프랜차이즈 등의 법발전은 그 좋은 예이다.
9) Canaris, Handelsrecht, 24. Aufl., §1, I Rdnr. 20.

업의 내부관계법'(Innenrecht der Unternehmen)으로 명명될 수 있을 것이다.

3. 상법과 경제법의 관계

경제법(Wirtschaftsrecht)은 국가가 특정한 목적을 위하여 경제를 통일적, 계획적으로 지도·감독하기 위한 法域이다. 즉 경제법은 독점금지법이나 물가안정법에서 볼 수 있듯이 개개 경제주체의 이익을 초월하여 국민경제의 전체적 조정을 꾀한다고 할 수 있다. 반면 상법은 개별 경제주체간의 이익을 私法的으로 조정하는 것을 그 이념으로 삼는다. 이렇게 본다면 상법과 경제법은 그 지배원리나 지도이념이 상이하다고 할 수 있다.

4. 상법과 어음·수표법간의 관계

형식적 의미의 상법인 상법전에는 어음수표법이 포함되어 있지 않다.[10] 원래 어음·수표법은 그 始源이 상인들간의 상관습법으로서 중세 상인의 신분법인 상인법(Lex Mercatoria)의 일부를 형성하고 있었다. 그러나 어음·수표 등의 유가증권은 오늘날 상인의 자격을 전제하지 않는 일반제도로 발전하였다. 그럼에도 불구하고 어음·수표법은 광의의 실질적 의미의 상법에 포함된다. 비록 어음·수표 등의 유가증권이 상인의 전유물은 아니지만 여전히 그 주된 사용자는 상인이기 때문이다. 즉 기업생활관계에서 주로 사용되는 지급수단이요, 신용수단이기 때문에 당연히 실질적 의미의 상법에 포함되어야 한다. 물론 실질적 의미의 상법을 좁게 보아 상법총칙과 상행위법만을 뜻할 때에는 이에 포섭될 수 없을 것이다.

5. 상법과 국제거래법간의 관계

국제거래법(internationales Handelsrecht)이란 국경을 넘어선 상거래에 관한 법이라고 표현할 수 있겠지만 상법과의 결정적인 차이는 상법은 국내법이요, 국제거래법은 '국제법'의 일분야라는 점이다.[11] 그러나 국제거래법은 오늘날의 상법을 낳은 모태 역할을 한 점에서 양자는 상호 긴밀한 관계를 유지하고 있다. 국제거래법은 중세 상인의 신분법인 Lex Mercatoria에서 출발하였다. 이

---

10) 물론 상인만이 발행할 수 있는 주권(Aktie), 사채권, 화물상환증, 선하증권(B/L) 및 창고증권 등은 형식적 의미의 상법의 규율을 받고 있다.

11) 국제법은 보통 국제공법과 국제사법으로 나누어지며 국제거래법은 후자에 속한다.

상인법은 관습법으로서 국경을 초월하고 있었다. 즉 상인법은 상인의 신분법으로서 수직적으로는 그 적용범위가 좁았으나 수평적으로는 국경을 초월하여 광범한 국제성을 띠고 있었다. 이렇게 오늘날의 국제거래법은 상인의 신분법에 모태를 두고 있었고 근대에 들어와 이들 관습법이 각국에서 성문화되면서 오늘의 국내 상법으로 발전하였다. 따라서 국제거래법은 상법의 산실이었다. 오늘날에도 상법이 다른 어느 法域보다 국제성 또는 국제적 통일성을 띠는 이유도 바로 여기에 있다.

제 2 절 상법의 이념, 경향 및 역사

이하 상법 전반에 걸친 일반적 성격을 그 법이념, 경향 및 역사적 발전의 시각에서 개괄적으로 다루어 보고자 한다.

I. 상법의 이념

상법은 '기업에 관한 법' 내지 '기업생활관계에 관한 법'으로서 상법의 이념은 기업조직에 대한 이념과 기업활동에 대한 이념으로 나누어진다. 전자는 상법의 靜的 理念이요, 후자는 상법의 動的 理念이다.

1. 기업조직에 대한 이념

상법은 기업조직의 생성촉진과 그 유지강화에 힘쓰고 있다. 기업은 국민경제적으로나 사회적으로 재화와 용역의 공급 및 고용창출 등 유익한 경제주체이므로 상법은 이러한 기업의 생성을 촉진하고 이미 만들어진 기업조직은 이를 유지시켜 국민경제에 이바지할 수 있도록 돕고 있다. 그리하여 회사제도를 통하여 자본의 결집을 돕고 또한 이들의 건실한 설립을 유도하며,[1] 旣形成된 자본은 가능한 한 분산되지 않고 국민경제에 유용하게 쓰일 수 있도록 유도한다.[2] 나아가 기업이 겪는 대규모의 자금수요에 응할 수 있도록 社債制度를 마

---

1) 주식회사의 까다로운 설립절차규정(상 288 내지 317) 참조.
2) 상법 제320조 [주식인수의 무효주장 및 취소의 제한] 등 참조.

련하고 있고 合倂制度를 통하여 자본의 집중을 도모한다. 또한 영업의 성격상 높은 위험을 부담하는 기업주체에 대해서는 개별적 혹은 총체적 책임제한의 법리를 강구하여 기업조직의 해체를 막고 있다.[3] 이외에도 상행위의 有償性에 의한 영리성의 보장으로($\frac{상}{3}$ 61.) 한번 세워진 기업이 존속발전할 수 있도록 조력하며, 영업양도제도($\frac{상}{이하}\frac{41}{1}$)나 상호만의 양도제한($\frac{상}{}$ 25), 회사의 계속, 조직변경 및 회사정리제도 등을 두어 旣形成된 기업조직의 존속을 지원하고 있다.

이러한 상법의 정적 이념은 경영권분쟁시에도 기업가치의 유지 및 향상을 지향한다. 즉 아래의 파라마운트 사건이 예시하듯 경영권 방어행위의 적법성을 판단함에 있어서도 상법의 정적 이념은 중요한 판단기준을 제공한다.

파라마운트사건[4]과 상법의 정적 이념(靜的 理念)

"타임(Time)社는 워너(Warner)社와 합병하는 것을 장기발전과제로 설정한 후 지속적으로 이를 준비하여 왔다. 타임의 영업적 성격이나 근로자들의 성향 등이 워너社와 유사하여 잘 조화될 수 있는 것으로 판단하였기 때문이다. 그러던 중 파라마운트(Paramount)社가 타임社의 주주들을 상대로 공개매수(公開買受)를 선언하였다. 시장가격을 훨씬 상회하는 가격이었기 때문에 단기적으로 주주이익극대화의 시각에서는 파라마운트의 공개매수에 응하는 것이 주주의 이익을 위해서는 더 유리할 수도 있었다. 그러나 타임의 이사회는 장기발전의 측면에서는 워너와의 합병이 바람직하며 파라마운트에 인수되는 것은 적절치 않다고 판단하였고 따라서 그 대응수단으로 타임사가 워너의 주주들을 상대로 회사자금으로 워너의 주식을 공개매수하기로 하였다. 만약 타임사의 공개매수가 성공하면 타임은 부채가 증대되어 파라마운트에게 더 이상 매력적인 인수대상이 될 수 없었다. 비록 단기적으로는 파라마운트의 공개매수에 응하는 것이 타임의 주주들에게 더 유리할지 몰라도 타임과 워너의 결합이 가져올 시너지효과를 고려할 때 워너와의 합병이 더욱 바람직하였으므로 재판부는 본 사건의 정황이 레브론사건의 그것과 같지 않음을 시인하면서 레브론 듀티(Revlon Duty)를 적용하지 않고 유노칼 테스트로 회귀(回歸)하였다. 본 사건 역시 Unocal Test가 원칙이고 레브론 듀티는 예외임을 명확히 한 사건으로 평가할 수 있을 것이다."[5]

---

3) 상법 제769조 이하(해상기업주체의 총체적 책임제한), 제797조(개별적 책임제한) 및 제798조(비계약적 청구에 대한 적용) 등 참조. 이러한 상법상의 성문규정 외에도 판례법상으로도 기업유지의 이념을 발견할 수 있는 것이 있다. 예컨대 대법원의 Christian Maersk호 사건(대판 1983. 3. 22, 82다카1533)은 그 좋은 예이다. 계약적 청구이건 불법행위에 기한 청구이건 공히 책임제한이 가능하다는 판지에는 해상기업주체의 보호이념이 담겨 있다.

4) Paramount Communications, Inc. v. Time, Inc. 571 A. 2d 1140(Del. 1989).

5) 졸고, "적대적 M&A에 있어 방어행위의 적법요건", 「경영법률」, 제19집 4호(2009. 7.), 250-251면에서 전재함.

2. 기업활동에 대한 이념

(1) 상행위의 유상성(有償性)

기업의 본질은 영리행위의 실현이므로 기업의 모든 행위는 영리를 목적으로 한다고 해도 과언이 아니다. 따라서 일반 민법에서와는 달리 상행위에서는 유상성(Entgeltlichkeit)을 원칙으로 하고 있다. 상인의 보수청구권($\frac{상}{100, 119}$), 법정이자청구권($\frac{상}{55}$), 상사법정이율($\frac{상}{54}$)에 관한 상법규정들이 그 예이다.

(2) 간이신속주의

기업활동이란 다수인을 상대로 반복적, 집단적으로 이루어진다. 개개의 거래가 지연되거나 불안정하게 되면 거래의 원활은 보장받지 못한다. 따라서 상거래를 간이신속하게 체결하고 이로부터 파생되는 법률관계를 명확하고 신속하게 확정짓는 것은 상거래의 생명이다. 상법은 여러 규정을 두어 이러한 간이신속주의(Schnelligkeit)를 밝히고 있다. 청약에 대한 낙부통지의무($\frac{상}{53}$), 확정기매매의 당연해제($\frac{상}{68}$), 상사매수인의 하자통지의무($\frac{상}{69}$), 상사채권의 시효단축($\frac{상}{64}$) 등이 그 주요 예이다.

나아가 오늘의 기업활동에는 보통거래약관(general provision; AGB[6])의 사용이 보편화되어 있다. 이러한 약관거래를 통하여 정형적으로 반복되는 집단거래는 그 법적 안정성을 누릴 수 있다. 특히 보험법과 같은 분야에서는 업종별 표준약관이 규범적 성격으로까지 발전된 상태이다.[7] 각종 운송거래에서도 약관거래는 필수적이며 국제적으로 규격화, 통일화의 길을 걷고 있다.

이렇게 보통거래약관은 간이신속한 계약체결과 집단거래의 합리적 규율을 가능케 하지만 다른 한편으로는 약관사용자의 상대방에게 일방적으로 불리한 결과를 강요할 수 있다. 그리하여 현재 약관규제법이 시행되고 있으며 이 법을 통하여 각종 약관의 내용과 그 효과를 통제할 수 있게 되었다.

(3) 공시주의

나아가 상법은 거래의 원활과 안전을 도모하기 위하여 기업에 관한 주요 사

---

6) Allgemeine Geschäftsbedingung의 약자이다.

7) 그러나 보험약관의 법적 성질은 여전히 약관이 계약내용의 일부를 구성한다는 의사설에 따라 판단하여야 한다. 상법 제638조의3도 이러한 주관설에 근거하고 있으며, 대법원판례도 이를 따르고 있다(대판 1990. 4. 27, 89다카24070).

항을 공시하도록 요구하고 있다(Transparenzprinzip). 예컨대 상업등기제도는 기업의 주요 사항을, 상업장부 및 재무제표는 기업의 재무구조를 외부에 제공한다. 이로써 기업과 거래하는 거래상대방 및 투자자의 보호가 가능해진다. 상법은 기업의 규모가 크면 클수록 이에 비례하여 공시의무의 도를 높이고, 그 규모가 적으면 적을수록 이를 낮추고 있다.[8]

(4) 외관신뢰주의

다량의 거래가 집단적, 정형적으로 반복되는 상거래에 있어서는 일반 민법상의 표현법리보다 더 강화된 외관법리의 유입을 막을 수 없다. 외관신뢰주의에 호소하지 않고는 상거래의 원활을 보장할 수 없으므로 商法의 動的 理念 중 가장 중요한 것이 바로 이 외관신뢰주의이다.

Sein & Schein······

이 외관신뢰주의는 어쩌면 법생활에서만 나타나는 것은 아닐 것이다. 자연과학이나 철학의 세계에서도 나타난다. 밤하늘의 수많은 별들을 보자. 우리가 이 별들을 쳐다보는 순간 별들이 그곳에 그 모습대로 존재한다고 생각하면 커다란 착각이다. 북극성은 1000년 전의 모습이며, 직녀성은 27년 전, 시리우스는 9년 전, 태양은 8분 19초 전, 달은 1.2초 전의 것이기 때문이다. 북극성은 이미 그 생명을 다하여 조금 전에 폭발해버렸는지도 모른다. 그러나 우리의 후손들은 1,000년 후에나 이를 관찰할 수 있을 뿐이다. 밤하늘은 장대한 自然史博物館이다. 나아가 우리가 관찰하는 꽃의 모습은 각 인식주체의 주관에 따라 달리 느껴질 것이다. 색맹인 관측자는 정상적인 시력의 소유자와 달리 볼 것이며, 사람이 아닌 새나 나비는 인간이 바라보는 것과 다른 모습으로 그 꽃을 바라볼 것이다. 그렇다면 각 인식주체의 恣意로부터 해방된 그 대상의 진면목은 무엇일까? 진정한 그 대상의 실물은 어떻게 생겼을까? 우리는 이에 영원히 접근할 수 없다. 독일의 철학자들은 이를 物自體(Ding an sich)라 불렀다. 이것이 철학에서 말하는 인식론의 주요 내용이다. 우리는 결국 평생 실재가 아닌 허상을 대하며 살아가고 있다고 봐도 틀리지 않다. 이러한 사고를 법생활에 끌어들인 것이 외관신뢰주의이다.

외관신뢰주의를 학문적으로 집대성한 학자는 독일 뮌헨대의 카나리스 교수이다. 동인은 그의 Habilitation "Die Vertrauenshaftung im deutschen Privatrecht(1971)"에서 私法 전반에 걸치는 외관주의를 집대성하였다. 그는 외관신뢰책임의 발생요건을 다음의 네 가지로 정리하였다. 그 첫째가 법외관요건

---

8) 이에 대해서는 下記 상업장부 부분을 참조할 것.

(Scheintatbestand)이며, 둘째가 귀책요건(Zurechenbarkeit)이요, 셋째가 인과요 건(Kausalität), 넷째가 보호요건(Schutzbedürftigkeit)이다.[9] 法外觀要件은 실재 와 다른 법외관이 존재하여야 한다는 내용이다. 법외관은 여러 가지 모습으로 여러 가지 각도에서 다양하게 작출될 수 있다. 歸責要件은 이러한 외관작출에 대한 원인제공을 의미한다. 외관법리에 따라 책임질 자는 이렇게 작출된 외관 형성에 대하여 어떤 형태로든 책임질 원인을 제공했어야 한다. 셋째의 因果要 件은 작출된 외관과 거래상대방의 반응간에 인과관계가 존재하여야 한다는 내 용이다. 그러나 대부분의 實定條文에서는 이를 당연히 존재하는 것으로 보고 별도의 요건으로 조문화하고 있지는 않다. 마지막으로 保護要件이다. 외관을 신뢰한 거래상대방이 선의였을 경우에만 보호받는다. 따라서 선의의 제3자만이 외관법리를 주장할 수 있다. 상법은 전편에 걸쳐 이 외관법리를 실정조문화하 고 있다. 제11, 14, 15, 16, 24, 37, 39, 43, 81, 215, 281, 327, 395, 751조 및 제854 조 2항 등이 그 예이다. 그러나 무엇보다도 외관법리가 가장 강하게 요구되는 法域은 어음·수표법이다. 어음·수표행위 등의 증권적 법률행위에서는 유가 증권이라는 객체를 통하여 손쉽게 외관작출이 가능하므로 다른 어느 법역에서 보다도 외관주의의 강한 지배를 받게 된다.

일반 민법상으로도 각종 表見法理가 나타나고 있으나 상거래는 보다 提高 된 외관주의를 요구한다. 나아가 외관신뢰주의가 實定條文으로 모두 성문화된 것도 아니다. 따라서 법의 흠결은 외관법리의 탄력적인 적용으로 극복해야 할 것이다. 실정조문이 없다고 외관법리의 流入을 포기한다거나 방기해서는 안될 것이다. 때로는 기존 외관신뢰규정의 종합유추(Gesamtanalogie)의 방법으로 또 때로는 개별조문의 유추적용으로 법의 흠결을 보충해야 할 것이다.

(5) 책임의 가중과 완화

집단적 기업거래는 일반의 민사거래와 달리 거래에 참여하는 주체가 어느 정도 해당 거래에 정통한 자들이므로 상법은 거래안전의 시각에서 이들에게 보다 가혹한 책임을 지움으로써 이들의 책임을 가중시킨다. 예컨대 상인인 無 償受置人에게는 선량한 관리자의 주의를 요구한다든지(⅜), 상인간의 매매에서 는 매수인에게 하자의 조사 및 통지의무를 지움으로써 매매로 인한 법률효과

---

9) Canaris, a.a.O., S. 491 ff.

의 신속한 확정을 꾀하고 있고($\frac{\text{상}}{69}$), 주채무가 상행위이거나 보증행위가 상행위가 되는 경우 연대보증으로 하여 최고 · 검색의 항변을 주장하지 못하게 하고 있다($\frac{\text{상}}{57}$).

반면 상법은 특정 기업주체에 대해서는 그 보호유지의 차원에서 책임을 감경시키기도 한다. 예컨대 육상운송인이나 해상운송인에 대해서는 책임의 감경이 여러 가지 방법으로 가능하다. 高價物免責($\frac{\text{상}}{136}$)이나 定額賠償主義($\frac{\text{상}}{137}$), 해상운송인의 총체적 및 개별적 책임제한($\frac{\text{상}, 769, \text{이하}}{797, 798}$) 등이 그 예이다.

(6) 개성의 상실

기업활동은 반복적이요, 집단적 성격을 띠게 되므로 행위의 상대방이나 급부의 내용에 대하여 그 개성이 중시되면 거래의 안전과 신속은 위협받게 된다. 따라서 기업거래에 있어서는 개성상실의 현상이 보편화되어 있다. 그 예로 각종 개입권($\frac{\text{상}, 17, 89, 107,}{116, 198, 397}$), 개입의무제도($\frac{\text{상}}{89}$)나, 발기인의 인수 및 납입담보책임($\frac{\text{상}}{321}$), 신주발행의 경우 이사의 인수담보책임($\frac{\text{상}}{428}$), 위탁매매인의 이행담보책임($\frac{\text{상}}{105}$) 등을 들 수 있다. 나아가 약관거래도 개성상실현상의 대표적인 예가 되고 있다.

II. 상법의 경향

1. 합리적 · 진보적 경향

상법은 다른 어느 法域보다도 합리성과 진보성이 지배하고 있다. 상인의 진보적 성향과 기업의 영리성은 상법을 진취적이고도 합리적이며 동시에 기술적인 법으로 만들어 놓았다. 반면 친족상속법이나 용익물권법에서는 도덕적, 습속적 또는 지역적 성향이 강하게 나타나는데 이러한 것들은 상법에서는 발견하기 힘들다.

상법의 합리성은 상법을 기술적인 법으로 만들어 가고 있다. 그리고 이러한 기술적 성격은 기업거래에서 나타나는 합리적 위험분산을 가능케 하며, 전문화된 법영역으로서 일반인의 판단을 허용하지 않고 전문적 위험계측과 그 결과도출을 시도한다. 예컨대 국제거래에서 자주 사용되는 CIF 약관은 비용(cost)과 위험(risk)의 적정한 분배를 꾀하고 있는데 비용은 양하항(揚荷港)에 물건이 도착할 때까지 매도인이 부담하나, 引渡危險은 선적항에서 매수인에게 넘어가도록 되어 있다. 이렇게 CIF 거래에서는 비용과 인도위험의 분배가 지극히 객관적이고, 기술적으로 이루어져 거래당사자가 사전에 이를 명확히 인지할 수 있어 법적 불안정이 해소될 수 있다.

Incoterms 2020

2020년 1월 1일부로 국제상업회의소(International Chamber of Commerce)가 공표한 Incoterms 2020이 시행되고 있으며 무역거래조건들은 다음과 같은 4가지 그룹으로 나누어진다. 첫째는 C그룹이다. 여기에는 CFR, CIF, CPT, CIP의 4가지가 있다. 둘째는 D그룹이다. 여기에는 DAP, DPU, DDP가 있다. 셋째는 E그룹으로서 여기에는 EXW가 있다. 마지막으로 F그룹에는 FCA, FAS 및 FOB 등 3가지가 있다. 총 11가지 국제무역거래조건(trade terms)이 현재 시행중이다.

2. 세계화 · 통일화 경향

교통, 통신수단의 발달은 거의 모든 상거래를 국제화 내지 세계화하고 있다. 이에 발맞추어 상법은 다른 어느 법역보다도 세계화 내지 통일화의 경향이 강하다. 연혁적으로도 상법은 국제적인 토양에서 발돋움하였고 중세의 상인법은 국경을 초월한 상관습법이었다. 그리하여 오늘날에도 상법의 영역에서는 개별 국가의 성문화된 국내법도 중요하지만 수많은 국제협약과 국제 상관습이 그에 못지 않은 중요성을 갖는다. 예컨대 신용장거래에 대해서는 UCP,[10] 공동해손에 대해서는 YAR[11] 등이 세계적인 통일법으로 되어 있고, 보증신용장이나 이행보증서 같은 제도에서는 국제상관습법이 확립되어 있다.[12] 나아가 어음·수표법은 주지하다시피 제네바통일법이 영미법계를 제외하고는 거의 세계의 통일법으로 되어 있다. 이외에도 세계적인 통일화의 성공사례는 다수에 달하고 있다.

---

10) Uniform Customs and Practice on Documentary Credit, ICC publ. No. 600.

11) York-Antwerp Rules.

12) 물론 보증신용장의 분야에서도 ICC가 제정한 URCG(1978), URDG(1992)나 UNCITRAL에 의한 독립적 은행보증 및 보증신용장에 관한 UN협약(1995) 등의 조약법도 성안은 되었으나 UCP처럼 성공을 거두지는 못하였다.

Ⅲ. 상법의 역사

이제는 상법의 발전역사를 간략히 개관하고 우리 상법의 연혁을 살펴본다.

1. 상법 약사(略史)

(1) 고 대

'상거래가 있는 곳에 법이 있다'(ubi commercium, ibi ius)라는 말대로 상법의 역사는 인류가 상거래를 시작하던 시점으로 거슬러 올라갈 것이다. 기원전 20세기경 함무라비법전에도 매매, 임치, 운송, 소비대차 등 상사관계규정이 있었지만 오늘날의 상법에서처럼 체계적이고 독립된 법이라고 할 수 있을 만한 것은 발견되지 않는다. 그리스시대에는 특히 로오드 海法(lex Rhodia)이 발달하여 오늘의 공동해손제도의 시원을 형성하였다고 한다. 고대로마시대에는 엄격한 시민법(jus civile)이 만민법(jus gentium)화하면서 정복지의 외지인에게까지 적용되어 이것이 상거래에도 적용되었다고 한다.

(2) 중 세

그러나 오늘날 우리가 관찰하고 있는 본격적인 상법의 맹아는 중세에 들어와서 비로소 나타나기 시작한다. 즉 중세 상인의 신분법(Standesrecht)인 상인법(Lex Mercatoria)이 그것이다. 북이탈리아의 상업도시들은 그 지역적 이점 때문에 중세의 어둠을 헤치고 11세기경 시작된 상업활동의 부흥을 주도하였다.[13] 도시의 발흥은 상인단체를 형성하게 했고 이들은 자치법규의 형식으로 상법을 발전시켜 나갔다. 특히 한자동맹의 상업도시들은 국제적 연대 속에 왕성한 상업활동을 주도하면서 도시의 상관행을 국제적 수준의 상관습법으로 발전시켜 나갔다. 이렇게 도시의 상인들을 수규자로 하는 상인의 자치단체법은 상인간의 분쟁에 대해서는 독립된 재판권을 확보케 하였으며 오늘날의 상사중재제도의 기초를 닦았다. 뿐만 아니라 상호나 상업등기, 상업장부제도 등 오늘날까지 유래하는 많은 상사제도는 모두 이 상인법에 뿌리를 두고 있다고 봐도 좋을 것이다.

---

13) Ferguson/Bruun, A Survey of European Civilization(Since 1500), Riverside Press, Cambridge, Massachusetts, p. 311.

(3) 근 대

근대에 들어와서는 중세의 신분구조가 붕괴되면서 상법은 상인의 신분법에서 깨어나 일반법화한다. 그리하여 각국에서는 관습법의 형태로 전래되던 상법이 대부분 성문화되어가고 이를 통하여 국내법 정착단계를 맞게 된다. 루이 14세의 상사조례(1673)나 해사조례(1681)에 이어 프랑스에서는 1807년 상법전(Code de Commerce)이 제정되어 근대 민법전과 더불어 상사관계가 통일된 법전으로 정비되었다. 독일에서도 1861년 일반 독일 상법전(Allgemeines Deutsches Han-delsgesetzbuch; ADHGB)이 제정되었고 그 후 1897년에는 신상법(Handelsgesetz-buch; HGB)이 제정되어 프랑스상법전과 더불어 대륙법계의 양대 상법전이 되었다. 한편 영미법계에서도 불문법국가의 전통을 깨고 상사에 대해서만큼은 많은 성문법이 제정되었다. 영국에서는 환어음법(Bill of Exchange Act; BEA, 1882), 조합법(Partnership Act, 1890), 상품매매법(Sales of Goods Act, 1893), 해상보험법(Marine Insurance Act; MIA, 1906), 상선법(Merchant Shipping Act, 1958) 등이 제정되었다. 한편 미국에서도 1952년 그간의 단편적인 상사입법들을 집대성한 통일상법전(Uniform Commercial Code; UCC)의 탄생을 보게 되어 주로 상행위법과 유가증권법규들을 정비하였고, 통일상법전과는 별도로 회사법분야에서는 모범회사법(Model Business Corporation Act; MBCA)이 제정되어 회사관련 규정들이 정비되었다.

(4) 현 대

특히 20세기에 들어와서는 각국의 성문입법 이외에도 ICC나 UNCITRAL 등의 국제기구를 통하여 많은 국제협약과 국제조약법의 탄생을 보게 되어 세계화와 통일화의 길을 가속시키고 있다.

2. 우리 상법의 발전

이제는 우리 상법의 연혁을 살펴보자. 한반도에서의 상법의 역사도 까마득한 과거로 거슬러 올라갈 것이다. 고조선시대에는 이미 교환경제시대를 지나 화폐경제시대로 변모하였을 것으로 추정되고, 삼한시대에는 시장이 있었다고 하며, 신라시대에는 市典이라는 시장감독기관까지 있었다고 한다. 고려조를 지나 이조시대에는 서울에 시전(市廛)이라는 상인이 있어 국가기관에 등록함으로써 특정 품목에 대한 영업을 독점하는 특권이 부여되었고, 지방에는 시장을 순회하면서 영업을 하는 褓負商과 일정한 장소에 시설을 갖추고 위탁매매나 중개·주선을 하면서 그에 부수한 숙박업, 금전대부 등을 하는 客主 또는 旅閣이 있었다. 특히 보부상의 중심세력을 형성하던 개성상인들은 四開簿記, 차입제도, 時邊(금융제도), 어음 내지 환간(換簡) 등 특수한 상사제도들을 발전시켰다고 한다.

이렇게 불문법 내지 관습법의 형태로 전래되던 우리 고유의 상사법은 근대 이후 서세동점의 물결에 밀려 승계되지 못하고 한일합방과 더불어 유럽 상법을 계수한 일본상법의 시행으로 제도적 단절을 겪을 수밖에 없었다. 해방 후에도 우리나라에는 계속 일본상법이 시행되다가 1962년 1월 20일 제정되었고 1963년 1월 1일부터 시행된 상법전을 통하여 비로소 우리 상법의 최초의 시행을 맞게 되었다. 그 후 오늘에 이르기까지 수차에 걸친 상법개정이 있었다.

이제 21세기를 맞아 우리 상법학의 또 하나의 커다란 과제는 전래적인 우리 고유의 상법을 서서히 발굴하는 일이다. 이 작업은 일단은 순수한 法史學的 과제에 그칠 수밖에 없다. 이미 서구적 상법의 계수로 그 틀의 형성이 끝난 오늘에 있어서 과거의 전래적인 상사제도의 부활은 불가능할 것이기 때문이다. 그러나 길게 보면 언젠가 이는 단순한 법사적 연구에만 한정되지는 않을 것이다. 실질적으로 우리의 전통상법을 오늘에 맞게 재창조하는 상사문화의 승계작업으로 이어질 수 있게 되기를 바란다. 예컨대 개성상인들의 회사제도나 환간 등의 어음수표제도들은 얼마든지 서구적 관점에서 이를 분석하여 그 제도적 의미를 현대화시킬 수 있다고 본다. 우리가 서구상법을 계수하여 5가지 형태의 회사제도를 받아들였으나 오늘날 주식회사를 제외하고는 크게 애호받지 못하고 있다. 어찌보면 우리 조상들이 가졌던 자본과 노력의 협동체가 우리에게 더 적합한 회사형태를 제공할지도 모른다.

제 3 절 상법의 법원

法源(Rechtsquelle)이란 법의 여러 가지 존재형식을 지칭한다. 여기서는 실질적 의미의 상법의 법원을 살펴보기로 한다.

I. 법원의 종류

1. 제 정 법

(1) 상법과 상사특별법

상법의 法源으로서 가장 중요한 것은 역시 성문법인 商法典이라고 할 수 있다. 이는 형식적 의미의 상법으로서 1962년 1월 20일 법률 제1000호로 제정 공포되고, 1963년 1월 1일부터 시행되었다. 그후 최근에 이르기까지 수차례의 개정이 이루어졌다. 총칙, 상행위, 회사, 보험, 해상 및 항공운송 등 6개의 편으로 되어 있고, 총 935개의 조문과 부칙으로 구성된 기업관계의 기본법이다. 이외에도 제정법에는 다수의 商事特別法이 있다.

(2) 상사조약

헌법에 의하여 체결·공포된 조약과 일반적으로 승인된 국제법규는 국내법과 동일한 효력을 가지므로($\S^6$), 상사관련조약이나 국제법규는 상법의 법원이 된다.

(3) 민 법

민법이 상법의 법원인가? 민법전 혹은 민사특별법령도 상사관계에 적용되는 한 상법의 법원이라고 보는 학설도 있다. 그러나 상법 자체를 민법에 대한 특별법으로 파악하는 한 민법을 바로 상법의 법원이라고 보기는 어려울 것이다. 또 설사 상법 제1조가 민법에 대해서 언급하고 있기는 하나 동 규정은 민법을 상법의 법원으로 열거한 것이 아니라 양법간의 관계에서 상법의 적용순서를 정한 것으로 볼 수 있을 것이다.

2. 상관습법

상관습법은 성문화되어 있지는 않지만 법규범의 효력을 갖는 관습률을 뜻하며 사실인 관습과는 다르다. 단순한 상관습은 범규범이 아니라 다만 의사표시의 해석자료인 사실상의 관행에 불과하다. 상관습법은 사실인 상관습이 실정법에 상응하는 법적 확신의 상태에까지 이르러야 비로소 성립될 수 있는 것이다. 상관습법은 제정법의 결함을 극복하여 기업거래에 기민하게 적용될 수 있는 성문법 보충기능이 있다. 또 오랜 상관행을 바탕으로 하므로 합리성과 진보성이 있어 새로운 입법을 촉진하기도 한다. 역사적으로도 상관습법이 제정법으로 성문화된 예는 많다. 예컨대 백지어음에 대한 상관습법은 어음법 제10조에 성문화되었다.

3. 상사자치법

국내 통설은 회사나 기타 단체가 그 조직과 구성원의 법률관계 및 대외적 활동에 관하여 정한 규범을 자치법이라 부르고, 회사의 정관이 그 대표적인 예라고 하면서 정관의 법원성을 인정한다. 즉 상법의 한 존재형식이라는 것이다. 그러나 회사의 정관을 과연 상법의 한 법원으로 볼 수 있는지 의문이다. 정관의 법적 성질에 대해서는 규범설(Normentheorie)과 법률행위설(Rechtsgeschäfts-theorie)의 대립이 있어 왔다. 그러나 오늘날에 와서는 계약설로 통일되어가는 느낌이다. 會社의 定款이란 회사의 설립과 그 존속을 위한 법적 근거가 되며, 이것은 단체법에 특유한 조직계약(Organisationsvertrag)으로 설명되어야 하기 때문이다. 정관의 내용에 각 사원이 구속되는 이치는 정관이 스스로 규범성을 갖기 때문이 아니라, 사원이 회사가입시 행하는 입사의 의사표시와 더불어 그 정관에 구속되기로 합의하였기 때문이다. 회사설립단계에서는 발기인들간의 조직계약, 주식회사가 아니라면 정관에 기명날인하는 사원들간의 조직계약성립의 효과인 것이다. 정관 그 자체에 규범성이 있다고 설명하면 이는 너무 자의적이다.

물론 우리는 다수의 社員을 갖고 있는 대규모의 사단형 회사를 상상해 볼 수 있다. 나아가 다수의 會員을 갖고 있는 비영리법인도 생각해 볼 수 있다. 이러한 단체에서는 구성원 한 사람의 가입이나 탈퇴는 단체 전체의 독립성에 거의 영향을 미치지 않고 또 개개 구성원의 영향력도 단체전체의 독립성에 비교하면 지극히 미미하다. 그러나 사단형이든 조합형이든 단체존립의 법적 근거는 그 구성원간의 합의에서 도출되는 조직계약이지 스스로 규범성을 갖는 정관은 아닌 것이다. 구성원들이 스스로 원했기 때문에 정관내용의 구속으로 들어가는 것이지 그 동의절차를 없애면 단체법상의 어떠한 설명도 불가능하다.

정관의 법원성 문제는 보통보험약관의 법원성 문제와 유사하다. 보험거래에서는 大數의 법칙이 적용될 수 있을 정도의 다수의 보험가입자가 있어야 그 제도적 영위가 가능하므로 약관거래는 필수적이고 이런 보험약관은 개개 보험계약의 체결에 있어서는 개별적 협상의 대상이 되지 않는 것이 보통이다. 말하자면 당연히 전제된 것으로서 특별약관에 대한 합의가 이루어지는 경우외에는 당연히 그 유효성을 전제로 하고 계약체결을 시도한다. 그러나 법이론적으로 설명하면 약관내용이 보험자와 보험계약자를 구속하는 이치는 어디까지나 보험계약의 양당사자가 그 약관을 계약내용화하기로 합의하였기 때문이지 그 약관 자체에 규범성이 있기 때문은 아니다.[1] 정관에 있어서도 마찬가지이다. 정관이 자치법규로서 스스로 규범성을 갖기 때문에 구성원을 구속하는 것이 아니라 구성원이 되고자 하는 자와 타구성원들간에 정관내용에 공동으로 구속된다는 효과의사의 합치가 있기 때문이다. 즉 정관이 구속력을 갖는 이유는 조직계약성립의 효과에 불과하다.

주식회사의 경우에 있어서도 발기인이건 응모주주이건 일단 주주가 된 자간에는 정관의 내용에 함께 구속된다는 의사표시의 교환을 인정하여야 할 것이다. 그리하여 모든 주주들 상호간에는 이러한 의사표시가 교환되는 것이고 이러한 의사표시의 결집은 결국 조직계약의 성립으로 이어진다. 물론 주주가 다수일 때에는 그들간의 결속은 지극히 미미해진다. 그러나 회사와 주주간뿐만 아니라 주주 상호간에도 분명 의사표시의 교환은 이루어진다. 합명회사나 합자회사 또는 유한회사와 같이 소수의 사원으로 설립되는 회사의 경우에는 말할 것도 없다. n명의 구성원을 갖는 이익결사의 설립행위는 $n(n-1)$개의 의사표시로 구성된 조직계약으로 설명하여야 한다. 이렇게 본다면 정관의 법원성은

3人의 社員이 있는 경우 3×2＝6개의 의사표시가 요구된다.

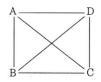

4人의 社員이 있는 조직계약은 4×3＝12개의 의사표시로 구성된다.

一般的으로 n명의 社員에 의하여 체결되는 組織契約은 $n(n-1)$개의 의사표시로 구성된다.[2]

---

1) 대판 1989. 3. 28. 88다4645.

2) Wood v. Odessa Waterworks (1889) 42 Ch. D. 636, "The articles of corporation constitute a contract not merely between the shareholders and the company, but between each individual shareholder and every other."

부정하는 것이 타당할 것이다.[3]

4. 보통거래약관

보통거래약관에 대해서도 그 법원성은 부정되어야 한다. 특히 보통거래약관이 보편적인 보험거래 등에서 이를 스스로 구속력을 갖는 규범으로 보는 일부 학설이 있는 것은 사실이나, 현행 상법($\frac{상}{638의3}$)이나 대법원 판례는 이미 의사설에 따라 해결하였다.[4] 상법의 세계에서는 운송약관이나 보험약관 등 약관사용이 매우 보편화되어 있고 대부분 개별계약을 체결함에 있어서 약관사용자와 그 상대방은 약관의 유효성을 전제로 계약을 체결하므로 마치 보통거래약관이 당사자의 의사와 관계없이 규범성을 가지는 것으로 착각할 수 있다. 그러나 다음과 같이 한번 생각해 보자. 우리가 대한민국에 태어나자마자 대한민국 민법이나 형법 또는 호적법의 적용대상이 되는 것과 보험에 가입하거나 주식회사의 주식인수인이 되는 것을 비교해보자. 前者 즉 법률의 구속력의 이치를 먼저 살펴보자. 법률도 따지고 보면 합의에서 그 효력이 도출된다. 지배와 피지배의 동일성을 전제로 하는 민주주의국가에서 법률은 국회의 심의와 공포절차를 거친 후 모든 국민을 지배하게 된다. 그러나 이러한 법률에 대해서는 일단 국회의 심의와 공포 등 적법절차를 완료하고 난 후에는 受規者의 동의 여부와 관계없이 그 효력이 나타난다. 국민이 원하기 때문이 아니라 법률 스스로의 규범력 때문이다. 그러나 普通保險約款이나 株式會社의 定款은 그렇지 않다. 보험계약의 체결이나 주식인수나 원하지 않으면 그 약관이건 정관이건 모두 구속을 받을 이유도 필요도 없기 때문이다. 여기에 법률과 보통거래약관, 법률과 정관간의 근본적 차이가 있는 것이다. 따라서 규범설과 계약설의 대립은 당연히 계약설로 결론내려야 한다. 보통거래약관도 역시 상법의 한 법원은 아니다.

5. 판   례

법원의 판례는 영미법에서는 先例拘束의 原則(doctrine of stare decisis)에 따라 당연히 법원으로 취급된다. 그러나 오늘날에는 영미법계 국가이든 대륙법계 국가이든 판례는 중요한 법원으로 다루어지고 있다. 독일의 약관규제법(AGB-

---

3) 이에 대해서는 졸고, "단체행위론", 기업구조의 재편과 상사법(Ⅰ), 박길준교수회갑기념논문집, 1998년, 150면 이하.

4) 대판 1985. 11. 26, 84다카2543 등.

Gesetz)의 성립과정을 보자. 이 법의 조문은 독일 대법원이 몇십년간 보통거래 약관의 내용통제를 한 결과를 일반화한 것에 불과하다. 판례가 계속 쌓이자 이들을 통하여 일반원칙이 뚜렷해졌고 이들이 축적되다보니 법률로 숙성하였다. 독일에서는 이를 '판례에 의한 법발전'(richterliche Rechtsfortbildung)이라고 부르는데, 그 지배이념은 영미법의 법운용방식과 크게 다르지 않다. 우리 대법원도 1983년 Christian Maersk호 사건에서 해상운송인의 손해배상책임은 계약적 청구이건 비계약적 청구이건 같은 정도로 제한될 수 있다는 판례를 남겼고 이러한 판례의 내용은 1991년 상법개정시 제798조의 신설로 성문화하였다. 판례의 법원성을 인정할 수 있는 단적인 예이다.

6. 조 리

조리는 일반인이 승인할 수 있는 객관적이고 합리적인 공동생활의 원리이다. 민법 제1조는 "民事에 관하여 法律에 규정이 없으면 慣習法에 의하고 관습법이 없으면 條理에 의한다"라고 하여 조리의 법원성을 인정하고 있다. 스위스 민법 제1조도 조리의 법원성을 인정한다.[5] 조리는 경험적 실재는 아니나 제정법과 상관습법이 없을 때 법관에 의한 법해석의 지침이 될 수 있다.

Ⅱ. 법적용의 순서

법규적용의 순서는 법일반의 원칙에 따라 당사자 자치의 원칙과 상법 및 민법 각 제1조의 규정을 참작하여 다음과 같이 정할 수 있을 것이다.

우선 강행법규에 어긋나지 않는 (i) 상사자치법(정관)이나 보통거래약관을 사적 자치의 일반원칙(Privatautonomie)에 따라 최우선 적용시켜야 한다. 물론 이들이 상법의 한 법원을 구성하지는 않으나 그 적용면에서는 최우선 순위가 됨은 분명하다. 정관 내용이나 약관내용보다도 더 앞서는 특별약관이나 특별

---

5) Schweizerisches Zivilgesetzbuch §1 [Anwendung des Rechts]
　　(1) Das Gesetz findet auf alle Rechtsfragen Anwendung, für die es nach Wortlaut oder Auslegung eine Bestimmung enthält.
　　(2) Kann dem Gesetze keine Vorschrift entnommen werden, so soll der Richter nach Gewohnheitsrecht und, wo auch ein solches fehlt, nach der Regel entscheiden, die er als Gesetzgeber aufstellen würde.
　　(3) Er folgt dabei bewährter Lehre und Überlieferung.

합의(Sonderabrede)가 있다면 물론 이들이 보통거래약관이나 정관보다 우선 순위가 된다. 보통거래약관에서는 일반보통거래약관과 특별보통거래약관이 있으므로 양자간의 관계에서는 특별법우선의 원칙을 적용시켜야 한다.

그 다음 순위로 (ii) 상사특별법령 및 상사조약이 적용된다. 상법은 특별사법이지만 그 중에도 상사특별법이 있고 기업관계의 기본법 또는 일반법인 상법전이 있으므로 특별법우선의 원칙을 따라야 한다. 또한 상사조약도 국내법과 같은 효력이 있으므로 같은 순위에서 적용된다.

셋째는 (iii) 상법전이 적용된다. 그 이후의 순위는 상법 및 민법 각 제1조에 따라 (iv) 상관습법이 적용되고, 그 다음은 (v) 민사특별법, (vi) 민법, (vii) 민사관습법, (viii) 조리의 순이 된다.

제 2 장 상인론(기업의 주체)

▌사례 1▌ 다음의 경우 A는 상인인가?

(1) A가 농작물을 스스로 재배하여 점포설비를 갖추어 판매하는 경우(사법시험 제35회 제3문)

(2) A가 연구목적으로 구입한 서적을 갖고 점포를 갖추어 책대여업을 하는 경우

제 1 절 상인론의 법적 의미

특별사법으로서의 상법이 상인개념을 중심으로 전개됨은 부인할 수 없는 사실이다. 실질적 의미의 상법을 기업법설에 따라 '기업에 관한 법' 또는 '기업 생활관계에 관한 법'으로 본다 할지라도 여전히 특별사법인 상법의 적용은 商人이라는 개념을 중심으로 이루어지고 있다. 기업이란 개념은 영업을 수행하기 위한 인적, 물적 설비를 조직적으로 결합시킨 실체이지만 실제 기업생활관계에 상법을 적용시키자면 권리의무의 귀속주체인 상인의 개념을 매체로 사용해야 한다. 달리 표현하면 민법, 상법을 포괄하는 사법상의 모든 법률관계 중에서 특히 상법이라는 특별사법의 적용을 받는 일정 생활사안을 가려내기 위해서는 상인의 개념요건이 충족되어야 한다. 즉 商人論(Kaufmannslehre)은 상법의 적용대상이 되는 생활관계를 걸러내는 필터와 같은 역할을 한다고 볼 수 있다. 예컨대 상법 제69조가 적용되어 매수인이 물건의 하자통지의무를 부담하자면 우선 매매계약이라는 법률행위의 양당사자가 상법상의 상인이어야 한다. 쌍방 상사매매란 매매계약의 양당사자가 모두 상인이어야 하고 그들이 체결한 매매 계약이 그 상인들의 영업적 또는 보조적 상행위가 될 때에만 나타나기 때문이다. 따라서 상법 제69조를 개별 사안에 적용시키려면 우선 매도인과 매수인의 商人性을 확정지어야 하는 것이다.

제 2 절 상인개념정립의 입법주의

특별사법인 상법의 적용대상을 확정짓는 방법은 원칙적으로 다음 두 가지 방법이 가능할 것이다. 하나는 적용대상이 될 법률행위를 객관적으로 정해버리는 방법이다. 행위의 주체가 누구이건 그것에 주안점을 두지 않고 처음부터 일정 範域을 정하여 그 범주에 드는 법률행위를 하는 자는 모두 상인으로 보고, 그가 하는 행위에 대해서 특별사법인 상법을 적용시키는 방법이다. 이를 客觀主義, 또는 商行爲主義라 부른다. 다른 하나는 우선 행위의 주체인 상인의 개념을 추상적으로 정해놓고 그가 행하는 행위 중 일정 부분을 일정 요건하에 상법의 적용대상으로 삼는 방법이다. 이를 主觀主義 또는 商人法主義라 한다. 이하 이 주관주의, 객관주의 그리고 이들의 중간형인 절충주의 입법을 차례로 살펴보고 비판해보도록 하자.

1. 주관주의(subjektives System)

이는 달리 형식주의(形式主義)라고도 한다. 상인이 하는 행위의 내용 즉 상행위에 의존하지 않고 商人의 形式的 資格 또는 行爲形式의 特性을 기준으로 상인개념을 정하는 방법이다. 그 대표적인 예가 스위스채무법과 독일상법이다. 스위스채무법 제934조는 상업, 제조업, 기타 상인적 방법으로 영업을 하는 자는 자신의 상호를 등기함으로써 상인이 되도록 규정하여 주관주의를 취하였다.[1] 나아가 독일상법은 원래 다음에 설명할 절충주의 입법이었으나 1998년의 개정으로 주관주의입법이 되었다. 과거 독일상법은 상행위와 상인개념을 동시에 사용하여 상법의 적용대상을 정하였으나(改정전독일), 이제는 무엇을 하건 영업(Gewerbe)으로 하기만 하면 모두 상인으로 다루어 그들의 영업적 내지 보조적 상행위를 상법의 대상으로 삼고 있다. 즉 순수한 주관주의로 선회하였다. 개정된 독일상법은 당연상인이나 의제상인 또는 소상인의 구별을 모른다. 오로지 상인과 비상인이 있을 뿐이다. 결국 독일상법은 이제는 '무엇을 하건 영업으로

---

1) §934 Schweizerisches Obligationenrecht "Wer ein Handels-, Fabrikations- oder ein anderes nach kaufmännischer Art geführtes Gewerbe betreibt, ist verpflichtet, seine Firma am Orte der Hauptniederlassung in das Handelsregister eintragen zu lassen."

하는 자는 상인이다'라는 主觀主義立法이라고 할 수 있다.

이러한 형식주의는 원래 중세의 신분법적 사고에서 상인단체에 가입한 자만을 상인으로 보고 그들에 대해서만 상사법을 적용했던 시대적 연혁을 배경으로 한다.

2. 객관주의(objektives System)

이는 달리 實質主義라고도 한다. 상인이 하는 행위의 실질이 일반 민사행위와 다른 점을 전제로 먼저 이러한 행위를 객관적으로 정하고 이러한 行爲를 營業으로 하는 자를 상인으로 보는 방법이다. 그리하여 이러한 모든 행위에 대하여 특별사법이 적용되는 결과가 된다. 따라서 이 입장에 따르면 商行爲의 개념이 먼저 결정되고 그로부터 商人의 개념이 도출된다. 프랑스나 스페인 등이 취하는 입법례이다. 1807년의 프랑스상법(code de commerce)은 중세의 계급법적 商法觀을 탈피하기 위하여 상행위(acte de commerce)의 개념을 만들어 내었고 이를 누가 하건 상법의 적용대상으로 삼았다. 프랑스혁명정신을 배경으로 상법을 상인의 신분법에서 일반 시민법으로 만들고자 했던 시대조류의 반영이었다.

3. 절충주의(gemischtes System)

객관주의와 주관주의의 중도적 입장이 절충주의이다. 이 입장은 주관주의에 의해서 상인의 개념을 정한다고 하더라도 그 개념을 상행위와 전혀 연결시키지 않고 상인의 행위형식의 특성만으로 정하는 것은 매우 어렵다고 평가한다. 즉 상인의 행위형식의 특성이라는 것도 따지고 보면 상인이 전형적으로 행하는 행위가 있고, 그 행위를 하는 방식이 정형화함으로써 경험적으로 발견된다는 것이다. 또 이 입장은 객관주의에 따라 상행위를 제한적으로 열거하는 경우에도 경제발전에 따라 새로이 생겨나는 기업활동을 탄력적으로 수용할 수 없다고 본다. 새로운 경제활동분야가 개척되어 감에도 상법전에 상행위로 되어 있지 않다는 이유로 상법의 적용대상에서 제외된다면 그 결과는 매우 불만스러울 것이다. 따라서 이 입장은 주관주의와 객관주의를 절충할 필요가 있다고 본다. 그리하여 주관주의에 따라 일정한 형식에 의하여 행위하는 자도 상인이고, 객관주의에 따라 상행위를 하는 자도 상인으로 취급하는 입법주의이다. 1998년 개정전 독일상법,[2] 일본상법 및 우리 상법이 이에 속한다.

우리 상법은 상인의 종류로 당연상인과 의제상인의 2가지를 인정하고 있는데, 이는 1998년 개정 전 독일상법의 예와 비슷하다. 그리하여 제4, 5, 46조를 통하여 상인의 개념을 정하고 있다. 우선 당연상인(當然商人)의 경우에는 상법 제46조 각호의 기본적 상행위를 자기명의로 영업으로 하는 자이다. 따라서 기본적 상행위의 도움을 받아야 비로소 상인의 개념이 확정되므로 객관주의에 접근한다(½⁴). 그러나 의제상인(擬制商人)의 경우에는 상인적 설비 및 상인적 방법이라는 상인의 행위형식에 착안하므로 주관주의에 접근한다(½⁵). 회사는 상행위를 하건 안하건 상인이 된다는 상법 제5조 2항은 더욱 주관주의에 접근한다. 이렇게 우리 상법이 상인의 자격을 인정하는 입법방식은 주관주의와 객관주의를 망라하고 있다. 그러나 종합적으로 평가해보건대 당연상인의 경우에도 기본적 상행위를 전제로 하되 영업성과 자기명의성이라는 주관적 활동방식이 요구되므로 주관주의에 치우친 입법이다. 결론적으로 우리 상법의 입법주의는 주관주의적 절충주의 입법이라고 할 수 있다.

4. 각 입법주의의 비판

우리는 상인개념정립에 관한 여러 입법주의를 살펴보았다. 객관주의는 절충주의가 비판하듯이 개별 상행위를 일일이 상법전에 열거하여야 하므로 경제의 동적 변화를 법률생활에 즉응시킬 수 없다는 단점이 있다. 경제생활의 변동속도에 맞추어 새로운 상행위를 계속 열거해 나간다는 것도 어려운 일이다. 극단적인 표현이지만 상법전이 상행위의 카탈로그로 뒤덮여버릴 수도 있기 때문이다. 한편 주관주의도 상인의 개념정립에 대한 완전한 입법주의는 아니다. 순수히 상인의 행위형식에만 착안하여 상인개념을 완결짓는 것도 어려운 일이기 때문이다. 그러나 주관주의가 지니는 단점은 객관주의의 그것보다는 상대적으로 훨씬 적다고 생각된다.

독일 신상법이 만들어진 지 100년이 경과한 1998년 독일상법은 상인의 개념에 대해서는 획기적인 변신을 하였다. 우리나라와 일본상법에 결정적 영향을 미친 독일상법이 대변신을 한 것이다. 우리 상법도 독일상법을 모델로 당연상인, 의제상인, 소상인의 구별을 하고 있는데, 독일에서는 1998년 7월 1일부로

---

2) §§1, 2 HGB: 독일에서는 이 규정들도 주관주의에 속한다고 보는 것이 일반이다. vgl., Canaris, Handelsrecht, 22. Aufl., S. 2.

이 구별이 모두 없어졌다. 당연상인도 없고 의제상인도 없고 소상인도 없다. 오로지 상인과 비상인만 있을 뿐이다. 그러면 왜 독일상법은 이러한 대변신을 꾀한 것일까? 우선 동법 제1조 2항에 열거되어 있던 기본적 상행위의 카탈로그가 너무 시대에 뒤떨어져 그 해석을 놓고 견해가 분분하였고 시대의 흐름은 더 이상 해석으로 해결지을 수 없는 한계점을 노정하였기 때문이다. 경제의 변동은 급속하고 앞으로도 상인의 새로운 활동영역은 무한히 확장될 것이 분명한데 법전상의 상행위 카탈로그를 언제까지 늘려 갈 것인가? 그런 문제에 대한 학계, 법조계, 경제계의 인식은 통일되었고, 약 100년의 신상법 운영경험을 종합하여 상인개념에 대한 대수술을 단행한 것이다. 그리하여 기본적 상행위의 카탈로그는 아예 없어졌고 무엇을 하든지 영업으로 하기만 하면 상인이 되도록 법규정을 단순화하였다. 즉 영업(Gewerbebetrieb)이 상인의 결정적 개념요소로 자리잡게 되었다. 무엇을 하건 그것은 문제삼지 않으므로 상법이 경제의 변동을 두려워할 필요가 없게 되었다.

　이러한 독일상법의 대변신(大變身)은 우리 상법의 운영면에서도 참고의 여지가 있다. 상법 제46조 각호의 기본적 상행위는 해석상으로도 문제를 야기시킨다. 특정 행위를 기본적 상행위로 볼 것이냐 여부를 놓고 견해의 일치를 보지 못하면 법생활의 불안정도 심각해진다. 나아가 언제까지 열거된 호수를 늘려가기만 할 것인가? 이것도 매우 심각한 문제이다. 의제상인의 경우에도 상인적 설비나 상인적 방법이란 개념은 유동적이고 애매모호하다. 경제의 발전은 속도를 더하고 있고 각종 벤처기업의 등장과 기술패권주의는 기본적 상행위의 숫자를 기하급수적으로 팽창시킬 것이다. 또 오늘날의 경제발전 추세를 보면 전통적으로 상인의 활동영역이라고 생각해 오던 분야와 그렇지 않은 분야를 뚜렷이 구별하기가 점점 더 어려워진다는 사실이다. 다시 표현하자면 당연상인과 의제상인을 구별해 오던 역사적 의미가 사라졌다는 것이다. 이렇게 본다면 우리 상법에서도 독일에서와 마찬가지로 무엇을 하든 영업으로 하면 상인성을 인정하는 상인요건의 간이화가 바람직하지 않을까?[3] 21세기 우리 상법학의 당면과제이다.

---

3) 실질적 의미의 상법을 '영업에 관한 일반사법'으로 보는 국내 학설도 있다(영업법설)(김성탁, 19면).

제 3 절 상인의 개념요건

현행 상법상 상인자격을 취득할 수 있는 가능성은 두 가지밖에 없다. 당연상인 혹은 의제상인이 되는 것이다. 그러나 상법은 이에 추가하여 소상인의 개념을 인정하고 있다. 그러나 이것은 제3의 상인자격은 아니다. 단지 소상인도 상인이기는 하나 그 규모의 영세성으로 상법의 일부규정을 적용시킬 필요가 없기 때문에 특별히 창안된 개념에 불과하다. 나아가 상인이 아님에도 불구하고 외부적으로 상인의 법외관이 작출될 때에는 외관법리의 적용이 나타날 수 있다. 이하 우리는 당연상인, 의제상인, 소상인 및 외관상인(표현상인)의 개념요건을 살펴본다.

I. 당연상인

1. 의 의

當然商人(Mußkaufmann)이라 함은 상법 제46조 각호의 행위를 영업성을 갖추어 자기명의로 하는 자이다($\frac{4}{46}$). 왜 상법은 이러한 행위주체에게 '당연'상인이라는 이름을 붙였을까? 그것은 상법 제46조 각호의 행위는 역사적으로 또는 전래적으로 상인의 활동영역이었으므로 그러한 행위를 하는 자는 당연히 상인이 되어 상법의 적용을 받아야 한다는 일종의 당위성을 표현하려 했기 때문이다. 그리하여 상법 제46조 각호의 행위를 우리는 기본적 상행위(Grundhandelsgewerbe)라 한다.

2. 개념요건

현행 상법상 당연상인이 되자면 상법 제46조 각호의 행위를 영업으로 또 자기명의로 하여야 한다. 이제 당연상인의 이 세 가지 개념요건을 살펴보자.

(1) 상법 제46조 각호의 행위

이는 상법 제46조 1호에서부터 22호까지 22가지가 나열되어 있다. 상법은 제한적 열거주의(Enumerationsprinzip)를 취하고 있으며 이를 영업으로 할 때 기본적 상행위가 된다($\frac{상}{1호}46$). 그러나 오로지 임금을 받을 목적으로 물건을 제조하거나 노무에 종사하는 자의 행위는 여기서 제외된다($\frac{상}{단서}46$). 이 단서의 의미는 지나친 영세성으로 기업성을 인정할 수 없는 자를 상인의 범위에서 제외시킨다는 뜻이다. 임금을 받는다는 뜻은 특정인에게 고용되어 보수를 받는 것이 아니라 제조 또는 노무의 양에 따라 영세한 보수를 받음을 뜻한다.[1] 물론 이러한 행위를 하는 자도 영업성을 갖추어 제조행위나 노무를 할 수는 있지만 지나친 영세성으로 상행위의 범주에서 제외시킨 것이다. 어떠한 자가 이에 해당하느냐는 시설 또는 거래의 규모로 판단할 수밖에 없을 것이다.[2]

① 동산, 부동산, 유가증권 기타 재산의 매매($\frac{상}{1호}46$)   매매는 가장 오래되고 가장 전형적인 상인의 활동대상이었다. 독일에서 상인을 Kaufmann이라고 하는 이유도 여기에 있다. 즉 유형재화의 전환을 매개하는 것이 고유한 의미의 商이라고 이미 설명하였듯이 매매야말로 상행위 중의 으뜸이요, 그 始源이라고 할 수 있다.

본호에서 말하는 '賣買'는 유상취득 또는 유상양도를 목적으로 하는 채권행위이다. 따라서 매매계약의 이행단계에서 나타나는 물권행위는 여기에 포함되지 않는다. 나아가 물건을 제조 또는 가공하여 매도하는 행위($\frac{상}{3호}46$)도 여기에 포함되지 않는다. 매매의 목적물은 동산, 부동산, 유가증권 기타 재산이다. '기타 재산'에는 특허권, 저작권 등의 무체재산권이나 광업권과 같은 준물권이 포함된다. 그러나 여기에서 말하는 '매매'의 포섭범위에 대해서는 다음과 같은 학설의 대립이 있다.

첫째 견해는 '매도 또는 매수'로 보는 설이다.[3] 이 입장에서는 賣渡나 買受 중 어느 하나만으로도 상법 제46조 1호상의 매매를 구성할 수 있다고 한다. 따라서 이 입장에 의하면 매매의 범위가 넓어지고 당연상인의 외연도 확장된다. 이 때 매수는 유상승계취득을 뜻하고 매도는 유상양도를 뜻한다고 한다. 그러나 매도의 경우는 몰라도 매수만으로도 本號의 요건이 충족된다는 설명은 현실과 거리가 멀다. 타인으로부터 재화를 유상취득하여 이를 더 비싼 가격으로 되팔아 그 차액을 이윤으로 하는 것이 매매상의 행위방식이지 오로지 사들이

---

1) 이철송, 85면.
2) 예컨대 소규모로 행해지는 바느질의 도급, 타자의 도급, 개인택시운행 등을 들 수 있다. 이·최, 303면; 이철송, 85면 참조.
3) 정찬형, 63면; 채이식, 146면; 김성태, 384면.

기만 하는 행위로 상인이 될 수는 없을 것이기 때문이다. 나아가 이 설에 따르면 매각행위만으로도 상행위가 되므로 농업이나 임업, 어업과 같은 원시산업도 상행위성을 인정받을 수 있게 된다. 경작한 농산물이나 수확한 수산물은 원시취득한 것이지만 매도행위만으로도 매매를 구성할 수 있어 농부도 상인이요, 어부도 상인이 될 수 있다는 모순이 발생한다.

둘째 견해는 '買受와 賣渡'로 보는 입장이다.[4] 즉 사들이거나 되파는 행위만으로는 상행위가 되지 아니하고 이를 합성하여 '사서 되파는 행위'를 매매로 보는 입장이다. 이 입장에서는 매수와 매도간에 내적 관련성(innerer Zusammenhang)이 있어야 한다고 풀이한다. 즉 사들이는 행위는 되팔기 위한 목적 즉 전매의도로 행해져야 하므로 매도와 매수는 이러한 주관적 요소에 의하여 연결되어야 한다고 본다. 따라서 이 설은 원시산업의 상행위성을 부정한다.

셋째 학설은 '賣渡와 買受' 또는 '賣渡'로 보는 입장이다.[5] 이 설은 '사서 되파는' 전형적인 상인의 전환매개행위(Umsatzgeschäft) 이외에도 원시취득한 농작물 등을 영업적으로 유상매각하는 행위도 제46조 1호의 '매매'에 포함시키자는 입장이다.

생각건대 상법 제46조 1호의 '매매'는 전형적인 상인의 활동방식으로서 가장 대표적인 상행위임을 감안하여 해석해야 할 것이다. 매매라는 문언에 구속되지 말고 유형재화의 전환을 매개하는 고유한 의미의 상이 어떻게 관념되는지 그 표상을 살려 해석에 반영하여야 할 것이다. 상식적으로 생각해도 賣買商의 행위내용은 쉽게 표현하자면 싸게 사서 비싸게 되팔아 그 차액을 이윤으로 하는 것이다. 따라서 사들인다는 것 또는 내다판다는 것만으로는 本號의 상행위를 구성할 수 없다. 매매란 재화의 전환매개행위로서 유상취득한 재화를 유상매각하는 행위인 것이다. 이러한 관점에서 첫째 견해는 지지할 수 없다. 셋째 견해는 원시취득한 농산물 등을 유상매각하는 경우 그 매도방식이 영업성을 갖추면 상인성을 인정하자는 것인데 이 역시 매매상의 본래의 모습은 아닐 것이다. 유상취득한 것을 되파는 것이 매매상이지 경작한 수확물을 단지 영업성의 요건만 갖추어 판다고 상인일 수는 없겠기 때문이다. 따라서 둘째 견해에 따르는 것이 합당하다. 단지 매매상의 실제활동형식을 고려하면 사들이는 방

---

4) 정동윤, 145면: 이 · 최, 263면: 최준선, 111면: 송옥렬, 19면: 최 · 김, 47면.
5) 이철송, 322면: 김홍기, 130면.

식, 즉 매물을 확보하는 방식이 반드시 매매여야 할 필요는 없다는 것이다. 즉 교환, 소비대차, 소비임치(⅓₀₂) 등의 유상행위 또는 대물변제조로 취득한 것을 유상매각하는 것도 매매상의 활동형식에 포함되는 것이다. 즉 유형재화의 전환매개라는 고유의 의미의 商의 활동방식을 충실히 반영하여야 할 것이다. 그러나 확보한 재화를 처분하는 방식은 매매여야 한다. 종합적으로 본호의 매매를 해석해 보면 '유무형재화의 소유권을 유상취득한 후 이를 유상매각하는 행위'(Anschaffung und Weiterveräußerung)로 보아야 할 것이다.[6]

② 동산, 부동산, 유가증권 기타 재산의 임대차(⅖ł₆) 이것은 소유권이전이 아닌 재산의 이용을 영업의 대상으로 하는 행위이다. 예컨대 비디오대여업, 오피스텔대여업, 예복대여업 등이 이에 해당한다. 그러나 리스업은 본조 제19호에 별도의 상행위로 규정되어 있으므로 여기에 포함되지 않는다. 임대차의 목적물로 상법은 유가증권도 들고 있는데 이는 담보제공을 위한 株券이나 사채권의 임대차를 말한다.

본호의 임대차의 의미에 대해서도 첫째 '임대할 의사를 가지고 임차하거나 또는 이것을 임대하는 행위',[7] 둘째 '임차와 임대가 내적으로 연관된 것',[8] 셋째 '자기재산의 임대 또는 타인재산을 임차하여 轉貸하는 행위',[9] 넷째 '이익을 얻고 임대할 의사로 유상취득이나 임차하는 행위와 이것을 임대하는 행위'[10] 등의 학설의 대립이 있다.

첫째의 견해에 따르면 임차만 하여도 본호의 상행위를 구성할 수 있다고 하나 임차만을 영업으로 하는 상인은 상상키 힘들다. 상법 제46조는 기본적 상행위라는 제하에 전형적인 상인의 활동방식을 열거하고 있는 것이므로 전형적인 대여상의 활동방식을 해석에 반영하여야 한다고 본다. 둘째의 견해는 임차와 임대를 합성시킨 개념으로서 임차하여 임대하는 영업으로 해석하면서 양자간의 내적 관련성, 즉 임대할 의사로 임차하여 이를 임대하는 것으로 본다. 그러나 임대할 목적물을 취득하는 방식이 반드시 임대차로 한정될 필요는 없다. 이렇게 보면 대여업의 활동방식은 지나치게 좁아진다. 셋째 학설은 영리의 목적

---

6) Baumbach/Duden/Hopt, HGB, 27. Aufl., §1, Anm. 2.
7) 정찬형, 64면; 이·최, 296면.
8) 서돈각, 83면.
9) 이철송, 323면.
10) 정동윤, 146면; 최·김, 48면.

으로 임대할 의사없이 취득한 물건도 이를 임대만 하면 본호의 임대차를 구성
할 수 있다는 결과가 되는데 이 역시 '당연상인'의 외형은 아니라고 생각된다.
예컨대 대학교수가 연구목적으로 평생 사모은 서적들을 정년 후 유상대여한다
고 그를 '당연'상인으로 보기는 어렵지 않을까? 그의 대여업이 상인적 설비와
방법을 갖추었을 때에는 의제상인성을 인정하는 것으로 충분할 것이다($\frac{4}{2}$5).
이렇게 본다면 마지막 견해가 가장 타당하다. 대여상의 활동방식을 가장 잘 반
영하고 있다고 보여지기 때문이다. 영리목적의 임대를 하기 위하여 대여물을
유상취득하거나 혹은 임차하여 이를 임대하는 행위가 본호에서 말하는 임대차
의 가장 적절한 설명이다.

③ **제조, 가공 또는 수선에 관한 행위**($\frac{46}{3호}$)　　　제조업 기타 공업자의 상인
성에 관한 규정이다. 제조, 가공, 수선에 '관한' 행위라 함은 타인을 위하여 이들
을 유상으로 인수하고 그에 관한 보수를 받을 것을 약정하는 행위뿐만 아니라
자기계산으로 원료를 유상취득한 다음 제조, 가공, 수선하여 판매하는 행위도
포함된다. 즉 제조, 가공 및 수선 그 자체의 사실행위를 뜻하는 것은 아니다. 제
조라 함은 재료에 노력을 들여 전혀 다른 물건으로 만드는 행위로서 제지, 제
사, 방직 등이 이에 속하고, 가공이란 재료의 동일성을 유지시키면서 변화를 가
하는 행위로서 염색, 세탁, 정미 등이 그 예이다. 수선이란 물건이 제기능을 발
휘하지 못할 때 그 기능을 회복시켜주는 것으로서 시계나 자동차수리 등이 이
에 속한다.

④ **전기, 전파, 가스, 또는 물의 공급에 관한 행위**($\frac{46}{4호}$)　　　이것은 전기, 전
파, 가스 또는 수도 등의 계속적인 공급을 인수하는 행위를 뜻한다. 그 법적 성
질은 공급대상물의 매매계약이라고 파악되나 그 공급에 수반하여 설비의 임대
가 뒤따르는 때에는 매매와 임대차의 혼합계약적 성질을 갖게 된다.

방송사업의 상행위성

　과거에는 상법 제46조 제4호의 '전파의 공급에 관한 행위'를 방송사업으로 풀이
하는 것이 보통이었다.[11] 그러나 2010년 상법개정시 방송사업의 상행위성에 대해서
는 다수의 논의가 있었고 최종적으로 '방송'을 상법 제46조상 기본적 상행위에서
제외하였다. 방송의 공적 책임, 공정성 및 공익성을 고려한 결과이다.[12] 그러나 '방

---

11) 이철송, 323면; 정찬형, 상법강의(상), 25판, 2022년, 65면.
12) 이에 대해서는 김선광, "상행위개념의 변화와 상법개정－방송·지급결제업무를 중심으로－", 「상
사법연구」, 제28권 제2호(2009), 9면 이하 참조.

송'의 기본적 상행위성이 부인된다 하여도 방송사들은 대개 회사의 형태로 운영될 것이므로 결국 상법 제5조 제2항에 의한 의제상인으로서 상법의 적용을 받게 될 것이다.

⑤ 작업 또는 노무의 도급의 인수($\frac{\text{상}46}{5\text{호}}$) 작업의 도급이라 함은 부동산 또는 선박에 관한 공사를 인수하는 행위를 뜻한다. 이 점에서 상법 제46조 제3호의 제조, 가공, 수선이 動産을 대상으로 하고 있는 것과 다르다. 선박건조, 교량건설, 가옥수리 등에 관한 도급계약이 그 예이다.

노무의 도급의 인수라 함은 인부 기타 근로자의 공급을 인수하는 계약이다. 주로 토목공사나 하역업에 필요한 노동자의 공급을 그 대상으로 한다.

⑥ 출판, 인쇄 또는 촬영에 관한 행위($\frac{\text{상}46}{6\text{호}}$) 출판에 관한 행위란 문서 또는 도화를 인쇄하여 발매 또는 유상으로 배포하는 행위를 말한다. 출판을 위하여는 저작자와 출판계약(Verlagsvertrag), 또 인쇄업자와는 인쇄계약(Druck-vertrag)을 체결하게 된다. 그러나 이들이 필연적으로 출판행위에 수반되는 것은 아니다. 저자가 직접 출판사를 경영하는 경우도 있다. 그리하여 본호에서 말하는 '출판에 관한 행위'라 함은 이러한 완성출판물의 매도 내지 유상배포행위를 뜻한다(영업적 상행위). 이에 반하여 출판계약이나 인쇄계약은 출판행위의 부속적 상행위로 볼 수 있을 것이다. 본호의 출판행위를 출판계약이나 인쇄계약을 포함시킨 복합적 개념으로 인식하는 학설도 있다.

인쇄에 관한 행위라 함은 기계 또는 화학적 방법에 의한 문서 또는 도화의 복제를 인수하는 것이며, 촬영이라 함은 사진이나 비디오의 촬영을 인수하는 행위이다. 사진관영업이 그 예이다.

⑦ 광고, 통신 또는 정보에 관한 행위($\frac{\text{상}46}{7\text{호}}$) 광고라 함은 일반 공중에게 기업의 명성을 선전하거나 일정 상품의 소비를 자극하기 위한 홍보행위로서 광고업이 이에 해당한다. 통신이라 함은 뉴스의 제공행위로서 각종 통신사의 영업활동이 이에 해당한다. 정보에 관한 행위라 함은 과거의 興信所의 행위로서 타인의 자력이나 신용 및 기타 신원에 관한 사항을 수집하여 제공할 것을 인수하는 행위이다. 정보처리업, 신용평가업 등이 이에 해당한다.

⑧ 수신, 여신, 환 기타의 금융거래($\frac{\text{상}46}{8\text{호}}$) 이는 은행업의 상행위성을 규정하고 있다. 은행이 행하는 각종의 금전대여를 통한 여신거래와 저축상품 등의 예금취급을 통한 수신거래, 나아가 異種의 화폐를 바꾸어주는 환전업무 등

이 여기에 속한다. 그 외에 어음할인이나 보증행위 등도 여기에 속하며, 전당포의 대금행위 역시 이에 포함된다.

⑨ **공중(公衆)이 이용하는 시설에 의한 거래**($^{46}_{9호}$)   이는 공중접객업자의 상행위를 규정하고 있다. 公衆의 集來에 적합한 인적 조직과 물적 설비를 갖추어 이를 이용시키는 각종 행위가 이에 해당한다. 여관, 다방, 호텔, 목욕탕, 오락실영업이 그 주요 예이다.

⑩ **상행위의 대리의 인수**($^{46}_{10호}$)   이는 대리상의 당연상인성을 밝히는 규정이다. 대리상이라 함은 단수이건 복수이건 특정된 상인을 위하여 상행위로 되는 행위의 대리를 인수하는 자이다. 상법상의 대리상에는 締約代理商과 仲介代理商이 있는 바, 본호는 전자의 행위를 지칭한다.

⑪ **중개에 관한 행위**($^{46}_{11호}$)   본호는 상법상의 중개상($^{상}_{93}$), 중개대리상($^{상}_{87}$) 및 민사중개인(부동산중개인, 직업소개소 등)의 당연상인성을 밝히고 있다. 중개라 함은 타인간의 법률행위의 체결에 조력하는 행위로서 본호의 행위는 그러한 중개를 인수하는 행위이다.

⑫ **위탁매매 기타 주선에 관한 행위**($^{46}_{12호}$)   주선행위라 함은 자신의 명의로 그러나 타인의 계산으로 하는 행위이다. 주선행위의 법률효과는 주선행위자에게 귀속하나 경제적 효과는 위탁자에게 돌아간다. 위탁매매인이나 운송주선인의 행위가 그 대표적인 예이다. 위탁자로부터 주선행위의 인수를 하는 것이 본호의 행위이다. 매매나 물건운송 이외의 분야에서도 주선행위는 가능하고 상법은 이들을 준위탁매매인으로 부르고 있다($^{상}_{113}$).

⑬ **운송의 인수**($^{46}_{13호}$)   물건 또는 사람의 장소적 이동을 약정하는 운송의 인수가 본호의 상행위이다. 사실행위로서의 운송 그 자체는 본호에 해당되지 않는다. 운송공간이나 운송수단은 묻지 않는다. 따라서 육상, 해상, 항공운송 등 모든 분야가 망라되며, 이들간의 결합으로 이루어진 복합운송(combined transport)도 이에 포함된다.

⑭ **임치의 인수**($^{46}_{14호}$)   타인을 위하여 물건 또는 유가증권의 보관을 인수하는 계약을 임치라 한다($^{민}_{693}$). 혼장임치는 여기에 포함되나 소비임치는 이에 포함되지 않는다. 창고업, 주차장업, 코인 로커(coin locker)업 등이 이에 해당한다.

⑮ **신탁의 인수**($^{46}_{15호}$)   신탁이란 신탁설정자가 특정의 재산권을 수탁자

에게 이전하거나 기타의 처분을 하고 수탁자로 하여금 일정한 자의 이익 또는
특정의 목적을 위하여 그 재산권을 관리, 처분케 하는 법률관계이다(_{1항}^{신탁법}). 이
러한 신탁관계상 수탁자의 지위를 인수하는 행위가 본호의 행위이다. 거래의
외형상으로는 신탁자가 수탁자에게 완전한 권리를 이전시키나 신탁의 내부관
계에서 수탁자는 신탁목적으로만 신탁재산을 관리할 채권적 구속을 받는다.

⑯ **상호부금 기타 이와 유사한 행위**(_{16호}^{상46})　상호부금이란 일정한 기간을
정하여 부금을 납입하면 중도 또는 만기에 일정금의 지급이 약정되는 제도이
다. 상호신용금고에서 취급하는 상호신용계업무가 이에 해당한다.

⑰ **보험**(_{17호}^{상46})　보험(insurance; Versicherung)이란 동일 위험에 놓인 다
수인이 단체를 구성하여 사건도래의 개연성을 표준으로 산출된 일정액을 출연
하고 이 기금으로부터 불확정한 사고의 도래시 그 위험이 도래한 자에게 일정
액을 급여하는 위험분산수단이다.[13] 보험에는 영리보험과 상호보험(mutual in-
surance)이 있는데 전자의 보험인수행위가 본호의 행위이다.

⑱ **광물 및 토석의 채취에 관한 행위**(_{18호}^{상46})　이것은 원래 원시산업에 속
하는 것이지만 자본규모나 설비 등을 고려할 때 그 기업성이 농후하여 상행위
성을 인정한 것이다. 광업, 채석업, 채토업, 사광업이 여기에 속한다. 본호에서
말하는 광물 및 토석의 채취에 관한 행위란 채굴 및 광석 분리의 사실행위가 아
니라 채취한 것을 판매하는 행위를 일컫는다. 또 채취한 광물을 가공하여 매도
하는 행위도 여기서 말하는 행위에 포함된다. 그러나 농업, 어업 등 여타의 一
次産業은 의제상인(₅^상)이 될 수는 있겠지만 당연상인성을 인정하지는 않는다.

⑲ **기계, 시설 기타 재산의 금융리스에 관한 행위**(_{19호}^{상46})　이는 리스행위
(lease)를 지칭하는 말이다. 상법 제46조 19호 내지 21호의 규정은 1995년 상법
개정에서 새로이 추가된 것들이다. 리스라 함은 임대차와 구별되는 것으로서 이
용자가 직접 리스물의 유지관리책임을 부담하는 기업의 신종 설비조달방식이
다. 공급자, 리스회사, 리스이용자의 3당사자관계가 나타나고, 공급자와 리스회
사간에는 매매가, 리스이용자와 리스회사간에는 리스계약이 체결된다. 매매계약
관계로부터 파생되는 하자담보권은 약관상 리스이용자가 대위행사한다. 지금

---

13) 박세민, 보험법, 제6판, 2021년, 1면; Edgar Hoffmann은 보험의 개념요소로서 (i) 위험(Gefahr),
(ii) 위험의 同種性(Gleichartigkeit), (iii) 통계적 기초(planmäßige Grundlage), (iv) 위험공동체성(Gefahr-
gemeinschaft), (v) 법적 청구권(Rechtsanspruch)을 들고 있다. vgl. Hoffmann, Privatversicherungsrecht,
2. Aufl., S. 4.

까지는 주로 기업설비의 조달방식으로 이용되었으나 앞으로는 소비자리스도 활발해질 것이다.

⑳ **상호, 상표 등의 사용허락에 의한 영업에 관한 행위**($\frac{상}{20호}^{46}$)　　　본호는 프랜차이즈거래(franchise)를 뜻한다. 프랜차이즈는 특정 업종에 대한 가맹회사(franchisor)의 노하우 등을 가맹자(franchisee)가 손쉽게 이용할 수 있는 신종 영업기법이다. 특정 분야의 축적된 기술과 영업방식을 초보자에게 제공함으로써 새로운 시장참여자(new comer)가 어려움없이 시장에 진입할 수 있게 도와주고, 기술지도 및 통일된 로고의 사용으로 개업 초기부터 안정적인 매출액을 확보할 수 있다.

㉑ **영업상 채권의 매입, 회수 등에 관한 행위**($\frac{상}{21호}^{46}$)　　　이는 팩터링(factoring)거래를 뜻한다. 팩터(factor)는 전문적으로 타기업의 매출채권을 추심해주거나 아예 매출채권을 양도받아 이를 회수하는 영업자이다. 각 생산기업들은 매출채권을 일일이 직접 회수하는 것보다 전문 팩터에게 변제기 전에 양도함으로써 효율적으로 금전운용을 할 수 있게 되고 생산활동에만 전념할 수 있게 된다. 신용사회로 발전해감에 따라 매출채권의 위험도를 정확히 평가할 수 있고 따라서 이러한 채권매입업은 점점 더 안정적으로 발전해가고 있다.

㉒ **신용카드, 전자화폐 등을 이용한 지급결제업무의 인수**($\frac{상}{22호}^{46}$)　　　이는 신용카드, 전자화폐, 직불카드, 선불전자지급수단 등을 통한 지급결제업무의 인수행위이다. 지급결제란 거래당사자간 채권·채무를 화폐적 가치의 이전을 통하여 청산하는 행위이다.[14)]

(2) 영업성

당연상인의 두번째 요건은 영업성이다. 즉 상법 제46조 각호의 행위를 영업으로 하여야 한다. 영업으로 할 경우에 상기 각 행위들이 상행위가 된다. 그렇다면 영업으로 한다는 것은 무엇을 뜻하는가? 영업성이 충족되자면 첫째 이윤추구의 의도를 갖고 있어야 하고, 둘째 위 행위를 계속적·반복적으로 해야 하며, 셋째 해당 행위가 대외적으로 인식가능하여야 한다. 넷째 소극적인 요건으로서 해당 행위가 자유업종에 속하지 않아야 한다. 영업성의 요건에서는 이외에도 법적으로 허용된 행위만을 영업의 대상으로 볼 것인가가 논의되고 있다.

---

14) 김선광, "상행위개념의 변화와 상법개정 - 방송·지급결제업무를 중심으로 -", 「상사법연구」, 제28권 제2호(2009), 23면 이하 참조.

(가) 영리의 의도　　영리의 의도라 함은 이윤추구의 의도(Gewinnerzielungs-absicht)를 뜻한다. 이윤추구의 의도란 지출한 것보다 더 많은 수익이 있어야 한다는 의미로 이해될 수 있다.[15] 이러한 의미에서 단순히 자체경비의 충당을 목적으로 운영되는 공장, 兵營의 매점(PX) 등의 행위는 영업성을 띠지 않는다. 그러나 영리의 의도가 존재하는 한, 이익 또는 손실의 유무 또는 실현된 이익의 사용처 등은 문제시되지 않는다. 또 영리의 목적이 유일한 목적일 필요도 없다. 영리의 목적 외에 자선목적이나 공익을 동시에 추구하여도 문제될 것이 없다.

(나) 계속성　　영업(Gewerbe)의 요건이 갖추어지자면 해당 행위의 주체가 그 대상을 반복하는 계속성을 갖추어야 한다.[16] 단순히 일회적인 투기행위나 기회가 있을 때마다 하는 행위 등은 계속성의 요건을 충족시킬 수 없다. 단지 그 영업기간이 반드시 장기일 필요는 없다. 여름에만 영업을 하는 해수욕장의 매점 등도 계속성의 요건을 충족시킬 수 있다.

(다) 대외적인 인식가능성　　행위주체의 활동이 대외적으로 인식될 수 있어야 한다(äußere Erkennbarkeit). 예컨대 비밀로 하는 투기행위 등은 영업의 요건을 갖출 수 없다. 본시 영업성이라는 개념도 중세의 전형적인 商人觀에서 유래하고 있다. 시장장터(Marktplatz)에서 公衆을 상대로 물건을 매도하는 전형적인 賣買商의 모습을 상상해보라. 따라서 증권거래소에서 은밀히 주가의 상승을 기대하며 매일 증권을 사고파는 수많은 소액투자자들은 비록 영리의 의도로 유가증권의 매매를 되풀이하여도 상인이 아닌 것이다.[17] 따라서 영업이 되자면 계속하여 영리추구의 의도로 해당 행위를 반복하겠다는 표상이 대외적으로 인식가능하게 현현(顯現)되어야 한다.[18]

(라) 행위의 허용성 문제　　독일의 일부 학설은 강행법규위반이나 양속위반의 행위를 영업의 대상에서 제외시키고 있다. 이 학설은 예컨대 고리대금업, 마약밀매, 사창업, 장물취급업, 나아가 행위의 결과 제소불가의 자연채무(Natural-

---

15) BGHZ 33, 321.

16) 대판 1991. 7. 23, 91도1274; "부동산중개업법 제2조 1호에 규정된 중개업의 요건으로서 알선 중개를 영업으로 한다고 함은 반복, 계속하여 영업으로 알선 중개를 하는 것을 가리키는 것이므로, 이러한 반복계속성이나 영업성이 없이 우연한 기회에 타인간의 거래행위를 중개한 경우에 불과한 경우에는 중개업에 해당하지 않는다."

17) Canaris, Handelsrecht, 24. Aufl., §2 I, Rdnr. 7, S. 21.

18) ROHG 22 [1878], 303; Lettl, S. 10, Rdnr. 12.

obligation)만을 남기는 행위들에 대해서는 영업성을 부인한다.[19] 이 학설은 영업성의 요건이 충족되자면 상인이 행하는 행위의 私法上의 효력까지 긍정되어야 한다고 주장하나 상기 업종의 영위자에게 오히려 더 유리한 일반 민법규정의 적용가능성도 있고 또 영업의 개념이 선악의 구별을 위하여 존재하는 것은 아니라고 봐야 할 것이다. 따라서 상기 업종에 대해서도 영업성을 부인할 필요는 없을 것이다.[20]

(마) 자유업종이 아닐 것(소극적 요건)   끝으로 영업의 개념에 대한 소극적 요건은 자유업종(freie Berufe)이 아니어야 한다는 것이다. 전통적으로 의사,[21] 변호사,[22] 공인회계사, 화가 등의 예술가, 작가, 건축설계가 등의 직업은[23] 설사 그들의 행위가 상인적 성격을 가미하고 있더라도 역사적 근거와 사회적인 직업관에서 상인으로 취급되지 않는다.[24]

결국 영업이란 이윤추구의 의도하에 외부로부터 인식가능한 상태에서 일정 기간 이상 지속적으로 행해지는 것으로서 자유업종이 아닌 것을 말한다.

대판 2022. 5. 26, 2022다200249
[의사 및 의료기관의 당연상인 내지 의제상인성을 부정한 사례]
"... 의사의 영리추구 활동을 제한하고 그 직무에 관하여 고도의 공공성과 윤리성을 강조하며 의료행위를 보호하는 의료법의 여러 규정에 비추어 보면, 개별 사안에 따라 전문적인 의료지식을 활용하여 진료 등을 행하는 의사의 활동은 간이·신속

---

19) Brox/Henssler, Handelsrecht, Rdnr. 27; Hübner, Rdnr. 11; Großkomm-Brüggemann, §1 Rdnr. 17.

20) K. Schmidt, HandelsR, 3. Aufl., §9 Ⅳ 2 b cc S. 252; "Der Gewerbebegriff ist nicht dazu da, Gut und Böse zu trennen."

21) 대판 2022. 5. 26, 2022다200249(의사 및 의료기관의 상인성을 부정한 판례).

22) 대법원 2007. 7. 26. 2006마334 결정(변호사의 의제상인성을 부정한 판례); 변호사의 상인성을 부정한 판례로는 서울중앙지법 2003비단19, 법률신문 3254호(2004. 3. 29.), 3면 ['사무실을 임차해 불특정다수 고객을 상대로 영리목적으로 법률서비스를 제공하고 있어 상법 제5조의 의제상인에 해당되는 만큼 등기관의 각하결정을 취소해달라'는 취소청구를 기각한 사례]: "변호사법 제1조(변호사의 사명)와 제38조(겸직제한) 등의 규정에 비추어 볼 때 변호사가 그 직무를 수행하는 것은 상업이나 영리를 목적으로 하는 업무, 즉 상행위가 아닌 것으로 봐야 한다. 따라서 변호사가 변호사로서의 직무를 수행하는 범위 내에서는 상인이 될 수 없으며 변호사 직무 이외의 다른 영리활동을 영위하고자 한다면 소속 지방변호사회의 허가를 받거나 휴업해야 한다. … 신청인이 영리활동을 하기 위해 소속 지방변호사회의 허가를 받았다는 자료를 제출한 바 없으므로 상호신설등기신청을 각하한 등기관의 처분은 정당하다."

23) BGH WM 1979, 559; Koch, HGB, 41. Aufl., §1 Rdnr. 19; Lettl, Handelsrecht, 4. Aufl., §2 Rdnr. 14: 독일의 판례와 통설 역시 의사, 변호사, 공증인, 공인회계사, 건축설계사, 세무사, 작가, 통역사, 화가, 조각가 등의 활동에 대해서는 영업성을 부정한다. 역사적으로 형성되어 온 전래적 직업관이나 실정법규가 그 이유라고 한다. 그러한 연유로 이들의 상인성을 부정한다. 다만 약사의 경우에는 예외를 인정한다고 한다(Canaris, Handelsrecht, 24. Aufl., §2 Ⅰ, Rdnr. 10).

24) 대판 2022. 8. 25, 2021다311111(세무사의 당연상인성 내지 의제상인성을 부정한 사례).

하고 외관을 중시하는 정형적인 영업활동, 자유로운 광고·선전을 통한 영업의 활성화 도모, 인적·물적 영업기반의 자유로운 확충을 통한 최대한의 효율적인 영리추구 허용 등을 특징으로 하는 상인의 영업활동과는 본질적으로 차이가 있다 할 것이다. 또한 의사의 의료행위와 관련하여 형성된 법률관계에 대하여 상인의 영업활동 및 그로 인한 형성된 법률관계와 동일하게 상법을 적용하여야 할 특별한 사회경제적 필요 내지 요청이 있다고 볼 수도 없다. 따라서 의료법의 여러 규정과 제반 사정을 참작하면 의사나 의료기관을 상법 제4조 또는 제5조 제1항이 규정하는 상인이라고 볼 수는 없고, 의사가 의료기관에 대하여 갖는 급여, 수당, 퇴직금 등 채권은 상사채권에 해당한다고 할 수 없다."

대법원 2007. 7. 26, 2006마334 결정
[변호사의 당연상인성이나 의제상인성을 부정한 사례]

"... 변호사는 그 직무수행과 관련하여 의제상인에 해당한다고 볼 수 없고, 조세정책적 필요에 의하여 변호사의 직무수행으로 발생한 소득을 사업소득으로 인정하여 종합소득세를 부과한다고 하여 이를 달리 볼 것은 아니며, 변호사가 상인이 아닌 이상 상호등기에 의하여 그 명칭을 보호할 필요가 있다고 볼 수 없다는 취지로 판단하였음은 정당하고, 거기에 재항고이유에서 주장하는 바와 같은 변호사 직무의 공공성과 영리성에 대한 법리오해 등의 위법이 있다고 할 수 없다."

대판 2022. 8. 25, 2021다311111
[세무사의 상인성을 부정한 사례]

"...세무사의 직무에 관하여 고도의 공공성과 윤리성을 강조하고 있는 세무사법의 여러 규정에 비추어 보면, 개별 사안에 따라 전문적인 세무지식을 활용하여 직무를 수행하는 세무사의 활동은 간이·신속하고 외관을 중시하는 정형적인 영업활동, 자유로운 광고·선전을 통한 영업의 활성화 도모, 인적·물적 영업기반의 자유로운 확충을 통한 최대한의 효율적인 영리 추구 허용 등을 특징으로 하는 상인의 영업활동과는 본질적으로 차이가 있다. 그리고 세무사의 직무와 관련하여 형성된 법률관계에 대하여는 상인의 영업활동 및 그로 인해 형성된 법률관계와 동일하게 상법을 적용하여야 할 특별한 사회경제적 필요 내지 요청이 있다고 볼 수도 없다. 따라서 세무사를 상법 제4조 또는 제5조 제1항이 규정하는 상인이라고 볼 수 없고, 세무사의 직무에 관한 채권이 상사채권에 해당한다고 볼 수 없으므로, 세무사의 직무에 관한 채권에 대하여는 민법 제162조 제1항에 따라 10년의 소멸시효가 적용된다."

대법원 2008. 6. 26. 2007마996 결정
[법무사의 상인성을 부정한 사례]

"법령에 의하여 상당한 정도로 그 영리추구 활동이 제한됨과 아울러 직무의 공공성이 요구되는 법무사의 활동은 상인의 영업활동과는 본질적인 차이가 있고, 법무사의 직무 관련 활동과 그로 인하여 형성된 법률관계에 대하여 상인의 영업활동 및 그로 인하여 형성된 법률관계와 동일하게 상법을 적용하지 않으면 안 될 특별한 사회·경제적 필요 내지 요청이 있다고 볼 수도 없으므로, 법무사를 상법 제5조 제1항이 규정하는 '상인적 방법에 의하여 영업을 하는 자'라고 볼 수는 없다. 따라서 법무사의 상호등기 신청을 각하한 등기관의 처분은 정당하고, 법무사 합동법인의 경우 법무사법 제33조 이하에서 그 명칭의 등기를 허용하고 있다거나, 상호의 등기를 허용하는 다른 일부 전문 직종에서 관계 법령에 공익적 목적의 제한규정을 두고 있는 경우가 있다는 사정만으로 부당한 차별에 해당하여 위법하다고 볼 수는 없다."

(3) 자기명의성

당연상인의 마지막 요건으로 상기의 상행위(영업으로 하는 상법 제46조 각호의 행위)를 자기명의로 하여야 한다. 자기명의로 한다 함은 해당 행위의 결과가 행위자인 상인의 권리와 의무로 귀속됨을 의미한다. 따라서 영업주의 지배인이 실제 법률행위를 해도, 대표이사가 주식회사를 대표해도, 미성년자를 대리하여 법정대리인이 상행위를 하여도 자기명의성은 영업주, 회사 또는 미성년자가 누리는 것이므로 이들이 상인이 된다. 지배인, 대표이사, 법정대리인은 상인이 아니다.

나아가 공법상의 등록시 타인의 명의가 사용되었어도 사법상의 상인자격의 판정에는 실제 영업행위를 하는 자가 기준이 되어야 하므로 공법상 신고된 자가 상인이 되는 것은 아니다.

또한 명의대여자를 규정한 상법 제24조의 경우에도 실제 타인의 명의로 행위에 임한 자에게 자기명의성이 인정되며, 동조의 규정은 단지 외관법리의 일환으로서 그 요건이 충족될 경우 명의를 대여한 사람의 책임발생을 가능케 할 뿐이다.

대판 2008. 12. 11, 2007다66590

"상인은 자기 명의로 상행위를 하는 자를 의미하는데, 여기서 '자기 명의'란 상행위로부터 생기는 권리의무의 귀속주체로 된다는 뜻으로서 실질에 따라 판단하여야 하므로, 행정관청에 대한 인·허가 명의나 국세청에 신고한 사업자등록상의 명의와 실제 영업상의 주체가 다를 경우 후자가 상인이 된다."

II. 의제상인

1. 의 의

상법은 제5조에서 "① 점포 기타 유사한 설비에 의하여 상인적 방법으로 영업을 하는 자는 상행위를 하지 아니하더라도 상인으로 본다. ② 회사는 상행위를 하지 아니하더라도 전항과 같다"고 규정하고 있다. 제1항은 設備商人이라고도 하며, 제2항은 회사의 商人性을 정한 것이다.

상법은 제46조 각호에서 전형적인 상인의 활동영역을 제한적으로 열거하고 있으므로 경제가 발전되어 새로운 상인의 활동영역이 발견되어도 이를 법전에 반영하지 않는 한 상법의 적용대상으로부터 제외되어 부당하다. 따라서 상법은 이러한 난점을 극복하기 위하여 상법 제46조 각호의 행위에는 해당되지 않는다 할지라도 商人的 設備(kaufmännische Einrichtung)와 商人的 方法(kaufmännische Weise)으로 그러한 행위를 할 때에는 이를 準商行爲로 보고 자기명의로 이를 하는 경우 상인성을 부여하고 있다(상⁵). 나아가 회사는 상법이 예정한 법형태상 이미 상인성이 농후하므로 기본적 상행위를 하건 준상행위를 하건 무조건 상인으로 보고 있다(상⁵). 이 두 가지 형태의 상인성을 합하여 擬制商人(Sollkaufmann)이라 한다.

2. 설비상인

점포 기타 이와 유사한 설비에 의하여 상인적 방법으로 영업을 하는 자는 상행위를 하지 않더라도 상인으로 본다. 이를 設備商人이라 한다. 이하 설비상인의 개념요건을 살펴본다.

(1) 상법 제46조 각호 이외의 행위

설비상인이 되기 위하여는 상법 제46조 각호의 행위 이외의 것을 하여야 한다. 즉 기본적 상행위 이외의 행위를 영업대상으로 삼아야 한다. 어느 것이 구체적으로 이에 해당하는지 여부는 상법 제46조 각호의 해석에 맡겨야 할 것이다. 해당 행위의 해석결과 기본적 상행위가 아닌 것이 판명되면 상법 제5조의 적용이 가능해진다.

(2) 영업성

이는 당연상인에 있어서와 동일하다. 즉 당연상인 부분에서 설명한 영업성의 제요건이 충족되어야 한다.

(3) 자기명의성

이 역시 당연상인에서와 마찬가지이다. 자신에게 권리의무가 귀속되는 방법으로 준상행위를 하는 자가 설비상인이다.

(4) 상인적 설비와 상인적 방법

설비상인이 되자면 끝으로 위의 행위를 商人的 設備를 갖추어 商人的 方法으로 하여야 한다.[25] 즉 점포 기타 이와 유사한 설비에 의하여 상인적 방법으로 하여야 한다. 상인적 설비와 상인적 방법이라는 두 가지 요소간의 상호관계에 대해서는 다음과 같은 견해의 대립이 있다. 하나는 상인적 설비("점포 기타 이와 유사한 설비")라는 개념요소를 상인적 방법의 한 例示로 보고 있고,[26] 다른 견해는 상인적 설비와 상인적 방법을 별개의 전제요건으로 다룬다.[27] 후설에 찬동한다. 그렇게 하여야 공간적 설비의 확보가 설비상인의 개념요건이 되기 때문이다. 점포 또는 이와 유사한 공간적 설비는 설비상인의 핵심요소로서 상인적 방법과는 독립시켜 그 충족 여부를 가려야 할 것이다.

상인적 방법이란 매우 광범위하고 추상적인 개념이다. 따라서 그 내용이 무엇인지 구체적으로 파악하기가 쉽지 않다. 그러나 개별 영업의 실상과 거래의 관행 나아가 사회통념을 고려하여 상인의 영업방법이라고 생각되는 다양한 요소들을 제시할 수 있을 것이다. 예컨대 고유의 영업서식 및 상업사용인의 사용, 상업장부의 작성, 상호의 사용, 고객관리를 위한 거래처명부의 비치(Aufbewahrung der Geschäftskorrespondenz), 신용거래, 홍보활동 등 기업 전체의 운영형태를 고려하여야 할 것이다. 물론 민법의 상화현상으로 일반인도 상인의 활동방식을 모방하고 추종할 가능성이 크므로 상인적 방법의 판단에는 신중을 기해야 할 것이다. 企業性 顯現을 위한 행위 외형들을 종합적으로 고려해야 할 것이다.

---

25) 대결 2007. 7. 26, 2006마334, "…변호사를 상법 제5조 1항이 규정하는 '상인적 방법에 의하여 영업을 하는 자'라고 볼 수는 없다 할 것이므로 변호사는 의제상인에 해당하지 않는다."
26) 이·최, 112면.
27) 채이식, 38면.

대판 2012. 4. 13, 2011다104246 [학원업의 의제상인성(적극)]

"甲이 학원 설립과정에서 영업준비자금으로 乙에게서 돈을 차용한 후 학원을 설립하여 운영한 사안에서, 제반 사정에 비추어 甲이 운영한 학원업은 점포 기타 유사한 설비에 의하여 상인적 방법으로 영업을 하는 경우에 해당하여 甲은 상법 제5조 제1항에서 정한 '의제상인'에 해당하는데, 甲의 차용행위는 학원영업을 위한 준비행위에 해당하고 상대방인 乙도 이러한 사정을 알고 있었으므로 차용행위를 한 때 甲은 상인자격을 취득함과 아울러 차용행위는 영업을 위한 행위로서 보조적 상행위가 되어 상법 제64조에서 정한 상사소멸시효가 적용된다."

대결 2007. 7. 26, 2006마334

"1. 변호사가 의제상인인지 여부 등에 대하여

변호사법은 제1조에서 '변호사는 기본적 인권을 옹호하고 사회정의를 실현함을 사명으로 한다. 변호사는 그 사명에 따라 성실히 직무를 수행하고 사회질서의 유지와 법률제도의 개선에 노력하여야 한다.'고 규정하고, 제2조에서 '변호사는 공공성을 지닌 법률 전문직으로서 독립하여 자유롭게 그 직무를 행한다.'고 규정하고, 제3조에서 '변호사는 당사자 기타 관계인의 위임 또는 국가·지방자치단체 기타 공공기관의 위촉 등에 의하여 소송에 관한 행위 및 행정처분의 청구에 관한 대리행위와 일반 법률사무를 행함을 그 직무로 한다.'고 규정한 다음, 변호사의 자격과 등록을 엄격히 제한하고(같은 법 제4조, 제5조, 제7조), 변호사에게 품위유지의무, 비밀유지의무, 공익활동 등 지정업무처리의무 등을 부과하는 규정을 두고 있고(같은 법 제24조, 제26조, 제27조), 법률사무소의 위치와 수, 사무직원의 자격과 인원수 등을 엄격히 제한하고(같은 법 제21조, 제22조), 광고사항 및 방법 등에 일정한 제한을 가하고 연고관계의 선전을 금지하고(같은 법 제23조, 제30조), 수임사건을 제한하고, 계쟁권리의 양수행위, 독직행위, 변호사 아닌 자와 동업 등을 하는 행위, 사건유치 목적으로 법원·수사기관·교정기관 및 병원에 출입하는 행위, 재판·수사기관 공무원, 직무취급자 등의 사건소개 등을 금지하고(같은 법 제31조 내지 제37조), 변호사가 그 직무를 수행하면서 소속 지방변호사회의 허가 없이 상업 기타 영리를 목적으로 하는 업무를 겸영하는 행위 등을 금지하는 규정 등을 두고 있으며(같은 법 제38조), 변호사로 하여금 소속 지방변호사회·대한변호사협회 및 법무부장관의 감독을 받도록 규정하고 있다(같은 법 제39조).

위와 같이 변호사의 영리추구 활동을 엄격히 제한하고 그 직무에 관하여 고도의 공공성과 윤리성을 강조하는 변호사법의 여러 규정에 비추어 보면, 위임인·위촉인과의 개별적 신뢰관계에 기초하여 개개 사건의 특성에 따라 전문적인 법률지식을 활용하여 소송에 관한 행위 및 행정처분의 청구에 관한 대리행위와 일반 법률사무를 수행하는 변호사의 활동은, 간이·신속하고 외관을 중시하는 정형적인 영업활동을 벌이고, 자유로운 광고·선전활동을 통하여 영업의 활성화를 도모하며,

영업소의 설치 및 지배인 등 상업사용인의 선임, 익명조합, 대리상 등을 통하여 인적·물적 영업기반을 자유로이 확충하여 효율적인 방법으로 최대한의 영리를 추구하는 것이 허용되는 상인의 영업활동과는 본질적으로 차이가 있다 할 것이고, 변호사의 직무 관련 활동과 그로 인하여 형성된 법률관계에 대하여 상인의 영업활동 및 그로 인한 형성된 법률관계와 동일하게 상법을 적용하지 않으면 아니 될 특별한 사회경제적 필요 내지 요청이 있다고 볼 수도 없다. 따라서 근래에 전문직업인의 직무 관련 활동이 점차 상업적 성향을 띄게 됨에 따라 사회적 인식도 일부 변화하여 변호사가 유상의 위임계약 등을 통하여 사실상 영리를 목적으로 그 직무를 행하는 것으로 보는 경향이 생겨나고. 소득세법이 변호사의 직무수행으로 인하여 발생한 수익을 같은 법 제19조 제1항 제11호가 규정하는 '사업서비스업에서 발생하는 소득'으로 보아 과세대상으로 삼고 있는 사정 등을 감안한다 하더라도, 위에서 본 변호사법의 여러 규정과 제반 사정을 참작하여 볼 때, 변호사를 상법 제5조 제1항이 규정하는 '상인적 방법에 의하여 영업하는 자'라고 볼 수는 없다 할 것이므로, 변호사는 의제상인에 해당하지 아니한다."

대결 2008. 6. 26, 2007마996 [법무사가 의제상인인지 여부(소극)]

"법무사법에서 규정하고 있는 법무사의 목적, 업무 내용, 자격 및 선발제도, 등록제도, 사무소의 설치와 명칭, 소속, 보수, 직무상 의무와 책임 및 징계제도, 감독제도 등에 관한 여러 규정을 살펴보면, 법무사에 대하여는 법령에 의하여 상당한 정도로 그 영리추구 활동이 제한됨과 아울러 직무의 공공성이 요구되고 있는 것으로 보아야 할 것이고, 이와 같은 제약하에서의 법무사의 활동은 간이·신속하고 외관을 중시하는 전형적인 영업활동을 벌이고, 자유로운 광고·선전활동을 통하여 영업의 활성화를 도모하며, 영업소의 설치 및 지배인 등 상업사용인의 선임, 익명조합, 대리상 등을 통하여 인적·물적 영업기반을 자유로이 확충하여 효율적인 방법으로 최대한의 영리를 추구하는 것이 허용되는 상인의 영업활동과는 본질적인 차이가 있다 할 것이고, 나아가 법무사의 직무 관련 활동과 그로 인하여 형성된 법률관계에 대하여 상인의 영업활동 및 그로 인하여 형성된 법률관계와 동일하게 상법을 적용하지 않으면 안 될 특별한 사회·경제적 필요 내지 요청이 있다고 볼 수도 없다.

그렇다면 법무사를 상법 제5조 제1항이 규정하는 '상인적 방법에 의하여 영업을 하는 자'라고 볼 수는 없을 것이므로, 같은 취지에서 법무사인 원고가 위 상인임을 전제로 하는 이 사건 상호등기의 신청을 각하한 등기관의 처분이 정당하다고 본 원심의 결정은 정당하고, 법무사 합동법인의 경우 법무사법 제33조 이하에서 그 명칭의 등기를 허용하고 있다거나, 상호의 등기를 허용하는 다른 일부 전문 직종에서 관계 법령에 공익적 목적의 제한규정을 두고 있는 경우가 있다고 하는 사정만으로 부당한 차별에 해당하여 위법하다고 볼 수는 없다."

3. 회 사

會社는 상행위를 하지 않더라도 상인으로 본다($^{4\,5}$). 회사라는 법형태는 상법이 취하고 있는 準則主義에 따라 그 개념요건의 최저한이 특정되어 있고 그러한 영업조직에 대해서는 이미 기업성과 상인성을 인정할 수 있으므로 상법은 상행위를 하건 하지 않건 회사를 상인으로 다루고 있다. 따라서 이를 形式商人(Formkaufmann)이라 부르기도 한다. 국내 학설들은 상법 제46조 각호의 기본적 상행위를 하면 '상사회사'라 칭하면서 상법 제4조에 의한 당연상인으로 취급하고, 제46조 각호 이외의 행위를 영업으로 하는 회사들은 이를 '민사회사'라 부르면서 상법 제5조 2항에 의한 상인이 된다고 한다. 생각건대 상사회사니 민사회사니 하는 구별은 의미가 없다. 회사의 상인성은 그 법형태에서 파생되는 것이지[28] 기본적 상행위를 하고 하지 않고는 큰 의미가 없다. 따라서 민사회사만이 상법 제5조 2항상의 의제상인이 되고 기본적 상행위를 영업대상으로 하는 회사를 상사회사로 다루어 당연상인 취급을 할 필요는 없다고 본다. 회사는 처음부터 형식상인으로서 상인이 되는 것이다. 이렇게 본다면 상법 제5조 2항은 상법 제4조나 제5조 1항의 특칙으로 해석된다.

4. 당연상인 및 의제상인의 구별에 대한 비판적 검토

오늘날의 경제현실은 당연상인과 의제상인의 구별에 큰 의미를 부여하지 않는다. 상행위는 폭발적으로 늘어나고 있고 상인의 활동방식 및 활동대상은 끝없이 새롭게 개척되어가고 있다. 이미 살폈듯이 우리 상법 제46조 각호의 해석도 다기다양하여 과연 구체적인 행위내용이 이에 해당하는지 애매모호하며 그러한 학설의 대립이 과연 생산적인 것인지 다시 한번 생각하여야 할 것이다. 어차피 기본적 상행위가 아니면 준상행위가 되는 것이고 그것도 상인적 방법을 취하여 자기명의로 하면 의제상인이 되는 것이다. 당연상인이건 의제상인이건 일단 상인이 되면 상법의 적용대상이 되기는 마찬가지인데 이 양자간의 구별을 위하여 이렇게 심각한 학설대립과 해석학적 노력을 감내해야 하는 것인

---

28) 상법전이 요구하는 각종 회사의 정관의 절대적 기재사항을 생각해보라. 이미 그러한 기재내용만으로도 기업성은 뚜렷이 드러나는 것이다. 상호와 영업목적 및 출자자와 출자의 내역 등이 나타나야 하고 설립등기를 통하여 이러한 행위주체를 공시시키고 있다. 이러한 상법상의 요구들은 자연인 상인과는 비교할 수 없는 고도의 기업성을 現示하고 있다.

지 의문스럽다.[29] 또한 벤처기업의 급성장과 정보사회로의 진입 등 새로운 상
행위의 유형은 하루가 다르게 개척되어 가고 있다. 기본적 상행위이건 준상행
위이건 영업으로 하기만 하면 상인성을 인정하는 최근 독일의 상법개정에 많
은 관심을 기울일 필요가 있다고 본다.

사례 1의 풀이 💵 (1) A가 농작물을 스스로 재배하여 점포설비를 갖추어 판
매하는 경우 A는 상인인가? 이 경우 A의 상인성을 당연상인과 의제상인의 요건을
생각하며 검토해보기로 한다.

먼저 당연상인성을 보면 A의 행위가 농작물의 판매이므로 A가 상법 제46조 1호
의 동산매매를 영업으로 자기명의로 하고 있는지 살펴볼 필요가 있다. 상법 제46조
제1호상의 매매를 어떻게 풀이하느냐에 대해서는 앞서 보았듯이 견해의 대립이 있
다. 만약 본서에서 결론내렸듯이 '유무형재화의 소유권을 유상취득한 후 이를 유상
매각하는 행위'로 보게 되면 A의 행위는 상법 제46조 1호상의 '매매'를 구성하지
못한다. A는 농작물에 대한 소유권을 원시취득한 후 단지 이들을 매각할 때에만
유상으로 하기 때문이다. 그러나 만약 상법 제46조 1호의 매매를 '매도 또는 매수'
로 보거나 '매도와 매수 또는 매도'로 보는 경우에는 결과가 달라질 수 있다. 이 경
우에는 유상매각만으로도 매매를 구성할 수 있으므로 A가 이러한 매각행위를 대
외적으로 인식가능하게, 이윤추구의 의도로 계속하는 한 그는 당연상인이다.

본서의 입장을 따를 경우에는 A는 당연상인이 되지 못하지만 이 경우에는 A의
의제상인성을 추가로 검토하여야 한다. 상법 제46조 1호의 매매를 '유무형재화의
소유권을 유상취득한 후 이를 유상 매각하는 행위'로 풀이하면 A의 행위는 비록
상법 제46조 1호상의 '매매'는 아니지만 이러한 행위라도 이를 점포 기타 유사한
설비에 의하여 영업으로 또한 상인적 방법으로 하는 경우 상법 제5조 1항상의 상
인성을 취득할 수 있다. A는 점포설비를 갖추어 농작물을 판매하고 있으므로 상법
제5조 1항상 '점포 기타 유사한 설비에 의하여'라는 요건을 충족시키고 있다. 따라
서 A가 농작물 판매행위를 영업으로 또한 상인적 방법으로 하는 경우 A는 의제상
인이 될 가능성이 있다.

(2) A가 연구목적으로 구입한 서적을 갖고 점포를 갖추어 책대여업을 하는 경
우 A는 상인인가?

먼저 A가 당연상인인지 살펴보자. A가 당연상인이려면 상법 제46조 각호의 행
위를 영업으로 자기명의로 하여야 한다. A의 책대여행위가 상법 제46조 2호상의
'임대차'를 구성하는가? 이에 대해서도 동조 1호의 '매매'에서와 유사한 학설대립이
있다. '임대할 의사를 가지고 임차하거나 또는 이것을 임대하는 행위' 또는 '자기재
산의 임대 또는 타인재산을 임차하여 이를 전대하는 행위' 등의 학설을 취하는 경

---

29) 특히 상법 제46조 1호의 매매의 의미를 상기해 보라.

우 A의 행위는 상법 제46조 2호상의 '임대차'를 구성할 수 있다. 그러나 '임차와 임대가 내적으로 연관된 것' 또는 '이익을 얻고 임대할 의사로 유상취득이나 임차하는 행위와 이것을 임대하는 행위' 등의 입장을 취하는 경우 A의 행위는 상법 제46조 2호상의 임대차를 구성할 수 없다. A는 단지 연구용으로 서적을 구입하였을 뿐 이들을 처음부터 임대할 목적으로 사들이지는 않았고 또한 전대할 목적으로 임차한 것도 아니었다.

그러나 A의 행위가 상법 제46조 2호상의 '임대차'가 아니라 하여도 A는 상법 제5조 1항상의 의제상인이 될 가능성이 있다. 물론 이에 이르기 위하여는 A의 책대여업이 상인적 설비를 갖춘 상태에서 자기명의로 또한 영업으로 행해져야 한다.

Ⅲ. 소 상 인

1. 의 의

小商人(Minderkaufmann)이란 영업규모가 영세하여 상법 중의 일부 규정이 적용되지 않는 상인이다. 이 개념이 당연상인이나 의제상인에 이는 제3의 상인 자격을 부여하지는 않는다. 즉 영업규모의 영세성으로 인한 상법적용상의 특별 배려대상에 불과하다. 이에 반하여 정상적인 영업규모를 갖춘 상인을 완전상인(Vollkaufmann)이라 한다.

2. 요 건

현재 소상인은 "자본금액[30]이 1천만원에 미달하는 상인으로서 회사가 아닌 자"이다(상법부칙 제2조 상). 회사는 자본금이 1천만원에 미달하여도 소상인이 아니다. 설립등기의 창설적 효력에서 나타나듯이 회사관계에서는 등기를 통한 기업의 외부공시가 필수적이고 또 회사의 기업성은 뚜렷하므로 소상인의 적용대상에서 아예 제외시켰다. 나아가 오로지 임금을 받을 목적으로 물건을 제조하거나 노무에 종사하는 자(상법 제46)도 소상인이 아니다. 왜냐하면 그들의 행위는 상행위가 될 수 없어 상인의 부류에 들 수 없고 따라서 소상인도 될 수 없다. 그들은 처음부터 非商人(Nichtkaufmann)이다.

---

30) 이에 대해서는 자기자본뿐만 아니라 타인자본 즉 부채도 포함된다는 설이 있고(최·김, 56면: 최준선, 107면), 영세한 개인상인의 경우 자본개념이 뚜렷하지 않으므로 영업재산의 총액으로 보자는 주장도 있다(이철송, 89면).

3. 소상인의 효과

소상인에 대해서는 지배인, 상호, 상업장부, 상업등기에 관한 규정이 적용되지 않는다($^{\text{상}}_{9}$).

(1) 지배인에 관한 규정

상법 제10 내지 14조의 지배인에 관한 규정은 소상인에게는 적용되지 않는다. 따라서 소상인이 支配人을 선임하더라도 상법상의 지배인이 아니므로 등기할 필요가 없고($^{\text{상}}_{14}$$^{13}_{\text{참조}}$), 대리권의 범위가 법정되는 것도 아니어서 이에 따른 제3자의 보호효과도 나타나지 않는다($^{\text{상}}_{14}$$^{11}_{\text{참조}}$$^{\text{III}}_{}$$^{\text{및}}_{}$). 물론 소상인도 영업에 관한 포괄적 대리권을 갖는 대리인을 선임할 수는 있다. 그러나 이 경우에도 상법상의 지배인은 아니므로 일반 민법의 표현대리 등의 규정이 적용될 뿐이다.

(2) 상호에 관한 규정

소상인도 상호를 선정하여 사용할 수는 있으나 商號專用權에 의한 상법상의 보호를 받지 못한다. 나아가 商號續用의 조건하에 영업양수인의 책임을 규정한 제42조나 영업양수인에 대한 채무변제의 효과를 인정하는 제43조 역시 적용되지 않는다. 그렇다고 상호에 관한 상법규정이 모두 적용대상에서 제외되는 것은 아니다. 상호에 관한 규정 중 타인의 상호나 일반인의 신뢰보호를 위한 상법규정들은 소상인에게도 적용되어야 한다. 즉 회사 아닌 자가 회사의 상호를 사용할 수 없다든지($^{\text{상}}_{20}$),[31] 타인의 영업으로 오인할 수 있는 상호사용을 금한다든지($^{\text{상}}_{23}$), 명의대여자의 책임발생가능성($^{\text{상}}_{24}$)에 관한 상법규정들은 소상인에게도 적용된다. 합목적적 축소해석[32]의 결과이다.

(3) 상업장부에 관한 규정($^{\text{상}}_{33}$$^{29-}_{}$)

소상인은 상업장부의 작성의무를 지지 않는다. 따라서 이를 보존할 의무도, 제출할 의무도 없다($^{\text{상}}_{33}$$^{32.}_{}$).

(4) 상업등기에 관한 규정($^{\text{상}}_{40}$$^{34-}_{}$)

회사는 소상인이 될 수 없어 회사편에 나타난 등기사항은 소상인에게 적용

---

31) 소상인은 모두 자연인 상인뿐이므로 회사상호는 당연히 사용할 수 없다.

32) 목적해석(teleologische Auslegung)이란 법규의 의미나 목적에 따라 법문언의 문리적 의미를 때로는 좁게, 때로는 그것보다 넓게 해석하는 방법이다. 전자를 합목적적 축소해석(teleologische Reduktion), 후자를 합목적적 확대해석(teleologische Expansion)이라 한다.

되지 않는다. 또 소상인은 상호등기도 할 수 없고 지배인등기도 할 수 없다. 상호나 지배인에 관한 상법규정이 소상인에게 적용되지 않으므로 당연한 결과이다. 상업등기에 관한 규정이 소상인에게 적용되지 않는 추가적인 예는 상법 제6조나 제8조이다. 즉 미성년자가가 법정대리인의 허락을 얻어 영업한다 할지라도 소상인인 경우에는 등기할 필요가 없다. 또 법정대리인이 미성년자, 피한정후견인($^{민}_{13}$) 또는 피성년후견인($^{민}_{10}$)을 위하여 영업하는 때에도 그들이 소상인이면 법정대리인 등기를 할 필요가 없다.

Ⅳ. 표현상인[33]

‖**사례 2: 잘못된 주문서식**‖   A는 대도시 근교에서 無公害食品을 경작·공급하고 있다. 최근 들어 그 지역에 관광산업이 발달하고 병원이 증설되자 무공해식품에 대한 수요가 폭증하였다. 이에 자극된 A는 경작된 야채를 가내유휴인력을 이용, 상품적인 종이포장을 한 후 차량을 이용하여 이들 병원 및 호텔을 상대로 매출을 올리고 있다. 그러던 중 A는 B 유통포장(주)에 포장용 종이통을 주문하였는 바 주문한 물품이 도착한 후 약 1개월 후에야 그 포장용 종이에 일정한 균열이 있음을 발견하였다. 이에 A는 B사에 계약해제를 통지하고 물건을 수거해 갈 것을 요구하였다. 그러나 B사는 이에 응하지 않고 약 한달 뒤 대금지급을 요구하고 있다. A는 종이통 주문시 "A無公害食品(株) 대표이사 A"라는 명함과 이러한 명칭이 인쇄된 주문서식을 이용하였으나 실제 A 무공해식품(주)는 설립된 적이 없었다. B社의 A에 대한 매매대금청구권을 검토하라. 단, 포장용 종이통상의 균열은 물품도착 후 쉽게 판별할 수 있었다고 가정한다.

1. 의   의

당연상인이나 의제상인의 어느 것에도 속하지 않아 상법을 적용시킬 수 없는 경우에도 상인의 法外觀이 顯現되어 제3자에 대한 관계에서는 그를 상인으로 취급함이 마땅한 경우가 있다. 소상인이지만 완전상인의 법외관이 현출된 경우도 그러하다. 이렇게 非商人 혹은 小商人이 거래계에서 商人 혹은 完全商人으로 취급되는 외관법리의 적용례를 표현상인(表見商人) 혹은 외관상인(外觀商人; Scheinkaufmann)[34]이라 한다. 외관상인이란 당연상인이나 의제상인과 대

---

33) 이에 대해서는 졸고, "외관상인", 「경영법률」, 제5집(고 이윤영박사추모논문집), 2004년, 23면 이하.
34) 이에 대해서는 Canaris, HandelsR, 24. Aufl., §6 Ⅱ, S. 72 ff.; Limbach, Die Lehre vom Schein-kaufmann, ZHR 134(1970), 289; Nickel, Scheinkaufmann, JA 1980, 566.; Hofmann, HandelsR, 7. Aufl.,

등한 상법상의 객관적 상인자격은 아니다. 이 개념은 개별 사안에서 상인 혹은 완전상인이 아닌 자를 일정 요건하에 상인 혹은 완전상인으로 취급하여 상법 상의 특칙을 적용가능하게 하는 개념도구에 불과하다.[35]

이러한 외관상인제도의 실정법적 근거를 들라면 민법 제2조를 꼽아야 할 것 이다.[36] 이 제도는 외관주의의 실현형태이긴 하나 신의칙이 또 다른 법적 근거 로 작용하고 있다. 상인이 아닌 자가 상인인 양 행동하였을 때 그에게 불리한 상법의 특칙규정을 적용시킴이 마땅하고, 그 근거는 私法의 一般條項인 신의칙 에서 찾을 수 있기 때문이다.[37]

2. 적용요건

외관상인은 외관법리의 적용례이므로 일반 외관법리의 요건이 충족되어야 한다.

(1) 법외관요건

外觀商人이 성립하자면 우선 (완전)상인의 法外觀이 작출되어야 한다. 상인 이 아닌 자가 마치 상인인 양 혹은 소상인에 불과한 자가 완전상인인 양 진실 과 다른 법외관을 작출하였어야 한다. 언제 이러한 법외관이 현출된다고 볼 것 인가? 이에 대한 판단이 그리 간단한 것은 아니다. 상인의 외관표출은 명시적 으로도 또 묵시적으로도 이루어질 수 있고 또 반드시 거래상대방에게만 그러 한 외관이 현출되어야 한다는 당위도 없다. 일반 공중에게 두루 상인의 외형이 현 시될 때도 있다. 또 제3자에 의해서 표현상인의 외관이 작출될 수도 있을 것이다.

예컨대 비상인이 계약체결 중 고의적으로 사실과 달리 상인이라고 주장한 다거나, 주문서식에 상인만이 사용할 수 있는 상호를 사용한다거나, 특별히 인 쇄된 홍보카탈로그에 자신의 영업의 종류나 규모를 사실과 달리 또는 사실과 는 비교도 안될 정도로 묘사한다거나, 신문지상의 광고로 일반 공중에게(완전)

B Ⅳ, S. 38 ff. 등 참조.

35) 예컨대 상인인 매수인에게만 적용될 상법 제69조가 외관상인의 요건이 충족될 때에는 비상인인 매 수인에게도 적용될 가능성이 있다.

36) 독일상법에서는 동법 제5조에 따라 상업등기에 등기된 외관상인과 등기되지 않은 외관상인으로 구 분하는 것이 보통이다. 그리고 후자의 법적 근거로 독일민법 제242조(Treu & Glauben)를 들고 있다. 우 리 상법상으로는 당연상인이건 의제상인이건 등기를 통하여 상인자격을 취득하지는 않으므로 민법 제2 조의 신의칙을 실정법상의 근거로 삼는 것이 타당하지 않을까 생각된다.

37) Hofmann, HandelsR, a.a.O., S. 43.

상인의 영업으로 확신시키는 경우 등 여러 가지 가능성이 있을 것이다.

(2) 작출된 법외관에 대한 귀책가능성

외관상인으로 취급될 자는 (완전)상인의 존재에 대해서 어떠한 형태로든 원인을 제공하였어야 한다. 원칙적으로 상인의 법외관을 작출하는 자는 표현상인이 될 자 자신이다. 그리고 이 때 歸責可能性의 판단기준은 과실책임주의(Ver-schuldensprinzip)가 아니라 危險主義(Risikoprinzip)를 따라야 할 것이다.[38] 자신의 상인성 여부에 대해서 설사 표현상인이 과실의 비난을 가할 수 없는 착오상태에 있었다 해도 그 위험은 스스로 부담해야 하기 때문이다. 고의, 과실없이 착오로 자신을 상인으로 믿고 거래상대방에게 상인처럼 행동하였다 해도 일반민법보다 불리한 상법규정의 적용이 불가피하다.

그러나 외관작출이 표현상인 자신이 아닌 제3자에 의하여 야기되었을 때에는 귀책가능성의 판단잣대가 조금 달라진다. 이 경우에는 원칙적으로 過失責任主義에 따라 표현상인의 존재가 결정된다.[39] 그리하여 제3자가 자신의 영업에 대하여 허위 또는 과대선전을 하는 것을 알면서 방치하든지, 조금만 주의를 기울이면 그러한 허위의 선전을 저지시킬 수 있었음에도 불구하고 이를 게을리한 부작위가 있는 경우에만 귀책가능성이 긍정될 것이다.

(3) 거래상대방의 보호필요성

표현상인의 세번째 요건은 顯現된 법외관에 대한 거래상대방의 보호필요성이다. 즉 거래상대방이 善意인 경우에만 외관상인이 성립된다. 거래상대방의 惡意에는 중과실도 포함될 것이다.

(4) 表見商人의 외관작출과 거래상대방의 반응간의 인과관계

일반 외관법리에서 그러하듯 외관작출과 제3자의 행위간에는 因果關係가 요구된다. 상인인 줄로 알고 거래에 응하게 되었다든지, 완전상인인 줄로 알고 물품공급을 승낙했다든지 등 제3자의 반응과 현시된 외관의 존재간에는 인과관계가 성립되어야 한다. 이 요건으로 말미암아 외관상인의 법리는 법률행위적인 거래에 대해서만 적용될 수 있는 것이다.

---

38) Canaris, Vertrauenshaftung, S. 473 ff.
39) Brox/Henssler, S. 35~36, Rdnr. 65.

3. 외관상인의 효과

여타의 외관법리에서와 마찬가지로 외관상인의 요건이 충족되면 현출된 법외관은 마치 진정한 것으로 취급되어 제3자에 대해서 진정한 상인 또는 완전상인으로 다루어진다. 좀더 구체화시켜 보면 다음과 같다.

(1) 외관상인의 요건충족으로 나타난 법외관은 선의의 제3자에게 유리하게 작용한다. 즉 외관상인에게 불리한 상법의 특칙이 적용된다. 그러나 그 逆은 성립되지 않는다. 상인이 아닌 외관상인에게 유리한 상법상의 특칙도 있을 수 있다. 예컨대 상인인 채무자에게 유리한 단기시효(^상)나, 상인인 금전대주(金錢貸主)에게 유리한 상사법정이율(^상) 등이 그것이다. 외관상인의 법리는 물론 外觀信賴主義의 실현 예이지만 표현상인에게 유리하게 이 제도가 이용되는 것은 信義則상 허용될 수 없다. 즉 이 제도가 외관상인의 상대방을 외관법리의 적용 전보다 오히려 더 불리하게 만들 수는 없기 때문이다.

(2) 그러나 외관상인의 전제요건이 충족되었다 하여 외관상인이 당연상인이나 의제상인과 같은 객관적 상인자격을 취득하는 것은 아니다. 즉 외관상인의 법리는 구체적인 개별 사안에서 해당 문제를 해결하기 위하여 필요한 범주 내에서 쓰일 뿐이지 객관적으로 상인성을 의제시키는 능력은 없다. 따라서 외관상인은 상업장부의 작성의무를 부담하지 아니하고, 상업등기의무도 지지 않는다. 그들은 상인이 아니기 때문이다.

사례 2의 풀이🖙 이 사례에서는 A가 표현상인인지의 여부가 B사의 매매대금청구권의 성립 여부에 영향을 미친다. A가 외관상인이면 A와 B간의 매매는 쌍방상사매매가 되어 상법 제69조의 적용을 받게 되나 그렇지 않은 경우에는 同條가 적용될 수 없다.

B사의 A에 대한 매매대금청구권

1. 이러한 B의 청구권은 민법 제568조 1항에 의하여 도출될 수 있다. 이를 위하여는 B사와 A간에 유효한 매매계약이 존재하여야 한다. A와 B사는 포장용 종이의 인도와 이에 대한 대금지급을 약정하였다. 이로써 매매계약은 유효하게 성립되었다.

2. 그러나 A의 계약해제로 매매계약이 소멸하였을 가능성이 있다. 이러한 해제권은 민법 제581조 1항, 제580조 1항 및 제575조 1항에서 도출될 수 있다. 만약 A가 구입한 포장용기가 B가 이미 정해 놓은 규격품이었다면 양자간의 매매는 종류매매(Gattungskauf)가 될 것이고 이러한 경우라면 A는 하자없는 물건에 대한 대

체급부(Nachlieferung)를 요구할 수 있을 뿐 아니라 매물의 하자로 인한 계약목적 달성불능을 이유로 계약을 해제할 수도 있다. 설사 포장용종이용기가 종류물이 아니었다 하여도 매용기마다 나타나는 일정한 형태의 균열은 무공해식품의 포장을 불가하게 하고 있고 따라서 계약목적달성이 불가하므로 A는 이를 이유로 계약의 해제를 주장할 수 있을 것이다.

3. 이러한 민법상의 계약해제권은 상법 제69조의 적용으로 제한될 가능성이 있다. 즉 해당 매매계약의 당사자가 모두 상인이라면 상법 제69조가 적용되어 매수인이 매물의 하자를 물건 도착 즉시 조사하여 이를 매도인에게 통지하여야 한다. 만약 이에 이르지 못하면 매수인은 계약해제권을 상실하게 된다. 그러나 동조문은 어디까지나 쌍방상사매매의 경우에만 적용된다. 따라서 A와 B간의 매매에 이 조문이 적용되려면 양자의 상인성이 확정되어야 한다.

(1) B(매도인)의 상인성

B는 본 사안의 내용상 주식회사로서 상법 제5조 2항에 따라 형식상인(Form-kaufmann)이다. 상법상 모든 회사는 상인이며 상법은 이를 의제상인의 한 종류로 보고 있다. 회사는 이미 그 법형태에서 상인성이 뚜렷이 현현되므로 상법은 회사를 무조건 상인으로 취급하고 있다.

(2) A(매수인)의 상인성

문제는 매수인 A의 상인성이다. A는 회사가 아니므로 상법 제5조 2항상 상인이 될 수 없다. 이제 A의 상인성을 당연상인과 의제상인의 순서로 살펴보기로 한다. 먼저 당연상인이 될 수 있는지 살펴보면 A가 경작된 무공해식품을 인근병원 및 호텔에 공급하고 있으므로 상법 제46조 1호의 매매를 영업으로 하는 당연상인인지 알아본다. 상법 제46조 1호의 매매에 대해서는 여러 가지 학설이 대립하고 있으나 위에서 제시한 필자의 사견에 따르면 무공해식품을 경작 그 소유권을 원시취득한 후 단지 그 매각시에만 유상처분을 하는 경우 상법 제46조상의 매매가 될 수 없을 것이다. 따라서 아무리 이러한 유상매각을 영업으로 또 자기명의로 한다해도 A가 당연상인이 될 수는 없다. 이제는 A의 상인성을 상법 제5조 1항에서 찾아보기로 한다. 동조는 이른바 설비상인성을 규정하고 있는데 이 조항에 따라 상인성을 취득하려면 상법 제46조 各號 이외의 행위를 영업으로 자기명의로 하되 상인적 설비를 갖추어 상인적 방법으로 하여야 한다. A의 유상매각이 상법 제46조 1호 소정의 '매매'는 아니므로 첫째 요건은 충족된다. 나아가 영업성이나 자기명의성의 요건도 사안의 내용상 큰 문제가 제기되지 않는다. 문제는 상인적 설비와 상인적 방법이다. 사안의 내용상 A는 독립된 영업소를 갖고 있지 않고 단지 경작된 무공해식품을 가내유휴인력을 활용, 상품적 포장을 한 후 이를 차량에 실어 공급하고 있을 뿐이다. 이러한 정도의 사실관계만으로는 상인적 설비를 긍정할 수 없을 뿐만 아니라 상인적 방법의 요건도 부정적으로 판단할 수밖에 없다. A가 비록 차량 등을 통하여 효과적으로 무공해식품을 공급해 온 것은 사실이나 상업사용인 등 전형적인 상인의 인적 시설이 결핍되어 있고 나아가 생산과 거래의 전체적인 모습이 상인적 방법에 따라 수행되고 있다고 생각되지 않는다. 결론적으로 A의 상인성이 결핍되어 상법 제69조를 본 사안에 적용하기는 어려울 것으로 생각된다.

4. 그러나 A의 상인성이 예외적으로 외관법리의 적용하에 의제되어 상법 제69조의 적용가능성이 부활할 여지도 있다. 이른바 표현상인 또는 외관상인의 법리에 따르면 비록 상법 제4조나 제5조의 객관적 상인자격을 갖지 못한 자라도 상인의 외관형성상 표현법리의 요건이 모두 충족되는 경우 해당 비상인 또는 해당 소상인은 각각 상인 또는 완전상인으로 다루어진다. 이제 그 적용요건을 좀더 구체적으로 살펴 보면 첫째 상인의 법외관이 현현되었고, 둘째 이러한 외관작출에 대하여 표현상인이 책임질 만한 귀책요소가 나타나야 하고, 셋째 이러한 상인의 법외관과 거래상대방의 행위간에 인과관계가 존재해야 하며, 넷째 거래상대방이 상인의 법외관에 대해서 선의였어야 한다. 사안내용에 견주어 이를 검토해 보면 A는 당연상인도 아니고 의제상인도 아니면서 "A무공해식품(주) 대표이사 A"라 인쇄된 명함과 이러한 명칭이 인쇄된 주문서식을 사용하여 포장용기를 주문함으로써 상인의 법외관을 창출하였다. 나아가 A는 그러한 회사가 설립된 적이 없다는 것을 잘 알면서 고의로 허위의 법외관을 작출하였으므로 그 결과에 대해서 귀책가능하였다. 셋째 A의 이러한 명함사용으로 A의 영업규모나 신용이 제고되어 이를 바탕으로 B사가 물품공급에 합의하였을 가능성이 크므로 상인의 법외관과 거래상대방의 반응간에 인과관계가 존재한다고 할 수 있다. 끝으로 B사는 선의로 A의 상인성을 믿었으므로 선의자였다. 표현상인의 모든 요건이 충족된다고 할 수 있다. A는 비록 객관적으로는 상인이 아니지만 상법 제69조의 적용에 관한 한 상인으로 취급하여야 한다.

5. 상법 제69조에 따라 매수인 A는 물건 도착 즉시 하자여부를 조사하여 이를 매도회사에 통지하였어야 하는 데 A는 포장용기상의 균열이 쉽게 발견할 수 있는 하자였음에도 불구하고 이를 해태하여 민법 제580조상의 법정 해제권을 상실하였다. 따라서 A가 비록 해제의 통지를 하였더라도 그 효력을 인정할 수 없으므로 A와 B간의 매매계약은 여전히 잔존하고 따라서 B의 대금채권 또한 그대로 존속한다. A는 B에게 매매대금을 지급하여야 한다.

제 4 절 상인능력, 상인자격 및 영업능력

권리의무의 주체인 상인의 지위를 商人資格(Kaufmannseigenschaft)이라 하고, 상인의 행위능력을 營業能力(Gewerbefähigkeit)이라 한다. 이 밖에도 상인으로서 권리와 의무의 주체가 될 수 있는 잠재적 능력을 商人能力(Kaufmann-fähigkeit)이라 한다.

Ⅰ. 상인자격의 취득과 상실

1. 자 연 인

자연인은 민법 제3조에 따라 권리능력을 취득하고 동시에 상인능력도 취득한다. 그 후 상법 제4조나 제5조의 요건을 충족시켜 영업을 개시함으로써 상인자격을 취득하게 된다. 이 때 영업개시의 시점은 영업준비행위의 개시시점으로 앞당겨질 수 있다.[1] 自然人은 미성년자, 피한정후견인($^{민}_{13}$) 및 피성년후견인($^{민}_{10}$)을 막론하고 商人能力을 향유한다. 단지 이러한 무능력자들은 營業能力에 제한이 있을 뿐이다($^{상법}_{제8조}$). 이러한 자연인의 상인자격은 사망이나 영업양도 및 영업의 폐지로 상실된다.[2]

대판 2012. 4. 13, 2011다104246

"상법은 점포 기타 유사한 설비에 의하여 상인적 방법으로 영업을 하는 자는 상행위를 하지 아니하더라도 상인으로 보면서($^{제5조}_{제1항}$), 제5조 제1항에 의한 의제상인의 행위에 대하여 상사소멸시효 등 상행위에 관한 통칙 규정을 준용하도록 하고 있다($^{제66}_{조}$). 한편 영업의 목적인 상행위를 개시하기 전에 영업을 위한 준비행위를 하는 자는 영업으로 상행위를 할 의사를 실현하는 것이므로 준비행위를 한 때 상인자격을 취득함과 아울러 개업준비행위는 영업을 위한 행위로서 최초의 보조적 상행위가 되는 것이고, 이와 같은 개업준비행위는 반드시 상호등기·개업광고·간판부착 등에 의하여 영업의사를 일반적·대외적으로 표시할 필요는 없으나 점포구입·영업양수·상업사용인의 고용 등 준비행위의 성질로 보아 영업의사를 상대방이 객관

---

1) 대판 1999. 1. 29, 98다1584(판례공보 77호, 365면): "[1] 영업의 목적인 기본적 상행위를 개시하기 전에 영업을 위한 준비행위를 하는 자는 영업으로 상행위를 할 의사를 실현하는 것이므로 그 준비행위를 한 때 상인자격을 취득함과 아울러 이 개업준비행위는 영업을 위한 행위로서 그의 최초의 보조적 상행위가 되는 것이고, 이와 같은 개업준비행위는 반드시 상호등기, 개업광고, 간판부착 등에 의하여 영업의사를 일반적, 대외적으로 표시할 필요는 없으나 점포구입, 영업양수, 상업사용인의 고용 등 그 준비행위의 성질로 보아 영업의사를 상대방이 객관적으로 인식할 수 있으면 당해 준비행위는 보조적 상행위로서 여기에 상행위에 관한 상법의 규정이 적용된다. [2] 부동산 임대업을 개시할 목적으로 그 준비행위의 일환으로 당시 같은 영업을 하고 있던 자로부터 건물을 매수한 경우, 위 매수행위는 보조적 상행위로서 개업준비행위에 해당하므로 위 개업준비행위에 착수하였을 때 상인자격을 취득한다고 볼 수 있다."
2) 자연인의 사망의 경우에는 상인능력도 상실하나, 영업양도나 영업의 폐지의 경우에는 상인자격을 상실하더라도 상인능력은 상실되지 않는다. 얼마든지 다른 영업을 양수하든지 아니면 새로운 영업을 개시하여 상인자격을 회복할 수 있기 때문이다.

적으로 인식할 수 있으면 당해 준비행위는 보조적 상행위로서 여기에 상행위에 관한 상법의 규정이 적용된다. 그리고 영업자금 차입 행위는 행위 자체의 성질로 보아서는 영업의 목적인 상행위를 준비하는 행위라고 할 수 없지만, 행위자의 주관적 의사가 영업을 위한 준비행위이었고 상대방도 행위자의 설명 등에 의하여 그 행위가 영업을 위한 준비행위라는 점을 인식하였던 경우에는 상행위에 관한 상법의 규정이 적용된다고 봄이 타당하다."

2. 법   인

(1) 영리법인

법인의 경우 영리법인에 있어서는 설립등기 즉 회사성립의 시점에 법인격을 취득함과 동시에 상인능력과 상인자격을 동시에 취득하게 된다. 會社는 자연인과 달라 설립과 동시에 법인격과 상인자격을 함께 취득하게 되기 때문이다. 그러나 물적회사의 설립단계에서 나타날 수 있는 설립중의 회사에 대해서도 상인자격을 인정하는 견해가 있다.[3] 설립중의 회사의 단계에서도 특수단체설에 의하면 부분적 권리능력을 인정하므로 이 단계에서 이미 상인능력과 상인자격을 인정할 수 있다고 본다. 회사는 청산의 종료로 상인자격을 상실한다($\frac{商}{245}$). 청산종료의 등기는 선언적 효력밖에 없으므로 청산이 사실상 종료함으로써 상인자격이 상실된다.

(2) 비영리법인

비영리법인($\frac{民}{32}$)의 상인능력에 대해서는 찬반 양론의 대립이 있으나 통설인 긍정설에 따라 상인능력을 인정함이 타당하다고 본다. 비록 비영리법인은 그 존립목적이 특정된 공익목적으로 한정되기는 하나, 그렇다고 영리행위 자체가 불가한 것은 아니다. 따라서 필요한 영업행위의 범주 내에서 상인능력을 인정하는 것이 타당할 것이다. 그리하여 이들도 영업개시의 시점에 상인자격을 취득하게 될 것이다.

(3) 공법인

지방자치단체나 국가 등의 공법인에 대해서는 영업행위가 인정되므로 그 한도 내에서 상인능력도 인정된다($\frac{商}{2}$).

---

3) 이 · 최, 119면.

(4) 중간법인

상호보험회사나 협동조합과 같은 중간법인도 상인능력을 향유하느냐에 대하여는 학설상 찬반의 대립이 있다. 이들의 경우 비영리의 목적사업이 특별법[4]에 의하여 특정되어 있으므로 상인능력을 부인하는 것이 통설의 입장이요, 또 타당하다고 생각된다.[5]

Ⅱ. 영업능력

1. 자 연 인

자연인의 경우에는 일반 민법상의 행위능력(行爲能力)과 일치한다. 미성년자는 민법 제8조에 따라 법정대리인으로부터 허락을 얻은 특정한 영업에 대해서는 성년자와 동일한 영업능력을 갖는다($^민_8$). 이 경우 등기를 하여야 한다($^상_6$). 나아가 미성년자가 법정대리인의 허락을 얻어 회사의 무한책임사원이 된 때에는 그 사원자격으로 인한 행위에 대해서는 능력자로 보므로(^{상}), 그 한에서는 미성년자도 완전한 영업능력을 누린다. 법정대리인이 미성년자를 대리하여 영업하는 경우에도 등기하여야 한다($^상_{I}$8).

반면 피한정후견인($^민_{13}$)이나 피성년후견인($^민_{10}$)은 영업능력을 누릴 수 없다. 물론 이들도 상인능력은 있으므로 법정대리인이 이들을 대리하여 영업할 수 있으며 이 경우에도 등기의무가 부과된다($^상_{I}$8). 법정대리인의 대리권에 대한 제한은 선의의 제3자에게 대항할 수 없다($^상_{I}$8).

2. 법   인

법인의 경우에는 기관(Organ)에 의하여 대표되므로 그 機關의 행위능력이 곧 해당 법인의 영업능력이 된다.

---

4) 예컨대 농업협동조합법 제5조(최대봉사의 원칙) 제3항은 "조합과 중앙회는 영리 또는 투기를 목적으로 하는 업무를 하여서는 아니된다"고 규정하고 있다.

5) 판례는 일관되게 협동조합의 상인성을 부정하고 있다(대판 2000. 2. 11. 99다53292). 협동조합의 상인성에 대한 법률적 검토에 대해서는 정진세, "협동조합의 상인성(사례연습)", 고시연구, 2005년 3월호, 106면 이하 참조.

기업의 주체(상인론)

당연상인 Musskaufmann [상 4, 46]	의제상인 Sollkaufmann [상 5]	소상인 Minderkaufmann [상 9]	표현상인 Scheinkaufmann [민 2]
[적용요건] (i) 상법 제46조 各號의 행위 (ii) 위 행위를 영업 으로 할 것 [영업성] α. 영리의 의도 β. 계속성 γ. 대외적 인식가능성 δ. 행위의 허용성: 이는 적극 요건이 아님 ε. 자유업종이 아닐 것 (iii) 자기명의성 (自己名義性); 해당 행위의 결과 가 행위자인 상인 의 권리와 의무로 귀속됨. (공법상 신고와 무관)	I. 설비상인 (i) 상법 제46조 각호 이외의 행위 (ii) 영업성 (iii) 자기명의성 (iv) 상인적 설비 (v) 상인적 방법 II. 회사	(i) 자본금 1000만원 미만 (ii) 회사가 아닌 자 (상법부칙1: 상법시행령2)	(i) 상인의 외관의 작출 (ii) 귀책가능성 (iii) 거래상대방의 보호필요성 (iv) 거래상대방의 반 응과 상인의 외관 간 인과관계
[법률효과] 영업으로 혹은 영업을 위하여 하는 행위는 상행위로 다루어짐	영업으로 또는 영업을 위하여 하는 행위는 상행위로 다루어짐	지배인, 상호, 상업장 부, 상업등기에 관한 규정이 적용되지 않음	비상인은 상인, 소상 인은 완전상인으로 취 급됨 (단, 표현상인에 게 불리하게)

제 3 장   상업사용인(상인의 인적 보조자)

제 1 절 서   론

　기업의 생산활동이 영위되자면 인적 보조자가 필요하다. 물론 소규모의 영업을 상인 자신의 힘만으로 완결짓는 경우도 있겠으나 그것이 원칙적인 모습은 아닐 것이다. 그리하여 상인들은 대부분 자신의 영업조직 내에 인적 보조자를 두어 영업 전반에 걸친 법률행위의 대리 혹은 사실행위를 통한 인적 보조활동을 하게 한다. 나아가 상인들은 자신의 영업조직에 속하지 않는 독립적 상인의 도움도 받게 된다. 전자를 종속적 인적 보조자, 그리고 후자를 독립적 인적 보조자라 부른다. 종속적 인적 보조자(從屬的 人的 補助者) 중에서도 특히 법률행위의 대리를 수행하는 보조자들을 우리는 상업사용인(商業使用人)이라 부르고 상법총칙 부분에서는 주로 이들만 다룬다($^{10}_{이하}$). 독립된 보조자들인 대리상($^{상}_{87}$), 중개상($^{상}_{93}$), 위탁매매상($^{상}_{101}$) 또는 운송주선인($^{상}_{114}$)에 대하여는 상법전의 편별에 따라 상행위 부분에서 다루기로 한다. 사실행위만에 의한 기술적 인적 보조자에 대하여는 상법에 규정을 두고 있지 않으므로 주로 노동법에서 다루어진다.

제 2 절 상업사용인의 의의

I. 의   의

　商業使用人(kaufmännische Personal)이란 특정한 상인에 종속되어 그 상인과 제3자간의 법률행위를 대외적으로 대리하는 자이다. 상업사용인의 개념은 다음과 같은 2가지 개념요소에 의하여 설명될 수 있다. 하나는 從屬性이요 다른 하나는 代理權의 존재이다. 상법은 지배인($\frac{\text{상}}{14}$ $^{10-}$), 부분적 포괄대리권을 가진 사용인($\frac{\text{상}}{15}$), 물건판매점포의 사용인($\frac{\text{상}}{16}$) 등 세 가지의 상업사용인에 관하여 차례로 규정을 두고 있고 끝으로 이들의 의무를 통일적으로 규정하였다($\frac{\text{상}}{17}$).

II. 개념요건

1. 종 속 성

상업사용인은 특정 상인에 從屬되어 있다. 이 점에서 대리상, 중개상, 위탁매매상 등의 독립된 인적 보조자와 다르다. 상업사용인의 인력을 필요로 하는 특정 상인을 영업주(Geschäftsherr)라 한다. 영업주는 자연인도 될 수 있고(개인상인), 회사도 될 수 있다(법인상인). 또 법인인 회사의 경우에는 조직의 기관으로 활동하는 업무집행사원이나 이사, 감사 등의 임원이 있다. 그러나 이들은 상업사용인이 아니다. 이들은 법인의 기관으로서 그들의 대표행위는 곧 대외적으로 법인의 행위가 된다. 따라서 이들은 법인상인의 종속적 인적 보조자는 아닌 것이다. 물론 일정 범위 내에서 그 겸직가능성이 부정되지는 않는다.[1] 지배인과 대표이사의 차이점에 대해서는 후술하기로 한다.

2. 대리권의 존재

상업사용인의 두번째 개념요건은 代理權의 *存在*이다. 어떤 상업사용인이라도 일정 범위의 대리권을 갖고 있다. 물론 그 종류에 따라 대리권의 범위도 각각 다르다. 즉 상업사용인은 단순한 사실행위만으로 상인의 영업조직 내에서 상인을 보조하는 기술적 인적 보조자(예컨대 단순노무자, 운전기사, 전문기술자 등)와 다르다. 상업사용인을 특히 상법이 규정하고 있는 것은 상법이 주로 기업의 외부관계를 다루고 있기 때문이다. 그리하여 상법은 영업주와 이들간의 내부관계가 아니라 상인과 제3자간의 관계에 중점을 두어 이들을 취급하고 있다. 규정내용의 중심도 자연히 거래의 안전이나 신뢰보호의 요소가 부각될 수밖에 없다. 그리하여 대리권의 내용도 사적자치의 일반원칙을 제한하여 포괄정

---

1) 대판 1968. 7. 23, 68다442; 대판 1996. 8. 23, 95다39472.

형적 또는 불가제한적으로 하였다.

제 3 절 상업사용인의 종류

상법은 지배인, 부분적 포괄대리권을 가진 사용인 및 물건판매점포의 사용인 등 세 가지 종류의 상업사용인을 규정하고 있다.

I. 지 배 인

1. 지배인의 개념

支配人이란 영업소를 단위로 영업주에 갈음하여 영업에 관한 재판상·재판외의 모든 행위를 할 수 있는 상업사용인이다($\frac{상}{11}$). 지배인은 가장 대표적인 상업사용인으로서 그의 대리권은 포괄적이다. 이 점에서 부분적 대리권만을 갖는 상법 제15조와 제16조상의 사용인과 다르다. 이러한 지배권의 포괄성은 상거래의 신속 및 원활에 기여하고 있다. 물론 영업에 관한 범주 내로 제한되고 또 본점이나 지점의 영업소별로 수여되기는 하기만 이러한 포괄적인 대리권은 사적자치의 원칙이 지배하는 私法의 세계에서는 예외적인 현상이다. 나아가 지배인은 종속적인 상인의 인적 보조자이다. 상인에게 종속되어 그 지휘·감독을 받고 그를 대리하여 법률행위나 준법률행위의 대리를 수행한다.

지배인의 개념을 좀더 구체화하기 위하여 지배인과 대표이사를 비교해 볼 필요가 있다. 양자는 물론 포괄적 권한을 갖는다는 점에 있어서는 유사하다 ($\frac{상}{\text{III}, 209}^{11;}$ 상 389). 그러나 다음과 같은 차이가 있다. 우선 지배인의 대리권은 개인법상의 대리권임에 반하여 대표이사의 권한은 단체법적 대표권이다. 지배인은 상인인 영업주에 종속되나, 대표이사는 상인인 주식회사의 기관으로서 그 조직의 일부이지 법인에 종속된 자가 아니다. 즉 대표이사의 대표행위는 법인 그 자신의 행위가 되는 대표성을 띠게 된다. 나아가 지배인의 권한은 특정된 영업 또는 영업소에 있어서의 경영활동을 단위로 제한되나, 대표이사의 대표권은 영업 전반에 미치고 자선행위나 기부행위 등 영업과 관련없는 대외적 대표행위

(ultra-vires-doctrine을 부정하는 입장)뿐만 아니라, 단체내적 사항에 대해서도 일정한 권한을 갖는다. 끝으로 대표이사는 주식회사의 기관이므로 회사를 대표하여 이들을 선임·해임하고 감독하는 관계에 있다. 가령 하나의 주식회사가 수개의 영업소를 두어 일정 영업을 수행한다면 대표이사는 한 사람이지만 수인의 지배인이 각 영업소별로 선임되고 이들은 대표이사의 감독을 받게 된다.

2. 제도적 취지

자본의 집중으로 상인의 영업활동이 확장되면 자연히 부분적 대리권을 갖는 보조자만으로는 충분하지 않고 결국 한 종류의 영업일지라도 수개의 영업소를 두어 자신의 商的 影響力을 지역적으로 확대시켜 나가게 되는데 지배인제도는 바로 이러한 영업활동의 공간적 확장에 기여할 수 있는 제도이다($\frac{10}{상조}$). 상인은 지배인을 선임하여 포괄적으로 단위 영업소의 영업활동을 대리하게 하고 자신은 이들을 배후에서 포괄적으로 지휘함으로써 상인적 감각과 영업활동의 역동적 추진을 거시적으로 지휘해 나갈 수 있다.

나아가 포괄적 대리권을 갖는 지배인과 거래하는 제3자는 그의 포괄적 대리권에 힘입어 개별 거래에서 대리권의 존부를 따지지 않고 안정적으로 거래할 수 있게 된다. 이렇게 지배인제도의 또 다른 기능은 거래의 안전을 도모하는 것이다. 그리하여 상법은 지배권의 범위를 包括定型性과 不可制限性으로 특성화하였다($^{상}_{11.\text{Ⅲ}}$).

3. 선임과 종임

지배인은 상인이나 그 대리인이 選任한다. 소상인도 영업 전반에 걸친 포괄적 대리권을 가진 사용인을 선임할 수는 있으나 그는 상법상의 지배인이 아니다($^{상}_{9}$). 지배인은 영업주로부터 특별수권을 얻는 한 다른 지배인을 선임할 수 있다($\frac{11}{상조}$). 그러나 법인은 성질상 지배인이 될 수 없다.

합명, 합자회사의 경우에는 무한책임사원의 과반수의 결의로 선임할 수 있고($\frac{203.}{상274}$), 주식회사의 경우에는 이사 과반수의 출석과 출석이사의 과반수로 선임을 결의할 수 있다($\frac{391.}{상393}$). 유한회사의 경우에는 이사 과반수의 결의나 사원총회의 결의로 선임할 수 있다($\frac{상}{564}$).

지배인은 대리권의 소멸 또는 위임·고용관계의 종료로 민법의 일반원칙에

따라 終任된다. 그러나 영업주의 사망이 지배인의 종임사유가 되지는 않는다
(⁵⁰⁰). 지배인의 선임 및 종임은 등기하여야 한다(¹³ᵃ).

4. 지배인의 대리권(¹¹ᵃ)

지배인의 대리권을 지배권(支配權; Prokura)이라 한다. 이들도 임의대리권의
성격을 띠나 포괄정형적이고 불가제한적이다. 즉 영업주에 갈음하여 그 영업에
관한 재판상 또는 재판외의 모든 행위를 할 수 있으며(¹¹ᵃ), 그 내부적 제한으
로 선의의 제3자에게 대항하지 못한다(¹¹ᵃ). 일반 민법상의 임의대리권이 일정
범위 내로 처음부터 특정됨에 반하여 지배권은 이와 같이 포괄적이다. 나아가
영업주가 내부적으로 제한을 가하여도 이를 모르는 선의의 제3자에게는 대항
할 수 없다. 이를 지배권의 획일성 또는 불가제한성이라 한다.

지배인도 민법상의 임의대리인의 일종인데 어찌하여 이렇게 대리권의 범위
는 법정되는 것일까? 이것은 사적자치(Privatautonomie)에 대한 커다란 제한이
다. 그러면 이러한 제한이 정당화되는 이유는 무엇일까? 그것은 대리권을 수여
하는 주체의 특성으로부터 연유되고 있다. 지배인을 선임하고 그에게 지배권을
수여하는 주체는 상인이다. 상인은 영업적으로 특정 법률행위를 하는 자이다.
즉 이윤추구의 의도로 특정 행위를 반복하되 대외적으로 인식가능하게 하고
있는 자이다. 이러한 상인의 영업행위는 일반인의 법률행위와 스스로 구별되
며, 영업성에서 야기되는 상적 색채는 곧 사적자치를 제한시키는 요소를 제공
한다. 영리의 목적하에 상행위를 반복하는 자와 거래하는 상대방은 더욱 보호
되어야 한다. 거래상대방의 시각에서 그 대리인이 해당 행위의 대리권을 갖고
있는지 의심스럽다면 거래의 원활과 신속은 이미 사라진 것이다.

'가장 지배인'에 대한 법원 심사 강화해야[1]

"금융기관을 중심으로 가장(假裝) 지배인을 통한 편법적 소송 수행이 만연해 대책
마련이 시급하다는 목소리가 높아지고 있다. 박기억(52・사법연수원 28기) 대한변
호사협회 사업이사 등 법조인과 전문가들은 23일 역삼동 대한변협회관 18층 중회
의실에서 열린 '상법상 지배인제도 개선에 관한 토론회'에서 최근 크게 늘어나고
있는 가장 지배인의 소제기를 억제할 대책마련이 시급하다고 입을 모았다. 가장 지
배인은 영업에 관한 포괄적인 권한이 없는 직원을 상법상 지배인으로 등기한 후

---

1) 임순현 기자 desk@lawtimes.co.kr (2014. 9. 25. 자, 법률신문 참조): 〈대한변협 '상법상 지배인제도 개
   선' 토론회〉.

소송행위를 전담하도록 하는 것을 말한다. 상법은 제11조에서 상인은 지배인을 둬 영업주를 갈음해 영업에 관한 재판상 또는 재판 외 모든 행위를 대리할 수 있도록 하고 있다.……"

5. 공동지배인

수인의 지배인으로 하여금 공동으로 지배권을 행사하게 하는 경우 이들을 共同支配人(Gesamtprokurist)이라 한다($\frac{상}{12}$). 이는 지배권의 범위가 포괄정형적이어서 오용과 남용의 위험이 크기 때문에 이를 방지하기 위한 수단으로 나타난 제도이다. 그러한 면에서 공동대표이사제도($\frac{상}{389}$)와 맥락을 같이한다.

능동대리의 경우에는 수인의 지배인이 공동으로만 대리행위를 할 수 있다($\frac{상}{12}$). 이 때 수인의 지배인이 반드시 동시적이어야 하여야 하는 것은 아니며 순차적으로 하여도 된다. 공동지배인의 1인에게 대리권행사를 위임하는 것은 이 제도의 취지에 어긋난다. 대리권행사의 오용이나 남용을 막고자 하는 것이 이 제도인데 1인에게 지배권행사를 위임함은 공동지배관계를 해체하는 것이나 다름없어 이를 허용할 수 없다. 그러나 수동대리의 경우에는 예외이다. 지배인 1인에 대한 의사표시도 영업주에 대하여 효력이 있다($\frac{상}{12}$).

6. 표현지배인

(1) 의   의

표현지배인(表見支配人: Scheinprokurist)이란 지배인이 아니면서 본점 또는 지점의 본부장, 지점장, 그 밖에 지배인으로 인정될 만한 명칭을 사용하는 자로서 재판외의 행위에 관하여 본점 또는 지점의 지배인과 동일한 권한이 있는 것으로 취급되는 자를 이른다($\frac{상}{14}$).

이러한 표현지배인제도는 상법에 널리 일반화되어 있는 외관신뢰주의의 一例이다. 표현지배인은 지배권이 없는 자이므로 원래 무권대리인이나 지배권의 法外觀이 현출된 경우 이를 신뢰한 선의의 거래상대방을 보호하기 위하여 나타난 제도로서 영미법상의 금반언제도나 독일법의 외관법리에 바탕을 두고 있다. 그리하여 민법상의 표현대리($\frac{민}{126, 129}^{125,}$)나 상법상의 표현대표이사($\frac{상}{395}$)제도와 맥을 같이한다. 모두 존재하지 않는 代理權을 擬制시키는 外觀法理의 실현규범들이다. 단지 대리권의 범위나 그 성질이 다를 뿐이다.

(2) 성립요건

표현지배인제도는 일반 外觀信賴主義의 한 例이므로 외관법리 일반의 적용요건이 갖추어져야 한다. 즉 외관요건, 귀책요건, 인과요건 및 보호요건이 그것이다.

(가) 외관요건 표현지배인의 法外觀要件(Rechtsscheintatbestand)은 다음 세 가지 면에서 충족되어야 한다.

① **외관작출자에 대한 요건**(외관작출의 주체) 상법 제14조의 전제요건을 충족시키는 外觀作出行爲者는 "본점 또는 지점의 본부장, 지점장, 그 밖에 지배인으로 인정될 만한 명칭을 사용하는 자"이다. 상법은 이렇게 정하고 있다(상법14 I). 영업주임이라는 명칭이 사용되지 않았다 하여도 실제 거래계에서 한 영업소의 책임자를 뜻하는 명칭이 사용되면 족하다. 나아가 상법 제14조 1항의 문언으로는 "영업주임 기타 이와 유사한 명칭을 가진 사용인"이라고 되어 있으나 영업주와 고용이나 위임 등의 관계를 전혀 갖고 있지 않은 자도 지배인의 외관이 현출되는 한 표현지배인이 될 수 있다고 본다.

② **외관작출행위의 대상에 대한 요건**(외관의 객체) 표현지배인이 성립하자면 상기의 주체가 제3자와 행한 행위는 (i) 통상 지배인의 권한 내의 행위여야 하고, (ii) 외관작출자의 권한 밖의 행위여야 하며, (iii) 재판외의 행위(상법14 I)여야 한다. 이러한 행위를 본부장, 지점장 기타 이와 유사한 명칭으로 하였어야 한다. 통상 지배인의 권한 내의 행위라 함은 해당 영업소의 영업에 관한 행위여야 한다. 즉 영업관련성(Betriebsbezogenheit)이 긍정되는 행위여야 한다. 營業關聯性은 객관적으로 판단되어야 한다.[2] 외관작출자의 권한 밖의 행위라 함은 이에 대한 영업주의 授權없이 행한 행위를 뜻한다. 외관작출자가 이미 영업주로부터 해당 행위에 대해서 수권을 받았다면 더 이상 무권대리가 아니어서 상법 제14조의 적용대상에서 벗어나기 때문이다. 끝으로 재판외의 행위라 함은 소송대리 이외의 정상적인 거래상의 법률행위를 뜻한다. 소송행위에 있어서는 표현지배인의 성립을 상상할 수 없기 때문이다.

③ **외관작출을 위한 공간에 대한 요건** 상법 제14조는 "본점 또는 지점의 본부장, 지점장, 그 밖에 지배인으로 인정될 만한 명칭을 사용하는 자"라고 규정하고 있어 표현지배인이 되기 위하여는 본점 또는 지점과 같은 영업소의

---

2) 대판 1997. 8. 26, 96다36753; 대판 1987. 3. 24, 86다카2073.

실질이 갖추어져야 하는지 의문이다. 이에 대해서는 현재 실질설과 형식설이 대립하고 있다.

實質說에 따르면 표현지배인이 되기 위하여는 실제로 본점 또는 지점의 실질이 갖추어져야 한다고 한다. 즉 표현지배인의 법외관창출을 위하여는 영업소의 실질이 갖추어진 공간이 전제가 되고 그 공간과 결부된 외관작출행위가 있어야 법외관요건이 충족된다고 한다. 판례[3] 및 통설[4]의 입장이다.

대판 1998. 8. 21, 97다6704

"상법 제14조 1항 소정의 표현지배인에 관한 규정이 적용되기 위하여는 당해 사용인의 근무장소가 상법상 지점으로서의 실체를 구비하여야 하고, 어떠한 영업장소가 상법상 지점으로서의 실체를 구비하였다고 하려면 그 영업장소가 본점 또는 지점의 지휘·감독 아래 기계적으로 제한된 보조적 사무만을 처리하는 것이 아니라, 일정한 범위 내에서 본점 또는 지점으로부터 독립하여 독자적으로 영업활동에 관한 결정을 하고 대외적인 거래를 할 수 있는 조직을 갖추어야 한다."

이에 반하여 形式說에서는 본점 또는 지점의 실질이 갖추어지지 않았다 하여도 제3자가 그러한 영업소의 실질이 존재한다고 믿을 만한 외관만 갖추어지면 상법 제14조의 요건이 충족될 수 있다고 본다.[5]

생각건대 상법 제14조가 外觀法理의 한 표현이라면 외관작출가능성은 여러 각도에서 나타날 수 있다. 영업주와 고용이나 위임 등 아무 기초관계를 갖지 않은 자도 표현지배인이 될 수 있다면 영업소의 실질이 갖추어지지 않았다 하여 표현지배인의 성립을 부정하는 것은 타당치 않다고 본다. 본점 또는 지점의 실질이 갖추어지지 않았다 하여도 제3자에게 영업소의 실질이 갖추어진 것으로 생각되는 法外觀의 존재만 있으면 표현지배인의 성립을 인정하여야 할 것이다. 거래상대방에게 해당 영업의 근거지가 본점 또는 지점의 실질을 갖추었는지 이에 대한 탐지의무를 부과한다면 이는 거래안전의 보호라는 상법 제14조의 입법목적과도 배치되는 해석이다.

(나) 귀책요건[6]　　　영업주에게는 이러한 표현지배인의 법외관창출에 대하여

---

3) 대판 1978. 12. 13, 78다1567; 대판 1983. 10. 25, 83다107; 대판 1998. 8. 21, 97다6704 [법원공보, 1998 하, 2274].

4) 김홍기, 43면; 최·김, 81면; 정찬형, 99면; 이·최, 152면; 최완진, 85면; 정동윤, 69면; 송옥렬, 36면.

5) 채이식, 60면; 최준선, 147면; 임홍근, 231면.

6) 이를 與因要件이라고도 한다.

어떤 형태로든 그 책임을 물을 수 있는 歸責事由가 있어야 한다. 즉 영업주가 지배인의 외관창출에 대한 원인을 제공했어야 하는데 그 방법은 명시적인 것이든 묵시적인 것이든 가리지 않는다. 영업주가 표현지배인의 행위를 명시적으로 허락했거나 알면서도 묵인하는 경우 당연히 영업주는 표현지배인의 행위에 대하여 책임을 져야 한다. 뿐만 아니라 비록 적극적으로 표현지배인의 행위를 알고 있지는 못하였다 하여도 중과실로 이를 저지하지 못한 경우 역시 영업주는 면책되지 못할 것이다. 조금만 주의를 기울였다면 표현지배인의 행위를 알 수 있었고 이것을 알았다면 외관작출을 막을 수 있었다고 가정하면 적극적인 認知나 중과실로 인한 不知나 크게 다르지 않기 때문이다.[7]

(다) 인과요건   표현지배인의 외관의 존재와 거래상대방의 행위간에 原因結果關係가 존재하여야 한다. 즉 거래상대방이 표현지배인의 법외관을 신뢰하고 이에 근거하여 계약체결 등 법률행위적인 반응을 보였어야 한다. 이는 외관책임발생의 일반요건 가운데 하나이다. 그러나 많은 실정법상의 외관신뢰책임을 검토함에 있어서 이 요건은 생략되고 있다. 왜냐하면 대부분의 경우 이 요건이 충족된 것으로 간주되고 있기 때문이다. 그러나 원칙적으로 모든 외관신뢰주의규정은 이 요건의 충족을 기다린다. 이 요건이 있기 때문에 외관책임은 불법행위에서는 나타날 수 없는 것이다.

(라) 보호요건   표현지배인과 거래한 상대방은 선의여야 한다($\frac{상}{14}$). 善意라 함은 표현지배인의 지배권 흠결사실을 알지 못하였음을 뜻한다. 즉 정상적인 지배인으로 오인하고 거래에 임하였어야 한다. 상법 제14조 2항상의 악의에는 중과실로 알지 못한 것도 포함시켜야 할 것이다.

(3) 표현지배인의 효과

위의 요건이 충족되면 영업에 관하여 표현지배인이 제3자와 행한 재판외의 행위는 지배권의 흠결에도 불구하고 영업주에게 유효한 행위가 되어 당해 거래상의 권리나 의무가 발생한다.

(4) 상업등기의 적극적 공시력과 표현지배인제도

상법 제37조 2항에 따라 등기할 사항을 등기한 경우에는 선의의 제3자에게 대항할 수 있으므로 만약 지배인 해임등기를 한 후 표현지배인의 요건도 충족

---

7) 그러나 판례는 상법 제395조나 상법 제39조 등 외관법리 전반에 걸쳐 명시적 허락이나 묵시적 방치 등 원인제공 요건을 고의적인 것에 한정하고 있다(대판 2011. 7. 28, 2010다70018: 대판 1975. 5. 27, 74다1366).

되면 상법 제37조의 효력이 우선하는지 아니면 상법 제14조의 효력이 우선하는지 의문이다. 예컨대 영업주 K가 지배인 P를 해임하고 해임등기를 마쳤으나 P가 과거부터 사용해오던 '지배인 P'라 새겨진 명함을 계속 사용하며 제3자 X와 계약을 체결하였고 K도 이러한 계약을 수차례 이의없이 이행해 왔는데 P가 최근 재차 X와 체결한 계약에 대해서는 P의 해임등기가 이루어진 사실을 내세우며 계약의 이행을 거부한다고 하자. 이런 경우 K는 X에 대하여 계약상의 이행의무가 있는가? 여기서 상법 제14조와 상법 제37조는 모두 요건이 충족되어 양자의 충돌현상이 나타난다. 해임등기를 마쳤으므로 상법 제37조 2항상 상업등기의 적극적 공시력이 나타나고 있고, 또 P가 체결한 계약을 K가 이의없이 수차례나 이행하였으므로 결국 그 계약들을 추인해 준 결과가 되어 상법 제14조상 표현지배인의 요건도 충족되고 있기 때문이다. 문제는 이 양조문간의 상호관계를 어떻게 정립할 것인가이다. 이러한 문제는 상법 제395조와 제37조간에서도 똑같이 나타나고 있다.

이 문제에 대해서는 다음과 같은 학설들의 대립을 보이고 있다. 첫째 학설은 異次元說이다.[8] 상법 제14조나 상법 제395조는 상법 제37조와는 차원을 달리한다는 것이다. 즉 표현지배인이나 표현대표이사제도는 상업등기와는 다른 차원에서 영업주나 회사의 표현책임을 정한 것이라고 한다. 둘째 학설은 예외설[9]로서 상법 제14조나 제395조는 상법 제37조의 예외규정이라고 한다. 셋째 학설은 정당사유설[10]이다. 이 설은 상법 제37조 2항상의 "정당한 사유"에는 거래상대방이 표현지배인이나 표현대표이사에게 지배권이나 대표권이 있다고 믿은 경우도 포함된다고 한다. 그리하여 상법 제14조나 395조의 요건이 충족되는 경우 상법 제37조 2항상의 정당한 사유가 발생하여 상업등기의 공시력이 나타나지 않게 된다고 한다. 넷째 입장은 권리남용설이다.[11] 이 설은 표현지배인이나 표현대표이사의 요건이 충족되는 경우에도 이와 배치되는 상업등기의 효력을 내세움은 권리남용에 해당하여 허용될 수 없다고 한다. 다섯째 견해는 축소해석설이다.[12] 이 입장은 상법 제37조를 목적해석의 기법하에 축소해석한다. 상

---

8) 대판 1979. 2. 13. 77다2436; 정동윤, 70, 103면; 송옥렬, 72면.
9) 일본 판례 및 통설: 최·김, 815면; 채이식, 577면; 정찬형, 1029면; 최준선, 211면.
10) 野津 務, 改訂新會社法(上), 1967, 231.
11) 독일 판례의 입장이다. vgl. BGH NJW 1972, 1418; BGH WM 1976, 1084.
12) Canaris, Handelsrecht, 24. Aufl., §5 Ⅱ 2, S. 64, Rdnr. 38.

법 제37조의 객관적 적용범위로부터 상법 제14조나 제395조의 적용영역을 처음부터 제외시켜야 한다고 주장한다. 그리하여 표현지배인이나 표현대표이사의 요건이 충족될 때에는 상업등기의 효력은 발생하지 않는 것으로 보아야 한다고 한다.

생각건대 정당사유설은 상법 제37조 2항상의 정당사유를 천재지변, 교통두절 등의 경우로 제한해석하고 있으므로 이에 상법 제395조나 제14조의 경우까지 포함시킴은 타당하지 않다. 나아가 예외설이나 이차원설도 명쾌한 학리적 근거를 제시하지 못하고 있다. 무엇 때문에 차원을 달리해야 하는지, 어째서 예외가 되어야 하는지 밝히고 있지 못하다. 따라서 넷째와 다섯째의 견해가 타당하다고 생각된다. 그런데 그 중에서도 권리남용설은 신의칙에 기한 권리남용의 항변으로 상업등기의 공시력을 제한시키는 입장인데 권리남용 여부에 대한 입증은 주관적 요소에 의하여 좌우될 수 있으므로 법적 안정성을 해할 수 있다. 따라서 맨 마지막 견해가 가장 타당하다고 생각된다. 상업등기의 효력은 일반 외관신뢰주의의 실정법적 규정들에 대해서는 후퇴한다. 상업등기를 해놓은 후에도 추가적으로 별도의 신뢰책임을 야기시킨 자는 이에 따라 책임져야 한다는 것이다. 따라서 상법 제37조 2항의 적용범위 자체를 同條의 1차적 문언에 그치지 말고 이 조항의 입법목적과 의미(Sinn und Zweck)를 고려하여 축소시킴이 타당하다(teleologische Reduktion).[13]

7. 지배권의 남용[14]

‖ **사 례** ‖ A 은행 압구정동 지점장 B는 예금의 형식으로 사채를 끌어 모아 벤처사업가 C에게 사업자금을 마련해 줄 의도로 D로부터 거액의 예금을 유치하였다. 그런데 그 당시 D는 이러한 B의 배임적 의도를 알지는 못했지만 여러 사정에 비추어 볼 때 알 수는 있었다. B는 일반적인 은행의 수신거래에서 나타나는 전산처리과정을 거치지 않고 D에게 예금액을 손으로 기재한 手記通帳을 교부하였을 뿐만 아니라 이자율도 정규적인 예금이자보다 훨씬 높은 액수였다. 그 후 C의 벤처기업이 도산하여 약정된 이자가 지급되지 않자 D는 A에게 예금액의 지급을 요구하였다. 그러자 A은행은 이를 거절한다. D의 A에 대한 예금액의 반환청구권을 검토하라 (1994년 제36회 사시 민법 제1문 유사변형; 대판 1987. 11. 10, 86다카371 참조).

---

13) Canaris, HandelsR, 24. Aufl., §5 Ⅱ 2, S. 64, Rdnr. 38.
14) 이에 대해서는 졸고, "대리권 남용의 법리구성", 고려대 법학논집, 제33집(1997), 605면 이하 참조.

(1) 의 의

支配權의 濫用이라 함은 지배인이 객관적으로는 그 대리권의 범위 내에 속하지만 주관적으로는 자기 또는 영업주가 아닌 제3자의 이익을 위하여 대리행위를 하는 것을 뜻한다. 즉 해당 대리행위는 객관적으로는 지배권의 범위 내에 속하지만 주관적으로는 배임적 의도하에 이루어진 경우이다. 예컨대 지배인이 자기 개인용도로 쓰기 위하여 영업주 명의로 제3자로부터 금전을 차입하는 경우이다.

지배권의 남용 문제는 널리 사법상의 대리권 남용 문제로 포섭된다. 회사대표권의 남용도 한 울타리에서 같이 다루어져야 한다. 이러한 대리권 남용은 특히 포괄정형적인 상사대리권에서 문제시되고 있다. 대리권남용이 문제시된 대법원 판례는 모두 이러한 상사대리권만을 사실관계에서 다루었다. 민법 일반의 임의대리의 경우에는 그 대리권이 남용될 가능성이 매우 희박하기 때문이다.

(2) 법리구성

대리권 남용의 경우 이를 어떻게 처리할 것인가에 대해서는 크게 다음과 같은 두 가지 접근 방법이 있다. 하나는 대리법 외에서 해결점을 찾는 밖에서 안으로의 접근방식(exogene Lösung)이다. 이 입장은 권리남용설이라고도 한다. 대리권 남용의 경우에도 객관적으로는 대리권의 범주 내의 행위이므로 해당 행위는 본인에 대하여 유효하나 단지 거래상대방이 대리인의 배임적 용태를 알고 있었거나 중과실로 모른 때에는 본인의 권리남용의 항변을 인정하자는 것이다. 다른 하나의 학설은 대리법 내에서 해결점을 찾는 접근방식(endogene Lösung)으로서 무권대리설로 불리운다. 이 입장은 권리남용설과 달리 대리권 남용의 경우 일단 대리인에게 본인을 위하여 행위한다는 의사가 결여되어 있으므로 무권대리행위로서 그 효력을 인정할 수 없으나 거래상대방이 선의인 경우에는 본인이 대항할 수 없는 것으로 보는 입장이다.

우리나라에서는 다음과 같은 네 가지 학설이 주장되고 있다. 첫째 학설은 心裡留保說로서 非眞意表示에 관한 민법 제107조 1항 단서를 대리권 남용의 경우에 유추적용하자는 것이다.[15] 대리인이 자기 또는 제3자의 이익을 위하여 표면상으로만 지배인으로서 법률행위를 한 경우 거래상대방이 지배인의 진의

---

15) 대판 2007. 4. 12, 2004다51542.

를 알았거나 알 수 있었을 때에는 민법 제107조 1항 단서를 유추적용하여 그 행위가 무효가 된다고 한다. 거래상대방이 대리인의 배임사실을 알았거나 과실로 알지 못하였을 때에는 보호받지 못한다. 이 때 과실에는 경과실도 포함되어 거래상대방에게 불리하다. 둘째 학설은 權利濫用說이다. 이 입장도 심리유보설과 마찬가지로 대리권 남용의 경우 원칙적으로 해당 행위는 유효하나 거래상대방이 대리인의 배임사실에 대하여 악의인 경우 본인은 거래상대방의 악의를 입증하여 권리남용의 항변(Mißbrauchseinwand)으로 대항할 수 있다고 한다. 이 때 거래상대방의 악의에는 고의뿐만 아니라 중과실도 포함된다. 대리인의 배임사실을 중과실로 알지 못한 경우 거래상대방은 보호받지 못한다. 셋째 학설은 利益較量說이다. 이 입장은 대리권 남용의 경우 원칙적으로 해당행위는 무효이나 거래안전의 요구에서 선의의 거래상대방에 대하여는 본인이 그 무효를 주장할 수 없고 다만 악의나 중과실의 상대방에 대해서만 당연무효의 원칙으로 회귀한다고 한다. 이 입장은 대리권 남용행위를 원칙적으로 무효로 보는 점이 권리남용설이나 심리유보설과 다르다. 넷째 학설은 代理權制限說이다. 이 입장은 대리권 남용의 문제를 대리권이나 대표권에 대한 제한 위반으로 보아 주식회사의 경우에는 상법 제389조 3항과 209조 2항, 지배인이나 부분적 포괄대리권을 가진 사용인의 경우에는 상법 제11조 3항, 15조 2항 등의 법리로 해결점을 찾고자 한다. 대리권 남용의 경우를 대리권에 가해진 내부적 제한 위반의 사례로 보아 선의의 제3자에 대해서는 본인이 대리권 남용행위의 무효를 주장할 수 없다고 한다. 이 입장 역시 대리권 남용행위를 원칙적으로 무효로 보는 점에서 이익교량설과 같다.

생각건대 처음 두 학설은 대리법 외에서 문제점을 찾는 권리남용설의 접근방식이요, 셋째와 넷째 학설은 무권대리설에 그 바탕을 두고 있다. 포괄정형적인 상사대리권에 있어서는 대리권이 남용되어도 대리권의 범주 내의 행위로 보아야 한다. 그것이 거래의 안전에 중점을 둔 이 제도들의 입법취지이다. 대리권 남용행위를 대리권에 가해진 내부적 제한의 위반으로 보아 이를 무권대리행위로 취급하는 것은 포괄정형적인 상법상의 대리권과 합치되지 않는다. 따라서 권리남용설이나 심리유보설을 취하는 것이 타당하나 심리유보설에서는 대리인의 배임적 용태를 알지 못한 경과실의 상대방을 보호하지 못하므로 권리남용설을 취하는 것이 이론적으로는 가장 타당하다고 생각된다.

그러나 판례는 권리남용설보다는 심리유보설을 선호한다. 그 이유는 대리권 남용의 사례들을 계약법에서 해결하기보다는 과실상계의 법리가 적용되는 불법행위법에서 해결점을 찾으려 하기 때문이다. 예컨대 계약상의 이행책임을 부정하고 대신 사용자책임의 법리를 가동시키면 과실상계의 법리가 적용되어 큰 어려움없이 개별 사안의 구체적 정황을 반영할 수 있다. 심리유보설의 강점이 바로 여기에 있다.

사례풀이 ☞ D의 A에 대한 예금액반환청구권[16]

이러한 청구권은 민법 제702조와 동법 제603조에 의하여 정당화될 가능성이 있다. 이러한 청구가 가능하기 위하여는 D와 A은행간에 消費任置契約이 성립되어야 한다. 일반적으로 은행과 고객간의 예금계약은 그 법적 성질이 금전소비임치로 파악되고 있다. B는 A은행의 지점장으로서 그 법적 지위는 상법상 支配人이라 할 수 있을 것이다. 따라서 B는 자신의 영업소에서 이루어지는 영업거래에 관한 한 재판상 또는 재판외의 포괄적 대리권자이다($\frac{상}{11}$). B는 D와의 거래에서도 당연히 A은행을 위하여 예치액을 수신하여 예금계약을 체결할 수 있는 대리권을 갖고 있었다. 그러나 이러한 객관적 대리권의 존재에도 불구하고 B가 A은행을 위하여 대리권을 행사한 것이 아니라 C에게 사채를 모아주기 위하여 자신의 권한을 남용한 경우이므로 이 경우 그 처리를 어떻게 할 것인지 다투어지고 있다. 위에서 논하였듯이 권리남용설을 취하는 한 일단 D와 A은행간에 예금계약은 성립하겠지만 A은행은 D가 B의 배임적 의도를 알았거나 중과실로 모른 경우 이를 입증하여 계약의 무효를 주장할 수 있을 것이다. 사안내용상 B가 악의로 보이지는 않으나 (중)과실의 비난은 가능하지 않을까 생각된다.[17]

Ⅱ. 부분적 포괄대리권을 가진 사용인

┃**사 례**┃ 박수만(이하 P라 한다)은 H건설(주)가 시공하는 충남 서산군 대산면 소재 현대종합화학공장의 건설현장소장으로서 그 공사의 시공에 관련된 자재조달, 노무관리 및 그에 관련된 하도급계약의 체결 및 공사대금의 지급 그리고 공사에 투입되는 중기 등의 임대차계약을 체결하여 왔다. 그러던 중 하도급업자 C가 중

---

16) 서울고법 2005. 3. 16, 2004나68191도 참조(연이율 80%, 대출확인서가 手記로 작성된 사건에서 예금계약의 성립을 부정하고 민법 제756조상의 사용자 책임 역시 부정한 사례, 법률신문 2005. 3. 28, 제3350호, 5면 참조).

17) 판례(대판 1987. 11. 10, 86다카371)는 D의 과실을 인정하여 예금계약이 존재하지 않는다고 하고 있다.

기임대인 Y와 체결한 중기임대차계약상의 임대료채무를 회사의 이름으로(H건설)
보증한다. P는 C에게 지급될 공사대금 중에서 중기임대료 등에 해당하는 액수를
중기임대인에게 직접 지급하겠다고 약정하였다. Y가 H건설(주)를 상대로 보증채
무의 이행을 요구하자 H건설은 P에게 보증계약을 체결할 권한이 없었다고 항변하
고 있다. Y와 H社간의 법률관계는?(대판 1994. 9. 30. 94다20884.
 법원공보 979호, 151면)

1. 개   념

部分的 包括代理權을 가진 使用人(Handlungsbevollmächtigte)이라 함은 영업
의 특정한 종류 또는 특정한 사항에 대하여 포괄적으로 위임을 받은 상업사용
인을 말한다(상 15). 이는 지배인 다음 가는 상업사용인으로서 영업의 특정 종류
나 특정 사항에 관한 대리권을 가진 자이다. 보통 부장, 과장, 계장, 주임 등으
로 불리우고 있다.

2. 선임과 해임

부분적 포괄대리권을 가진 사용인은 상인이나 그 대리인, 나아가 지배인도
선임할 수 있다. 회사의 업무집행사원이나 이사도 부분적 포괄대리권을 가진
사용인이 될 수 있다.[18)

3. 대 리 권

부분적 포괄대리권을 가진 사용인은 위임받은 영업의 특정한 종류 또는 특
정한 사항에 대한 포괄적 대리권을 가지며 그에 관한 재판외의 모든 행위를 할
수 있다(상 15).[19) 위임받은 사항 중 취급사항의 일부를 제한하거나 판매가격의
최저한을 정한다거나 일정 조건으로만 판매하게 하는 등 영업주는 그의 대리
권에 제한을 가할 수 있다. 그러나 이러한 내부적 제한으로 선의의 제3자에게
대항할 수 없다(상15조 III·). 비록 일정 종류 혹은 일정 사항으로 대리권이 제한되
어 있긴 하나 부분적 포괄대리권을 가진 사용인도 그 해당 부분에서는 포괄적
대리권을 갖는다. 따라서 일반 민법상의 임의대리와 다르고 지배인과 유사하다.

---

18) 대판 1968. 7. 23. 68다2426.
19) 대판 2007. 8. 23. 2007다23425("상법 제15조의 부분적 포괄대리권을 가진 사용인은 영업의 특정한
종류 또는 특정한 사항에 관한 재판 외의 모든 행위를 할 수 있는 대리권을 가진 상업사용인을 말하는
것이므로, 이에 해당하기 위해서는 그 사용인의 업무 내용에 영업주를 대리하여 법률행위를 하는 것이 당
연히 포함되어 있어야 한다.").

대판 1994. 9. 30, 94다20884(법원공보 979호, 1994년, 2856면)

"가. 건설업을 목적으로 하는 건설회사의 업무는 공사의 수주와 공사의 시공이라는 두 가지로 크게 나눌 수 있는데, 건설회사 현장소장은 일반적으로 특정된 건설현장에서 공사의 시공에 관련한 업무만을 담당하는 자이므로 특별한 사정이 없는 한 상법 제14조 소정의 본점 또는 지점의 영업주임 기타 유사한 명칭을 가진 사용인 즉 이른바 표현지배인이라고 할 수는 없고, 단지 상법 제15조 소정의 영업의 특정한 종류 또는 특정한 사항에 대한 위임을 받은 사용인으로서 그 업무에 관하여 부분적 포괄대리권을 가지고 있다고 봄이 상당하다.

나. 건설현장의 현장소장의 통상적인 업무의 범위는 그 공사의 시공에 관련한 자재, 노무관리 외에 그에 관련된 하도급계약체결 및 그 공사대금지급, 공사에 투입되는 중기 등의 임대차계약체결 및 그 임대료의 지급 등에 관한 모든 행위이고, 아무리 소규모라 하더라도 그와 관련없는 새로운 수주활동을 하는 것과 같은 영업활동은 그의 업무범위에 속하지 아니한다."

대판 1994. 10. 28, 94다22118(법원공보 981호, 1994년, 3116면)

"가. 오피스텔건물의 분양사업을 영위하는 자의 위임을 받아 관리부장 또는 관리과장의 직책에 기하여 실제로 오피스텔건물에 관한 분양계약의 체결 및 대금수령, 그리고 그 이행책임을 둘러싼 계약상대방의 이의제기에 따른 분쟁관계의 해결 등 일체의 분양관계 업무를 처리하여 온 자들은 특히 그 업무의 수행이 단지 일회적으로 그치게 되는 것이 아니라 당해 오피스텔건물의 분양이 완료될 때까지 계속적으로 반복되는 상행위인 성질에 비추어 볼 때, 상법 제15조 소정의 영업의 특정된 사항에 대한 위임을 받은 사용인으로서 그 업무에 관한 부분적 포괄대리권을 가진 상업사용인으로 봄이 타당하다.

나. '가'항의 분양관련 업무를 처리해 온 자들의 업무의 범위 속에는 오피스텔 건물에 관한 분양계약의 체결은 물론이고, 기존 분양계약자들과의 분양계약을 합의해제하거나 해제권유보에 관한 협정을 체결하고, 나아가 그에 따른 재분양계약을 체결하는 일체의 분양거래행위도 당연히 포함하는 것이라고 봄이 상당하고, 이러한 건물의 일반분양업무는 통상 개별적인 분양계약의 체결에 그치지 않고, 사정에 따라 그 일부분양의 취소 내지 해제와 이에 따른 보완적인 재분양계약의 체결 등의 거래행위가 순차적, 계속적으로 수행되는 것이므로, 일반 거래상대방의 보호를 위하여는 이러한 모든 행위가 일률적으로 그 업무범위 내에 속한다고 보아야지 그 중에서 분양계약의 취소, 해제만을 따로 떼어 그 업무는 본인이 이를 직접 수행하든지 분양업무를 맡은 사용인에게 별도의 특별수권을 하여야 한다고 새겨서는 안 될 것이다."

4. 지배인과의 차이점

우선 지배인은 대리권의 범위가 영업에 관한 재판상·재판외의 모든 행위이나 부분적 포괄대리권을 가진 사용인은 특정 종류나 특정 사항으로 제한된다. 나아가 지배권은 재판상·재판외의 모든 범위에 걸치지만 부분적 포괄대리권을 가진 사용인은 오직 재판외의 행위만을 할 수 있다.

나아가 부분적 포괄대리권을 가진 사용인은 영업주뿐만 아니라 지배인도 선임할 수 있고 완전상인(Vollkaufmann)뿐만 아니라 소상인(Minderkaufmann)도 선임할 수 있다. 반면 지배인은 영업주나 그의 대리인이 선임하고 소상인은 지배인을 선임할 수 없다. 소상인이 설사 지배인과 같은 포괄적 대리권자를 선임한다 해도 그가 상법상 지배인과 같은 지위를 갖는 것은 아니다.

끝으로 지배인의 선임 및 종임은 등기사항이나 부분적 포괄대리권을 가진 사용인의 그것은 등기사항이 아니다.

5. 표현사용인제도

부분적 포괄대리권을 가진 사용인의 경우에는 표현지배인과 같은 제도가 없다.[20] 그러나 일반 외관법리의 적용은 가능할 것이다. 이미 상법은 제15조 2항에서 지배인의 권한을 내부적으로 제한한 경우 이로써 선의의 거래상대방에게 대항할 수 없다는 상법 제11조 3항을 부분적 포괄대리권을 가진 사용인에게 준용하고 있다. 이뿐만 아니라 일반 민법상의 표현대리규정($^{민법 125}_{126, 129}$)도 적용가능하다.[21]

---

20) 대판 2007. 8. 23, 2007다23425(상법 14조의 유추적용可能性을 부정한 사례): "상법 제14조 제1항은, 실제로는 지배인에 해당하지 않는 사용인이 지배인처럼 보이는 명칭을 사용하는 경우에 그러한 사용인을 지배인으로 신뢰하여 거래한 상대방을 보호하기 위한 취지에서, 본점 또는 지점의 영업주임 기타 유사한 명칭을 가진 사용인은 표현지배인으로서 재판상의 행위에 관한 것을 제외하고는 본점 또는 지점의 지배인과 동일한 권한이 있는 것으로 본다고 규정하고 있으나, 부분적 포괄대리권을 가진 사용인의 경우에는 상법은 그러한 사용인으로 오인될 만한 유사한 명칭에 대한 거래 상대방의 신뢰를 보호하는 취지의 규정을 따로 두지 않고 있는바, 그 대리권에 관하여 지배인과 같은 정도의 획일성, 정형성이 인정되지 않는 부분적 포괄대리권을 가진 사용인들에 대해서까지 그 표현적 명칭의 사용에 대한 거래 상대방의 신뢰를 무조건적으로 보호한다는 것은 오히려 영업주의 책임을 지나치게 확대하는 것이 될 우려가 있으며, 부분적 포괄대리권을 가진 사용인에 해당하지 않는 사용인이 그러한 사용인과 유사한 명칭을 사용하여 법률행위를 한 경우 그 거래 상대방은 민법 제125조의 표현대리나 민법 제756조의 사용자책임 등의 규정에 의하여 보호될 수 있다고 할 것이므로, 부분적 포괄대리권을 가진 사용인의 경우에도 표현지배인에 관한 상법 제14조의 규정이 유추적용되어야 한다고 할 수는 없다."

21) 대판 2006. 6. 15, 2006다13117.

사례풀이 💹➡️ 중기임대료채권의 채권자인 Y는 보증인으로 지정된 H(건설)을 상대로 보증채무의 이행을 요구하고 있으므로 청구권규범은 민법 제428조 및 동법 제618조가 될 것이다. 이러한 청구권은 우선 주채무의 존재를 요구하는 데 주채무는 Y와 C간의 중기임대차계약의 성립으로 유효하게 성립하였다. 나아가 민법상의 보증채무가 발생하려면 채권자와 보증인간에 보증계약이 성립하였어야 한다. 보증인으로 명명된 H건설(주)이 직접 Y와 의사표시를 주고 받지는 않았다. 단지 P가 이를 대리하였을 뿐이다. 그렇다면 P에게 보증계약체결을 위한 대리권이 존재하였어야 한다. 대리권의 존부를 파악하기 위하여는 P의 법적 지위가 어떠한 것이었는지 알아야 한다. 건설회사 현장소장의 법적 지위는 앞서 소개된 대법원판례의 내용대로 지배인이 아니라 부분적 포괄대리권을 가진 사용인이다. 그의 대리권은 건설공사의 이행을 위하여 필요한 범주로 제한되나 그 범위 내에서는 포괄적이다(상15). 건설공사에 투입된 하도급업자를 위하여 민법상의 보증계약을 체결하는 것도 건설공사의 이행을 위하여 간접적으로 필요한 행위라고 보아야 할 것이다. 설사 H건설이 이러한 보증계약체결에 관한 대리를 금지시켰다 할지라도 이는 P의 대리권에 대한 내부적 제한에 불과하여 만약 Y가 이러한 제한에 대하여 선의였다면 H건설은 그 내부적 제한으로 Y에게 대항할 수 없을 것이다(상15ⅢⅡ.). 끝으로 보증인 H건설이 최고검색의 항변을 제기할 수 없는지 의문이나, Y와 H간의 보증은 상인인 보증인이 영업을 위하여 체결한 보조적 상행위로 보아야 할 것이므로 상법 제57조 2항에 따라 연대보증으로 다루어지게 될 것이다. Y는 H건설에게 중기임대료의 지급을 요구할 수 있다.

Ⅲ. 물건판매점포의 사용인

1. 의의 및 제도적 취지

"물건을 판매하는 점포의 사용인은 그 판매에 관한 모든 권한이 있는 것으로 본다"(상16). 상법은 지배인, 부분적 포괄대리권을 가진 사용인 다음 가는 상업사용인으로서 物件販賣店鋪의 使用人(Ladenangestellte)을 규정하고 있다.

그런데 상법 제16조의 규정은 지배인이나 부분적 포괄대리권을 가진 사용인의 권한범위를 규정한 상법 제11조나 제15조와는 조금 성격이 다르다. 즉 지배인이나 부분적 포괄대리권을 가진 사용인의 경우 "…행위를 할 수 있다"라는 문언을 취하여 대리권의 범위를 적극적으로 법정하고 있으나(상15Ⅰ.), 상법 제16조는 문언상 처음부터 "…모든 권한이 있는 것으로 본다"고 규정하여 대리권을 의제시키고 있다. 문언상으로는 표현지배인에 관한 상법 제14조에 가깝

다. 이러한 문언에서 이미 상법 제16조의 규정성향은 확실해진다. 그것은 외관
신뢰주의규정이다.

즉 영업주가 물건판매를 목적으로 한 보조자를 자신의 점포에 사용할 경우
거래상대방은 매번 사용인의 대리권을 조사할 수 없고 또 그러한 조사의무는
기대가능하지 않다. 나아가 영업주는 자신의 점포에서 통상 이루어지는 거래에
대해서는 그가 투입한 사용인의 인적 활동과 점포라는 공간을 결합시켜 자신
의 사용인이 해당 거래의 대리권을 갖고 있다는 강한 *法外觀*을 현출한다. 상법
제16조의 입법목적은 바로 여기에 있다. 즉 사용인의 인적 활동과 점포라는 공
간의 결합이 현출하는 법외관을 인정하고 이것을 선의로 신뢰한 *一般 公衆*을
보호하자는 것이다.[22]

대판 1976. 7. 13, 76다860

상법 제16조는 "물건을 판매하는 점포의 사용인은 그 판매에 관한 모든 권한이
있는 것으로 본다"고 규정하고 있는데 원심이 확정한 사실관계에 의하면, 원고와
이 사건 물품매매거래를 하였던 소외 이영철은 물건을 판매하는 점포의 사용인이
아니라 피고 회사 대구지점의 외무사원이었으며, 이 사건 거래물품은 점포내에 있
었던 것도 아니었고 또 거래행위도 점포밖에서 이루어졌다는 것이다. 이러한 사실
관계라면 여기에 위 상법 제16조가 적용되어 소외 이영철이가 피고 회사를 대리하
여 이 사건 물품을 판매하거나 또는 원심이 인정한 바와 같은 선금을 받을 권한이
있었다고 할 수는 없으므로 같은 취지에서 위 상법규정에 관한 원고의 주장을 배
척한 원심판단은 정당하고, 원심의 판단과정에 소론과 같은 채증법칙의 위배나 심
리미진 등의 위법이 있음도 발견되지 않는다."

대판 1989. 3. 14, 88누1721 [석유판매업허가취소처분취소]

[석유회사 직원을 물건판매점포의 사용인으로 본 사례]

"원고 회사의 직원인 소외 1은 주유소에서 유류의 주입 및 판매업무에 종사하는 자
로서 자신의 실수로 휘발유에 경유가 혼입되었음을 알고 있으면서도 이러한 혼합
휘발유를 일반수요자인 자가용차량 운전자에게 10리터당 5,700원의 정상휘발유가
격을 받고 모두 판매한 사실이 인정된다. 그렇다면 원고 회사는 위 경유가 혼입된 휘
발유를 판매할 목적으로 생산한 것은 아니지만 그 점포사용인(상법 제16조 / 활조)을 통하여 판매
한 것은 틀림없으므로 일단 위 법조에 규정된 석유판매업허가취소 또는 사업정지
사유에 해당함에도 불구하고, 원심이 위와 같이 판단하였음은 위 석유사업법 규정
의 해석을 그르쳐 판결에 영향을 미친 위법을 저지른 것이라고 하지 않을 수 없다."

---

22) Heymann-Sonnenschein, HGB, §56 Rdnr. 1; Brox/Henssler, S. 139.

2. 적용요건

(1) "물건을 판매하는 점포의 사용인"

첫째 영업주의 사용인인 물건판매점포의 사용인이 그의 점포에 자리를 잡고 영업주를 위하여 활동하여야 한다. 즉 상법 제16조에 등장하는 법외관은 점포라는 공간적 요소와 사용인의 판매행위간의 결합에서 작출되므로 가령 외판원과 같이 점포와 무관하게 대외적으로 보조하는 사용인은 이에 해당하지 않는다.[23]

(가) 점 포   점포라 함은 일반 공중에게 개방되어 있는 곳으로서 영업주가 자신의 영업을 추진해 나아가는 공간이다. 그러나 반드시 닫혀진 설비나 장소적 고정성 또는 설비의 영속성을 요구하지는 않는다. 예컨대 무역박람회 (Messe)에 설치된 선전장, 판매대 또는 고객상담공간 등은 박람회기간 중에만 설치되므로 장소적 영속성이 나타난다고 하기 어려우나 상법 제16조에서 말하는 점포의 요건은 충족시키는 것으로 볼 수 있다.

(나) 사용인   물건을 판매하는 점포의 사용인은 영업주의 인지와 의도 (Wissen und Wollen)하에 그를 위하여 점포에서 활동하는 자이다. 그러나 반드시 영업주와 고용계약관계를 유지하는 자만으로 한정되지는 않는다. 가족구성원이나 단순히 친분관계에 있는 사람도 상법 제16조상의 사용인에 포함될 수 있다. 상법 제16조가 나타나게 된 배경이 점포라는 물리적 공간과 사용인의 판매행위가 만들어내는 법외관을 적절히 처리하자는 것이므로 본조의 사용인을 고용계약을 맺고 있는 피용자 등으로 좁게 해석하면 선의의 제3자보호에 충실할 수 없기 때문이다. 즉 외관형성을 가능케 하는 모든 행위자를 다 포섭할 수 있도록 탄력적으로 그 범위를 정해야 할 것이다.

(2) "그 판매에 관한 모든 권한"

(가) 판매행위의 내용   상법 제16조의 두번째 적용요건은 사용인의 행위가 해당 점포에서 물건을 판매하는 것이어야 하며 그러한 판매행위가 해당 점포에서 보통 나타날 수 있는 종류의 것이어야 한다. 판매라 함은 채권적인 매매계약의 체결뿐만 아니라 계약성립을 자극하는 각종 조언, 조력 나아가 매각된

---

23) 대판 1976. 7. 13, 76다860.

물품의 인도, 매매대금의 수령, 또 때로는 매매계약의 취소 등 판매와 관련된 넓은 것으로 해석해야 할 것이다.

(나) **판매공간**   점포에서의 물건판매는 반드시 점포 내에서 이루어진 판매만을 뜻하는 것은 아니다. 또한 매물이 반드시 점포 안에 있어야 하는 것도 아니다. 나아가 사용인의 판매활동이 점포에서 마무리지어져야 하는 것도 아니고, 물품의 인도가 반드시 이 공간에서 완료되어야 하는 것도 아니다. 본조의 법외관은 使用人의 活動과 店鋪라는 공간의 결합에서 형성되는 것이므로 그러한 외관이 창출될 수 있는 폭넓은 가능성을 인정해야 할 것이다. 점포 내에서 판매의 유인을 하였다든지, 동기를 부여하였다든지 하는 경우에도 판매의 전과정을 고려하여 탄력적으로 해석하여야 할 것이다. 예컨대 고객이 양탄자를 점포에서 사용인과 함께 보다가 그 물건을 집으로 가져와서 펴보게 한 후 적합여부를 확인하고 그곳에서 매매계약이 맺어지는 경우 역시 점포에서의 판매에 해당한다.

(다) **해당 점포에서 통상 일어나는 거래**   그러나 이러한 판매행위는 해당 종류의 점포에서 정상적으로 혹은 보통 이루어질 수 있는 것이어야 한다. 해당 점포의 공간 내에서 보통 평상적으로 일어나는 종류의 거래(gewöhnliche Ge-schäfte)여야 한다는 뜻이다.[24] 이러한 거래만이 점포라는 공간과 그 사용인의 인적 활동을 法外觀으로 結合시킬 수 있기 때문이다. 가령 식료품점에서 사용인이 영업주 소유의 저울을 판매한다면 이는 식료품점과 같은 점포에서는 비정상적이요 예외적이며 기대가능하지 않은 현상이다. 이러한 판매행위를 하였다 하여 그 사용인이 해당 행위에 대한 대리권을 가지고 있을 것이라는 법외관이 만들어질 이유도 없고, 이러한 외형을 신뢰하였다 하여 그 거래상대방을 보호할 필요도 없을 것이다.

(3) 거래상대방의 선의

물건판매점포의 사용인과 거래한 상대방은 그 사용인의 대리권에 대하여 선의여야 한다($\S^{16}$). 즉 그 사용인을 정상적인 대리권자로 알고 거래하였어야 한다. 이 때 중과실있는 상대방은 악의자로 보아야 할 것이다.

---

24) Heymann-Sonnenschein, §56 Rdnr. 9.

3. 적용효과

물건판매점포의 사용인은 설사 그가 해당 판매에 관한 대리권을 갖지 않았다 할지라도 그 점포가 속한 업종의 평상의 매매행위에 대하여 대리권이 있었던 것으로 의제된다. 상법 제16조는 "…그 판매에 관한 모든 권한이 있는 것으로 본다"라는 문언 속에서 이러한 대리권 의제효과를 밝히고 있다.

4. 물건판매 이외의 업종에 대한 준용가능성

상법 제16조는 그 적용대상을 물건판매점포로 명정하고 있다. 그러나 물건대여나 일반 공중접객업소 등과 같이 점포라는 공간이 사용인의 행위와 결합될 수 있는 업종은 무수히 많다. 따라서 이러한 업종에도 상법 제16조가 준용될 수 있는지 의문이다. 생각건대 점포라는 공간과 사용인의 인적 활동의 결합으로 일반 공중에게 외관작출이 가능한 업종에 대해서는 본조의 유추적용이 바람직하다고 본다.

제 4 절 상업사용인의 의무

Ⅰ. 의 의

상법 제17조 1항은 "상업사용인은 영업주의 허락없이 자기 또는 제3자의 계산으로 영업주의 영업부류에 속하는 거래를 하거나 회사의 무한책임사원, 이사 또는 다른 상인의 사용인이 되지 못한다"라고 규정하고 있다. 이를 상업사용인의 競業禁止義務(전단)와 겸직금지의무(후단)라 한다.

商業使用人은 영업주와의 관계에 있어서 고용이나 위임 등의 법률관계에 놓이게 되고 또 영업의 내용에 관하여 많은 사항을 지득하게 되므로 만약 이들이 임의로 동종의 영업에 관여하거나 다른 유사직위를 겸하게 되면 기존 영업주와의 관계에는 부정적으로 작용할 것이다. 따라서 상법은 영업주와 상업사용인간의 근로계약관계로부터 상호배려의무를 설정하고 이를 경업금지와 겸직금지라는 두 가지 내용으로 구체화시키고 있는 것이다.

이러한 경업금지 또는 겸직금지의무는 비단 상업사용인뿐만 아니라 대리상(상§89²), 인적회사의 무한책임사원(상§²⁶⁹¹⁹⁸·) 또는 물적회사의 이사(상§⁵⁶⁷³⁹⁷·)에 대해서도 유사한 문언으로 규정되어 있다. 본인과 대리상 또는 회사법인과 그 기관간에도 위임 또는 이와 유사한 관계가 나타나며 이들에 대해서도 상기한 내용의 상호배려의무가 존재하기 때문이다.

II. 경업금지의무

1. 의무의 내용

상업사용인은 영업주의 허락없이 자기 또는 제3자의 계산으로 영업주의 영업부류에 속한 거래를 하지 못한다(상§¹⁷ ᴵ청급). 상업사용인이 자신의 지위를 이용하여 영업주의 영업부류에 속하는 거래를 하면 이는 곧 영업주에게 불이익으로 작용할 수 있으므로 나타난 규정이다. 이를 상업사용인의 競業禁止義務(Wett-bewerbsverbot)라 한다.

금지되는 행위는 영업주의 영업부류에 속하는 거래이다. 이는 영업주의 영업목적인 거래 즉 영업적 상행위를 의미하므로 사실상 영업주의 영리활동의 대상이 되는 모든 것을 포함한다. 그러나 영업을 위하여 단순히 보조적인 행위, 영업부류에 속하지 않는 거래 또는 영업주의 영업에 속하더라도 이를 통하여 단순히 사적인 목적만 추구할 경우 금지대상이 되지 않는다. 예컨대 자동차매매상의 지배인이 자기 개인용도의 승용차를 매입하는 경우이다.

이러한 금지행위를 상업사용인이 자기 또는 제3자의 계산으로 하여야 한다. 자기 또는 제3자의 계산이라 함은 해당 행위의 경제적 효과가 상업사용인 자신이나 영업주 아닌 여타의 제3자에게 귀속되는 것을 의미한다. 반면 해당 거래가 누구의 명의로 이루어지느냐는 문제시되지 않는다. 명의라 함은 해당 행위의 법률적 귀속주체를 가리킨다. 따라서 상업사용인이 자신의 명의와 계산으로 하는 경업행위뿐만 아니라 제3자의 명의이지만 자신의 계산으로 하는 경우 또는 제3자의 명의와 계산으로 하는 모든 경업적 거래가 금지의 대상이 될 수 있는 것이다.

그러나 금지대상에 속하는 행위라도 영업주의 허락이 있으면 해당 행위를 할 수 있다. 영업주의 허락은 명시적(ausdrücklich) 혹은 묵시적(konkludent) 방법으로 이루어질 수 있다. 나아가 영업주의 허락은 서면에 의하든 구두로 하든 묻지 않으며 또 사전적 동의나 사후적 추인 모두 가능하다.

경업금지의무는 다른 약정이 없는 한 고용관계가 지속되는 동안만 진다. 따라서 종임 후에는 이러한 의무를 지지 않는다. 그러나 고용관계가 지속되는 한 근로시간뿐만 아니라 근로시간 후에도 이 의무는 계속된다.

2. 위반의 효과

상업사용인이 경업금지의무를 위반하였을 때에는 다음과 같은 효과가 도래한다.

(1) 손해배상청구권

경업금지위반으로 인하여 영업주에게 손해가 발생한 경우에는 사용인이 영업주에게 손해를 배상하여야 한다($\frac{\text{상}}{17}$).

(2) 근로관계의 해지권

사용인이 경업을 한 경우에는 기초적인 근로계약관계의 청산이 가능하다 ($\frac{\text{상}}{17}$).

(3) 개입권

(가) 의 의　　介入權(Eintrittsrecht)이란 상업사용인이 경업금지의무를 위반하였을 때 그 해당 거래가 상업사용인 자신의 계산으로 한 것인 때에는 영업주의 계산으로 한 것으로 볼 수 있고, 제3자의 계산으로 했을 때에는 그 사용인에 대하여 이로 인한 이득의 양도를 청구할 수 있는 권리이다. 이러한 영업주의 권리를 탈취권(奪取權: Aneignungsrecht)이라고도 한다.[1]

개입권은 상기의 해지권이나 손해배상청구권과는 사뭇 그 내용이 다르다. 또한 일반 민법에서는 찾기 힘든 법률효과이다. 그렇다면 왜 상법에서는 영업주에게 이러한 권리를 인정하고 있을까? 이것은 상업사용인의 경업금지의무 위반으로 인한 손해가 적극적인 손해이기보다는 기대이익의 상실인 경우가 많고 또한 손해의 증명이 어려우며 나아가 영업주에게는 고객관계를 유지시켜야 한다는 특수성이 작용하고 있기 때문이다. 이러한 이유로 인하여 상법은 영업주에게 손해가 발생하였음을 전제로 하지 않는 개입권을 인정하고 있는 것이다.

---

1) 본 제도는 영미법상 의제신탁(constructive trust)제도와 유사하다.

손해에 대한 입증책임으로부터 해방되어 용이하게 이 권리를 행사함으로써 영업주는 기대이익의 상실을 막고 동시에 고객관계를 유지시킬 수 있는 것이다.

(나) 법적 성질　　개입권은 상업사용인에 대한 영업주의 일방적 의사표시로 행사되는 형성권이다. 상대방있는 단독행위(einseitige empfangsbedürftige Willenserklärung)라 할 수 있다. 따라서 영업주의 개입의 의사표시가 상업사용인에게 도달하여야 그 효력이 발생한다(¶ 111).

나아가 개입권에는 불가분성이 있다. 상호관련되는 수개의 법률행위에 대해서 영업주는 이를 통일적으로 행사하여야 한다. 자신에게 유리한 거래만을 선별하여 개입권을 행사할 수는 없다.[2]

(다) 개입권행사의 효과　　개입권을 행사하면 그 효과는 영업주와 상업사용인간에만 미치고 상업사용인과 제3자간의 법률관계에는 영향을 미치지 않는다. 즉 개입권이 행사되어도 영업주가 해당 의무위반거래의 당사자가 되지 않는다. 그리하여 상법 제17조상의 개입권을 실질적 개입권 또는 경제적 개입권이라 한다.[3] 상업사용인은 해당 거래의 경제적 효과를 영업주에게 귀속시키는 채권적 의무를 부담할 뿐이다.

의무위반의 거래가 상업사용인 자신의 계산으로 이루어진 경우에는 영업주는 그 거래로 인하여 상업사용인이 취득한 권리의 이전을 요구할 수 있고 금전 기타 물건의 경우에는 그 인도를 청구할 수 있다(상17 II). 권리의 이전시에는 그 권리의 행사를 위하여 필요한 증서나 증거증권을 교부하여야 하고 필요한 정보도 제공하여야 한다.[4] 반면 영업주도 그 거래로 인하여 상업사용인이 부담한 채무를 변제하여야 하고 그가 지출한 비용은 상환하여야 한다.

해당 거래가 제3자의 계산으로 이루어진 경우에는 사용인에 대하여 이로 인한 이득의 양도를 청구할 수 있다(상17). 영업주는 경제적 효과의 귀속주체인 제3자로부터 상업사용인이 받은 이익, 즉 보수 등을 반환청구할 수 있을 뿐이다.

(라) 개입권의 소멸　　개입권은 영업주가 그 거래를 안 날로부터 2주간을 경과하거나 그 거래가 있은 날로부터 1년을 경과하면 소멸한다(상17). 이 기간

---

2) BAG BB 1962, 638; Baumbach/Duden/Hopt, HGB, §61 Anm. 3, S. 220.

3) 이와 반대로 운송주선인이나 위탁매매인 등 이른바 간접대리인의 개입권을 전면적 혹은 법률적 개입권이라 한다(상 107, 116, 113). 자신의 명의로 그러나 위탁자의 계산으로 법률행위를 하는 주선인에 대하여 상법은 전면적 개입권을 인정하고 있다. 이러한 개입권이 행사되면 주선인은 위탁자에 대하여 계약상대방과 동일한 지위를 갖게 된다.

4) Baumbach/Duden/Hopt, HGB, 27. Aufl., §61 Anm. 3, S. 219.

은 제척기간이다($\frac{동}{지}$).

(마) **손해배상청구권이나 계약해지권과의 관계** 손해배상청구권과 해지권은 개입권의 행사에도 불구하고 그 요건만 갖추어지면 계속 행사할 수 있다($\frac{상}{17}$). 개입권을 행사한 경우에도 손해가 있으면 그 배상을 청구할 수 있고 그 逆도 가능하다. 예컨대 제3자의 계산으로 거래가 이루어진 경우 사용인이 양도할 이득이란 사용인이 계산의 주체인 제3자로부터 받은 보수만을 뜻하고 거래 자체로부터 발생한 이득을 뜻하는 것은 아니다. 따라서 거래가 영업주의 이름으로 체결되었으면 얻을 이익 등은 별도의 손해배상청구로 회복될 수 있을 것이다. 나아가 개입권이나 손해배상청구권의 행사는 계약의 해지에 영향을 미치지 않는다.

Ⅲ. 겸직금지의무

상업사용인은 영업주의 허락없이 다른 회사의 무한책임사원, 이사 또는 다른 상인의 사용인이 되지 못한다($\frac{상}{후단}^{17\ I}$). 이를 상업사용인의 兼職禁止義務 또는 정력집중의무라 한다. 이 의무에 위반하였을 때에는 영업주는 손해배상청구나 근로관계의 해지권만을 행사할 수 있다($\frac{상}{참조}^{17\ II}$).

제4장 상 호

    지금까지 우리는 기업의 주체인 상인과 상인의 인적 보조자 중 상법총칙에 규율된 상업사용인에 대하여 알아보았다. 이제는 상법총칙에 나타난 상인의 물적 시설을 알아본다. 商號, 상업장부 및 상업등기에 대한 논의가 그것이다. 상법전의 순서대로 살펴보기로 한다.

Ⅰ. 상호 서설

    기업의 영리활동에 있어서는 기업담당자(Unternehmensinhaber)의 명칭과는 별도로 기업 그 자체를 대외적으로 표창하는 형식적인 명칭이 필요하다. 기업담당자의 변동에도 불구하고 기업의 독립성과 영속성을 위하여는 거래계에서 기업 자신의 고유명칭을 사용할 필요가 있기 때문이다. 이러한 사고를 바탕으로 이미 중세로부터 상호제도는 발달하기 시작하였다. 처음에는 회사에 대해서만 이를 인정하다가 나중에는 개인상인에 대해서도 이를 허용하게 되었다. 프로이센일반주법이나 프랑스상법은 회사의 상호에 대해서만 상호제도를 인정하였으나 자연인 상인의 경우에도 상인 개인의 사정과는 구분될 상호사용의 필요성이 인식되어 독일 구상법에 이르러서는 個人商人에게도 이를 인정하는 법 발전이 수반되었다.

    이러한 상호의 기능은 크게 다음 두 가지로 인식된다. 하나는 기업의 同一性 파악기능이다. 商號란 자연인의 명칭(Name)과 마찬가지로 사용주체의 동일성을 인지할 수 있게 한다. 상호의 사용으로 일반 공중은 일정 기업의 동일성을 쉽게 인식할 수 있고 이로 인하여 그 기업의 독립성이 외부로 현시된다.[1] 그러나 오늘날 상호의 기능은 이에 국한되지 않는다. 상호는 단순히 기업의 동일성 파악을 위한 수단인 동시에 상인의 영업재산화하였다. 이렇게 상호의 두번

---

1) 예컨대 '호남쌀상회'라는 개인상인의 상호를 연상해보자. 이 매매상의 소유자가 甲이건 乙이건 아니면 丙으로 바뀌었건 기업의 동일성과 독립성은 상호의 사용으로 뚜렷해진다.

째 기능은 무체재산권이 된 상호의 경제적 가치에서 찾을 수 있다.[2] 상인의 신용과 명성은 상호에 화체되고 상호는 마치 이러한 무형적 가치의 주체인 것처럼 인식된다. 이에 상법은 이러한 무형적 가치를 상인이 상실하지 않도록 법적 배려를 꾀하게 되었다. 商號專用權에 관한 상법 제23조나 商號讓渡의 가능성을 인정한 제25조가 그 예이다.

　이러한 상호의 기능과 더불어 상호제도는 오늘날 거래에 참여하는 일반 공중을 보호해야 하는 또 다른 과제를 갖고 있다.[3] 수없이 되풀이되는 大小의 거래에 있어서 상호는 상인의 동일성 판단과 거래상대방의 선택에 있어서 중요한 역할을 하므로 이에 대한 일반 공중의 신뢰보호가 절실한 것이다. 상호의 선정·사용은 일반인이 신뢰할 수 있도록 엄정하고 선명해야 하며, 기업의 실질을 잘 반영하고 있어야 한다. 그리하여 상법은 상호작성상의 규제를 가하고 있고($\frac{19}{20.21}$), 그 부정사용이나 상호만의 양도를 금지하며($\frac{23}{25.1}$), 명의대여자에게는 외관책임을 부과하고 있다($\frac{}{24}$).

II. 상호의 의의

　商號(trade name; Firma, Handelsname; nom commercial)란 상인이 영업에 관하여 자기를 표시하는 명칭이다. 즉 상호는 상인의 영업상의 명칭으로서 영업활동과 관계가 되는 권리, 의무의 주체인 상인을 표창하게 된다. 나아가 상호는 상인의 명칭이므로 상인이 아닌 사업자의 명칭은 상호가 아니다. 가령 상인성을 갖지 못하는 상호보험회사나 협동조합의 명칭은 상호가 아니다. 또한 소상인에 대해서는 상호에 관한 규정을 적용하지 않으므로($\frac{}{9}$), 상호는 완전상인의 영업상의 명칭이 되고 따라서 소상인이 설사 자신의 영업을 위한 별도의 명칭을 쓴다 해도 그것을 상법상의 상호로 볼 수 없을 것이다.

　나아가 상호의 개념을 보다 구체화시키기 위하여는 다음과 같은 유사개념과 구별할 필요가 있다. 우선 상호와 상표는 구별하여야 한다. 상표(trade mark; Warenzeichen)란 일정 상품의 동일성을 표시하는 명칭이다(예컨대 SM5, 누비라, 우루사, 하이트맥주 등). 따라서 이는 상인의 영업상의 명칭이 아니다. 이들 상품

---

　2) 송영식·이상정, 지적재산법, 세창출판사, 20면의 분류도 참조.
　3) Canaris는 이러한 상법의 과제를 상호질서법(Firmenordnungsrecht)으로 표시하고 있다. vgl., Canaris, HandelsR, 24. Aufl., §11, S. 206 ff.

의 제조원인 르노삼성자동차(주), (주)GM대우자동차, (주)대웅제약, 하이트맥
주(주) 등이 상호이다. 나아가 상호와 영업표는 구별하여야 한다. 영업표란 영
업의 대외적 인상을 부각시키기 위한 표장(標章)이다. 예컨대 독일 폭스바겐사
의 ⓦ, 벤츠사의 ⊙ 등이 그 예이다.

상호는 상인의 명칭이기 때문에 문자로 표기되어야 하고 발음할 수 있어야
한다. 구상업등기처리규칙은 외국문자로 된 상호는 한글 또는 한자로 표시하게
하였으나(개정전상업등기처리규칙43기), 이는 개정되어 현재는 외국어 그대로의 상호등기도 가능
하다(예컨대 "피자헛(Pizza Hut)" 등).[4]

Ⅲ. 상호의 선정

1. 상호선정의 입법주의

商號의 選定에 있어서는 그 사용주체의 편의와 거래상대방의 보호라는 두
요소가 대립한다. 이 중 어느 것에 더 치중하느냐에 따라 상호자유주의, 상호진
실주의 및 절충주의의 대립이 있다.

(1) 상호진실주의(Firmenwahrheit)

이는 프랑스법계의 입법주의로서 상호는 영업의 실제와 일치할 것을 요구
한다. 즉 이 입법주의를 따르는 한 상호에 영업주의 명칭, 소재지, 업종 등을 사
용할 때는 반드시 영업의 실제와 일치하도록 하여야 한다. 예컨대 "김창숙 부
티크"라는 상호를 쓸 때에는 "김창숙"이라는 사람이 그 영업주일 때에만 이 상
호가 사용될 수 있다. 따라서 이 상호사용자("김창숙")가 제3자에게 영업을 양
도하면 양수인은 이 상호를 계속 사용할 수 없다. 또 부티크(boutique)란 의상
업을 지칭하므로 의상업 이외의 업종에는 이를 쓸 수 없다.

이 입법주의는 거래상대방과 일반 공중의 이익보호면에서는 우수하다. 영업
의 실제를 상호에 진실되게 반영하여야 하므로 일반 공중은 상호의 내용만으

4) 그러나 대법원 예규 '등기부의 기재문자에 대한 사무처리지침'에서는 "등기부는 한글과 아라비아숫
자로 기재한다"고 정하고 있어 실제 상업등기는 지금까지 로마자로 등기되지 못하였다. 그러던 중 대법
원은 '상호 및 외국인의 성명등기에 사용할 수 있는 문자 등에 관한 예규' 초안을 새로이 마련하였고 이
속에 "상호 및 외국인의 이름을 한글로 등기하는 것을 원칙으로 하되 신청에 따라 괄호안에 로마자, 한
자, 아라비아숫자 그리고 부호로 병기한다"고 정하고 있어 2008년부터는 로마자 사용이 가능할 것으로
보인다(매일경제 2007. 1. 15.자, A39면 참조). 2007년 12월 24일 제정된 상업등기규칙은 이를 허용하였다
(제2조 2항).

로도 영업의 실상을 접할 수 있어 거래의 안전을 꾀할 수 있는 것이다. 그러나 이 입장을 고집할 때 상호사용자에게는 불리하다. 기존 상호의 속용(續用; Firmenfortführung)이나 양도가 불가능해져서 무체재산권으로서 상호가 갖는 경제적 가치의 환수가 어려워진다.

(2) 상호자유주의(Firmenfreiheit)

이는 영미법계에서 채택하는 것으로서 상인에게 어떠한 명칭이든 자유로이 상호로 선정하여 사용할 수 있도록 허용하는 입법주의이다. 예컨대 상인 甲이 '乙상회'라는 명칭을 쓴다든지, 이명래 아닌 사람이 '이명래 고약'이라는 상호를 쓴다든지, 요식업을 하면서 '늘봄공원'이란 이름을 사용한다든지, 실제로는 동대문에 위치하였으면서도 "서대문제과점"이란 상호를 쓰는 경우가 이에 해당한다.

이 주의는 상호진실주의와 달라 영업의 실제가 변경되더라도 상호를 계속하여 사용할 수 있으므로 상호의 양도가 가능하고 이로써 경제적 가치의 환수도 자유롭다. 그러나 일반 공중에게는 영업의 실제와 상인의 동일성 파악에 있어 혼란을 야기시킬 수 있다. 따라서 상호의 선정 및 사용에 있어 아무런 제한도 두지 않는 완전한 상호자유주의란 실제로는 불가능하다.

(3) 절충주의(gemischtes System)

이는 독법계의 입법주의라 할 수 있다. 이 입장에 따르면 新商號의 선정에 있어서는 상호진실주의를 따르지만, 기존 영업을 양도하거나 상속할 경우 또는 영업주체의 改名시에는 상호자유주의를 취하고 있다. 즉 개인상인의 경우 신상호를 선정할 때에는 상인 자신의 성명을 사용하여야 하고($\S^{18}_{HGB}{}^{I}$), 인적 회사의 설립시에는 최소한 무한책임사원 一人의 성명을 표시하여야 하며($\S^{19}_{II}{}^{I}_{HGB}$), 또 유한회사의 경우에는 인명 또는 업종($\S^{4}_{GmbHG}{}^{I}$), 주식회사의 경우에는 진실된 업종의 표시를 요구하고 있다($\S^{4}_{AktG}{}^{I}$).[5] 그러나 영업양도나 상속의 경우에는 기존 상호를 그대로 사용할 수 있다($\S^{22}_{HGB}{}^{I}$). 이는 상호진실주의와 상호자유주의의 장점을 결합시킨 것으로서 우수한 입법주의라 할 수 있다. 기존 영업의 유지와 그 명칭의 무체재산권적 가치를 고려한 합리적 입법이다.

---

5) 그러나 1998. 6. 22. 이후 이들 규정은 다소 상호자유주의에 접근하는 내용으로 개정되었다. vgl. §§ 18, 19 HGB, §4 AktG, §4 GmbHG(개정 후).

(4) 우리 상법의 입법주의

우리 상법은 제18조에서 "상인은 그 성명 기타의 명칭으로 상호를 정할 수 있다"고 규정하여 원칙적으로 상호자유주의를 택하고 있다. 그리하여 상인은 원칙적으로 영업의 실제와 일치하지 않는 상호내용도 선택할 수 있다. 그러나 완전한 자유주의는 아니다. 상법은 건전한 거래질서를 유지하고 거래상대방을 보호하기 위하여 몇 가지 제약을 가하고 있다. 그리하여 동일한 영업에는 단일하게 상호를 정해야 하며(상21), 주체를 오인시킬 상호나 회사상호의 부당사용을 금하고 있다(상21, 19, 23). 이러한 점들을 종합하면 우리 상법은 절충주의에 가까운 자유주의라고 할 수 있을 것이다.

2. 상호선정의 제한

상법상의 원칙적인 상호자유주의에도 불구하고 상법이나 기타 특별법상 다음과 같은 제약이 있다.

(1) 상호의 단일성(Firmeneinheit)

동일한 영업에는 동일한 상호를 사용하여야 한다(상21). 이를 상호단일의 원칙(Grundsatz der Firmeneinheit)이라 한다. 하나의 영업에는 하나의 상호만을 사용해야 하므로 상호선정에 대한 일종의 제한이라 할 수 있다. 거래통념상 상호는 영업의 동일성을 인식하는 표준이 되므로 동일한 영업에 수개의 상호가 사용되면 일반 공중에게는 영업 및 영업주체의 同一性에 커다란 혼란이 야기된다. 이를 막기 위하여 상호단일의 원칙을 취하게 되었다.

그러나 이러한 상호의 단일성은 어디까지나 영업별 단일성이므로 가령 개인상인이 수개의 영업을 영위할 때에도 하나의 상호만을 허용한다는 뜻은 아니다. 예컨대 숙박업과 요식업을 경영하는 자연인 상인이 업종별로 복수의 상호를 사용한다면 이는 허용된다(서울가든호텔이나, 일식 다도해 등). 그러나 법인상인의 경우 상호단일의 원칙은 예외없이 강행된다. 회사상호는 법인의 전인격을 표창하므로 하나만이 있을 수 있다. 따라서 회사는 복수의 영업을 하거나 추가로 다른 영업을 양수하는 경우에도 하나의 상호만을 사용해야 한다.

이러한 상호단일의 원칙은 하나의 영업에 수개의 영업소가 있을 때에도 그대로 나타난다. 하나의 영업에는 하나의 상호를 써야 하므로 설사 복수의 영업소가 있을지라도 하나의 영업이면 상호는 하나를 써야 한다. 그러나 영업소가 복수일 때에는 그들간의 주종관계를 표시해야 한다. 그리하여 지점의 상호에는 본점과의 종속관계를 표시하여야 한다($^{\text{상}}_{\text{21}}$). 이 때 반드시 지점이라는 용어를 써야 하는 것은 아니며 해석상 그러한 종속관계를 추단할 수 있는 폭넓은 문언 사용이 가능하다.

(2) 회사상호의 사용제한

회사가 아니면 상호에 회사임을 표시하는 문자를 사용하지 못한다. 회사의 영업을 양수한 경우에도 같다($^{\text{상}}_{\text{20}}$). 자연인 상인이 회사상호를 사용하여 영업규모나 신용도를 과장하면 일반 공중의 신뢰는 흔들리고 건전한 거래질서는 유지될 수 없다. 따라서 상법은 상호자유주의에도 불구하고 개인상인이 회사의 명칭을 상호에 쓸 수 없도록 제한하고 있는 것이다. 나아가 회사의 영업을 양수한 경우에도 회사의 명칭 부분은 사용할 수 없다($^{\text{상}}_{\text{20}}$). 예컨대 동양맥주주식회사의 영업을 개인상인이 양수하는 경우 주식회사라는 상호 부분은 사용될 수 없으므로 양수인은 동양맥주라는 상호 부분만을 속용하게 될 것이다.

(3) 회사의 상호

회사의 상호에는 그 종류에 따라 합명회사, 합자회사, 유한책임회사, 주식회사 또는 유한회사의 문자를 사용해야 한다($^{\text{상}}_{\text{19}}$). 상법은 회사법정주의(numerus clausus der Gesellschaft)를 취하여 회사의 종류를 임의로 창설할 수 없도록 제한을 가하고 있다. 회사는 사원의 책임내용이나 그 내부조직이 법정되어야 거래의 안전을 도모할 수 있기 때문이다. 따라서 법정된 회사의 형태에는 각각 고유한 이름이 정해지고 해당 법형태를 선택하였을 때에는 상호에 이를 사용하여야 일반 공중의 신뢰가 보호될 수 있는 것이다. 따라서 상법은 각 법형태의 선정시 반드시 이에 해당하는 회사형태의 명칭을 상호에 사용하도록 강제하고 있다. 상호진실주의에 의한 간접적 제한이라고도 할 수 있다.

(4) 주체를 오인시킬 상호의 사용금지

누구든지 부정한 목적으로 타인의 영업으로 오인할 수 있는 상호를 사용하지 못한다($^{\text{상}}_{\text{23}}$). 상호자유주의를 악용하여 타인의 영업으로 오인될 동일 또는 유사상호를 사용함으로써 기존 상호사용자의 신용이나 사회적 지명도를 도용하는 경우가 있다. 이러한 경우를 막기 위하여 상법은 부정한 목적의 동일 또는 유사상호사용을 금지하고 있고 그 위반시에는 기존 상호권자에게 상호사용의 폐지와 손해배상의 청구를 허용하고 있다($\frac{\text{상}}{\text{II}}\frac{23}{\text{III}}$).

(5) 부정경쟁을 위한 상호사용의 금지

국내에 널리 인식된 타인의 상호와 동일 또는 유사한 것을 사용하여 타인의 영업상의 시설 또는 활동과 혼동을 일으키는 경우 그로 인하여 영업상의 이익이 침해되거나 침해될 우려가 있다고 인정되는 자는 법원에 그 사용의 중지 또는 예방을 청구할 수 있고, 영업상의 이익이 침해된 경우에는 손해의 배상을 청구할 수 있다($\genfrac{}{}{0pt}{}{\text{부정경쟁방지 및 영업비밀보호에 관}}{\text{한 법률 제2조 1호, 제4조 및 제5조}}$).

(6) 업종을 표시하는 상호

특종 영업을 하는 회사상인의 경우 특별법상 이에 대한 업종표시가 의무화되고 있다. 은행, 보험, 증권, 신탁 등의 영업을 하는 회사는 그 상호 중에 은행, 보험, 증권, 신탁 등의 명칭을 사용해야 한다($\genfrac{}{}{0pt}{}{\text{은행법 14, 보험업법 8 II, 자본시}}{\text{장과 금융투자업에 관한 법률 38}}$). 보험회사의 경우에는 생명보험이나 손해보험 등 주로 영위하는 보험의 종류도 표시하여야 한다($\frac{\text{보험업법}}{8}$).

Ⅳ. 상호의 등기

1. 등기의 필요성

상호는 상인의 영업재산의 일부로서 상인과 영업의 동일성 식별기준으로 작용한다. 따라서 상호는 이를 널리 공시하여 법률관계를 분명히 할 필요가 있을 것이다. 그러나 개인상인의 경우 상호등기가 강제되지는 않는다. 다만 상호가 등기되면 상호권의 보호가 강화될 뿐이다. 회사의 경우에는 설립등기사항에 상호가 포함되어 商號登記는 의무적으로 이루어진다($\genfrac{}{}{0pt}{}{\text{상 180 1호, 179 2호, 271 I, 287의}}{\text{5 1 1호, 317 II 1호, 549 II 1호}}$). 그리하여 인적 회사의 경우에는 총사원의 공동신청으로($\frac{\text{상}}{271}$180.), 주식회사의 경우에는 설립조사 후 2주 내에 이사의 공동신청으로($\frac{\text{상}}{317}$), 또 유한회사의 경우에는 납입기일 후 2주간 내에($\frac{\text{상}}{549}$) 다른 설립등기사항과 함께 상호도 등기된다. 회사는 말할 것도 없고 개인상인의 경우에도 일단 상호를 등기한 때에는 추후 그 변경이나 폐지시 지체없이 변경 또는 폐지의 등기를 하여야 한다($\frac{\text{상}}{40}$).

제4장 상 호 **99**

2. 등기의 방법

자연인 상인의 경우에는 별도의 상호등기부가 비치되어 있지만 회사상호의 경우에는 각 회사의 종류별로 일체의 회사관련 등기사항을 다루는 회사등기부가 비치되어 있다. 그리하여 회사의 상호등기는 여타의 설립등기사항과 함께 회사등기부에 등기된다.

3. 상호등기의 효력

상호등기에는 다음의 효력이 있다.

(1) 타상호등기의 배척

상호를 등기하면 동일한 서울특별시, 광역시, 시, 군에서 동종업종의 상호로 다시 등기하지 못한다($^{商}_{22}$).

(2) 부정목적의 추정

동일한 서울특별시, 광역시, 시, 군에서 동종업종으로 타인이 등기한 상호를 사용하는 자는 부정한 목적으로 사용하는 것으로 추정한다($^{商 23}_{②}$).

(3) 상호폐지의 간주

상호를 등기한 경우에는 정당한 사유없이 2년간 상호를 사용하지 아니하면 이를 폐지한 것으로 본다($^{商}_{26}$).

(4) 폐지·변경상호의 말소청구권

상호의 폐지·변경 후 2주간 내에 그 상호를 등기한 자가 변경 또는 폐지의 등기를 하지 않은 경우에는 이해관계인은 그 말소를 청구할 수 있다($^{商}_{27}$).

4. 상호의 가등기

(1) 의의 및 기능

商號의 假登記라 함은 회사의 설립, 본점의 이전 또는 상호나 영업목적의 변경시 장래의 상호등기의 보전을 위하여 미리 행하는 등기이다. 1995년 상법 개정시 신설된 제도로서 이러한 상호가등기제도를 신설한 이유는 다음과 같다. 상호가 등기되면 동일 상호의 배척효가 나타나 동종업종에는 동일한 행정구역 내에서 상호로 등기되지 못하므로($^{商}_{22}$), 오랜 시일을 요하는 물적 회사의 설립이나 까다로운 정관변경절차를 거쳐야 하는 각종 회사의 본점, 상호 또는 영업목적의 변경시 이에 관한 사항을 미리 知得한 제3자가 해당 행정구역 내에서 먼저 등기함으로써 애당초 계획했던 상호등기가 불가능해질 수 있다. 이러한 위험을 예방하는 것이 본 제도의 취지이다.

(2) 가등기를 할 수 있는 경우

가등기를 할 수 있는 경우는 다음 세 가지이다.

(가) 물적회사의 설립시   주식회사, 유한회사 또는 유한책임회사를 설립하고자 할 때에는 본점의 소재지를 관할하는 등기소에 상호의 가등기를 신청할 수 있다($\frac{상}{2}\frac{22의}{1}$).[6] 주식회사나 유한회사 등의 물적회사를 설립함에 있어서는 인적회사에서와는 달리 소위 실체형성과정이 요구된다. 출자자의 확정과 납입의 시행으로 설립등기 전에 자본이 형성되어야 하기 때문이다. 따라서 오랜 시일이 소요되는 것이 보통이다. 이러한 실체형성의 제과정을 거쳤음에도 정작 설립등기를 하려고 할 때 제3자에 의하여 동일 상호가 먼저 등기되어 있으면 재차 창립총회나 발기인총회를 소집하여 원시정관상 상호를 변경해야 하는 등 어려움이 나타날 수 있다. 그리하여 상법은 물적회사의 설립시 상호의 가등기를 허용하여 이러한 위험을 막고 있는 것이다.

가등기가 허용되는 시점에 대해서는 상법상 규정이 없지만 정관의 인증시($\frac{상}{543}\frac{292,}{Ⅲ}$)를 기준으로 그 시점부터 가능하다고 보면 될 것이다.[7] 상호의 가등기는 회사의 본점소재지가 확정되어야 하기 때문이다($\frac{상}{참조}\frac{22의}{2}$). 따라서 원시정관이 작성되고 그 효력이 발생되는 공증인의 인증시점이 타당하다고 생각된다.

물적회사의 설립시뿐만 아니라 신설합병의 경우에도 유사한 사정이 나타날 수 있으므로 본 규정의 유추적용이 가능하다고 생각된다.[8]

(나) 회사의 상호나 목적변경시   회사는 상호나 목적, 또는 상호와 목적을 변경하고자 할 때에는 본점의 소재지를 관할하는 등기소에 상호의 가등기를

---

6) 2020년 6월 9일 상법 제22조의2 제1항 및 상업등기법 제38조(제목)가 개정되어 유한책임회사 역시 상호가등기의 대상이 되었다. 본시 '상호의 가등기'는 '주식회사'와 '유한회사'만 신청할 수 있도록 규정하고 있어 '유한책임회사'는 상호의 가등기가 불가하였다. 그러나 유한책임회사는 운영과 기관구성의 측면에서는 사적자치가 폭넓게 인정되는 회사형태이지만 설립등기전에 출자를 이행해야 하는 등 설립절차의 측면에서 보면 유한회사와 유사하다. 따라서 상호의 가등기를 유한책임회사도 신청할 수 있도록 상법과 상업등기법이 개정되었다.

7) 손주찬, 상법(상), 15판, 2005년, 133면.

8) 김성태, 상법[총칙·상행위]강론, 2판, 2002년, 247, 248면; 이철송, 상법총칙·상행위, 16판, 2022년, 172면, 각주 1번.

신청할 수 있다($\frac{상}{2}\frac{22의}{II}$). 회사의 상호나 목적은 정관상 절대적 기재사항으로 되어 있으므로($\frac{상 179 I, 2호, 270, 287의 3}{1호, 289 I I, 2호, 543 II 1호}$) 이를 변경하기 위하여는 정관변경절차를 거칠 수밖에 없다. 해당 사원총회의 소집과 가중된 결의요건이 충족되어도 해당 행정구역에서 변경 후 상호를 먼저 등기해 놓은 자가 있다면 이러한 노력은 수포로 돌아간다. 이러한 방해목적의 상호등기를 배제하기 위하여 상법은 상호나 목적변경의 가등기를 허용하고 있는 것이다. 본등기를 할 때까지의 기간은 상업등기법에 규정되어 있다.[9]

(다) 회사가 본점을 이전하는 경우 회사는 본점을 이전하고자 할 때에는 이전할 곳을 관할하는 등기소에 상호의 가등기를 신청할 수 있다($\frac{상}{2}\frac{22의}{III}$). 회사의 본점소재지 역시 정관상 절대적 기재사항이다($\frac{상 179 5호, 270, 289}{1 6호, 543 II 5호}$). 따라서 이를 변경하자면 정관변경의 절차를 밟아야 하는데, 이러한 가중된 절차를 거치고도 상호등기의 배척효($\frac{상}{22}$)를 악용하는 제3자에 의하여 그 동안의 노력이 물거품이 되는 결과를 막고자 이 경우에도 상호의 가등기를 허용하고 있다.[10]

(3) 상호가등기의 효력

상호의 가등기는 제22조의 적용에 있어서는 상호의 등기로 본다($\frac{상}{2}\frac{22의}{IV}$).

상호의 가등기를 하면 그 가등기의 시점에 본등기를 한 것과 같은 효력이 부여되므로 동일한 행정구역 내에서는 가등기된 상호로 재차 상호등기를 할 수 없다. 이러한 배척효가 있으므로 상법 제22조의 효과를 악용하려는 자의 선등기를 저지할 수 있다.

(4) 상호가등기제도의 남용방지책

상호가등기제도는 타인의 상호선정을 방해하는 등 남용의 가능성이 없지 않으므로 다음과 같은 제도가 마련되어 있다.

우선 상호의 가등기를 위하여는 일정 금액을 공탁하여야 한다($\frac{상업등기규칙 41, 상}{협등기규칙 79}$). 아무 제한없이 상호의 가등기를 허용하면 제3자의 상호선정의 자유가 부당하게 침해되어 상호자유주의는 커다란 위협을 받을 수 있다. 예정된 기간 내에 회사의 설립등기나 상호 및 목적변경의 본등기가 속행된 경우에는 발기인 및 회사는 이를 반환받는다. 그러나 상호가등기가 말소되었을 때에는 공탁금은 국고로 귀속된다($\frac{상업등기}{44 III}$).

---

9) 이 기간은 현재 1년이다(상업등기법 제39조 2항).
10) 본등기를 할 때까지의 기간은 현재 2년이다(상업등기법 제39조 2항).

둘째 상호가등기의 말소제도가 있다. 이로써 불필요한 가등기의 잔존을 막을 수 있다. 이에는 회사측의 신청에 의한 말소와 등기공무원(등기관)의 직권말소가 있다. 전자는 본등기를 마쳤거나 가등기를 한 곳 이외의 장소로 본점을 이전하여 상호가등기의 필요가 없어진 경우 등에 회사측의 말소신청으로 이루어지며, 후자는 일정 기간 내에 본등기가 이루어지지 않은 경우 등에 등기공무원에 의하여 직권으로 이루어진다(상업등기).

셋째 상호가등기의 남용을 막기 위하여 본등기까지의 기간을 제한하고 있다. 상호가 가등기된 상태로 무제한 방치되면 타인의 상호선정가능성은 그만큼 불필요한 제한을 받게 된다. 그리하여 상업등기법은 물적회사의 설립등기의 경우에는 가등기를 할 날로부터 2년(상업등기), 상호 및 목적 변경의 경우에는 가등기의 날로부터 1년(상업등기), 본점이전의 경우에는 가등기의 날로부터 2년 내에 각각 본등기를 하도록 제한하고 있는 것이다(상업등기).

V. 상 호 권

1. 의   의

商號權(Firmenrecht)이란 적극적 상호권과 소극적 상호권을 통칭하는 개념이다. 적극적 상호권이라 함은 적법하게 상호를 정한 자가 타인의 방해를 받지 않고 그 상호를 사용할 수 있는 권리이며, 소극적 상호권이라 함은 자기가 사용하는 상호와 동일 또는 유사한 상호를 부정한 목적으로 사용하는 자가 있을 경우 그 사용의 폐지를 청구할 수 있는 권리이다. 전자를 商號使用權, 후자를 商號專用權이라고도 한다. 이러한 상호권은 등기상호이건 미등기상호이건 모두 향유할 수 있으나 특히 등기가 이루어지면 그 내용이 보다 강화된다고 할 수 있다(상법 23 Ⅱ.).

2. 법적 성질

상호권의 법적 성질에 대해서는 ① 인격권설,[11] ② 재산권설,[12] ③ 등기의 전후로 구분하여 등기 전에는 인격권이요, 등기 후에는 재산권이라는 설(등기전후

---

11) 과거 독일 제국법원의 판례: RGZ 9, 104, 105 f.; RGZ 70, 226, 229 등.
12) 이병태, 137면; 김용태, 58면.

구별설), ④ 원래 인격권이지만 등기 후에는 재산권을 병유한다는 설(병유설), ⑤ 상호권은 전통적인 인격권은 아니며 또한 순수한 재산권도 아닌 기업현상에서 나타나는 특수한 권리라는 설(특수권리설),[13] ⑥ 인격권적 성질을 포함하는 재산권이라는 설(이중성격설: Theorie der Doppelnatur)[14] 등의 대립이 있다. 생각건대 영업의 동일성 파악 및 무체재산권적 자산가치라는 상호의 양면적 기능을 고려해 보건대 이 중 어느 한 가지만을 강조하거나 등기 전후를 구별하여 그 성격을 달리 파악하는 입장은 타당하지 않다. 등기를 통하여 권리의 내용이 강화될 뿐 성격을 달리하는 것은 아니기 때문이다. 따라서 통설의 입장이기도 한 이중성격설이 가장 타당하다.

3. 상호사용권(적극적 상호권)

상인은 자신이 직접 선정하거나 타인으로부터 승계한 상호를 타인의 방해를 받음이 없이 사용할 권리가 있다. 이를 상호사용권 또는 적극적 상호권이라 한다. 적극적 의미의 상호권에 있어서는 등기상호이건 미등기상호이건 그 내용에 있어서 차이가 없다.

4. 상호전용권(소극적 상호권)

‖ **사 례** ‖ A는 1991. 8. 1. ‘주식회사 고려당’과 마산대리점계약을 체결하고 위회사의 분점개설, 상호 및 상표사용권을 취득하여 마산시 회원구 양덕동에서 ‘Since 1945 신용의 양과 서울 고려당 마산분점’이라는 간판을 사용하며 상기 회사의 마산 대리점을 개점·운영하고 있다. 한편 마산시 합포구 창동에서 1959년 이래 ‘고려당’ 이라는 등기상호를 사용하며 영업해 온 B는 A가 자신의 영업으로 오인할 수 있는 상호를 사용하고 있으므로 A의 상호사용의 금지를 청구하고 있다. 이 청구는 정당한가? (대판 1993. 7. 13. / 92다49492)

(1) 의 의

타인이 부정한 목적으로 자신의 영업으로 오인할 수 있는 상호를 사용할 경우 이를 배척할 수 있는 권리를 商號專用權 또는 소극적 상호권이라 한다(상²³). 오인상호사용금지청구권이라고도 할 수 있다.

---

13) 정희철, 상법학(상), 1989년, 99면; 이원석, 신상법(상), 1984년, 115면.

14) BGHZ 85, 221, 223; BayOLGZ 1932, 154, 156; OLG Hamm NJW 1982, 586; Forkel, FS Paulick 1973, 101, 106 ff; (국내 통설) 이철송, 177면; 최준선, 177면; 김홍기, 64면; 송옥렬, 52면; 김성탁, 63면.

(2) 발생요건

상호전용권에 기한 오인상호폐지청구권이 성립하기 위하여는 다음의 요건이 갖추어져야 한다.

(가) 타인의 영업으로 오인할 수 있는 상호의 존재($^{상\,23}$)[15]   타인의 영업으로 오인할 수 있는 상호란 타인의 상호를 흉내낸 상호에 국한하지 않는다. 타인의 성명이나 기관명칭 또 때로는 타인의 상표를 이용한 상호도 이에 해당할 수 있다(예, OB 시음장).

① 판단기준   오인가능상호의 판단은 상호의 주요부분의 동일 또는 유사성으로 인하여 일반 거래상 세인의 혼동 및 오인을 유발시킬 수 있느냐를 종합적으로 판단하여 결정할 일이다. 따라서 상호 전체의 대조상 상위하는 부분의 다과는 문제시되지 않는다.[16] 타인의 영업으로 오인할 수 있는 가능성이란 매우 추상적인 개념으로서 다음과 같은 몇 가지 판례를 통하여 이를 구체화시킬 필요가 있다.

대판 1964. 4. 28, 63다811

"뉴서울사장"이라는 상호 옆에 작은 글씨로 "전 허바허바개칭"이라고 기재한 것에 대해서 설사 "뉴서울사장"의 위 또는 아래와 옆에 작은 글씨로 "전 허바허바개칭" 또는 "허바허바사장개칭"이라고 덧붙여 사용한 것은 비록 작은 글씨라 하여도 이것은 다른 사람의 영업으로 오인할 수 있는 상호를 사용한 것으로서 상법 제23조의 적용을 받는다고 보았다.

대판 1970. 9. 17, 70다1225, 1226

"주식회사 천일약방"과 "천일한약주식회사"라는 2개의 상호는 동일한 상호로 볼 수 없다.

---

15) 유사**상표**의 판단기준에 대해서는 다음 판례가 있음: 대판 2011. 12. 27, 2010다20778, "**상표**의 유사 여부는 외관·호칭 및 관념을 객관적·전체적·이격적으로 관찰하여 지정상품 거래에서 일반 수요자나 거래자가 상표에 대하여 느끼는 직관적 인식을 기준으로 하여 상품 출처에 관하여 오인·혼동을 일으키게 할 우려가 있는지에 따라 판단하여야 하므로, 대비되는 상표 사이에 유사한 부분이 있다고 하더라도 당해 상품을 둘러싼 일반적인 거래실정, 즉 시장의 성질, 수요자의 재력이나 지식, 주의 정도, 전문가인지 여부, 연령, 성별, 당해 상품의 속성과 거래방법, 거래장소, 사후관리 여부, 상표의 현존 및 사용상황, 상표 의 주지 정도 및 당해 상품과의 관계, 수요자의 일상 언어생활 등을 종합적·전체적으로 고려하여 그 부분만으로 분리인식될 가능성이 희박하거나 전체적으로 관찰할 때 명확히 출처의 혼동을 피할 수 있는 경우에는 유사상표라고 할 수 없어 그러한 상표 사용의 금지를 청구할 수 없다. 그리고 이러한 법리는 서비스표 및 부정경쟁방지 및 영업비밀보호에 관한 법률 제2조 제1호 (가)목, (나)목에서 정한 상품표지, 영업표지에도 마찬가지로 적용된다."

16) 朝高判 1938. 4. 19, 民集 25卷 97面.

대판 1976. 2. 24, 73다1238

피고 "수원보령약국"과 서울의 원고 "보령제약주식회사"간에는 단지 그 상호중에 "보령"이라는 문언이 공통된다고 해서 다른 특별한 사정이 없이 곧 피고의 위약국을 원고 회사의 영업으로 오인 혼동케 할 염려는 없다고 보았다.

서울민사지방법원 1976. 3. 18, 75가합2638

"쌍용양회공업주식회사"와 "쌍용주택개발공사"의 사건에서 전자는 양회의 제조, 토목, 건축 및 판매에 중점을 둔 사업을 하는 업체이고, 후자는 택지분양사업에 한정된 업체이므로 서로 그 목적사업이 확연히 구별되어 양자간의 오인가능성은 없다고 본 사례이다.

대판 1993. 7. 13, 92다49492, 법원공보 952호, 2256면

피신청인의 'Since 1945 신용의 양과 서울 고려당 마산분점'과 마산의 등기된 '고려당'이라는 상호를 사용하는 신청인간의 상호사용금지가처분사건에서 피신청인의 상호는 그 요부가 '고려당'에 있고 간이신속을 존중하는 거래계에서는 간략히 특징적인 부분인 '고려당'으로 호칭될 것이므로 그 경우 신청인의 상호인 '고려당'과 동일하여 양자는 오인, 혼동의 우려가 있어 서로 유사한 상호로 봄이 상당하다고 하였다. 그러나 오인상호의 가능성은 인정하였지만 상법 제23조 1항상의 부정한 목적이 없어 유사상호의 폐지청구권이 인정되지 않는다고 한 사례이다.

대판 1996. 10. 15, 96다24637

판결요지 [2] "'합동공업사'와 '충주합동레카'는 그 칭호와 외관 및 관념을 일반수요자의 입장에서 전체적, 객관적으로 관찰할 경우, 서로 유사하지 아니하여 영업주체에 대한 오인·혼동의 우려는 없다."

朝高判 1938. 4. 19, 民集 25卷 97面

"유사한 상호냐 아니냐는 상호의 주요한 부분이 동일 또는 유사함으로 인하여 일반 거래상 세인으로 하여금 상호 자체의 인상에 있어서 혼동 오인을 생하게 하는 우려가 있느냐 없느냐를 표준으로 결정해야 하는 것으로서 상호 전체의 대조상 부분적으로 상위하는 부분의 다과는 문제할 바 아니다."

대판 2002. 2. 26, 2001다73879

"상법 제23조 제1항은 누구든지 부정한 목적으로 타인의 영업으로 오인할 수 있는 상호를 사용하지 못한다고 규정하고 있는바, 타인의 영업으로 오인할 수 있는 상호는 그 타인의 영업과 동종 영업에 사용되는 상호만을 한정하는 것은 아니라고 할 것이나, 어떤 상호가 일반 수요자들로 하여금 영업주체를 오인·혼동시킬 염려가 있는 것인지를 판단함에 있어서는, 양 상호 전체를 비교 관찰하여 각 영업의 성질이나 내용, 영업방법, 수요자층 등에서 서로 밀접한 관련을 가지고 있는 경우로서 일반 수요자들이 양 업무의 주체가 서로 관련이 있는 것으로 생각하거나 또는 그 타인의 상호가 현저하게 널리 알려져 있어 일반 수요자들로부터 기업의 명성으로 인하여 절대적인 신뢰를 획득한 경우에 해당하는지 여부를 종합적으로 고려하여야 한다."

② 판단의 주체   판례에 의하면 상법 제23조의 입법취지에 비추어 볼 때 '타인의 영업으로 오인할 수 있는 상호'에 해당하는지의 판단주체는 일반인이라고 한다.

대판 2016. 1. 28, 2013다76635[상호사용금지등]

"상법 제23조 제1항은 "누구든지 부정한 목적으로 타인의 영업으로 오인할 수 있는 상호를 사용하지 못한다."고 규정하고 있는데, 위 규정의 취지는 일반거래시장에서 상호에 관한 공중의 오인·혼동을 방지하여 이에 대한 신뢰를 보호함과 아울러 상호권자가 타인의 상호와 구별되는 상호를 사용할 수 있는 이익을 보호하는 데 있다. 위와 같은 입법 취지에 비추어 볼 때 어떤 상호가 '타인의 영업으로 오인할 수 있는 상호'에 해당하는지를 판단함에 있어서는 양 상호 전체를 비교 관찰하여 각 영업의 성질이나 내용, 영업 방법, 수요자층 등에서 서로 밀접한 관련을 가지고 있는 경우로서 일반인이 양 업무의 주체가 서로 관련이 있는 것으로 생각하거나 또는 그 타인의 상호가 현저하게 널리 알려져 있어 일반인으로부터 기업의 명성으로 인하여 견고한 신뢰를 획득한 경우에 해당하는지 여부를 종합적으로 고려하여야 한다."

(원고가 자신의 상호인 '대성홀딩스(주) (영문: DAESUNG HOLDINGS CO., LTD)'와 유사한 '(주)대성지주(DAESUNG GROUP HOLDINGS CO., LTD.)'를 상호로 정하여 사용한 피고를 상대로 상법 제 23 조에 기하여 상호사용금지 등을 구한 사건에서, 상법 제 23 조의 입법취지에 비추어 볼 때 '타인의 영업으로 오인할 수 있는 상호'에 해당하는지의 판단주체는 '일반인'으로 보아야 한다고 판단한 사례)[17]

③ 역혼동의 경우   타인의 영업으로 오인할 수 있는 상호는 이른바 역혼동(逆混同)의 경우에도 나타날 수 있다. 판례는 이에 대해 좀더 구체적인 기준을 제시하고 있다.[18]

---

17) 본 사건은 대성그룹의 장남과 삼남간의 상호사용 분쟁사건이었다.
18) 이에 대해서는 정호열, "상호권 침해와 역혼동", 「고시연구」, 2004년 11월호, 114면 이하 참조.

대판 2002. 2. 26, 2001다73879

　"상호를 먼저 사용한 자(선자용자)의 상호와 동일·유사한 상호를 나중에 사용하는 자(후사용자)의 영업규모가 선사용자보다 크고 그 상호가 주지성을 획득한 경우, 후사용자의 상호사용으로 인하여 마치 선사용자가 후사용자의 명성이나 소비자 신용에 편승하여 선사용자의 상품의 출처가 후사용자인 것처럼 소비자를 기망한다는 오해를 받아 선사용자의 신용이 훼손된 때 등에 있어서는 이를 이른바 역혼동에 의한 피해로 보아 후사용자의 선사용자에 대한 손해배상책임을 인정할 여지가 전혀 없지는 않다고 할 것이나, 상호를 보호하는 상법과 부정경쟁방지및영업비밀보호에관한법률의 입법 취지에 비추어, 선사용자의 영업이 후사용자의 영업과 그 종류가 다른 것이거나 영업의 성질이나 내용, 영업방법, 수요자층 등에서 밀접한 관련이 없는 경우 등에 있어서는 위와 같은 역혼동으로 인한 피해를 인정할 수 없다."

　(나) 오인가능 상호의 사용　　이렇게 타인의 영업으로 오인할 수 있는 상호를 '사용'하여야 한다. 상호의 중요 부분이 동일 또는 유사함으로써 거래상 용이하게 식별할 수 없고 일반인으로 하여금 오인 내지 혼동을 일으킬 수 있는 상호를 상인이 영업상 자신을 표창하는 명칭으로 사용하여야 한다. 사용이라 함은 자신을 나타내는 명칭으로 이용함을 말한다. 예컨대 계약서상에 이를 쓴다든지 간판, 제품안내서, 광고 또는 계산서 등에 이용하는 제반 행위가 이에 포함된다. 나아가 영업적 상행위뿐만 아니라 보조적 상행위에 사용하는 것도 이에 해당한다. 예컨대 은행으로부터 영업자금의 대출을 받으면서 이러한 상호를 쓰는 것도 사용의 예에 해당한다.

　나아가 상법 제23조가 상기의 유사상호를 반드시 同種의 업종에 사용할 때에만 그 요건이 충족되는지 의문이다. 상법 제23조는 상호의 부정사용에 의한 영업주체의 혼동으로 인해 일반 공중이 거래상대방의 선택에 있어 오류를 범하는 피해를 입거나 침해를 당하는 것을 방지하는 데 입법목적이 있으므로 오인상호의 사용대상이 반드시 동종의 업종에 한정될 필요는 없다고 생각된다.

대판 1996. 10. 15, 96다24637, 판례공보, 1996, 3393

　판결요지 [1] "상법 제23조 제1항에서 누구든지 부정한 목적으로 타인의 영업으로 오인할 수 있는 상호를 사용하지 못한다고 규정하고 있는 바, 이 경우 타인의 영업으로 오인할 수 있는 상호는 그 타인의 영업과 동종영업에 사용되는 상호만을 한정하는 것은 아니고, 각 영업의 성질이나 내용, 영업방법, 수요자층 등에서 서로 밀접한 관련을 가지고 있는 경우로서 일반 수요자들이 양업무의 주체가 서로 관련이 있는 것으로 생각하거나 또는 그 타인의 상호가 현저하게 널리 알려져 있어 일반 수요자들로부터 기업의 명성으로 인하여 절대적인 신뢰를 획득한 경우에는, 영업의 종류와 관계없이 일반 수요자로 하여금 영업주체에 대하여 오인, 혼동시킬 염려가 있는 것에 해당한다."

(다) 부정한 목적　　타인의 영업으로 오인할 수 있는 상호를 '부정한 목적'으로 사용하여야 한다(§23). 부정한 목적이라 함은 자기의 영업을 타인의 영업과 혼동시키려는 의사로서 기존 상호가 갖는 신용 및 경제적 가치를 자기의 영업에 이용하려는 의도가 있는 것이다. 이러한 부정한 목적을 인정하기 위하여는 타인의 오인가능성을 인식한 것만으로는 부족하나 그렇다고 반드시 그 타인에게 害意를 가져야 하는 것은 아니다.

부정한 목적에 대한 입증책임은 원칙적으로 상호권자에게 있다. 즉 상호권자가 유사상호사용자의 부정한 목적을 입증하여야 한다. 그러나 등기상호의 경우에는 이러한 부정한 목적이 추정되므로(§23), 유사상호사용자가 부정한 목적이 없었음을 입증하여야 한다.

대판 2016. 1. 28, 2013다76635[상호사용금지등]

"위 조항에 규정된 '부정한 목적'이란 어느 명칭을 자기의 상호로 사용함으로써 일반인으로 하여금 자기의 영업을 그 명칭에 의하여 표시된 타인의 영업으로 오인하게 하여 부당한 이익을 얻으려 하거나 타인에게 손해를 가하려고 하는 등의 부정한 의도를 말하고, 부정한 목적이 있는지는 상인의 명성이나 신용, 영업의 종류·규모·방법, 상호 사용의 경위 등 여러 가지 사정을 종합하여 판단하여야 할 것이다. 원심판결 이유에 의하면, 원심은, (1) 원고의 상호 "대성홀딩스 주식회사 (DAESUNG HOLDINGS CO., LTD)"와 변경 전 피고의 상호 "주식회사 대성지주(DAESUNG GROUP HOLDINGS CO., LTD.)"는 전체적으로 관찰하여 유사하고, 원고와 피고의 주된 영업 목적이 지주사업으로 동일하므로 변경 전 피고의 상호는 원고의 영업으로 오인할 수 있는 상호에 해당한다고 판단한 다음, (2) 피고가 원고의 상호와 유사하여 일반인으로 하여금 오인·혼동을 일으킬 수 있다는 것을 충분히 알 수 있었음에도 변경 전 피고의 상호를 사용한 사정 등을 이유로 부정한 목적이 인정된다고 판단하였다. 원심판결 이유를 앞서 본 법리와 기록에 비추어 살펴보면, 원심의 위와 같은 판단은 정당하고, 거기에 상법 제23조의 규정에 관한 법리를 오해하고 논리와 경험의 법칙에 반하여 자유심증주의의 한계를 벗어나거나 필요한 심리를 다하지 아니하는 등의 잘못이 없다."

대판 1993. 7. 13, 92다49492 [고려당 사건]

"피신청인이 그의 간판에 'Since 1945 신용의 양과 서울 고려당 마산분점'이라고 표시한 것이 주식회사 고려당과의 관계를 나타내기 위하여 위 회사의 상호를 표시한 것이라면 피신청인에게 위 상호의 사용과 관련하여 부정경쟁의 목적이 있는가를 판단함에 있어서 원심이 피신청인이 아닌 위 회사와 신청인의 명성과 신용을 비교한 것을 잘못이라고 할 수 없다. 또 원심은 피신청인이 신청인보다 명성이나 신용이 더 큰 위 회사의 판매대리점 경영자로서 구태여 신청인의 명성이나 신용에 편승할 필요가 없었고, 간판에도 위 회사와의 관계(마산분점이라는 표시를 하여 신청인의 상호와 구분되도록 하고 있다)를 표시한 점, 신청인과 피신청인의 영업소가 서로 원거리인 다른 구에 있는 점 등을 종합하여 양자 사이에 오인의 염려가 없으므로 피신청인에게 부정한 목적이 없다는 것이지, 서로 다른 구에 영업소가 있다는 이유만으로 부정한 목적이 없다고 판단한 것은 아니다."

대판 1995. 9. 29, 94다31365, 31372

"(상법 제23조 1항에서 말하는: 필자주)… 부정한 목적이란 '어느 명칭을 자기의 상호로 사용함으로써 일반인으로 하여금 자기의 영업을 그 명칭에 의하여 표시된 타인의 영업으로 오인시키려고 하는 의도'를 말하는바, 원심이 적법하게 인정한 바와 같이 피고 회사는 1984년 법인설립이래 경남 지역에서 자신의 등기된 상호의 주요부분인 '동성'이라는 이름으로 아파트공사를 시작하여 그 지역에서 주지성을 확보한 이래 서울에 지점을 설치하고 수도권 지역에 사업을 확장하면서도 일관되게 '동성'이라는 이름을 계속 사용하여 아파트건설업을 하여 온 반면, 원고 회사는 당초 등기된 상호인 '동성종합건설'과는 전혀 관계없는 '상아'라는 이름으로 1978년경부터 10년이 넘는 장기간을 아파트 건설업을 하여 옴으로써 일반인에게 '상아'아파트를 건설하는 회사로서 널리 알려져 오다가 1990년경부터서야 비로소 아파트 건설에 '동성'이라는 이름을 사용하기 시작한 점, 원고 회사가 피혁제품의 제조 판매를 사업목적으로 하는 주식회사 동성을 흡수 합병한 1986년 이래 1990년경부터 위와 같이 아파트에 '동성'이라는 이름을 사용하기 시작한 때까지는 원고 회사의 주력 업종은 피혁 부분의 사업이었던 점, 원·피고 회사의 건설공사 도급한도액 순위가 피고 회사가 서울 등 수도권지역에서 본격적인 건설사업을 벌이기 시작한 1991년도에는 원고 회사 151위, 피고 회사 152위로 비슷하였으나 그 후부터는 오히려 피고 회사가 앞선 점 등에 비추어 보면 피고에게 원고의 명칭과 동일 유사한 명칭을 사용하여 일반인으로 하여금 자기의 영업을 원고의 영업으로 오인시키려고 하는 의도가 있었다고 보기는 어렵다 할 것이므로 위의 부정한 목적이 있다는 추정은 깨어졌다고 봄이 상당할 것이다."

대판 1996. 10. 15, 96다24637 [충주합동레카 사건]

판결요지 [3] " '합동공업사'라는 등록상호로 자동차정비업을 하던 갑이 '합동특수레카차'라는 상호를 추가로 등록하여 자동차견인업을 함께 하고 있는 상황에서 을이 같은 시에서 자동차견인업을 시작하면서 '충주합동레카'라는 상호로 등록하였음에도 실제는 등록상호를 사용하지 아니하고 '합동레카'라는 상호를 사용한 경우, 자동차정비업과 자동차견인업은 영업의 종류가 서로 다르고 그 영업의 성질과 내용이 서로 달라서 비교적 서비스의 품위에 있어서 관련성이 적은 점, 자동차를 견인할 경우 견인장소를 차량 소유자가 지정할 수 있는 점, 운수관련업계에서 '합동'이라는 용어가 일반적으로 널리 사용되고 있어 그 식별력이 그다지 크지 아니한 점, 갑과 을측의 신뢰관계, 갑도 자동차정비업과 함께 자동차견인작업을 하면서 별도의 견인업등록을 한 점, 을이 자동차정비업을 하고 있지 아니한 점과 을의 영업방법이나 그 기간 등을 고려할 때, 양상호중의 요부인 '합동'이 동일하다 하더라도 을이 상법 제23조 제1항의 '부정한 목적'으로 상호를 사용하였다고 할 수 없다"고 한 사례.

(라) 손해발생가능성 나아가 상법 제23조 2항상의 오인상호사용폐지청구권은 손해를 받을 염려가 있는 자 또는 상호를 등기한 자에게만 인정된다(^{상23}). 즉 미등기상호의 경우에는 유사상호의 사용으로 손해발생의 염려가 있을 때에만 이러한 청구권을 행사할 수 있다. 이 때 손해발생의 염려라 함은 경제적 손해발생가능성을 의미하며 그 입증은 피해자인 상호권자의 몫이다. 그러나 등기상호의 경우에는 상호권자에게 입증책임이 없으므로 유사상호의 사용자가 손해발생의 염려가 없음을 입증하여야 한다($^{상법23 II}_{조}$).

(마) 상호권자의 허락이 없을 것 상법 제23조가 명문의 규정을 두지는 않았으나 상호전용권 발생의 당연한 요건으로서 유사상호사용에 대한 상호권자의 허락이 없었어야 한다. 만약 상호권자의 허락이 있었다면 상법 제24조상 명의대여자의 책임이 발생할 가능성이 있을 것이다.

(3) 효 과

이상의 요건이 갖추어지면 다음과 같은 법률효과가 도래한다.

(가) 상호사용의 폐지청구권 상호권자는 상대방에 대하여 그 상호사용의 폐지를 청구할 수 있다(^{상23}). 상호의 폐지란 상호를 향후 사용하지 않음을 뜻한다. 또한 상대방이 이미 그 상호를 등기한 경우에는 등기의 말소를 청구할 수 있다.

(나) 손해배상청구권   상호권자는 상호의 부정사용으로 인한 손해배상도 청구할 수 있다($\frac{\text{상}}{\text{23}}$). 이 때 피해자는 부정사용자의 불법행위를 증명할 필요는 없으나 상호의 부정사용으로 인한 실제의 손해발생에 대하여는 증명하여야 한다.

(다) 과태료의 제재   상법 제23조 1항에 위반한 자는 200만원 이하의 과태료에 처한다($\frac{\text{상}}{\text{28}}$).

(4) 부정경쟁방지법상의 특수성

부정경쟁방지법상으로도 상호사용의 금지와 예방($\frac{\text{동법}}{\text{4}}$), 손해배상의 청구($\frac{\text{동법}}{\text{5}}$)가 가능하며 또한 신용의 회복($\frac{\text{동법}}{\text{6}}$)도 가능하다. 그러나 동법상으로는 상법 제23조 1항에서처럼 '부정한 목적'을 요구하지는 않으나 '상호가 국내에 널리 인식된 것'이어야 한다($\frac{\text{동법}}{\text{1호}}\frac{2}{\text{(나)목}}$). '국내에 널리 알려져 인식된 상표, 상호'라 함은 국내 전역에 걸쳐 모든 사람들에게 주지되어 있음을 요하는 것이 아니고, 국내의 일정한 지역적 범위 안에서 거래자 또는 수요자들 사이에 알려진 정도로 족하다($\frac{\text{대판 1996. 10. 15, 96다24637, 판례}}{\text{요지[4]. 판례공보 1996, 3393}}$).

(5) 등기 후 상호권자의 상호전용권 강화

(가) 오인상호사용금지청구권의 요건완화($\frac{\text{상}}{\text{II}}\frac{23}{\text{IV}}$)   등기 후에 있어서는 상호사용폐지청구의 요건이 완화되어 손해발생의 염려사실을 입증할 필요가 없고($\frac{\text{상}}{\text{23}}$), 나아가 오인상호사용의 부정목적이 추정된다($\frac{\text{상}}{\text{23}}$). 따라서 유사상호사용자가 부정한 목적이 없었음을 입증해야 한다.

(나) 등기배제청구권의 발생   타인이 등기한 상호는 동일한 서울특별시, 광역시, 시, 군에서 동종영업의 상호로 등기하지 못한다($\frac{\text{상}}{\text{22}}$). 이를 등기상호권자의 등기배제청구권이라 한다. 다만 상업등기법 시행이후 등기배척의 범위는 동일한 상호로 한정된다.

① 등기배제청구권의 법적 성질   이러한 등기배제청구권의 법적 성질에 대해서는 등기법상의 권리라는 주장($\frac{\text{손}}{\text{주}}$)과 실체법상의 권리라는 주장($\frac{\text{통}}{\text{설}}$)이 대립한다. 전자에 의하면 상법 제22조의 등기금지는 등기법상의 효력밖에 없어 二重登記의 경우에도 등기법상 예정된 등기의 경정과 말소절차나 이의(異議)신청에 의한 구제가능성 밖에 없다.[19] 그러나 후자에 의하면 등기배제청구권에

---

19) 상업등기법 제75조 이하(등기의 경정과 말소) 및 동법 제82조 이하(이의신청절차) 참조.

는 등기법상의 권리뿐만 아니라 *私法*상의 권리도 포함된다고 본다. 그리하여 상호권자는 등기법상의 구제수단에 그치지 않고 상법 제22조에 의하여 부정한 목적의 유무에 불구하고 등기를 배척할 수 있다. 따라서 이중등기의 경우 선등기 상호권자는 상법 제22조에 의하여 부정한 목적의 입증없이 후등기자에 대하여 등기의 말소를 청구할 수 있다. 상호권자의 보호가능성이 더욱 완벽한 통설에 찬성한다.[20]

> ### 대판 2004. 3. 26, 2001다72081
>
>   "상법 제22조는 "타인이 등기한 상호는 동일한 특별시·광역시·시·군에서 동종 영업의 상호로 등기하지 못한다"고 규정하고 있는바, 위 규정의 취지는 일정한 지역 범위 내에서 먼저 등기된 상호에 관한 일반 공중의 오인·혼동을 방지하여 이에 대한 신뢰를 보호함과 아울러, 상호를 먼저 등기한 자가 그 상호를 타인의 상호와 구별하고자 하는 이익을 보호하는 데 있고, 한편 비송사건절차법 제164조에서 "상호의 등기는 동일한 특별시·광역시·시 또는 군 내에서는 동일한 영업을 위하여 타인이 등기한 것과 확연히 구별할 수 있는 것이 아니면 이를 할 수 없다."고 규정하여 먼저 등기한 상호가 상호등기에 관한 절차에서 갖는 효력에 관한 규정을 마련하고 있으므로, 상법 제22조의 규정은 동일한 특별시·광역시·시 또는 군 내에서는 동일한 영업을 위하여 타인이 등기한 상호 또는 확연히 구별할 수 없는 상호의 등기를 금지하는 효력과 함께 그와 같은 상호가 등기된 경우에는 선등기자가 후등기자를 상대로 그와 같은 등기의 말소를 소로써 청구할 수 있는 효력도 인정한 규정이라고 봄이 상당하다."

   ② 등기배척의 범위   상법 제22조에 의한 등기배척은 동종의 영업에 대해서만 가능하고 동종영업의 일치 여부는 등기신청시 기재할 영업의 종류로 판단하되 실제 그 영업을 수행하고 있는지 여부는 문제시되지 않는다. 나아가 동종영업이라 하여 영업내용의 완전한 일치를 고집할 필요는 없고 주요 부분의 일치로 족하다고 봐야 할 것이다.[21] 행정구역의 변경으로 인한 이중등기나 지점설치로 인한 이중등기에는 본조의 적용이 없다.
   ③ 상업등기법 시행 이후의 상황   개정된 상업등기법 시행 이후에는 상법 제22조에 의하여 선(先)등기자가 후(後)등기자를 상대로 등기의 말소를 소

---

20) 대판 2004. 3. 26, 2001다72081(실체법상의 권리라는 통설의 입장을 수용한 판례이다): 판례공보 201호, 706면 이하['(주)유니텍' 및 '(주)유니텍전자'간의 상호사용폐지청구건].
21) 대판 2004. 3. 26, 2001다72081(원·피고간 전체매출액 중 30% 정도가 같은 영업종류에서 나오는 경우에도 "同種營業"으로 본 사례).

로써 청구할 수 있는 범위는 상업등기법 제30조에 상응하도록 동일한 상호로 한정된다는 것이 판례의 입장이다.

대판 2011. 12. 27, 2010다20754 [동부건설 사건]

"[1] 상법 제22조의 규정 취지 및 상업등기법 제30조의 개정 경위 등에 비추어 볼 때, 2009. 5. 28. 법률 제9749호로 개정된 상업등기법 시행 후에는 상법 제22조에 의하여 선등기자가 후등기자를 상대로 등기의 말소를 소로써 청구할 수 있는 효력이 미치는 범위 역시 개정 상업등기법 제30조에 상응하도록 동일한 상호에 한정된다고 보아야 한다. 다만 상업등기법은 위 개정 당시 부칙 등에 그 시행 전에 등기를 마친 등기사항에 대한 법령의 적용에 관하여 아무런 경과규정을 두고 있지 않으나, 상법 제22조에 의한 등기말소청구를 인정할 것인지의 판단은 사실심 변론종결 당시를 기준으로 함이 원칙이고, 설령 선등기자가 상업등기법 제30조의 개정 전 구법의 존속을 전제로 한 상법 제22조의 해석에 따라 먼저 등기된 상호와 확연히 구별할 수 없는 상호 등기의 말소를 소로써 청구할 수 있으리라고 신뢰하였다 하더라도, 개정 상업등기법 제30조의 시행 후에는 그와 같은 등기신청이 더 이상 각하될 수 없는 이상 이미 등기된 상호의 경우에도 이와 마찬가지로 본다 하여 선등기자의 이익이나 신뢰가 과도하게 침해 또는 손상된다고는 보이지 않으며, 따라서 그러한 선등기자의 신뢰가 상업등기법의 개정에 따른 상법 제22조의 해석·적용에 관한 공익상 요구와 비교·형량하여 더 보호가치가 있는 것이라고 할 수도 없으므로, 결국 개정 상업등기법 시행 후에 사실심 변론이 종결된 경우라면 상법 제22조에 의하여 선등기자가 후등기자를 상대로 등기의 말소를 소로써 청구할 수 있는 효력이 미치는 범위는 먼저 등기된 상호와 동일한 상호에 한정된다고 보아야 한다.

[2] 선등기자인 '동부주택건설 주식회사'가 후등기자인 '동부건설 주식회사', '주식회사 동부', '동부디엔씨 주식회사', '동부부산개발 유한회사'를 상대로 상법 제22조에 의한 상호등기말소청구소송을 제기하였는데, 원심 변론종결 전에 2009. 5. 28. 법률 제9749호로 개정된 상업등기법이 시행된 사안에서, 원심 변론종결 당시 상법 제22조에 의하여 선등기자가 후등기자를 상대로 상호 등기의 말소를 청구할 수 있는 효력 범위는 먼저 등기된 상호와 동일한 상호에 한정되는데, 먼저 등기한 상호인 '동부주택건설 주식회사'와 나중에 등기한 상호인 '동부건설 주식회사', '주식회사 동부', '동부디엔씨 주식회사', '동부부산개발 유한회사'가 동일하지 않음이 외관·호칭에서 명백하므로, 동부주택건설 주식회사에 상법 제22조의 등기말소청구권이 없다"고 한 사례.

사례풀이 ✏️ B의 A에 대한 商號使用廢止請求權 (상법 제23조 2항)

B는 A에 대하여 상법 제23조 2항에 근거하여 A의 상호사용의 폐지를 청구할 가능성이 있다. 이러한 청구가 정당화되자면 다음의 요건이 충족되어야 한다. 첫째

청구자와 피청구자간에 객관적으로 類似商號의 사용이 나타나야 한다. 둘째 청구자는 이러한 유사상호의 사용으로 손해를 받을 염려가 있거나 또는 등기상호권자여야 한다. 셋째 이러한 유사한 상호의 사용은 주관적으로 不正한 목적을 위하여 사용되는 것이어야 한다. 이 셋째의 요건은 등기상호의 경우에는 추정되므로(상23) 폐지청구의 피청구인이 적극적으로 반증하여야 부정목적의 추정에서 벗어날 수 있다.

첫째 요건부터 살펴보면, A는 '서울 고려당 마산분점'이라는 상호를 사용하고 있고, B 역시 '고려당'이라는 상호를 사용하고 있다. 물론 문언상 완전히 양 상호가 일치하는 것은 아니나, A의 상호인 '서울 고려당'은 그 요부가 '고려당'에 있고 간이신속을 존중하는 거래계에서는 간략히 특징적인 부분인 '고려당'으로 호칭될 것이므로 이렇게 본다면 A의 상호인 '고려당'과 동일하여 양자는 오인 혼동의 우려가 있다고 볼 수 있다. 상법 제23조 1항의 '타인의 영업으로 오인할 수 있는 상호'에 A의 상호사용이 포함된다고 보아야 할 것이다.

둘째 상법 제23조 2항상 청구인요건은 유사상호의 사용으로 인하여 손해를 받을 염려가 있는 자 또는 상호를 등기한 자이다. 본 사안에서는 '손해를 받을 염려' 여부를 적극적으로 살펴볼 필요가 없다. B는 등기상호권자이기 때문이다.

셋째 요건을 살펴보면 유사상호의 사용이 '부정한 목적'하에 이루어졌어야 한다. B가 등기상호권자이므로 A의 부정한 목적은 추정되나 반증이 있는 경우 그 추정은 번복될 수 있다. 상법 제23조 1항 소정의 '부정한 목적'이란 姓名權 또는 상호권의 침해의사가 없더라도 자기의 상호를 일반 공중에게 동종영업의 타인의 동일상호로 오인시키려는 목적이 있는 것으로서 기존 상호가 갖는 신용 및 경제적 가치를 자기의 영업에 이용하려는 의도가 있는 것을 말한다. 본 사안에서는 B의 영업상의 명성이나 B의 상호가 갖는 경제적 가치를 A가 자신의 영업에 이용하려 하였다고 볼 수는 없을 것이다. A는 이미 전국적으로 잘 알려진 주식회사 고려당의 마산분점 계약을 체결하고 이 회사의 명성이나 상호의 경제적 가치를 사용료의 지급이라는 반대급부를 통하여 이용해온 자에 불과하기 때문이다. A는 B의 명성이나 신용에 편승할 필요도 없었고 이를 이용한 적도 없었다. '부정한 목적'이 존재하지 않으므로 상법 제23조 2항상의 폐지청구권도 발생하지 않는다.

5. 상호권의 변동

상호권도 다른 일반의 권리와 마찬가지로 발생, 이전, 소멸의 제 과정을 거친다. 여기에서는 상호권의 법률행위적인 양도를 중심으로 상호권의 변동을 살펴본다.

(1) 상호의 양도(§25)

(가) 양도가능성   상호는 등기와 관계없이 경제적 가치있는 무체재산권으로서 그 양도성이 인정되고 있다. 상호의 인격권적인 성질을 강조한다면 이는 부정되어야 할 것이다. 그러나 상호는 장기간 영업과 일체로 사용되므로 상인의 신용은 상호에 화체되고 재산적 가치로 축적되므로 상호의 사용이 더 이상 필요하지 않을 경우 그 경제적 가치를 환수할 수 있는 가능성이 보장되어야 한다.

그러나 만약 상호의 양도에 아무런 제한을 가하지 않으면 거래상대방이나 일반 공중은 상호를 통하여 인식하였던 영업의 동일성에 커다란 혼란을 느끼게 될 것이다. 가령 아무런 제한없이 상호와 영업을 각각 독자적인 양도객체로 삼으면 상호는 상호대로 영업은 영업대로 권리주체를 달리하여 영업과 상호간에 존재하였던 동일성의 표상은 흔적없이 사라진다. 영업의 동일성과 지속성에 대한 일반 공중의 신뢰는 무너지고 거래의 안전도 위협받을 것이다. 따라서 상법은 상호양도의 가능성을 원칙적으로 인정하되 이에 제한을 가하여 영업과 함께 하거나 아니면 기존 영업을 폐지하는 경우에만 이를 허용하게 하였다(§25).

(나) 양도의 방법

① **영업과 함께 하는 경우**   상인은 자신의 영업을 양도하면서 그 양수인에게 상호를 더불어 양도시킬 수 있다. 영업과 상호가 그대로 유지되므로 일반 공중에 대한 기업의 표상은 그대로 유지되고 따라서 이 경우 영업의 동일성 파악에 아무 문제가 발생하지 않는다. 또한 양도대상은 반드시 영업 전부가 아니어도 된다. 설사 영업의 일부만이 양도되어도 상호와 영업간의 전체적 표상이 동일하게 유지될 수 있으면 족하기 때문이다.

② **영업을 폐지하는 경우**   영업의 폐지시에는 상호와 영업을 분리하여 양도할 수 있다. 영업의 폐지시 상호는 기존 영업의 청산재산으로 남게 되므로 이를 독자적인 양도의 객체로 삼아 그 자산가치를 환수할 수 있어야 한다. 이 경우 기존 영업은 폐지되므로 영업과 상호가 분리되어 일반 공중을 혼란시키는 폐해도 없으므로 상법은 이 경우 상호의 단독양도를 허용하였다. 이 때 영업폐지의 시점은 공법상의 신고 등과는 무관한 것으로서 사실상 폐업한 경우도 포함된다.[22]

---

22) 대판 1988. 1. 19, 87다카1295: '신라당제과점'은 1985년 부도 후 영업주의 구속 등으로 사실상 폐점되었으나 동년 5월 상호의 양수시 아직 영업폐지에 필요한 행정절차를 밟지 않았다. 이에 상호속용의 영업양수냐 상호만의 단독양수냐를 다툰 본 사건에서 대법원은 "상법 제25조 1항은 상호는 영업을 폐지하

③ **양도절차**   상호의 양도에는 별도의 방식이 예정되어 있지 않다. 즉 양도 당사자간의 의사표시의 합치만 있으면 양도의 효력은 발생한다. 다만 회사의 경우에는 양도인측이건 양수인측이건 상호양도에 선행하여 사내적으로 정관변경 등의 사전절차가 요구될 수 있으며 등기상호의 경우 제3자에 대한 대항요건으로서 상호양도의 등기가 요구될 뿐이다($\frac{\text{상}}{25}$). 그러나 이러한 것들이 상호양도의 효력발생요건이나 법률행위의 형식으로 작용하지는 않는다. 단지 실제 거래계에서는 대개 서면형식의 양도계약을 체결하게 될 것이다.

물론 자연인 상인의 상호를 회사가 양수하거나 회사상호를 자연인 상인이 양수하는 경우에는 상법 제19조 및 제20조상의 제한이 수반된다. 즉 상호에 사용된 문언의 보첨(補添)이나 수정이 불가피할 것이다. 예컨대 동양맥주(주)라는 상호를 자연인 상인이 양수하는 경우 양수인이 주식회사라는 상호 부분을 사용할 수 없으므로($\frac{\text{상}}{20}$), 동양맥주라는 문언만을 승계하게 될 것이다. 이 때 상호의 양도가 아니라 旣商號權者로 하여금 상호를 포기하게 하는 계약이라고 주장하는 일부 학설도 있으나, 통일적 영업을 대외적으로 표시하기에 족한 부분이 있으면 이는 상호의 양도로 보는 것이 거래의 실정에도 부합할 것이다.

상호의 양도를 제3자에게 대항하기 위하여는 등기를 하여야 한다. 이는 등기상호에만 적용되며[23] 그 효력에 대해서는 상법 제37조와의 관련상 예외규정설과 적용구별설의 대립이 있다. 예외규정설에 따르면 상호의 양도에 관하여는 상법 제25조 2항이 배타적으로 적용되는 특칙이므로 상법 제37조는 적용되지 않는다고 한다. 결과적으로 제25조 2항에 의한 등기가 이루어지면 제3자의 知, 不知 즉 선의, 악의를 가리지 않고 무조건 대항할 수 있게 된다. 반면 적용구별설에 의하면 상법 제25조 2항은 상호의 이중양도시 그 양수인들간의 우선순위를 정하는 의미밖에 없으므로 제3자와의 관계에 있어서는 여전히 상법 제37조에 따라 결과를 판단하여야 한다고 주장한다. 생각건대 후자가 타당하다고 본다. 상법 제25조 2항상의 제3자는 상호의 이중양수인으로 제한해석해야 할 것

거나 영업과 함께 하는 경우에 한하여 이를 양도할 수 있다고 규정하고 있어 영업과 분리하여 상호만을 양도할 수 있는 것은 영업의 폐지의 경우에 한하여 인정되는데, 이는 양도인의 영업과 양수인의 영업과의 사이에 혼동을 일으키지 않고 또 폐업하는 상인이 상호를 재산적 가치물로서 처분할 수 있도록 하기 위한 것인 점에 비추어 위 법조항에 규정된 영업의 폐지라 함은 정식으로 영업폐지에 필요한 행정절차를 밟아 폐업하는 경우에 한하지 아니하고 사실상 폐업한 경우도 이에 해당한다"고 하여 상호만의 단독양수를 인정하고 상호속용의 영업양수를 전제로 한 원고의 청구를 기각하였다.

23) 그러나 미등기상호에도 그 적용이 있다는 소수설이 있다(이철송, 상법총칙·상행위, 16판, 2022년, 198면).

[예외규정설]
"상호의 양도에 관하여는 상법 제25조 2항이 배타적으로 적용된다"

§37

§25 Ⅱ

[적용구별설]
"상호의 이중양도시 우선순위를 정하는 의미만 있다"

이다(teleologische Reduktion).

④ **상호양도의 효과**　　상호의 양도가 있으면 양도인과 양수인간에는 양도한 때로부터 또 제3자(이중양수인)간의 관계에 있어서는 등기를 한 때로부터 양수인이 상호권을 취득하며 상호권에 의한 제도적 보호를 받는다.

특히 영업과 더불어 상호를 양도한 경우에는 영업상의 채권자 및 채무자보호를 위하여 상법 제42조 및 제43조의 적용이 있다.

(2) 상호의 상속

상호권은 재산권의 일종으로서 상속의 대상이 된다. 상호의 상속은 상호의 양도와 달라 대항요건으로서 등기를 요하지 아니한다. 물론 피상속인은 등기를 거쳐 등기상호로서의 보호를 받음은 물론이다.

(3) 상호의 폐지와 변경

상호를 변경 또는 폐지한 경우 2주간 내에 변경 또는 폐지의 등기를 하지 아니한 때에는 이해관계인은 그 등기의 말소를 청구할 수 있다(^상₂₇). 또한 상호를 등기한 자가 이유없이 2년간 상호를 사용하지 않은 경우에는 이를 폐지한 것으로 본다.

Ⅵ. 명의대여자의 책임

‖ **사 례** ‖　　甲은 서울 성북구 안암동 안암로타리에서 '주식회사 안암쇼핑'이라는 商號로 물건판매사업을 경영하고 있다. '주식회사 안암쇼핑' 바로 인근에 공터를 갖고 있었던 乙은 공터를 활용하여 '주식회사 안암쇼핑 주차장'이라는 간판을 내걸고 유료주차장을 개설하였다. 甲은 乙이 자기의 상호를 사용하고 있다는 것을 알았지만 자체 주차시설이 부족하므로 고객의 편의를 생각하여 이를 묵인하였다. '안암쇼핑'에서 물건을 사려던 A는 이 주차장이 '주식회사 안암쇼핑'의 주차장이라고 생각하며 자신의 승용차를 주차시켰다. 그런데 乙 주차장에 보관중인 A 소유의 승용차

는 쇼핑중 도난, 분실되어 A는 甲과 乙에 대하여 보관책임을 추궁하고 있다. A의 甲에 대한 청구가능성을 검토하라.

1. 의 의

상법 제24조는 "타인에게 자기의 성명 또는 상호를 사용하여 영업을 할 것을 허락한 자는 자기를 영업주로 오인하여 거래한 제3자에 대하여 그 타인과 연대하여 변제할 책임이 있다"라는 문언으로 이른바 名義貸與者의 責任을 규정하고 있다. 이러한 책임은 직접적으로는 일반 외관신뢰주의의 반영이며, 간접적으로는 상호진실주의의 요청에 부응하기 위한 것이다.

2. 요 건

(1) 명의차용자의 영업이 명의대여자의 영업인 듯한 법외관의 존재(외관요건)

(가) 개 념   명의대여를 통하여 名義借用者의 영업이 마치 명의대여자의 영업인 듯한 법외관이 작출되어야 한다. 명의대여라 함은 넓은 의미로 어떤 자가 자기의 성명 또는 상호를 사용하여 영업할 것을 타인에게 허락하는 것이다.[24] 이를 명판대(名板貸) 또는 간판대(看板貸)라고도 한다. 명의대여는 비단 상호나 성명뿐 아니라 아호, 예명, 약칭, 통칭의 사용허락 등 사실상 대여자의 영업으로 오인하기에 족한 모든 것이 그 대상이 될 수 있다.

(나) 명의대여의 적법성   명의대여의 적법성이 상법 제24조의 적용요건이 되는가? 명의대여는 탈법적 수단으로 이용되기도 하나 대여자의 명성이나 신용을 이용하여 적법히 행해지는 경우도 있다. 선의의 제3자를 보호하기 위한 외관주의의 일반 성향을 고려할 때 거래상대방이 명의대여의 적법성을 매거래시마다 조사할 것을 기대할 수 없을 것이고 따라서 이를 상법 제24조의 적용요건으로 삼을 수도 없을 것이다. 또 명의사용의 대가가 있느냐 없느냐도 문제시되지 않는다.

(다) 동종영업이어야 하는가?   나아가 상법 제24조상의 외관작출이 명의차용자의 영업이 명의대여자의 영업과 동종일 때에만 가능한지 의문시되나 이러한 제한도 불필요할 것이다. 양자의 영업이 동종인 경우뿐만 아니라 거래의 관행이나 사회통념에 비추어 상호 관련 있는 모든 경우에 명의대여자의 영업

---

24) 명의대여를 받아 수행하는 영업은 명의차용자 자신의 것이다.

으로 오인될 수 있는 법외관작출이 가능하다고 생각되기 때문이다. 예컨대 물건판매업과 주차장영업은 서로 상이하나 거래관행상 주차장영업을 물건판매업의 보조적 상행위로 영위할 수 있기 때문에 매매상인 명의대여자가 주차장영업을 하는 명의차용자의 대외적 거래에 대하여 상법 제24조상 책임질 가능성을 부인할 수 없을 것이다.

(라) 명의차용자의 상인성　　명의대여자의 '영업'인 듯한 외관이 창출되어야 하므로 명의차용자는 반드시 상인이어야 한다. 자신의 상호 등을 이용하여 '영업'할 것을 허락한 것이므로 명의차용자의 상인성은 법문언상 나타난다. 상인이기만 하면 되며 당인상인인지 의제상인인지는 묻지 않는다. 또 나아가 개인상인인지 회사인지도 묻지 않는다. 그러나 명의대여자는 상인이 아니어도 좋다.[25] 만약 명의차용자가 상인이 아니면 표현대리에 관한 일반 민법의 규정이 적용될 수 있다($\frac{민}{125}$).

(2) 성명 또는 상호의 사용허락(귀책요건)

둘째로 上記의 법외관창출에 명의대여자가 어떠한 형태로든 원인제공을 하였어야 한다. 즉 명의대여자의 책임으로 귀속시킬 수 있는 사유가 있어야 한다. 이러한 귀책사유는 원칙적으로 명의의 사용을 허락하면서 나타난다. 그 허락은 명시적일 수도 있고 또 묵시적(konkludent)일 수도 있다.[26] 예컨대 상인이 자기의 영업장소에서 같은 사업을 경영할 수 있도록 허락하였다면 그 상인의 상호 밑에서 해당 영업을 할 것을 허용한 것으로 볼 수 있을 것이다.[27] 그러나 단지 상호전용권($\frac{상}{23}$)을 행사하지 않은 것만으로 묵시적 허락을 인정하기는 어려울 것이다.

대판 2008. 10. 23, 2008다46555 [묵시적 허락의 사례]
"상법 제24조는 명의를 대여한 자를 영업의 주체로 오인하고 거래한 상대방의 이익을 보호하기 위한 규정으로서 이에 따르면 명의대여자는 명의차용자가 영업거

---

25) 대판 1987. 3. 24, 85다카2219; "상법 제24조는 금반언의 법리에 따라 타인에게 명의를 대여하여 영업을 하게 한 경우 그 명의대여자가 영업주인 줄로 알고 거래한 선의의 제3자를 보호하기 위하여 그 거래로 인하여 발생한 명의차용자의 채무에 대하여는 그 외관을 만드는 데 원인을 제공한 명의대여자에게도 명의차용자와 같이 변제책임을 지우자는 것으로서 그 명의대여자가 상인이 아니거나, 명의차용자의 영업이 상행위[상법 제46조의 기본적 상행위: 필자주]가 아니라 하더라도 위 법리를 적용하는 데에 아무런 영향이 없다."
26) 대판 1982. 12. 28, 82다카887.
27) 대판 1977. 7. 26, 77다797.

래를 수행하는 과정에서 부담하는 채무를 연대하여 변제할 책임이 있다. 그리고 건설업 면허를 대여한 자는 자기의 성명 또는 상호를 사용하여 건설업을 할 것을 허락하였다고 할 것인데, 건설업에서는 공정에 따라 하도급거래를 수반하는 것이 일반적이어서 특별한 사정이 없는 한 건설업 면허를 대여받은 자가 그 면허를 사용하여 면허를 대여한 자의 명의로 하도급거래를 하는 것도 허락하였다고 봄이 상당하므로, 면허를 대여한 자를 영업의 주체로 오인한 하수급인에 대하여도 명의대여자로서의 책임을 지고, 면허를 대여받은 자를 대리 또는 대행한 자가 면허를 대여한 자의 명의로 하도급거래를 한 경우에도 마찬가지이다."

　상호의 사용을 허락하는 경우는 영업을 임대차하는 경우와 상호만의 사용을 허락하는 경우로 나누어 볼 수 있다. 전자의 경우 일정 대가를 받고 영업설비를 일체로 임차인에게 점유이전시켜 영업케 하는 것으로서 이 때 영업과 더불어 상호의 사용도 함께 허용된다. 예컨대 甲이 '용당정미소'라는 이름으로 경영하던 자신의 영업을 乙에게 임대하면서 이 상호를 그대로 사용케 하는 경우가 그것이다.[28] 후자는 명의대여자 자신도 영업을 하면서 타인으로 하여금 그 명의로 영업을 하게 할 때 나타난다. 예컨대 '대한여행사 외국부 항공권판매처'라는 명칭으로 항공권판매행위를 대행케 하거나,[29] '대한통운주식회사 학교출장소'라는 이름으로 '대한통운'의 사업을 대행케 하는 경우가 그것이다.[30] 또한 관허사업에 있어서 면허없는 자의 탈법수단으로 쓰이기 위하여 상호만의 대여가 행해지기도 한다. 이러한 탈법적 명의대여는 당사자간에 있어서는 무효이나 제3자에 대한 표현적 사실이 존중되어야 하므로 상법 제24조의 적용대상에서 제외되지 않는다.

　끝으로 명의대여관계가 허락의 철회, 기한이나 조건의 도래 등으로 사라졌다 하여 상법 제24조의 책임도 사라지는지이다. 그러나 이 경우 제3자에게 현현시킨 법외관이 제거되지 않은 한 명의대여자의 책임은 존속한다. 명의대여자가 귀책사유로부터 해방되려면 현출시킨 법외관을 완전히 제거하여야 할 것이다.

(3) 명의차용자와 제3자간의 거래에 의한 채무(인과요건)

　외관책임의 일반 요건으로서 창출된 법외관과 제3자의 반응간에는 원인결과의 사슬이 나타나야 한다. 즉 인과관계가 있어야 한다. 상법 제24조에서도 그

---

28) 대판 1967. 10. 25, 66다2362.
29) 대판 1957. 6. 27, 4290민상178.
30) 대판 1970. 9. 29, 70다1703.

러하다. 따라서 제3자는 명의차용자의 영업이 명의대여자의 영업인 듯한 법외관을 신뢰하고 이에 기하여 명의차용자와 거래했었어야 한다. 불법행위의 경우에는 이에 해당하지 않으므로 상법 제24조가 적용되지 않는다. 나아가 거래행위도 영업상의 거래여야 하므로 영업행위와 관련없는 명의차용자의 개인거래는 이에 포함되지 않는다.

(4) 거래상대방의 오인(보호요건)

명의차용자와 거래한 제3자는 명의차용자의 영업을 명의대여자의 영업으로 오인하였어야 한다. 즉 거래상대방은 선의였어야 한다. 따라서 거래상대방이 명의대여의 사실을 알면서 명의차용인과 거래한 경우에는 그 거래관계에서 생긴 손해에 대하여 명의대여자의 책임을 물을 수 없는 것이다.[31]

이렇게 명의차용자와 거래한 제3자가 명의대여의 사실을 적극적으로 알고 있었던 경우에는 문제가 없으나 제3자가 명의대여의 사실을 알지 못하였고 그 알지 못한 데 과실이 있는 경우에는 어떻게 다루어야 하는지 의문이다. 이 경우 경과실이건 중과실이건 알지 못한 데 과실이 있으면 악의로 취급하는 無輕過失說[32]이 있는가 하면, 경과실이건 중과실이건 상대방은 선의이면 되고 선의인 한 과실의 유무를 물을 필요없이 상법 제24조에 의하여 보호된다는 單純善意說.[33] 선의에는 경과실로 명의대여의 사실을 모른 경우도 포함되지만 중과실로 모른 경우에는 악의로 다루어야 한다는 無重過失說[34]의 대립이 있다.

생각건대 명의차용자와 거래하는 제3자가 조금만 주의를 기울였다면 명의대여의 사실을 알 수 있었던 경우, 즉 명의대여의 사실을 모른 데 중과실이 있는 경우에는 악의자로 다루어야 할 것이다. 작출된 외관을 진실한 것으로 신뢰하였다고 모두 보호가치있는 것은 아니다. 더구나 기업거래에서는 대부분 악의와 중과실은 같게 취급되고 있다. 결국 이 거래상대방의 보호가치있는 신뢰와 외관작출자의 귀책요건은 서로 상충하며 저울질되어야 하는데 상법 제24조에서 중

---

31) 대판 1974. 9. 10, 74다457: "해상운송인이 명의대여의 사실을 알면서 명의차용인과 운송계약을 체결하고 선적 전에 선하증권을 발행함으로써 손해를 입은 경우에는 그 손해에 대하여 명의대여자는 아무런 책임이 없다."

32) 石井照久, 名板貸の責任, 商法演習 Ⅱ, 18面.

33) 박길준, "표현대표이사", 상사법논집(무애 서돈각교수정년기념), 1986년, 법문사, 197면; 이윤영, 월간고시, 1981년 10월호, 105-107면; 강위두, 판례월보, 278호(1993년 11월호), 16면 이하, 24면.

34) 판례/통설. 대판 1991. 11. 12, 91다18309: "상법 제24조의 명의대여자의 책임은 명의자를 영업주로 오인하여 거래한 상대방을 보호하기 위한 것이므로 거래상대방이 명의대여의 사실을 알았거나 모른 데 대하여 중대한 과실이 있는 경우에는 그 명의대여자는 책임을 지지 아니하는 것이다."

과실의 제3자까지 보호하며 명의대여자를 희생시켜야 할 필요는 없다고 본다.

대판 2001. 4. 13, 2000다10512 [거래상대방의 고의·중과실을 명의대여자가 입증하여야 한다고 한 사례]

"상법 제24조의 규정에 의한 명의대여자의 책임은 명의자를 영업주로 오인하여 거래한 제3자를 보호하기 위한 것이므로 거래 상대방이 명의대여사실을 알았거나 모른 데 대하여 중대한 과실이 있는 때에는 책임을 지지 않는바, 이때 거래의 상대방이 명의대여사실을 알았거나 모른 데 대한 중대한 과실이 있었는지 여부에 대하여는 면책을 주장하는 명의대여자들이 입증책임을 부담한다."

3. 적용효과

(1) 명의대여자에 대한 효과

명의대여자는 자기를 영업주로 오인하여 거래한 제3자에 대하여 그 타인과 연대하여 변제할 책임을 진다. 적용요건 부분에서 밝혔듯이 명의대여자가 거래 상대방에 대하여 지는 책임은 명의차용인의 영업상의 거래와 관련하여 생긴 채무에 한한다. 따라서 불법행위책임이나 개인적 계약책임의 경우에는 본조의 효과가 나타날 수 없다.

(2) 명의차용자에 대한 효과

명의대여자가 책임진다고 하여 명의차용자가 면책되는 것은 아니다. 명의대여에 의한 영업에 있어서 그 영업의 주체는 명의차용자이므로 명의차용자는 자신의 거래상대방에 대하여 당연히 해당 거래로 인한 책임을 지게 되고 명의대여자는 본조의 외관책임을 지게 되는 것이다. 이 양책임은 상호 不眞正連帶債務 관계에 놓인다.[35] 제3자를 만족시킨 명의대여자가 명의차용자에게 구상할 수 있음은 물론이다.

대판 2011. 4. 14, 2010다91886

"[1] 상법 제24조에 의한 명의대여자와 명의차용자의 책임은 동일한 경제적 목적을 가진 채무로서 서로 중첩되는 부분에 관하여 일방의 채무가 변제 등으로 소멸하면 타방의 채무도 소멸하는 이른바 부진정연대의 관계에 있다. 이와 같은 부진정연대채무에 서는 채무자 1인에 대한 이행청구 또는 채무자 1인이 행한 채무의 승인 등 소멸시효의 중단사유나 시효이익의 포기가 다른 채무자에게 효력을 미치지 아니한다.

---

35) 송옥렬, 64면; 김홍기, 75면; 최준선, 176면.

[2] 명의대여자를 영업주로 오인하여 명의차용자와 거래한 채권자가 물품대금
채권에 관하여 상법 제24조에 의한 명의대여자 책임을 묻자 명의대여자가 그 채권
이 3년의 단기소멸시효기간 경과로 소멸하였다고 항변한 사안에서, 부진정연대채무
자의 1인에 불과한 명의차용자가 한 채무 승인 또는 시효이익 포기의 효력은 다른 부진정
연대채무자인 명의대여자에게 미치지 않음에도, 명의차용자가 시효기간 경과 전 채권
일부를 대물변제하고 잔액을 정산하여 변제를 약속한 사실이 있으므로 이는 채무
승인 또는 시효이익 포기에 해당한다는 이유로 위 항변을 배척한 원심판단을 파기
한 사례".

사례풀이 A의 甲에 대한 청구로 상법 제24조가 규정하고 있는 명의대여자
의 책임을 생각해 볼 수 있다. 물론 A는 乙과는 자동차주차계약을 체결한 상태이
므로 주차계약상의 주의의무위반을 이유로 채무불이행책임을 주장하거나 주차장
경영자로서 요구되는 안전주의의무(Verkehrssicherungspflicht)의 위반을 이유로
불법행위책임을 추궁할 수 있을 것이다. 그러나 A와 甲간에는 아무런 계약관계도
존재하지 않으므로 채무불이행책임을 물을 수 없고 또한 상기 주차장은 어디까지
나 乙의 주차장이므로 불법행위를 원인으로 한 손해배상청구도 역시 불가하다. 다
만 상법 제24조에 나타난 외관책임의 발생가능성만 남는다.

상법 제24조의 적용요건을 하나 하나 살펴보기로 한다. 첫째 명의차용자의 영업
이 명의대여자의 영업인 듯한 법외관이 존재하여야 한다(외관요건). 상기 사안에
서 주차장은 분명 乙의 영업이었지만 '주식회사 안암쇼핑 주차장'이라는 간판을 통
하여 이것이 마치 '주식회사 안암쇼핑'이 관리·경영하는 영업공간인 듯한 법외관
이 창출되었다. 乙은 명의차용자라 할 수 있겠고 甲은 명의대여자라고 할 수 있을
것이다.

둘째 명의대여자는 명의차용자에게 자신의 상호나 성명의 사용을 허락했어야 한
다(귀책요건). 이 경우에는 명시적 허락뿐만 아니라 묵시적 허락도 포함된다. 본
사안에서는 甲이 자신의 주차시설이 부족함을 인지한 가운데 '주식회사 안암쇼핑
주차장'이라는 乙의 명의차용을 알면서 방치하였고 이는 묵시적 허락에 해당한다.
이로써 甲에게는 창출된 법외관에 대한 책임귀속이 가능하게 되었다.

셋째 제3자는 명의차용자의 영업이 명의대여자의 영업인 듯한 법외관을 신뢰하
고 이에 기하여 명의차용자와 거래했어야 한다(인과요건). 본 사안에서는 A가 乙
의 주차장을 甲의 주차시설로 신뢰하면서 乙과 주차계약을 체결하였다.

끝으로 거래상대방은 선의자였어야 한다. 본 사안에서는 이 요건 역시 충족되고
있다. 상법 제24조의 적용요건이 모두 충족되고 있으므로 甲은 A에 대하여 자동차
의 도난에 따른 손해배상책임을 진다. 물론 甲이 상법 제24조에 따라 책임진다 하여
乙의 책임이 소멸되는 것은 아니고 양자는 A에 대하여 부진정연대채무자가 된다.

제 5 장   상업장부

I. 상업장부 서설

1. 의   미

상법은 동적 이념 가운데 하나인 공시주의를 실현하기 위하여 상업등기제도와 더불어 商業帳簿 및 재무제표의 작성을 의무화하고 있다. 회사채권자는 물론이요 일반 투자자도 한 기업의 영업동태를 정확히 파악할 수 있어야 영업거래나 향후의 투자계획을 제대로 입안할 수 있게 되며, 특히 회사의 경우에는 이러한 기초자료없이는 사원에게 이익배당을 할 수 없다. 나아가 국가 및 공공단체도 조세부과의 기준으로 회계결과가 필요하다.

2. 역   사

이러한 상업장부제도는 13세기 이탈리아 상인들로부터 시원한다고 한다. 14세기에 이르러 이들은 복식부기를 개발하였고 16세기에는 전유럽에 보급되어 재산목록과 대차대조표로 발전되었다. 1673년의 프랑스상사조례는 최초로 상업장부에 관한 상세한 규정을 두었고 1807년의 프랑스상법전에 승계되어 여러 유럽국가의 입법에 영향을 미쳤다. 1867년 독일 구상법은 상업장부에 관하여는 포괄적 규정만을 두었고 이는 1897년의 신상법에도 계승되었으나 1985년부터는 프랑스와 같이 상세한 규정을 두고 있다.[1]

---

1) 독일상법전(Handelsgesetzbuch)은 제1편 총칙, 제2편 회사(인적 회사 및 익명조합만 포함됨), 제3편 상업장부, 제4편 상행위, 제5편 해상으로 구성되어 있다. 제3편의 상업장부에 관한 규정은 1985년의 Bilanzrichtlinien-Gesetz에 의하여 상법전에 도입되었고 제238조부터 제342e조에 이르기까지 상세한 규정을 두고 있다.

3. 입법주의

상업장부작성에 대한 입법주의로는 방임주의, 간섭주의, 절충주의의 대립이 있다. 방임주의(放任主義)는 영미법계의 입법주의로서 상업장부작성에 관한 규정이 전혀 없고 상인에게 장부의 작성의무도 인정하지 않는다. 간섭주의(干渉主義)는 프랑스법계 국가의 입법주의로서 법률로 상인이 작성해야 할 상업장부의 종류와 수를 정하고 이에 대한 관청의 엄격한 감독이 있으며 장부에 대해서는 특별한 증거력을 인정하는 입법주의이다. 절충주의(折衷主義)는 상인에게 상업장부의 작성의무는 부과하고 있지만 장부의 작성형식에 대해서는 아무런 규정을 두고 있지 않은 입법주의이다. 이는 1985년 이전의 독일상법의 입법주의이며 이의 영향을 받았던 우리나라와 일본상법의 입법주의이기도 하다. 과거의 독일상법전은 제38조 내지 제47b조에 이르기까지 현 우리 상법과 유사한 규정을 상법총칙(Handelsstand) 부분에 두었으나 1985년의 개정으로 제238조 이하에서 상세한 규정을 두어 간섭주의로 전향하였다. 우리 상법은 장부의 작성형식에 있어서는 거의 전적으로 회계관행에 맡기고 있어 방임주의에 가까운 절충주의입법이라 할 수 있겠다.

4. 영업규모와 공시범위간의 관계

상업장부제도는 이미 기술한 바와 같이 기업공시의 한 방법으로서 그 당위성이 인정되지만 한편 이러한 공시수요와 정반대로 상인 개인에게는 영업상태를 제3자에게 공개하지 않으려는 본능도 있고 또 이에 대한 개인적 이익도 있는 것이다. 그리하여 상법은 영업의 규모에 비례하여 공시의 정도를 정하고 있다. 즉 영업의 규모가 크면 클수록 공시의 범위도 증가하고 영업의 규모가 적으면 적을수록 공시의 정도는 감소한다. 이것은 상인의 영업이 일반 공중에게 미치는 영향력을 감안한 결과이다.

공시의 정도는 약 네 단계로 나누어진다. 첫단계는 小商人의 경우이다. 상법은 가장 소규모의 영업주체인 소상인에게는 상업장부에 관한 규정을 적용하지 않아 공시의무를 아예 면제해주고 있다. 둘째 단계는 소상인이 아닌 商人 一般이다. 完全商人의 경우에는 자연인 상인이든 회사이든 공통적으로 일반적인 상업장부인 대차대조표와 회계장부의 작성을 의무화하였다(󰅂). 셋째 단계는 物

的 會社이다. 주식회사와 유한회사에 대해서는 상인 일반보다 영업의 규모가 크다고 볼 수 있다. 그리하여 상법은 이들에게는 상인 일반이 모두 작성하여야 하는 상업장부 이외에도 재무제표의 작성을 의무화하였다(⁴⁴⁷ 이하.
₅₇₉⁰). 넷째 단계 는 500억원 이상의 자산규모를 가진 주식회사이다. 이들은 영업의 규모가 가장 비대하다고 볼 수 있고 따라서 공시의 정도도 가장 높게 요구된다. 직전 사업 연도 말의 자산총액 또는 매출액이 500억원 이상인 주식회사에 대해서는 공인 회계사 혹은 회계법인에 의한 외부감사까지 받게 하고 있다(주식회사의 외부감사에 관한 법률 4: 시행령 5).

끝으로 우리 상법이 상업장부제도를 규율하는 방식을 비판적으로 검토할 필요가 있다. 우리 상법은 일본상법과 마찬가지로 1985년 이전의 독일상법을 계수한 절충주의입법으로서 장부작성의 구체적 사항에 대하여는 아무런 규정 을 두고 있지 않다. 그리하여 실제로는 기업회계기준이 쓰여지고 있고 상법상 의 규정들은 회계실무에서는 전혀 고려의 대상이 되지 못하고 있다. 말하자면 순 껍데기 규정이요, 입법의 낭비라 아니할 수 없다. 오히려 기업회계기준과 괴 리를 일으키는 부분에서는 혼란만 가중된다고 한다. 따라서 철저한 간섭주의를 취하여 장부작성의 형식에 대해서도 자세한 규정을 두든지 아니면 아예 방임 주의로 선회하여 기업거래의 기본법인 상법에서는 회계규정을 없애는 것이 바 람직하다고 본다.

II. 상업장부의 의의

商業帳簿(Handelsbücher)란 상인이 영업상의 재산상태 및 손익의 상황을 명 확하게 하기 위하여 법률상의 의무로서 작성하는 장부이다. 즉 상인은 회계장 부와 대차대조표를 작성해야 한다(상 29).

이러한 상업장부의 개념을 좀더 구체화시키기 위하여 우리는 다음과 같은 몇몇 용어들과 상업장부를 구별할 필요가 있다. 첫째 주주명부(상 352), 사채원부 (상 488), 총회의사록(상 373) 또는 중개인의 日記帳(상 97)은 상업장부가 아니다. 營業 과 財産狀態 파악을 위한 직접적인 목적을 갖고 있지 않기 때문이다. 둘째 상 업장부는 商人이 작성하는 장부이므로 상인이 아닌 자가 작성하는 장부나 소 상인이 작성하는 장부는 상업장부라 할 수 없다. 상호보험회사나 협동조합이 업무동향을 파악하기 위하여 유사한 장부를 작성한다 하여도 이는 상법상의 상업장부가 될 수 없다. 셋째 상업장부와 재무제표(財務諸表)는 구별하여야 한다. 재무제표는 물적 회사에서만 작성되는 것으로서 상법은 대차대조표, 손익계산서, 자본변동표, 이익잉여금처분계산서 또는 결손금처리계산서를 이에 포함시키고 있다(⁴⁴⁷). 이는 상인 일반이 작성하는 상업장부보다 그 종류가 많고 작성 후에도 감사나 공인회계사가 작성내용을 감사하며, 주주총회(사원총회)의 승인을 얻어 공고를 마친 후 본점에 비치되어야 한다는 점에서 작성의무가 단순한 상업장부와 다르다. 물론 대차대조표는 양자에 모두 포함되어 있다.

Ⅲ. 상업장부에 대한 의무

상업장부에 대하여 상법은 작성의무, 보존의무 및 제출의무를 규정하고 있다.

1. 작성의무(ᵃᵇ)

상인은 상업장부의 작성의무가 있다. 회계장부와 대차대조표를 작성하여야 한다(ᵃ²⁹). 그러나 그 기재방법에 대해서는 상법상의 특별규정(ᵃᵇ)을 제외하고는 일반적으로 공정 타당한 회계관행에 의하도록 하고 있다(ᵃ²⁹). 절충주의입법의 결과이다. 일반적으로 공정 타당한 회계관행이라 함은 '보편적으로 인정된 회계원칙'(generally accepted accounting principle; GAAP) 또는 '정규적인 부기의 원칙'(Grundsätze ordnungsmäßiger Buchführung; GoB)으로 불리우기도 한다. 일반적으로 공정 타당한 회계관행 중 주요한 것을 추려보면 다음과 같다. 첫째 ① 신뢰성의 원칙이다. 회계의 처리 및 보고는 신뢰할 수 있도록 객관적인 자료와 증거에 의하여 공정하게 처리하여야 한다. 둘째는 ② 명료성의 원칙이다. 재무제표의 양식 및 과목과 회계용어는 이해하기 쉽게 간단명료하게 표시하여야 한다. 셋째는 ③ 충분성의 원칙이다. 중요한 회계방침과 회계처리기준, 과목 및 금액에 대하여는 그 내용을 재무제표상에 충분히 표시하여야 한다. 넷째는 ④ 계속성의 원칙이다. 회계처리기준 및 절차는 매기 계속하여 적용하고 정당한 사유없이 이를 변경하여서는 아니되며 기간별 비교가 가능하게 해야한다. 다섯째 ⑤ 중요성의 원칙이다. 회계처리와 재무제표의 작성에 있어서 과목과 금액은 그 중요성에 따라 실용적인 방법에 의해서 결정하여야 한다. 여섯째는 ⑥ 안정성의 원칙이다. 회계처리과정에서 그 이상의 선택가능한 방법이 있는 경우에는 재무적 기초를 견고히 하는 관점에 따라 처리하여야 한다. 일곱째는 ⑦ 실제성의 원칙이다. 회계처리는 거래의 실질과 경제적 사실을 반영할 수 있어야 한다.[2]

제29조 2항상의 특별규정으로서 상법이 상업장부의 작성과 관련하여 둔 규정은 제30조와 제31조이다. 회계장부에 대해서는 거래와 기타 영업상의 재산에 영향이 있는 사항을 기재할 것을 요구하고 있고(상 30), 대차대조표에 대해서는 영업을 개시한 때와 매년 1회 이상 일정 시기에, 회사는 성립한 때와 매결산기에 회계장부에 의하여 대차대조표를 작성하고, 작성자가 이에 기명날인 또는 서명하도록 하고 있다(상 30). 나아가 제31조에서는 회계장부에 기재될 자산평가의 일반원칙을 제시하고 있었다. 그러나 상법은 2010년의 개정에서 상법 제31조를 삭제하였다. 기업회계기준상의 평가원칙과 괴리되는 부분이 있어 동 기준으로 통일할 필요가 있었기 때문이다.

2. 보존의무(상 33)

상인은 상업장부 및 영업에 관한 중요 서류를 장부폐쇄의 날로부터 10년간 보존하여야 한다(상 33의Ⅰ). 다만 전표, 또는 이와 유사한 서류는 5년간 이를 보존하여야 한다(상 33의Ⅰ). 나아가 상업장부 및 이에 관한 중요 서류는 마이크로필름 기타의 전산정보처리조직에 의하여 보존할 수 있다(상 33). 이 때 보존방법 및 필요사항은 대통령으로 정한다(상법시행령 2의 2).

3. 제출의무(상 32)

상업장부는 영업에 관한 중요한 증거자료가 되므로 법원은 신청에 의하여 또는 직권으로 소송당사자에게 상업장부 또는 그 일부분의 제출을 명할 수 있다(상 32). 그러나 상업장부에 特別心證力은 없다. 따라서 법원은 모든 사정을 참작하여 자유로운 심증으로 판단하게 된다.

---

2) 이러한 회계관행은 불확정한 법개념(unbestimmter Rechtsbegriff)으로서 상업장부 및 재무제표작성 시 공히 적용되는 상위의 지배원칙이다(Heymann-Jung, HGB, § 238, Rdnr. 49 ff.).

Ⅳ. 상업장부의 종류

상업장부의 종류는 전술한 바대로 회계장부와 대차대조표이다. 1984년 개정 전에는 재산목록도 작성대상에 포함되었으나 이는 삭제되었다.

1. 회계장부

회계장부라 함은 상인이 영업상의 재산 및 손익의 상황을 명확하게 하기 위하여 거래와 기타 영업상의 재산에 영향이 있는 사항을 기재하는 장부로서 대차대조표작성의 기초가 되는 회계기록을 말한다($^{\text{상 30}}$). 傳票, 分介帳, 元帳, 商品受渡帳, 현금출납부 등 재산의 증감이나 변화를 기록할 목적으로 작성되는 장부로서 이를 기초로 대차대조표가 작성된다. 회계장부는 영업의 동태를 반영하는 상업장부이다.

2. 대차대조표

회계장부가 영업의 동태를 반영하는 상업장부라면 대차대조표는 영업의 정태를 반영하는 상업장부이다. 즉 대차대조표는 일정 시점에 있어서의 영업상태를 파악하기 위하여 작성되는 상업장부이다. 이에는 통상대차대조표와 비상대차대조표가 있는데, 전자에는 다시 개인상인의 개업 및 회사의 설립시에 작성하는 개업대차대조표(Eröffnungsbilanz)와 매결산기마다 작성하는 결산대차대조표(Jahresabschlußbilanz)가 있다. 후자는 회사의 합병이나 청산 등의 경우에 작성된다($^{\text{상 522의 2,}}_{\text{534 등 참조}}$).

대차대조표의 작성형식에 대하여 상법은 회계장부에 기초를 둘 것과 작성자의 기명날인 및 서명만을 규정하고 있다($^{\text{상 30}}$). 그러나 기업회계기준은 좀더 구체적으로 그 작성형식과 항목을 정하고 있다. 작성형식으로는 자산에 속하는 사항을 먼저 기재하고 그 아래 부채와 자본을 기재하는 보고식(report form)과 'T자형'의 좌우양칸으로 나누어 좌측에 자산을 우측에 부채와 자본을 기재하는 계정식(account form)이 있다($^{\text{기업회계기준}}_{\text{10 참조}}$). 작성항목에 대해서도 자산의 부위에는 流動資産(current assets), 투자와 기타 자산, 固定資産(fixed assets) 및 移延資産(deferred charges)을, 부채의 부위에는 유동부채와 고정부채를, 그리고 자본의 부위에는 자본금, 자본잉여금 및 이익잉여금을 기재하도록 하고 있다($\frac{기업회계기}{준\, I\, 1}$).

V. 자산의 평가

1. 의   의

자산의 평가는 영업실적을 파악하는 데 있어서 중요한 역할을 한다. 자산이 제대로 평가되지 않으면 정당한 영업결과의 산출이 어려워져 영업주체 내부의 각종 의사결정이 건전히 이루어질 수 없다. 나아가 채권자를 위협하고 투자자에게도 손해를 야기시킬 수 있다. 즉 실제의 자산가치보다 과대평가되면 대차대조표상 자산의 부위는 실제보다 부풀려져 허위의 배당가능이익을 낳게 되고 이것이 분배되면 한 기업의 재산적 기초는 부실하게 된다. 반대로 과소평가되면 비공개적인 사내유보를 남기는 결과가 되어 기업의 자산과 손익관계는 불분명해진다.

2. 평가의 원칙

과거에는 상법전이 총칙($\frac{상}{31}$)과 회사부분($\frac{상}{하}452$)에 자산평가규정을 두고 있었다. 그러나 이들은 기업회계기준 등 회계관행과 불일치하여 회계실무에 지장을 주어 왔다. 이에 2010년과 2011년의 개정에서 상법전에 두었던 자산평가규정들은 모두 삭제되었다. 회계실무기준을 기업회계기준으로 일원화한 바람직한 개정이다.

제6장 상업등기

Ⅰ. 상업등기의 의의

1. 의   의

商業登記(Handelsregister)란 상인 또는 합자조합에 관한 일정 사항을 상법 또는 다른 법령에 따라 상업등기부에 기록하는 것이다(상업등기
제2조1호). 이 때 소상인에게는 상업등기에 관한 규정이 적용되지 않으므로(상
9) 상인에 관한 일정 사항은 완전상인의 것이다.

2. 개념요소

상업등기란 상업등기부에 하는 것이므로 상업등기부 이외의 곳에 하는 등기는 상업등기가 아니다. 선박등기(상박743;
선박8)는 비록 상법규정에 의한 것이긴 하나 '공중에 대한 공시'보다는 선박이해관계인간의 권리의무를 명백히 하는 것이 더 중요한 기능이고 또 별도의 선박등기부에 하므로 상업등기가 아니다. 나아가 상업등기는 상인 또는 합자조합에 관한 사항을 등기부에 기록하는 것이다. 따라서 민법이나 기타 법률에 의한 부동산등기, 각종 협동조합법에 의한 협동조합등기(농협90;
92) 또는 보험업법에 의한 상호보험회사의 등기(보험업법
40)는 상업등기가 아니다.

3. 종   류

상업등기법 제11조 제1항에 따르면 현재 상업등기부는 ① 상호등기부,[1] ② 무능력자등기부,[2] ③ 법정대리인등기부,[3] ④ 지배인등기부,[4] ⑤ 합자조합등기부,[5] ⑥ 합명회사등기부,[6] ⑦ 합자회사등기부,[7] ⑧ 유한책임회사등기부,[8] ⑨ 주

---

1) 상법 제22조, 제23조 4항, 제25조 2항 등 참조.
2) 상법 제6조 참조.
3) 상법 제8조 1항 참조.
4) 상법 제13조 참조.
5) 상법 제86조의4.

식회사등기부,[9] ⑩ 유한회사등기부,[10] ⑪ 외국회사등기부[11] 등 11가지로 되어 있다.

II. 상업등기의 연혁, 특색 및 기능

1. 연   혁

상업등기제도는 중세의 상인단체원명부(Zunftmatrikel)에서 연유한다고 한다. 이러한 단체원명부는 상인의 소속관계를 확정하는 *公法的* 기능 및 상사재판소에 소송을 제기할 경우 그 근거를 제공하는 역할밖에 없었다. 따라서 오늘날의 일반적 기업공시수단인 상업등기제도와는 거리가 있었다. 그 후 약 13세기경부터 다수의 상업도시에서 회사, 지배인, 상호 등에 관한 특별등기부가 이용되다가, 18세기에 이르러 파산조례(1743년)나 어음조례(1763년) 등을 통하여 오늘날의 상업등기제도에 접근한 내용으로 정비되었다고 한다.[12] 그후 1861년의 독일 구상법전(ADHGB)은 상인에 관한 일정 사항에 대하여 등기·공고의무를 규정하였고 이를 해태할 경우 *私法的* 효과를 부여하였다. 이러한 내용은 독일 신상법(1897년)에 계승되어 오늘에 이르고 있다.

2. 특   징

상업등기제도는 다음과 같은 몇 가지 특색을 갖고 있다. 첫째 상업등기는 등기소라는 일정한 장소에 등기사항을 집중하여 보관하므로 이의 열람을 원하는 거래상대방 및 제3자는 영업자의 주소지를 찾아다님이 없이 쉽게 등기사항에 접근할 수 있다. 둘째 상업등기는 등기사항의 보관 및 관리를 국가기관인 법원이 하므로 위조, 변조 또는 파손의 위험이 없어 상당한 공신력을 유지할 수 있다. 셋째 상업등기는 불특정 다수인을 위한 기업공시수단이다. 따라서 특정 거래의 당사자들간의 권리관계를 명확히 하는 데 주목적을 두고 있는 부동

---

6) 상법 제180조 1호, 제179조 2호 참조.
7) 상법 제271조, 제270조, 제180조 1호, 제179조 2호 참조.
8) 상법 제287조의5.
9) 상법 제289조 1항 2호, 제317조 참조.
10) 상법 제543조, 제549조 참조.
11) 상법 제614조 참조.
12) 상업등기를 기준으로 어음능력을 정하였다고 한다.

산등기나 선박등기와 그 성격을 달리한다.

3. 기   능

이러한 상업등기제도는 상법의 기초이념 중의 하나인 공시주의의 실현수단이다. 각종 장부의 작성, 비치 및 대차대조표의 공고와 더불어 상업등기는 기업공시수단으로 작용한다. 이러한 공시를 통하여 상인과 거래하는 일반 공중을 보호할 수 있고 동시에 상인 자신의 신용도 유지할 수 있는 것이다.

III. 등기사항

상업등기의 登記事項은 다음과 같은 몇 가지 기준에 따라 분류된다.

1. 절대적 등기사항과 상대적 등기사항

절대적 등기사항이란 등기할 사항이 발생하면 반드시 등기를 해야 하는 사항으로서 필요적 등기사항이라고도 한다. 예컨대 지배인의 선임등기(삼13)나, 회사의 설립등기(삼180, 271.317, 549)가 그것이다. 이에 반하여 상대적 등기사항은 등기할 권리가 있을 뿐 의무는 없는 등기사항이다. 이를 임의적 등기사항이라고도 한다. 예컨대 개인상인의 상호등기나 영업양수인의 채무불인수의 등기(삼42 II)가 그것이다. 원래는 상대적 등기사항이라 하여도 일단 등기된 후 변경 또는 소멸등기를 할 때에는 의무적으로 해야 하므로 이는 절대적 등기사항이다(삼40).

2. 창설적 등기사항과 선언적 등기사항

창설적 등기사항(konstitutive Eintragungstatsache)이란 등기를 해야 비로소 해당 법률관계가 창설되는 등기사항이다. 회사의 설립등기(삼172)나 합병등기(삼234)가 그 예이다. 이들은 등기완료 후에야 비로소 새로운 법률관계가 설정되므로 등기된 법률관계와 실질적 법률관계간의 괴리가 나타날 수 없다. 예컨대 회사의 합병등기를 하기 전에는 합병의 효과가 나타나지 않으므로 아무리 합병절차가 실질적으로 완료되었더라도 합병등기 없이는 합병은 이루어지지 않은 것이다. 이러한 성격 때문에 진실된 법률관계와 등기부상에 등재된 법률관계간의 괴리를 전제로 하는 상법 제37조는 창설적 등기사항에는 적용될 여지

가 없는 것이다.[13]

선언적 등기사항(deklaratorische Eintragungstatsache)이란 旣形成된 법률관계를 대외적으로 선언하기 위한 등기사항이다. 예컨대 지배인 선임등기($\frac{\Delta}{13}$)를 보자. 지배인의 선임은 이를 등기하여야 효력이 발생하는 것은 아니다. 영업주가 사실상 선임하였을 때 지배권은 이미 유효하게 성립된다. 이제 이 사실을 상업등기에 등기하면 대외적인 선언의 효과가 있을 뿐이다. 지배인 선임등기외에도 지배인의 해임등기, 사원의 퇴사등기($\frac{\Delta}{225}$) 혹은 영업양수인의 채무불인수의 등기($\frac{\Delta}{18}42^{II}$) 등이 이에 속한다. 이들은 등기부상의 공시내용과 진실된 법률관계 간의 괴리를 야기시킬 수 있어 상법 제37조의 적용대상이 된다. 등기되기 전이라도 유효한 법률관계의 형성이 가능하기 때문이다.

Ⅳ. 등기절차

1. 신청주의

상업등기는 원칙적으로 당사자의 신청에 의하여 이루어진다. 이를 申請主義(Antragsprinzip)라 한다($\frac{\text{상기}}{18} \frac{34}{1}$). 등기할 사항은 당사자의 신청에 의하여 영업소의 소재지를 관할하는 법원의 상업등기부에 등기한다. 또한 서면의 신청이어야 하며($\frac{\text{서면주의}}{\text{상기}} \frac{\text{상업}}{18} II$) 신청인 또는 대리인의 기명날인이 있어야 한다($\frac{\text{상업등기}}{18} 1$). 그러나 예외적으로 등기사항이 재판에 의해서 확정된 때에는 법원의 촉탁으로 등기한다. 예컨대 회사의 설립무효판결이 확정된 경우나 주주총회결의의 취소나 무효판결이 확정된 경우 또는 재판에 의한 회사의 해산등기 등이 그러하다.

2. 등기관할

상업등기는 그 등기신청자의 영업소가 있는 소재지의 지방법원 또는 등기소가 관할한다($\frac{\text{상기}}{3} \frac{34}{1} \frac{\text{상업}}{3}$).

3. 등기소의 심사권

등기소가 상업등기의 신청을 심사할 수 있는 범위가 어디까지인가에 대하

---

13) Canaris, Handelsrecht, 22. Aufl., §5 Ⅰ 2 a, S. 53.

여는 다음과 같은 견해의 대립이 있다.

(1) 형식적 심사주의[14]

형식적 심사주의에 의하면 등기소는 등기신청의 적법성에 관하여 형식적으로만 심사할 권한이 있을 뿐이라고 한다. 즉 신청사항이 법정등기사항인가, 그 등기소의 관할인가, 적법한 신청자 또는 그 대리인인가, 신청서 및 그 부속서류가 법정의 형식을 구비하였는가 등의 형식요건이 부적합한 경우 각하할 권한만 갖고 있다고 한다. 그리하여 신청사항의 내용적 진실 여부를 가릴 권한은 갖고 있지 않다고 한다.

(2) 실질적 심사주의[15]

이 입장에 의하면 등기소는 신청사항에 관한 형식적 심사뿐만 아니라 등기신청사항의 내용적 진실성 여부까지 조사할 직무와 권한이 있다고 한다. 이러한 실질적 심사권을 보장하지 않고는 일반 공중의 불측의 손해를 막을 수 없다고 한다.

(3) 수정실질적 심사주의[16]

이 입장은 원칙적으로는 실질주의를 취하되 예외적으로 형식주의를 가미한 입장이다. 즉 등기소는 등기사항을 실질적 심사주의에 따라 심사해야 하지만 의문이 없는 경우에는 심사할 의무가 없고 심사를 이유로 등기절차를 끄는 것도 직권남용이 된다고 한다.

(4) 수정형식적 심사주의[17]

이 입장은 원칙적으로는 형식주의를 취하되 예외적으로 실질주의에 따라 심사하여야 한다고 한다. 즉 등기신청사항에 대해서는 형식적 심사주의를 취하되 신청사항이 허위이거나 허위를 의심케 할 상당한 이유가 있는 경우에만 등기공무원이 공익을 위한 봉사자로서 당연히 실질을 심사할 권리와 의무가 있다고 보고 있다. 그러나 무효나 취소의 원인 등 실질을 심사한다 하여도 그 대상은 등기신청인이 제출한 첨부서류에 국한된다고 한다.[18]

---

14) 이병태, 상법(상), 1978년, 170면; 서정갑, 상법(상), 1965년, 194면.

15) 서돈각, 상법강의(상), 1985년, 129면.

16) 정희철, 상법학(상), 1989년, 119-120면; 정찬형, 상법강의(상), 25판, 2022년, 159면; 최준선, 상법총칙·상행위법, 12판, 2021년, 206면.

17) 최·김, 148면; 정동윤, 99면; 채이식, 107면; 이·최, 234면.

18) 대판 2020. 2. 27, 2019도9293.

(5) 비판 및 결론

생각건대 등기가 진실에 부합하여야 한다는 점에 대해서는 이론이 있을 수 없다. 그러나 등기신청내용의 진실성을 등기절차에서 만족스럽게 확보할 수 있느냐는 또 다른 문제이다. 상업등기소의 등기관은 기록관에 불과하고 등기신청 사항의 폭주로 등기관에게 신청사항의 실질적 진실성까지 심사하라고 기대하기는 어렵다. 또한 실질주의를 고집하는 한 수많은 등기가 지연되어 기업거래는 혼란이 가중되고 진실의 공시에서 얻는 이익보다 혼란으로 야기되는 불이익이 더 커질 것이다. 이러한 점을 고려하면 원칙적으로 형식주의를 취하는 것이 타당하다. 이것은 부동산등기절차에서도 나타나는 심사주의이다. 다만 예외적으로 신청사항에 허위를 의심케 할 만한 명백한 또는 상당한 이유가 있을 때에는 그 실질적 내용을 조사해야 할 것이다. 허위의 사실임이 명백하거나 상당한 이유가 있으면서도 이를 무시하고 등기절차를 강행할 수는 없는 일이기 때문이다. 결론적으로 수정형식적 심사주의가 가장 타당하다. 이는 판례의 입장이기도 하다.[19]

대판 2020. 2. 27, 2019도9293 [공전자기록등불실기재 · 불실기재공전자기록등행사]

"등기관은 원칙적으로 회사설립에 관한 등기신청에 대하여 실체법상 권리관계와 일치하는지 여부를 일일이 심사할 권한은 없고 오직 신청서, 그 첨부서류와 등기부에 의하여 상법, 상업등기법과 상업등기규칙 등에 정해진 절차와 내용에 따라 등기요건에 합치하는지 여부를 심사할 권한밖에 없다. 등기관이 상업등기법 제26조 제10호에 따라 등기할 사항에 무효 또는 취소의 원인이 있는지 여부를 심사할 권한을 가진다고 하더라도, 그 심사방법으로는 등기부, 신청서와 법령에서 그 등기의 신청에 관하여 요구하는 각종 첨부서류만으로 그 가운데 나타난 사실관계를 기초로 판단하여야 하고, 그 밖에 다른 서면의 제출을 받거나 그 밖의 방법으로 사실관계의 진부를 조사할 수는 없다(대법원 2008. 12. 15. 자 2007마1154 결정 등 참조). 발기인 등이 상법 등에 정해진 회사설립의 실체적·절차적 요건을 모두 갖추어 설립등기를 신청하면 등기관은 설립등기를 하여야 하고, 회사설립의 실제 의도나 목적을 심사할 권한이나 방법이 없다."

---

19) 대판 2020. 2. 27, 2019도9293(주식회사의 설립등기시); 대판 2020. 3. 31, 2019도7729(유한회사의 설립등기시).

V. 상업등기의 효력

1. 총　설

商業登記의 效力은 일반적 효력, 특수적 효력 및 부실등기의 효력의 3자로 나누어진다. 우선 상업등기는 거래관계에서 중요한 사항을 공시하기 위한 제도이므로 등기함으로써 그 본래의 효력이 생기는데 이를 상업등기의 一般的 效力이라 한다. 이에 대해서는 상법 제37조가 적용된다. 등기할 사항을 등기하지 않은 경우와 등기한 경우로 나누어 상법 제37조의 제1항과 제2항을 각 적용할 수 있다. 둘째 特殊的 效力이라 함은 창설적 효력(創設的 效力), 보완적 효력(補完的 效力) 및 부수적 효력(附隨的 效力)을 말하는데 법이 예외적으로 일정한 범주의 특별한 효력을 예정하고 있는 것이다. 끝으로 不實登記의 效力이라 함은 상법 제39조의 효력을 말한다. 상법 제37조에서는 사실과 일치하는 등기를 하였는가 하지 않았는가의 문제이지만 상법 제39조에서는 사실과 일치하지 않는 등기의 효과인 것이다. 따라서 양자는 그 적용범위를 달리한다.

상법 제37조 및 제39조의 효력에 대해서는 우리나라와 독일의 학설상 용어사용이 다르므로 주의할 필요가 있다. 국내 학설 중 일부는 상법 제37조 1항에 상업등기의 적극적 공시력과 소극적 공시력을 모두 포함시키고 상법 제37조 2항은 예외규정으로 보며 상법 제39조를 부실등기의 효력으로 부르고 있다(제1설)[20] 그러나 다른 일부의 학설은 상법 제37조 1항은 소극적 공시력, 제2항은 적극적 공시력, 그리고 제39조는 공신력에 관한 규정으로 명명한다(제2설).[21] 한편 우리 상법 제37조 및 제39조에 해당하는 독일상법규정은 제15조인데 독일에서는 우리 상법 제37조에 해당하는 동법 제15조 1항을 소극적 공시력(negative Publizität)의 근거규정으로, 제39조에 해당하는 독일상법 제15조 3항을 적극적 공시력(positive Publizität)의 근거규정으로 보고 있다.[22] 이러한 독일에서의 용어사용에 동조하는 국내학설도 있다(제3설).[23] 이렇게 용어사용이 통

---

20) 이철송, 상법총칙 · 상행위, 16판, 2022년, 247-263면.
21) 채이식, 상법강의(상), 1996년, 105면 이하; 양승규, 상법사례연구, 50면; 최기원, 상법학신론(상), 18판, 2009년, 168-172면, 179-183면.
22) Canaris, Handelsrecht, 22. Aufl., §5, S. 49 ff.
23) 이기수 外, 상법총칙 · 상행위법, 7판, 2010년, 210-222면.

일되어 있지 않으므로 주의를 요한다.

	상법 제37조 1항	상법 제37조 2항	상법 제39조
제1설	적극적·소극적 공시력	예외 규정	부실등기의 효력
제2설	소극적 공시력	적극적 공시력	공 신 력
제3설	소극적 공시력	소극적 공시력	적극적 공시력

여기에서는 제2설의 입장에 따라 설명한다.

2. 일반적 효력

‖**사례 1**‖　다음 사안 중 A는 營業主, B는 支配人, C는 善意의 去來相對方이다.

(1) A가 B의 지배권을 철회하고 나서 해임등기를 등기소에 신청, 등기되었으나 B는 C로부터 영업과 관련하여 1,000만원 상당의 물품을 매입한다. C는 A에 대하여 매매대금 1,000만원의 지급을 구하고 있다. 가능한가?

(2) A는 B의 지배인 해임등기를 해태하였다. 선의의 C는 추후 A와의 거래가 불리하다고 생각하고 계약을 무효화하려 한다. 가능한가?

(3) A는 B를 지배인으로 선임하여 약 3년간 부산지점의 영업을 담당케 하였다. 2001년 3월 1일부로 A는 B를 해임하나 지배인해임등기를 해태하였다. 그러던 중 B는 C로부터 1,000만원 상당의 물품을 영업거래로 매입한다. A는 B의 해임등기를 하지 않았을 뿐만 아니라 아예 B의 지배인선임등기도 한 적이 없었다. C는 A에 대하여 1,000만원의 물품대금을 요구할 수 있는가?

‖**사례 2**‖　인쇄업을 하는 완전상인 K는 직원 P에게 支配權을 부여하였다. 2001년 3월 1일 K는 이 지배권을 철회하고 P에 대한 지배인 해임등기를 마쳤다. 그러나 P는 그 후에도 지금까지 사용해오던 "영업주임"이라는 직함이 인쇄된 명함을 사용하며 지배권철회의 사실을 모르는 X사와 계약을 체결하였고 그 때마다 K는 이 계약들을 이의없이 이행하였다. 2001년 8월 1일 P가 재차 X사로부터 500만원의 인쇄용지를 매입하였을 때 K는 이번에는 P의 지배인해임등기가 이루어진 사실을 내세우며 대금지급을 거부하고 있다. X사는 K로부터 매매대금의 지급을 요구할 수 있는가?

‖**사례 3**‖　A, B는 X合資會社의 無限責任社員이다. 이 회사의 定款은 A와 B에게 共同代表權을 부여하고 있다. 이 공동대표권은 상업등기부에 등기되었다. 2000년 10월 1일부로 B는 이 회사를 退社하였다. 그러나 B의 퇴사등기는 2001년 3월 1일에야 행해졌다. 그 사이인 2001년 2월 1일 A는 X합자회사의 이름으로 Y주식회

사로부터 1,000만원에 하기용 에어컨을 매입한다. X합자회사와 A로부터 代金의 完
納을 기대할 수 없는 Y사는 이제 B에게 에어컨대금의 지급을 요구하고 있다. 가능
한가?

▐ **사례 4** ▐ 共同代表가 정해져 있고 그 등기가 되어 있는 주식회사가 있다. 그
대표이사가 회사를 위하여 공동으로 행한 매매계약에 기한 대금의 지급을 위하여
위 회사가 이미 다른 사람으로부터 받아 놓은 약속어음을 대표이사 한 사람이 마
음대로 단독 대표명의로 배서양도하였다. 이 경우 상법 제37조, 상법 제395조, 어음
법 제16조 2항의 적용관계를 논하라(日本司試 1975년 상법 제2문).

▐ **사례 5** ▐ A 주식회사는 사장 甲과 전무 乙을 공동대표이사로 선임하여 공동
대표이사의 등기를 하였다. 그런데 甲은 "A주식회사 대표이사 甲"의 단독 명의로
丙과 매매계약을 체결하였다. A社는 그 계약이 불리하게 체결된 것을 발견하고 공
동대표규정의 위반을 이유로 계약의 효력을 부인한다. 丙은 A회사의 계약상 책임
을 추궁할 수 있는가?(제42회 사법시험 상법 제1문)

▐ **사례 6** ▐ A, B, C 3인은 X합명회사를 운영하던 중 2000년 10월 C는 退社한
다. 그러나 퇴사등기는 2001년 4월에야 이루어진다. 2000년 12월 A는 X사의 대표
사원의 자격으로 Y로부터 지점건설용 부지를 1억원에 매수하기로 합의하였고 곧
등기도 이전되었다. 한편 A는 2000년 12월 회사 소유의 자동차로 업무집행중 과실
로 Z를 致傷케 한다.
　(1) Y는 누구에 대하여 어떻게 매매대금을 요구할 수 있는가? Z는 누구에 대해
서 어떻게 손해배상을 청구할 수 있는가?
　(2) X사는 C의 퇴사등기가 이루어지지 않고 있던 중 부동산양도세의 부과처분
을 받는다. 세무관청은 C에 대해서도 조세이행의 책임을 물을 수 있는가?
　(3) X사가 만약 C의 퇴사등기를 C의 퇴사 직후 해당 등기소에 신청하였으나 등
기소의 사무지연으로 등기가 지체되던 중 발생한 회사채무에 대해서도 C가 책임질
가능성이 있는가?

(1) 등기 전의 효력(소극적 공시의 효과)

(가) 의 의　등기할 사항은 등기 후가 아니면 선의의 제3자에게 대항하지
못한다(상37). 이를 소극적 공시의 효과라 한다. 예컨대 지배인의 선임과 대리
권의 소멸은 등기하여야 한다(상13). 따라서 지배인을 해임하고서도 해임등기를
하지 않았다면 영업주는 종전의 지배인이 해임된 사실을 모르고 그와 거래한
제3자에 대해서 무권대리행위임을 주장하지 못하는 것이다.

(나) 요 건   이러한 소극적 공시의 효과가 도래하자면 다음과 같은 요건이 갖추어져야 한다.

① 선언적 등기사항의 존재   상법 제37조 1항상 등기할 사항이라 함은 비단 절대적 등기사항뿐만 아니라 상대적 등기사항도 포함된다.[24] 그러나 창설적 등기사항과 선언적 등기사항 가운데에는 후자만이 적용대상이 된다. 그 이유는 무엇인가? 상법 제37조는 제39조와 달라 진실된 법률관계에 부합하는 등기가 이루어졌느냐 이루어지지 않았느냐 여부만을 구별하고 있다. 진실된 법률관계와 부합하는 등기가 이루어지지 않았고 그 등기사항이 창설적 성격의 것이라면 등기부상 표출된 법률관계와 진실의 법률관계간에 괴리가 발생하지 않는다. 상법 제37조 1항에서 말하는 '대항하지 못한다'는 표현은 양자간의 괴리를 전제로 하고 있기 때문에 이러한 가능성이 배제된 창설적 등기사항은 동 조항의 적용대상이 될 수 없다.[25]

독일에서도 창설적 등기사항에 대해서는 상법 제37조($\frac{독일상법}{15\ 1}$)의 적용대상에서 거의 제외시키고 있다. 단 다음과 같은 예외가 있다. 독일상법상 의제상인이 되기 위하여는 상업등기에 등기하여야 한다($\frac{\S2}{HGB}$). 그러나 등기와 공고의 요건이 모두 갖추어져야 선의의 제3자에게도 대항할 수 있게 되는데 의제상인의 등기만 하고 공고가 이루어지지 않은 경우 동법 제15조 1항의 적용대상이 된다고 한다.[26] 예컨대 의제상인의 등기는 하였으나 아직 공고를 하지 않은 상인 A가 체자의 약정없이 상인인 B에게 보조적 상행위로 금전대여를 하였다고 할 때 6%의 상사법정이율($\frac{상}{54}$)을 적용시킬 것인가 아니면 5%의 민사법정이율($\frac{민}{379}$)을 적용할 것인가의 문제이다. 공고없는 등기만으로도 의제상인성은 취득하므로 A가 상인이기는 하나, 금전대차계약체결 당시 의제상인의 등기에 대하여 알지 못하는 B에게 6%의 이자채권을 행사할 수는 없다. 아직 공고가 이루어지지 않았기 때문에 독일상법 제15조에 의하여 선의의 B에게 자신이 의제상인임을 주장할 수 없기 때문이다. A는 5%의 이자채권만을 갖는다고 보아야 한다.[27]

---

24) 독일상법 제15조 1항은 우리 상법과 달라 절대적 등기사항(einzutragende Tatsache)만을 소극적 공시력의 대상으로 하고 있다. 우리 상법상으로도 이렇게 해석해야 한다는 학설이 있다. 이기수 外, 상법 총칙·상행위법, 7판, 2010년, 212면 참조.

25) 同旨, 이철송, 251면.

26) Hofmann, Handelsrecht, 7. Aufl., S. 74; Heymann·Sonnenschein, §15 Rdnr. 6.

27) 독일상법 제352조도 우리 상법 제54조와 같이 쌍방적 상행위로 금전대차를 한 경우에만 가중된 상사법정이율을 적용시킨다(vgl., §352 HGB).

이러한 예외가 우리 상법상으로도 나타날 수 있는가? 그렇지 않다. 우리 상법은 공고제도를 아예 폐지하였기 때문에 등기 후 공고 전의 중간상황은 나타나지 않는다. 나아가 의제상인이 되기 위하여 등기할 필요도 없다. 따라서 우리 상법 제37조 1항상의 등기할 사항에는 선언적 등기사항만이 포함된다고 보아야 할 것이다.

② **미등기(未登記)의 요건**   등기할 사항을 등기하지 않았어야 한다. 과거에는 등기는 했더라도 이를 공고하지 않으면 제3자에게 대항할 수 없었다. 그러나 상업등기의 공고에 관한 상법 제36조는 1995년 상법개정으로 아예 삭제되었다.

(ⅰ) **등기소의 과실의 경우**   등기의 미비가 본인의 과실인 경우는 물론 등기소의 과실에 의한 경우도 같다. 상업등기제도는 등기하는 자의 보호보다는 거래의 안전(Schutz des Rechtsverkehrs)에 치중하는 제도이므로 등기소의 과실로 등기가 이루어지지 않은 경우라도 제3자보호의 관점에서는 아무런 차이가 없기 때문이다. 달리 표현하면 등기소의 과실로 등기가 지연되는 위험은 등기의무자의 부담사항이다.

(ⅱ) **선행등기누락시**   이 부분에서 또 한 가지 의문스러운 것은 선행등기사항(先行登記事項)의 미등기(未登記)시에도 변경등기의 부재는 미등기로 다루어야 하는가이다. 예컨대 지배인 해임등기를 하지 않은 영업주가 처음부터 지배인 선임등기도 하지 않았던 경우 그 지배인 해임사실을 모르는 선의의 제3자에게 해임등기의 미비로 대항할 수 없게 되는가? 만약 거래상대방이 지배권을 빼앗긴 지배인을 지배권있는 자로 선의로 신뢰한 경우 영업주와 제3자간에는 계약이 유효하게 성립되어 영업주가 이에 따른 이행책임을 부담하게 되는가 등의 문제가 제기된다.

선행해야 할 등기가 누락된 경우 변경등기나 소멸등기가 이루어지지 않아도 진실된 법률관계와 등기부상의 공시상태는 일치할 수 있다. 그러나 상업등기의 소극적 공시력은 등기부상 창출된 법외관의 신뢰를 보호함은 물론[28] 일반거래관계의 사실적 관행(Praktizierung einer fraglichen Rechtslage)에서 연유하는 외관창출도 보호대상에 포함시키고 있다. 예컨대 선임등기는 이루어지지 않았

---

28) 따라서 상법 제37조 1항의 소극적 공시력은 진실된 법률관계와 등기부상의 공시상태가 괴리(Diskrepanz)를 일으킨 것을 전제로 한다.

지만 지금까지 지배인으로서 정상적으로 활동해 왔다면 이를 신뢰한 공중은 보호되어야 한다는 것이다. 즉 지배인 선임등기의 누락으로 지금까지 등기부상의 공시상태는 진실의 법률관계와 불일치하였다. 이러한 불일치는 그 지배인의 해임으로 해소되었다. 그러나 그 동안 거래상대방 및 일반 공중에게 쌓아온 등기외적 법외관이 존재한다. 그 지배인이 정상적인 지배인임을 사실상의 거래관계에서 관행적으로 알려 왔기 때문이다. 그리하여 만약 영업주가 그 지배인을 해임하고도 해임등기를 해태한다면 그는 지배인 해임사실을 모르는 선의의 제3자에게 대항할 수 없다고 봐야 하는 것이다. 결론적으로 선행등기의 미비시에도 변경등기나 소멸등기의 부재는 미등기상태를 유발시킬 수 있다고 봐야 한다.

그러나 여기에는 다음과 같은 한계가 있다. 즉 지배인으로 선임된 자가 바로 해임되어 사실상의 신뢰상태를 야기한 적이 없을 때이다. 이러한 경우에는 등기외적인 사실상의 법외관을 유발시키지 않았기 때문에 선행등기의 미비와 이에 이은 지배인 해임으로 진실된 법률관계와 등기부상의 공시상태가 일치하게 된다. 따라서 이 경우에는 해임등기를 하지 않아도 미등기상태가 유발되지 않을 것이다.

③ 제3자의 선의   제3자는 선의였어야 한다. 상업등기의 소극적 공시력은 어디까지나 거래의 안전을 위하여 존재하는 제도이므로 악의의 상대방까지 보호할 필요는 없는 것이다.

여기서 선의라 함은 거래 당시 등기사항의 존재를 알지 못한 것을 말한다. 즉 선의란 문제된 등기할 사항의 존재를 알고 있지 못함을 말하며 미등기사실을 알지 못함을 뜻하는 것은 아니다. 예컨대 해임된 지배인과 거래한 제3자의 경우 해임된 사실을 알지 못했음을 뜻한다. 과실있는 선의는 어떻게 다루어야 할 것인가? 등기할 사항의 존재를 중과실로 알지 못한 제3자는 악의로 다루어 보호대상에서 제외시킴이 타당할 것이다.

(다) 소극적 공시력의 효과

① 대항하지 못함의 의미   상기의 제요건이 충족되면 등기의무자는 선의의 제3자에게 대항하지 못한다. 대항하지 못한다는 것은 진실된 법률관계를 주장하지 못한다는 뜻이다.

② 거래상대방의 선택권

(i) 의의　　　그러나 이러한 결과는 선의의 제3자의 이익을 위한 것이므로 제3자가 자신의 이익을 스스로 포기하고 진실된 법률관계를 따르는 것은 무방하다. 즉 거래상대방은 진실된 법률관계와 등기부상의 공시상태를 놓고 선택할 수 있다. 지배인 해임사실이 등기되지 않은 경우 등기부상의 공시상태를 선택하여 유효한 지배권행사로 볼 수도 있고 해당 계약이 자신에게 특히 유리한 것이 없을 때에는 진실된 법률관계를 선택하여 계약성립을 부인할 수도 있다.

(ii) 부분적 선택권의 문제　　　이러한 거래상대방의 선택권은 특히 다음과 같은 경우 部分的 選擇權(teilweise Ausübung des Wahlrechts)의 문제를 낳는다.

‖ 사　례[29] ‖　　A, B는 공동대표권이 등기된 X합자회사의 무한책임사원들이다. 그들 중 B가 1998년 10월 퇴사하였으나 퇴사등기는 1999년 4월에야 이루어진다. 그 중간시점인 1999년 1월 A는 하기용 에어컨을 Y주식회사로부터 회사이름으로 매입한다. X합자회사의 영업부진으로 Y社는 A나 X社로부터 매매대금의 완제를 기대할 수 없게 되었다. 이에 Y社는 B에게 에어컨대금의 지급을 요구하고 있다. 이러한 청구는 정당화될 수 있을까?

(α) 문제의 소재　　　우리는 이 사례에서 상업등기상 문제되는 다음과 같은 문제점을 발견하게 된다. 본 사례에서는 B가 퇴사하면서 바로 퇴사등기를 하지 않아 문제가 야기되고 있다. 實退社로 야기된 진실의 법률관계와 퇴사등기의 누락으로 야기된 등기부상의 공시상태간에 괴리가 발생하였다. 그런데 매매대금채권의 채권자인 Y사가 B를 상대로 대금지급을 요구하자면 2가지 요소가 동시에 충족되어야 한다. 즉 매매계약의 유효한 성립과 B의 사원자격이다. 계약은 성립되었으되 B가 합자회사의 무한책임사원이 아니라면 B에 대한 대금청구는 불가하다. 반대로 B가 사원이어도 계약이 제대로 성립되지 않았다면 대금청구권은 발생하지 않는다. 따라서 이 두 요소가 동시에 충족될 때에만 Y의 대금청구는 성공을 거둔다. 그렇다면 여기서 상법 제37조 1항은 어떻게 작용하는가? 물론 상법 제225조가 있어 그 문언에만 얽매이면 퇴사등기 후 2년 내에는 무한책임사원이 무조건 책임진다고 보게 될 것이나 실퇴사와 퇴사등기의 중간시점에는 상법 제37조의 적용을 긍정하여야 할 것이다. 그렇다면 이제 문제는 상기 양요소의 동시충족 여부가 되겠다. 우선 계약성립부터 보면 아직 A와 B의 공동대표관계가 등기되어 있으므로 A의 단독대표권행사는 문제가 있었다. 그의 대표권행사는 회사에 대하여 유효한 것이 아니었

---

29) 이 사례에 대해서는 김정호, 『상법연습』, 법문사, 제3판, [사례 9] "건포도설", pp. 95~104 참조.

다. 그러나 등기부상의 공시상태를 떠나 진실된 법률관계를 토대로 접근하면 이미 B는 1998년 10월 퇴사하여 A가 단독으로 대표권을 행사할 수밖에 없었다. 퇴사등 기는 창설적 등기사항이 아니므로 실퇴사로 퇴사의 효과는 도래한다. 즉 진실된 법 률관계를 토대로 살펴보면 A 단독의 대표권행사도 유효한 계약을 성립시키고 있 다. 이제는 B의 사원자격을 보자. 등기부상의 공시상태에서 보면 B는 아직 X사의 사원이다. 그러나 진실된 법률관계에서 보면 B는 이미 X사를 퇴사하였다. 즉 B는 X의 사원이 아니다. 등기부상의 공시상태를 기준으로 보면 B가 사원이긴 하지만 매매계약은 성립되지 않았고, 반대로 진실의 법률관계를 기준으로 보아도 비록 계 약은 성립하였으나 B는 이미 사원이 아니다. 결론적으로 판단하여 등기부상의 공 시상태이건 진실의 법률관계이건 어느 하나만에 의하여 일관되게 판단하면 Y의 청구는 성공을 거둘 수 없다.

(β) 문제의 해결 이러한 경우 Y에게 유리하게 일부는 진실의 법률관계에 따라 판단하게 하고, 일부는 등기부상의 내용에 따라 판단하여 그 결과를 組合시켜 도 되는가? 매매계약의 성립은 진실의 법률관계를 따르게 하고, B의 사원자격은 등기부의 내용에 따라 판단하여 그 결과를 조합할 수 있다면 Y의 청구는 성공을 거둘 것이기 때문이다. 즉 상업등기의 소극적 공시력을 제3자에게 유리하게 부분적 으로만 행사하는 것이 허용되는가? 이것이 본 사례의 궁극적 문제점이다. 이 문제 에 대하여는 찬반 양론의 대립이 있다.

㉠ **긍정설:** 贊成論에서는 어차피 상업등기제도는 일반 공중과 거래의 안전을 보호하기 위한 제도이고 또 등기의 효력에 등기부의 열람이 전제되는 것도 아니므 로 청구원인을 구성하는 구성요건 부분 중 일부에 대해서만 소극적 공시력을 주장 하게 하여도 등기의무자에게 불리하지 않다고 한다.

㉡ **부정설:** 반면 否定說에서는 사안의 전체적 내용으로 보아 그 일부에 대해 서는 상업등기의 효력을 주장하고 일부에 대해서는 진실된 법률관계를 내세워 권 리를 행사함은 있을 수 없다고 한다. 마치 케이크에 든 건포도를 쪼아 먹듯 기회주 의적으로 자신에게 유리하게 소극적 공시력을 주장함은 불가하다는 것이다.

㉢ **소결:** 생각건대 상업등기제도는 불특정의 제3자를 보호하기 위한 제도이 다. 또 등기의 효력을 위하여 등기부를 열람하여야 하는 것도 아니다. 그렇다면 위 와 같은 경우 권리행사에 필요한 만큼 상업등기의 효력을 선택할 수 있게 허용함 이 바람직하다. 찬성론에 동조한다.

③ **불이익을 입게 되는 자** 불이익을 입게 되는 자는 반드시 등기신청권 자나 등기신청의무자에 국한되지 않는다. 등기할 사항을 대외적으로 주장하여 이익을 얻게 될 모든 자가 이에 포함될 수 있다. 예컨대 합명회사에서 사원이 퇴사하면 회사의 대표사원이 변경등기를 신청하여야 한다($^{상}_{183}$⁴⁰·). 그러나 등기

를 게을리함으로써 회사채권자에 대하여 퇴사사실을 주장하지 못하는 불이익
은 바로 퇴사사원 자신이 입는다(상 225).

(2) 등기 후의 효력(적극적 공시의 효과)

(가) 의 의   등기할 사항은 등기 후에는 선의의 제3자에게 대항할 수 있
다(상 37).30) 이를 상업등기의 적극적 공시력(positive Publizität)이라 한다. 즉 등
기 후에는 제3자의 악의가 의제되므로 제3자의 악의를 입증함이 없이 등기된
사항만 가지고 대항할 수 있게 되는 것이다(악의의제설, 통설). 예컨대 지배인을
해임하고 이 사실을 등기한 때에는 해임된 줄 모르는 선의의 제3자에 대해서도
대항할 수 있게 된다.

(나) 예 외   적극적 공시에 대한 예외로서 등기, 공고 후라도 제3자가 정
당한 사유로 이를 알지 못한 때에는 그에게 대항하지 못한다(상 37). 이 때 "정
당한 사유"에 대해서는 1995년 상법개정 전에는 천재지변이나 기타 객관적 사
정으로 인하여 관보나 신문 등을 볼 수 없거나 등기부를 열람할 수 없는 등 공
시를 위한 공공적 시설의 이용에 장애가 생긴 것을 뜻하고 신병 등의 개인적
사정은 이에 해당할 수 없다고 해석하여 왔다. 그러나 1995년 상법개정에서는
공고제도가 아예 폐지되었으므로 상법 제37조 2항의 "정당한 사유"의 의미도
재음미하여야 할 것이다. 공고제도가 없어졌으므로 이제는 관보나 신문의 열람
불가는 정당한 사유의 내용이 될 수 없다. 등기만으로 공시의 효력이 발생하는
현상법의 내용으로는 정당한 사유는 등기소의 화재, 등기부의 열람불능, 등본
이나 초본의 교부불능 또는 증명서의 교부방해, 전자정보처리조직에 의한 상업
등기의 경우 전산조직의 기능장애 등으로 한정될 것이다. 그러나 이러한 사유
의 발생도 제3자의 개인적 사정 등 주관적 사유로 도래한 경우에는 이에 포함
시킬 수 없을 것이다. 적극적 공시력의 예외는 그 제3자의 귀책사유로 볼 수 없
는 사정 때문에 등기사항을 알지 못한 경우로 한정시키는 것이 바람직하기 때
문이다.

(다) 적극적 공시의 효과   등기 후에는 선의의 제3자에게도 등기된 내용을
주장할 수 있다. 진실의 법률관계와 등기부상의 공시상태가 일치하기 때문에
제3자의 악의가 의제되는 것이다.

---

30) 이미 살펴보았듯이 상업등기의 적극적 공시력을 상법 제37조 1항의 반대해석으로 도출하는 학설도
있다(이철송, 249-250면).

그러나 이러한 효과가 어떠한 예외도 인정하지 않는 절대적인 것은 아니다. 아무리 등기할 사항을 등기하였어도 등기부상 공시된 내용과 다른 법외관을 별도로 만들어 놓은 경우에는 이에 따른 外觀責任의 발생을 인정하여야 한다. 예컨대 지배인의 해임과 이에 따른 해임등기가 완료되었음에도 구지배인이 계속 과거의 명함을 이용하여 영업주명의의 계약을 체결하고 다니는 것을 영업주가 알면서 방치하는 경우 이러한 현상이 나타난다. 이 경우 만약 영업주에게 표현지배인 성립의 귀책사유가 있고 제3자가 선의라면 영업주는 상법 제14조상의 책임을 면할 수 없다. 비록 상업등기에 지배인 해임등기를 해놓았고 따라서 상업등기의 적극적 공시력이 나타나긴 하나 이와 별도로 작출시킨 표현지배인의 법외관은 적극적 공시력의 효력범위 밖이기 때문이다. 표현지배인에 관한 상법 제14조 이외에도 표현대표이사에 관한 상법 제395조 및 여타의 一般外觀法理를 구체화하는 규정들이 적용되는 경우(民125, 126, 129) 상업등기의 적극적 공시력은 나타나지 않는다.

(3) 일반적 효력의 적용범위

(가) 당사자와 상대방(외부관계) 상업등기제도는 불특정 제3자의 보호에 중점을 둔 제도이다. 따라서 상업등기의 일반적 효력은 당사자와 그의 거래상대방간에만 적용되며 당사자 내부에서 나타나는 법률관계에는 적용의 여지가 없다. 예컨대 영업주와 지배인간의 내부관계에서는 등기의 유무와 관계없이 지배권의 철회나 그 제한이 유효하다. 즉 내부관계에는 상업등기의 일반적 효력이 나타나지 않는다.

(나) 법정채권채무관계 불법행위, 부당이득 또는 사무관리와 같은 법정채권채무관계(gesetzliche Schuldverhältnisse)에 대해서도 상법 제37조의 적용이 있는가에 대해서는 다음과 같은 학설의 대립이 있다. 우선 소극설(通)에 의하면 상업등기의 일반적 효력은 불법행위(民750이하), 부당이득(民741이하) 또는 사무관리(民734이하) 등의 법정채권채무관계에는 적용되지 않는다. 상법 제37조는 원칙적으로 법률행위에만 적용된다고 한다. 둘째 적극설에 의하면 상법 제37조는 기업활동 일반에 제한없이 적용되므로 법정채권채무관계에도 그 적용이 있다고 한다. 셋째 수정적극설에서는 거래와 불가분의 관계에 놓여 있는 비법률행위적 법률관계에는 상법 제37조가 적용될 수 있다고 한다. 예컨대 해임된 지배인이 해임등기가 되기 전에 지배인이라 자칭하여 사기를 한 경우 등에는 상법 제37

조의 적용을 인정하고자 한다.

생각건대 상업등기제도는 제3자의 신뢰를 전제로 거래의 안전과 원활을 꾀하기 위한 제도이다. 따라서 법률행위를 전제로 참여당사자간의 신뢰를 토대로 한 거래관계에는 당연히 상법 제37조가 적용되지만 이러한 요소를 찾을 수 없는 불법행위나 부당이득 등에는 그 적용이 없는 것이다.

예컨대 해임된 지배인이 해임사실을 등기하지 않은 상태에서 제3자에게 불법행위를 하였을 때 그 제3자가 상법 제37조를 원용하여 영업주의 사용자책임 ($^{민}_{756}$)을 주장할 수 있을까? 다시 말하면 지배인 해임으로 사용자책임의 발생요건인 사용자-피용자관계는 종식되었지만 해임등기가 이루어지지 않았으니 상법 제37조 1항이 적용되어 이를 의제시킬 수 있다고 주장할 수 있을까? 이러한 방식으로 영업주의 사용자책임을 추궁할 수 있을까? 고용관계가 내부관계에서 끝난 것을 상업등기가 되지 않았다 하여 제3자의 입장에서 이를 의제시킬 수는 없다. 불법행위책임과 관련하여서는 상법 제37조가 적용되지 않기 때문이다.

(다) 상법 제225조와 상법 제37조간의 관계   상법 제37조의 적용범위를 논함에 있어 退社員의 責任에 관한 상법 제225조와의 관계가 문제이다. 이에 대해서는 상법 제37조의 적용긍정설과 적용부정설의 대립을 보이고 있다. 후자에 따르면 상법 제225조는 상법 제37조의 특칙적 예외로서 본점소재지에서의 퇴사등기시점을 기준으로 그 전에 발생한 회사채무에 대하여는 일률적으로 2년간 책임지게 하는 규정이라 한다.[31] 이에 반하여 적용긍정설에 의하면 實退社 후 그러나 퇴사등기 전에 발생한 법률행위적 회사채무에 대해서는 채권자의 선의, 악의를 구별하여 이미 퇴사한 사실을 알고 있는 악의의 회사채권자에게는 퇴사원이 책임지지 않는다고 한다.[32] 따라서 이 설은 퇴사등기가 2년의 제척기간의 기산점이 된다는 데에 상법 제225조의 중점이 있다고 한다.

α구간, 즉 실퇴사 이전의 시점에서 발생한 회사채무에 대하여는 그 채무가 법률행위책임이든, 불법행위책임이든 가리지 않고 퇴사원은 퇴사등기시점으로부터 2년까지는 책임져야 한다($^{상}_{225}$). γ구간, 즉 퇴사도 퇴사등기도 모두 완료된 이후에 발생한 회사채무에 대하여는 퇴사원이 책임질 이유가 없다. 그것이 계약적 책임이든 불법행위책임이든 퇴사원이 책임질 회사채무는 아니기 때문이

---

31) 일본의 통설 및 판례: 日大判 39. 2. 8. 民集 18 · 54.

32) 정동윤, 주석상법, §225 Ⅱ 2, 217면; K. Schmidt, Gesellschaftsrecht, 3 Aufl., §51 Ⅰ 2, S. 1481; 졸저, 상법사례입문, 2판, 1996년, 581면.

[α 區間]	/	[β 區間]	/	[γ 區間]

contract(+)   退社   contract(+)   退社登記   contract(−)

tort(+)   時點   tort(−)   時點   tort(−)

다. 문제는 β구간이다. 즉 실퇴사는 하였으되 아직 퇴사등기가 마쳐지지 않은 중간시점에 회사채무가 발생하였다면 이 책임에 대하여 퇴사원이 책임지게 되는가? 이 문제에 대하여 上記의 학설이 각 입장을 달리하게 된다. 상법 제37조의 적용부정설을 취하면 퇴사등기시점 이전에 발생한 회사채무에 대해서는 계약적 책임이든 불법행위 책임이든 가리지 않고 제225조에 따라 획일적으로 퇴사원이 책임져야 한다. 그러나 제37조의 적용긍정설을 취하면 이 구간에서 발생한 법률행위적 회사책임에 대하여만 퇴사원의 책임이 발생하고 그것도 상법 제37조의 적용으로 퇴사의 사실을 몰랐던 선의의 회사채권자에 대하여만 책임지는 결과가 된다.

생각건대 적용긍정설이 타당하다고 본다. 상법 제225조의 입법적 의미는 實退社와 退社登記가 거의 동시에 이루어지는 정상적인 경우를 예정하여 2년이란 제척기간의 기산점을 퇴사등기시점에 맞추어 놓은 데 있다. 퇴사와 퇴사등기의 중간시점에 발생하는 회사채무에 대해서도 일률적으로 퇴사등기 이전의 회사채무라 하여 퇴사원의 책임대상에 포함시킴은 지나친 해석이다. 합명회사 무한책임사원의 퇴사등기는 선언적 등기사항에 불과하고 퇴사시점에 이미 퇴사의 효과는 도래하기 때문이다. 따라서 退社時點에 이미 발생한 회사채무만을 책임대상으로 삼음이 원칙이겠으나[33] 퇴사등기를 해태한 자에게는 그의 불이익으로 책임발생시점을 퇴사등기시점까지 연장하여야 한다. 그러나 이 구간에서 발생한 회사채무에 대하여는 상법 제37조를 적용하여 법률행위적 채무로서 제3자가 퇴사원의 퇴사사실을 몰랐던 선의의 채권자에 대해서만 책임지게 하는 것이 타당하다.

(라) 상법 제25조 2항과 제37조간의 관계   상호의 양도에 관한 상법 제25조 2항과 상법 제37조간의 관계에 대하여는 다음과 같은 견해의 대립이 있다.

---

33) 퇴사의 시점에 회사채무가 꼭 이행기에 있을 필요는 없다. 이미 계약이 성립되었다든지 하여 회사채무의 법적 근거가 마련되었으면 족하다. vgl. BGHZ 55, 267; K. Schmidt, GesR, 3. Aufl., S. 1481, 1482.

다수설인 예외규정설에 의하면 상호의 양도에 관하여는 상법 제25조 2항은 배타적 특칙이므로 제37조는 적용되지 않는다고 주장한다. 결과적으로 제25조 2항에 의한 등기가 이루어지면 제3자의 知, 不知를 가리지 않고 무조건 제3자에게 대항할 수 있게 된다. 또 반대로 등기가 이루어지지 못하면 무조건 제3자에게 대항할 수 없게 된다고 한다. 즉 제3자의 선의, 악의를 가리지 않는다고 한다.

그러나 소수설인 적용구별설에 의하면 상호권의 이중양도시 양수인들간의 권리의 우선순위는 상법 제25조 2항에 의하여 정하고, 여타의 일반 제3자와의 권리의무를 따지는 데 있어서는 상법 제37조 1항을 적용시켜야 한다고 한다. 즉 상법 제25조 2항상의 "제3자"는 상호의 이중양수인으로 제한해석하는 입장이다(teleologische Reduktion).

생각건대 상법 제25조 2항의 규정은 오로지 상호의 이중양도시 양수인들간의 우선 순위를 정하기 위한 규정으로 해석되므로 적용구별설이 타당하다고 본다.

(마) 상업등기의 일반적 효력과 일반 외관책임제도간의 관계 상업등기제도 역시 외관법리에 바탕을 두고 있어 표현지배인($^{상}_{14}$), 표현대표이사($^{상}_{395}$), 명의대여자의 책임($^{상}_{24}$) 또 나아가 민법상의 표현대리($^{민}_{126, 129}^{125,}$)의 요건이 충족될 때 상법 제37조와 어떤 관계에 놓이는지 의문이다. 예컨대 지배인을 해임하고 해임등기를 마쳤으나 그 후 표현지배인의 요건이 갖추어진 경우 등이다. 이 때 상업등기의 적극적 공시력에 따라 지배인 해임이 제3자에게 대항력을 갖는지 아니면 표현지배인의 효과가 도래하는지 의문이다. 이에 대해서는 다음과 같은 여러 학설의 대립이 있다.

① **異次元說**   표현지배인, 표현대리, 표현대표이사제도는 상법 제37조와는 다른 차원에서 회사의 표현책임을 정한 것이라고 한다.

대판 1979. 2. 13, 77다2436

"상법 제395조와 상업등기와의 관계를 헤아려 보면, 본조는 상업등기와는 다른 차원에서 회사의 표현책임을 인정한 규정이라고 해야 옳으리니 이 책임을 물음에 상업등기가 있는 여부는 고려의 대상에 넣어서는 아니된다고 하겠다. 따라서 원판결이 피고회사의 상호변경등기로 말미암아 피고의 상호변경에 대하여 원고의 악의를 간주한 판단은 당원이 인정치 않는 법리위에 선 것이라 하겠다."

② 예외설   상법 제14조나 제395조 등의 제도는 상법 제37조의 예외로

서 비록 등기할 사항을 등기하였다 하여도 상업등기의 효력이 나타나지는 않
는다고 한다.

③ 정당사유설　　가령 표현지배인이나 표현대표이사제도에서 대리권이
나 대표권이 있다고 믿은 사실은 상법 제37조 2항상의 "정당한 사유"에 해당한
다고 한다.

④ 권리남용설　　표현책임제도의 요건이 충족되는 경우에도 상업등기의
효력을 주장함은 권리남용이 된다고 한다. 비록 지배인 해임등기를 한 이상 적
극적 공시력이 나타나지만 이러한 등기부상의 공시관계와 다른 표현지배인의
법외관을 자신의 책임하에 창출한 자는 이에 따른 책임을 지는 것이 타당하다
고 한다. 만약 표현지배인의 요건이 충족되는 경우에도 상업등기의 적극적 공
시력을 내세우면 거래상대방은 신의칙에 따른 권리남용의 항변(Rechtsmiß-
brauchseinwand)으로 대항할 수 있다고 한다. 독일 판례의 입장이다.[34]

⑤ 축소해석설　　일반적인 외관법리를 구체화시켜 놓은 實定條文이 충
족됨에도 불구하고 상업등기를 해놓았음을 기화로 그 적극적 공시력을 원용함
은 행위자의 주관에서는 권리남용이 되지만 객관적인 법적용을 위하여는 목적
해석의 범주에서 축소해석을 해야 한다고 한다(teleologische Reduktion).[35]

⑥ 사　견　　上記의 제학설 중 例外說 및 異次元說에서는 어떠한 이유에
서 예외를 인정하여야 하는지, 또 왜 차원을 달리하여야 하는지 만족스러운 근
거가 제시되지 못하고 있다. 상법 제37조 2항상의 정당사유는 등기소의 화재로
인한 상업등기의 열람불능 등 객관적 사유로 제한시켜야 하므로 正當事由說
역시 취택하기 어렵다. 權利濫用說에서는 신의칙적 해결방법으로 개개의 사안
에서 문제해결의 탄력을 꾀할 수 있으나 권리남용에 대한 입증의 어려움으로
법적 안정(Rechtssicherheit)을 해할 수 있다. 마지막 縮小解釋說은 이러한 요소
들을 모두 고려한 탁견이라고 생각된다. 상법 제37조의 객관적 적용범위를 목
적해석의 기법으로 제한하자는 것이다. 등기할 사항을 등기해 놓고도 추가적으
로 별도의 법외관을 창출하는 경우 상업등기의 적극적 공시력은 이미 한계에
도달한다. 등기가 이루어지는 순간 등기부상의 공시상태와 진실의 법률관계가
일치하였었는데 나중에 등기부상의 공시상태와 다른 추가적인 법외관이 만들

---

34) BGH NJW 1972, 1418; BGH WM 1976, 1084.
35) Canaris, HandelsR., 24. Aufl., S. 64, Rdnr. 38.

어지면 양자간의 일치는 깨어지고 이에 따라 해당 규정에 의한 외관신뢰책임이 발생하는 것은 당연하다. 이미 행한 상업등기의 효력은 더 이상 인정되지 않을 것이다. 이러한 이유에서 상법 제37조의 적용범위는 일반 외관책임과의 관련에서 객관적 한계를 찾아야 한다. 상법 제37조 2항과 외관책임 규정들이 동시에 충족되는 때에는 전자의 문언적 적용범위에서 후자를 제외시켜야 한다. 그 나머지 부분에서만 상업등기의 적극적 공시력을 인정할 수 있다. 축소해석설에 찬동한다.

(바) **지점등기**($\frac{\c상}{35}$) 본점소재지에서 등기할 사항은 다른 규정이 없으면 지점소재지에서도 등기하여야 한다($\frac{\c상}{35}$). 따라서 지점소재지에서 등기하지 않았을 때에는 그 지점과 거래한 제3자는 소극적 공시의 보호를 받는다($\frac{\c상}{37}$). 그러나 이 효력은 해당 지점의 거래에 한정된다.

(사) **소송행위**(Prozeßverkehr) 소송행위에 대해서도 상법 제37조가 적용된다.[36] 예컨대 지배권의 소멸을 등기하지 않은 상태에서 해임된 지배인에게 행한 소장의 송달은 영업주에 대한 유효한 송달로 보아야 할 것이다.[37] 나아가 해임등기를 하지 않은 지배인이 행한 反訴의 제기나 대리인의 선임 등도 그렇다. 그러나 소송당사자에게 보장되는 절차권과 헌법상의 적법절차의 요구를 고려하여 이를 부정하는 학설도 있다.[38]

(아) **공법상의 법률관계** 공법상의 행정행위에 대해서는 상법 제37조가 적용되지 않는다. 상법 제37조 소정의 "선의의 제3자"라 함은 대등한 지위에서 하는 보통의 거래관계의 상대방을 말한다. 따라서 조세권(Steuergewalt)을 가진 국가는 상법 제37조상의 제3자라 할 수 없다.[39]

사례풀이 ✏️ **사례 1** (1) C는 A에게 1,000만원의 지급을 구할 수 없다. 상업등기의 적극적 공시력 때문에 C의 악의가 의제된다. 물론 A가 지배인해임등기 후에도 계속 B의 거래행위를 알면서 방치하는 등 표현지배인의 외관창출에 대하여 원인을 제공하는 경우에는 상법 제14조의 효력이 상법 제37조의 그것보다 우선하므로 예외가 발생할 여지는 있다.

(2) A가 지배인해임등기를 해태하는 경우 상업등기의 소극적 공시력 때문에 A

---

36) Canaris, HandelsR., 22. Aufl., §5 Ⅰ 2 e, S. 55; 최·김, 156-157면.
37) 정동윤, 101면.
38) 정동윤, 102면.
39) 대판 1978. 12. 26. 78누167, 법원공보 605호, 11651면; 대판 1990. 9. 28. 90누4235; BFH NJW 1978, 1944.

는 선의의 C에게 B의 해임사실을 주장할 수 없다. 물론 이 경우 C에게는 선택권이 부여되므로 C는 진실한 법률관계에 따라 계약의 효력을 부정할 수도 있고, 등기부상의 법률관계에 따라 계약의 유효를 주장할 수도 있다.

(3) C는 A에게 1,000만원의 물품대금을 청구할 수 있다. 지배인해임등기의 해태로 B의 해임사실을 C에게 주장할 수 없기 때문이다. 선행등기사항의 미등기시에도 변경등기의 부재는 미등기로 처리된다. 본 사안에서도 지배인선임등기를 하지 않은 채 3년간이나 B가 지배인으로 활동해왔으므로 일반공중에게는 B의 활동에 따른 등기 외적 법외관이 존재하였다. 따라서 A가 B의 선임등기를 하지 않았더라도 B의 해임시 해임등기를 해태하면 이는 상법 제37조 1항상 '등기할 사항을 등기하지 않은 경우'에 해당하는 것이다.

사례 2　X사는 K에게 500만원의 매매대금을 요구할 수 있다. 비록 P의 해임등기를 한 것은 사실이나 K는 표현지배인의 외관작출에 원인을 제공하였다. 그리하여 상법 제37조와 상법 제14조가 그 효과면에서 충돌하는 현상이 나타나게 된다. 이러한 경우 표현지배인제도가 상업등기의 효력보다 우선하므로 K는 P의 해임등기를 마친 후에도 여전히 상법 제14조에 따른 책임을 지게 된다.

사례 3　상업등기의 효력을 부분적으로 선택할 수 있는지의 문제이다. 소극적 공시력의 효과 중 거래상대방의 선택권부분을 참조하라. 나아가 졸저, 상법사례입문, 제2판, 박영사, 1996년, [사례 6] 건포도설, 172면 이하도 참조.

사례 4　문제에 열거된 3개의 조문은 모두 외관신뢰주의에 바탕을 둔 규정이다. 그러나 어음법 제16조 2항은 어음단체의 책임구조상 물적 교부계약의 하자를 치유하고, 상법 제395조나 상법 제37조는 채권적 교부계약의 하자를 치유한다. 본 사안에서는 2인의 공동대표이사 중 한 사람이 단독대표인 양 회사명의의 배서를 함으로써 어음소유권을 이전시키는 물적 교부계약과 배서인의 담보책임을 유발시키는 채권적 교부계약 모두에 하자가 발생하였다. 이러한 하자 중 물적 교부계약부분은 어음법 제16조 2항에 의하여 선의취득의 요건이 갖추어지면 그 하자가 치유된다. 이 경우 어음소지인의 어음금청구자격은 긍정되나 어음소지인이 배서인에게 소구권을 행사할 수 있으려면 채권적 교부계약의 하자 역시 치유되어야 한다. 이를 담당하는 것이 상법 제37조 및 제395조인데 양 조문의 요건이 모두 충족될 경우 그 효력이 서로 충돌한다. 앞서 살펴본 대로 상법 제395조의 효력이 우선하므로 설사 회사가 공동대표이사의 등기를 하였더라도 그 중 1인이 단독대표권자인 양 배서한 경우 거래상대방이 선의이면 회사는 상법 제395조의 유추적용으로 어음소지인에 대하여 배서인의 담보책임을 부담한다. 이에 대해서는 拙稿, 어음團體의 責任構造, 상사법연구, 제19권 1호(통권 제26호), 2000년, 상사법학회간, 125-142면; 拙稿, 考試硏究, 1999년 2월호(통권 299호), 217면 이하 참조.

사례 5   본 사안에서도 甲, 乙의 공동대표권이 등기되어 있지만 丙이 甲의 단독 대표권을 선의로 신뢰하였다면 상법 제395조의 유추적용이 가능하고 아무리 A사 가 공동대표의 등기를 하였더라도 상법 제395조의 적용을 피할 수 없다. 상업등기 의 적극적 공시력이 표현대표이사제도보다 더 우선하지는 않기 때문이다.

사례 6   (1) Y는 당연히 X합명회사를 상대로 부동산대금을 청구할 수 있고 (민 568) 나아가 이 회사의 무한책임사원 A, B에 대해서도 대금지급을 요구할 수 있다(상 212, 568 I). 문제는 부동산매매계약이 체결된 시점에 이미 퇴사하였으나 아직 퇴 사등기가 이루어지지 않았던 C에 대해서도 대금지급을 요구할 수 있는지이다. 앞 서 살핀 바대로 이 경우 상법 225조와 상법 제37조간의 관계가 문제되는 바 상법 제37조적용설을 취하면 법률행위적 회사채무에 대해서는 상법 제37조가 적용되므 로 Y가 C의 퇴사사실을 몰랐던 선의의 경우 C도 A, B와 같이 책임을 부담한다. 반면 Y가 C의 퇴사에 대하여 악의였던 경우에는 C는 퇴사의 효과를 주장하여 책 임을 면할 수 있을 것이다.

한편 Z는 당연히 A에 대해서 민법상 불법행위에 따른 손해배상청구를 할 수 있 음은 물론이요(민 750), X합명회사에 대해서도 연대책임을 물을 수 있을 것이다(상 210). 또한 B에 대해서도 손해배상을 청구할 수 있을 것이다(상 2 210). 역시 이 경우에도 문제는 Z의 C에 대한 청구인데 이 경우 상기의 부동산대금채권의 경우와 달리 회 사채무가 불법행위를 원인으로 한 손해배상채무이므로 상법 제37조는 적용되지 않 는다. 따라서 Z는 퇴사한 C에 대해서는 손해배상을 요구할 수 없다.

(2) 조세책임과 같은 공법상의 법률관계에 대해서는 상법 제37조가 적용되지 않 는다. 부동산양도세의 부과처분은 C의 퇴사 후 발생하였으므로 이 시점에 설사 C 가 퇴사등기를 해태하고 있었더라도 세무관청은 C에 대해 부동산양도세의 납부를 요구할 수 없다(대판 1978. 12. 26, 78누167. 법원공보 605호, 11651면).

(3) X사가 등기소에 C의 퇴사등기를 제때에 신청하였으나 등기소의 사무지연으 로 등기가 지체된 경우 그 위험은 등기의무자가 부담한다. 즉 거래상대방이 아니라 등기의무자가 등기지연의 위험을 부담하여야 하므로 이 경우 C는 자신의 퇴사등기 가 지체되던 중 발생한 회사의 법률행위적 채무에 대해서는 상법 제37조에 따른 책임을 피할 수 없다.

3. 상업등기의 특수적 효력

상업등기에는 창설적 효력, 보완적 효력, 부수적 효력 등의 특수적 효과가 있다. 1995년 상법이 개정되기 전에는 상업등기의 일반적 효력은 등기·공고로 나타나고, 특수적 효력은 등기만으로 나타난다고 할 수 있었지만 상법 제36조의 공고제도를 폐지시킨 지금은 그런 구별은 불가능하다. 그러나 제3자가 선의건, 악의건 획일적으로 그 효력을 인정한다는 점에서 일반적 효력과 구별된다.

(1) 창설적 효력

이는 등기에 의하여 법률관계가 새로이 만들어지는 경우에 나타난다. 設定的 效力이라고도 한다. 예컨대 설립등기에 의하여 회사가 법인격을 취득하고(상172), 합병등기로 합병의 효과가 나타난다(상234·269·530 Ⅱ·603).

(2) 보완적 효력

일정한 법률사실의 瑕疵가 등기의 외관력으로 치유되어 그 하자를 주장할 수 없게 되는 경우 이를 보완적 효력이라 한다. 예컨대 회사의 설립등기 후 주식을 인수한 자는 주식청약서의 요건흠결을 이유로 그 인수의 무효를 주장하거나 사기, 강박 또는 착오를 이유로 그 인수를 취소하지 못한다(상320). 신주발행의 변경등기 후 1년이 경과한 때에도 같다(상427). 나아가 각종 회사의 설립등기는 등기일로부터 2년의 경과로 회사설립의 하자를 치유시킨다(상184·269·328 Ⅰ·552). 그리하여 각종 회사의 설립무효나 설립취소의 소는 회사성립의 날로부터 2년의 提訴期間을 갖게 된다. 설립등기의 시점은 이 기간의 起算點이 된다. 이와 같은 효력들은 회사법상의 旣存狀態尊重主義를 실현하여 단체법의 고유한 특성을 만들어낸다.

(3) 부수적 효력

일정한 사항을 등기함으로써 특정 행위가 허용되거나 면책의 기초가 되는 경우 이를 상업등기의 부수적 효력이라 한다. 예컨대 주식회사는 설립등기를 한 후에야 비로소 주권을 발행할 수 있다(상355). 나아가 인적회사의 무한책임사원이 퇴사등기를 하면 2년의 제척기간 경과 후 면책된다(상225). 또한 인적회사의 해산등기는 5년의 제척기간으로 무한책임사원의 책임을 소멸시킨다(상267·269).

4. 부실등기의 효력(상업등기의 공신력)

‖**사 례**‖ X관광주식회사는 1955년경부터 영업의 부진으로 휴업상태에 들어가 대표이사 X를 비롯하여 회사의 임직원들은 회사업무에 관심을 기울이지 아니하였다. 이 틈을 이용하여 이 회사의 監事였던 H는 代表理事의 職印을 이용하여 1963년 6월 26일에 X(주)의 임시주주총회에서 B 등 4인을 이사로 선임하고 곧이은 이사회에서 B를 대표이사로 선임한 것처럼 각 의사록을 꾸며 변경등기를 마쳤다. 그

후 1966년 2월 26일과 1970년 3월 1일에 B가 대표이사로 重任된 것으로 등기되었다. 1969년 12월 27일에 X(주)의 대표이사로 등기된 B는 Y(주)와의 사이에 회사 소유의 부동산 매매계약을 체결하였고 1970년 11월 24일에 Y에게 소유권이전등기까지 해 주었다. 그러나 X(주)는 B가 적법한 대표이사가 아니라는 이유로 그 부동산의 매매로 인한 소유권이전등기는 무효라고 주장하였다. 이 경우 X사의 주장은 정당한가?(대판 1975. 5. 27. 74다1366 참조)

(1) 의 의

"고의 또는 과실로 인하여 사실과 상위한 사항을 등기한 자는 그 상위를 선의의 제3자에게 대항하지 못한다"(상39). 이를 不實登記의 效力이라 한다. 예컨대 어떤 주식회사의 감사가 의사록을 위조하여 자신을 대표이사로 등기한 후 회사명의의 거래를 자행할 때 회사가 이를 알면서 방치하면 이러한 사실을 모르는 선의의 제3자에게는 등기된 내용대로 취급하여 회사는 이에 따른 책임을 면할 수 없게 된다.

원래 상업등기제도는 객관적 사실을 공시하여 그 효력을 확보하는 데 목적이 있으므로 등기의 기초사실이 존재하지 않거나 또는 객관적 진실과 부합하지 않는 사항을 등기하여도 원칙적으로 아무런 효력이 생기지 않는다. 즉 사실관계가 어떠하건 등기된 내용을 신뢰한 자에게 등기된 대로의 효력을 부여하는 公信力은 없다. 이는 수정형식적 심사주의를 취하는 결과이다. 그러나 이 원칙만 고집하여 어떠한 경우에도 공신력을 부인하면 거래의 안전은 허물어지고 상업등기의 공시적 기능마저 위협받게 된다. 따라서 상법은 등기신청인의 고의, 과실로 不實등기가 나타나는 경우에는 공신력을 인정키로 하였다. 이와 같은 제한적 공신력 역시 외관법리에 바탕을 둔 신뢰보호제도의 일종이다.

(2) 요 건

(가) 사실과 상위한 등기의 존재(외관요건)   상법 제39조는 상법 제37조와 달리 진실된 법률관계와 일치하는 등기를 하였느냐 하지 않았느냐의 여부는 문제 밖이다. 여기서는 사실관계와 다른 등기가 행해졌어야 한다. 상법 제37조 1항이 등기부의 소극적 침묵을 탓하는 것이라면 여기서는 등기부의 적극적인 誤公示가 문제인 것이다.

또 상법 제39조의 부실등기에는 등기부에 표시되는 사항이면 어떠한 사항이든 그 적용대상이 된다. 절대적 등기사항이든 상대적 등기사항이든, 선언적 등기사항이든 창설적 등기사항이든 가리지 않는다. 어차피 등기신청권자가 사실과 다른 등기를 하는 것이므로 창설적 등기사항도 제외되지 않는다. 예컨대 회사의 설립과정이 전혀 없었음에도 설립등기를 마쳤다면 이른바 표현회사(Scheingesellschaft)가 나타날 수 있다.

그러나 사실관계와 등기내용이 불일치하는 기준시점은 登記時點이다. 따라서 등기할 당시에는 사실과 부합하였으나 사후적으로 양자간의 불일치가 도래하는 경우 상법 제39조의 적용대상이 아니다. 예컨대 지배인 해임에 따른 변경등기나 소멸등기를 게을리한 경우 상법 제37조 1항에 따라 소극적 공시력으로 처리할 문제이지 제39조의 문제가 아니다.

(나) 등기신청권자의 고의·과실(귀책요건) 나아가 상법 제39조는 등기신청권자의 외관작출에 대한 귀책사유를 요구한다. 즉 등기신청인의 고의나 과실로 사실과 다른 등기를 하였어야 한다. 따라서 등기소의 과실로 사실과 다른 등기가 이루어진 경우에는 본조를 적용할 수 없다. 본조에서 말하는 '등기한 자'는 정당한 등기신청권자를 지칭한다. 그러나 등기신청시 대리가 가능하므로 고의·과실에는 등기신청인 자신의 고의, 과실뿐만 아니라 그의 대리인(지배인 등)의 고의, 과실도 포함한다. 등기신청인이 회사인 경우 고의, 과실의 유무는 그 대표기관(대표이사나 대표사원)을 기준으로 판단한다.[40] 입증책임은 등기신청인 및 등기와 다른 사실을 주장하는 자가 부담한다. 즉 등기신청인 자신이 고의, 과실이 없었음을 입증하여야 한다.

상법 제39조는 "고의, 과실로 … 등기한 자"라 하여 등기신청권자가 적극적으로 직접 허위등기를 주도한 경우에만 적용되는 것 같은 문언을 취하고 있다. 그러나 제3자의 허위신청에 의하여 사실과 달리 등기된 경우에도 본조가 유추될 수 있다. 물론 제3자에 의한 부실등기에 등기신청권자의 귀책사유가 없는 경우 본조는 적용될 수 없다. 다만 제3자가 부실등기를 주도한 경우에도 원래의 등기신청권자가 이를 알면서 방치하거나 중과실로 모른 경우에는 본조의 적용이 배제되지 않는다. 그러나 판례는 등기신청권자가 중과실로 제3자의 부실등기행위를 알지 못한 경우 상법 제39조의 적용을 부정한다.

---

40) 대판 1981. 1. 27, 79다1618, 1619.

대판 1975. 5. 27, 74다1366

본 사건의 사실관계를 보면 소외 대한지업주식회사는 1955년경부터 영업의 부진으로 사실상 휴업상태에 들어가 임직원들이 출근도 하지 아니하게 되고 모든 회사 관계인들이 회사에 대하여 무관심하게 되었으며 대표이사의 직인도 회사 사무실에 보관되어 있던 중 이 회사의 감사인 소외 한원호가 대표이사의 직인을 도용하여 1963년 6월 이사 및 대표이사 선임을 위한 의사록을 위조하여 한덕수를 소외 회사의 대표이사로 등기하였다. 이후 1969년 한덕수가 본건 부동산을 처분할 때까지 이 회사의 원래의 대표이사를 비롯한 주주 및 여타 이사들은 중간에 한덕수의 중임등기까지 있었고 회사를 둘러싼 민형사상의 쟁송이 있었음에도 6년여에 걸쳐 회사를 관심 밖에 방치하였다.

이에 원심인 서울고등법원은 비록 정당한 등기신청권자에 의한 등기는 아니었지만 사실과 다른 대표이사 선임등기 및 그 등기상태의 존속에 있어서 소외 회사의 중과실을 부정할 수 없고 따라서 상법 제39조의 적용을 피할 수 없다고 보았다. 그러나 대법원은 "상법 제39조는 고의나 과실로 스스로 사실과 상위한 내용의 등기신청을 함으로써 부실의 사실을 등기하게 한 자는 그 부실등기임을 내세워 선의의 제3자에게 대항할 수 없다는 취지로서 등기신청권자 아닌 제3자가 문서위조 등의 방법으로 등기신청권자의 명의를 도용하여 등기신청을 함에 있어 등기신청권자에게 과실이 있다 하여도 이로써 곧 등기신청권자가 자신의 고의나 과실로 사실과 상위한 등기를 신청한 것과 동일시할 수는 없는 것이고, 또 이미 경료되어 있는 부실등기를 등기신청권자가 알면서 이를 방치한 것이 아니고 이를 알지 못하여 부실등기상태가 존속한 경우에는 비록 등기신청권자에게 부실등기상태를 발견하여 이를 시정하지 못한 점에 있어서 과실이 있다 하여도 역시 이로써 곧 스스로 사실과 상위한 등기를 신청한 것과 동일시할 수 없는 법리라 할 것이므로 등기신청권자 아닌 제3자의 문서위조 등의 방법으로 이루어진 부실등기에 있어서는 등기신청권자에게 그 부실등기의 경료 및 존속에 있어서 그 정도가 어떠하건 과실이 있다는 사유만 가지고는 상법 제39조를 적용하여 선의의 제3자에게 대항할 수 없다고 볼 수는 없다"고 하여 원심을 파기하였다.

이러한 대법원의 입장은 본 사안의 사실관계와 결부시켜 볼 때 매우 의문스럽다. 특히 본 사건에서는 6년여에 걸쳐 회사가 관심 밖에 방치되었고 그 정도도 매우 심하다. 원래의 대표이사는 회사의 인장보관상태를 이 기간 중 한번도 점검하지 아니하였다 한다. 상법 제39조가 외관신뢰주의에 입각한 제도라면 그 귀책요건은 제3자의 신뢰보호를 위하여 탄력적으로 해석되어야 할 것이다. 비록 등기신청권자가 직접 부실등기를 주도하지는 않았지만 제3자에 의한 부실등기신청과 그 존속을 막지 못한 것이 고의적 방치에 비견되는 정도라면 귀책요건은 긍정함이 마땅하다고 생각된다.

(다) **제3자의 선의**(보호요건)　　거래상대방은 등기내용이 사실과 다름을 알지 못하여야 한다. 악의나 중과실의 제3자는 보호받지 못한다. 이 때 제3자에는 등기신청인과 직접 거래한 제3자뿐만 아니라 이해관계인 일반이 포함된다. 예컨대 사실과 달리 지배인으로 선임되어 등기된 자(P)가 영업주 A의 이름으로 약속어음을 발행하여 수취인 B에게 교부하였고 B는 이를 C에게, 다시 C는 D에게 배서하여 이를 소지하고 있다면 D의 A에 대한 지급제시에 있어서 A는 상법 제39조의 적용을 받는다. 비록 P와 거래한 직접 당사자는 B 였지만 '제3자'의 범위에는 C나 D도 포함되기 때문이다. 이 경우 등기신청인 자신이 제3자의 악의를 입증하여야 한다.

외관법리 규정에 있어 제3자의 범위

　　판례법을 보면 같은 외관법리 규정이라 하여도 선의의 제3자에 대한 적용범위를 달리 하고 있어 주의를 요한다. 민법 제126조 등 민법상의 표현대리에 있어 판례는 '직접상대방한정설(直接相對方限定說)'을 취하고 있다. 즉 표현대리인과 직접 거래한 상대방 만을 보호범위에 둔다. 예컨대 어음행위의 표현대리에 있어서 민법 제126조를 적용할 경우에는 표현대리인으로부터 직접 배서받은 피배서인만이 보호범위에 들고 그 피배서인으로부터 어음을 다시 배서받은 자는 민법 제126조상으로는 선의의 제3자가 될 수 없다(대판 1994. 5. 27.). 반면 상법 제395조를 적용할 경우에는 제3취득자포함설을 취하고 있다(대판 2003. 9. 26.). 민법상의 외관법리 규정과 상법상의 그것이 거래상대방의 보호범위면에서 달리 취급되고 있는 것이다.

(3) 적용효과

　　이상의 요건이 충족되면 부실등기자는 등기가 사실과 상위함을 내세워 선의의 제3자에게 대항할 수 없다. 부실등기자는 허위의 등기를 신청한 등기신청인이 되겠지만 한편 부실등기신청에 동의한 자에게도 유추적용을 인정해야 할 것이다. 예컨대 이사로 선임되지 못한 자가 자신을 대표이사로 선임하는 부실등기에 동의하였다면 그도 본조의 적용을 피할 수 없을 것이다.

　　거래상대방이 제39조의 적용이익을 스스로 포기하는 것은 막을 수 없다. 따라서 제3자는 부실등기의 내용에 의한 법률관계나 진실의 법률관계 중 선택권을 갖는다고 해석할 수 있다.

사례풀이 📗✓ X사의 Y사에 대한 등기부정정청구권(소유권이전등기의 말소청구권)

　　청구권규범(Anspruchsgrundlage)은 민법 제214조가 될 것이다. 본 사안에 민법

제214조를 적용시키려면 X사가 문제된 부동산의 소유권자여야 하고, Y사는 그 소유권을 방해하는 자여야 한다. 만약 Y사가 문제 부동산의 소유권자가 아니라면 현재의 등기부는 진실한 소유자의 소유권을 방해하는 결과가 될 것이고 이 경우 진실한 소유자는 소유물에 대한 방해제거를 요구할 수 있을 것이다. 이러한 방해제거의 차원에서 부실등기를 말소하여 등기명의인을 진실한 소유자로 회복시키는 것이 본 청구의 내용이 될 것이다.

1. Y는 X의 소유권을 방해하는 자여야 한다. 만약 Y가 소유권자가 아니면서 등기부상 소유권자로 등기되어 있다면 이는 해당 부동산에 대한 진실한 소유자의 소유권을 방해하는 결과가 될 것이다.

2. 문제는 X사의 소유권이다. 원래 X사는 문제된 부동산의 소유권자였다. 그러나 X(주)를 대표하여 B가 이 부동산을 Y에게 처분하였으므로 이제 그 처분행위의 효력을 살펴야 할 것이다. 물론 B는 적법한 대표이사가 아니었고 따라서 그가 행한 처분행위는 정당한 대표권이 흠결된 하자 있는 것이었다. 그러나 이러한 처분행위상의 하자는 표현대표이사에 관한 상법 제395조나 부실등기의 효력에 관한 상법 제39조에 의하여 치유될 가능성이 있다.

먼저 상법 제395조의 적용요건을 나열하면 첫째 진정한 대표이사의 법외관작출인데 본 사안에서는 B가 적법히 선출된 대표이사가 아님에도 불구하고 Y에게는 진정한 대표권자의 법외관이 존재하였다. 둘째 본조가 적용되자면 표현대표이사의 법외관창출에 대하여 회사가 어떤 형태로든 원인을 제공하였어야 한다. 이러한 원인제공은 표현대표이사의 활동에 대한 적극적 허락은 물론 묵시적 방치로도 가능하다. 문제는 회사가 중과실로 표현대표이사의 활동을 저지하지 못한 경우에도 이 요건이 성립될 수 있는지이다. 이에 대해서 학설과 판례가 대립한다. 대법원판례는 상기의 문제된 사안(_{대판 1975. 5. 27.
74다1366})에서 오로지 회사가 고의였던 경우에만 회사의 귀책성을 긍정하고 있다. 그러나 다수의 학설은 중과실의 경우에도 회사의 귀책성을 인정한다. 생각건대 상기하였듯이 학설의 입장에 동조한다. 회사의 책임이 발생하자면 끝으로 거래상대방은 선의였어야 한다. 사안의 내용상 Y가 선의였다고 보면 상법 제395조의 모든 요건이 충족됨을 알 수 있다.

나아가 상법 제39조의 요건을 검토하면 우선 사실과 상위한 부실등기가 존재하여야 한다. 주주총회의사록과 이사회의사록을 위조하여 대표이사의 선임등기와 중임등기가 이루어졌으므로 그 등기내용은 사실과 다른 것이었다. 나아가 부실등기에 대해서 진정한 등기신청권자가 어떤 형태로든 원인을 제공하였어야 한다. 등기신청권자가 고의 또는 과실로 직접 부실등기를 하였을 때에는 문제가 되지 않으나 부실등기가 등기신청권자가 아닌 제3자에 의하여 이루어졌을 때에는 다소 문제가 발생한다. 물론 이 경우에도 진정한 등기신청권자가 인식하는 가운데 제3자가 사실과 다른 등기를 한 경우 귀책성은 긍정된다. 그러나 등기신청권자가 중과실로 제3자에 의한 부실등기를 막지 못한 경우 상법 제395조의 경우와 마찬가지로 학설과 판례가 대립한다. 위에서 결론내렸듯이 학설의 입장을 지지한다면 이 요건도 역시 충족된다고 볼 수 있다. 끝으로 제3자가 부실등기의 내용을 진실한 것으로 신뢰하였어야 한다. 제3자의 선의 역시 위에서 보았듯이 긍정적으로 판단할 수 있다. 결국 상법 제395조와 동법 제39조에 의하여 B의 흠결된 대표권이 치유되므로 X와 Y간의 부동산매매와 이에 기한 물적 합의 역시 유효하였다고 사료된다. 나아가 소유권이전등기까지 경료되었으므로 문제된 부동산의 적법한 소유권자는 Y사이다. 민법 제214조의 요건이 충족되지 않으므로 X사의 등기부정정청구권 역시 존재하지 않는다.

제 7 장   영업에 관한 법률관계

제 1 절   영   업

I. 영업 서설

營業은 단순한 영업용 재산의 집합체는 아니다. 영업은 물건이나 권리를 토대로 지속적인 이익활동을 할 수 있는 경영조직체이므로 계속기업이 간직하고 있는 무형의 가치는 보존되어야 한다. 한번 성립한 영업이 영업목적이나 영업주의 변경으로 해체된다면 영업의 당사자는 물론이요, 국민경제적으로도 손실이 될 것이다. 그리하여 상법은 企業의 維持라는 기본이념에 따라 영업 그 자체를 양도의 대상으로 삼고 그 양도 및 양수의 자유를 보장하고 있다. 또한 영업은 상속의 대상이기도 하며 영업의 양도는 합병제도와 더불어 企業集中의 한 방법으로 이용되기도 하고 分社의 한 방편으로 이용되기도 한다.

그러나 영업에 대한 법적 규율이 그리 용이하지만은 않다. 영업의 범위는 법률적으로 금긋기 어려운 것이므로 직접적인 정의규정을 두지 않고 학설에 맡겼으며, 그 양도행위 역시 일반 去來法理論에 맡기고 있다. 다만 상법은 영업양도 후 양수인의 지위를 보호하기 위하여 양도인의 競業禁止義務를 규정하였고($\frac{\dot{a}}{41}$), 영업상의 채권자와 채무자에게는 영업주체의 변경이 그들에게 경제적 불이익으로 작용하지 않도록 배려하고 있다($\frac{\dot{a}}{42}^{42-}$). 즉 商號續用조의 영업양도시 양수인의 책임을 규정하여 채권자를 보호하고 있고($\frac{\dot{a}}{42}$), 영업양수인에 대한 채무변제시 外觀主義를 도입하여 채무자를 보호하고 있다($\frac{\dot{a}}{43}$). 나아가 회사의 영업양도는 출자자에게 중대한 기본변경을 초래하므로 出資者의 利益을 보호하기 위하여 그 양도의 효력에 주주총회의 특별결의를 요하도록 제한하였다($\frac{\dot{a}}{374}$).

Ⅱ. 영업의 개념

영업의 개념은 주관적 또는 객관적으로 파악되고 있다. 주관적 의미의 영업이란 영업주체인 상인이 수행하는 영리활동을 의미한다. 예컨대 상법 제6조 내지 제8조에서 '영업을 한다'라고 할 때의 영업이란 바로 이 주관적 의미의 영업을 뜻한다. 반면 객관적 의미의 영업이란 상인이 추구하는 영리적 목적을 위하여 결합시킨 조직적 재산의 총체이며, 영업양도의 대상이 된다.[1] 상법 제25조나 제41조상의 '영업'은 이 객관적 의미의 영업을 뜻한다.[2]

이러한 객관적 의미의 영업 속에는 동산, 부동산, 각종 물권, 채권뿐만 아니라 특허권, 상표권, 상호권 등의 무체재산권이 망라되며, 부채도 소극재산으로 함께 작용한다. 객관적 의미의 영업 속에는 이외에도 재산적 가치있는 사실관계로서 영업상의 고객관계, 영업비밀, 영업의 명성 및 확보된 판매망 등이 포함될 수 있다.[3]

제 2 절 영업양도

Ⅰ. 영업양도의 개념

營業讓渡(Unternehmensveräußerung)의 개념에 대하여는 영업의 구성요소 중 어디에 중점을 두느냐에 따라 다음과 같은 학설들이 대립하고 있다. 우선 ① 영업재산양도설에 따르면 일정한 영업목적에 의해서 조직화된 유기적 일체로서의 기능적 재산의 이전을 목적으로 하는 채권계약이라 하고, 둘째 ② 영업유기체양도설에 의하면 유기체로서의 영업을 채권계약에 따라 이전하는 것이라고 한다. 셋째 ③ 기업자체이전설에 의하면 기업의 동일성을 유지하면서 기업

---

1) 대판 1997. 11. 25, 97다35085: "상법 제42조상의 영업이란 일정한 영업목적에 의하여 조직화된 유기적 일체로서의 기능적 재산을 말하고 이는 영업을 구성하는 유형, 무형의 재산과 경제적 가치있는 사실관계가 서로 유기적으로 결합하여 수익의 원천으로 기능하는 것이다."

2) 대판 2005. 7. 22, 2005다602.

3) 재산적 가치있는 사실관계는 정태적으로 존재하는 영업용 재산을 영업활동에 활용할 수 있게 동태적·유기적으로 결합하는 기능을 한다고 한다. 이철송, 266면.

그 자체를 일체로서 이전하는 계약이라 하고, 넷째 ④ 지위·재산이전설에 의하면 경영자의 지위인계와 영업재산의 이전을 내용으로 하는 채권계약이라고 설명한다. 판례는 영업양도를 "일정 목적에 의하여 조직화된 총체, 즉 인적·물적 조직을 그 동일성을 유지하면서 일체로서 이전하는 것으로서, 영업양도 당사자 사이의 명시적 또는 묵시적 계약이 있어야 한다"고 정의한다(대판 1997. 6. 24. 96다2644).

판례·통설의 입장인 營業財産讓渡說이 타당하다. 이에 따라 영업양도의 개념을 정리하면 '재산적 가치있는 조직화된 영업재산을 포괄적으로 이전하는 채권계약'이라고 할 수 있다. 이를 좀더 구체화시켜보자. 우선 영업양도는 영업재산을 이전시키는 계약이므로 영업재산의 소유관계에 변동이 초래되어야 한다. 따라서 영업의 임대차나 경영위임과는 구별된다. 나아가 영업재산의 포괄적 이전이므로 영업의 동일성이 유지되어야 한다.[1] 또한 영업양도는 채권계약으로서 양도인과 양수인간에 채권적 권리의무를 창설한다. 따라서 개개의 영업재산에 물권변동을 야기시키는 처분행위와는 구별해야 한다.

이러한 영업양도의 법적 성질에 대하여는 양도가 有償일 때에는 매매 또는 교환, 無償일 때에는 증여와 유사하지만 양도인이 競業禁止義務를 부담하는 점(嫌)에서 민법의 채권각론편에 규정된 순수한 매매나 교환 또는 증여라고 할 수는 없다. 즉 특수한 형태의 독자적 채권계약(Vertrag sui generis)이다.

영업양도의 당사자로서 양도인은 상인이어야 하므로 개인상인, 회사 또는 청산중인 회사가 될 수 있고 이들은 영업양도로 상인자격을 상실한다. 반면 양수인은 상인이건 비상인이건 관계없으며 영업을 양수함으로써 상인이 된다.

Ⅱ. 영업양도와 회사의 합병의 비교

1. 양자의 개념비교

영업양도는 영업의 동일성을 유지하면서 재산적 가치있는 조직화된 영업재

---

1) 대판 2007. 6. 1, 2005다5812, 5829, 5836: "상법상의 영업양도는 일정한 영업목적에 의하여 조직화된 업체, 즉 인적·물적 조직을 그 동일성은 유지하면서 일체로서 이전하는 것을 의미하고, 영업양도가 이루어졌는가의 여부는 단지 어떠한 영업재산이 어느 정도로 이전되어 있는가에 의하여 결정되어야 하는 것이 아니고 거기에 종래의 영업조직이 유지되어 그 조직이 전부 또는 중요한 일부로서 기능할 수 있는가에 의하여 결정되어야 하므로, 영업재산의 일부를 유보한 채 영업시설을 양도했어도 그 양도한 부분만으로도 종래의 조직이 유지되어 있다고 사회관념상 인정되면 그것을 영업의 양도라 볼 것이지만, 반면에 영업재산의 전부를 양도했어도 그 조직을 해체하여 양도했다면 영업의 양도로 볼 수 없다."

산을 포괄적으로 이전하는 채권계약이나, 會社의 合倂은 2개 이상의 회사의 재산이 상법상의 특별규정에 의하여 청산절차없이 합쳐져서 1개 회사 이상이 소멸하고 권리의무의 포괄적 이전이 수반되는 단체법적 현상이다. 영업양도가 평면적 거래라면, 합병은 단체법적 또는 조직법적 현상으로 파악될 수 있다.

2. 공 통 점

영업양도와 회사의 합병은 우선 자본집중의 수단으로서 공통된 성격을 갖고 있다. 기업결합의 수단으로 작용한다는 경제적 기능면에서 양자는 유사하다. 나아가 주식회사의 경우 합병승인결의나 영업양도승인결의나 모두 주주총회의 특별결의를 거쳐야 한다는 점에서 역시 공통된 성격을 갖고 있다($\frac{상\ 522}{Ⅲ.\ 374}$).

3. 차 이 점

그러나 양자간에는 다음과 같은 여러 가지 차이점이 있다. 이들을 차례차례 정리해 보기로 한다.

(1) 참여당사자의 비교

영업양도의 당사자는 회사뿐만 아니라 자연인도 될 수 있으나, 합병의 경우에는 오직 회사만이 참여주체가 된다.

(2) 계약형식의 차이

영업양도계약은 불요식의 낙성계약으로서 양도당사자간의 의사표시의 합치만으로 효력이 발생하나, 회사의 합병은 요식계약으로서 합병계약서의 작성이 요구된다($\frac{상\ 522,\ 603\ 등,\ 서면}{형식:\ Schriftform}$).

(3) 채권자보호수단

영업양도의 경우에는 채권자보호를 위하여 제42조에서 상호속용의 경우 양수인의 책임을 규정하고 있으나($상^{42}$), 합병의 경우에는 합병절차에서 채권자보호를 위한 異議催告節次를 두고 있다($\frac{상\ 232,\ 269.}{530.\ 603}$).

(4) 권리의무의 이전방식

영업양도의 경우 양도대상인 권리를 개별적으로 이전하여야 하고 일부 재산은 양도대상에서 제외시킬 수도 있으나, 합병의 경우 소멸회사의 권리의무는 존속회사 또는 신설회사에 포괄적으로 이전한다. 따라서 합병의 경우에는 양도

재산의 개별적 이전행위가 필요없고 또 일부의 합병도 있을 수 없다.

(5) 인적 요소의 이전

양도인이 회사인 경우 양도회사의 사원은 당연히 양수회사의 사원이 되는 것은 아니다. 그러나 합병에 있어서는 소멸회사의 사원이 존속회사의 사원이 된다.

(6) 등 기

영업양도의 경우 등기가 필요없다. 영업양도는 등기를 효력발생요건으로 하지 않는다. 이에 반하여 합병의 경우에는 효력발생요건으로서 합병등기가 필요하다. 합병등기는 창설적 효력을 가지므로 회사의 설립등기로 법인격이 취득되듯이 합병등기로 비로소 합병의 효과가 나타난다.

(7) 양도인의 법인격의 소멸 여부

양도인이 회사라도 영업양도결과 양도회사의 법인격은 소멸하지 않는다. 그러나 흡수합병의 경우에는 소멸회사의 법인격은 소멸하고 존속회사만 남는다. 신설합병의 경우에도 합병당사회사의 법인격은 소멸하고 신설회사의 법인격이 창설된다.

(8) 재산양도주체의 경업피지의무 여부

영업양도의 경우 양도인은 경업피지의무를 부담하므로 일정 기간 일정 구역 내에서는 경업을 금지하여야 한다(稚). 그러나 회사의 합병의 경우에는 재산양도주체가 아예 법인격을 상실하여 소멸하므로 양도주체의 경업피지의무는 생각할 수 없다.

(9) 하자의 주장방법

영업양도는 평면적 거래이다. 다만 영업의 동일성이 유지되고 양도인에게 경업피지의무가 수반되는 특수성이 나타날 뿐이다. 따라서 영업양도계약의 하자는 계약 일반의 원칙에 따라 주장될 수 있다. 하자의 주장방법에도 제한이 없어 訴로도 항변으로도 자유스럽게 이를 주장할 수 있다. 그러나 회사의 합병은 단체법에 고유한 현상이다. 단체법에서는 이른바 법률관계의 획일적 처리와 기존 상태의 존중이라는 특이한 현상이 나타난다. 따라서 하자의 주장방법에도 제한이 수반된다. 그리하여 합병의 하자는 오로지 합병무효의 소라는 회사법상의 소에 의하여서만 주장할 수 있다($\overset{상 236}{}$). 이러한 소 이외에 항변에 의한 주장은 허용되지 않으므로 엄격한 제소요건을 갖추어 소를 제기하여 확정판결을 받아야 한다. 원고승소시에도 그 효과는 과거로 소급하지 않고 판결의 효력도 對世的이다($\overset{상240.}{190}$).

III. 영업양도의 절차

1. 의사결정

(1) 자연인 상인

개인상인의 경우에는 영업양도를 위한 별도의 의사형성절차는 요구되지 않는다.

(2) 회 사

그러나 회사의 경우에는 영업양도가 이루어지기 전에 내부절차로서 회사의 의사가 결정되어야 한다. 인적회사의 경우에는 회사가 존립중일 때에는 총사원의 동의($\overset{상204.}{269}$), 해산 후 양도시에는 사원의 과반수의 동의가 필요하다($\overset{상257.}{269}$). 나아가 물적회사의 경우에는 해산의 전후를 불문하고 주식회사에서는 주주총회, 유한회사에서는 사원총회의 특별결의가 있어야 한다($\overset{상374 1호.}{576}$).

2. 방 식

원칙적으로 영업양도계약은 당사자간의 의사의 합치만으로 효력이 발생하는 불요식의 낙성계약이다.[2] 그러나 거래의 실제에 있어서는 서면의 양도계약이 체결됨이 보통이다.

IV. 영업양도의 효과

1. 당사자간의 효과(영업양도의 대내적 효력)

영업양도의 당사자간에 있어서 양도인은 적극적 의무로서 영업재산이전의무를 지게 되고, 소극적 의무로서 경업피지의무를 부담한다.

---

2) Brox/Henssler, Handelsrecht, 22. Aufl., Rdnr. 131.

(1) 영업재산의 이전의무(적극적 의무)

(가) 영업의 동일성 유지   영업양도계약에서 약정한 바대로 양도인은 영업에 속하는 모든 재산을 영업의 동일성을 유지하며 양수인에게 이전하여야 한다. 그러나 회사의 합병과 달리 영업의 동일성이 보장되는 한 일부재산의 이전을 제외시킬 수 있다. 영업재산의 전부이전이든 일부이전이든 중요한 것은 영업의 동일성(同一性)이 보장되어야 한다는 것이다.

(나) 이전방법   영업의 동일성이 유지되는 영업재산의 포괄적 이전을 채권적으로 약정한다 하여도 이에 기한 물권행위는 포괄적으로 이루어지지 않는다. 그리하여 양도인은 개개 재산의 고유의 양도방법에 따라 이를 이전시켜야 한다(특정승계: Spezialitätsprinzip).[3] 이러한 처분행위는 그 고유의 효력발생요건이나 대항요건을 갖추어야 할 것이다. 동산인 영업재산은 인도를 해주어야 하고($\frac{민}{188}$), 영업용 부동산은 등기를 해야 하며($\frac{민}{186}$), 상호 역시 대항요건으로서 상호양도의 등기를 하여야 한다($\frac{상}{25}$). 지명채권은 신채무자에 대한 양도통지나 채권자의 승낙 등 대항요건을 갖추어야 하고($\frac{민}{450}$), 지시채권은 배서교부하여야 한다($\frac{민 508 이하: }{이하: 수 14 등}$ 어 11). 기명주식은 명의개서를 해야 하고($\frac{상}{337}$), 특허권 내지 상표권의 이전을 위하여는 효력발생요건인 등록절차를 마쳐야 한다($\frac{특허 101 \, \text{II}:}{상표 56 \, \text{I}}$).

(다) 고용승계   영업의 인적 시설은 영업의 동일성 유지를 위하여 필요하므로 양도인과 상업사용인간에 체결된 고용계약은 계약인수(Vertragsübernahme)의 형식으로 양수인에게 이전 가능하다. 대법원은 별단의 특약이 없는 한 영업양도의 효과로서 양도인이 피용자와 체결한 고용계약의 승계를 인정하고 있다($\frac{대판 1991. 8. 9.}{91다15225}$).[4] 근로자가 근로관계의 승계에 반대하는 경우에는 그 의사표시를 통하여 양도기업에 잔류하거나 양도기업 및 양수기업 모두에서 퇴직할 수도 있다.

대판 2020. 11. 5, 2018두54705 [영업양도와 근로관계의 승계]
　"[1] 근로자가 영업양도일 이전에 정당한 이유 없이 해고된 경우 양도인과 근로자 사이의 근로관계는 여전히 유효하고, 해고 이후 영업 전부의 양도가 이루어진 경우라면 해고된 근로자로서는 양도인과의 사이에서 원직 복직도 사실상 불가능하게 되므로, 영업양도 계약에 따라 영업의 전부를 동일성을 유지하면서 이전받는 양수인

---

3) Brox/Henssler, Handelsrecht, 22. Aufl., Rdnr. 135.
4) 이에 대해 자세히는 김형배·하경효·김영문, 영업양도와 근로관계의 승계, 신조사, 1999년.

으로서는 양도인으로부터 정당한 이유 없이 해고된 근로자와의 근로관계를 원칙적으로
승계한다고 보아야 한다.

　[2] 영업 전부의 양도가 이루어진 경우 영업양도 당사자 사이에 정당한 이유 없
이 해고된 근로자를 승계의 대상에서 제외하기로 하는 특약이 있는 경우에는 그에 따라
근로관계의 승계가 이루어지지 않을 수 있으나, 그러한 특약은 실질적으로 또 다른
해고나 다름이 없으므로, 마찬가지로 근로기준법 제23조 제1항에서 정한 정당한 이
유가 있어야 유효하고, 영업양도 그 자체만으로 정당한 이유를 인정할 수 없다."

대판 2012. 5. 10, 2011다45217

　"영업의 양도란 일정한 영업목적에 의하여 조직화된 업체 즉, 인적·물적 조직
을 동일성은 유지하면서 일체로서 이전하는 것이어서 영업 일부만의 양도도 가능
하고, 이러한 영업양도가 이루어진 경우에는 원칙적으로 해당 근로자들의 근로관
계가 양수하는 기업에 포괄적으로 승계되지만 근로자가 반대 의사를 표시함으로써
양수기업에 승계되는 대신 양도기업에 잔류하거나 양도기업과 양수기업 모두에서
퇴직할 수도 있다. 또한 이와 같은 경우 근로자가 자의에 의하여 계속근로관계를
단절할 의사로 양도기업에서 퇴직하고 양수기업에 새로이 입사할 수도 있다. 이때
근로관계 승계에 반대하는 의사는 근로자가 영업양도가 이루어진 사실을 안 날부
터 상당한 기간 내에 양도기업 또는 양수기업에 표시하여야 하고, 상당한 기간 내
에 표시하였는지는 양도기업 또는 양수기업이 근로자에게 영업양도 사실, 양도 이
유, 양도가 근로자에게 미치는 법적·경제적·사회적 영향, 근로자와 관련하여 예
상되는 조치 등을 고지하였는지 여부, 그와 같은 고지가 없었다면 근로자가 그러한
정보를 알았거나 알 수 있었던 시점, 통상적인 근로자라면 그와 같은 정보를 바탕
으로 근로관계 승계에 대한 자신의 의사를 결정하는 데 필요한 시간 등 제반 사정
을 고려하여 판단하여야 한다."

　(라) 사실관계의 이전　　재산적 가치있는 사실관계에 대해서도 양수인이 그
이익을 누릴 수 있게 조력하여야 한다. 고객에 대해서는 소개와 추천이 이루어
져야 하고 영업상의 경험과 비결은 양수인에게 전수되어야 한다.

　(2) 경업피지의무(소극적 의무)

　영업양도는 비록 특정승계의 방법으로 개별 영업재산을 양도하지만 영업의
동일성을 유지시키기 위하여 포괄적으로 영업 자체가 승계되므로, 양도가 완료
되고 나면 양도인의 경업금지 여부가 문제로 남는다. 회사의 합병과는 달리 재
산양도주체가 잔존할 수 있고, 양도인이 동종영업을 일정 행정구역 내에서 재
개하면 양수인의 영업활동에는 심각한 타격이 가해질 수 있다. 따라서 상법은

영업양도의 효과가 실효를 거둘 수 있기 위하여 양도인의 경업금지의무를 규정하게 되었다($\frac{\text{상}}{\text{법}}$).[5]

　(가) 상법 제41조의 규정내용　상법 제41조는 경업금지의 특약 유무를 기준으로 아래와 같이 규정하고 있다.

　① 경업금지에 관한 특약이 없는 경우($\frac{\text{상}}{\text{법}}$ 41)[6]　　영업을 양도한 경우에 다른 약정이 없으면 양도인은 10년간 동일한 서울특별시·광역시·시·군과 인접 서울특별시·광역시·시·군에서 동종영업을 하지 못한다.

　② 경업금지의 특약이 있는 경우($\frac{\text{상}}{\text{법}}$ 41)　　양도인이 동종영업을 하지 아니할 것을 약정한 때에는 동일한 서울특별시·광역시·시·군과 인접 서울특별시·광역시·시·군에 한하여 20년을 초과하지 아니한 범위 내에서 그 효력이 있다.

　판례는 위 조문에 등장하는 '동종영업' 및 '동일' 내지 '인접'에 대해서는 아래와 같이 그 의미를 구체화하고 있다.

대판 2015. 9. 10, 2014다80440[영업행위금지 등]

　"[1] 상법 제41조 제1항은 다른 약정이 없으면 영업양도인이 10년간 동일한 특별시·광역시·시·군과 인접 특별시·광역시·시·군에서 양도한 영업과 동종인 영업을 하지 못한다고 규정하고 있다. 위 조문에서 양도 대상으로 규정한 영업은 일정한 영업 목적에 의하여 조직화되어 유기적 일체로서 기능하는 재산의 총체를 말하는데, 여기에는 유형·무형의 재산 일체가 포함된다. 영업양도인이 영업을 양도하고도 동종 영업을 하면 영업양수인의 이익이 침해되므로 상법은 영업양수인을 보호하기 위하여 영업양도인의 경업금지의무를 규정하고 있다. 위와 같은 상법의 취지를 고려하여 보면, 경업이 금지되는 대상으로서의 동종 영업은 영업의 내용, 규모, 방식, 범위 등 여러 사정을 종합적으로 고려하여 볼 때 양도된 영업과 경쟁관계가 발생할 수 있는 영업을 의미한다고 보아야 한다.

　[2] 상법 제41조 제1항은 영업양도인의 경업금지의무를 규정하면서 경업금지지역을 동일한 특별시·광역시·시·군과 인접 특별시·광역시·시·군으로 규정하고 있다. 위 조문에서 양도 대상으로 규정한 영업은 일정한 영업 목적에 의하여 조직화되어 유기적 일체로서 기능하는 재산의 총체를 가리킨다는 점과 상법이 경업금지의무를 규정하고 있는 취지는 영업양수인을 보호하기 위한 것인 점을 고려하여 보면, 경업금지지역으로서의 동일 지역 또는 인접 지역은 양도된 물적 설비가 있던

---

　5) 상법 제41조의 위헌 여부에 대하여 헌법재판소는 합헌결정을 내린 바 있다(헌재 1996. 10. 4, 94헌가5).

　6) 이에 대해서는 서울민지판 2003. 4. 9, 2002가합38144, JURIST 2003. 6.(Vol. 393), 105면 이하.

지역을 기준으로 정할 것이 아니라 영업양도인의 통상적인 영업활동이 이루어지던 지역을 기준으로 정하여야 한다. 이때 통상적인 영업활동인지 여부는 해당 영업의 내용, 규모, 방식, 범위 등 여러 사정을 종합적으로 고려하여 판단하여야 한다."

(나) 규정내용의 문제점   상법 제41조의 문언상 여러 행정구역이 나타나고 있는 바 그들의 지리적 크기나 인구조밀도 등이 모두 달라 과연 위와 같은 규정을 둘 수 있는지에 대해 의문이 제기되어 왔다. 즉 서울특별시의 경우 최북단에서 최남단까지 엄청난 면적과 인구수를 갖고 있는 반면 시나 군은 크기도 작고 인구수도 소수인 경우가 많다. 따라서 그 인접 행정구역에서 동종영업을 하지 못할 경우 그 금지효과에 상당한 차이가 나타날 여지가 있다. 이러한 이유 등으로 1996년 본 조문에 대한 헌법소원이 제기되었다. 그러나 헌법재판소는 아래와 같은 이유로 합헌결정을 내린 바 있다.

헌법재판소 1996. 10. 4, 94헌가5

"[1] 영업양도인의 경업가능성은 영업의 종류 및 영업지 등에 따라 다양하게 나타날 수 있어 경업금지구역과 기간을 세분한다는 것이 입법기술상 쉽지 아니할 뿐 아니라, 구 상법(1984. 4. 10. 법률 제3724호로 개정되고 1994. 12. 22. 법률 제4796호로 개정되기 전의 것) 제41조 제1항은 그에 반하는 특약을 인정하고 있고 그 위반에 대한 처벌규정을 두고 있지 않으며 경업과 손해 사이에 상당인과관계가 있어야만 손해배상을 청구할 수 있어서 일률적인 경업금지구역 및 기간의 설정에서 오는 불합리성이 완화되고 있는 점 등에 비추어 입법재량권의 한계를 벗어나 직업선택의 자유를 과잉침해한 것으로 볼 수 없다.

[2] 면단위에서 영업양도계약을 체결하는 당사자들의 거래환경과 대도시에서의 그것은 질적으로 다른 것이며, 일반적으로 거래당사자들은 그러한 각자의 거래환경을 염두에 두고 계약체결에 임하는 것이므로, 면단위에서 행해진 영업양도행위와 서울특별시에서 행해진 영업양도행위는 그 대상업종이 같은 종류라 하여도 이들을 같은 기준점에 놓고 판단할 수는 없는 것이다. 그렇다면 달리 다른 기준점이 쉽게 책정될 수 없는 한 이 사건 규정으로 인하여 서울특별시와 같은 대규모 지역이 다른 면 등의 소규모 지역에 비해 같은 종류의 영업양도인에게 더 불리하다 하더라도, 그 이유만으로 바로 입법자에게 이 사건 규정의 입법에 있어서 자의성이 있다고 할 수 없다."

(다) 의무위반의 효과   상법 제41조를 위반한 경우 영업의 폐지, 손해배상청구 및 제3자에 대한 영업의 임대 및 양도 등 기타 처분의 금지 등이 가능하다. 이하 관련 판례들을 정리해본다.

① 제3자에 대한 영업양도 및 임대를 금지한 사례

대판 1996. 12. 23, 96다37985

　"[1] 영업양도계약의 약정 또는 상법 제41조에 따라 영업양도인이 부담하는 경업금지의무는 스스로 동종 영업을 하거나 제3자를 내세워 동종 영업을 하는 것을 금하는 것을 내용으로 하는 의무이므로, 영업양도인이 그 부작위의무에 위반하여 영업을 창출한 경우 그 의무위반 상태를 해소하기 위하여는 영업을 폐지할 것이 요구되고 그 영업을 타에 임대한다거나 양도한다고 하더라도 그 영업의 실체가 남아있는 이상 의무위반 상태가 해소되는 것은 아니므로, 그 이행강제의 방법으로 영업양도인 본인의 영업 금지 외에 제3자에 대한 영업의 임대, 양도 기타 처분을 금지하는 것도 가능하다.

　[2] 위 [1]항의 가처분명령에 의하여 영업양도인의 제3자에 대한 임대, 양도 등 처분행위의 사법상 효력이 부인되는 것은 아니고, 영업양도인이 그 의무위반에 대한 제재를 받는 것에 불과하다."

② 영업의 폐지 및 손해배상청구를 모두 인용한 사례

수원지법 2011. 2. 10, 2010가합14646 [확정]

　"[1] 상법 제41조 제1항의 '영업'이란 일정한 영업 목적에 의하여 조직화된 유기적 일체로서의 기능적 재산을 말하고, 여기서 말하는 유기적 일체로서의 기능적 재산이란 영업을 구성하는 유형·무형의 재산과 경제적 가치를 갖는 사실관계가 서로 유기적으로 결합하여 수익의 원천으로 기능한다는 것과, 이와 같이 유기적으로 결합한 수익의 원천으로서의 기능적 재산이 마치 하나의 재화와 같이 거래의 객체가 된다는 것을 뜻하는 것이므로, 영업양도를 하였다고 볼 수 있는지의 여부는 양수인이 유기적으로 조직화된 수익의 원천으로서의 기능적 재산을 이전받아 양도인이 하던 것과 같은 영업적 활동을 계속하고 있다고 볼 수 있는지 여부에 따라 판단하여야 하고, 이러한 영업양도의 판단 기준은 인계·인수할 종업원이나 노하우, 거래처 등이 존재하지 아니하는 소규모 자영업의 경우에도 동일하게 적용된다.

　[2] 甲이 乙에게 미용실을 양도한 후 다시 800m 가량 떨어진 곳에서 새로운 미용실을 개업·운영한 사안에서, 甲은 영업양도인으로서 양수인 乙에 대하여 상법 제41조 제1항에 의하여 일정한 지역 내에서 경업금지의무를 부담함에도 이를 위반하였으므로, 甲은 영업을 폐지하고 乙이 입은 손해를 배상할 책임이 있다"고 한 사례.

③ 영업의 폐지는 인용하였으나 손해배상청구는 기각한 사례

서울동부지법 2011. 1. 17, 2010가합16968

　[사실관계]　원고는 2010. 7. 22.경 피고로부터 피고가 운영하던 보신탕 음식점

을 양수하고 시설비 등의 명목으로 1,200만 원을 지급한 후 음식점의 상호, 전화번호, 비품 등을 인수하고, 약 5일 동안 보신탕 조리법 등을 전수받았고, 임차인의 지위도 승계하였다. 피고는 2010. 7. 29.경 이 사건 제 1. 음식점에서 직선거리로 약 540m 떨어진 곳에 보신탕을 판매하는 음식점을 개설하여 영업하기 시작했고, 원고가 2010. 8. 17. 피고에게 동종영업의 영업중지를 구하는 내용의 내용증명을 발송하였음에도, 피고는 제3자 명의로 사업자명의와 상호를 변경하고 계속하여 보신탕을 판매하고 있다.

[판단] 1. 원고의 피고 사이의 계약이 상법상 영업양도에 해당하는지 여부(인정): 원고는 피고로부터 보신탕 음식점을 인수하면서 피고의 임차인의 지위를 승계하였고, 시설비 등의 명목으로 1,200만 원을 지급하면서 음식점의 상호, 전화번호, 비품 등을 인수받고, 보신탕 조리법을 전수받은 점, 원고는 피고로부터 음식점을 인수받은 후 이를 개조하거나 영업종류, 영업행태 등을 변경하지 않은 채 이를 계속 사용하고 있는 점 등을 종합하면, 피고는 원고에게 유기적으로 조직화된 수익의 원천으로서의 기능성재산인 보신탕 음식점 영업을 상법상 양도한 것이다.

2. 경업금지의무(인정): 상법 제41조 제1항은 '영업을 양도한 경우에 다른 약정이 없으면 양도인은 10년간 동일한 특별시·광역시·시·군과 인접 특별시·광역시·군에서 동종영업을 하지 못한다'고 규정하고 있고, 이러한 경업금지의무는 영업양도인이 스스로 동종영업을 하거나 제3자를 내세워 동종영업을 하는 것을 금하는 내용의 의무이므로, 영업양도인이 이에 위반하여 영업하는 경우에는 영업을 폐지할 것이 요구되고, 그 영업을 타에 임대한다거나 양도한다 하더라도 그 영업의 실체가 남아있는 이상 의무위반 상태가 해소되는 것은 아니다. 피고는 새로운 음식점을 이○○에게 양도하고 주방장으로서 근무하고 있을 뿐이라고 주장하나, 그 음식점에 관한 사업자등록 명의자가 피고에서 이○○로 변경되고 상호 변경 이후에도 피고가 주장방으로 근무하고 있는 점 등에 비추어 볼 때, 피고는 원고의 경업금지의무위반 주장을 회피하기 위하여 형식상 그 사업자명의만을 이○○로 변경하였다고 보이고, 피고가 실질적으로 위 음식점을 이○○에게 양도하였다 하더라도 여전히 피고는 경업금지의무 위반 상태에 있다.

④ 판매·영업금지 및 간접강제를 명한 사례

서울동부지법 2010. 10. 6, 2010가합5401

[요지] 커피 등 음료수를 판매하던 자가 영업양도를 한 경우, 상법 제41조 제1항의 경업금지의무를 부담하는바, 기존 점포의 맞은 편 대각선 방향에서 전국적으로 가맹점을 둔 프랜차이즈 제과점 영업을 개시면서 빵류 이외에 커피 등 음료수까지 조리·판매하는 것은 기존 점포와 동종영업에 해당하므로 그 판매·영업금지

와 간접강제를 명한 사례

[사안의 개요]   피고는 소규모 점포에서 커피, 녹차 등을 판매하다가 원고와 권리양도계약을 체결하였고, 그 다음 달부터 맞은 편 대각선 방향에 전국적으로 가맹점을 둔 프랜차이즈 제과점 영업을 개시면서 빵류 이외에 커피 등 음료수까지 조리·판매하고 있다.

재판부는, ① 위 권리양도계약이 내용상 상법상 영업양도에 해당하고, ② 피고가 새롭게 시작한 프랜차이즈 제과점이 제과, 제빵을 주된 영업대상으로 하고 있기는 하나, 그 점포 내에서 음료까지 제조·판매하는 것은 원고에게 양도한 영업과 동종 영업에 해당하므로, 원고의 청구 중 커피, 녹차 등 다류(茶類), 아이스크림류 및 주스류의 조리·판매금지 및 그 범위 내의 영업권 양도금지를 구하는 부분을 인용하였다.

또한 재판부는 피고가 이미 법원으로부터 커피류 등의 판매금지를 명하는 가처분결정을 받고도 이를 준수하지 않은 채 계속하여 커피류 등을 판매해 오고 있으므로, 간접강제로서 원고에게 그 위반행위를 한 경우 1일당 15만 원을, 영업권 양도금지를 위반할 경우 2,000만 원을 지급할 것을 명하였다.

⑤ 영업양도에 해당하지 아니하여 경업금지의무를 부정한 사례

서울동부지법 2012. 6. 1, 2011가합15955

[사실관계]   피고는 운영하던 이 사건 미용실의 시설물, 집기를 甲에게 양도하였다. 그 후 이 사건 미용실의 시설물, 집기는 甲, 乙을 순차로 거쳐 원고에게 양도되었는데, 피고는 이 사건 미용실 주변에서 새로운 미용실을 운영하고 있다.

[판단]   피고가 甲에게 미용실의 시설물, 집기 등 물적 설비를 양도한 점은 인정되지만, "영업목적에 의하여 조직화된 유기적 일체로서의 기능적 재산"을 양도하였다는 점을 인정할 증거가 부족하므로, 피고는 영업양도로 인한 경업금지의무를 부담하지 않는다."

⑥ 경업금지의무 위반의 효과로 위자료 청구도 일부 인용한 사례

서울동부지법 2010. 11. 1, 2010가합9502

[사실관계]   1) 원고는 2010. 3. 23.경 피고가 운영하던 서울 강동구 천호동 소재 '중화요리 ○○'의 집기, 기구 등의 시설 및 비품 일체와 위 식당의 임차권, 영업권을 권리금 명목으로 3,400만 원(임대차보증금 1,500만 원은 별도)에 매수한 후 추가로 시설물을 개조하거나 음식점 영업종류·행태 등을 변경함이 없이 동일한 상호로 중화요리 음식점을 운영하기 시작하였는데, 피고의 종업원으로 근무하던

주방장·주방보조원은 여전히 원고가 운영하는 ○○에서 근무하고 있다.

2) 피고는 위 ○○ 음식점을 양도한 후 2010. 5.경 위 ○○ 음식점에서 약 1㎞ 떨어진 서울 강동구 천호동에서 '##'이라는 상호로 중화요리 음식점 영업을 시작하였다.

[판단] 1) 중화요리 ○○ 음식점 양도계약이 상법상 영업양도에 해당하는지 여부(적극): 상법 제41조 제1항의 영업양도는 양수인이 유기적으로 조직화된 수익의 원천으로서의 기능적 재산을 이전받아 양도인이 하던 것과 같은 영업적 활동을 계속하고 있다고 볼 수 있는지 여부에 따라 판단하여야 하는데, 원고와 피고 사이의 양도계약은 상법상 영업양도에 해당한다.

2) 경업금지청구 및 손해배상청구에 관한 판단(일부 인용): 가) 상법 제41조 제1항은 영업양도 후 10년간 동종 영업을 금지하고 있는바, 피고는 원고가 구하는 바에 따라 2010. 3. 25.부터 10년이 되는 2020. 3. 25.까지 서울 강동구 내에서 동종의 영업인 중화요리 음식점 영업을 하여서는 아니될 의무가 있다.

나) 또한, 피고의 경업금지의무위반행위로 인하여 원고가 무형의 정신적 고통을 받았음은 경험칙상 명백하고, 이는 경업금지만으로는 회복할 수 없는 특별한 손해로서 피고도 그 사정을 충분히 알았거나 알 수 있었으므로, 두 음식점 사이의 거리, 취급 음식의 동일·유사성, 피고의 동종 음식점 영업기간, 피고가 '##' 음식점을 타에 양도한 사정 등 변론에 나타난 제반 사정을 종합하여 위자료 액수를 500만 원으로 정한다.

2. 제3자에 대한 효과(영업양도의 대외적 효력)

영업주체의 변화로 불측의 손해를 입을 염려가 있는 양도인의 영업상의 채권자나 채무자의 보호를 위하여 상법은 제42-45조의 규정을 두고 있다.

(1) 영업양수인의 책임($\frac{\lozenge 42.}{44}$)

商號續用條의 영업양도시에는 양도인의 영업으로 인한 제3자의 채권에 대해서 양수인도 변제의 책임이 있다($\lozenge^{42}$). 나아가 상호를 속용하지 않는 경우에도 양도인의 영업상의 채무를 인수할 것을 광고한 경우에는 양수인의 책임이 발생한다($\frac{\lozenge}{44}$). 아래에서는 상호속용조의 영업양도를 보다 구체적으로 살펴보기로 한다.

(가) 입법취지(ratio legis) 영업양도에서는 개별 영업재산을 특정승계의 방법으로 이전시켜야 하므로 양도인의 영업상의 채무 역시 별도의 채무인수의 방법($\frac{\text{민}}{454}^{453.}$)으로 양수인이 승계하기 전에는 양수인이 그 채무를 부담할 이유는

없다. 이러한 특정승계의 효과에도 불구하고 상법 제42조 1항은 영업양수인의 면책등기($^{상법42\ II}$) 혹은 채무불인수의 통지($^{상법42\ II}$)가 이루어진 경우를 제외해 놓고서는 영업양수인의 책임을 인정하고 있다. 그렇다면 어떤 근거에서 이러한 책임이 나타나는 것일까? 이에 대해서는 다음과 같은 몇 가지 학설의 대립이 있다.[7]

첫째 학설은 의사표시설(Erklärungstheorie)이다.[8] 이 입장은 상호속용조의 영업양수를 하는 경우 그 商號續用(Firmenfortführung) 속에는 양도인의 영업상의 채무를 양수인이 중첩적으로 인수하겠다는 對公衆的 意思表示(Erklärung an die Öffentlichkeit)가 내재되어 있다고 주장한다. 따라서 이 입장에 의하면 상법 제42조상의 책임은 법률행위적 성격을 띠게 된다.

둘째 학설은 외관책임설(Rechtsscheintheorie)이다.[9] 이 입장은 상법 제42조 1항을 외관신뢰주의의 한 예시규정으로 해석하는 입장이다. 상호가 속용되면 영업의 외형에 변화가 없었다는 法外觀을 낳게 되고 이러한 법외관은 영업주의 교체가 없었고 설사 그런 일이 있었어도 영업양수인이 양도인의 영업상의 채무에 대하여 책임질 것이라는 신뢰를 불러일으킨다고 한다.

셋째 학설은 책임재산설(Haftungsfondstheorie)이다.[10] 이 설은 영업상의 채무는 그의 영업재산으로 담보되는 것이므로 상호와 함께 영업이 양수되는 경우 양수인은 양수받은 재산과 함께 양도인의 채무에 대해서도 책임져야 한다고 주장한다. 이 설은 독일민법 제419조와 같은 맥락에서 본조의 입법취지를 설명하려 한다.[11]

넷째 학설은 책임계속설(Theorie der Haftungskontinuität)이다.[12] 이 설은 상인에게는 권리주체성이 인정되나 영업에는 권리주체성이 없으므로 상법 제42조 1항의 책임은 이러한 결과를 보완하는 규정이라고 한다. 상호와 더불어 영업이 속행되는 경우 이 영업에 관련되었던 과거의 법률관계는 영업주가 교체될 때

---

7) 이하의 학설대립은 독일의 상법학에서도 가장 뜨거운 주제였다고 한다(Münchener Kommentar zum Handelsgesetzbuch, §§ 1~104a, 4. Aufl., Beck/Vahlen, 2016, §25 Rdnr. 11.

8) Säcker, ZGR 1973, 261, 272 ff.; BGH NJW 1982, 577, 578; BGH WM 1990, 1573, 1576.

9) BGHZ 18, 248, 250; 22, 234, 239; 29, 1, 3; BAG ZIP 1987, 1474; Hofmann, HandelsR., 7. Aufl., D VI 1, S. 113.

10) Schricker ZGR 1972, 150 f.

11) 참고로 독일민법 제419조는 1999년부로 삭제되었다(vgl. Jauernig, BGB kommentar, 11. Aufl., §419, S. 504.).

12) K. Schmidt, ZHR 145(1981), 1 ff.

마다 새로운 영업주체에게 귀속시키는 것이 타당하다고 한다.[13]

　다섯째 학설은 **책임기대설**(Theorie der Haftungserwartung)이다.[14] 이 설은 상호속용조의 영업양도에서 양수인이 양도인의 영업상의 채무를 책임져야 함은 거래계에서 기대되는 바라고 설명한다. 즉 영업양도인과 영업양수인간의 내부관계에서는 대개 양도대금의 감액조로 양수인이 양도인의 영업상의 채무를 인수하는 것이 자주 관찰된다고 한다. 그 결과 외부관계에서는 양수인이 양도인의 영업상의 채무를 인수하는 것이 자연스럽게 기대되는 것이어서 이러한 책임의 기대현상을 상법이 성문화한 것에 불과하다고 한다.

　여섯째 우리 대법원의 입장은 상기의 **外觀說**과 **責任財産說**의 절충형이 아닌가 생각된다. "상법 제42조 1항은 일반적으로 영업상의 채권자와 채무자에 대한 신용은 채무자의 영업재산에 의하여 실질적으로 담보되어 있는 것이 대부분인데도 실제로 영업의 양도가 행하여진 경우에 있어서 특히 채무의 승계가 제외된 경우에는 영업상의 채권자의 채권이 영업재산과 분리되게 되어 채권자를 해치게 되는 일이 일어나므로 영업상의 채권자에게 채권추구의 기회를 상실시키는 것과 같은 영업양도의 방법(채무를 승계하지 않았음에도 불구하고 상호를 속용함으로써 영업양도의 사실이, 또는 영업양도에도 불구하고 채무의 승계가 이루어지지 않은 사실이 각각 대외적으로 판명되기 어려운 방법)이 채용된 경우에 양수인에게 변제의 책임을 지우기 위하여 마련된 규정"이라고 설명하면서, "…위에서 본 바와 같이 상호를 속용하는 영업양수인의 책임은 어디까지나 채무승계가 없는 영업양도에 의하여 자기의 채권추구의 기회를 빼앗긴 채권자를 보호하기 위한 것이므로 영업양도에도 불구하고 채무인수의 사실 등이 없다는 것을 알고 있는 악의의 채권자가 아닌 한 당해 채권자가 비록 영업의 양도가 이루어진 것을 알고 있었다 해도 보호의 적격자가 아니라고 할 수는 없다"고 하고 있다. 이러한 판례의 내용을 종합하면 책임재산설과 외관설의 절충형으로 볼 수 있을 것이다.

---

13) Baumbach/Hopt/Hopt, HGB, 37. Aufl., 2016, § 25, Rdnr. 1; Karsten Schmidt, Handelsrecht, 3. Aufl., §8 Ⅰ 3, S. 199; "Die Vorschriften(§§25, 28 HGB) knüpfen an die Fortführung des Unternehmens durch einen neuen Unternehmensträger an. Sie sollen dafür sorgen, daß Verbindlichkeiten und Rechtsverhältnisse, die zum Unternehmen gehören, auch im Falle des Unternehmerwechsels dem jeweiligen Unternehmensträgers zugewiesen bleiben."

14) Staub/Burgard, Staub Handelsgesetzbuch, Grosskommentar, 5. Aufl., Bd. 1[Einleitung; §§1~47b], De Gruyter Recht, Berlin, 2009, §25, Rdnr. 31

상기의 학설대립이 보여주듯 상법 제42조 1항의 입법취지는 난해하다. 우선 의사표시설은 동조하기 힘들다. 상호속용조의 영업양도와 양수인의 채무인수를 對公衆的 意思表示로 연결시키는 방식은 지나치게 擬制的이다. 책임재산설도 상법 제42조의 해석상 지지할 수 없다. 양수인의 책임은 인적 무한책임이지, 양수한 영업재산으로 한정되는 것이 아니기 때문이다. 권리외관설도 비판의 여지가 있다. 카나리스는 상법 제42조 1항에는 신뢰할 외관이 존재하지 않는다고 주장한다. 있다면 잘못된 법인식 즉 상호가 권리의무의 주체성을 가질 것이라는 기대치를 법조문화하였다고 입법적 비난을 가한다. 대법원도 영업양도 자체에 대한 채권자의 선의는 본조의 요건이 아니라고 하고 있다. 다만 채무인수의 사실이 없다는 것을 알고 있는 채권자는 상법 제42조의 법리상 보호받지 못한다고 한다.[15] 책임계속설은 경청할 만하다. 상법상 권리 주체는 상인뿐이고 따라서 유기적 일체로서의 영업재산이 권리주체가 될 수 없어 상법 제42조가 이의 보완규정이라고 한다. 슈미트는 상법을 '기업의 외부사법'(Außenprivatrecht des Unternehmens)으로 파악하는 학자이므로 이 학설은 그의 이러한 기존 입장과 연결지어 생각해야 한다. 책임기대설 역시 거래계의 관행적 법인식을 반영하고 있다고 생각된다.

생각건대 우리 상법 제42조 1항의 입법취지는 외관책임설과 책임계속설의 절충 속에서 이해될 수 있다고 본다. 비록 영업양도의 사실을 알았던 악의의 채권자도 제42조의 보호대상에서 벗어나지 않지만 영업양도에도 불구하고 채무인수의 사실이 없다는 것을 알고 있는 악의의 채권자는 보호되지 않으므로 외관주의의 요소를 전적으로 배제할 수는 없다.[16] 한편 상호와 영업의 결합이 만들어내는 기업의 '사실상의 권리주체성'을 생각하면 상법 제42조는 상인만을 권리주체로 보는 상법의 기존 입장을 보완하는 역할을 한다고 볼 수 있을 것이다.

대판 2010. 9. 30, 2010다35138

"상호를 속용하는 영업양수인의 책임을 정하고 있는 상법 제42조 제1항은, 일반적으로 영업상의 채권자의 채무자에 대한 신용은 채무자의 영업재산에 의하여 실질적으로 담보되어 있는 것이 대부분인데도 실제 영업의 양도가 이루어지면서 채

---

15) 대판 1989. 12. 26, 88다카10128.
16) 대판 1989. 12. 26, 88다카10128.

무의 승계가 제외된 경우에는 영업상의 채권자의 채권이 영업재산과 분리되게 되어 채권자를 해치게 되는 일이 일어나므로 영업상의 채권자에게 채권추구의 기회를 상실시키는 것과 같은 영업양도의 방법, 즉 채무를 승계하지 않았음에도 불구하고 상호를 속용함으로써 영업양도의 사실이 대외적으로 판명되기 어려운 방법 또는 영업양도에도 불구하고 채무의 승계가 이루어지지 않은 사실이 대외적으로 판명되기 어려운 방법 등이 채용된 경우에 양수인에게도 변제의 책임을 지우기 위하여 마련된 규정이라고 해석된다."

(나) 적용요건   상법 제42조 1항의 적용요건은 다음과 같다.

① 영업의 양도   영업양도가 이루어져야 한다. 유기적 조직체로서의 영업재산이 영업의 동일성을 유지하면서 포괄적으로 이전되는 채권계약이 체결되었어야 한다. 그러나 상호가 속용되어야 하므로 상호에 관한 규정의 적용이 없는 소상인의 영업은 이에 포함시킬 수 없다. 이러한 채권계약에 따라 물적 처분이 특정승계의 방법으로 이루어져야 한다. 나아가 이러한 영업양도는 반드시 영업양도 당사자 사이의 명시적 계약에 의하여야 하는 것은 아니며 묵시적 계약에 의하여도 가능하다.

대판 2005. 7. 22, 2005다602

"[1] 상법 제42조 제1항의 영업이란 일정한 영업목적에 의하여 조직화된 유기적 일체로서의 기능적 재산을 말하고, 여기서 말하는 유기적 일체로서의 기능적 재산이라 영업을 구성하는 유형·무형의 재산과 경제적 가치를 갖는 사실관계가 서로 유기적으로 결합하여 수익의 원천으로 기능한다는 것과 이와 같이 유기적으로 결합한 수익의 원천으로서의 기능적 재산이 마치 하나의 재화와 같이 거래의 객체가 된다는 것을 뜻하는 것이므로, 영업양도가 있다고 볼 수 있는지의 여부는 양수인이 유기적으로 조직화된 수익의 원천으로서의 기능적 재산을 이전받아 양도인이 하던 것과 같은 영업적 활동을 계속하고 있다고 볼 수 있는지의 여부에 따라 판단되어야 한다.

[2] 상법상의 영업양도는 일정한 영업목적에 의하여 조직화된 유기적 일체로서의 기능적 재산인 영업재산을 그 동일성을 유지시키면서 일체로서 이전하는 채권계약이므로 영업양도가 인정되기 위해서는 영업양도계약이 있었음이 전제가 되어야 하는데, 영업재산의 이전 경위에 있어서 사실상, 경제적으로 볼 때 결과적으로 영업양도가 있는 것과 같은 상태가 된 것으로 볼 수는 있다고 하더라도 묵시적 영업양도계약이 있고 그 계약에 따라 유기적으로 조직화된 수익의 원천으로서의 기능적 재산을 그 동일성을 유지시키면서 일체로서 양도받았다고 볼 수 없어 상법상 영업양도를 인정할 수 없다."

대판 2009. 1. 15, 2007다17123, 17130

"상법상의 영업양도는 일정한 영업목적에 의하여 조직화된 업체, 즉 인적·물적 조직을 그 동일성은 유지하면서 일체로서 이전하는 것을 의미하고, 영업양도가 이루어졌는가의 여부는 단지 어떠한 영업재산이 어느 정도로 이전되어 있는가에 의하여 결정되어야 하는 것이 아니고 거기에 종래의 영업조직이 유지되어 그 조직이 전부 또는 중요한 일부로서 기능할 수 있는가에 의하여 결정되어야 하므로, 영업재산의 일부를 유보한 채 영업시설을 양도했어도 그 양도한 부분만으로도 종래의 조직이 유지되어 있다고 사회관념상 인정되면 그것을 영업의 양도라 볼 수 있고, 이러한 영업양도는 반드시 영업양도 당사자 사이의 명시적 계약에 의하여야 하는 것은 아니며 묵시적 계약에 의하여도 가능하다."

② **영업상의 채권의 존재**　　이는 양도인의 채무로서 영업으로 인하여 생긴 채무여야 한다.[17] 영업양도 당시 이미 존재하는 영업상의 채권이면 족하므로 법률행위적 채권뿐만 아니라 불법행위나 부당이득상의 채권등 법정채권채무관계에서 연유된 것도 이에 포함된다. 상법 제42조는 위에서 보았듯이 채권발생 당시의 채권자의 신뢰를 보호하는 규정이 아니므로 거래상의 채무에 한정시킬 필요가 없다.

다만 영업양도 당시 이미 존재하는 채권이어야 하므로 제3자의 채권은 영업양도 당시 채무의 변제기가 도래할 필요까지는 없다 할지라도 그 당시까지 발생한 것이어야 한다. 따라서 영업양도 당시 아직 발생하지 않고 가까운 장래에 발생할 것이 확실한 채권도 양수인의 책임대상은 아니다.[18]

③ **채무인수의 부존재**　　영업양수인이 양도인의 영업상의 채무를 별도의 채무인수의 방식으로 인수하지 않았어야 한다. 채무인수에는 인수인과 채권자간의 합의에 의한 채무인수($^{민}_{453}$)와, 채무자와 인수인간의 합의와 채권자의 승낙으로 성립되는 채무인수($^{민}_{454}$)가 있다. 양자 모두 면책적 방식인데 이러한 채무인수가 영업양도의 당사자간에 체결되지 않았어야 한다.

④ **상호의 속용**　　商號續用(Firmenfortführung)이란 동일한 상호의 계속 사용을 뜻하나 반드시 상호를 구성하는 문언이 모두 일치하여야 하는 것은 아니다. 이에 대한 판례를 정리해 보면 (주)파주레미콘과 파주콘크리트(주),[19] 남

---

17) 영업관련성을 부인한 사례로는 대판 2002. 6. 28, 2000다5862; 이에 대한 평석으로는 JURIST 2002. 11, 75면(정진세).

18) 대판 2020. 2. 6, 2019다270217.

19) 대판 1998. 4. 14, 96다8826, 판례월보 335호('98. 8.), 144면.

성사와 남성정밀공업(주),[20] 삼정장여관과 삼정호텔,[21] 명화양품점과 (주)명화양품점[22] 등의 경우 모두 상호의 속용을 긍정하였다. 그러나 (유)미안상점(有限會社 米安商店)과 (합자)신미안상점(合資會社 新米安商店)[23]에서는 상호속용을 부정하였다. 회사의 상호를 자연인 상인이 속용하는 경우에는 회사란 명칭을 떼고 기존 상호를 사용하는 때에는 상호의 속용으로 보아야 한다.

나아가 상호속용의 원인관계가 무엇인지 나아가 그 법률관계의 효력 유무는 상법 제42조 1항의 적용에 있어 장애가 되지 않는다. 또한 해당 상호의 등기 여부와도 무관하다. 즉 등기상호든 미등기상호든 상법 제42조 제1항의 적용상 아무런 차이가 없다.[24]

대판 1989. 3. 28, 88다카12100

"…양수인이 계속 사용하는 상호는 형식상 양도인의 상호와 전혀 동일한 것임을 요하지 않고, 양도인의 상호 중 그 기업주체를 상징하는 부분을 양수한 영업의 기업주체를 상징하는 것으로 상호중에 사용하는 경우는 이에 포함된다고 할 것이고, 그 동일 여부는 명칭, 영업목적, 영업장소, 이사의 구성이 동일한지 등을 참작하여 결정하여야 할 것이다."

대판 2009. 1. 15, 2007다17123, 17130

"상호를 속용하는 영업양수인의 책임을 정하고 있는 상법 제42조 제1항의 취지에 비추어 보면, 상호를 속용하는 영업양수인에게 책임을 묻기 위해서는 상호속용의 원인관계가 무엇인지에 관하여 제한을 둘 필요는 없고 상호속용이라는 사실관계가 있으면 충분하다. 따라서 상호의 양도 또는 사용허락이 있는 경우는 물론 그에 관한 합의가 무효 또는 취소된 경우라거나 상호를 무단 사용하는 경우도 상법 제42조 제1항의 상호속용에 포함된다. 나아가 영업양도인이 자기의 상호를 동시에 영업 자체의 명칭 내지 영업 표지로서도 사용하여 왔는데, 영업양수인이 자신의 상호를 그대로 보유·사용하면서 영업양도인의 상호를 자신의 영업 명칭 내지 영업 표지로서 속용하고 있는 경우에는 영업상의 채권자가 영업주체의 교체나 채무승계 여부 등을 용이하게 알 수 없다는 점에서 일반적인 상호속용의 경우와 다를 바 없으므로, 이러한 경우도 상법 제42조 제1항의 상호속용에 포함된다."

---

20) 대판 1989. 3. 28, 88다카12100.
21) 대판 1989. 12. 26, 88다카10128.
22) 日東京地 1959. 8. 5, 下民集 10. 8. 1634.
23) 日最判 1963. 3. 1, 民集 17. 2. 280; 이 판례에 대해 자세히는 『商法(總則·商行爲) 判例百選』, 第5版, 事例 [20], 42~43頁(評釋; 鈴木千佳子).
24) 落合/大塚/山下, 6版, 132頁.

⑤ 채권자의 선의

(i) 선의의 내용   영업양도 자체에 대한 채권자의 선의는 본조의 요건이 아니다. 다시 말하면 영업양도의 사실을 알고 있었다 하여 제42조의 보호를 받지 못하는 것은 아니다. 그러나 영업양도에도 불구하고 채무인수의 사실 등이 없다는 것을 알고 있는 채권자는 상법 제42조의 보호를 받지 못한다.[25] 영업양수인의 면책합의를 알고 있었다면 상법 제42조 2항에서 말하는 면책등기나 통지의 경우와 같이 취급함이 타당하기 때문이다.[26] 따라서 채권자의 선의란 채무인수의 부존재(不存在)에 대한 선의로 풀이해야 할 것이다. 이 경우 당해 채권자가 악의라는 점에 대한 주장·증명책임은 상법 제42조 1항에 의한 책임을 면하려는 영업양수인에게 있다.

대판 2009. 1. 15, 2007다17123, 17130

"상호를 속용하는 영업양수인의 책임은 위와 같이 채무승계가 없는 영업양도에 의하여 자기의 채권추구의 기회를 빼앗긴 채권자의 외관신뢰를 보호하기 위한 것이므로, 영업양도에도 불구하고 채무승계의 사실 등이 없다는 것을 알고 있는 악의의 채권자가 아닌 한, 당해 채권자가 비록 영업의 양도가 이루어진 것을 알고 있었다고 하더라도 그러한 사정만으로 보호의 적격이 없다고는 할 수 없고, 이 경우 당해 채권자가 악의라는 점에 대한 주장·증명책임은 상법 제42조 제1항에 의한 책임을 면하려는 영업양수인에게 있다."

(ii) 선의/악의의 기준시점   영업양도에도 불구하고 채권자가 채무인수의 사실이 없다는 것을 알고 있었는지(악의) 아니면 모르고 있었는지(선의) 그 판단은 영업양도 시점을 기준으로 한다. 따라서 그 시점에 선의였으면 설사 차후 악의로 되었다 할지라도 이미 성립한 상법 제42조 제1항상의 청구권은 그대로 존속한다. 물론 판례는 영업양도 '당시' 또는 '그 무렵'이라는 용어를 사용하면서 어느 정도 탄력적인 접근을 하고 있다. 따라서 일반 경험칙상 신의칙적으로 허용가능한 시간대라면 영업양도의 시점이라고 보아야 할 것이다. 즉 자연과학적으로 엄밀히 확정되는 영업양도의 시점과 다소 벗어나더라도 법률적 의미에서는 영업양도의 시점에 속한다고 보아야 할 경우가 있을 것이다. 아래 사례에서 판례는 영업양도의 시점으로부터 약 7개월이 지나서야 채무인수 사실이 없

---

25) 대판 1989. 12. 26, 88다카10128.

26) Canaris, HandelsR., 22. Aufl., S. 107.

음을 알게 된 원고에 대해 상법 제42조 제1항상의 청구를 인용하였다. 즉 영업양도후 7개월이 지난 시점이라면 이는 아무리 신의칙적으로 접근한다 해도 영업양도의 시점에 속한다고 할 수는 없을 것이다. 판례의 입장에 동조한다.

대판 2022. 4. 28, 2021다305659

"상호를 속용하는 영업양수인의 책임은 어디까지나 채무인수가 없는 영업양도에 의하여 채권추구의 기회를 빼앗긴 채권자를 보호하기 위한 것이므로, 영업양도에도 불구하고 채무인수 사실이 없다는 것을 알고 있는 악의의 채권자에 대하여는 상법 제42조 제1항에 따른 책임이 발생하지 않고, 채권자가 악의라는 점에 대한 주장·증명책임은 그 책임을 면하려는 영업양수인에게 있다. 나아가 채권자 보호의 취지와 상법 제42조 제1항의 적용을 면하기 위하여 양수인의 책임 없음을 등기하거나 통지하는 경우에는 영업양도를 받은 후 지체 없이 하도록 규정한 상법 제42조 제2항의 취지를 종합하면, 채권자가 영업양도 당시 채무인수 사실이 없음을 알고 있었거나 그 무렵 알게 된 경우에는 영업양수인의 변제책임이 발생하지 않으나, 채권자가 영업양도 무렵 채무인수 사실이 없음을 알지 못한 경우에는 특별한 사정이 없는 한 상법 제42조 제1항에 따른 영업양수인의 변제책임이 발생하고, 이후 채권자가 채무인수 사실이 없음을 알게 되었다고 하더라도 이미 발생한 영업양수인의 변제책임이 소멸하는 것은 아니다."

☞ 종전 카지노 영업주에 대하여 채권을 가지고 있던 원고들이 카지노 영업을 양수하였으면서도 영업소 명칭을 속용하는 피고에 대하여 상법 제42조 제1항의 변제책임을 묻는 사건에서, 원고들이 카지노 영업의 양수도가 이루어질 무렵 채무불인수 사실을 알았다고 볼 수 없어 일응 상법 제42조 제1항의 유추적용에 따른 영업양수인의 변제책임은 발생하고 그때부터 7개월 가량 지난 후 원고들이 피고의 채무불인수 사실을 알았다고 하여 영업양수인의 변제책임이 소멸하는 것은 아니라고 판단하여, 영업양수도가 이루어진 때부터 7개월 가량 지난 무렵 채권자인 원고들이 피고의 채무불인수 사실을 알았으므로 상법 제42조 제1항에 따른 영업양수인의 변제책임은 발생하지 않는다고 본 원심을 파기한 사안임.

(다) 적용효과

① 영업양수인의 책임　　　　영업양수인은 양도인의 영업상의 채무에 대하여 변제의 책임이 있다. 양수인의 책임은 영업재산을 한도로 하는 것이 아니다.[27] 그것은 인적 무한책임이다. 또한 영업양수인은 영업양도인이 채권자에 대하여 가졌던 항변사유로 채권자에게 대항할 수 있다(항변권의 대위행사).[28] 영업양도

---

27) 이 점에서 책임재산설은 한계를 드러낸다.
28) 본서 191-192면 이하 참조.

로 인하여 채권자의 지위가 더 나아질 수는 없기 때문이다.

② **영업양도인의 책임**   영업양수인이 상호의 속용으로 인하여 양도인의 채무에 대하여 책임진다 하여도 영업양도인이 면책되는 것은 아니다. 양도인과 양수인간에 면책적 채무인수가 의제되는 것이 아니기 때문이다. 채무는 여전히 양도인에 속하고 양수인은 외관신뢰주의나 기업재산담보의 법리로 추가적인 채무자가 됨에 불과하기 때문이다. 따라서 영업양도인과 영업양수인은 부진정연대채무관계(unechte Gesamtschuldnerschaft)에 놓인다.

③ **강제집행 가능성**   영업양수인이 채무를 승계한 것이 아니므로 채권자가 양도인에 대한 勝訴에서 얻은 채무명의를 가지고 양수인의 소유재산에 대하여 강제집행을 할 수는 없다(대판 1967. 10. 31,). 나아가 상호속용조의 영업양수인은 소송상의 승계인도 아니다.

대판 1967. 10. 31, 67다1102

"상법 제42조에는 영업 양수인이 양도인의 상호를 계속 사용하는 경우에는 양도인의 영업으로 인한 제3자의 채권에 대하여 양수인도 변제의 책임이 있다고 규정되어 있을 뿐이고, 양도인에게 대한 채무명의로서 바로 양수인의 소유재산을 강제집행할 근거는 되지 못한다.

원판결에 의하면, 원심은 이건 유체동산은 원고가 소외 오흥근으로부터 순흥제재소와 같이 양수한 원고 소유인 사실을 인정하면서 피고의 동 소외인에게 대한 채무명의에 의한 강제집행이 적법한듯 판시한 것은 위법하다 아니할 수 없고, 상법 제42조의 적용을 그르쳤다는 이건 상고논지는 위와같은 잘못을 나무라는 취지가 포함된 것으로 볼 것이므로, 이 상고논지를 받아드리기로 한다."

대판 1979. 3. 13, 78다2330 [집행문부여에 대한 이의]

"원판결이유에 의하면 원심은 피고가 그 판시 경상사료공장을 경영하던 소외 최정호를 상대로 그 판시 손해배상 청구소송을 제기하여 승소의 확정판결을 받은 사실, 위 확정판결의 변론종결후인 1975.11.30 원고와 소외 배성규 등이 위 최정호로부터 위 경상사료공장에 관한 영업을 그 판시와 같이 양도받아 경상사료공업사라는 상호로 영업을 하고 있는 사실 및 피고는 위 원고등이 피고와 위 최정호 사이의 위 확정판결의 변론종결후 그 확정판결상의 채무자인 위 최정호의 승계인에 해당한다 하여 그 판시 승계 집행문을 부여받아 이에 기하여 원고등의 영업재산에 관하여 강제집행을 실시한 사실 등을 인정한 다음 위 최정호의 피고에 대한 위 확정판결을 거친 손해배상 채무는 위 경상사료공장의 영업으로 인한 것이라고 원고등이 그 상호를 계속 사용하는 위 영업의 양수인으로서 피고에게 위 손해배상 채무를 변세할 책임이 있으니만큼, 원고 등은 위 확정판결상의 채무자인 위 최정호의 변론종결후의 승계인에 해당하므로 위 원판시 승계집행문의 부여는 적법하다는 피고의 주장에 대하여 원심은 설사 원고등이 상법 제42조 소정의 상호를 계속 사용하는 영업양수인에 해당되어 그 영업양도인인 위 최정호의 피고에 대한 위 손해배상 채무를 변제할 책임이 있다고 하여도 그로써 원고를 위 확정판결상의 채무자인 위 최정호의 변론종결후의 승계인이라 할 수 없다 하고 따라서 원고를 위 최정호의 승계인으로 표시한 위 승계집행문의 부여는 위법하다는 취지로 판단하여 피고의 위 주장을 배척하고 위 승계집행문의 부여를 다투는 원고의 본소 청구를 인용하고 있는 바, 원심이 위와 같은 사실을 인정하기 위하여 거친 증거의 취사과정을 기록에 비추어 검토하여 보아도 정당하고 거기에 소론과 같이 증거판단을 잘못하거나 채증법칙을 위배하여 사실을 오인한 위법이 없으며 또 영업양도인의 상호를 계속 사용하는 영업양수인이 상법 제42조 제1항에 의하여 그 양도인의 영업으로 인한 채무를 변제할 책임이 있다 하여도 그 채무에 관하여 이를 면책적으로 인수하는 등 특별한 사정이 없는 한 그 영업양수인을 곧 민사소송법 제204조의 변론종결후의 승계인에 해당한다고 할 수 없다 할 것이므로 이와 같은 취지에서 원고를 원판시 확정판결상의 채무자인 최정호의 변론종결후의 승계인이라 할 수 없다고 판단한 원심의 조치는 정당하고 거기에 민사소송법 제204조 및 상법 제42조의 법리를 오해한 위법이 없으므로 논지는 모두 이유없다. 따라서 상고를 기각하고 상고비용은 패소자의 부담으로 하기로 하여 관여 법관의 일치된 의견으로 주문과 같이 판결한다."

④ **피보증인 지위의 승계가능성**   판례에 의하면 상법 제42조 제1항이 영업양수인으로 하여금 영업양도인의 영업자금과 관련된 피보증인의 지위까지 승계하도록 한 규정은 아니라고 한다.

대판 2020. 2. 6, 2019다270217

"상법 제42조 제1항은 영업양수인이 양도인의 상호를 계속 사용하는 경우 양도인의 영업으로 인한 제3자의 채권에 대하여 양수인도 변제할 책임이 있다고 규정함으로써 양도인이 여전히 주채무자로서 채무를 부담하면서 양수인도 함께 변제책임을 지도록 하고 있으나, 위 규정이 영업양수인이 양도인의 영업자금과 관련한 피보증인의 지위까지 승계하도록 한 것이라고 보기는 어렵고, 영업양수인이 위 규정에 따라 책임지는 제3자의 채권은 영업양도 당시 채무의 변제기가 도래할 필요까지는 없다고 하더라도 그 당시까지 발생한 것이어야 하고, 영업양도 당시로 보아 가까운 장래에 발생될 것이 확실한 채권도 양수인이 책임져야 한다고 볼 수 없다."

대판 2020. 2. 6, 2019다270217 관련

I. 사실관계

(1) 甲은 乙은행(외환은행)으로부터 2004년과 2007년 두차례에 걸쳐 영업자금의 대출을 받았고, 각 대출시 신용보증원금을 8,500만원으로 하여 丙기금(원고: 기술보증기금)과 신용보증계약을 체결하였다.

(2) 甲은 2012. 11. 14. 경 자신의 영업을 상호속용조로 丁(피고)에게 양도하였다.

(3) 甲은 2012. 11. 25. 이자를 연체하여 기한의 이익을 상실하였고 이에 원고(丙)는 2013. 3. 8. 乙은행에 합계 1억 6,886만여원을 대위변제하였다.

(4) 그 후 원고는 영업양도인인 甲을 상대로 서울중앙지법에 구상금청구의 소를 제기하여 2014. 10. 10. 원고승소판결을 받았고 위 판결은 그 무렵 확정되었다.

(5) 원고 기금(丙)은 피고인 영업양수인 丁을 상대로 구상금청구의 소를 제기하였다.

II. 각 심급의 판단 및 쟁점

(1) 1심 법원[29]: 원고는 1심에서는 청구원인을 구상금청구로 한정하였다. 乙은행을 만족시킨 원고가 구상금채권을 갖는다 할지라도 원고의 대위변제는 2013. 3. 경 이루어진 것이고 따라서 영업양도의 시점인 2012. 11. 14. 에는 구상금채권("영업상의 채권")은 아직 발생 조차지 않은 것이므로 원고(丙)의 피고(丁)에 대한 상법 제42 조 제 1 항상의 권리도 존재하지 않는다고 보았다. 상호를 속용하는 영업양수인이 양도인의 영업으로 인한 제 3 자의 채권에 대해 변제의 책임이 있기는 하지만 "양수인이 책임지는 제3자의 채권은 적어도 영업양도 시점까지는 성립한 것이어야 하고 영업양도 당시로 보아 가까운 장래에 발생될 것이 확실한 채권도 양수인이 책임져야 한다고 볼 수 없다"면서 원고의 청구를 기각하였다. 위에서 본대로 영업양도일 현재 원고는 아직 아무런 변제도 한 바 없어 구상금채권도 존재하지 않으므로 원고의 청구는 이유없다고 본 것이다.

(2) 2심 법원[30]: 항소심에서 원고는 신용보증계약상의 구상금청구 외에도 변제자대위에 기한 법정대위권을 청구원인에 추가하였다. 항소심은 구상금청구 부분에 대해서는 1심판결을 그대로 인용하면서도 원고가 새로이 추가한 변제자대위에 기한 법정대위권에 대해서는 이를 인용하였다. 영업양도의 시점에 원고의 구상권은 아직 발생하지 않았지만 2013. 3. 8.의 대위변제로 원고는 채권자인 乙은행을 법정대위하게 된다고 보았다. 나아가 법정대위로 인한 대위변제금 채권은 종래의 채권자인 乙은행이 甲에 대해 가지는 채권 자체가 이전하는 것이므로 원고의 대위변제금 채권 역시 乙은행이 甲에 대해 대출금채권을 취득한 시점, 즉 2004년 및 2007년에 이미 성립한 것으로 보았다. 결론적으로 변제자대위로 인한 법정대위권은 이 사건 영업

---

29) 인천지방법원 2019. 2. 15, 2017가단227577 판결.
30) 인천지방법원 2019. 9. 5, 2019나54934 판결.

양도일(2012. 11. 14.) 현재 이미 존재하였고 이것을 상법 제42조 제1항이 정하고 있는 "양도인의 영업으로 인한 제 3 자의 채권"으로 보는 한 영업양수인인 피고 역시 이에 대한 연대책임을 면할 수 없다고 본 것이다.

(3) 대법원[31]: 구상금청구 부분에 대해서는 대법원 역시 사실심과 마찬가지로 영업양도일 현재 구상금채권이 발생하지 않아 피고의 책임을 인정할 수 없다고 보았다. 다만 항소심에서 인용한 변제자대위에 기한 법정대위권에 대해서는 원심을 파기하였다. 구상금청구와 변제자대위에 기한 법정대위권 양자의 청구권경합은 인정할 수 있지만[32] 후자의 경우 전자에 대해 종속적 성격을 가진다고 본 것이다. 즉 민법 제481조 및 동법 제482조에서 규정하고 있는 변제자대위는 제3자 또는 공동채무자의 한 사람이 주채무를 변제함으로써 채무자 또는 다른 공동채무자에 대하여 갖게 된 구상권의 효력을 확보하기 위한 제도이므로 대위에 의한 원채권 및 담보권의 행사 범위 역시 구상권의 범위로 한정된다고 보았다. 원고가 피고에 대해 구상권을 가지지 못하는 이상 그 구상권의 효력을 확보하기 위한 변제자대위 역시 허용될 수 없으므로 원고 기금(丙)은 乙은행의 피고(丁)에 대한 원채권을 대위행사할 수 없다고 보았다.

Ⅲ. 본 사건에 대한 평석들: 본 사건에 대해서는 찬성 평석이 있는가 하면[33] 대법원 판결의 결론에는 찬성하지만 결론에 이르는 과정에 대해서는 입장을 달리하는 학설도 있다.[34]

(라) 양수인의 면책 양수인이 영업양수를 받은 후 지체없이 양도인의 채무에 대한 책임이 없음을 등기한 때에는 모든 채권자에 대하여 책임을 지지 않는다(상문 42 Ⅱ). 개별적인 통지의 경우도 같다(상문 42 Ⅱ).

(마) 양도인의 책임의 존속기간(상45) 영업양수인이 상호속용으로 인하여(상42 1) 또는 채무인수의 광고로 인하여(상44) 책임질 경우[35] 양도인의 채무는 영업양도일이나 채무인수의 광고일로부터 2년이 경과하면 소멸한다(상45). 이 기간은 제척기간[36]인데 이 기간이 만료하기 전이라도 양도인의 채무는 고유의 시효기간에 따라 시효소멸할 가능성이 있다.

---

31) 대판 2020. 2. 6, 2019다270217.

32) 판례에 의하면 양자는 원본, 변제기, 이자, 지연손해금의 유무에 있어 내용이 다른 별개의 권리이다 (대판 2009. 2. 26, 2005다32418).

33) 문정해, "2020년도 상반기 상법 관련 대법원 주요 판례 연구", 이화여자대학교 법학논집 제25권 제 2호 통권 제72호(2020. 12), pp. 229~255, 특히 pp. 231~237.

34) 김홍기, [2020년 분야별 중요판례분석], 법률신문(2021. 3. 25.); 홍승면, "상호속용 양수인이 상법 제42조 제1항에 따라 책임지는 제3자의 채권의 범위, 민법 제481조, 제482조에서 정한 변제자대위에 의하여 원채권 및 담보권을 행사할 수 있는 범위", 『판례공보스터디 민사판례해설』(2019. 7. 1.자 공보~2020. 10. 15.자 공보), 서울고등법원 판례공보스터디, 2020. pp. 268~273.

35) 대판 2009. 9. 10, 2009다38827.

36) 落合/大塚/山下, 6版, 133頁.

이러한 제척기간을 둔 이유는 양수인의 책임을 통하여 양도인의 채무가 기업자산으로 담보되어 있고 양도인의 채무는 따지고 보면 기업채무라 할 수 있으므로 양도인의 지위를 장기간 불안정하게 할 필요가 없기 때문이다. 나아가 양수인으로 하여금 당사자간의 구상관계(求償關係)도 신속히 매듭지으라는 뜻도 포함되어 있다. 영업양도인과 영업양수인은 상호 부진정연대채무관계에 놓이므로 구상관계가 발생할 수 있다.[37]

(바) 상법 제42조 1항의 적용확장　　판례는 아래와 같은 경우 상법 제42조 1항을 유추적용하고 있다.

① 영업의 출자로 설립된 회사가 출자자의 상호를 계속 사용하는 경우

대판 1995. 8. 22, 95다12231 ['협성산업'과 '(주)협성' 사건]

"상법 제42조 제1항은 영업양수인이 양도인의 상호를 계속 사용하는 경우에는 양도인의 영업으로 인한 제3자의 채권에 대하여 양수인도 변제할 책임이 있다고 규정하고 있는 바, 영업을 출자하여 주식회사를 설립하고 그 상호를 계속 사용하는 경우에는 영업의 양도는 아니지만 출자의 목적이 된 영업의 개념이 동일하고 법률행위에 의한 영업의 이전이란 점에서 영업의 양도와 유사하며 채권자의 입장에서 볼 때는 외형상의 양도와 출자를 구분하기 어려우므로, 새로 설립된 법인은 상법 제42조 제1항의 규정의 유추적용에 의하여 출자자의 채무를 변제할 책임이 있다고 할 것이다(대원 1989. 3. 28. 선고 88다카12100 판결 참조).

원심은 비법인 사업체인 협성산업의 대표이던 소외 정윤수가 이 사건 산재사고 발생 후에 위 협성산업의 영업을 현물출자하여 피고 주식회사 협성을 설립하고 그 대표이사가 되었다는 사실을 인정한 다음, 피고 주식회사 협성은 상호를 계속 사용하는 영업양수인의 책임에 관한 상법 제42조 제1항의 규정에 따라 위 정윤수의 원고들에 대한 손해배상 채무를 변제할 책임이 있다고 판단하였는 바, 관련 증거들을 기록과 대조하여 검토하여 보면, 원심의 위와 같은 인정과 판단은 정당하고, 원심판결에 논하는 바와 같이 채증법칙을 위반하여 판결에 영향을 미친 사실을 잘못 인정하거나 영업양도에 관한 법리를 오해한 위법이 있다고 볼 수 없으므로, 논지도 이유가 없다. 그러므로 상고를 기각하고 상고비용은 상고인 각자의 부담으로 하기로 하여 관여 법관의 일치된 의견으로 주문과 같이 판결한다."

대판 2009. 9. 10, 2009다38827 [상법 제45조의 유추가능성(적극)]

"상법 제42조 제1항은 영업양수인이 양도인의 상호를 계속 사용하는 경우에는 양도인의 영업으로 인한 제3자의 채권에 대하여 양수인도 변제할 책임이 있다고

---

37) 최완진, 132면.

규정하고, 상법 제45조는 영업양수인이 상법 제42조 제1항의 규정에 의하여 변제의 책임이 있는 경우에는 양도인의 제3자에 대한 채무는 영업양도 후 2년이 경과하면 소멸한다고 규정하고 있는바, 영업을 출자하여 주식회사를 설립하고 그 상호를 계속 사용함으로써 상법 제42조 제1항의 규정이 유추적용되는 경우(대법원 1995. 8. 22. 선고 95다12231 판결, 대법원 1996. 7. 9. 선고 96다13767 판결 등 참조)에는 상법 제45조의 규정도 당연히 유추적용된다고 할 것이다. 원심은, 이 사건 소는 영업양도일로 볼 수 있는 ○○상사의 폐업 및 주식회사 ○○상사의 설립이 이루어진 2004. 8. 말부터 2년 이상 경과하였음이 역수상 명백한 2008. 1. 25.에야 제기되었으므로, ○○상사의 영업을 출자하여 주식회사 ○○상사를 설립한 피고의 ○○상사의 영업과 관련한 이 사건 채무는 상법 제45조에 의하여 소멸하였다는 이유로, 제1심판결을 취소하고 원고의 청구를 기각하였다. 앞서 본 법리와 기록에 비추어 살펴보면, 위와 같은 원심의 조치는 정당하고 거기에 상고이유의 주장과 같은 상법 제45조에 관한 법리를 오해하거나 신의칙과 형평에 어긋난 판단을 함으로써 판결에 영향을 미친 법령위반의 위법이 없다. 그러므로 상고를 기각하고, 상고비용은 패소자가 부담하기로 하여 관여 대법관의 일치된 의견으로 주문과 같이 판결한다."

② 옥호(屋號) 또는 영업표지의 속용시

대판 2010. 9. 30, 2010다35138 ['서울종합예술원' 사건][38]

"상호를 속용하는 영업양수인의 책임을 정하고 있는 상법 제42조 제1항은, 일반적으로 영업상의 채권자의 채무자에 대한 신용은 채무자의 영업재산에 의하여 실질적으로 담보되어 있는 것이 대부분인데도 실제 영업의 양도가 이루어지면서 채무의 승계가 제외된 경우에는 영업상의 채권자의 채권이 영업재산과 분리되게 되어 채권자를 해치게 되는 일이 일어나므로 영업상의 채권자에게 채권추구의 기회를 상실시키는 것과 같은 영업양도의 방법, 즉 채무를 승계하지 않았음에도 불구하고 상호를 속용함으로써 영업양도의 사실이 대외적으로 판명되기 어려운 방법 또는 영업양도에도 불구하고 채무의 승계가 이루어지지 않은 사실이 대외적으로 판명되기 어려운 방법 등이 채용된 경우에 양수인에게도 변제의 책임을 지우기 위하여 마련된 규정이라고 해석된다. 따라서 양수인에 의하여 속용되는 명칭이 상호 자체가 아닌 옥호 또는 영업표지인 때에도 그것이 영업주체를 나타내는 것으로 사용되는 경우에는 영업상의 채권자가 영업주체의 교체나 채무승계 여부 등을 용이하게 알 수 없다는 점에서 일반적인 상호속용의 경우와 다를 바 없으므로, 양수인은 특별한 사정이 없는 한 상법 제42조 제1항의 유추적용에 의하여 그 채무를 부담한다고 봄이 상당하다. 원심이 같은 취지에서 소외 회사로부터 이 사건 교육시설의 영업을 양도받아 그 명칭인 '서울종합예술원'이라는 명칭을 사용하여 같은 영업을

---

38) 이 판례의 따름 판례로는 대판 2022. 4. 28, 2021다305659가 있다.

계속한 피고에 대하여 상법 제42조 제1항의 유추적용에 의한 책임을 인정한 것은 정당하고, 거기에 상고이유에서 주장하는 바와 같은 상호속용 영업양수인의 책임에 관한 법리오해 등의 위법이 있다고 할 수 없다."

③ **영업의 임대차**　　이 경우 판례는 상법 제42조 제1항의 유추적용 가능성을 부정하고 있다.

대판 2016. 8. 24, 2014다9212

"상법 제42조 제1항은, 일반적으로 영업상의 채권자의 채무자에 대한 신용은 채무자의 영업재산에 의하여 실질적으로 담보되어 있는 것이 대부분인데도 실제 영업의 양도가 이루어지면서 채무의 승계가 제외된 경우에는 영업상의 채권자의 채권이 영업재산과 분리되게 되어 채권자를 해치게 되는 일이 일어나므로, 이러한 채권자를 보호하기 위하여 양도인의 상호를 계속 사용함으로써 대외적으로 영업양도 사실이나 채무의 승계가 이루어지지 아니한 사실을 알기 어렵게 하여 양도인의 채권자로 하여금 채권추구의 기회를 상실하도록 한 양수인에게 책임을 물어 타인인 양도인의 채무에 대한 변제의 책임을 지우기 위하여 마련한 규정이다.

그런데 영업임대차의 경우에는 상법 제42조 제1항과 같은 법률규정이 없을 뿐만 아니라, 영업상의 채권자가 제공하는 신용에 대하여 실질적인 담보의 기능을 하는 영업재산의 소유권이 재고상품 등 일부를 제외하고는 모두 임대인에게 유보되어 있고 임차인은 사용·수익권만을 가질 뿐이어서 임차인에게 임대인의 채무에 대한 변제책임을 부담시키면서까지 임대인의 채권자를 보호할 필요가 있다고 보기 어렵다. 여기에 상법 제42조 제1항에 의하여 양수인이 부담하는 책임은 양수한 영업재산에 한정되지 아니하고 그의 전 재산에 미친다는 점 등을 더하여 보면, 영업임대차의 경우에 상법 제42조 제1항을 그대로 유추적용할 것은 아니다."

(사) 채무인수의 광고($^{상}_{44}$)　　지금까지 살펴 본 영업양수인의 책임은 상호속용으로 인한 것이었다. 그러나 이러한 현상은 영업양수인이 양도인의 영업상의 채무를 인수할 것을 광고한 경우에도 발생한다($^{상}_{44}$). 나아가 이러한 법리는 양도인의 채권자에 대하여 개별적으로 통지를 하는 방식으로 그 취지를 표시한 경우에도 적용된다.

대판 2010. 1. 14, 2009다77327

"신설회사가 기존회사로부터 영업재산 대부분을 그대로 인수하여 그 영업을 양수하여 기존회사의 거래처와 거래를 계속하던 중 기존회사의 채권자에게 상호를 변경한다는 취지의 개별통지를 한 사안에서, 신설회사는 상법 제44조의 채무인수를 광고한 양수인에 해당하여 그 채권자에게 채무변제의 책임이 있다"고 한 사례.

대판 2010. 11. 11, 2010다26769

"양도인의 상호를 계속 사용하지 아니하는 영업양수인에 대해서도 양도인의 영업으로 인한 채무를 인수할 것을 광고한 때에는 그 변제책임을 인정하는 상법 제44조의 법리는 영업양수인이 양도인의 채무를 받아들이는 취지를 광고에 의하여 표시한 경우에 한하지 않고, 양도인의 채권자에 대하여 개별적으로 통지를 하는 방식으로 그 취지를 표시한 경우에도 적용이 되어, 그 채권자와의 관계에서는 위 채무변제의 책임이 발생한다.

甲 회사의 임원으로 근무하던 중 '폴리테트라메틸렌 에테르글리콜'(PTMEG: Polytetramethylene Etherglycol)의 중간물질인 '폴리테트라메틸렌 에테르글리콜 디에스테르'(PTMEA: Polytetramethylene Etherglycol Diester)의 제조 방법에 관한 발명을 완성한 자가 그 발명에 관하여 특허를 받을 권리를 乙 회사에게 묵시적으로 양도하면서 그 양도대금을 지급받기로 묵시적 약정을 하였는데, 그 후 丁 회사가 乙 회사를 합병한 丙 회사와의 사이에 丙 회사가 PTMEG 사업을 영위하는데 사용하고 있는 실질적인 모든 자산과 부채를 포함한 사업을 양도받기로 하는 영업양도 계약을 체결하고, 위 발명자의 보상요구에 대해 계속 협의해 나가자는 취지의 답변을 한 후 여러 차례 보상금의 액수에 대한 협의를 한 사안에서, 그 영업양도 계약서의 문언상 위 양도대금 채무는 인수 대상에 포함되지 않으나 丁 회사는 상법 제44조의 채무인수를 광고한 인수인으로서 발명자에게 위 양도대금 채무를 변제할 책임이 있다"고 한 사례.

(2) 영업상의 채무자보호($^{상}_{43}$)

(가) 의 의　영업양수인이 양도인의 상호를 속용하는 경우에는 양도인의 영업으로 인한 채권에 대해서 채무자가 선의이며 중대한 과실이 없이 양수인에게 변제한 때에는 그 효력이 있다($^{상}_{43}$). 상호속용조의 영업양도가 이루어지면 양도인의 채권자뿐만 아니라 그의 채무자도 영업의 변화없는 존속을 신뢰하다가 손해를 볼 위험이 있다. 즉 상호가 계속 사용되는 것을 기화로 자신의 원래의 채권자인 영업양도인에게 변제하지 않고 양수인에게 변제하는 경우가 그러하다. 진정한 채권자에게 변제하여야 채무의 소멸이라는 변제의 효과가 발생하나 상법은 이 경우 영업양도 사실에 대해서 선의인 채무자에 대하여는 양수인에게 변제하여도 적법한 변제로 의제시키고 있는 것이다.

(나) 적용요건　(i) 우선 상법 제42조 1항의 상호속용조의 영업양도가 있었어야 한다. (ii) 나아가 영업양도인의 영업상의 채권이 존재하였어야 한다. 그

채권은 양수인에게 양도되지 않았어야 하고, 또 지시채권이나 무기명채권이 아니어야 한다. (iii) 끝으로 채무자는 상호속용조의 영업양도를 선의, 무중과실상태에서 알지 못한 가운데 양수인에게 변제하였어야 한다.

(다) 적용효과　　양수인에게 변제하였음에도 불구하고 진정한 채권자인 영업양도인에게 이행한 것으로 의제되어 유효한 변제가 된다.

참고: 항변권의 대위행사와 통과행사

I. 항변권의 대위행사(수렴형)

이는 일정한 자에게 발생한 항변권이 다른 자에 의하여 행사되는 것을 가리킨다. 다음과 같은 예들을 생각할 수 있다.

① 상법 제214조의 경우

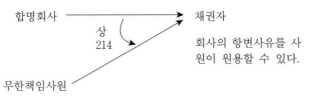

회사의 항변사유를 사원이 원용할 수 있다.

② 민법상의 보증의 경우

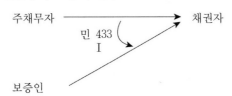

보증인은 주채무자가 갖는 항변권으로 채권자에게 대항할 수 있다($_{민}$ 433).

③ 상호속용조의 영업양도($_{상}$ 42)의 경우

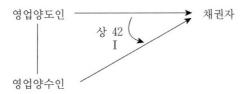

상호속용조의 영업양수인은 양도인이 자신의 채권자에 대하여 주장할 수 있는

항변사유로 채권자에게 대항할 수 있다.

Ⅱ. 항변권의 통과행사(발산형)

이는 일정한 상대방에 대하여 주장할 수 있는 항변사유로 그 외의 다른 자에게
도 대항할 수 있는 것을 뜻한다.

① 제3자를 위한 계약

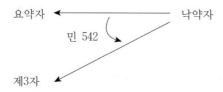

낙약자(Versprechende)는 제3자를 위한 계약의 상대방인 요약자(Versprechens-
empfänger)에 대하여 주장할 수 있는 항변사유로 제3자에게 대항할 수 있다($^{민}_{542}$).

② 지명채권양도시

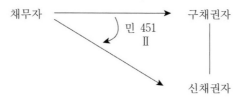

채무자는 채권양도의 통지를 받은 때까지 양도인에 대하여 생긴 사유로써 양수
인에게 대항할 수 있다($^{민\,451}_{Ⅱ}$).

③ 리스계약에서의 共鳴關係(Resonanzverhältnis)

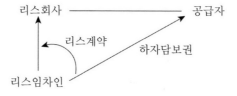

금융리스의 경우 리스임차인은 리스임대인으로부터 양도받은 매매계약상의 하
자담보권을 행사함으로써 리스료의 지급을 요구하는 리스회사에 대항할 수 있다.

④ 은행식 할부매매의 경우(할부매매에 관한 법률 16Ⅱ)

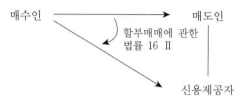

매수인은 은행식 할부매매(finanzierter Abzahlungskauf)의 경우 매물이 계약목적달성 불능의 하자를 지닌 경우 매도인과의 계약을 해제할 수 있다. 이에 그치지 않고 매수인은 금전소비대차계약상의 할부금지급의무에 대하여도 매매계약상의 항변사유를 원용하여 신용제공자에 대항할 수 있다(할부매매에 관한 법률 16Ⅱ).

(3) 채권자 취소권의 발생

판례에 의하면 채무자가 영업재산과 영업권이 유기적으로 결합된 상태에서 이를 일체로 양도한 결과 채무초과상태에 이르거나 이미 그 상태에 있는 것을 심화시킨 경우에는 영업양도는 채권자 취소권의 대상이 된다고 한다.

대판 2015. 12. 10, 2013다84162 [사해행위취소 등]

"[1] 영업은 일정한 영업 목적에 의하여 조직화된 유기적 일체로서의 기능적 재산이므로, 영업을 구성하는 유형·무형의 재산과 경제적 가치를 가지는 사실관계가 서로 유기적으로 결합하여 수익의 원천으로 기능하고, 하나의 재화와 같이 거래의 객체가 된다. 그리고 여러 개의 부동산, 유체동산, 그 밖의 재산권에 대하여 일괄하여 강제집행을 할 수 있으므로(민사집행법 제98조 제1항, 제2항, 제197조 제1항, 제251조 제1항 참조), 영업재산에 대하여 일괄하여 강제집행이 될 경우에는 영업권도 일체로서 환가될 수 있다. 따라서 채무자가 영업재산과 영업권이 유기적으로 결합된 일체로서의 영업을 양도함으로써 채무초과상태에 이르거나 이미 채무초과상태에 있는 것을 심화시킨 경우, 영업양도는 채권자취소권 행사의 대상이 된다.

[2] 영업양도 후 종래의 영업조직이 전부 또는 중요한 일부로서 기능하면서 동일성을 유지한 채 채무자에게 회복되는 것이 불가능하거나 현저히 곤란하게 된 경우, 채권자는 사해행위취소에 따른 원상회복으로 피보전채권액을 한도로 하여 영업재산과 영업권이 포함된 일체로서의 영업의 가액을 반환하라고 청구할 수 있다."

제3절 영업의 임대차와 경영위임

영업재산의 소유권이전을 수반하는 영업양도와는 달리 영업재산에 대한 이용관리권을 갖고 이를 사용수익하거나 한 기업의 경영만을 타인에게 위임하는 경우가 있다. 영업과 관련된 이러한 현상들을 살펴보기로 한다.

I. 영업의 임대차

營業의 賃貸借(Unternehmenspacht)란 사용대가를 받고 영업재산 및 영업조직을 타인에게 이용시키는 계약이다. 영업재산에 대한 권리가 임차인에게 이전하지 않는 점에서 영업양도와 다르고, 임차인 자신의 명의와 계산으로 영업한다는 점에서 위임인 명의로 영업하는 경영위임과 다르다. 즉 영업의 임대차란 인적 및 물적 설비를 망라한 타인의 영업을 일체로서 점유이전받아 임차인 스스로의 명의와 계산으로 이를 자신의 영업조직으로 활용하고 그 대가를 임대인에게 지급하는 현상이다. 이는 *海商法*상의 정기용선형태와 유사하다. 회사의 영업을 임대하는 경우에는 주주총회의 특별결의를 거쳐야 한다($\frac{상\ 374}{2호}$). 회사재산이 제3자에게 점유이전되므로 출자자로서는 재산적 기초에 불안을 느낄 수 있기 때문이다.

II. 경영위임

經營委任(Betriebsüberlassung)이란 한 기업의 경영만을 타인에게 위임하는 것이다. 따라서 경영위임에서는 위임인인 영업주명의로 영업이 이루어진다. 경영위임은 다시 협의의 경영위임과 경영관리계약으로 나누어진다. 전자에서는 수임인이 자신의 계산으로 영업하고 위임인에게 일정 금액을 지급하는 형태이며, 후자에서는 수임인이 영업주의 계산으로 영업하고 자신은 단지 일정 보수만을 지급받는 형태이다. 물적회사의 경영위임에는 주주총회나 사원총회의 특별결의가 필요하다($\frac{상\ 374\ I\ 2호.}{576\ I}$).

제 4 절 영 업 소

I. 개 념

1. 개념정의

營業所(gewerbliche Niederlassung)라 함은 영업활동의 중심지로서 인적 내지 물적 시설을 갖춘 일정 장소를 말한다.

2. 개념요건

영업소는 독립성, 통일성 및 계속성의 개념요건을 갖추어야 한다.

(1) 독립성

영업소라고 하기 위하여는 인적 및 물적 설비를 갖춘 조직체로서 어느 정도 독립된 결정권을 가져야 한다. 따라서 이러한 설비나 자격을 가지지 못한 출장소, 사무소, 직매소 등은 영업소라 할 수 없다. 또한 자회사나 대리상 등은 독립된 상인이므로 영업소가 될 수 없다.

(2) 통일성

영업소가 되기 위하여는 영업활동의 결과가 통일될 수 있는 곳이어야 한다. 영업내부적으로는 지휘, 명령이 이루어지고 외부적으로는 영업목적인 기본상행위가 이루어지고 이러한 거래가 이루어지고 난 다음에는 그 결과가 통일될 수 있는 곳이어야 한다. 따라서 이러한 요건을 갖추지 못한 단순한 매장이나 객장 등은 영업소가 아니며, 나아가 상품의 제조, 가공 등 사실행위만 이루어지는 공장이나 창고 역시 영업소가 아니다.

(3) 계속성

영업소가 되기 위하여는 영업활동의 중심지답게 시간적으로도 어느 정도 계속성을 갖고 있어야 한다. 따라서 간이점포나 이동매장과 같이 일시적으로만 특정 판매행위를 하는 곳은 영업소가 될 수 없다. 그러나 일정 기간이긴 하나 지속적으로 개설되는 매점, 예컨대 해수욕장 기간 중의 매점 등은 영업소의 실질을 갖추었다고 할 수 있을 것이다.

3. 영업소의 판단

영업소냐 아니냐의 판단은 외형상의 명칭만으로 파악할 수는 없다. 위에서 적시한 개념요건을 충족시키고 있느냐에 중점을 두어야 하고 또 당사자의 주관보다는 객관적인 영업소의 실체가 검토의 대상이 되어야 한다. 따라서 아무리 상인이 "본점" 등의 명칭을 사용하고 있더라도 영업소의 객관적 실체가 나타나지 않으면 그것은 영업소라 할 수 없고, 또 반대로 "출장소" 등의 명칭을 사용하고 있지만 영업소의 객관적 요소를 모두 갖추었으면 상법상의 영업소로 취급할 수 있을 것이다.

II. 영업소의 수와 종류

1. 영업소의 수

상인은 하나의 영업을 하기 위하여는 적어도 하나의 영업소를 갖고 있어야 한다. 그러나 하나의 영업에 반드시 하나의 영업소일 필요는 없고 수개의 영업소를 설치할 수 있다. 또 수개의 영업을 영위하는 경우에는 각 업종별로 수개의 영업소가 있을 수 있다. 또 복수의 영업소가 있게 된다 해도 동일 장소에 수개의 영업소가 있을 수도 있다. 장소적 동일성과 기능적 다양성을 고려하면 얼마든지 가능한 결과이다.

2. 영업소의 종류

영업소에는 본점과 지점이 있다. 本店(Hauptniederlassung)이라 함은 개개의 영업을 전체적으로 통합하고 그 영업결과를 하나의 경영단위로 집중시키는 영업소이다. 반면 支店(Filiale)이라 함은 전체 영업 중 수량적 일부를 차지하며 영업을 수행하는 영업소를 말한다. 본점은 하나만 있을 수 있지만, 지점은 복수가 가능하다. 본점과 지점은 항상 동일한 상인에 속하며 지점의 책임자(Filialleiter)는 독립된 상인이 아니다. 나아가 본점이나 지점의 명칭도 절대적인 것은 아니어서 여러 가지 형태의 명칭이 쓰여질 수 있을 것이다.

지점도 영업소의 한 형태이므로 상기의 개념요건이 모두 충족되어야 하며,

단순히 영업의 기능적 일부만을 수행하는 형태여서는 안된다. 나아가 "支社" 등으로 불리우는 자회사는 독립된 법인상인이므로 이를 지점과 혼동하여서는 안될 것이다.

Ⅲ. 영업소의 효과

상법을 비롯한 많은 실정법규에는 영업소라는 개념에 대하여 다음과 같은 법률효과를 부여하고 있다. 여기에서는 이들을 일반적 효과, 지점의 효과 및 회사의 본·지점의 효과로 나누어 살펴본다.

1. 일반적 효과

(1) 채무변제의 장소

지참채무(Bringschuld)에서는 채권자의 영업소, 추심채무(Holschuld)에서는 채무자의 영업소가 각각 그 이행장소가 된다. 즉 특정물인도 이외의 채무의 변제는 원칙적으로 채권자의 영업소에서 이루어지며($\frac{민}{\mathrm{II}}$ 467), 지시채권이나 무기명채권의 경우에는 증서에 변제장소를 정하지 않은 경우 채무자의 현영업소가 원칙적으로 변제장소이다($\frac{민}{524}$ 516,).

(2) 지배인의 선임단위

상인은 지배인을 영업소 단위로 둘 수 있다($\frac{상}{10}$). 즉 각 본점 및 지점을 단위로 지배인을 선임하게 되는 것이다. 대법원 판례는 표현지배인도 영업소의 실질을 갖춘 경우에만 그 요건이 충족된다고 보고 있다(실질설).

(3) 등기관할의 기준

상법에 의하여 등기할 사항은 당사자의 신청에 의하여 영업소의 소재지를 관할하는 법원의 상업등기부에 등기한다($\frac{상\ 34;\ 상}{업등기\ 18}$).

(4) 재판적의 기준

회사의 보통재판적은 회사의 주된 영업소에 의해서 정해진다($\frac{민소}{5}$). 나아가 각종 회사법상의 소는 본점소재지를 관할하는 지방법원의 전속관할로 되어 있다. 예컨대 각종 회사의 설립무효나 취소의 소에서 그러하고($\frac{상\ 186,\ 269,\ 328}{\mathrm{II}.\ 552\ \mathrm{I}}$), 나아가 주주총회나 유한회사의 사원총회의 결의하자를 다루는 소에서도 그러하다

$\left(\begin{smallmatrix} 상 376 \, \mathrm{II}. \ 380. \\ 381. \ 578 \end{smallmatrix}\right)$.

2. 지점의 효과

(1) 지점거래의 채무이행장소

支店에서의 거래로 인한 채무이행장소는 그 행위의 성질 또는 당사자의 의사표시에 의하여 특정되지 않은 경우 특정물인도 이외의 채무의 이행은 그 지점을 이행장소로 본다($\begin{smallmatrix} 상 \\ 56 \end{smallmatrix}$).

민법상 "영업에 관한 채무의 변제는 채권자의 현 영업소에서 하여야" 하나 ($\begin{smallmatrix} 민 467 \\ \mathrm{II} \ 2문 \end{smallmatrix}$) 여기에서 "현 영업소"란 변제 당시를 기준으로 그 채무와 관련된 채권자의 영업소로서 주된 영업소(본점)에 한정되는 것이 아니라 "그 채권의 추심 관련 업무를 실제로 담당하는 영업소"까지 포함될 수 있다.

대법원 2022. 5. 3. 2021마6868 결정 [구상금]

"민법 제467조 제2항의 '영업에 관한 채무'는 영업과 관련성이 인정되는 채무를 의미하고, '현영업소'는 변제 당시를 기준으로 그 채무와 관련된 채권자의 영업소로서 주된 영업소(본점)에 한정되는 것이 아니라 그 채권의 추심 관련 업무를 실제로 담당하는 영업소까지 포함된다. 따라서 영업에 관한 채무의 이행을 구하는 소는 제소 당시 채권 추심 관련 업무를 실제로 담당하는 채권자의 영업소 소재지 법원에 제기할 수 있다."

☞ 보험회사인 원고(재항고인)가 상법 제682조의 보험자대위를 근거로 대전지방법원에 소를 제기하면서 대전에 있는 지점에서 채권을 관리하여 민법 제467조 제2항에 따른 관할이 있음을 주장하였음에도, 제1심법원이 상법 제56조에 따른 지점에서의 거래로 인한 청구가 아니라는 이유만으로 원고의 대전 영업소 소재지를 관할하는 대전지방법원에 관할권이 없다고 보아 피고의 주소지 및 사고 발생지를 관할하는 대전지방법원 논산지원으로 이송결정을 하였고 원심도 이송결정에 대한 원고의 항고를 기각한 사안에서, 민법 제467조 제2항에 따른 법리오해 및 심리미진의 잘못이 있다고 보아 원심결정을 파기한 사례.

(2) 지점에서의 등기

지점에 둔 지배인의 선임과 대리권의 소멸은 그 지점소재지에서 등기하여야 한다($\begin{smallmatrix} 상 \\ 13 \end{smallmatrix}$). 나아가 본점소재지에서 등기할 사항은 다른 규정이 없으면 지점에서도 등기하여야 한다($\begin{smallmatrix} 상 \\ 35 \end{smallmatrix}$). 지점에서 등기할 사항을 등기하지 않으면 그 지점의 거래에 한하여 선의의 제3자에게 대항하지 못한다($\begin{smallmatrix} 상 \ 37. \\ 38 \ \mathrm{I} \end{smallmatrix}$).

(3) 영업양도의 단위

지점의 영업도 영업양도의 단위가 된다. 따라서 지점영업이 영업의 중요한 일부가 되는 경우에는 그 양도시 주주총회의 특별결의를 거쳐야 한다($^{상\ 374}_{1\ 1호}$).

(4) 대리권의 범위

지점지배인의 대리권의 범위는 지점영업에 국한되며($^{상}_{10}$), 지점영업에 관한 표현지배인의 인정기준이 된다($^{상}_{14}$).

3. 회사의 본점·지점의 효과

(1) 주주총회의 소집장소

주식회사의 주주총회는 정관에 다른 정함이 있는 경우 이외에는 본점소재지 또는 이에 인접한 지에서 소집하여야 한다($^{상}_{364}$).

(2) 각종 서류의 비치장소

물적회사에서는 정관, 주주(사원)총회 의사록은 본점과 지점에, 주주명부(사원명부), 사채원부, 이사회의 의사록은 본점에 비치한다($^{상\ 396,}_{566}$).

(3) 결산서류의 비치장소

재무제표, 영업보고서, 감사보고서 등은 정기총회일의 1주간 전부터 본점에서는 5년간, 그 등본은 지점에 3년간 비치되어야 한다($^{상\ 448,}_{579의\ 3}$).

제 **2** 편

상 행 위

제1장 상행위 통칙

제1절 상행위법 서설

제1관 실질적 의미의 상행위법과 형식적 의미의 상행위법

상법을 형식적, 실질적 의미로 나누어 이해하였듯이 상행위법도 형식적 의미와 실질적 의미로 나눌 수 있을 것이다. 형식적 의미의 상행위법이란 "상행위"라는 명칭으로 제정된 성문법규로서 상법 제46조부터 제168조의12까지로 구성된 상법전 제2편 상행위 부분을 말한다. 이에 대하여 실질적 의미의 상행위법이란 이러한 법의 존재형식과는 관계없이 상행위법으로서 통일적 체계적으로 파악될 수 있는 특수한 法域을 말한다. 상행위법 역시 상법에 속하는 것이므로 실질적 의미의 상법의 개념에 의존할 수밖에 없다. 그리하여 상법을 기업생활관계에 관한 법으로 파악하는 한 실질적 의미의 상행위법은 '企業生活關係에 특유한 法規의 총체 중에서 經營活動에 관한 부문'을 말한다고 할 수 있을 것이다.

제2관 상행위법의 특색

I. 임의법규성

회사법에서 주로 나타나는 기업조직법 부분은 대부분 강행성을 띠고 있으나 상행위법분야는 전래적으로 강한 任意性이 지배한다. 단체적 성격보다는 평면적 거래를 대상으로 하므로 私的自治(Privatautonomie)의 기본원칙이 강하게 지배하고 약관사용 등으로 거래는 정형화하며 이러한 자유스러운 거래형상은 상행위법을 거래법의 전형(Prototyp)으로 만들었다. 그리하여 법률관계의 획일적 처리보다는 정형성, 반복성, 전문성으로 대표되는 상적 색채의 표출로 거래의 안전이나 외관신뢰주의가 강하게 부각되는 임의법(jus dispositivum)의 특성을 갖게 되었다.

상행위법은 이러한 임의성을 바탕으로 끊임없이 발전해 가는 경제의 동적 변모를 추적하고 있다. 그리하여 기존 성문법상의 계약형상에 만족하지 아니하고 새로운 법률행위의 패턴을 끊임없이 추적하여 합리성과 신속성의 요구를 충족시켜 가고 있다. 상행위법은 명실공히 *私法發展*의 견인차(Schrittmacher des Privatrechts)로서 자신의 기능을 충실히 수행해 가고 있다고 할 수 있다. 얼마 전까지만 해도 새로운 거래형상이라고 생각되던 리스, 프랜차이즈, 팩터링 같은 것들도 이미 낡은 제도가 되었으며 이제는 전자상거래가 가상공간을 매개로 하루가 다르게 우리의 관심을 끌고 있다. 따라서 상행위법에서는 상법전상의 기존 *成文制度*도 중요하지만 촌각을 다투며 발전해가는 새로운 계약형상들을 항상 예의주시하여 이를 포섭하고 수용하는 적극적 자세가 바람직할 것이다.

II. 유 상 성

상인의 영업활동은 영리성에 바탕을 두므로 상행위는 有償性(Entgeltlich-keit)을 나타낸다. 민법상의 위임은 무상이 원칙이지만($^{民}_{686}$) 상인이 그 영업범위 내에서 타인을 위하여 행위를 한 때에는 상당한 보수를 가지게 되며($^{商}_{61}$), 민법상의 금전소비대차는 무이자가 원칙이지만($^{民}_{600}$), 상인이 그 영업에 관하여 금전을 대어한 경우에는 이자의 약정이 없더라도 법정이자를 청구할 수 있다($^{商\,55}$).

III. 신속성(Schnelligkeit)

다수인을 상대로 집단적, 반복적으로 진행되는 것이 상거래이므로 상법은 법률관계의 *迅速한* 확정을 위하여 다수의 특별규정을 마련하고 있다. 대화자간의 계약의 청약은 상대방이 즉시 승낙하지 아니한 때에는 그 효력을 잃으며($^{商}_{51}$), 정기상사매매(Fixhandelskauf)의 경우 이행기의 도과는 계약해제를 의제시킨다($^{商}_{68}$). 나아가 상인인 매수인은 매물수령 즉시 그 하자를 조사하여 매도인에게 통지하지 않으면 계약해제권이나 대금감액청구권 등의 하자담보권을 잃는다($\frac{상}{69}$). 이러한 것들은 모두 집단적, 반복적으로 이루어지는 상거래의 상적 색채에서 나타난 규정들이다.

Ⅳ. 정 형 성

집단적, 반복적으로 이루어지는 상거래에 있어서는 거래내용을 定型化할 필요가 있으며 이러한 수요는 대개 약관사용으로 충족된다. 특히 운송이나 보험 등의 분야에서는 보통거래약관이 필수적으로 사용되고 있고, 그 이외의 분야에서도 약관사용은 더욱 보편화되어 가고 있다.

나아가 상관습의 형성도 거래내용을 정형화하는 데 기여한다. 국제매매에서 사용되는 CIF, FOB 등의 교역조건들은 모두 상관습을 정형화한 예들이다. 이러한 상관습의 발굴과 정리를 통하여 거래의 내용은 객관화될 수 있고 거래에 참여하는 당사자는 발생가능한 위험을 예측할 수 있다. 상관습의 조사, 정리에는 국제상업회의소(ICC)가 큰 역할을 하였다. 위에서 예를 든 Incoterms 외에도 UCP(신용장통일규칙) 역시 국제거래상의 대금결제와 관련된 국제상관습을 정리한 결과였다.

Ⅴ. 책임의 가중 또는 경감

상행위법은 일반 민법상 거래참여자가 부담할 責任을 때로는 보다 加重시키기도 하고, 때로는 이를 경감시키기도 한다. 책임을 가중시키는 것은 거래참여자인 상인의 전문성과 거래에 대한 상인의 숙련도를 고려한 결과이고, 반면 책임을 輕減시키는 것은 특정 영업주체를 위하여 기업유지의 이념을 실현하기 위함이다. 전자의 예로서는 상사보증의 연대성에 관한 상법 제57조 2항이나 유질계약을 허용하는 제59조를 들 수 있겠다. 일반 민법 같으면 연대보증의 특약이 있기 전에는 보증인의 최고·검색의 항변($\frac{민}{437}$)이 허용되지만, 주채무가 상행위로 인한 것이거나 보증채무가 상행위성을 띠면 연대보증으로 하여 상사채무의 인적 담보력을 강화하였다. 나아가 민법에서는 허용되지 않는 流質契約($\frac{민}{339}$)도 허용하고 있는 바, 이는 질권설정자인 상인의 경험과 숙련도를 고려한 결과이다.

반면 책임이 경감되는 예도 많다. 육상운송인과 해상운송인의 책임을 제한하는 규정들이 그 대표적인 예이다. 채권법상 손해배상의 범위에 관한 민법 제393조를 수정하여 상법은 定額賠償主義를 취하고 있고($\frac{\text{상}}{815}137-$), 나아가 해상운송인의 경우에는 책임을 근본적으로 제한할 수 있는 제도적 장치를 마련하고 있다($\frac{\text{상}}{794}\frac{769}{\text{이하}}$이하·).

제 3 관 형식적 의미의 상행위법의 체계

상법전 제2편의 상행위는 15개의 장으로 구성되어 있다. 제1장 통칙규정($\frac{\text{상}}{66}46-$)들은 주로 민법의 일반규정에 대한 특칙들을 나열하고 있고, 제2장 매매($\frac{\text{상}}{67}67-$)는 상거래의 주축을 이루는 상사매매에 대한 일반 민법의 특칙들이다. 제3장 상호계산($\frac{\text{상}}{71}72-$) 부분에서는 상사채권의 특수한 소멸사유를 규정하고 있고, 제4장 익명조합($\frac{\text{상}}{86}78-$) 부분에서는 상법상의 특수한 공동기업의 한 형태를 규정하였다. 익명조합은 원래 체계상으로는 회사법에 속하는 것이어서 독일상법에서처럼 이를 합명회사, 합자회사의 연속선상에서 이해하여 합자회사 다음 부분에서 다루는 것이 좋다고 생각된다($\frac{\text{독일상법}}{237}230-$). 제4장의2에서는 합자조합을 규정하고 있다. 이는 2011년 상법개정시 신설된 제도로서 상법은 익명조합에 이어 상법상 공동기업의 특수형태를 하나 더 추가하였다. 여기까지를 상행위법의 통칙적 규정으로 볼 수 있을 것이다.

제5장 이하는 各則的 규정이라고 할 수 있다. 기본적 상행위 중 특히 별도로 성문화시킬 필요가 있는 9가지의 상행위를 선별하여 이를 규율하고 있다($\frac{\text{상}}{46}9.$ 10, 11, 12, 13, 14, 19, 20, 21호). 제5장 내지 제7장에서는 독립된 상인의 인적 보조자로 활동하는 대리상($\frac{\text{상}}{92}87-$), 중개상($\frac{\text{상}}{100}93-$) 및 위탁매매상($\frac{\text{상}}{113}101-$)에 관한 규정을 두었고, 제8장과 제9장에서는 육상운송영업에 관한 운송주선인($\frac{\text{상}}{124}114-$) 및 운송인($\frac{\text{상}}{150}125-$)에 관한 규정들을 두었다. 나아가 제10장과 제11장에서는 상인의 주요 활동영역인 공중접객업($\frac{\text{상}}{154}151-$)과 창고업($\frac{\text{상}}{168}155-$)에 관한 규정들을 두고 있다. 끝으로 제12장, 제13장 및 제14장에서는 특수한 상행위로 인식되어 온 리스, 프랜차이즈 및 팩터링에 관한 구체적인 조문화(條文化)를 시도하였다.

제 2 절 상행위의 의의와 종류

제 1 관 상행위의 의의

상행위(commercial transaction; Handelsgeschäft; acte de commerce)란 상인이 영업으로서 또는 영업을 위하여 하는 법률행위를 말한다. 민법을 포함한 私法 전반에 걸쳐 나타나는 법률행위를 전체집합으로 보면 상행위는 이 중 일부로서 부분집합을 형성한다고 볼 수 있을 것이다.

상행위의 개념정립을 위한 입법주의로는 주관주의와 객관주의의 대립이 있다. 주관주의하에서는 우선 상행위의 주체인 상인의 개념을 정립해 놓고 그가 하는 일정 법률행위를 상행위로 보게 되며, 반면 객관주의하에서는 행위주체에 관련을 두지 않고 객관적인 상행위를 제시하고 있다.

제 2 관 상행위의 종류

I. 상행위의 분류

상행위는 다음과 같이 여러 기준에 따라 분류가 가능하다. 우선 一方的 상행위와 雙方的 상행위의 구분이 있다. 상행위의 일방만이 상인이라도 상법상의 특칙이 적용될 수 있는 경우 일방적 상행위라 하고, 반면 쌍방 모두가 상인이고 이들 모두에게 상행위가 되어야 적용될 수 있는 경우를 쌍방적 상행위라 한다. 나아가 공법상의 상행위($\frac{\circ}{2}$)와 사법상의 상행위의 구분이 있다. 행위주체가 공법인이냐 私人이냐에 따른 구분이다. 셋째 絕對的 상행위와 相對的 상행위의 구분이 있다. 상행위의 주체가 상인임을 전제로 그의 영업적 혹은 보조적 행위를 상행위로 보는 경우 상대적 상행위라 하고, 이러한 행위주체와의 연결없이 객관적 성향만으로 상행위성을 인정하는 경우 이를 절대적 상행위라 한다. 넷째 영업적 상행위와 보조적 상행위의 구별이 있다. 상인이 영업으로 하는 행위를 영업적 상행위, 영업을 위하여 하는 행위를 보조적 상행위라 한다. 끝으로

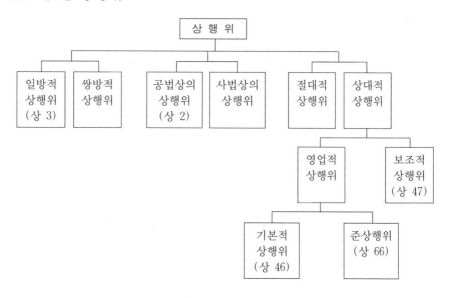

기본적 상행위와 준상행위의 구별이 있다. 전자는 당연상인의 영업적 상행위를 (상46), 후자는 의제상인의 영업적 상행위를 지칭한다(상66).

Ⅱ. 기본적 상행위

영업으로 하는 상법 제46조 각호의 행위를 基本的 商行爲(Grundhandelsge- schäft)라 한다(상본46.). 이는 당연상인(Musskaufmann)의 영업적 상행위로 가장 전형적인 상인의 활동내용이 된다. 현재 개별적 열거주의(Enumerationsprinzip) 에 의한 21가지가 나열되어 있다.

기본적 상행위는 상인의 활동영역 가운데 대표적인 것으로서[1] 상법전에 열 거되고 있는데 경제발전에 따라 그 숫자는 점증적으로 커질 수밖에 없다. 개별 적 열거주의의 커다란 난점이 바로 여기에 있다. 경제의 동향은 급격한 것이어 서 이를 제때에 법전에 반영하지 못하면 법과 경제생활간의 괴리를 야기시키 고 법생활도 불안정해진다. 최근 독일상법은 신상법 시행 100년 만에 이러한 개별적 열거주의를 청산하였다. 우리 상법의 입법론으로서도 심각히 고려해야 할 변화가 아닐 수 없다.

---

1) 독일의 대부분의 도시를 보면 그 중심부(Altstadt)에는 敎權의 상징인 교회(Kirche)가 있고, 정치권 력의 상징인 市廳舍(Rathaus)가 있으며 그 중간에 경제생활의 중심인 市場(Markt)이 있다. 기본적 상행 위는 바로 이 장터에서 행해지던 전형적 생활현상에 착안하여 발전되어 온 개념이다.

III. 준상행위

準商行爲는 의제상인이 하는 영업적 상행위이다($\frac{상}{66}$). 따라서 이것은 당연상인의 기본적 상행위에 대응하는 개념이다. 준상행위는 상법 제46조 각호의 행위 이외의 것이기 때문에 특정 행위가 이에 해당할 수 있느냐가 불분명한 경우 상법 제46조 각호의 해석을 통하여 밝혀질 수 있다.[2] 준상행위는 상법에 열거해 놓은 기본적 상행위 이외의 모든 것이 그 대상이 될 수 있으므로 경제의 발전에 따라 무한히 그 영역을 넓혀 가고 있다.

상법의 적용상 준상행위는 기본적 상행위와 큰 차이가 없다. 비록 상법은 제66조에서 "본장의 규정[상행위 통칙에 관한 제1장의 규정]은 제5조의 규정에 의한 상인의 행위에 준용한다"고 하여 상행위 통칙 부분만 준상행위에 적용될 수 있을 것 같은 문언을 취하고 있으나 상행위편의 여타 규정들도 준상행위와 무관하다고 볼 수 없다. 상호계산은 의제상인도 할 수 있고, 준상행위의 영업을 위하여도 익명조합계약을 체결할 수 있으며, 준상행위를 위한 대리상계약이나 중개 또는 주선행위($\frac{상}{113}$)도 얼마든지 가능하다. 다만 운송업, 운송주선업, 공중접객업, 창고업은 당연상인의 영업으로 되어 있으므로 이들 규정은 준상행위와 관련이 없다고 할 수 있다.

이러한 준상행위는 민법에 대한 특칙적용에 있어서는 기본적 상행위와 아무런 차이가 없으므로 이 양자간의 구별은 큰 의미를 갖지 못한다. 독일상법은 기본적 상행위와 준상행위의 구별을 없앴고 무엇을 하건 영업으로 하기만 하면 상인이 되고, 그 상인이 영업으로 하면 영업적 상행위, 영업을 위하여 하면 보조적 상행위가 되는 것이어서 우리 상법의 차후의 입법론으로서도 참고의 가치가 크다고 생각된다.

---

2) 예컨대 轉貸할 목적없이 구입한 연구용 서적들을 점포를 갖추어 상인적 방법으로 도서대여업을 하는 경우 이를 기본적 상행위로 보는 학설이 있는가 하면 이를 부정하는 학설도 있으므로 이 대여행위는 각각 그 결과에 따라 기본적 상행위가 되기도 하고 준상행위가 되기도 한다.

Ⅳ. 보조적 상행위

1. 개 념

補助的 商行爲(Hilfshandelsgeschäft)란 상인이 영업을 위하여 하는 행위이다 (상47). 이러한 보조적 상행위도 상법의 적용상 영업적 상행위와 똑같이 상행위로 취급된다(상47). 보조적 상행위란 기본적 또는 준상행위의 수행을 위하여 직접 또는 간접으로 필요한 행위들이다. 예컨대 매매를 영업으로 하는 상인이 사업자금을 조달하기 위하여 은행으로부터 금전을 차입하거나 상인이 고객관리의 차원에서 고객의 채무에 보증을 서는 경우와 같다. 그러나 보조적 상행위인지의 판단은 거래당사자의 시각에서 상대적으로 나타난다. 예컨대 上記의 예에서 금전소비대차계약은 貸主인 은행의 입장에서는 영업적 상행위(상46)를 구성하나, 借主인 매매상의 입장에서는 보조적 상행위가 되는 것이다.

판례는 개업준비행위를 최초의 보조적 상행위로 보고 있다.

대판 2012. 4. 13, 2011다104246 [대여금]

"[1] 상법은 점포 기타 유사한 설비에 의하여 상인적 방법으로 영업을 하는 자는 상행위를 하지 아니하더라도 상인으로 보면서(제5조), 제5조 제1항에 의한 의제 상인의 행위에 대하여 상사소멸시효 등 상행위에 관한 통칙 규정을 준용하도록 하고 있다(제66조). 한편 영업의 목적인 상행위를 개시하기 전에 영업을 위한 준비행위를 하는 자는 영업으로 상행위를 할 의사를 실현하는 것이므로 준비행위를 한 때 상인자격을 취득함과 아울러 개업준비행위는 영업을 위한 행위로서 최초의 보조적 상행위가 되는 것이고, 이와 같은 개업준비행위는 반드시 상호등기·개업광고·간판부착 등에 의하여 영업의사를 일반적·대외적으로 표시할 필요는 없으나 점포구입·영업양수·상업사용인의 고용 등 준비행위의 성질로 보아 영업의사를 상대방이 객관적으로 인식할 수 있으면 당해 준비행위는 보조적 상행위로서 여기에 상행위에 관한 상법의 규정이 적용된다. 그리고 영업자금 차입 행위는 행위 자체의 성질로 보아서는 영업의 목적인 상행위를 준비하는 행위라고 할 수 없지만, 행위자의 주관적 의사가 영업을 위한 준비행위이었고 상대방도 행위자의 설명 등에 의하여 그 행위가 영업을 위한 준비행위라는 점을 인식하였던 경우에는 상행위에 관한 상법의 규정이 적용된다고 봄이 타당하다.

[2] 甲이 학원 설립과정에서 영업준비자금으로 乙에게서 돈을 차용한 후 학원을 설립하여 운영한 사안에서, 제반 사정에 비추어 甲이 운영한 학원업은 점포 기타

유사한 설비에 의하여 상인적 방법으로 영업을 하는 경우에 해당하여 甲은 상법 제5조 제1항에서 정한 '의제상인'에 해당하는데, 甲의 차용행위는 학원영업을 위한 준비행위에 해당하고 상대방인 乙도 이러한 사정을 알고 있었으므로 차용행위를 한 때 甲은 상인자격을 취득함과 아울러 차용행위는 영업을 위한 행위로서 보조적 상행위가 되어 상법 제64조에서 정한 상사소멸시효가 적용된다"고 한 사례.

2. 범　위

보조적 상행위는 상인이 영업을 위하여 하는 행위이다. 영업을 위하여 한다 함은 영업의 목적인 상행위를 위하여 필요한 재산상의 모든 행위를 뜻한다. 좀 더 부연하면 기본적 상행위($\frac{상}{46}$)나 준상행위($\frac{상}{66}$)의 실천, 이행에 직접 기여하는 행위뿐만 아니라 영업 전체의 원활한 수행을 위하여 필요한 행위일 수도 있다. 예컨대 매매상이 매도한 물건의 배달을 위하여 체결하는 운송계약, 거래선을 위한 보증행위, 거래선에 대한 금전대부 또는 영업을 유리하게 추진하기 위한 각종 행위 등이 모두 보조적 상행위의 범주에 들어올 수 있는 것이다.

그러나 신분행위나 공법상의 행위는 보조적 상행위에 속할 수 없다. 나아가 영업활동과 관련하여 발생한 불법행위 또는 부당이득 등의 법정채권채무관계도 이에 속할 수 없다.[3] 보조적 상행위에서 말하는 '행위'는 법률행위를 뜻하는 것이기 때문이다.[4] 따라서 단순한 사실행위나 불법행위 등은 이에 속할 수 없다. 다만 최고나 통지와 같은 준법률행위 나아가 사무관리(Geschäftsführung ohne Auftrag)관계는 이에 속할 수 있다.[5] 일부 학설은 附合(Verbindung), 가공 (Verarbeitung), 혼화(Vermischung) 등의 사실행위도 이에 포함시킬 수 있다고 하나 의문이다. 중요한 것은 보조적 상행위의 경우 영업적 상행위보다 '행위'의 개념을 폭넓게 받아들일 수 있는 것은 사실이지만 의사적 요소(Willensmoment)

---

3) 예컨대 영업시간 중 거래선에 물품공급을 위하여 운전을 하다가 그 거래선을 치상하여 불법행위상의 손해배상책임이 발생하였을 경우 이 손해배상청구권에 6%의 상사법정이율을 적용할 수는 없는 것이다(상 54). vgl. Heymann-Horn, §343, Rdnr. 9, S. 31.

4) Karsten Schmidt, Handelsrecht, 3. Aufl., §17, S. 461.

5) 가령 상사매매에서 물건의 하자를 조사하여 매도인에게 통지하는 매수인의 행위를 생각해보자. 이 때 통지는 이른바 관념의 통지(Wissenserklärung)를 의미하는데 이것이 의사표시(Willenserklärung)와 다른 점은 무엇일까? 관념의 통지에서는 일정한 법률효과를 의욕하는 효과의사의 표출이 아니라, 있는 상태의 묘사와 그 전달이라는 점에서 의사표시와 다르다. 꽃도매상과 소매상간의 매매에서 '도착한 꽃이 시들어 매매계약을 해제할 수밖에 없습니다'라고 소매상이 도매상에게 통지하였다면 이 양자가 동시에 행해진 것이 된다. '도착한 꽃이 시들었다'는 부분은 관념의 통지로서 사실의 묘사이지만, '매매계약을 해제할 수밖에 없습니다'라는 부분은 의사표시로서 법률행위가 된다. 계약해제의 효과의사를 표출하고 있기 때문이다. 관념의 통지가 존재의 묘사라면, 의사표시는 당위의 표출로서 양자는 서로 구별된다.

를 그 한계로 삼아야 한다고 본다.[6] 즉 의사적 요소가 전혀 배제된 불법행위나 부당이득 또는 여타의 사실행위 등은 보조적 상행위의 개념 속에 들어올 수 없을 것이다.

3. 보조적 상행위의 추정

보조적 상행위는 상인이 자신의 영업을 위하여 하는 것이지만 자연인 상인의 경우 상인의 개개행위가 영업을 위하여 하는 것인지가 반드시 명확한 것은 아니다.[7] 따라서 상법은 제47조 2항에서 "상인의 행위는 영업을 위하여 하는 것으로 추정한다"고 하고 있다. 이는 거래안전의 요구에서 상행위성을 推定하겠다는 취지이고 이에 따라 상행위성을 다투는 자가 영업을 위한 행위가 아님을 입증하여야 한다.

어떠한 행위가 보조적 상행위냐 아니냐의 판단은 문제된 행위와 영업간의 객관적 관련성(objektive Betriebsbezogenheit)을 기준으로 이루어져야 한다.[8] 영업관련성의 문제는 거래상대방에 대한 관계에 있어서는 행위의 외관에 의해서 판단할 수밖에 없기 때문이다. 따라서 보조적 상행위가 아님을 입증하려는 당사자는 해당 거래가 외관상 영업을 위한 행위로 인정되지 않음을 증명하면 된다.

V. 절대적 상행위와 상대적 상행위

절대적 상행위란 행위의 주체와 관련없이 그 행위 자체의 객관적 성격으로 말미암아 상행위로 인정되는 것들을 말한다. 객관주의를 취하는 프랑스상법상의 상행위(acte de commerce)가 이에 해당하겠으나 우리 상법은 주관주의 입법이어서 이러한 법제하에서는 절대적 상행위는 존재할 수 없다. 우리 상법상으로는 영업적 상행위이건 보조적 상행위이건 기본적 상행위이건 준상행위이건 모두 행위의 주체와 관련지어 나타나므로 이들은 상대적 상행위이다.

그러나 특별법인 담보부사채신탁법 제23조 2항에 의한 '사채총액의 인수행위'는 절대적 상행위로 파악된다.

---

6) Heymann-Horn, §343, Rdnr. 9.
7) 물론 회사의 경우에는 개인생활이 없으므로 회사의 모든 행위는 영업적 상행위이거나 보조적 상행위가 될 것이다. vgl. Canaris, Handelsrecht, 22. Aufl., S. 311.
8) Heymann-Horn, §343, Rdnrn. 10 ff.

Ⅵ. 일방적 상행위와 쌍방적 상행위

거래에 참여하는 당사자 일방에게만 상행위가 되는 것을 일방적 상행위 (einseitiges Handelsgeschäft), 참여당사자 모두에게 상행위가 되는 경우 쌍방적 상행위(beidseitiges Handelsgeschäft)라 한다. 일방적 상행위에 있어서도 원칙적으로 거래당사자 모두에게 상법이 적용된다($\frac{상}{3}$). 즉 상법의 적용에 있어서는 양자가 동등한 취급을 받는 것이 원칙이다.[9]

그러나 상법이 쌍방적 상행위로 해놓은 경우 상법 제3조는 적용될 수 없다. 예컨대 상법 제58조는 채권자나 채무자 모두에게 상행위로 되는 피담보채무를, 제67조 내지 제71조까지의 상사매매규정들은 상인간의 매매, 즉 雙方商事賣買 (beidseitiger Handelskauf)를 전제로 하므로 일방적 상행위는 이런 경우 그 적용대상에 들지 않는다.[10] 나아가 법이 특히 특정된 일방이 상인이거나 그에 대해서 상행위로 되는 경우에만 상법이 적용되는 것으로 해놓은 경우 역시 상법 제3조는 고려되지 않는다. 예컨대 상법 제57조 1항은 채무자에게 상행위로 되는 경우에 적용되므로 채권자에게만 상행위가 되는 경우에는 적용되지 않는다. 나아가 제53조나 제60조의 경우에도 청약을 받은 자가 상인인 경우에만 적용된다. 따라서 상법 제3조는 목적해석에 의하여 그 문언상의 적용범위를 축소시켜야 한다(합목적적 축소해석: teleologische Reduktion).[11]

---

9) 대판 2014. 4. 10, 2013다68207.

10) 대판 1993. 6. 11, 93다7174; "매수인에게 즉시 목적물의 검사와 하자통지를 할 의무를 지우고 있는 상법 제69조의 규정은 상인간의 매매에 적용되는 것이며 매수인이 상인인 한 매도인이 상인인지 여부를 불문하고 위 규정이 적용되어야 하는 것은 아니다".

11) 혹은 체계해석(systematische Auslegung)의 기법을 쓸 수도 있다.

제 3 절   상행위에 대한 특칙

제 1 관   민법총칙에 대한 특칙

Ⅰ. 상행위의 대리와 위임($\frac{상}{50}^{48-}$)

1. 대리의 방식(비현명주의)

(1) 취 지

민법에 따르면 대리행위는 상대방에 대하여 그 행위가 본인을 위한 것임을 표시하여야 한다($\frac{민 114, \ 현명주의:}{Offenkundigkeitsprinzip}$). 그러나 商行爲의 대리인이 代理行爲를 할 때에는 상대방에 대해서 본인을 위한 것임을 표시하지 아니하여도 그 행위는 본인에 대하여 효력이 있다($\frac{상}{48}$). 상인의 대리행위는 비개성적이고 통상 그 상업사용인에 의하여 행해지므로 상대방은 대리관계를 숙지하고 있는 경우가 많다. 또 대량적, 반복적 상거래에서는 보통 거래의 신속을 위하여 대리의사를 밝히는 번거로움을 생략하는 예도 많다. 이러한 이유들이 상법 제48조의 비현명주의를 가져오게 되었다.

(2) 적용요건

(가) 대리권있는 대리인의 행위(대리인에 대한 요건)   본조는 대리행위의 방식에 대한 특칙이다. 따라서 대리권이 없더라도 본인에 대하여 효력이 생긴다거나 대리권의 추정을 정한 규정은 아니다. 따라서 정상적으로 대리권있는 자가 그 대리권의 범주 내에서 대리행위를 하였어야 한다.

(나) 본인에 대하여 상행위가 되는 행위(대리행위의 대상요건)   나아가 본인에 대하여 상행위가 되는 행위를 대리했어야 한다. 따라서 상대방에 대해서만 상행위가 되고 본인에 대해서는 상행위가 되지 않는 행위에 대해서는 본조가 적용될 여지가 없다. 나아가 어음·수표행위와 같이 고도의 요식성과 문언성을 요하는 법률행위에 대해서는 본조는 처음부터 적용되지 않는다.

(다) 상대방에 대한 요건   대리에 대한 상대방의 知, 不知는 묻지 않는다.

즉 대리인 자신의 행위냐, 아니면 대리행위냐에 대한 상대방의 인지 여부는 문제시되지 않는다. 상대방이 대리행위임을 알지 못한 경우, 즉 대리인 자신의 행위인 줄 안 경우에도 본인에게 법률효과가 귀속될 수 있다.

그러나 상대방이 대리행위임을 알지 못한 때에는 대리인에 대해서도 이행의 청구를 할 수 있다(상48). 즉 본인과 대리인에 대한 청구가 경합한다. 이 경우 상대방의 채무에 대해서 채권자의 지위에 서는 것은 본인뿐이나, 상대방의 채권에 대해서 채무자의 지위에 서는 것은 본인과 대리인이다. 그리고 이 양자는 부진정연대채무관계에 놓인다. 거래상대방의 보호에 우위를 둔 결과이다.

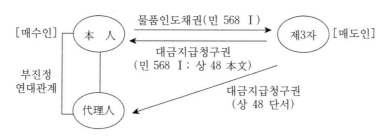

2. 본인의 사망과 대리권(상50)

민법에 의하면 본인의 사망은 대리권 소멸사유로 되어 있다(민127 1호). 그러나 상인이 그 영업에 관하여 수여한 대리권은 본인이 사망하여도 소멸하지 않는다(상50). 상인이 사망하였다 하여 영업 그 자체가 폐지되는 것이 아니므로 영업활동이 상인의 사망에 의하여 영향받지 않도록 본인의 사망을 대리권 소멸사유에서 제외하였다. 이를 통하여 상법의 정적 이념인 기업유지와 동적 이념인 거래의 안전이 동시에 달성된다. 또한 상거래가 비개성적인 점을 고려하여도 대리권의 존속이 합당한 것이다.

3. 수임인의 권한(상49)

상행위의 위임을 받은 자는 委任의 본지에 반하지 아니한 범위 내에서 위임을 받지 않은 행위를 할 수 있다(상49). 예컨대 매수의 위임을 받고 일정 물건을 매수하였으나 시장에서 그 물건의 가격이 폭락하고 있다면 즉시 그 물건을 매도한 후 더 낮은 가격으로 다시 사들일 수 있는 것이다. 따라서 매수의 위임만을 받은 대리인일지라도 매도행위를 할 수 있게 된다. 이 규정은 엄격히 따지면 상법상의 특칙이라기보다는 "受任人은 위임의 본지에 따라 선량한 관리자의 주의를 다하여야 한다"는 민법 제681조를 표현상 확장하고 또 이를 확인하는 규정이다. 그 취지는 상행위의 수임자가 사정변경의 경우 위임사무를 임기응변적으로 처리할 수 있도록 대리권의 범위를 확장함에 있다.

Ⅱ. 소멸시효

1. 상법 제64조의 입법취지

채권의 시효기간을 민법에서는 10년으로 잡고 있으나(민162), 상행위로 인한 채권의 시효기간은 상법에 다른 규정이 있거나 타법령에서 이보다 짧은 시효를 정하고 있는 경우를 제외하고는 5년의 시효기간을 갖는다(상64). 상법에 규정된 다른 時效의 예는 제121, 122, 147, 154, 167, 662, 811, 830, 842조 등에서 찾을 수 있고, 타법령상 단기시효는 어음시효(어70)와 수표시효(수51) 등에서 찾을 수 있다. 이러한 시효기간의 단축은 상거래의 신속성에 기인한다. 즉 상법은 민법보다 신속하게 기업거래를 완료시키고자 이러한 특칙을 두게 되었다.

2. 일반상사시효의 적용범위

이러한 단기시효가 적용되는 채권은 적어도 당사자 일방에 대하여 상행위가 되는 행위로 인하여 발생한 것이어야 한다.[1] 상행위로 인한 보증채무는 설사 주채무가 10년의 시효에 걸리는 민사채무라 하여도 5년으로 時效消滅한다. 나아가 상행위로 인한 채무불이행상의 손해배상청구권[2]이나 상행위인 계약의 해제로 인한 원상회복청구권[3] 나아가 상행위에 기초한 급부가 이루어진 후 해당 행위가 무효가 되어 발생한 부당이득법상의 반환청구권[4]에도 5년의 시효를 적용시킬 수 있다.[5] 그러나 부당이득반환청구권의 경우 상법 제64조의 적용을

---

1) 대판 2005. 5. 27, 2005다7863: "당사자 쌍방에 대하여 모두 상행위가 되는 행위로 인한 채권뿐만 아니라 당사자 일방에 대하여만 상행위에 해당하는 행위로 인한 채권도 상법 제64조에서 정한 5년의 소멸시효기간이 적용되는 상사채권에 해당하는 것이고, 그 상행위에는 상법 제46조 각호에 해당하는 기본적 상행위뿐만 아니라 상인이 영업을 위하여 하는 보조적 상행위도 포함된다."
2) 대판 1978. 11. 28, 78다388.
3) 대판 1993. 9. 14, 93다21569.
4) 대판 2007. 5. 31, 2006다63150; 대판 2018. 6. 15, 2017다248803, 2017다248810.
5) 대판 2021. 7. 22, 2019다277812 [전원합의체].

부정한 사례도 있다.[6]

상법 제64조와 판례법의 흐름

판례의 입장을 정리해 보면 상법 제64조가 적용 또는 유추적용되는 '상행위로 인한 채권'은 크게 다음 세 부류로 나눌 수 있다.[7]

첫째는 해당 채권이 직접 상행위로 말미암은 경우이다. 일방적 상행위,[8] 개업준비행위[9] 또는 공법인의 상행위[10] 등에 대해서도 상법 제64조의 적용이 가능한 점 외에는 이 부류에 대해서는 크게 법률적으로 문제시될 만한 것은 없다.

둘째 부류는 상행위로 인하여 직접 발생한 채권은 아니지만 차후의 법률관계에서 원래 채권의 변형물로 등장한 것들이다. 위에서 본 상행위인 계약의 해제로 인한 원상회복청구권,[11] 상행위로 인한 채무불이행상의 손해배상청구권,[12] 상행위인 매매나 도급계약에 기한 하자담보책임[13] 또는 전기공급계약에 근거한 위약금 지급채무[14] 등이 그 예이다. 이 부류는 상행위에 기초하여 발생하였지만 차후 변형된 것들로서 원래의 채권과 실질적으로 동일성을 갖기 때문에 상법 제64조의 적용이 가능하다고 할 수 있다.

셋째는 부당이득법상의 반환청구권이다. 부당이득법상의 반환청구권 역시 상행위에서 파생한 변형물이라고도 할 수 있겠지만 판례는 특히 이 경우에는 ① 급부의 반환 자체를 요구하는 것으로서(급부 자체의 반환), ② 상거래와 같은 정도로 신속하게 법적 분쟁을 해결할 필요(분쟁해결의 신속성)가 있는지를 상법 제64조의 적용 요건으로 설정하고 있다.[15]

대판 2022. 8. 25, 2021다311111
[세무사의 직무에 관한 채권의 소멸시효기간이 몇 년인지가 문제시 된 사건]
[민법 제163조 제5호 유추적용(소극); 상법 제64조(소극); 민법 제162조 제1항(적극) = 10년]

---

6) 대판 2021. 6. 24, 2020다208621(위법배당으로 인한 배당금반환청구권의 시효기간에 대해 일반 민사시효인 10년을 적용한 사례).

7) 불법행위로 인한 손해배상채권은 '상(거래)행위'와는 무관하므로 처음부터 상법 제64조의 적용대상이 될 수 없다(대판 1985. 5. 28, 84다카966).

8) 대판 2005. 5. 27, 2005다7863.

9) 대판 2012. 4. 13, 2011다104246.

10) 대판 2013. 4. 11, 2011다112032; 대판 2022. 7. 14, 2017다242232.

11) 대판 1993. 9. 14, 93다21569.

12) 대판 1978. 11. 28, 78다388.

13) 대판 2013. 11. 28, 2012다202383.

14) 대판 2013. 4. 11, 2011다112032.

15) (긍정한 사례) 대판 2021. 7. 22, 2019다277812 [전합]; (부정한 사례) 대판 2021. 6. 24, 2020다208621.

"... 법령의 제·개정 경과 및 단기 소멸시효를 규정하고 있는 취지에다가 '직무에 관한 채권'은 직무의 내용이 아닌 직무를 수행하는 주체의 관점에서 보아야 하는 점, 민법 제163조 제5호에서 정하고 있는 자격사 외의 다른 자격사의 직무에 관한 채권에도 단기 소멸시효 규정이 유추적용된다고 해석한다면 어떤 채권이 그 적용대상이 되는지 불명확하게 되어 법적 안정성을 해하게 되는 점 등을 종합적으로 고려하면, 민법 제163조 제5호에서 정하고 있는 '변호사, 변리사, 공증인, 공인회계사 및 법무사의 직무에 관한 채권'에만 3년의 단기 소멸시효가 적용되고, 세무사와 같이 그들의 직무와 유사한 직무를 수행하는 다른 자격사의 직무에 관한 채권에 대하여는 민법 제163조 제5호가 유추적용된다고 볼 수 없다 ...

... 세무사의 직무에 관하여 고도의 공공성과 윤리성을 강조하고 있는 세무사법의 여러 규정에 비추어 보면, 개별 사안에 따라 전문적인 세무지식을 활용하여 직무를 수행하는 세무사의 활동은 간이·신속하고 외관을 중시하는 정형적인 영업활동, 자유로운 광고·선전을 통한 영업의 활성화 도모, 인적·물적 영업기반의 자유로운 확충을 통한 최대한의 효율적인 영리 추구 허용 등을 특징으로 하는 상인의 영업활동과는 본질적으로 차이가 있다. 그리고 세무사의 직무와 관련하여 형성된 법률관계에 대하여는 상인의 영업활동 및 그로 인해 형성된 법률관계와 동일하게 상법을 적용하여야 할 특별한 사회경제적 필요 내지 요청이 있다고 볼 수도 없다. 따라서 세무사를 상법 제4조 또는 제5조 제1항이 규정하는 상인이라고 볼 수 없고, 세무사의 직무에 관한 채권이 상사채권에 해당한다고 볼 수 없으므로, 세무사의 직무에 관한 채권에 대하여는 민법 제162조 제1항에 따라 10년의 소멸시효가 적용된다. "

대판 2022. 7. 14, 2019다271661 [손해배상]

[주식매수청구권의 행사기간에 관한 법리] [상 64 analog = 5년]

"상행위인 투자 관련 계약에서 투자자가 약정에 따라 투자를 실행하여 주식을 취득한 후 투자대상회사 등의 의무불이행이 있는 때에 투자자에게 다른 주주 등을 상대로 한 주식매수청구권을 부여하는 경우가 있다. 특히 주주간 계약에서 정하는 의무는 의무자가 불이행하더라도 강제집행이 곤란하거나 그로 인한 손해액을 주장·증명하기 어려울 수 있는데, 이때 주식매수청구권 약정이 있으면 투자자는 주식매수청구권을 행사하여 상대방으로부터 미리 약정된 매매대금을 지급받음으로써 상대방의 의무불이행에 대해 용이하게 권리를 행사하여 투자원금을 회수하거나 수익을 실현할 수 있게 된다. 이러한 주식매수청구권은 상행위인 투자 관련 계약을 체결한 당사자가 달성하고자 하는 목적과 밀접한 관련이 있고, 그 행사로 성립하는 매매계약 또한 상행위에 해당하므로, 이때 주식매수청구권은 상사소멸시효에 관한 상법 제64조를 유추적용하여 5년의 제척기간이 지나면 소멸한다고 보아야 한다."

☞ 원고는 투자목적으로 甲회사 및 그 대표이사이자 대주주인 乙과 전환사채인

수계약을 체결하고 甲회사가 발행한 전환사채를 인수하였고 이후 전환권을 행사하여 甲회사의 주식을 보유하게 되었음. 전환사채인수계약 당시 원고는, 甲회사가 전환사채인수계약상 의무를 위반할 경우, 원고가 乙에 대하여 원고 보유 주식을 매수할 것을 청구할 권리를 가지는 것으로 정하는 약정(일종의 주주간 계약에 해당함)을 체결하였음. 이후 원고는 甲회사의 의무위반행위를 이유로 그때로부터 5년 초과 10년 미만의 기간이 경과한 원심 소송계속 중 乙을 상대로 주식매수청구권을 행사하였는데, 이때 '행사기간을 정하지 않은' 주식매수청구권의 권리행사기간에 상법 제64조(상사소멸시효 5년)를 유추적용할 것인지가 문제된 사안에서, 대법원은 상행위인 계약이 정한 주식매수청구권의 법적성질을 형성권이라고 보고, 계약에서 행사기간을 정하지 않은 경우 상사시효에 관한 상법 제64조가 유추적용되며, 그 제척기간의 기산점은 계약이 정한 바에 따라 주식매수청구권을 행사할 수 있는 날이 된다고 판시함.

대판 2022. 7. 14, 2017다242232 [손해배상]

[공기업이 상인으로 간주되는 회사(매도인)로부터 토지보상법에 따른 협의취득을 원인으로 토지를 매수한 이후, 매도인을 상대로 채무불이행이나 하자담보책임을 원인으로 한 손해배상을 구하는 사건][상 64=5년]

　"당사자 일방에 대하여만 상행위에 해당하는 행위로 인한 채권도 상법 제64조에서 정한 5년의 소멸시효기간이 적용되는 상사채권에 해당하는데, 여기서 말하는 상행위에는 기본적 상행위(상법 제46조 각호)뿐만 아니라 상인이 영업을 위하여 하는 보조적 상행위(상법 제47조)도 포함되고, 상인의 행위는 영업을 위하여 하는 것으로 추정된다(대법원 2002. 9. 24. 선고 2002다6760, 6777 판결 등 참조). 이때 매매계약이 상행위에 해당하는 경우 매매계약에 의해 직접 생긴 채권뿐만 아니라 매도인의 채무불이행책임이나 하자담보책임에 기한 매수인의 손해배상채권에 대해서도 상사소멸시효가 적용된다(대법원 1997. 8. 26. 선고 97다9260 판결, 대법원 2012. 11. 15. 선고 2011다56491 판결 등 참조).

　한편 「공익사업을 위한 토지 등의 취득 및 보상에 관한 법률」(이하 '토지보상법'이라 한다)에 의한 협의취득은 사법상의 매매계약에 해당한다(대법원 2012. 2. 23. 선고 2010다91206 판결 등 참조). 따라서 상인이 그 소유 부동산을 매도하기 위해 체결한 매매계약은 영업을 위하여 한 것으로 추정되고, 그와 같은 추정은 매매계약이 토지보상법에 의한 협의취득이라는 사정만으로 번복되지 않는다. 결국 당사자 일방이 상인인 경우에는 토지보상법에 의한 협의취득으로 체결된 부동산 매매계약이라고 하더라도 다른 사정이 없는 한 보조적 상행위에 해당하므로, 매도인의 채무불이행책임이나 하자담보책임에 기한 매수인의 손해배상채권에 대해서는 상사소멸시효가 적용된다."

　☞ 한국토지주택공사(매수인, 원고)가 상인인 회사(매도인, 피고)로부터 토지보상법에 따른 협의취득절차로서 매수한 이 사건 토지에 하자가 있다고 주장하면서

손해배상청구(민법 제390조, 제580조)를 한 사안에서, 매도인인 피고가 상인인 이상 매매계약은 피고의 영업을 위한 것으로 추정되고, 토지보상법에 따른 협의취득에 따라 매매계약이 체결되었다는 사정만으로 그 추정이 번복되는 것은 아니라고 보아 원고의 상고를 기각하고, 매수인의 손해배상청구권에 상사소멸시효가 적용된다고 보고 매수인의 손해배상청구권이 시효가 완성되어 소멸하였다고 판단한 원심을 확정한 사안임.

대판 2021. 8. 19, 2018다258074 [수수료반환]
[보험사고의 발생을 가장하여 청구·수령된 보험금을 부당이득으로 보아 그 반환을 구하는 경우; 상64 analog = 5년]

 "상행위인 계약의 무효로 인한 부당이득반환청구권은 민법 제741조의 부당이득 규정에 따라 발생한 것으로서 특별한 사정이 없는 한 민법 제162조 제1항이 정하는 10년의 민사 소멸시효기간이 적용되나, 부당이득반환청구권이 상행위인 계약에 기초하여 이루어진 급부 자체의 반환을 구하는 것으로서 채권의 발생 경위나 원인, 당사자의 지위와 관계 등에 비추어 법률관계를 상거래 관계와 같은 정도로 신속하게 해결할 필요성이 있는 경우 등에는 상법 제64조가 유추적용되어 같은 조항이 정한 5년의 상사 소멸시효기간에 걸린다. 이러한 법리는 실제로 발생하지 않은 보험사고의 발생을 가장하여 청구·수령된 보험금 상당 부당이득반환청구권의 경우에도 마찬가지로 적용할 수 있다."

대판 2021. 8. 19, 2019다269354
[피보험자의 과잉입원으로 인한 보험금반환채권의 시효기간; 상64 analog = 5년]

 "원심은, 원고가 피고를 상대로 보험수익자인 피고가 보험계약자 겸 피보험자인 제1심 공동피고의 과잉입원을 원인으로 수령한 보험금에 대한 부당이득 반환을 구하는 데 대하여, 원고의 피고에 대한 부당이득반환청구권은 상행위에 해당하는 이 사건 각 보험계약에 기초한 급부가 이루어짐에 따라 발생한 것일 뿐만 아니라, 상법이 보험금청구권의 소멸시효를 3년이라는 단기로 규정한 취지 등에 비추어 볼 때 지급한 보험금에 대한 부당이득반환청구권을 둘러싼 분쟁도 상거래 관계와 같은 정도로 신속하게 해결할 필요성이 있으므로 5년의 상사 소멸시효기간에 걸린다고 보아, 피고의 소멸시효 항변 중 일부를 받아들였다. 원심판결 이유를 관련 법리와 기록에 비추어 살펴보면, 위와 같은 원심의 판단은 정당하고, 거기에 상고이유 주장과 같이 부당이득반환청구권의 시효기간에 관한 법리를 오해하는 등으로 판결에 영향을 미친 잘못이 없다."

대판 2021. 7. 22, 2019다277812 [전원합의체][보험계약무효확인등청구의소]
[보험계약이 양속위반으로 무효인 경우 기지급한 보험금반환채권의 시효;
상64 analog = 5년]

"보험계약자가 다수의 계약을 통하여 보험금을 부정 취득할 목적으로 보험계약을 체결하여 그것이 민법 제103조에 따라 선량한 풍속 기타 사회질서에 반하여 무효인 경우 보험자의 보험금에 대한 부당이득반환청구권은 상법 제64조를 유추적용하여 5년의 상사 소멸시효기간이 적용된다고 봄이 타당하다. 상세한 이유는 다음과 같다.

① 보험계약이 선량한 풍속 기타 사회질서에 반하여 무효인 경우 보험자가 반환을 구하는 것은 기본적 상행위인 보험계약(상법 제46조 제17호)에 기초하여 그에 따른 의무 이행으로 지급된 보험금이다. 이러한 반환청구권은 보험계약의 이행과 밀접하게 관련되어 있어 그 이행청구권에 대응하는 것이다.

② 보험계약자가 다수의 계약을 통하여 보험금을 부정 취득할 목적으로 보험계약을 체결한 경우는 보험자가 상행위로 보험계약을 체결하는 과정에서 드물지 않게 발생하는 전형적인 무효사유의 하나이다. 이때에는 사안의 특성상 복수의 보험계약이 관련되므로 여러 보험자가 각자 부당이득반환청구권을 갖게 되거나 하나의 보험자가 여러 개의 부당이득반환청구권을 갖게 되는데, 이러한 법률관계는 실질적으로 동일한 원인에서 발생한 것이므로 정형적으로 신속하게 처리할 필요가 있다.

③ 보험계약자가 보험료의 반환을 청구하려면 상법 제648조에 따라 보험계약자와 피보험자나 보험수익자가 모두 선의이고 중과실이 없어야 하고, 보험계약자의 보험금 청구권이나 보험료 반환채권에는 상법 제662조에 따라 3년의 단기 소멸시효기간이 적용된다. 그러나 상법 제648조나 제662조는 그 문언상 보험자의 보험금 반환청구권에는 적용되지 않음이 명백하고, 위 규정들이 보험계약 무효의 특수성 등을 감안한 입법정책적 결단인 이상 이를 보험자가 보험금 반환을 청구하는 경우에까지 확장하거나 유추하여 적용하는 것은 적절하지 않다.

그렇다고 해서 보험자의 보험금에 대한 부당이득반환청구권에 대해서 민사 소멸시효기간이 적용된다고 볼 수는 없고, 보험계약의 정형성이나 법률관계의 신속한 처리 필요성에 비추어 상사 소멸시효기간에 관한 규정을 유추적용하여야 한다. 통상 보험상품을 만들어 판매한 보험자는 보험계약의 이행에 관한 전문적 지식을 가진 자로서 보험계약자보다 우월한 지위에 있으며, 상법 제662조는 보험계약자의 보험료 반환채권에 관한 것이기는 하지만 보험계약의 무효로 인한 법률관계를 신속하게 해결할 필요가 있음을 전제로 하고 있다. 보험계약이 무효인 경우 보험금 반환청구권에 대하여 10년의 민사 소멸시효기간을 적용하는 것은 보험계약 당사자인 보험계약자와 보험자 사이의 형평에 부합하지 않는다."

대판 2021. 6. 24, 2020다208621 [부당이득금]

[위법배당으로 인한 배당금의 반환청구에 대해 상법 제64조의 적용을 부정한 사례]

"[1] 부당이득반환청구권이라도 그것이 상행위인 계약에 기초하여 이루어진 급부 자체의 반환을 구하는 것으로서, 그 채권의 발생 경위나 원인, 당사자의 지위와 관계 등에 비추어 그 법률관계를 상거래 관계와 같은 정도로 신속하게 해결할 필요성이 있는 경우 등에는 5년의 소멸시효를 정한 상법 제64조가 적용된다. 그러나 이와 달리 부당이득반환청구권의 내용이 급부 자체의 반환을 구하는 것이 아니거나, 위와 같은 신속한 해결 필요성이 인정되지 않는 경우라면 특별한 사정이 없는 한 상법 제64조는 적용되지 않고 10년의 민사소멸시효기간이 적용된다.

[2] 회사는 대차대조표의 순자산액으로부터 자본의 액, 그 결산기까지 적립된 자본준비금과 이익준비금의 합계액, 그 결산기에 적립하여야 할 이익준비금의 액을 공제한 액을 한도로 하여 이익의 배당을 할 수 있고(상법 제462조 제1항), 일정한 요건을 갖추면 중간배당을 할 수 있지만 이때에도 배당 가능한 이익이 있어야 한다(상법 제462조의3 제1항, 제2항). 만약 회사가 배당 가능한 이익이 없음에도 이익의 배당이나 중간배당을 하였다면 위 조항에 반하는 것으로 무효라 할 것이므로 회사는 배당을 받은 주주에게 부당이득반환청구권을 행사할 수 있다.

이익의 배당이나 중간배당은 회사가 획득한 이익을 내부적으로 주주에게 분배하는 행위로서 회사가 영업으로 또는 영업을 위하여 하는 상행위가 아니므로 배당금지급청구권은 상법 제64조가 적용되는 상행위로 인한 채권이라고 볼 수 없다. 이에 따라 위법배당에 따른 부당이득반환청구권 역시 근본적으로 상행위에 기초하여 발생한 것이라고 볼 수 없다. 특히 배당가능이익이 없는데도 이익의 배당이나 중간배당이 실시된 경우 회사나 채권자가 주주로부터 배당금을 회수하는 것은 회사의 자본충실을 도모하고 회사 채권자를 보호하는 데 필수적이므로, 회수를 위한 부당이득반환청구권 행사를 신속하게 확정할 필요성이 크다고 볼 수 없다. 따라서 위법배당에 따른 부당이득반환청구권은 민법 제162조 제1항이 적용되어 10년의 민사소멸시효에 걸린다고 보아야 한다."

대판 2003. 4. 8, 2002다64957, 64964

"주식회사인 부동산 매수인이 의료법인인 매도인과의 부동산매매계약의 이행으로서 그 매매대금을 매도인에게 지급하였으나, 매도인 법인을 대표하여 위 매매계약을 체결한 대표자의 선임에 관한 이사회결의가 부존재하는 것으로 확정됨에 따라 위 매매계약이 무효로 되었음을 이유로 민법의 규정에 따라 매도인에게 이미 지급하였던 매매대금 상당액의 반환을 구하는 부당이득반환청구의 경우, 거기에 상거래 관계와 같은 정도로 신속하게 해결할 필요성이 있다고 볼 만한 합리적인 근거도 없으므로 위 부당이득반환청구권에는 상법 제64조가 적용되지 아니하고, 그 소멸시효기간은 민법 제162조 제1항에 따라 10년이다."

대판 2012. 4. 13, 2011다104246 [대여금]
[개업준비행위를 보조적 상행위로 보아 이에 상법 제64조를 적용한 사례]
"피고가 운영한 학원업은 점포 기타 유사한 설비에 의하여 상인적 방법으로 영

업을 하는 경우에 해당하여 피고는 상법 제5조 제1항에 규정된 의제상인이라 할
것인데, 피고의 이 사건 차용행위는 학원영업을 위한 준비행위에 해당하고 행위의
상대방인 원고도 이러한 사정을 알고 있었으므로 그 준비행위인 이 사건 차용행위
를 한 때 피고는 상인자격을 취득함과 아울러 이 사건 차용행위는 영업을 위한 행
위로서 보조적 상행위가 되어 상법 제64조에 정한 상사소멸시효가 적용된다.”

대판 2012. 5. 10, 2012다4633 [임대료 등]
[상거래가 원인이 된 부당이득반환채권에 민사시효를 적용한 사례]

 “임대인 갑 주식회사와 임차인 을 주식회사 사이에 체결된 건물임대차계약이 종
료되었는데도 을 회사가 임차건물을 무단으로 점유·사용하자 갑 회사가 을 회사
를 상대로 부당이득반환을 구한 사안에서, 을 회사는 갑 회사에 대하여 임차건물의
점유·사용으로 인한 차임 상당의 부당이득금을 반환할 의무가 있는데, 주식회사
인 갑 회사, 을 회사 사이에 체결된 임대차계약은 상행위에 해당하지만 계약기간 만료
를 원인으로 한 부당이득반환채권은 법률행위가 아닌 법률규정에 의하여 발생하는 것
이고, 발생 경위나 원인 등에 비추어 상거래 관계에서와 같이 정형적으로나 신속하
게 해결할 필요성이 있는 것도 아니므로, 특별한 사정이 없는 한 10년의 민사소멸시효
가 적용된다”고 한 사례.

대판 2013. 4. 11, 2011다112032 [사용료]
[전기공급에 따른 위약금지급채무에 상법 제64조를 적용한 사례]

 “다수의 전기수용가와 사이에 체결되는 전기공급계약에 적용되는 약관 등에, 계
약종별 외의 용도로 전기를 사용하면 그로 인한 전기요금 면탈금액의 2배에 해당
하는 위약금을 부과한다고 되어 있지만, 그와 별도로 면탈한 전기요금 자체 또는
손해배상을 청구할 수 있도록 하는 규정은 없고 면탈금액에 대해서만 부가가치세
상당을 가산하도록 되어 있는 등의 사정이 있는 경우, 위 약관에 의한 위약금은 손
해배상액의 예정과 위약벌의 성질을 함께 가지는 것으로 봄이 타당하다. 그리고 계
약종별 위반으로 약관에 의하여 부담하는 위약금 지급채무는 전기의 공급에 따른
전기요금 채무 자체가 아니므로, 3년의 단기소멸시효가 적용되는 민법 제163조 제1
호의 채권, 즉 ‘1년 이내의 기간으로 정한 금전의 지급을 목적으로 한 채권’에 해당
하지 않는다. 그러나 ‘영업으로 하는 전기의 공급에 관한 행위’는 상법상 기본적 상
행위에 해당하고(상법 제46조
제4호), 전기공급주체가 공법인인 경우에도 법령에 다른 규정이
없는 한 상법이 적용되므로(상법
제2조), 그러한 전기공급계약에 근거한 위약금 지급채무
역시 상행위로 인한 채권으로서 상법 제64조에 따라 5년의 소멸시효기간이 적용
된다.”

서울중앙지법 2012. 9. 28, 2011가합16245: 항소 [매매대금]

[롯데월드 입장권 소멸시효사건=상사시효 5년 적용]

　"관광 호텔업 등을 목적으로 하는 갑 주식회사가 발행한 놀이공원 입장권의 소멸시효 완성 여부가 문제 된 사안에서, 입장권이 표상하는 채권은 상행위로 인한 채권으로서 상법 제64조에 의하여 5년 상사시효의 적용을 받으므로 을 등이 소지한 입장권 중 발행일로부터 5년이 경과한 것은 입장권에 기재된 권리가 시효 완성으로 소멸하였다고 하면서, 입장권의 유통경위나 이전에 시효가 완성된 입장권의 행사를 용인하였다는 등의 사정만으로 갑 회사의 소멸시효 주장 자체가 신의칙과 권리남용 금지 원칙에 반한다고 볼 수 없다"고 한 사례.

제 2 관　물권법에 대한 특칙

　상행위 통칙 부분에 규정된 물권법상의 특칙은 제58조와 제59조이다.

Ⅰ. 유질계약의 허용

　민법은 질권설정시 또는 채무변제기 전의 계약으로 질권자에게 변제에 갈음하여 질물의 소유권을 취득하게 하거나 법률이 정한 방법에 의하지 아니하고 질물을 처분할 수 있게 하는 流質契約을 금지하고 있다(민 339). 이러한 금지규정을 둔 이유는 질권설정자의 경제적 위약성을 채권자가 악이용하는 것을 막기 위함이다.

　상법은 이러한 일반규정에 특칙을 두었다. 즉 피담보채무가 상행위로 인한 것이고 이러한 채무를 담보하기 위하여 질권을 설정할 때에는 민법 제339조를 적용하지 않기로 하였다(상 59). 일반 민법상의 질권설정자와는 달리 상행위로 인한 피담보채무를 위하여 질권을 설정하는 자는 대개 해당 거래에 경험이 있어 법에 의한 보호가 별도로 요구되지는 않는다. 즉 영리를 목적으로 항상 이해타산에 밝은 상인을 위하여 민법 제339조와 같은 채무자보호규정을 둔다는 것은 무의미하고 나아가 기업금융의 원활과 신속한 상거래의 요구가 있기 때문이다.

대판 2021. 11. 25, 2018다304007

[유질약정이 포함된 질권설정계약이 체결된 경우 질권의 실행 방법이나 절차]

　"상법 제59조는 "민법 제339조의 규정은 상행위로 인하여 생긴 채권을 담보하기 위하여 설정한 질권에는 적용하지 아니한다."라고 정함으로써 상행위로 인하여 생긴 채권을 담보하기 위한 질권설정계약에 대해서는 유질약정을 허용하고 있다. 다만 상법은 유질약정이 체결된 경우 질권의 실행 방법이나 절차에 관하여는 아무런 규정을 두고 있지 않으므로, 유질약정이 포함된 질권설정계약이 체결된 경우 질권의 실행 방법이나 절차는 원칙적으로 질권설정계약에서 정한 바에 따라야 한다."

대판 2017. 7. 18, 2017다207499 [주주권확인]

"질권설정계약에 포함된 유질약정이 상법 제59조에 따라 유효하기 위해서는 질권설정계약의 피담보채권이 상행위로 인하여 생긴 채권이면 충분하고, 질권설정자가 상인이어야 하는 것은 아니다. 또한 상법 제3조는 "당사자 중 그 1인의 행위가 상행위인 때에는 전원에 대하여 본 법을 적용한다."라고 정하고 있으므로, 일방적 상행위로 생긴 채권을 담보하기 위한 질권에 대해서도 유질약정을 허용한 상법 제59조가 적용된다."

[판례해설[16)] 피고 甲 은행이 금융기관인 丙과 丁으로부터 피고 乙 회사에 대한 대출금채권을 양수하였는데 원고(피고 乙 회사의 대표이사) 등이 위 대출금채권을 담보하기 위해서 자신들이 보유하고 있던 주식에 근질권을 설정하면서 유질계약을 한 사안에서 근질권설정계약의 피담보채권은 피고 乙 회사와 금융기관 丙, 丁 사이의 상행위로 인하여 생긴 채권이고, 이 경우 질권설정자인 원고가 상인일 것을 요하지 않으므로, 상법 제 59 조에 따라 민법 제 339 조의 규정이 적용되지 않아 유질계약이 유효하다고 판단한 사례이다.

의정부지법 고양지원 2011. 10. 7, 2011가합1439: 확정 [임의매매에 의한 손해배상]

[甲 상호저축은행이 乙에게 주식계좌를 담보로 대출을 하면서 乙과 체결한 여신거래약정 중 '고객이 담보비율 유지의무를 위반하는 경우 고객의 추가 동의 없이 질권이 설정된 주식을 매매하여 대출원리금에 충당할 수 있다'고 정한 조항이 유질계약 금지를 정한 민법 제355조, 제399조에 반하는지 문제된 사안에서, 甲 은행은 주식회사로서 상인이고, 상인인 甲 은행이 대출을 하는 것은 상인의 영업을 위한 행위에 해당하여 상행위에 속하므로, 甲 은행이 乙에 대한 대출금 채권을 담보하기 위해 설정한 질권에는 상법 제59조에 따라 민법 제339조가 적용되지 않는다고 한 사례]

"이 사건 약정서 제7조 제5항은 '고객이 담보비율 유지의무를 위반하는 경우 (제6) 저축은행이 고객의 추가 동의 없이 질권이 설정된 주식을 매매하여 대출원리금에 충당할 수 있다'고 규정하고 있다. 이는 변제기 전에 법률에 정한 방법에 의하

---

16) 본 판례에 대한 평석으로는, 김성탁, "유질계약을 허용하는 상법 제59조의 해석방법론 - 대법원 2017. 7. 18. 선고 2017다207499 판결 평석 및 관련 쟁점사항 -", 「선진상사법률」, 제83호(2018. 7.), 1-33면.

지 아니하고 질권이 설정된 주식의 처분을 약정한 것이다.

민법 제339조는 "질권설정자는 채무변제기 전의 계약으로 질권자에게 변제에 갈음하여 질물의 소유권을 취득하게 하거나 법률에 정한 방법에 의하지 아니하고 질물을 처분할 것을 약정하지 못한다."고 규정하고, 위 규정은 민법 제355조에 따라 권리질권에 준용된다. 그러나 상법 제59조는 "민법 제339조의 규정은 상행위로 인하여 생긴 채권을 담보하기 위하여 설정한 질권에는 적용하지 않는다."고 규정하고 있다. 따라서 위 질권이 상행위로 인하여 생긴 채권을 담보하기 위하여 설정된 질권인지 문제된다.

어느 행위가 상법 제46조 소정의 기본적 상행위에 해당하기 위해서는 영업으로 동조 각 호 소정의 행위를 하는 경우이어야 하고, 여기서 영업으로 한다고 함은 영리를 목적으로 동종의 행위를 계속 반복적으로 하는 것을 의미한다(대법원 1994. 4. 29. 선고 93다54842 판결 참조). 그런데 상법 제3조는 당사자 쌍방에 대하여 모두 상행위가 되는 경우뿐만 아니라 당사자 일방에 대하여만 상행위가 되는 경우에도 당사자 쌍방에 대하여 상법이 적용된다고 규정하고 있다. 이 규정에 따르면 채무자 또는 채권자 중 일방에게만 상행위가 되는 경우에도 그 채권을 담보하기 위하여 질권에 대해서도 상법 제59조가 적용된다고 할 것이다.

질권설정자에게는 상행위가 되지 않는데도 질권자가 상행위가 되는 경우에 상법 제59조를 적용하여 유질계약을 허용하는 것은 상인이 아닌 질권설정자를 유질계약으로부터 보호하지 못하는 결과가 될 수 있다. 그러나 위와 같은 경우에도 유질계약 자체를 일률적으로 금지할 필요는 없고 유질계약의 내용이 부당한 경우에 약관의 규제에 관한 법률 등을 적용하여 개별적으로 규제하는 것으로 충분하기 때문에, 유질계약 금지에 관한 민법 규정이 적용되는 범위를 좁게 인정하는 것이 바람직하다. 따라서 질권설정자에게는 상행위가 되지 않는데도 질권자에게 상행위가 되는 경우에도 상법 제3조에 따라 제59조를 적용하더라도 부당한 것은 아니다.

이 사건에서 피고가 주식회사로서 상인이고 상인인 피고가 대출을 하는 것은 상인의 영업을 위한 행위에 해당하여 상행위에 속한다. 따라서 피고가 원고에 대한 대출금 채권을 담보하기 위하여 설정한 질권에는 상법 제59조에 따라 민법 제339조의 규정이 적용되지 않는다고 보아야 한다.

따라서 이 사건 약정서 제7조 제5항은 민법 제355조, 제339조를 위반한 조항으로서 약관의 규제에 관한 법률에 따라 효력이 없다고 할 수 없다. 위 조항이 효력이 없음을 전제로 한 원고의 위 주장은 더 나아가 살필 필요 없이 이유 없다."

Ⅱ. 일반 상사유치권

‖**사 례**‖ 자동차판매 및 수리상 M은 운송인 K에게 1,000만원에 용달 삼륜차

를 영업용으로 매도하였다. 그러나 대금은 아직 지급되지 않았다. 며칠 후 K는 영업용 봉고차를 M에게 수리위탁하였다. 수리대금지급 후 봉고차를 가져가려하자 M은 K가 1,000만원의 용달차대금의 변제시까지 봉고차를 반환할 수 없다고 맞서고 있다. M과 K간의 법률관계는?

1. 의   의

"상인간의 상행위로 인한 채권이 변제기에 있는 때에는 채권자는 변제를 받을 때까지 그 채무자에 대한 상행위로 인하여 자기가 점유하고 있는 채무자 소유의 물건 또는 유가증권을 유치할 수 있다. 그러나 당사자간에 다른 약정이 있으면 그러하지 아니하다"($^{상}_{58}$). 상법 제58조는 민법 제320조와 달리 피담보채권과 유치목적물간의 개별적 견련성(牽連性; Konnexität)이 없는 경우에도 유치권의 성립을 인정하고 있다. 이것을 일반 상사유치권이라 부른다. 민법상의 유치권($^{민}_{320}$)과 구별하기 위하여 '상사'유치권('商事'留置權)이라 부르고, 대리상, 위탁매매인, 운송주선인 및 운송인의 특별 상사유치권($^{상}_{147, 800 \, II}$ $^{91, 111,}_{등 \, 참조}$ $^{113, 120,}$)과 구별하기 위하여 '일반' 상사유치권이라 부른다.

상거래에 있어서는 유동적 담보수단이 필요하다. 상인은 동일인과의 사이에 있어서도 서로 채권, 채무를 부담하는 것이 보통이다. 또 그 관계도 1회적이 아니라 지속적으로 반복된다. 이렇게 빈번히 되풀이되는 상거래에 있어 거래가 있을 때마다 담보권의 설정을 요구하면 신용을 중시하는 상거래에 있어서는 상대방에 대한 불신을 표출하는 결과가 되고 또한 번잡하여 상거래의 신속을 저해한다. 이러한 이유로 상법은 피담보채무와 유치목적물간의 관계를 개별적으로 묶지 않고 유동적으로 풀어 놓았다. 그리하여 상인간의 상행위로 인하여 발생한 채무에 대해서는 이 채무와 관련없이 다른 상행위로 인하여 점유를 취득한 채무자 소유의 물건이나 유가증권도 유치할 수 있게 하였다.

2. 성립요건

(1) 당사자의 상인성

상사유치권은 당사자, 즉 피담보채무의 채권자와 채무자가 모두 상인인 경우에 적용된다. 양당사자는 상인이어야 하며 소상인이라도 관계없다. 채무자가 복수인 경우에는 그 중 상인인 채무자에 대해서만 상사유치권을 행사할 수 있다. 피담보채무의 채권자가 표현상인(Scheinkaufmann)에 불과한 때에는 본조가 적용될 수 없다.[17] 반면 그가 피담보채무의 채무자인 경우에는 적용될 수 있다. 표현상인제도란 원래 상인이 아니면서 상인의 외관을 작출한 자에게 외관에 따른 책임을 지우는 제도이기 때문이다. 따라서 표현상인이 이 제도를 통하여 보다 유리한 효과를 주장할 수는 없는 일이다.

(2) 피담보채권에 대한 요건

(가) 만기의 채권　　피담보채권은 만기의 채권으로서 쌍방적 상행위로 인하여 발생한 것이어야 한다. 만기의 채권이라 함은 변제기에 도달하였다는 뜻이고 쌍방적 상행위로 인하여 발생한 채권이어야 하기 때문에 일방적 상행위나 쌍방을 위하여 상행위가 아닌 때에는 본 요건이 성립하지 않는다. 이 때에는 양당사자가 상인이어도 상사유치권이 성립할 수 없다.

(나) 직접성의 요건　　나아가 피담보채권은 쌍방적 상행위로 인한 것이어야 한다. 이 말은 피담보채무가 쌍방적 상행위로 인하여 직접 발생하였음을 뜻한다. 즉 쌍방적 상행위와 피담보채무의 발생간에 인과관계가 성립되어야 한다. 따라서 채권양도 등의 방법으로 피담보채권을 승계취득한 경우 본 요건이 성립될 수 없다. 즉 자신이 이미 점유하고 있던 유치목적물에 법률행위적인 승계취득의 방식으로 취득한 채권을 피담보채권으로 하여 유치권을 행사할 수는 없다는 것이다. 이를 直接性의 要件(Unmittelbarkeitserfordernis)이라 한다. 그렇다면 왜 이러한 직접성이 요구되는가? 그 목적은 유치권을 인위적으로 발생시키는 행위(künstliche Schaffung eines Zurückbehaltungsrechts)를 막는 데 있다.[18] 따라서 이러한 위험이 없는 경우에는 직접성의 요건을 탄력적으로 적용하여야 한다. 예컨대 상속이나 합병에 의한 포괄승계의 방식으로 채권을 취득한 경우, 원래 유통증권인 지시증권이나 무기명증권을 배서양도나 단순한 양도(mere delivery)의 방식으로 취득한 경우,[19] 채무인수의 방식으로 채무자가 바뀐 경우 등에는 이러한 위험이 없다고 보아 직접성의 요건이 충족되었다고 본다. 반면 지명채권의 양도나 영업양도에 의한 특정승계의 방식으로 지명채권을 취득하

---

17) 상인이 아니었다면 민법 제320조의 유치권만 주장할 수 있었는데 상인으로 취급되어 견련성에서 해방된 상사유치권을 행사하게 된다면 이는 표현상인에게 유리한 법률효과이다. 이러한 방식으로 표현상인제도를 쓸 수는 없다.

18) Canaris, Handelsrecht, 22. Aufl., §28 Ⅱ 5 c, S. 409.

19) 물론 이 경우에도 명백히 상사유치권을 인위적으로 취득하기 위한 의도가 입증되면 예외라 한다 (vgl. Canaris, a.a.O., S. 409).

여 채권자가 교체된 경우 이러한 위험은 사라지지 않는다고 한다. 그리하여 이러한 경우에는 직접성의 요건이 충족되지 못하는 것으로 보고 있다.[20]

(3) 유치목적물에 대한 요건

채권자가 유치할 수 있는 목적물은 채무자 소유의 물건 또는 유가증권에 한한다. 따라서 무체재산권이나 여타의 권리는 유치목적물이 될 수 없다. 나아가 채무자에 대한 상행위로 그 점유를 취득한 것이어야 한다.

(가) 부동산도 포함되는가?　여기서 물건에는 동산, 부동산을 모두 포함하느냐 부동산은 제외되느냐에 대해서는 다툼이 있다.[21] 국내 통설은 동산, 부동산을 모두 포함시키나, 독일 상법은 명문으로 동산에만 한정시키고 있다(독§369 I). 그 이유로 일반 상사유치권이 담보목적물의 점유를 통하여 피담보채권의 이행확보를 꾀하는 점에서 질권에 유사하고 또 상거래에서는 상인들이 지속적으로 서로 채권자가 되기도 하고 채무자가 되기도 하는데 商事留置權의 행사는 이러한 경우 금전채권자의 相計權行使에 비유되고 동산이나 유가증권만이 이러한 상계수단에 적합한 대상이 된다고 한다. 이러한 것들이 독일 입법자들의 생각이었다고 한다.[22] 생각건대 독일상법이 왜 유치목적물을 동산으로 제한하였는지는 위의 설명으로도 명쾌하지 않다. 그러나 이는 상사유치권의 관습기원성에서 유래한 것은 아닐까? 상사유치권은 민사유치권과 전혀 별개의 발전과정을 거쳐왔다. 이는 오로지 상인들간의 관습에 기원을 두고 있다.[23] 상인들간의 빈번한 거래 뒤에 남는 정산문제를 효율적으로 마무리짓는 기능을 하여 왔다. 그들간의 거래는 전래적으로 동산거래였고 또 그로 인하여 점유를 취득하는 것도 동산이었을 것이므로 동산만이 유동적 담보목적물로 인식되어 왔을 것이다. 이러한 연혁적 고려를 한다면 동산에 한정시키는 것도 타당하다고 본다. 그러나 우리 상법의 해석에 있어서도 이러한 고려를 할 수 있을지 그것은 의문이다. 상법 제58조의 문언상으로는 단순히 물건으로만 되어 있고 또 부동산도 유치목적물에서 제외시켜야 할 뚜렷한 이유도 없다. 국내 통설에 찬동한다.[24]

(나) 유가증권　나아가 본조의 유가증권은 지시증권이나 무기명증권 등

---

20) Canaris, a.a.O., S. 409.
21) 부동산제외설은 최·김, 217-218면.
22) K. Schmidt, Handelsrecht, 3. Aufl., S. 586.
23) 이는 이탈리아 상인단체의 관습법에서 유래한다고 한다.
24) 판례의 입장도 같다: 대판 2013. 2. 28, 2010다57350.

협의의 유가증권으로 제한된다. 기명증권(Rektapapier)은 화체된 권리의 고유한 양도방식에 의하여 이전된다는 점에서 증서의 처분으로 화체된 청구권이 이전되는 지시증권이나 무기명증권과 다르고 이러한 관점에서 물건에 비유되기 어렵기 때문이다.[25]

(다) **채무자 소유의 물건**   유치목적물은 채무자 소유여야 한다. 일반 상사유치권은 피담보채권과 유치목적물간의 견련성을 요구하지 않으나 대신 유치목적물은 반드시 채무자 소유일 것을 요구한다. 이것이 민사유치권과의 차이점이다. 만약 유치권의 발생을 견련성에서 해방시킴과 동시에 유치물의 소유관계도 묻지 않는다면 제3자의 소유권침해가 나타날 가능성이 커지기 때문이다.

(4) 피담보채무와 유치목적물간의 견련성 불요(소극적 요건)

민법상의 유치권과 달리 피담보채권과 유치목적물간에 개별적 견련성은 요구되지 않는다. 이것이 바로 상사유치권의 생명이기도 하다. 채무자와의 상행위로 인하여 점유하게 된 것이면 해당 피담보채권과 직접 관계되지 않는 다른 상행위로 인하여 점유하게 된 것도 유치할 수 있는 것이다. 따라서 이를 流動的 擔保라 부른다.

대결 2010. 7. 2, 2010그24 [집행에관한이의신청결정에대한즉시항고]

"상사유치권은 상법 제58조의 규정상 채권자가 채무자에 대한 상행위로 인하여 점유하고 있는 채무자 소유의 물건을 대상으로 하는 경우에 이를 행사할 수 있다.

그런데 원심은 상대방이 이 사건 부선에 실려 있는 이 사건 선박블록 5조에 대한 상사유치권을 주장하며 상사유치권에 기한 유체동산경매를 신청한 데 대하여, 기록에 의하여 주식회사 아시아중공업(이하 '아시아중공업'이라 한다)은 이 사건 부선 사용계약 당시 이미 1,000여만 원 상당의 부선 사용료가 미지급된 상태였고, 2008. 9. 22.부터 같은 해 12. 31.까지 이 사건 부선의 약정 사용기간 동안 월 사용료를 한번도 제대로 지급하지 않았고 그 이후에도 계속 연체하여 같은 해 2.경부터 2009. 3.경까지의 연체된 사용료가 총 259,600,000원에 이른 사실, 아시아중공업은 2008. 10.경 이 사건 부선에 선박블록 3조를 싣고 부산 감천항 소재 조선소로 운송한 후 그곳에 있던 선박블록 3조를 추가로 실었는데 이후 2009. 1.경까지 그 중 1조만을 건조 중인 선박에 탑재하였을 뿐 나머지 이 사건 선박블록 5조는 위 감천항 소재 구평방파제에 정박한 이 사건 부선에 실어둔 채 그대로 방치해온 사실, 이후 아시아중공업은 이 사건 부선을 선박블록의 운송용으로 사용한 적이 없었고 일체

---

25) Canaris, HandelsR., 22. Aufl., S. 407.

의 선박건조작업을 중단하였으며, 지급불능 상태에 이르렀다는 이유로 2009. 4.경 파산신청을 하여 같은 해 6. 16. 파산선고결정을 받은 사실, 상대방은 2008. 10.경 소속 직원 소외인을 이 사건 부선에 승선시켜 계속하여 이 사건 부선을 관리해 왔고, 2009. 5.경에는 '이 사건 부선에 적재된 이 사건 선박블록 5조가 처분될 때까지 월 5,000만 원의 사용료를 계속 부과하겠다'는 취지의 내용증명을 보내고, 2009. 7. 경에는 태풍(모라꽃)의 북상에 따른 이 사건 선박블록 5조의 고정작업 및 이 사건 부선의 피항비용에 대한 책임을 문의하였으나 매번 아무런 답변이 없었던 사실, 위 파산선고 사건의 2009. 6. 2.자 검증조서에는 '2009. 6. 2. 15:30∼16:30경 사이에 위 감천항 소재 조선소에서 선박건조작업을 하고 있는 근로자들의 모습은 없었다'는 내용이 기재된 사실을 인정한 다음, 위 인정 사실과 이 사건 기록에 나타난 제반 사정을 종합하여 아시아중공업은 이 사건 부선 사용계약상의 사용기간이 만료되고 그 사용료가 상당기간 계속 연체된 상태에서 이 사건 부선을 그 원래의 사용목적인 선박블록의 운송용이 아닌 단순한 임시보관 장소로만 활용하는 데 그치고 일체의 선박건조작업을 중단한 2009. 1.경부터는 이 사건 선박블록 5조의 점유를 상실하고, 상대방이 이를 포함한 이 사건 부선 전체를 직접 점유·지배해온 것으로 봄이 상당하며, 따라서 상사유치권의 요건으로서 상대방의 이 사건 선박블록 5조에 대한 점유가 인정되고 나아가 그 상사유치권도 인정된다고 판단하였다.

그러나 앞서 본 법리에 비추어 원심이 인정한 사실들을 살펴보면, 상대방이 비록 원심 판시와 같이 2009. 1.경부터 이 사건 선박블록 5조를 직접 점유·지배해 온 것이라 하더라도, 아시아중공업에 대한 상행위로 인하여 이 사건 선박블록 5조를 점유하게 되었다고 볼 만한 사정은 없으므로, 원심으로서는 상대방이 이 사건 선박블록 5조를 점유하게 된 시기, 경위, 방법 등을 좀더 살펴 아시아중공업에 대한 상행위로 인하여 이 사건 선박블록 5조를 점유하게 되었는지 여부를 판단하였어야 할 것이다.

그럼에도 위와 같은 조치를 취하지 않은 채 상대방이 이 사건 선박블록 5조를 점유·지배해왔다는 판단만으로 바로 이 사건 선박블록 5조에 대한 상대방의 상사유치권을 인정한 것은 상사유치권의 요건인 점유에 관한 법리를 오해하여 결과에 영향을 미친 위법이 있다 할 것이다. 이 점을 지적하는 취지의 재항고이유의 주장은 이유 있다."

(5) 유치권배제특약의 부존재(소극적 요건)

유치권은 채권자와 채무자 사이의 특약에 의하여 배제될 수 있다($^{판례}_{58}$). 이 경우 특약은 명시 또는 묵시에 의해서도 성립될 수 있다.

대판 2012. 9. 27, 2012다37176 [회생채권조사확정재판에대한이의의소]

"상법은 상인 간의 거래에서 신속하고 편리한 방법으로 담보를 취득하게 하기 위한 목적에서 민법상의 유치권과 별도로 상사유치권에 관한 규정을 두고 있다. 즉 상법 제58조 본문은 "상인 간의 상행위로 인한 채권이 변제기에 있는 때에는 채권자는 변제를 받을 때까지 그 채무자에 대한 상행위로 인하여 자기가 점유하고 있는 채무자 소유의 물건 또는 유가증권을 유치할 수 있다."고 규정하여 상사유치권을 인정하는 한편 같은 조 단서에서 "그러나 당사자 간에 다른 약정이 있으면 그러하지 아니하다."고 규정하여 상사유치권을 특약으로 배제할 수 있게 하였다. 이러한 상사유치권 배제의 특약은 묵시적 약정에 의해서도 가능하다."

3. 적용효과

(1) 유치권 일반의 효력

상법 제58조의 요건이 모두 충족되면 상인인 채권자는 그 채권의 변제를 받을 때까지 목적물을 유치할 수 있다. 유치권의 개별적 효력에 대해서는 민법의 유치권에 관한 규정이 적용된다(민321). 따라서 유치권자는 채권 전부의 변제를 받을 때까지 유치물을 경매할 수 있고(민322), 유치물의 과실을 수취하여 다른 채권보다 먼저 그 변제에 충당할 수 있다(민323). 또 유치물에 대하여 필요비를 지급한 때에는 이의 상환을 청구할 수 있다(민325). 유치권의 불가분성에 관한 민법 제321조는 상법 제58조상의 유치권에도 적용된다.[26]

> **대판 2022. 6. 16, 2018다301350**
>
> "민법 제321조는 "유치권자는 채권 전부의 변제를 받을 때까지 유치물 전부에 대하여 그 권리를 행사할 수 있다."라고 정하므로, 유치물은 그 각 부분으로써 피담보채권의 전부를 담보하고, 이와 같은 유치권의 불가분성은 그 목적물이 분할 가능하거나 수 개의 물건인 경우에도 적용되며, 상법 제58조의 상사유치권에도 적용된다."

(2) 점유권

일반 상사유치권은 그 요건이 충족될 경우 민법 제213조 2문상의 점유권(Recht zum Besitz)을 구성하여 채무자의 소유물반환청구에 대항할 수 있게 한다. 그러나 이렇게 상사유치권을 물권적 반환청구권에 대항할 수 있는 점유권으로 본다 할지라도 물권적 청구권을 기각(Klageabweisung)시키는 것이 아니라 동시이행의 항변의 경우와 동일하게 소송경제 및 공평의 원칙에 비추어 원고 일부 패소판결, 즉 피고가 원고로부터 받을 채권의 수령과 상환으로 급부를 명하게 될 것이다.

---

26) 대판 2022. 6. 16, 2018다301350.

(3) 다른 담보물권과의 관계

판례에 의하면 유치목적물에 대한 기존의 제한물권이 확보하고 있는 담보가치를 일반 상사유치권이 사후적으로 침탈하지 못한다고 한다. 즉 상사유치권은 담보가치만 대상으로 한 제한물권에 불과하므로, 상사유치권자는 먼저 설정된 저당권자에 대항하지 못한다고 한다.

대판 2013. 2. 28, 2010다57350 [유치권존재확인]

"상사유치권은 민사유치권과 달리 피담보채권이 '목적물에 관하여' 생긴 것일 필요는 없지만 유치권의 대상이 되는 물건은 '채무자 소유'일 것으로 제한되어 있다 (상법 제58조, 민법 제320조 제1항 참조). 이와 같이 상사유치권의 대상이 되는 목적물을 '채무자 소유의 물건'에 한정하는 취지는, 상사유치권의 경우에는 목적물과 피담보채권 사이의 견련관계가 완화됨으로써 피담보채권이 목적물에 대한 공익비용적 성질을 가지지 않아도 되므로 피담보채권이 유치권자와 채무자 사이에 발생하는 모든 상사채권으로 무한정 확장될 수 있고, 그로 인하여 이미 제3자가 목적물에 관하여 확보한 권리를 침해할 우려가 있어 상사유치권의 성립범위 또는 상사유치권으로 대항할 수 있는 범위를 제한한 것으로 볼 수 있다. 즉 상사유치권이 채무자 소유의 물건에 대해서만 성립한다는 것은, 상사유치권은 성립 당시 채무자가 목적물에 대하여 보유하고 있는 담보가치만을 대상으로 하는 제한물권이라는 의미를 담고 있다 할 것이고, 따라서 유치권 성립 당시에 이미 목적물에 대하여 제3자가 권리자인 제한물권이 설정되어 있다면, 상사유치권은 그와 같이 제한된 채무자의 소유권에 기초하여 성립할 뿐이고, 기존의 제한물권이 확보하고 있는 담보가치를 사후적으로 침탈하지는 못한다고 보아야 한다. 그러므로 채무자 소유의 부동산에 관하여 이미 선행(先行)저당권이 설정되어 있는 상태에서 채권자의 상사유치권이 성립한 경우, 상사유치권자는 채무자 및 그 이후 채무자로부터 부동산을 양수하거나 제한물권을 설정받는 자에 대해서는 대항할 수 있지만, 선행저당권자 또는 선행저당권에 기한 임의경매절차에서 부동산을 취득한 매수인에 대한 관계에서는 상사유치권으로 대항할 수 없다."

사례풀이 ▶️ K의 M에 대한 봉고차반환청구권

이러한 청구권은 민법 제213조 本文에 의하여 정당화될 가능성이 있다. 이러한 청구권이 성립하자면 K가 봉고차의 소유자이고 M은 그 점유자여야 한다. 즉 양자 간에 소유자-점유자관계(Eigentümer-Besitzer-Verhältnis)가 존재하여야 한다. 나아가 M이 민법 제213조 但書상의 점유권자가 아니어야 한다. 이러한 두 가지 요건이 충족되면 K는 M으로부터 그 소유물인 봉고차의 반환을 구할 수 있을 것이다.

1. 먼저 M은 K로부터 봉고차의 수리를 위탁받아 수리를 마친 후 이를 자신의 영업소에 보관하고 있다. M은 현재 이를 사실상 지배하고 있다. M은 문제된 봉고

차의 점유자이다($^{\text{민 }192}$). 나아가 K는 봉고차의 원래의 소유권자였고 지금도 그러하다. 비록 M에게 그 수리를 위탁하여 봉고차의 직접점유를 잃은 것은 사실이지만 차량수리계약에 소유권이전을 위한 물적 합의가 존재하지는 않았다. K와 M간에는 소유자-점유자관계가 존재하고 있다. 민법 제213조 본문의 요건은 충족되고 있다.

2. 그러나 K의 청구가 성공을 거두자면 민법 제213조 단서상 나타나는 M의 점유권(Recht zum Besitz)에 부딪히지 말아야 한다. 민법 제213조 단서상의 점유권으로서 M의 유치권을 생각할 수 있다. 이러한 유치권 가운데 민법상의 유치권은 본 사안상 성립되지 않고 있다. 피담보채권인 삼륜차의 대금채권과 유치목적물인 봉고차간에는 개별적 견련성이 존재하지 않기 때문이다. 문제는 봉고차에 대하여 M이 상법 제58조상의 일반상사유치권을 행사할 수 있는지이다. 상법 제58조의 적용요건을 살펴보기로 한다.

a. 우선 당사자의 상인성이 나타나야 하는데 M은 운송인으로서 상법 제4조 및 동법 제46조 13호에 의한 당연상인이다. 나아가 K역시 상법 제4조 및 동법 제46조 1호와 3호에 의한 당연상인이다.

b. 둘째 피담보채권은 만기의 채권으로서 쌍방적 상행위로 인하여 성립한 것이어야 한다. 본 사안에서 피담보채권은 용달 삼륜차의 매매대금채권인바 이는 M과 K의 쌍방상사매매에 의하여 성립되었고 또 매매당사자간에 특약이 없는 한 대금채권은 계약체결과 동시에 성립하는 것이므로 용달차에 대한 1,000만원의 대금채권은 만기의 채권으로서 쌍방적 상행위로 인한 것이었다.

c. 셋째 유치목적물은 채무자소유의 물건 또는 유가증권으로서 그 점유의 취득은 채무자에 대한 상행위로 인한 것이어야 한다. 상기 사안에서 봉고차는 K의 소유물이었고 M이 봉고차의 점유를 얻게 된 것은 K와의 차량수리계약 때문이었다. 이러한 수리계약은 그 성격상 운송인 K의 영업적 상행위("운송의 인수")를 구성하지는 않지만 이를 보조하기 위한 보조적 상행위의 성격을 갖고 있다. 유치목적물에 대한 요건 역시 충족되고 있다.

d. 넷째 상법 제58조의 유치권은 민법상의 유치권과 달리 피담보채권과 유치목적물간에 개별적 견련성을 요구하지 않는다. 삼륜 용달차의 매매와 봉고차의 수리는 비록 계약당사자는 같지만 전혀 별개의 법률관계이다. 매매계약에서 파생된 대금채권과 그 법적 성격이 도급인 차량수리관계에서 파생된 유치목적물간에는 개별적 견련관계가 나타나지 않고 있다. 그러나 이러한 결과가 상법 제58조의 유치권을 성립시키는 데에는 해가 되지 않는다.

e. 끝으로 M과 K간에 유치권성립을 배제하기로 하는 별도의 특약이 존재하지 않았으므로 상법 제58조의 요건이 모두 충족되고 있다. 결론적으로 K의 소유물반환청구권은 M의 일반상사유치권에 부딪히고 만다. M은 용달차의 대금을 지급받는 경우에만 이와 상환으로 봉고차의 점유를 반환할 의무를 진다.

제 3 관 채권편에 대한 특칙

I. 계약성립상의 특칙(상 51, 53, 60)

1. 계약성립의 일반원칙

(1) 도달주의의 일반원칙

계약은 청약과 승낙의 의사표시의 합치에 의하여 성립한다. 단체법상의 조직계약(Organisationsvertrag)의 경우 다수당사자가 참여하여 동일한 조직창설의 효과의사를 교환하게 되나 일반거래상의 계약은 청약과 승낙이라는 대립된 내용의 의사표시가 교환되면서 성립한다. 계약성립을 위한 청약(offer; Angebot)이나 승낙(accept; Annahme)의 의사표시는 원칙적으로 민법 제111조의 도달주의(Zugangsprinzip)에 따라 도달로 그 효력이 발생한다.[27] 이 때 도달의 의미는 영역설에 따라 판단하여 의사표시의 수령자의 지배영역에 도달하면 실제로 수령자가 이를 요지(了知)하지 않았더라도 도달한 것으로 취급된다.[28]

(2) 계약성립시기

민법은 계약성립을 대화자와 격지자간의 것으로 나누어 규율하고 있다.[29] 대화자간의 계약성립에 있어서는 도달주의의 일반원칙을 따르고 있다. 그리하여 승낙기간의 정함이 있는 경우에는 이 기간내에 승낙의 의사표시가 도달하였을 때 계약이 성립하고(민 528), 승낙기간의 정함이 없는 경우에는 상당한 기간내에 승낙의 의사표시가 도달하였을 때 계약이 성립한다(민 529).

반면 격지자간의 계약의 성립에 있어서는 발신주의를 취하고 있어 대화자간의 계약성립시와 사뭇 다른 문언을 사용하고 있다(민 531).[30] 그리하여 이 규정

---

27) 그 반대를 발신주의(Abgangsprinzip)라 한다.

28) 영역설(Sphärentheorie)은 신의칙에 따라 수령자의 지배영역(Machtbereich)에 의사표시가 도달하기만 하면 이에 대한 수령자의 인지 여부를 가리지 않고 도달로 취급하나, 了知說(Vernehmungstheorie)에서는 의사표시의 수령자가 의사표시의 내용을 실지로 인지하고 이해하였을 것을 요한다.

29) 대화자(Anwesende)와 격지자(Abwesende)의 구별은 거리적·장소적 개념이 아니라, 시간적 관념이다. 따라서 거리상 떨어져 있더라도 전화, 텔레팍스, e-mail 등으로 대화할 수 있는 경우이면 대화자이다. 오늘날 발달된 텔레커뮤니케이션은 격지자의 수를 줄여가고 있다. 지구의 반대편에 있는 거래상대방도 점점 더 대화자가 되어가고 있다.

30) 그러나 민법개정안에 의하면 격지자간의 계약의 효력발생시기 역시 민법 제111조의 일반원칙으로 회귀하고 있다. 즉 도달주의로 선회하였다. 남효순, "민법개정안의 주요내용(Ⅱ)", 고시계 2002년 3월호,

을 제528, 529조와 통일적으로 해석하기 위하여 학설은 다음과 같이 시도하고 있다. 우선 해제조건설에서는 발신주의를 중시하여 민법 제531조는 계약의 성립 및 효력발생시기를 정한 것으로서 민법의 도달주의의 예외라 한다. 그러나 제528조 1항과 제529조에 따라 계약은 승낙의 不到達을 해제조건으로 하여 승낙의 발신으로 효력이 생긴다고 한다.[31] 반면 도달주의를 중시하는 정지조건설에서는 민법 제531조는 계약의 성립시기를 정한 것이요, 제528조 및 제529조는 계약의 효력발생시기를 정한 것이라고 한다.[32] 통설인 해제조건설을 따르는 한 승낙의 부도달로 인한 불이익은 승낙자가 부담한다. 승낙의 통지가 청약자에게 도달하지 않으면 일단 성립한 계약은 그 효력을 잃기 때문이다.

(3) 계약성립상 나타나는 몇 가지 특수한 문제점

나아가 계약성립에 있어서는 다음과 같은 몇 가지 특수한 문제가 있다.

(가) 법적 구속의사 　　우선 청약의 의사표시가 청약적격을 가지려면 청약자에게 법적 구속의사(Rechtsbindungswille)가 있어야 한다. 이러한 법적 구속의사가 있느냐 없느냐에 따라 청약의 의사표시냐[33] 아니면 단순한 청약에의 유인 (invitatio ad offerendum)이냐가[34] 구별된다. 청약에의 유인은 단순히 청약을 유도하기 위한 사전단계에 불과하므로 이에 따른 상대방의 의사표시가 비로소 청약이 된다.

> ‖ **사 례** ‖ 　　의상실을 하는 V는 30만원의 의상을 전시장인 길가 쇼우윈도우에 전시하였다. 이 옷을 본 A여사는 집에 와서 V에게 그 옷을 사겠노라 전화하였고 V는 그 옷을 소포로 보내겠다고 응답하였다. 그 직후 B여사가 역시 이 옷을 보고 상점에 들어와 그 옷을 사겠다고 하였다. V가 그 옷은 이미 팔렸다고 하였으나 B여사는 물러서지 않는다. 진열장에 옷을 전시함으로써 이루어진 V의 청약을 자신이 승낙함으로써 매매계약이 성립하였다고 주장한다. V는 A, B 중 누구에게 급부하여야 하는가?

B의 의상에 대한 인도청구권(Lieferungsanspruch der B)을 살펴보자. B부인이 그 의상의 소유권이전을 요구할 수 있으려면 V와 B간에 매매계약이 성립되

138면 이하, 142면.

31) 곽윤직, 채권각론, 74면; 김증한, 채권각론, 44면; 이은영, 채권각론, 93면.
32) 김형배 外, 민법학강의, 12판, 2013년, 1229면; 이태재, 채권각론, 66면.
33) 자동판매기의 설치('작동중' 표시가 켜져 있는), 버스정류장에서의 정차 등이 그 예이다.
34) 신문광고(구직 · 구인광고), 진열대에의 진열, 카탈로그의 배부 등.

었어야 한다. 그런데 진열장에 진열을 마친 의상으로 매도인이 구속력있는 매매의 청약을 하였다고 볼 수는 없을 것이다. 왜냐하면 진열장에 전시하였다는 것으로 법적 구속의사가 顯現되지는 않기 때문이다. 즉 V가 진열장에 의상을 전시함으로 인하여 매매의 청약을 한 것이 아니라 B여사가 의상실에 들어와 "그 옷을 사겠다"고 한 의사표시가 비로소 청약이었다. 이 청약을 V가 "그 옷은 이미 팔렸습니다"라는 의사표시로 거절하였기 때문에 V와 B간에는 매매계약이 성립될 수 없었다. 반면 V와 A간에는 매매의 성립을 인정할 수 있다. A여사가 V에게 전화로 "옷을 사겠다"고 한 것이 청약이었고, 이 의사표시를 V가 "소포로 보내겠다"고 하면서 승낙하였기 때문이다. B는 의상의 인도를 요구할 수 없다.

(나) **카탈로그매매의 특수성**　송부매매(Versendungskauf)를 주로 하여 소비자에게 선전책자(catalogue)와 엽서형식의 청약서를 송부하는 사업자가 있다. 우리나라에서는 신용카드회사를 통하여 이러한 거래가 자주 이루어진다. 이 때 송부된 카탈로그 자체는 매도회사의 청약의 의사표시가 아니다. 일반 소비자들은 이 카탈로그의 내용으로부터 매매의 목적물과 가격을 확인하고 비로소 구매의사를 결정한다. 이러한 의사가 확정되고 난 후 첨부된 엽서 등을 통하여 서면형식으로 비로소 청약의 의사표시를 하게 된다. 이러한 청약이 회사에 도달하고 난 후 보통 매도회사는 승낙의 의사표시를 생략하고 바로 주문된 물품을 송부한다. 이 때 민법 제532조가 적용된다. 즉 상관습에 따라 매도회사가 승낙의 의사표시를 별도로 발송하지 않아도 매매계약은 승낙의 의사표시로 인정되는 시점, 가령 공공체신을 통하여 송부하는 경우에는 체신공무원에게 소포를 점유이전시키는 순간 계약이 성립된다고 할 수 있다.

(다) **계약성립법에 있어서 침묵의 의미**(Schweigen im Rechtsverkehr)　일반적으로 침묵이란 일반거래에 있어서 승낙도 아니고 거절도 아니다. 의사표시가 이루어졌다고 할 수 없기 때문이다. 그러나 이러한 원칙을 예외없이 강행할 수는 없다. 그리하여 계약성립과정상 침묵이 일정한 의미로 해석될 때가 있다.

우선 거절로 인정되는 경우부터 보자. 승낙기간을 정한 청약의 의사표시에 대하여 그 기간 중 승낙이 이루어지지 않고 오로지 침묵하였다면 이는 거절로 다루어진다(민 528). 승낙기간(Annahmefrist)이 없다 하여도 상당한 기간 내에 승낙이 없이 침묵하면 역시 승낙은 거절된 것으로 취급된다(민 529; 상 51).

다음은 승낙으로 해석되는 경우를 보자. 첫째 상법 제53조 단서의 경우이다. 상인이 상시 거래관계에 있는 자로부터 그 영업부류에 속한 계약의 청약을 받은 때에는 지체없이 낙부의 통지를 발송하여야 한다. 이를 해태한 때에는 승낙한 것으로 본다. 둘째의 예는 '상인간의 確認書慣習'(kaufmännisches Bestätigungs-schreiben)에서 나타난다. 이는 별도로 살펴보기로 한다.

(라) 상인간의 확인서관습[35]

① 의 의   국제적인 상관습(Handelsbrauch)의 하나로서 소위 상인간의 확인서관습이 있다. 상인간에는 보통 구두로 협상을 진행하고 난 후 그 거래내용을 확실히 하기 위하여 확인서를 송부하는 것이 통례이다. 만약 이 확인서상의 내용이 구두의 거래내용과 다를 경우 그 불일치를 즉시 상대방에 통지하지 않으면 그 확인서상의 내용대로 계약이 성립된다. 이것을 상인간의 확인서관습(merchant's confirmatory memorandom rule; kaufmännisches Bestätigungsschreiben)이라 한다.

② 요 건   그 적용요건을 살펴보면 다음과 같다.

(ⅰ) 첫째 당사자간에 구두의 협상(Vertraghandlung)이 先行하였고 그 결과가 상인간의 확인서식에서 종국적인 내용으로 재현되어야 한다.[36] 대개 선행된 협상은 구두, 전화, 전신, 텔렉스, 텔레팩스 등으로 진행되고 이를 최종적으로 확인하기 위하여 확인서(confirmatory memorandom)가 작성된다. 주의할 점은 승낙서신은 여기에서 말하는 확인서가 아니라는 점이다. 승낙으로 비로소 계약이 성립되는 것이기 때문에 계약의 성립내용을 확인시키는 확인서와는 성격이 다르다.

(ⅱ) 둘째 확인서의 발송인은 자신이 띄운 확인서가 구두의 거래결과를 사실대로 반영하고 있다고 선의로 믿었어야 한다.[37] 만약 발송인이 띄운 서식이 구두의 협상결과를 의도적으로 변경한 것이라면 확인서관습은 더 이상 적용되지 않는다.[38] 이런 경우라면 '확인서관습'이라는 표현 자체가 어색하며 이는 새로

---

35) 이에 대해서는 Medicus/Petersen, Bürgerliches Recht, 27. Aufl., (2019), § 4, Rdnrn. 59 f. ; Ⅲ, Rdnrn. 59 ff.; Diederichsen, JuS 1966, 129 ff.; K. Schmidt, HandelsR., §18 Ⅲ, S. 496 ff.; Flume, Rechtsgeschäft, §36; Hofmann, Handelsrecht, H Ⅱ; Wolf/Neuner, Allgemeiner Teil des Bürgerlichen Rechts, 11. Aufl., § 37, Rdnr 48 f.; Canaris, Vertrauenshaftung, S. 206 ff.; Ebenroth, Das kaufmännische Bestätigungsschreiben im internationalen Rechtsverkehr, ZvglRW, 1978, 161; White/Summers, Uniform Commercial Code, 5th Ed., §2-5, pp. 75 참조; U.C.C. §2-201(2) 참조.

36) BGH NJW 1972, 820 f.; Medicus, a.a.O., Rz. 60.

37) Medicus/Petersen, a.a.O., Rdnr. 62

운 청약을 송부한 것으로 보아야 할 것이다. 나아가 확인서가 구두의 교섭결과를 지나치게 왜곡하는 것으로서 상대방이 이에 동의할 것으로 생각하기 힘든 경우에도 역시 본 관습을 적용할 수 없다고 보아야 한다. 예컨대 구두의 교섭결과와 확인서의 내용이 지나치게 동떨어져 확인서의 기재내용이 사실상 새로운 조건으로 작용하게 되거나,[39] 확인서의 내용대로 상대방이 구속되리라는 것을 일반 경험칙상 기대하기 힘든 경우가 그러하다.[40]

(iii) 셋째 확인서의 수령인은 반드시 상인이어야 한다.[41] 이에는 소상인도 포함될 수 있다. 그러나 발송인은 상인이 아니어도 좋다. 그러나 실질적으로 이에 참여하는 대부분의 당사자는 상인일 것이다.

(iv) 넷째 확인서의 수령인이 서식내용에 대하여 이의를 제기하지 않았어야 한다.[42] 구두의 협상결과를 제대로 반영하지 못한 서식에 대하여는 수령인이 지체없이 이의제기를 하여야 한다. 이를 해태하였을 때 본 요건이 충족된다. 어느 시점까지가 지체없는 이의제기냐에 대해서는 개별 거래영역의 상관행을 고려하여야 할 것이다.[43]

③ **효 과**   양당사자간에는 서식상의 내용대로 계약성립이 의제된다. 일반 민법상의 원칙은 설사 구두의 협상이 선행됐어도 서식상 이와 상이한 내용은 새로운 청약(민534)이 되므로 이에 대한 새로운 승낙이 없으면 그 내용으로 계약이 성립될 수 없으나 이 확인서관습은 침묵을 승낙으로 의제시킨다.

④ **교차하는 확인서**(sich kreuzendes Bestätigungsschreiben)   이러한 확인서를 당사자 쌍방이 모두 작성하여 서로 상대방에게 송부할 경우 그 내용이 상위하면 어떻게 처리할 것인가? 이것이 교차하는 확인서의 문제이다. 이 경우는 대개 계약 쌍방이 모두 보통거래약관을 사용할 때 빈번히 나타난다. 이에 대해서는 최후약관설(Theorie des letzten Wortes)[44]과 합의설(Konsenstheorie)[45]의 대

---

38) Wohl h. M., BGH BB 55, 941 ; BGH DB 69, 125 ; BGH DB 1970, 1778 ; BGH NJW 1972, 45 ; Baumbach/Hopt, HGB, § 346, Rdnr. 26 f. ; Lettl, JuS 2008, 849 ff., 851 ; Canaris, Handelsrecht, 24. Aufl., § 23 Rdnr. 44 ; Wolf/Neuner, Allg. Teil des Bürgerlichen Rechts, 11. Aufl., § 37, Rdnr. 52.
39) BGHZ 54, 242.
40) BGH BB 68, 398.
41) Medicus/Petersen, a.a.O., Rdnr. 63.
42) Medicus/Petersen, a.a.O., Rdnr. 65.
43) U.C.C. §2-201(2)에서는 확인서수령 후 10일 이내로 되어 있다.
44) BGHZ 18, 212.
45) BGH BB 1974, 1136.

립이 있다. 전자는 이러한 확인서가 보통거래약관과 함께 당사자들에 의하여 교환될 경우에는 시간적으로 나중에 송부된 약관이 당사자간의 합의내용이 된다고 보고 있다. 반면 후자에 따르면 계약 쌍방의 약관내용이 서로 합치되지 않을 경우 그 중 어떤 약관도 계약내용화하지 않은 것으로 보게 된다.

⑤ 우리 판례의 입장   우리 판례 중에도 상인간의 확인서 관습과 관련된 것이 있어 흥미를 끈다. 다만 우리 판례의 입장을 자세히 살펴 보면 외국에서 형성된 국제적인 확인서관습을 직접 적용한 사례로 평가하기는 어렵다. 아래의 판례는 이미 계약이 확정적으로 체결된 후 사후적으로 어떤 요건하에 그 내용이 변경될 수 있는지를 다루고 있다고 보아야 한다. 아래의 판례에서는 기계대금이 처음에는 원화로 표시되어 있으나 차후 작성된 원자재매도확약서 내지 구매확인신청서에는 미국 달러화를 지급통화로 기재하고 있다. 원화와 달러화의 환율이 최소 1대 1000인 점을 고려해보면 이러한 확인서상의 기재내용으로 말미암아 기계대금의 지급통화가 원화에서 미국 달러화로 변경되었다고 보기는 어려울 것이다. 아무튼 요건 및 효과 면에서 조금 다르기는 하지만 이하 우리 판례를 소개하기로 한다.

대판 2016. 10. 27, 2014다88543, 88550 [매매대금 · 물품대금]

[판시사항] [1] 계약 체결 후 한쪽 당사자가 계약 내용과 다른 사항이 포함된 문서를 상대방에게 송부하고 상대방이 이를 수령하고도 이의를 제기하지 않은 경우, 계약 내용이 변경되었다고 보기 위한 요건

[2] 甲이 乙에게 섬유가공 기계를 매도하는 계약을 체결하면서 작성한 매매계약서에는 기계대금이 원화로 표시되었는데, 甲이 외화획득용원료 · 물품등구매(공급)확인서를 발급받고자 乙에게 송부한 원자재매도확약서(Offer Sheet)에는 기계대금이 미국 달러로 표시되었고, 甲과 乙이 위 확약서를 첨부하여 제출한 외화획득용원료 · 물품등구매(공급)확인신청서에도 기계대금이 미국 달러로 기재되어 있는 사안에서, 기계대금의 지급통화를 원화에서 미국 달러로 변경하기로 하는 합의가 성립하였다고 인정하기 어렵다고 한 사례

[판결요지] [1] 계약 체결 후에 한쪽 당사자가 계약의 내용을 변경하고자 계약 내용과는 다른 사항이 포함된 문서를 상대방에게 송부하고 상대방이 이를 수령하고도 이의를 제기하지 않은 경우에 계약의 내용이 변경되었다고 보려면, 거래의 종류와 성질, 거래관행, 발송한 문서의 내용과 형식, 상대방의 태도 등에 비추어 상대방이 변경에 묵시적으로 동의하였다고 볼 수 있어야 한다. 이때 변경되는 사항이 이미 체결된

계약의 내용을 중요하게 변경하는 결과를 초래하는 경우에는 묵시적 동의를 섣사리 인정해서는 안 된다.

　　[2] 甲이 乙에게 섬유가공 기계를 매도하는 계약을 체결하면서 작성한 매매계약서에는 기계대금이 원화로 표시되었는데, 甲이 외화획득용원료·물품등구매(공급) 확인서를 발급받고자 乙에게 송부한 원자재매도확약서(Offer Sheet)에는 기계대금이 미국 달러로 표시되었고, 甲과 乙이 위 확약서를 첨부하여 제출한 외화획득용원료·물품등구매(공급)확인신청서에도 기계대금이 미국 달러로 기재되어 있는 사안에서, 위 계약에서 매매대금에 관한 지급통화의 변경은 계약의 내용을 중요하게 변경하는 결과를 초래하는데, 기계대금을 원화로 표시한 매매계약서의 내용을 수정하거나 대체할 새로운 매매계약서가 작성되지 않은 점 등에 비추어, 위 확약서나 확인신청서에 기계대금이 미국 달러로 표시되어 있고 乙이 별다른 이의 없이 확약서를 수령하고 확인신청서를 작성·제출하였다는 사정만으로 기계대금의 지급통화를 원화에서 미국 달러로 변경하기로 하는 합의가 성립하였다고 인정하기 어렵다고 본 원심판단이 정당하다고 한 사례.

2. 상법상의 특칙들

이러한 계약성립의 일반원칙에 대해서 상법은 다음과 같은 특칙을 두었다.

(1) 대화자간의 청약의 효력($_{51}^{상}$)

대화자간에 있어서 계약의 청약을 받은 자가 즉시 승낙하지 아니한 때에는 그 청약은 효력을 잃는다($_{51}^{상}$). 민법에서 대화자와 격지자를 구별하듯이 상법상의 특칙에서도 제51조는 대화자간의 계약성립에 대한 특칙이다. 상법 제51조는 즉시주의라고 표현할 수 있다. 상거래에서는 법률관계를 신속히 확정짓지 않으면 거래의 안전이 해쳐지므로 이러한 상거래의 신속성을 고려한 결과이다.

(2) 낙부통지의무($_{53}^{상}$)

　(가) 의 의　　"상인이 상시 거래관계에 있는 자로부터 그 영업부류에 속한 계약의 청약을 받은 때에는 지체없이 낙부의 통지를 발송하여야 한다. 이를 해태한 때에는 승낙한 것으로 본다"($_{53}^{상}$). 본시 계약의 청약을 받을 경우 이에 대한 승낙 또는 거절의 의사표시가 의무화하는 것은 아니다. 그러나 상법은 상거래의 신속성으로부터 제53조의 요건하에 이를 의무화하고 있다.

　(나) 요 건　　그 적용요건을 살펴보자.

　① **승낙기간이 없는 격지자간의 청약**　　첫째 승낙기간이 없는 격지자간의 청약이어야 한다. 승낙기간이 별도로 정해져 있을 때에는 이에 따르게 되므로

제53조의 적용범위 밖이다. 또한 대화자간의 청약에는 별도로 제51조가 있다. 제53조에는 이런 문언은 없지만 제51조와의 관련상 그렇게 해석된다(체계해석: systematische Auslegung).

② 당사자에 대한 요건　　둘째 청약을 받은 자는 상인이어야 하나 청약자는 상인이 아니어도 좋다. 이는 제53조의 문언에서 도출되는 당사자요건이다.

③ 상시 거래관계의 존재　　셋째 상시의 거래관계가 있었어야 한다. 청약자는 청약이 있기 전부터 지속적이고 반복적인 거래가 예상될 정도의 常時的 거래실적이 있었어야 한다.

④ 청약의 대상　　넷째 청약의 대상은 영업부류에 속한 계약의 청약이어야 한다. 따라서 청약의 대상은 상인의 영업적 상행위를 구성해야 한다. 매매상에 대한 운송의 청약에는 상법 제53조를 적용할 수 없다.

(다) 효 과　　이러한 요건이 갖추어질 경우 청약을 받은 자에게는 諾否通知의 義務가 발생하며 이를 해태하면 계약이 성립된 것으로 의제된다. 이러한 효과는 일반적인 법률행위상의 침묵이 승낙으로 취급되는 경우인데, 원래 침묵을 승낙으로도 거절로도 취급하지 않는 일반원칙에 비추어보면 큰 예외가 된다.

(3) 물건보관의무($\frac{상}{60}$)

(가) 의 의　　민법의 일반원칙에 따르면 청약과 함께 견품 기타의 물건을 받았어도 그 청약을 거절하면 그 물건의 보관의무를 지지 않는다. 그러나 상법은 기업생활관계에서 나타나는 책임강화의 한 예로 제60조의 특칙을 두었다. 즉 상인이 그 영업부류에 속한 계약의 청약을 받은 경우 견품 기타의 물건을 받은 때에는 그 청약을 거절한 때에도 청약자의 비용으로 그 물건을 보관하여야 한다($\frac{상}{60본문}$). 그러나 물건의 가액이 보관의 비용을 상환하기에 부족하거나 보관으로 인하여 손해를 받을 염려가 있는 경우에는 보관의무를 지지 않는다($\frac{상}{60}$단). 이러한 상인의 의무는 어디까지나 정식의 청약과 더불어 송부된 견품에만 한정되는 것이므로 단순히 청약을 유인하기 위한 경우에는 적용되지 않는다. 그러나 본조는 문언상 그 적용범위가 지나치게 넓다. 상시의 거래관계가 전혀 없던 청약자로부터 받은 견품에 대해서도 보관의무를 지움은 상거래의 통념에 부합하지 않는다. 낙부통지의무($\frac{상}{53}$)에서처럼 상시 거래관계있는 자로부터 받은 견품에 대해서만 본 의무를 지움이 바람직하다고 본다.[46]

(나) 적용요건

① **당사자에 대한 요건**　　청약을 받은 자는 상인이어야 한다. 청약자는 이에 반하여 상인이 아니어도 좋다. 나아가 제60조의 문언상 청약자는 상시 거래관계가 있는 자가 아니어도 좋다. 그러나 낙부통지의 의무에서처럼 상시 거래관계가 있는 자로 제한하는 것이 입법론으로서는 더 바람직하다고 본다.

본조의 해석상 당사자가 격지자여야 하느냐[47] 아니면 대화자간에도 가능하냐.[48] 또 나아가 격지거래(隔地去來)를 한 경우에만 본조가 적용되는지[49] 아니면 동지거래(同地去來)의 경우에도 그 적용이 있는지[50]에 대해서는 다툼이 있다. 격지거래란 청약자가 상대방인 상인의 영업소 소재지에 없는 경우이고, 동지거래란 그 반대이다. 그러나 상법 제60조의 적용에 있어서 이러한 구별은 의미가 없다. 오늘날 지구의 반대편에 있는 거래상대방도 대부분 대화자이다. 얼굴을 마주하고 물건을 주고 받는 상대방만이 대화자라고 생각하면 이는 너무 위험하다. 발달된 통신기법은 격지자의 수를 격감시키고 있다. 나아가 청약자와 그 상대방의 영업소가 同地에 있든 異地에 있든 구별의 실익이 없다. 同地에 있다 할지라도 행정구역의 광협에 따라서는 隔地去來와 다를 바 없는 경우가 있고, 異地去來라도 인접한 행정구역이면 同地去來와 다르지 않기 때문이다.[51]

② **청약에 대한 요건**　　영업부류에 속한 거래의 청약이 이루어졌어야 한다. 영업부류에 속한 거래라 함은 영업적 상행위를 의미한다. 즉 당연상인의 기본적 상행위 또는 의제상인의 준상행위를 지칭한다. 이러한 영업적 거래에 대한 청약이 이루어져야 하므로 보조적 상행위에 대한 청약의 경우에는 물건보관의무가 발생하지 않는다.

③ **물건수령에 대한 요건**　　그 청약과 관련하여 상인이 견품 기타의 물건을 수령하였어야 한다. 여기서 물건은 동산 또는 유가증권을 뜻하며 이것이 청약과 관련하여 수령되어야 한다. 따라서 청약이 아니라 단순한 청약의 유인을 위한 인쇄물이나 견품 등은 이를 수령하여도 보관의무를 유발시키지 않는다.

---

46) 同旨 이·최, 336면; 이철송, 364면. 상시거래관계의 존부를 불문한다는 견해로는 최준선, 상법총칙·상행위법, 12판, 2021년, 267면.

47) 이철송, 364면; 이·최, 337면.

48) 정동윤, 164면; 최준선, 267면.

49) 서정갑, 101면.

50) 이철송, 364면; 정동윤, 164면.

51) 同旨, 정동윤, 164면.

(다) **적용효과**   청약을 받은 상인은 그 물건을 청약자의 비용으로 보관하여야 한다.[52]

물건 보관시 주의의무의 정도는 선량한 관리자의 주의가 요구된다고 본다($\frac{상\ 62}{analog}$). 그러나 그 물건의 가액이 보관의 비용을 상환하기에 부족하거나 보관으로 인하여 손해를 받을 염려가 있는 때에는 보관의무가 발생하지 않는다($\frac{상\ 60}{단서}$).

II. 상행위의 유상성과 관련된 특칙

민사생활관계가 상식과 상호부조에 바탕을 두고 있다면, 상법은 손익계산과 등가교환에 기조를 두고 있다. 따라서 상법은 상행위의 有償性(Entgeltlichkeit)에 관련된 다음 특칙들을 두고 있다.

1. 상인의 보수청구권($\frac{상}{61}$)

(1) 제도적 취지

민법에 따르면 당사자간에 특약이 없는 때에는 무상으로 이루어지는 것이 원칙이다. 예컨대 민법 제686조는 위임의 무상성을, 그리고 민법 제701조는 임치의 무상성을 규정하고 있다. 그러나 상법은 '상인이 그 영업범위 내에서 타인을 위하여 행위를 한 때에는 이에 대하여 상당한 報酬를 청구할 수 있다'고 하여 유상성의 기본원칙을 밝히고 있다($\frac{상}{61}$).

(2) 적용요건

본조의 요건을 살펴보면 ① 우선 당사자에 대한 요건으로서 행위주체는 상인이어야 하는데, 이 때 상인에는 소상인도 포함된다. 나아가 '타인'은 상인이 아니어도 좋다. 둘째 ② 그 상인이 영업범위 내에서 행위하였어야 하는데, 이 때의 '행위'에는 영업적 상행위뿐만 아니라 보조적 상행위도 포함된다. 나아가 법률행위에만 한정되지도 않으며 물건의 보관 또는 운송 등과 같은 사실행위도 이에 포함될 수 있다. 셋째 ③ 상인의 행위는 타인을 위한 것이어야 한다. 타인을 위한 행위라 함은 그 행위의 결과가 법률적 또는 사실적으로 그 타인에

---

52) 대판 1996. 7. 12, 95다41161: "송부받은 물건의 현상이나 가치를 반송할 때까지 계속 유지, 보존하는 데 드는 보관비용의 상환에 관한 규정일 뿐 그 물건이 보관된 장소의 사용이익 상당의 손해배상에 관한 규정은 아니다."

게 귀속됨을 의미한다. 그러나 이 요건이 충족되기 위하여 실제 그 타인에게 이익이 있어야 하는 것은 아니다.[53] 넷째 ④ 당사자간 배제특약의 부존재이다.

대판 2007. 9. 20, 2006다15816 [용역대금]

"상법 제61조는 상인이 그 영업범위 내에서 타인을 위하여 행위를 한 때에는 이에 대하여 상당한 보수를 청구할 수 있다고 규정하고 있는바, 이는 타인을 위하여 어떠한 행위를 하여도 특약이 없으면 보수를 청구할 수 없다는 민법 제686조, 제701조의 규정과 달리, 상인의 행위는 영리를 목적으로 하고, 영업범위 내에서 타인을 위하여 노력을 제공한 때에는 그 보수를 기대하고, 이로 인하여 이익을 얻은 자는 응분의 보수를 지급하는 것이 상거래의 통념에 부합한다고 보아서 인정되는 규정이므로, 당사자 사이에 이를 배제하는 특약이 있는 경우에는 그 적용이 없다고 할 것이다."

(3) 적용효과

상인의 보수청구권이 발생한다. 이 때 보수는 상당액이므로 일반거래의 관행을 고려하여 결정할 일이다.

2. 체당금의 이자청구권(상55)

금전의 替當이란 의무 없이 대신 소비대차 이외의 관계에서 타인을 위하여 금전을 지급해주는 것이다. 위임, 도급, 고용 또는 사무관리 등에서 주로 나타난다. 상법은 제55조에서 "상인이 그 영업범위 내에서 타인을 위하여 금전을 체당한 때에는 체당한 날 이후의 법정이자를 청구할 수 있다"고 하여 체당금의 법정이자청구권을 인정하고 있다.

3. 소비대차의 이자청구(상55)

일반 민법상으로는 소비대차에 대하여 당사자간에 특약이 없는 한 무이자를 원칙으로 하고 있으나(민598, 600참조), 상인이 그 영업에 관하여 금전을 대여한 경우에는 貸主의 법정이자청구권을 인정하고 있다(상55). 상법은 상인간에는 물론이고 상인이 비상인에게 금전을 대여한 경우에도 '영업에 관하여' 금전을 대여한 경우에는 상법상의 법정이자를 청구할 수 있게 하였다.

---

53) 반대 판례. 대판 1977. 11. 22, 77다1889: "타인을 위하여 행위한다 함은 타인의 이익을 위하여 행위한다는 뜻이므로 부동산 소개업자가 어느 한 쪽의 이익을 위하여 행위한 사실이 인정되지 않으면 보수청구권이 없다."

4. 상사법정이율

당사자간의 특약이 없는 한 민법상의 법정이율은 연 5%이지만($_{379}^{민}$), 상행위로 인한 채무의 법정이율은 6%이다($_{54}^{상}$).[54] 어음·수표에서는 상행위성과 무관하게 6%의 법정이율이 확정되어 있다($_{수\ 44,\ 45}^{어\ 48,\ 49}$).

대판 2009. 9. 10, 2009다41786 [약정금]

"상법 제54조의 상사법정이율이 적용되는 '상행위로 인한 채무'에는 상행위로 인하여 직접 생긴 채무뿐만 아니라 그와 동일성이 있는 채무 또는 그 변형으로 인정되는 채무도 포함된다. 그런데 기록에 의하면, 원고는 고속국도의 관리청으로서 피고에 대한 고속도로 부지 및 그 접도구역에서의 송유관매설허가라는 수익적 행정처분을 할 것을 전제로 피고와 그 행정처분에 부가할 부관으로서의 부담의 내용, 즉 도로의 확장 등의 사유로 그곳에 매설된 송유관을 이전할 필요가 생기게 되면 피고가 그 비용으로 송유관을 이설할 의무를 부담하기로 하는 내용을 이 사건 협약의 형식으로 미리 정한 다음 피고에 대한 송유관매설허가를 하면서 그 협약상의 의무를 부관으로 부과하였음을 알 수 있다. 그렇다면, 피고의 송유관 이설비용부담채무는, 원고가 행정청으로서 피고에 대하여 송유관매설허가를 하면서 그 허가에 붙인 부관에 의하여 발생한 의무라고 할 것이고, 원고가 허가에 붙일 부관의 내용을 행정행위의 상대방인 피고와 협약의 형식으로 정하였다고 하여 그 부관상의 의무를 상행위로 인한 채무라고 할 수는 없다.

따라서 이 사건 송유관매설허가에 붙인 부관에 의하여 피고가 그 이설비용을 부담할 법률상 의무가 있음에도 원고가 그 비용을 지출함으로써 발생한 이 사건 부당이득반환채무는 법률의 규정에 의하여 발생한 법정채무일 뿐, 상행위로 인한 채무와 동일성이 있는 채무라거나 그 변형으로 인정되는 채무라고 할 수 없으므로 그에 대한 지연손해금에 관하여 상법 제54조의 상사법정이율을 적용할 수 없다. 그럼에도 원심은, 이 사건 부당이득반환채무는 상행위로 인한 채무와 동일성이 있는 채무이거나 그 변형으로 인정할 수 있는 채무에 해당한다는 이유로 그 부당이득반환채무에 대하여 상법 제54조의 상사법정이율을 적용하여야 한다고 판단하였으니, 원심판결에는 상법 제54조의 적용 범위에 관한 법리를 오해함으로써 판결의 결과에 영향을 미친 위법이 있다."

---

54) 그러나 불법행위로 인한 손해배상책임에는 적용되지 않는다(대판 1985. 5. 28, 84다카966; 대판 2004. 3. 26, 2003다34045).

Ⅲ. 채무의 이행과 관련된 채권법상의 특칙

1. 이 행 지

履行地(Erfüllungsort)에 대해서는 채무자가 목적물을 채권자의 주소지에 가지고 가서 이행해야 하는 지참채무(Bringschuld), 채권자가 채무자의 주소지에 와서 목적물을 추심하여 변제를 받아야 하는 추심채무(Holschuld), 채권자나 채무자의 주소지 이외의 제3의 지에 목적물을 송부하는 송부채무(Schickschuld)의 구별이 있다.

특정물인도시에는 상법상으로는 특칙이 없으므로 민법에 따라 특정물의 인도는 계약당사자의 특약이 없는 한 채권성립 당시에 그 물건이 있던 곳에서 하여야 한다(민467). 따라서 이는 추심채무가 된다. 그러나 여타의 채권의 변제는 채권자의 현주소지에서 하여야 한다(민467). 이는 지참채무이다. 단지 영업에 관한 채무의 변제는 채권자의 현영업소에서 한다(민467).

상법에서는 단지 지점거래시의 특칙만 두어 "채권자의 지점에서의 거래로 인한 채무이행의 장소가 그 행위의 성질 또는 당사자의 의사표시에 의하여 특정되지 않은 경우 특정물의 인도 이외의 채무의 이행은 그 지점을 이행장소로 본다"는 규정만 두었다(상56). 따라서 '채무자의 지점에서 거래가 이루어진 경우'에는 일반법인 민법 제467조 2항 단서에 따라 채권자의 현영업소에서 채무를 변제하여야 한다. 상법 제56조가 '채권자의 지점에서의 거래'만으로 한정하고 있음을 유의하여야 한다.[55] 다만 민법 제467조 제2항의 '영업에 관한 채무'는 영업과 관련성이 인정되는 채무를 의미하고 '현영업소'에는 변제 당시를 기준으로 그 채무와 관련된 채권자의 영업소로서 주된 영업소(본점)에 한정하는 것이 아니라 그 채권의 추심관련 업무를 실제로 담당하는 영업소까지 포함한다.[56]

그러나 유가증권의 경우에는 추심채무가 원칙이어서 금전, 물건 또는 유가증권의 지급을 목적으로 하는 유가증권에는 채무자의 현영업소, 영업소가 없는 때에는 현주소를 이행지로 하고 있다(상65, 어516).

---

55) 신현윤 감수, 상법총칙·상행위편 해설, 상법해설서 시리즈 I-2010년 개정 내용, 법무부 2012년 4월 간, 31면 참조.
56) 대법원 2022. 5. 3. 2021마6868 결정.

대법원 2022. 5. 3. 2021마6868 결정

"민법 제467조 제2항의 '영업에 관한 채무'는 영업과 관련성이 인정되는 채무를 의미하고, '현영업소'는 변제 당시를 기준으로 그 채무와 관련된 채권자의 영업소로서 주된 영업소(본점)에 한정되는 것이 아니라 그 채권의 추심 관련 업무를 실제로 담당하는 영업소까지 포함된다. 따라서 영업에 관한 채무의 이행을 구하는 소는 제소 당시 채권 추심 관련 업무를 실제로 담당하는 채권자의 영업소 소재지 법원에 제기할 수 있다."

2. 이행청구의 시기

履行期(Leistungszeit)에 대해서도 상법은 영업시간과 관련된 특칙만을 두고 있다. 법령 또는 관습에 의하여 영업시간이 정하여져 있는 때에는 채무의 이행 또는 이행의 청구는 그 시간 내에 하여야 한다(상63).

Ⅳ. 상사채권의 인적 담보에 관한 특칙

1. 다수당사자의 연대책임

채무자가 수인인 경우 민법에서는 특별한 의사표시가 없으면 각 채무자가 균등한 비율로 의무를 부담하는 분할주의를 채택하고 있다(민408). 그러나 상법은 특칙으로 "수인이 그 1인 또는 전원에게 상행위가 되는 행위로 인하여 채무를 부담한 때에는 연대하여 변제할 책임이 있다(상57)"고 하고 있다. 이와 같이 상법은 채무이행을 보다 확실히 하기 위하여 연대주의를 취하였다.

대판 1976. 1. 27, 75다1606

"'甲'과 '乙'은 시멘트가공 보도블록 등을 제조판매하는 '丙'회사로부터 물품을 구입하여 동업으로 '丁'에 공사자재납품을 하는 사업 및 도로포장공사를 하되 '甲'은 주로 '丁'에 대한 교섭과 사업자금을 제공하고 '乙'은 물품의 구입과 납품 및 금전출납 등 업무를 분담 종사한 경우에는 '甲'과 '乙'은 동업자로서 '丙'에 대하여 상법 제57조에 따른 상행위로 인하여 위 물품대금채무를 부담한 것이므로 연대하여 이를 변제할 책임이 있다."

대판 1987. 6. 23, 86다카633

"상법 제57조 1항의 취지는 상사거래에 있어서의 인적 담보를 강화하여 채무이행을 확실히 하고 거래의 안전을 도모함으로써 상거래의 원활을 기하려는 것으로 민법상 다수당사자간의 채무이행에 있어서의 분할채무에 대한 특별규정이라 할 것이고, 여기에서 연대채무를 지우게 되는 행위는 수인이 그 1인 또는 전원에게 상행위가 되는 행위로 인하여 채무를 부담하는 경우이어야 할 것인바, 원심이 인정한 사실 중 위 명성그룹 내에 조달본부를 설치하여 물품을 발주 구입하고 그 대금지급방식에 따라, 소외 회사가 이 사건 물품구매요구서를 첨부하여 조달본부에 구매 요구하고, 원고가 이 사건 물품을 인도한 곳이 소외 회사였고 세금계산서도 소외 회사 앞으로 되어 있는 점 등에 비추어보면, 위 조달본부는 법인격없는 그룹 내의 편의상 기구에 불과한 것으로서 조달본부의 물품구입행위는 명성그룹 내의 각 독립한 법인체인 계열회사들이 조달본부에 그 대행을 위임하거나 이에 관한 대리권 수여에 따른 행위로 봄이 타당하고 이 사건에 있어서 거래는 계열회사인 위 소외 회사와 원고 사이에 이루어진 것으로 그 법률효과는 그 당사자에게만 직접 미치고 유관관계가 없는 다른 계열회사는 아무런 권리의무가 발생하지 아니하는 제3자의 지위에 있음에 불과하다 할 것이고 이같은 법률관계는 원고가 명성그룹 계열회사 전체의 신용이나 재산상태를 믿고 거래하였다 하더라도 다를 바 없고… 조달본부에서 원고의 이 사건 물품을 발주 구입하였다는 사실을 들어 상법 제57조 1항 소정의 수인이 그 1인 또는 전원에게 상행위로 인하여 부담하는 공동구매행위라고는 할 수 없으므로 동 법조에 따른 연대채무관계는 발생할 수 없다고 하겠다."

대판 2013. 3. 28, 2011다97898 [공사대금]

"1. 공동이행방식의 공동수급체는 기본적으로 민법상의 조합의 성질을 가지고, 조합채무가 특히 조합원 전원을 위하여 상행위가 되는 행위로 부담하게 되었다면 상법 제57조 제1항에 따라 조합원들이 연대책임을 부담하는 것이 원칙이겠으나, 공동수급체가 하도급계약을 체결할 때 공동수급체가 아닌 개별 구성원으로 하여금 그 지분비율에 따라 직접 하수급인에 대하여 채무를 부담하게 하는 약정을 한 경우와 같이 하도급계약의 내용에 따라서는 공동수급체의 개별 구성원이 하수급인에게 부담하는 채무가 공동수급체의 구성원 각자에게 그 지분비율에 따라 구분하여 귀속될 수도 있다.

2. 원심판결 이유를 기록에 비추어 살펴보면, 원심이 그 채용 증거들을 종합하여 그 판시와 같은 사실을 인정한 다음, 이 사건 공동수급체 구성원인 피고와 소외 한울종합건설 주식회사가 원고와 하도급계약을 체결하면서 피고와 소외 회사의 지분비율에 따른 하도급공사대금을 명백히 구분하여 특정함으로써 각자의 하도급공사대금 지급채무를 각 구성원별로 부담하기로 약정하였다고 판단하여 원고의 청구를 기각한 조치는 정당한 것으로 수긍이 가고, 거기에 상법 제57조 제1항의 적용 범위와 수인의 상행위로 인한 연대책임, 공동수급업체의 조합채무 부담, 분할채무특약 등에 관한 법리오해의 잘못이 없다."

2. 상사보증의 연대성

∥**사 례**∥ 정년퇴임한 A교수는 그간 자신이 연구용으로 구입하였던 다량의 도서를 점포를 갖추어 책대여업을 하고 있다. 그는 2명의 종업원을 쓰고 있으며 책대여시마다 배면에 "일반대여규정"이 인쇄된 계약서식을 사용하고 있다. A는 자신의 고객 B가 X은행으로부터 금전을 차입하였을 때 B의 부탁으로 X은행에 민법상의 보증을 해 주었다. X은행과 A간의 법률관계는?

민법상의 보증에서는 채권자가 보증채무의 이행을 요구하면 보증인은 연대보증의 특약이 없는 한 최고·검색의 항변(Einrede der Vorausklage)을 제기할 수 있다(${}^{민}_{437}$). 그러나 상법은 채무이행을 보다 확실히 하기 위하여 상사보증의 연대성을 규정하고 있다. 즉 보증인이 있는 경우에 그 보증이 상행위이거나 주채무가 상행위로 인한 것인 때에는 주채무자와 보증인은 연대하여 변제할 책임이 있다(${}^{상}_{57}$).

이 규정을 해석함에 있어서 다투어지는 점은 채권자에 대해서만 상행위가 되는 경우에도 보증인이 연대책임을 지는가이다. 예컨대 비상인인 채무자에게 상인인 은행이 금전을 대여해 주고 비상인인 보증인이 은행에 대하여 인보증을 서는 경우 이 보증계약도 연대보증으로 취급되는가이다. 긍정설에서는 "보증이 상행위라 함은 보증이 보증인에 있어서 상행위인 경우뿐만 아니라 채권자에 있어서 상행위성을 가진 경우를 포함한다"고 하여 이를 긍정한다.[57] 한편 부정설에서는 상법 제57조 2항은 상인의 신용을 강화하기 위한 제도이고 또 상인과 비상인간의 거래에서는 상인이 보다 우월한 능력을 구비하고 있음이 보통이므로 상인이 자신의 채권을 확보하는 것은 사적 자치의 문제요 법이 특히 배려할 사항은 아니라는 이유로[58] 이 가능성을 부정한다. 또 부정설의 다른 학설은 상법 제57조 1항과의 조화를 고려하여 채무자 쪽의 상행위만을 문제로 삼아야 한다고 주장하기도 한다.[59]

생각건대 상법 제57조 2항의 문언상으로는 채권자나 채무자 누구에게든 상행위가 되기만 하면 연대보증으로 볼 수 있게 되어 있다. 그러나 채권자에게만 상행위가 되는 경우 본조의 보호범위를 벗어난다고 본다. 최고·검색의 항변을

---

57) 대판 1959. 8. 27. 4291민상407.
58) 이철송, 382면.
59) 임홍근, 240-241면; 최준선, 273면.

포기케 하는 것은 상인의 거래경험이 일반인보다 앞서 있고 따라서 그만큼 법에 의한 보호필요성도 경감하기 때문이다. 따라서 상법 제57조 2항에서 채권자에게만 상행위로 되는 보증의 경우는 제외시키는 것이 옳다. 즉 합목적적 축소해석이 바람직하다. 독일상법 제349조도 보증인에게 보증계약이 상행위가 될 때 연대보증이 된다고 하고 있다.

대판 2012. 5. 24, 2011다109586 [구상금]

"보증보험회사인 甲 주식회사가 아파트 건설공사 원사업자인 乙 주식회사로부터 일부 공사를 도급받은 丙 주식회사와 피보험자를 乙 회사로 하는 내용의 선급금 보증보험계약을 체결하였는데, 이후 丙 회사 부도로 공사가 중단되자 乙 회사에 보험금을 지급한 다음 도급계약서에 수급인의 보증인으로 기명·날인한 丁 주식회사를 상대로 구상권을 행사한 사안에서, 丁 회사가 선급금 부분에 대하여 책임이 없다는 등의 단서 조항 없이 도급계약서에 수급인의 보증인으로 기명·날인한 점, 丙 회사가 乙 회사에 부담하는 채무는 상행위 채무여서 보증인이 연대하여 변제할 책임이 있는 점 등에 비추어 丁 회사는 선급금 반환채무까지 포함하여 연대보증한 것으로 보아야 하고, 甲 회사와 丁 회사는 선급금 반환채무에 관하여 공동보증인 관계에 있으므로 甲 회사가 丁 회사에 구상권을 행사할 수 있다고 보아야 하는데도, 이와 달리 본 원심판결에 건설공사도급계약에서 연대보증인의 책임에 관한 법리오해의 위법이 있다."

사례풀이 ▶️ X은행의 A에 대한 보증채무의 이행청구권

X은행은 A에 대하여 원리금상환만기일에 보증채무의 이행을 요구할 가능성이 있다. 이러한 청구권은 민법 제428조 및 동법 제603조에 의하여 정당화될 가능성이 있다. 이러한 청구권의 성립요건을 검토해보기로 한다.

1. A의 보증채무는 주채무의 존재를 전제로 한다. B와 X은행간에는 금전소비대차계약이 성립되었다. 차주 B는 대주 X에 대하여 대차기간만기일에 원리금을 상환하여야 한다. 보증채무의 성립을 위한 주채무는 유효하게 존재하고 있다.

2. 나아가 보증인과 채권자간에는 보증계약이 성립하여야 한다. X은행과 A간에는 B의 원리금상환채무를 주채무로 하는 보증계약이 성립되었다. 이로써 A는 민법상의 보증인으로서 보증채무자가 된다.

3. 그러나 X은행의 B에 대한 보증채무의 이행청구는 B의 최고검색의 항변(Einrede der Vorausklage)에 부딪힐 가능성이 있다. 물론 B의 보증채무가 연대보증의 성격을 띨 때에는 이러한 항변가능성을 고려할 필요가 없을 것이다. 보증계약상 주채무가 상행위로 인한 것이거나 보증계약이 상행위를 구성하는 경우 보증채무는 연대보증이 될 것이다(상 57). 이 때 상행위에는 영업적 상행위뿐만 아니라 보조적

상행위도 가능하나 오로지 채권자에게만 상행위가 되는 경우는 상법 제57조 2항의 적용범위에서 제외시켜야 할 것이다. 이에 따라 본 사안의 내용을 검토해보면 주채무자 B의 상인성이 확정되어 있지 않으므로 만약 B가 상인이 아닌 경우 주채무의 상행위성은 B에 대해서는 인정되기 어렵다. 물론 상인인 X은행으로서는 고객과 금전소비대차계약을 체결할 때 이것이 영업적 상행위가 됨은 물론이나 차주 B에 대한 관계에서는 B가 상인인 경우에만 상행위성을 인정받게 된다. 이번에는 보증계약이 상행위를 구성하는지 알아보자. 물론 X은행에 대한 관계에서 이 보증계약은 최소한 보조적 상행위로 평가될 것이다. 그러나 A교수에 대해서도 그러한가? 이 물음은 A가 상법상의 상인인 경우에만 긍정적으로 답할 수 있을 것이다. A는 자신이 연구용으로 구입한 도서를 유상 임대하고 있다. 상법 제46조 2호상의 "임대차"를 '임대할 의사로 유상취득하여 이를 유상 임대하거나 유상 임차하여 이를 전대하는 행위'로 풀이하는 한 A가 당연상인이 되기는 어렵다. 그러나 이러한 경우라 해도 A는 자신의 행위를 점포라는 영업시설을 갖추어 보통거래약관을 사용하고 상업사용인을 고용하는 등 상인적 방법으로 영업하고 있다. A는 그런 점에서 적어도 설비상인으로 평가된다($\frac{\text{상}}{\text{5}}$). 이러한 A가 자신의 고객을 위한 보증계약을 체결하였다면 이는 적어도 보조적 상행위로 평가된다. A는 자신의 고객관리 등 자신의 영업을 위하여 보증한 것이기 때문이다. A와 X간의 보증은 양자 모두에게 상행위였고 따라서 그의 보증은 연대보증이었다. A는 최고검색의 항변을 제기할 수 없다.

V. 임치를 받은 상인의 의무

민법에 의하면 보수없이 任置를 받은 자는 임치물을 자신의 재산과 동일한 주의(Sorgfalt in eigenen Angelegenheiten)로 보관하면 된다($\frac{\text{민}}{695}$). 즉 무상임치의 경우에는 주의의무가 경감되고 있다. 그러나 상법에 있어서는 그 영업범위 내에서 물건의 임치를 받은 경우에는 무보수인 때에도 선량한 관리자의 주의 (Sorgfalt eines ordentlichen Kaufmanns)를 하여야 한다($\frac{\text{상}}{62}$). 예컨대 비상인이 무상으로 해산물의 임치를 받았다면 자신의 재산과 동일한 정도의 주의만 하면 면책된다. 가령 장마기에 임치를 받음으로써 자신의 다른 물건도 습기의 피해를 입었다면 임치인이 손해배상을 청구할 수 없다. 그러나 만약 수치인이 상인이었고 그가 자신의 영업범위 내에서 목적물을 수치하였다면 객관적으로 상인에게 요구되는 정도의 주의의무, 즉 선량한 관리자의 주의로 목적물을 보관하여야 한다. 따라서 적어도 상인으로서 해산물을 보관할 때 기대되는 통풍이나 방습조치 등을 해태하면 손해배상책임을 면할 수 없다. 민법 제695조와 상법

제62조의 연장선상에서 이해되어야 할 조문은 2010년 개정전 상법 제152조 1
항이다. 공중접객업자는 객으로부터 임치받은 물건이 멸실 또는 훼손되었을 때
불가항력으로 인함을 입증하지 못하는 한 손해배상책임을 면하지 못하였다. 이
것은 가장 고도의 주의의무인 셈이다.

대판 1994. 4. 26, 93다62539 [손해배상(기),사용료]

"甲이 乙과의 임치계약에 의하여 건고추를 창고업자인 丙 소유의 냉동창고중 乙
이 임차한 부분에 운반, 적치하고 그 입고시에 丙이 甲이 제시한 서류만을 근거로
하여 그 서류에 기재된 입고량에 따른 인수증을 甲에게 발행하였다면 甲과 乙 간
의 위 임치계약은 위 창고부분의 소유자이자 임대인인 丙이 가동하는 냉동시설의
가동에 의하여 그 계약목적을 달성하려는 것이 당연 전제되어 있다고 보이는데다
창고업자인 丙이 그 영업범위 내에서 위 건고추의 입고와 보관에 관여한 점 등에
비추어, 丙은 위 물품인수증을 甲에게 발행함으로써 甲에 대한 관계에서는 적어도
위 건고추에 대한 무상수치인의 지위에서 선량한 관리자로서의 주의의무를 진다."

VI. 유가증권에 관한 특칙규정(商65)

1. 유가증권의 의의

有價證券(Wertpapier)이란 사권(私權)을 표창(表彰)한 증서로서 그 권리의
행사를 위하여 증서의 소지가 필요한 것이다.[60] 이러한 유가증권의 개념정의로
부터 유가증권의 개념표지를 구체화시켜보기로 한다.

(1) 사권의 표창

유가증권은 우선 사권을 표창해야 하므로 공법상의 지위를 나타내는 증서
들 예컨대 여권, 주민등록증과 같은 것들은 이에 속할 수 없다.

(2) 표창의 의미

둘째 그러한 권리들을 표창하여야 한다. 표창한다 함은 증서(Papier)와 권리
(Recht)가 결합하였다는 뜻인데, 증서가 권리를 '化體하였다'(verkörpern) 또는
'物化하였다'(verdinglichen)라고 표현되기도 한다. 어쨌든 이 개념은 증서와 권
리간의 특별한 결합(Sonderverbindung)을 의미하는데, 이를 밝히는 것이 동시에
유가증권의 槪念外延을 구체화시키는 작업이 될 것이다. 참고로 표창의 개념을

---

60) Hueck/Canaris, Recht der Wertpapiere, 12. Aufl., S. 1.

구체화시키기 전에 밝혀 둘 것은 유가증권의 개념외연을 정하는 작업은 이론적 당위성만으로 완결지어지지 않고 실용적 잣대도 함께 작용한다는 점이다.

　표창의 의미를 구체화시키기 위하여는 증서상 화체되는 권리의 動態的 측면을 고려하여 그 권리의 성립, 이전, 행사, 소멸의 제단계에서 증서와 권리가 어떻게 서로 관련되는지 살펴볼 필요가 있다. 그리하여 권리의 성립과 증서의 작성, 권리의 이전과 증서의 양도, 권리의 행사와 증서의 소지 및 권리의 소멸과 증서의 상실(喪失) 내지 훼멸(毁滅)이 양자간의 특별한 결합의 내용이 될 수 있는지 살펴보기로 한다.

　(가) 증서의 작성과 권리의 성립　　우선 증서의 작성과 그 위에 화체될 권리의 성립이 표창의 의미라면 어음이나 수표와 같은 설권증권(設權證券)은 유가증권이로되 선언증권(宣言證券)은 유가증권이 되지 못한다. 주권이나 선하증권과 같은 것들은 증서화되기 이전 단계에 이미 화체될 권리가 성립되어 있기 때문이다. 그러나 주권, 선하증권 등의 선언증권은 우리의 경제생활에서 주요한 유가증권으로 관념되고 있어 이를 유가증권의 범주에서 제외시키는 것도 적절치 않으므로 증서상의 권리의 성립을 위하여 증서의 작성이 필요한 것이 유가증권이라고 정의내릴 수 없다. 선언증권을 도외시하고 설권증권만으로 유가증권의 개념외연을 정하는 것은 실용적 측면에서 바람직스럽지 않기 때문이다. 따라서 증서의 작성과 화체될 권리의 성립이 권리와 증서간의 특별한 결합의 내용이 될 수 없다.

　(나) 증서의 교부와 권리의 이전　　둘째 증서상 화체된 권리의 이전을 위하여 증서의 양도 내지 교부가 요구되는 것이 유가증권인가? 우선 유가증권의 개념파악에는 증서상 화체된 권리(Recht aus dem Papier)와 증서에 대한 권리(Recht am Papier)를 명확히 구별하여야 한다. 보통 流通證券(negotiable instrument)으로 불리우는 것들은 증서상 화체된 권리가 증서에 대한 권리의 양도로 이전된다. 즉 증서로부터의 권리는 증서에 대한 권리에 따른다(Das Recht aus dem Papier folgt dem Recht am Papier). 이러한 권리이전방식을 취하는 것은 指示證券과 無記名證券이다. 반면 記名證券에 있어서는 증서에 대한 권리는 증서로부터의 권리를 따른다(Das Recht am Papier folgt dem Recht aus dem Papier).

　이러한 논의가 요구되는 것은 대부분의 유가증권은 채권적 유가증권으로서 증서상 화체될 권리의 이전방식과 증서에 대한 권리의 이전방식이 서로 상이

하여 증서와 권리가 결합하고 난 후에는 이 양자의 권리이전방식 중 어느 하나
를 선택하여야 하기 때문이다. 즉 지명채권양도의 방식(Zessionsrecht)과 증서의
동산소유권양도(Mobiliarsachenrecht)라는 두 가지 체계 중 어느 하나를 선택하
여야 한다. 그리하여 지시증권(Orderpapier)이나 무기명증권(Inhaberpapier)에서
는 증서에 대한 권리의 이전으로 증서상 화체된 권리도 함께 이전하는 것으로
하였고, 기명증권(Rektapapier)에서는 그 정반대의 현상이 나타나는 것이다. 따
라서 증서상 화체된 권리의 이전을 위하여 증서에 대한 권리의 이전이 요구되
는 것이 권리와 증서간의 특별한 결합의 내용이라면 지시증권이나 무기명증권
은 유가증권이로되 기명증권은 유가증권이 아니다. 그러나 지시증권이 배서금
지의 문언으로 기명증권이 될 가능성은 상법에서건 어음법에서건 동일 법전상
명문의 규정으로 허용되고 있다(어음 11 II 단서). 따라서 원래는 지시증권이로되 지시
금지의 문구가 기재되어 지시성이 박탈되는 경우 이를 유가증권의 범주에서
배제시킴은 법정책적으로도 적절치 않다. 동일 법전상 허용된 제도에 대하여
유가증권성을 박탈하는 결과가 되기 때문이다. 이미 앞에서도 밝힌 바대로 유
가증권의 개념외연을 설정함에 있어서는 이론적 당위성도 중요하지만 실용적
합목적성도 고려해야 한다. 따라서 배서금지어음(Rektawechsel)이나 기명식 선
하증권(Rektakonnossement)도 유가증권에 포함시키는 것이 타당할 것이다. 결
론적으로 증서상의 권리이전과 증서의 양도가 권리와 증서간의 특별한 결합내
용이 될 수 없다.

  (다) 증서의 소지와 권리의 행사   셋째 권리의 행사와 증서의 소지가 양자
간의 특별한 결합의 내용이 되어 유가증권의 개념외연을 확정할 수 있는가? 결
론부터 이야기하면 상기의 두 가지 측면이 부정된 것과는 달리 이번에는 유가
증권의 개념외연으로서 만족스러운 결과를 제공한다고 본다. 즉 권리행사의 측
면에서 유가증권의 개념을 파악하면 선언증권이나 기명증권도 유가증권에 포
함시킬 수 있고, 단순한 증거증권(Beweisurkunde)이나 면책증권(Legitimations-
papier)과의 구별도 명확하여 가장 실용적인 개념외연을 제공한다. 유가증권은
현금차용증서와 같은 단순한 證據證券이 아니며 나아가 옷보관표와 같은 단순
한 免責證券도 아니다. 증거증권의 경우 증서의 소지가 권리행사의 전제가 아
니며 단지 증서작성에 참여한 당사자간의 법률관계를 객관화하여 舉證의 용이
함을 제공할 뿐이다. 면책증권의 경우에도 권리의 행사가 증서의 소지와 연결

되어 있지 않다. 가령 오페라하우스의 옷보관표(Garderobenmarke)의 경우 설사 그것을 분실하였더라도 달리 임치계약의 성립 및 존속을 입증하여 임치물의 반환청구를 할 수 있다. 다만 증서의 소지인이 무권리인 경우 채무자가 선의로 목적물을 반환할 때 진정한 권리자와의 관계에서 면책의 효력이 나타날 뿐이다.

(마) 증서의 상실과 권리의 소멸　　넷째 증서상의 권리의 소멸과 증서의 상실이 양자간의 특별한 결합내용으로 파악될 수 있는지 살펴보자. 어음이나 주권에 있어서 증서상 화체된 권리가 증서가 상실되었다고 소멸하지는 않는다. 증서가 분실되었다면 공시최고절차를 밟아 제권판결을 취득할 수 있고 이렇게 되면 증서의 재발행을 요구할 수 있다. 따라서 증서와 권리간의 특별한 결합내용을 증서의 상실과 권리소멸의 측면에서 찾는 것은 바람직하지 않다. 이러한 관점에서 金額券은 유가증권이 아니다. 지폐, 우표 또는 수입인지 등을 금액권이라 하는데 이들에 있어서 증서의 훼멸은 곧 그 경제가치의 소멸로 연결된다. 그러나 이는 그들이 유가증권이기 때문이 아니라 특별한 법규에 의해서 그러한 효과가 예정되어 있기 때문이다.

결론적으로 표창의 의미는 권리의 행사를 위하여 증서의 소지가 필요한 방법으로 권리와 증서가 결합되어 있다는 뜻으로 정리할 수 있다.

(3) 증서의 재질

끝으로 증서의 재질이 종이로 한정되지는 않는다. 전화카드와 같은 선급카드도 유가'증권'으로 관념되며, 토큰 같은 것도 유가'증권'에 포함된다. 심지어 영국의 가상사례로 살아있는 암소에 수표를 발행한 사건("The negotiable Cow" 사건)도 있었다.[61]

2. 유가증권의 종류

유가증권은 다음과 같이 분류된다.

(1) 설권증권과 선언증권

증서상 화체될 권리가 증서의 작성으로 성립되는지 여부에 따른 분류이다. 設權證券에서는 그러하고 宣言證券에서는 그렇지 않다. 어음·수표 등이 설권증권의 대표적인 예이고, 주권이나 선하증권이 선언증권의 주요 예이다.

---

61) Board of Inland Revenue v. Haddock; Rex v. Haddock [The Negotiable Cow], http://www.kmoser.com/herb04.htm.

(2) 기명증권 · 지시증권 · 무기명증권 · 선택무기명증권

이는 증서상 권리자의 지정방식에 따른 분류이다.

(가) 기명증권   記名證券(Rektapapier)이란 증서상 권리자가 될 자를 특별히 지정하는 유가증권이다. 이는 유통의 목적으로 발행되지 않는다. 원래는 유통성이 있으나 지시성이 박탈되어 기명증권화하기도 한다(앞서 ॥ 통 참조 130).

채권적 기명증권의 경우 증서상의 권리는 指名債權讓渡의 방식과 그 효력으로 이전한다. 따라서 항변절단이나 선의취득이 불가하고 증서의 유통성은 보장되지 않는다. 증서상의 권리는 지명채권양도의 방식 즉 讓渡契約과 채무자에 대한 對抗要件의 충족으로 이전되지만, 양수인이 증서상 화체된 권리를 행사하자면 증서의 소지가 필요하므로 증서의 교부가 후속되어야 권리이전이 완료된다.

기명식 선하증권, 기명식 창고증권, 기명식 화물상환증, 배서금지어음, 배서금지수표 등이 이에 속한다. 예금통장은 기명증권이 아니다. 예금계약의 존재를 통장 이외의 방식으로 입증하여도 예금의 인출이 가능하기 때문이다. 그러나 이를 기명증권으로 취급하는 나라도 있다.

(나) 지시증권   指示證券(Orderpapier)이란 증서상 권리자로 지정된 자 또는 그가 지시하는 자에게 증서상의 채무를 이행하는 유가증권이다. 지시증권은 처음부터 유통의 목적으로 발행되는 유가증권이어서 指示證券法定主義(numerus clausus der Orderpapiere)가 지배한다.

증서상 화체된 권리는 배서 · 교부의 형식으로 양도된다(앞 ॥ 508 ॥ :). 배서 · 교부(Indossament und Übereignung)는 증서상 권리자가 될 자를 지정하는 배서문언의 기재와 증서의 동산소유권양도로 구성된다.[62] 증서로부터의 권리는 증서에 대한 권리를 따르기 때문이다. 채권적 지시증권이 대부분이며 권리이전면에서는 선의취득과 항변절단의 효과가 작용하여 유통성이 확보된다(앞 16, ॥, 17: 민 514, 515).[63]

지시증권은 별도의 지시문언의 기재가 있어야 지시증권이 되는 선택적 지

---

62) 영미에서는 이를 endorsement and delivery로 표현하고 있다.

63) 우리 민법은 지시채권(민 508 이하)이나 무기명채권(민 523 이하) 등의 용어를 사용함으로써 채권에는 지명채권, 지시채권, 무기명채권 등의 분류가 가능한 것 같은 외관을 만들어내고 있다. 그러나 지시채권이나 무기명채권은 지시증권이나 무기명증권에 화체된 채권을 뜻할 뿐이다. 원래 채권에는 지명채권만이 있을 뿐 처음부터 선의취득이나 항변절단이 이루어지지 않는 지명채권과 이것들이 가능한 지시채권 또는 무기명채권의 구별이 있는 것은 아니다. 지시채권이나 무기명채권에서는 지명채권이 증서화(Verbriefung)함으로써 동산소유권양도의 법리로 지명채권양도의 법리를 수정한 결과 이러한 유통성 증진의 효과가 나타날 뿐이다.

시증권(gekorene Orderpapiere)과 별도의 지시문언의 기재없이도 처음부터 지시증권이 되는 태생적 지시증권(geborene Orderpapiere)으로 나누어진다. 어음, 수표, 화물상환증, 선하증권, 창고증권 등은 모두 태생적 지시증권이다(어 11 I, 수 14 1. 상 130, 157. 820 참조).

(다) 무기명증권　　無記名證券(Inhaberpapier)이란 증서의 정당한 소지인에게 증서상의 채무를 이행하는 유가증권이다. 지시증권과 함께 유통증권을 구성하며 단순히 증서의 소지인이 증서상의 권리자가 되므로 지시증권보다도 유통성이 더 높다고 할 수 있다. 화체된 권리의 이전방식은 증서의 교부 즉 증서의 동산소유권양도(Übereignung; mere delivery)로 이전된다. 지시증권과 같이 선의취득과 항변절단이 가능하여 유통성이 확보된다(민 524, 514, 515). 대부분의 승차권, 입장권, 무기명식 수표(Inhaberscheck)[64] 등이 좋은 예이다.

(라) 선택무기명증권　　選擇無記名證券(alternative Inhaberpapiere)은 증서상에 권리자로 지정된 자 또는 단순한 증서의 소지인에게 증서상의 채무를 이행하는 유가증권이다. 예컨대 증서상 "A 또는 그 소지인에게 지급하여 주십시오"라고 기재된 증서가 이에 해당한다. 그 법적 성질은 무기명증권과 같다. 따라서 무기명증권에 준하여 취급하면 될 것이다.

(3) 지급 및 신용수단의 유가증권·자본시장의 유가증권·상품유통의 유가증권

이는 유가증권의 경제적 기능상의 분류이다.

(가) 지급 및 신용수단의 유가증권　　이는 어음·수표 등의 금전채권증권을 의미하며, 이들은 거래의 결제 및 단기의 신용창출을 위하여 사용된다. 나아가 자본시장의 유가증권에서처럼 無券化의 수요가 나타나지는 않는다. 즉 주권에서는 증권대체결제제도나 증권불소지제도 등이 증서발행의 역기능을 대변하나, 이들에 있어서는 그러하지 않다. 이들은 대부분 금전지급증권으로서 강한 유통성과 동시에 피지급성이 확보되어야 하므로 철저한 物化의 사고(Verkörperungsgedanke)가 요구된다. 즉 지명채권양도의 법리를 동산소유권양도의 법리로 바꾸어 선의취득과 항변절단을 도모하여야 하는 유가증권이다.

(나) 자본시장의 유가증권　　이는 會社債나 株券에서처럼 주로 자본시장에

---

64) 수표의 경우 지급받을 자, 즉 수취인의 기재가 수표요건(Scheckbestandteil)이 아니다. 어음법 제1조와 수표법 제1조의 주요한 차이이다. 따라서 수표는 대부분 무기명식으로 발행된다.

서 자금조달의 목적으로 발행되고 유통되는 유가증권이다. 이들은 대량발행 (Massenemission)되어 유통되므로 때로는 증서의 분실로 사원권을 상실할 가능성도 있고 매권리의 이전시마다 증서의 교부가 요구되면 양도행위가 복잡해지는 단점도 있다. 그리하여 증권대체결제제도나 증권불소지제도가 많이 쓰이고 있다. 그러나 상장주권에 대해서는 지금까지 시행되어 오던 예탁결제제도상의 실물증권은 2019년 9월부로 전자증권으로 전환되었다.

(다) **상품유통의 유가증권** 이는 상품의 유통과정에서 발행되고 수수되는 유가증권이다. 화물상환증, 창고증권, 선하증권이 그들이다. 이들의 교부는 목적물의 점유를 이전시킨 것과 같은 물권적 효력이 있어 이들을 引渡證券(Traditionspapier)이라고도 한다. 이들의 사용으로 운송중의 목적물도 처분이 가능해지므로 상인에게는 시장상황에 즉응할 수 있는 기회를 제공한다.

(4) **유인증권 · 무인증권**

이는 증서발행의 원인을 제공했던 법률관계(원인관계)와 증서상의 법률관계(유가증권관계)간에 어떤 관련이 있느냐에 따른 구분이다. 유인증권은 원인관계와 유가증권증권관계가 서로 영향을 미치는 유가증권이며, 무인증권은 양자간에 독립성과 추상성이 나타나는 유가증권이다. 화물상환증 또는 선하증권 등이 전자의 예이며, 어음 · 수표 등이 후자의 예이다. 무인증권은 원인관계로부터 독립되어 있어 증서의 유통력이 강하게 확보된다.

(5) **문언증권 · 비문언증권**

이는 증서상 화체된 권리가 증서에 기재된 문언으로 구체화되느냐에 따른 구별이다. 文言證券(skripturrechtliche Wertpapiere)에서는 증서상 기재된 문언의 내용으로 화체된 권리의 내용이 구체화되나 비문언증권(nichtskripturrechtliche Wertpapiere)에서는 기재된 문언과 상관없이 증서상의 권리가 발생한다. 전자의 예는 어음 · 수표에서 찾을 수 있고, 후자의 예는 株券에서 찾을 수 있다.

(6) **채권적 유가증권 · 물권적 유가증권 · 사원권적 유가증권**

이 구별은 증서에 화체된 권리의 종류에 따른 구별이다. 채권적 유가증권은 채권을 화체하고, 물권적 유가증권은 물권을, 사원권적 유가증권은 사원권(Mitgliedschaftsrecht)을 화체한다. 어음이나 수표 또는 선하증권 등 대부분의 유가증권은 채권적 유가증권이며, 우리나라에는 독일의 저당증서(Hypotheken-

brief)에서와 같은 물권적 유가증권의 예는 없다. 사원권적 유가증권은 株券
(Aktie)에서 찾을 수 있다. 그러나 회사가 발행하여도 社債券은 채권적 유가증
권이다.

3. 유가증권의 기능

(1) 거증기능(Beweisfunktion)

유가증권이 발행되면 표창되는 권리의 종류와 내용이 객관화하여 입증의 어
려움을 덜어준다. 즉 유가증권은 대부분 證據證券으로서의 속성도 갖고 있다.

(2) 면책기능(Befreiungsfunktion)

대부분의 유가증권은 동시에 免責證券의 속성을 갖고 있다. 그리하여 증서
의 소지인에게 선의로 채무를 이행하면 설사 그 소지인이 정당한 증서상의 권
리자가 아니어도 채무자가 면책될 수 있다(어음40 Ⅲ).

(3) 권리행사의 독점기능(Monopolisierungsfunktion)

유가증권이 발행되면 그 증서의 소지나 제시없이는 그 위에 화체된 권리를
행사할 수 없으므로 자연히 권리행사자는 증서의 점유자로 제한된다. 이를 권
리행사의 獨占的 機能이라 한다. 따라서 채무자는 증서의 소지인에게 그 증서
의 제시나 상환으로 채무를 이행하게 되어 편리하다(어음39, 상34 Ⅰ). 증서상의 채무자
에게 유리한 기능이다.

(4) 자격수여적 기능(Legitimationsfunktion)

유가증권이 발행됨으로써 그 증서의 소지인에게도 유리한 효과가 나타난다.
즉 증서의 점유자나 배서의 연속있는 증서의 최후의 소지인은 資格受與的 效
力을 향유한다(어음16 Ⅰ, 상336 Ⅱ). 즉 증서상의 권리를 행사함에 있어 자신이 권리자임을
적극적으로 입증함이 없이도 권리자의 추정을 받는 효력이다. 따라서 민사소송
상의 일반적인 입증책임분배는 증서의 소지인에게 유리하게 전환된다. 증서상
의 채무자가 소지인의 무권리를 입증하여야 하는 것이다.

(5) 유통성 촉진의 기능(Mobilisierungsfunktion)

대부분의 유가증권은 流通證券으로서 유가증권의 발행으로 증서상의 권리
는 유통촉진의 효과를 누리게 된다. 지명채권양도의 난점을 극복하고 동산양도
의 법리가 유입되어 선의취득과 항변절단의 효력이 나타나 증서의 취득자는

前者들간의 법률관계에서 파생되는 항변의 대항을 받지 않고 또 양도인의 무권리나 양도행위의 하자를 걱정할 필요없이 자신의 선의만으로 새로운 권리자가 될 수 있다($^{어 16 Ⅱ.}_{17 참조}$).

4. 상법 제65조의 특칙의 의미

상법 제65조는 "① 금전의 지급청구권, 물건 또는 유가증권의 인도청구권이나 사원의 지위를 표시하는 유가증권에 대하여는 다른 법률에 특별한 규정이 없으면 「민법」 제508조부터 제525조까지의 규정을 적용하는 외에 「어음법」 제12조 제1항 및 제2항을 준용한다. ② 제1항의 유가증권은 제356조의2 제1항의 전자등록기관의 전자등록부에 등록하여 발행할 수 있다. 이 경우 제356조의2 제2항부터 제4항까지의 규정을 준용한다"고 되어 있다. 동 조문은 2010년의 개정에서 제2항을 신설하여 주권 등 유가증권의 전자등록이 가능하도록 일반 규정을 두게 되었다.

금전지급의 유가증권은 어음, 수표, 사채권 등의 금전채권증권을 뜻하고, 물건의 인도청구권을 표시하는 유가증권은 화물상환증이나 창고증권 등 상품유통의 유가증권과 상품권 등을 뜻한다. 반면 유가증권의 인도청구권을 표시하는 유가증권은 우리나라에서는 그 예를 찾기 어렵다. 일본에서 사용되는 승차권이나 승선권의 급여를 위한 여행권 또는 독일에서 사용되는 유가증권수표(Wertpapierscheck)[65]가 이에 해당한다고 한다.

상법 제65조의 입법적 의미는 그리 크지 않다. 설사 이 규정이 없어도 상법 제1조에 의하여 민법의 지시채권이나 무기명채권에 관한 규정이 적용될 수 있으며(^{참조}), 이 조문이 적용대상으로 삼고 있는 금전, 물건 또는 유가증권의 지급을 목적으로 하는 유가증권에 대해서는 대부분 특별법(어음법 또는 수표법)이나 별도의 규정($^{상 128-133 [화물상환증], 156-159 [창고증권], 355-}_{360 [주권], 478-480 [사채권], 852-861 [선하증권]}$)이 마련되어 있으므로 이 조문의 적용범위는 처음부터 현격히 줄어들 수밖에 없기 때문이다. 따라서 이러한 특별법이나 특칙의 적용이 없는 경우[66] 또는 이러한 특칙이 있어도 완결적으로 규정하지 못한 경우, 예컨대 화물상환증 배서의 자격수여력, 권리이전력($^{상 65; 민}_{508, 513}$),

---

65) 이는 증권의 대체결제제도와 관련하여 혼장임치된 유가증권의 지급채권을 화체한 증서라고 한다. 정동윤, 174-175면.

66) 예컨대 상품권 같은 경우에는 상품권법이라는 특별법이 있기는 하지만 이에는 대부분 경제행정 내지 계도를 위한 공법적 규정만 있으므로 상법 제65조의 적용이 가능할 것이다.

선의취득($\frac{상}{례}\frac{65;}{514}$) 등에만 본조의 적용이 있을 것이다.

전자증권제도

우리나라에서도 2019년 9월부터 전자증권제도가 시행되고 있다. 이미 OECD 36개국 중 독일과 오스트리아를 제외한 모든 국가에서 전자증권제도가 시행되고 있었다. 따라서 유가증권의 전자화는 이미 확고한 세계적 흐름이 되고 있었다. 우리나라도 이러한 세계적 흐름에 동참하여 2011년 상법개정시 해당 법적 근거를 마련한 후 구체적인 제도시행을 준비해 오다가 2016년 '주식·사채 등의 전자등록에 관한 법률'[67]을 제정하였으며 동법은 2019년 9월부터 시행되고 있다. 아직까지는 상장사에 대해서만 의무적으로 시행되고 있으며 비상장사에 대해서는 회사의 선택에 따라 시행이 가능하다.

1. 발행등록

(가) 정관의 상대적 기재사항: 주식의 전자등록이 가능하려면 먼저 정관에 근거규정을 마련하여야 한다($\frac{상법 제356}{조의2 제1항}$). 상장사의 경우 전자증권법의 시행과 동시에 전자증권으로 자동 전환되었으나($\frac{전자증권법}{부칙 3조 1항}$), 비상장사의 경우에는 회사가 전자증권으로 등록할지 여부를 스스로 결정한 후 정관에 해당 규정을 마련하여야 한다. 전자증권을 발행하기로 결정한 경우에는 실물증권을 발행할 수 없으며($\frac{전자증권법}{제36조 1항, 2항}$), 기 발행된 실물증권은 기준일로부터 그 효력을 상실한다($\frac{전자증권법}{제36조 3항}$).

(나) 전자증권법상의 등록: 전자증권을 발행하는 회사는 전자등록기관[68]에 주식의 종목별로 전자등록신청서를 제출하고($\frac{전자증권법}{제25조}$), 등록기관은 이를 발행인관리계좌부에 기록한다($\frac{전자증권법}{제26조}$). 그 후 신청내용중 계좌관리기관(증권회사)에 등록될 사항이 있는 경우에는 이를 고객관리계좌부[69]에 기재한 후 계좌관리기관에 통지한다($\frac{전자증권법}{제26조}$). 등록기관으로부터 해당 통지를 받은 계좌관리기관은 고객계좌부에 이를 등록한다($\frac{전자증권법}{제26조 1항, 2항}$).

예컨대 甲이 (주)삼성전자의 신주 100주식을 (주)삼성증권을 통하여 매입하였고 (주)삼성전자가 선택한 전자등록기관이 예탁결제원이라 하자. 발행회사(삼성전자)는 예탁결제원에 전자등록신청서를 제출하고 예탁결제원은 이를 발행회사별로

---

67) 이하 '전자증권법'이라 약한다.
68) 현재 예탁결제원 이외에 복수의 금융기관이 이 기능을 수행하고 있다.
69) 고객관리계좌부(전자)는 전자등록기관이 작성·유지하는 장부이며 고객계좌부(후자)는 계좌관리기관(증권회사)이 작성·유지하는 장부이다. 양자간 구별이 필요하다. 전자는 후자에 등록된 주식의 총수량 및 총금액으로 기재된다(전자증권법 제23조). 예컨대 (주)삼성전자가 예탁결제원을 전자등록기관으로 정한 경우 예탁결제원은 (주)삼성전자를 위하여 발행인관리계좌부와 고객관리계좌부를 작성·유지한다. 만약 투자자 甲이 (주)삼성증권을 통하여 (주)삼성전자의 보통주 100주식을 매입하였다면 (주)삼성증권은 甲에 대한 고객계좌부를 별도로 작성하게 된다. 그러나 이것은 예탁결제원이 작성하는 고객관리계좌부는 아니다.

작성된 발행인관리계좌부에서 (주)삼성전자의 계좌부를 찾아 이곳에 신규발행사항을 기록한다. 그후 증권사별로 작성된 고객관리계좌부에서 (주)삼성증권의 해당 계좌부를 찾아 이곳에 100주식의 신주발행을 등록하고 동시에 이를 (주)삼성증권에 통지한다. 예탁결제원으로부터 통지를 받은 (주)삼성증권은 다시 자신이 작성한 고객계좌부중 甲의 계좌부를 찾아 이곳에 甲이 인수한 100주식을 신규등록하게 된다.

2. 대체기재

전자등록된 주식의 양도는 전자등록부에 등록하여야 한다(전자증권법). 전자등록된 주식을 양도하려면 양도당사자간의 합의와 계좌간 대체의 전자등록이 필요하다. 이때 계좌간 대체의 전자등록은 단순한 대항요건이 아니라 효력발생요건이므로 이것이 이루어지지 않으면 양도의 효력은 발생하지 않는다. 앞선 예에서 甲이 보유중인 (주)삼성전자의 보통주 100주식을 乙에게 양도한다고 하고 乙의 계좌관리기관을 (주)키움증권이라 하자. 우선 甲은 주식을 양도하기 위하여 (주)삼성증권에 대체전자등록을 신청한다(전자증권법). 신청을 받은 (주)삼성증권은 甲의 고객계좌부에서 100주식을 감소시킨 후 이를 예탁결제원에 통지한다. 예탁결제원은 (주)삼성증권의 고객관리계좌부에서는 감소의 기재를 하고, (주)키움증권의 고객관리계좌부에서는 증가의 기재를 한 후 이를 (주)키움증권에 통지한다. 통지를 받은 (주)키움증권은 乙의 고객계좌부에 증가의 전자기록을 하게 된다(전자증권법). 이로써 甲과 乙간의 주식거래가 완료된다.

3. 질권설정의 기재

전자등록된 주식에 대한 질권설정 역시 전자등록부에 등록하여야 그 효력이 발생한다(상법 제356조의2 제2항; 전자증권법 제31조 제2항). 즉 질권설정자는 질권의 설정 또는 말소의 전자등록을 신청할 수 있는데(전자증권법 제31조 제1항), 이 경우 전자등록기관 또는 계좌관리기관은 해당 주식이 질물(質物)이라는 사실과 질권자를 질권설정자의 전자등록계좌부에 등록하는 방법으로 질권을 설정하게 된다(전자증권법 제31조 제2항).

4. 권리행사

전자증권의 경우에도 전통적인 실물주권의 경우와 마찬가지로 해당 주식의 권리행사를 위하여는 권리행사가능주주를 확정하여야 한다. 이를 위하여 발행회사는 전자등록기관에 일정한 날을 정하여[70] 소유자명세의 작성을 요청한다(전자증권법 제37조 제1항). 전자등록기관은 이를 작성하여 지체없이 발행회사에 통보하여야 한다(전자증권법 제37조 제4항 1문). 명세의 작성을 위하여 계좌관리기관의 도움이 필요한 경우 전자등록기관은 계좌좌관리기관을 상대로 필요사항의 통보를 요청할 수 있으며 그러한 요청을 받은 계좌

---

70) 상법과 달리 전자증권법은 기준일제도만을 허용하고 있다(전자증권법 제37조).

관리기관은 이에 즉시 응하여야 한다(전자증권법 제37조 제4항 2문).

소유자명세가 통지되면 발행회사는 이를 토대로 주주명부에 그 내용을 반영한다. 이를 전자증권법상의 집단적 명의개서라 한다(전자증권법 제37조 제6항).[71] 과거 전통적으로 시행되던 개별적 명의개서제도는 전자증권법제하에서는 인정될 수 없게 되었다.[72]

제 4 절 상사매매[1]의 특칙

제 1 관 입법취지

商事賣買(Handelskauf)는 연혁적으로 상인의 가장 오랜 활동영역이었다.[2] 기본적 상행위의 출발은 바로 유형재화의 전환을 매개하는 매매였다. 그리하여 이를 고유의 의미의 商이라 불렀다. 오늘날에 있어서도 매매는 상인의 가장 주요한 활동영역으로서 그 지위는 여전하다. 그리하여 상법은 상행위 통칙에 이어 상사매매에 관한 특칙을 별도의 장으로 편별하였다. 단지 민법에 매매에 관한 자세한 규정이 있으므로(민563-595), 상법에서는 일반 민법상의 규정들을 바탕으로 매도인과 매수인이 모두 상인인 雙方商事賣買(beidseitiger Handelskauf)에 대해서만 다섯 개의 특칙을 두고 있다(상67-). 따라서 매매의 일방 당사자가 상인이 아닌 경우에는 본 특칙은 적용되지 않는다. 이러한 상법상의 특칙이 갖는 입법취지는 원활한 상인간의 거래를 도모하고 그 거래의 결과를 신속히 확정짓는 것이다.

제 2 관 매도인의 공탁과 경매권(상67)

I. 입법취지

상인간의 매매에 있어서는 매수인이 목적물의 수령을 거부하거나 이를 수

---

71) 맹수석, "전자증권제도의 시행과 법적 쟁점의 검토", 「經營法律」, 제28집 제4호(2018), 19면.
72) 최지웅, "전자증권제도의 시행과 주주명부제도 개선과제", 「經營法律」, 제28집 제4호(2018), 81면.
1) 이에 대해서는 Volker Emmerich, Der Handelskauf, JuS 1997, S. 98 f.
2) 상인을 독일어로 Kaufmann이라 부르는 것도 이와 무관하지 않다.

령할 수 없는 때에는 매도인은 그 물건을 공탁하거나 상당한 기간을 정하여 최고한 후 이를 경매할 수 있다($^{상}_{67}$). 이 규정은 매수인의 수령지체(Annahme-verzug)로부터 매도인을 보호하기 위한 것이다.

민법에 의하더라도 위와 같은 경우 매도인은 공탁권과 경매권을 행사하여 목적물인도의무를 면할 수 있다. 그러나 민법에 의하면 매도인은 원칙적으로 공탁권을 행사하여야 하고 경매권의 행사는 법원의 허가를 얻은 경우에 한정된다. 즉 목적물이 공탁에 적합하지 않거나, 멸실 또는 훼손의 염려가 있거나, 공탁을 위하여 과다한 비용이 요구되는 경우 법원의 허가를 얻은 경우에만 경매가 가능하다($^{민}_{490}$).

이러한 민법규정을 가격변동이 심한 상사매매에 적용하면 거래의 신속한 완료는 지연되고 매도인의 이익은 위협받는다. 그리하여 상법에서는 상사매매의 특수성을 고려하여 매도인에게 공탁권과 경매권 중에서 자유로이 선택할 수 있게 하였고, 물리적 또는 경제적 공탁부적격사유나 법원의 허가 없이도 최고만 하면 경매할 수 있도록 경매권의 행사요건을 완화하였다.

Ⅱ. 공 탁 권

1. 의의 및 법적 성질

상인간의 매매에서도 매수인의 수령지체시 매도인은 목적물을 변제공탁하여 자신의 채무를 면할 수 있다. 공탁의 법적 성질은 제3자를 위한 임치계약이다. 상법상의 供託權(Hinterlegungsrecht)은 민법상의 공탁권과 크게 다르지 않으나 공탁의 통지면에서는 발신주의를 취하여 도달주의를 취하고 있는 민법과 대조를 이룬다($^{민\ 488\ Ⅲ;\ 상}_{67\ Ⅰ\ 2문}$).[3]

2. 공탁권행사의 요건

(1) 쌍방상사매매

상법 제67조의 적용은 항상 매도인과 매수인이 모두 상인이고 이들에게 상

---

3) 민법 제488조 3항은 "공탁자는 지체없이 채권자에게 공탁통지를 하여야 한다"고 규정하여 도달주의를 취하고 있으나, 상법 제67조 1항 2문은 "…이 경우에는 지체없이 매수인에 대하여 그 통지를 발송하여야 한다"고 하여 발신주의를 취하고 있다.

행위가 되는 매매일 것을 전제로 한다. 즉 쌍방상사매매(beidseitiger Handels-kauf)여야 한다.

(2) 매수인의 수령지체

공탁원인은 매수인의 수령거부 또는 수령불능이다($^{상\,67}_{1분}$). 민법에서는 변제자가 과실없이 채권자를 알 수 없는 때도 공탁할 수 있으나($^{민\,487}_{단서}$), 상법 제67조 1항은 상기 두 경우만을 공탁원인으로 삼고 있다. 상인인 매도인이 과실없이 채권자를 알 수 없는 때에는 상기의 민법규정에 따라 공탁권을 행사할 수 있음은 물론이다. 매수인의 수령거부 또는 수령불능은 매수인의 수령지체(Annahmeverzug), 즉 채권자지체(Gläubigerverzug)를 의미한다.[4]

(3) 공탁목적물

공탁되는 목적물은 변제의 목적물인 금전, 유가증권 기타 물건이며 이에는 부동산도 포함된다(통설). 반면 동산에 한정시켜야 한다는 소수설도 있다.

3. 공탁권행사의 효과

(1) 매매목적물 급부의무의 소멸

공탁권을 행사하면 변제이행의 효과가 도래하여 매매계약상 매도인이 부담했던 급부의무는 소멸한다($^{민\,487:}_{Erfüllungswirkung}$). 공탁공무원의 수탁처분과 공탁물보관자의 공탁물수령으로 공탁의 효력이 도래하며 이로 인하여 채무소멸의 효과가 나타난다. 다만 매수인이 공탁을 승인하거나 공탁소에 대하여 공탁물 받기를 통고하거나 공탁유효의 판결이 확정되기까지는 변제자는 공탁물을 회수할 수 있다($^{민\,489}_{1분}$). 이 경우에는 공탁하지 아니한 것으로 본다($^{민\,489}_{2분}$).

(2) 통지의무의 발생

매도인이 공탁을 한 때에는 매수인에 대하여 지체없이 공탁의 통지를 발송하여야 한다($^{상\,67}_{2분}$). 이 때 상기한 바대로 도달주의가 아니라 발신주의를 취하고 있어 민법에서의 공탁통지와 다르다. 그러나 공탁의 통지가 공탁의 효력발생요건은 아니다. 공탁의 통지를 해태하면 공탁자가 매수인에게 손해배상책임을 질 수 있다. 물론 공탁규칙상으로는 매도인이 직접 공탁통지를 하는 것이

---

4) 이는 독일상법 제373조 및 일본 판례의 입장이다(大判 明治41年10月12日, 民錄 14輯 994). 이에 대해 공탁제도는 채권자(매수인)에게 불이익을 주는 제도가 아님을 근거로 채권자의 수령지체를 공탁의 요건으로 보지 않는 것이 일본의 통설이라고 한다(弥永, 104頁).

아니라 공탁물보관자로부터 통지를 받은 공탁공무원이 공탁통지서를 채권자 (매수인)에게 발송하도록 되어 있다(통규칙). 그러나 공탁공무원이 통지를 해태 하였을 때 매도인이 면책되지는 않을 것이다.

공탁통지의 법적 성질은 관념의 통지(Wissenserklärung)이다. 따라서 상기의 발신주의(Abgangsprinzip)니 도달주의(Zugangsprinzip)니 하는 것은 사실 의사표 시에만 적용되는 것이므로 엄격히는 이런 표현을 쓸 수 없으나 관념의 통지도 의사적 작용인 점에서 의사표시와 유사하므로 발신주의니 도달주의니 하는 개 념은 관념의 통지에도 준용될 수 있다. 발신주의를 취하고 있으므로 일단 공탁 통지가 발신만 되면 그 도달 여부와 관계없이 통지의 효력을 주장할 수 있고, 부도달의 위험은 매수인이 진다고 할 수 있다.

Ⅲ. 경 매 권

▌ **사례: 변덕심한 담배상** ▌ 잎담배수입업자 V는 담배도매업을 하는 K에게 1,000만원에 해당하는 잎담배의 매매계약을 체결하였다. 계약상 예정된 급부일자가 도래하기 수일전 K는 갑자기 계약한 종류의 잎담배가 수요의 하락으로 전매가능 성이 적어 급부이행의 필요가 없다고 주장하였다. 이에 V는 계약의 이행을 요구하 였고 2주후까지 잎담배를 수령하지 않으면 경매처분하겠다는 뜻을 표시하였다. K 가 2주후에도 잎담배를 수령하지 않자 V는 경매처분하여 800만원의 경락대금을 취득하였다.

그 후 시장사정의 변화로 잎담배의 수요가 증가하자 K는 V에게 잎담배를 재차 급부해줄 것을 요구하였다. 이에 V는 이미 잎담배는 경매처분되었으므로 재급부는 불가하다는 주장과 더불어 K로부터 경락대금과 매매계약액의 차액인 200만원의 지급과 경매비용 50만원의 지급을 요구하고 있다. V와 K간의 법률관계는 어떠한 가?

1. 의   의

매도인은 공탁에 대신하여 상당한 기간을 정하여 매수인에게 수령을 최고 한 후 목적물을 競賣할 수 있다(상67). 이를 상사매도인의 경매권 또는 자조매 각권(自助賣却權: Selbsthilfeverkaufsrecht)이라 한다.

2. 행사의 요건

상사매도인의 자조매각권행사에는 다음 요건이 요구된다.

(1) 쌍방상사매매

공탁권행사시와 마찬가지로 쌍방상사매매를 전제로 한다.

(2) 매수인의 수령지체

상법 제67조의 규정은 매수인의 수령지체시 매도인의 권리를 확장하는 의미를 갖는다. 수령지체(Annahmeverzug)란 채권자지체를 뜻하는데, 그 요건이 갖추어지자면 ① 채무의 이행에 관하여 수령 또는 채권자의 협력이 필요할 것, ② 채무의 내용에 따른 이행의 제공이 있을 것, ③ 채권자의 수령거절 또는 수령불능이 있을 것 등이다(법정책임설). 만약 채권자지체의 법적 성질을 채무불이행설에 따라 파악하면 그 성립요건에는 ④ 채권자의 귀책사유 및 ⑤ 수령지체나 수령불능의 위법성이 추가될 것이다. 법정책임설에 찬동한다.

(3) 매수인에 대한 최고(Androhung des Selbsthilfeverkaufs)

공탁권행사시와 달리 경매권행사시에는 매수인의 수령지체 이외에도 매수인에 대하여 수령을 催告하여야 한다. 매수인에 대하여 최고할 수 없거나 목적물이 멸실 또는 훼손될 염려가 있는 때에는 최고없이도 경매할 수 있다($^{\rm 상\,67}$). 최고는 상당한 기간을 정하여 이루어져야 하며(Mahnung mit angemessener Fristsetzung), 일정 기간까지 수령하지 않으면 경매의 방법으로 목적물을 처분하겠다는 내용이어야 한다.

(4) 적법한 경매절차

경매절차는 민사집행법을 따르게 되는데($^{\rm 민집}_{\rm 274}$), 매도인이 행한 경매는 적법한 절차를 거쳤어야 한다.

3. 경매권행사의 효과

(1) 채무의 소멸

경매권의 실행으로 말미암아 급부의 효과(Erfüllungswirkung)가 나타나므로 매도인의 채무는 소멸한다.

(2) 매매대금상계권과 경매비용충당권

경매비용은 매수인의 부담이므로 경매를 하면 그 대금에서 경매비용을 공제하고 잔액을 공탁해야 한다(상67조). 나아가 경매대금의 일부나 전부를 매매대금에 충당할 수 있다(상67조). 충당 후 잔액이 있으면 물론 이를 공탁하여야 하고, 반면 모자르면 매수인에게 잔대금의 청구를 할 수 있다.

(3) 경매결과의 통지의무

매도인은 이 절차가 완료된 후 지체없이 매수인에게 경매의 결과를 통지해야 한다(상67조). 발신주의를 취하고 있다 함은 전술한 바와 같다.

사례풀이 ▶ **V와 K간의 법률관계를 풀이하면 다음과 같다.**

I. K의 V에 대한 이행청구권

K는 V에 대하여 매매계약상 민법 제568조 1항에 의한 급부이행청구권이 있을 수 있다.

(1) 이러한 청구권은 양자간의 매매계약의 성립을 전제로 하는데 양자간에는 잎담배의 급부와 이에 대한 1,000만원의 대금지급약정이 이루어졌으므로 계약의 성립을 인정할 수 있고 따라서 매수인에게는 잎담배의 소유권이전과 그 인도를 요구할 수 있는 급부이행청구권(Lieferungsanspruch)이 성립되었다.

(2) 그러나 이러한 청구권은 여러 원인으로 소멸되었을 가능성이 있다. 그 원인을 헤아려 보면 다음과 같다.

a. K측의 용태로 인한 청구권소멸가능성: 매수인 K는 잎담배를 사겠다고 하였다가 다시 잎담배의 시장수요가 하락하여 급부이행의 필요가 없다고 하면서 수령을 거부하였다. 이러한 매수인의 용태가 어떻게 해석되는지 살펴보자. 먼저 약정해제가 성립될 가능성이 있으나 V와 K간에 이러한 특약을 하였는지 불분명하다. 나아가 매매계약을 착오를 이유로 취소할 가능성도 있으나 만약 K가 매물의 시장수요에 대해서 착오를 일으켰다면 이는 단지 동기착오에 불과하여 취소대상으로 보기 어려울 것이다. 나아가 사정변경의 원칙에 기한 계약해제권도 생각할 수 있으나 투기매매에 있어서 매매목적물의 전매가능성에 대한 위험은 전적으로 매수인의 부담이므로 이러한 것을 이유로 계약을 해제할 수도 없었다고 생각된다. 결국 K측의 용태로 인한 청구권소멸사유는 존재하지 않는다고 판단된다.

b. V측의 용태로 인한 청구권 소멸사유: V측의 용태로 말미암은 급부채권의 소멸사유로 상법 제67조상의 경매권행사를 들 수 있을 것이다. 동조문의 적용요건을 검토하면 다음과 같다.

aa. 우선 상법 제67조는 쌍방상사매매를 전제로 한다. 쌍방상사매매는 매매당사자 모두가 상인인 것을 의미하므로, 본 사안에서 K와 V의 상인성을 검토하면 된다. V나 K나 모두 상법 제46조 1호의 행위를 영업으로 자기명의로 하고 있으므로 당연상인이다. 이들이 영업으로 행한 것이 본 사안의 매매이므로 K와 V간의 매매계약은 쌍방상행위였다.

bb. 자조매각권행사의 둘째 요건은 매수인의 受領遲滯이다. 본 사안에서는 이 요건도 충족되고 있다. V와 K는 잎담배를 채권자가 수령해가는 추심채무의 합의를 한 것으로 보인다. 먼저 V가 자신의 채무를 이행하자면 K의 수령 및 인수행위(Abnahme), 즉 채권자의 협력행위가 필요하였다. 나아가 V는 채무의 내용에 따른 이행의 제공을 하였다. 비록 V는 구두의 제공에 그치고 있으나 추심채무의 경우 채무자의 이행제공은 이것으로 족하다. 셋째 채권자의 수령거절이나 수령불능이 있어야 하는데 상기 사안에서 K가 V의 수령요구에도 불구하고 이를 이행하지 않았으므로 수령거절이 있었다고 볼 수 있다. 이로써 채권자지체의 모든 요건이 충족되고 있다(법정책임설).

cc. 자조매각권의 셋째 요건은 매수인에 대한 최고이다. 본 사안에서는 V가 재차 K에게 수령을 최고하면서 경매가능성을 시사하였으므로 이 요건도 충족되었다.

dd. 끝으로 적법한 경매절차가 준수되어야 하는데 본 사안에서는 이 요건도 충족된 것으로 보인다. 결론적으로 상사자조매각권의 모든 요건이 충족되고 있다.

ee. 이렇게 상법 제67조의 요건이 모두 충족되므로 V는 K에게 적법히 급부를 이행한 것으로 다루어진다. 그 결과 K의 이행청구권은 소멸하고 말았다. K는 V에 대하여 재차 잎담배의 급부를 청구할 수 없다.

Ⅱ. V의 K에 대한 매매대금지급채권

V는 K에 대하여 민법 제568조 1항에 따라 매매대금의 지급을 청구할 가능성이 있다.

1. V와 K간의 매매의 성립으로 매도인에게는 대금채권이 발생하였다.

2. 그러나 V가 상법 제67조에 따라 유효하게 경매권을 행사함으로 말미암아 대금채권에 모종의 변화가 발생하였다. 자조매각권이 행사되었다 해도 매매계약 자체가 소멸하는 것은 아니므로 대금채권 자체도 역시 소멸하지는 않았다. 그러나 매수인이 아직 매매대금을 지급하지 않은 상태에서 매도인이 자조매각권을 행사한 경우 매도인은 경락대금의 전부나 그 일부를 매매대금에 충당할 수 있다. 본 사안에서도 V는 800만원의 경락대금을 매매대금에 충당하였다고 보인다. 물론 법률적으로는 매도인이 매수인의 경락대금반환청구권과 자신의 대금채권을 상계하는 형식이 될 것이다. 따라서 V의 1,000만원의 대금채권은 800만원의 부분에서는 소멸하였다. 이제 잔대금채권 200만원이 잔존하고 있다. 여기에 추가하여 50만원의 경매비용을 V는 K에 대하여 요구할 수 있을 것이다. V는 K에 대하여 250만원의 지급을 구할 수 있다.

제 3 관 확정기상사매매

∥사 례∥　서울의 가구제조회사 A(주)와 부산의 목재회사 B(주)간에 다음과 같은 거래가 이루어졌다. 2001년 2월 1일 A는 B로부터 보르네오산 라왕 2톤을 같은 해 6월 20일부터 30일까지 급부하는 조건으로 매수하였다. 7월 5일이 되어도 목재는 도착하지 않았다. 그러나 A는 아무런 조치도 취하지 않았다. 7월 20일 A는 B에게 아직 목재의 인도를 주장할 수 있는가?

Ⅰ. 의　　의

確定期商事賣買(Fixhandelskauf)란 상인간의 매매 중 매매의 성질 또는 당사자의 의사표시에 의하여 일정한 일시 또는 일정한 기간 내에 이행하지 않으면 계약의 목적을 달성할 수 없는 것을 말한다($^{\text{상}}_{68}$).

상법은 제68조에서 해제의제(Rücktrittsfiktion)를 규정하고 있는데, 이러한 법률효과는 민법 제544조와 제545조의 연장선상에서 이해되어야 한다. 일반적으로 이행지체(Verzug)의 경우 계약해제의 효과가 나타나려면 채무자에 대한 이행의 최고와 해제의 의사표시가 필요하다($^{\text{민}}_{544}$). 그러나 해당 계약이 정기행위(Fixgeschäft)의 성질을 가질 때에는 이러한 최고없이도 계약을 해제할 수 있다($^{\text{민}}_{545}$). 이러한 민법규정보다 한 걸음 더 나아가 상법 제68조는 아예 해제의 의사표시 없이도 해제의 효과가 도래할 수 있는 것으로 하였다. 즉 채권자가 이행기 도과 후 즉시 이행을 청구하지 않으면 해제된 것으로 의제하고 있다. 예컨대 A는 1999년 12월 31일 송년 피로연에 쓸 목적으로 불꽃놀이용 폭죽을 주문하였다. 매도인 B의 잘못으로 이 시점까지 급부하지 못하였다면 A는 당연히 이행의 최고없이도 B와 맺은 폭죽의 매매계약을 해제할 수 있다($^{\text{민}}_{545}$). 그러나 만약 이러한 매매가 상인간에 상행위로 이루어졌다면 매매계약은 약정된 이행기의 도과 직후 그 이행을 청구하지 않은 한 이미 해제된 것으로 취급된다.

확정기상사매매에 있어서는 이러한 해제의제를 왜 법률효과로 규정하고 있는가? 우선 매수인에게는 해제의 의사표시를 하는 데 따르는 번거로움을 덜게 하고 나아가 입증의 부담없이 해제의 효과를 주장할 수 있게 한다. 나아가 매도인에 대해서도 법률관계의 신속한 확정으로 이익을 준다. 즉 민법에 따를 때에는 매도인의 이행지체시 매수인은 계약해제냐 아니면 본래의 급부이행이냐 등을 그때 그때의 시장가격에 따라 임의로 결정할 수 있다. 따라서 매도인은 장기간 불안정한 상태에 놓이게 되고 매수인이 해제권을 선택한 경우 목적물을 달리 처분할 기회를 상실할 수도 있다. 그러나 계약이 이행기의 도과로 아예 해제된 것으로 해버리면 매수인의 투기적 행위를 막을 수 있고 매도인의 손해도 감소시킬 수 있다. 이러한 이유로 해제의제의 효과는 정당화된다.

Ⅱ. 적용요건

1. 쌍방상사매매

본조의 적용 역시 매도인과 매수인이 모두 상인이어야 하며, 그들 모두에게 상행위가 되는 정기매매여야 한다.

2. 확정기매매

나아가 본조의 적용이 있기 위하여는 상인간의 매매가 정기행위의 성격을 띠어야 한다. 정기행위인 한 당사자간의 의사표시로 일정한 급부시점을 정하는 상대적 정기행위이건 매매의 객관적 성질에 의하여 일정한 일시에 이행되어야 하는 절대적 정기행위이건 이는 구별하지 않는다. 판례에 따르면 CIF부 국제매매계약은 선적기간 내에 선적되지 않으면 계약의 목적을 달성할 수 없는 매매로서 상법 제68조 소정의 확정기상사매매라고 한다.[5] 중요한 것은 단순히 이행기간이 정해졌다고 모두 정기매매가 되는 것은 아니고, 이행시기가 계약의 성패를 좌우할 정도로 본질적인 것이어야 한다.

대판 1995. 5. 26, 93다61453

[CIF 계약상 선적기간의 표기가 상법 제68조상의 확정기에 해당한다고 본 사례]

"국제해상매매계약에 있어서 이른바 시아이에프(C.I.F.) 약관이 있는 경우에 매도인은 목적물을 계약 소정의 목적지까지 운송하기 위하여 운송계약을 체결하고 약정된 일자 또는 기간 내에 선적항의 본선상에 물품을 인도하여야 하고, 그 운송

---

5) 대판 1995. 5. 26, 93다61453. 이 판례에 대한 비판적 평석으로는 김연호, "CIF 계약과 확정기매매", 법률신문, 2440호(1995. 9. 21.), 14면 참조.

에 관한 선하증권 및 보험증권, 상품송장 등의 서류를 매수인(신용장이 개설된 경우에는 신용장개설은행)에게 교부하고 그 대금을 청구할 수 있는 것으로서, 이 경우에 선하증권상의 선적기일은 원칙적으로 계약상의 선적기일과 부합하여야 하는 것이므로, 이러한 시아이에프 매매계약에 있어서 선적기간의 표기는 불가결하고 중요한 계약요건이 되며, 더욱이 매매의 목적물이 매매 당시 가격변동이 심한 원자재이고, 매수인은 수출입을 주된 업무로 하는 종합상사로서 전매를 목적으로 하여 매매계약을 체결한 경우에는 보통 수입상은 수입원자재의 재고량, 수요·공급상황, 국제 및 국내의 가격동향, 선적지로부터 양륙지까지의 물품의 항해일수 등을 감안하여 가장 유리한 시점에 물품이 수입항에 도착되도록 수출상과 교섭하여 선적기일을 정하는 것이므로 선적기일에 관한 약정은 계약상 특히 중요한 의미를 가지며, 선적이 늦어지는 경우에는 사정에 따라서는 매수인이 손해를 볼 우려가 있으며, 또 매매대금은 매도인을 수익자로 하는 신용장을 개설하는 방법에 의하여 결제하기로 하였으면, 매도인으로서는 계약상 내지 신용장상의 선적기간 내에 목적물이 선적되었다는 기재가 있는 선하증권을 신용장개설은행에 제시하여야만 은행으로부터 그 대금을 지급받을 수 있다는 등의 사정을 종합하여, 원자재매매계약이 그 성질 또는 당사자의 의사표시에 의하여 약정된 선적기간 내에 선적되지 아니하면 계약의 목적을 달성할 수 없는 상법 제68조 소정의 이른바 확정기매매에 해당한다."

대판 2003. 4. 8, 2001다38593 [손해배상(기)]

[상인간 선물환계약을 확정기상사매매로 본 사례]

"[3] 선물환계약이란 장래의 일정기일 또는 기간 내에 일정금액, 일정종류의 외환을 일정환율로써 교부할 것을 약정하는 계약으로서 그에 기한 채권은 금전채권이므로 그 당사자들은 민법 제397조 제2항에 의하여 계약불이행에 대하여 과실 없음을 들어 항변할 수 없다.

[4] 상인 사이에 이루어진 선물환계약은 그 약정 결제일에 즈음하여 생길 수 있는 환율변동의 위험(이른바, 환리스크)을 회피하기 위하여 체결되는 것으로서 그 성질상 그 약정 결제일에 이행되지 않으면 계약의 목적을 달성할 수 없는 상법 제68조 소정의 확정기매매라 할 것이고, 그 계약 불이행으로 인한 손해배상액의 산정에 관한 미화 1$당 원화의 환율은, 그 계약이 약정결제일 전에 이미 해제되었다는 등의 특수한 사정이 없는 이상, 원래 약정되었던 결제일 당시의 환율을 기준으로 하여야 한다."

대판 2009. 7. 9, 2009다15565 [손해배상]

"[1] 상법 제68조에 정한 상인간의 확정기매매의 경우 당사자의 일방이 이행시기를 경과하면 상대방은 이행의 최고나 해제의 의사표시 없이 바로 해제의 효력을 주장할 수 있는바, 상인간의 확정기매매인지 여부는 매매목적물의 가격 변동성, 매

매계약을 체결한 목적 및 그러한 사정을 상대방이 알고 있었는지 여부, 매매대금의
결제 방법 등과 더불어 이른바 시.아이.에프(C. I. F.) 약관과 같이 선적기간의 표기
가 불가결하고 중요한 약관이 있는지 여부, 계약 당사자 사이에 종전에 계약이 체
결되어 이행된 방식, 당해 매매계약에서의 구체적인 이행 상황 등을 종합하여 판단
하여야 한다.

　[2] 계약 당사자 사이에 종전에 계약이 체결되어 이행된 방식, 당해 매매계약에
서의 구체적인 이행 상황 등에 비추어 볼 때, 가격변동이 심한 원자재를 계약 목적
물로 한 국제 중개무역이라는 사유만으로는 상법 제68조에 정한 상인간의 확정기
매매에 해당한다고 볼 수 없다.”

3. 급부지체

매도인이 이행을 하지 않은 상태에서 급부의 시점이 도과되어야 한다. 이러
한 상태는 보통 채무자의 귀책사유를 전제로 하는 채권법상의 이행지체(Ver-
zug)를 뜻하겠으나 본조의 적용에 있어서는 이보다 넓은 의미로 이해되어 채무
자에게 귀책사유가 없는 경우도 포함된다.

4. 이행청구의 해태

정기행위의 채무불이행이 있음에도 불구하고 채권자가 즉시 이행을 청구하
지 않았어야 한다. 즉 급부시점의 도과 즉시 이행을 청구하였어야 하나 이에
이르지 못한 경우이다. 여기서 즉시의 이행청구는 상대방의 수령을 요하는 일
방적 의사표시(einseitige empfangsbedürftige Willenserklärung)로서[6] 이로 인하여
채권자는 계약의 이행청구권이나 손해배상청구권 중 어느 한쪽을 선택하는 결
과가 될 것이다.

Ⅲ. 적용효과

이상의 요건이 구비되면 확정기매매계약은 이미 해제된 것으로 의제된다.
그러나 계약해제로 인한 손해배상이나 원상회복의 법률효과는 민법의 일반규
정에 따라 별도로 처리된다(민 548, 549.
551).

---

6) Bülow, Handelsrecht, (1986), S. 119.

사례풀이 📌 A의 B에 대한 보르네오산 라왕 2톤에 대한 급부청구권($_{민}^{568}$)

1. 이러한 청구권은 A와 B간의 매매계약의 성립을 전제로 한다. 양자간에는 보르네오산 라왕 2톤에 대한 급부와 이에 대한 대금지급의 약정이 이루어졌다. 매수인의 매매목적물 급부청구권은 성립되었다.

2. 그러나 이러한 청구권은 A와 B간의 매매계약이 변모함으로 말미암아 소멸하였을 가능성도 있다(Untergang des Lieferungsanspruchs).

a. 이러한 소멸가능성으로 민법 제544조에 기한 해제권행사를 들 수 있을 것이다. 동조문에 의한 계약해제권은 다음 요건이 충족되어야 발생한다. 첫째 채무자의 이행지체, 둘째 상당한 기간을 정한 이행의 최고, 셋째 최고기간 내에 이행 또는 이행의 제공이 없었을 것이 그것이다. 본 사안에서는 목재가 늦어도 2001년 6월 30일까지는 도착하여야 하였으나 이에 이르지 못하였으므로 채무자는 이행지체에 빠지고 있다. 그러나 이행기일이 지나고서도 채권자 A는 아무런 조치를 취하지 않았으므로 A측에서 B의 이행을 최고하지도 않았고 나아가 A가 해제의 의사표시를 한 적도 없다. 계약은 민법 제544조에 의하여 해제되지 않았다.

b. 그러나 만약 A와 B간의 거래가 정기행위라면 민법 제545조의 특칙이 적용되었을 것이다. 이 경우라면 채권자가 이행의 최고를 하지 않고도 해제권을 행사할 수 있었을 것이다. 그러나 본 사안에서는 A가 아무런 조치를 취하지 않았으므로 해제의 의사표시는 이루어지지 못하였고 따라서 계약해제의 효과는 도래하지 않았다.

c. 이렇게 민법 제544조나 제545조에 의한 계약해제는 이루어지지 않았지만 이들보다 특칙인 상법 제68조의 적용으로 A, B간의 계약은 이미 해제되었을 가능성이 있다. 상법 제68조의 적용요건을 살펴보면 다음과 같다. 먼저 쌍방상사매매가 이루어져야 한다. 본 사안의 A와 B는 모두 주식회사로서 상법 제5조 2항에 따라 상인이다. 본 사안의 목재매매는 A와 B에게 각각 보조적 상행위와 영업적 상행위를 구성하고 있다. 둘째 상인간에 확정기매매의 합의가 있어야 한다. 본 사안에서는 6월 30일까지라는 급부의 최종시한이 합의되었으므로 상대적 정기행위라 할 수 있다. 끝으로 이행기의 경과에도 불구하고 매수인이 즉시 급부의 이행을 요구하지 않았어야 한다. 본 사안의 A는 7월 5일이 되어서도 아무런 조치를 취하지 않았으므로 이 요건도 충족되고 있다. 결국 상법 제68조의 요건이 모두 충족되고 있으므로 동조의 효과가 도래한다. 즉 계약해제가 의제된다. 비록 A는 아무런 의사표시를 하지 않았으나 A와 B간의 계약은 급부이행시기의 도과 즉시 해제된 것으로 의제된다. 계약관계가 존재하지 않으므로 A의 보르네오산 라왕에 대한 인도청구권도 존재하지 않는다.

제 4 관 매수인의 검사 및 통지의무

‖ 사 례 ‖ A는 약 5,000평의 사과나무 과수원을 경영하면서 그 중 약 2,000평 부분의 사과나무에서 사과를 수확하여 이를 대부분 대도시의 사과판매상에 위탁매 매시키고 있다. B는 A로부터 21 내지 22kg 들이 사과 1,300상자를 매수하여 이를 해체 15kg 들이 1,650상자로 다시 포장하여 매도코자 하였으나 약 20일 후 이중 537상자의 사과에 과심이 썩은 하자가 있었다. A는 B가 상법 제69조상의 목적물검 사와 하자통지의무를 해태하였다고 주장하며 대금지급을 요구한다. 이 요구는 정 당한가? (대판 1993. 6. 11. 91다7181, 법원공보 950호, 2015면 참조)

I. 제도의 취지

매매의 목적물에 하자가 있거나 수량이 부족한 경우 매수인은 매도인에 대 하여 계약해제권, 대금감액청구권 및 손해배상청구권 등을 갖는다(민 580, 581,
575, 574·). 이 러한 하자담보청구권(Gewährleistungsrecht)은 물건의 하자시 6개월, 수량부족시 1년의 행사기간을 갖는데(민 582,
573), 쌍방상사매매의 경우에도 이를 적용시키면 상 거래의 신속확정의 요구에 반하고 당사자간의 법률관계는 불안정해진다. 그리 하여 상법은 상인간의 매매에 있어서는 담보책임의 존속기간을 단기로 제한 하여 매수인에게 목적물의 수령 즉시 이를 검사하게 하였고, 그 결과 하자 또 는 수량부족이 발견될 경우 즉시 매도인에게 그 통지를 발송하지 않으면 하자 담보권을 상실하는 것으로 하였다(상 69). 다만 즉시 발견할 수 없는 하자의 경우 에는 6개월로 그 기간을 연장하였고(상 69
2문), 매도인이 악의인 경우에는 이 특칙 의 적용을 배제하기로 하였다(상 69). 이를 상인인 매수인의 檢査 및 通知義務 (Untersuchungs- und Rügeobliegenheit)라 한다.

이러한 상인의 검사 및 통지의무의 법적 성질은 강제성있는 법적 의무라기 보다는 간접의무(Obliegenheit)라고 봐야 할 것이다.[7] 즉 보험계약법 등에서 자 주 나타나는 책무(責務)의 일종이다.

---

7) 양석완, "상법상 매수인의 검사통지의무에 관한 법적 쟁점", 「상사판례연구」, 제23집 제4권(2010. 12.), 112면.

대판 1987. 7. 21, 86다카2446

"상법 제69조 제1항의 매수인의 목적물의 검사와 하자통지의무에 관한 규정의 취지는 상인간의 매매에 있어 그 계약의 효력을 민법규정과 같이 오랫동안 불안정한 상태로 방치하는 것은 매도인에 대하여는 인도 당시의 목적물에 대한 하자의 조사를 어렵게 하고 전매의 기회를 잃게 될 뿐만 아니라, 매수인에 대하여는 그 기간 중 유리한 시기를 선택하여 매도인의 위험으로 투기를 할 수 있는 기회를 주게되는 폐단 등이 있어 이를 막기 위하여 하자를 용이하게 발견할 수 있는 전문적 지식을 가진 매수인에게 신속한 검사와 통지의 의무를 부과함으로써 상거래를 신속하게 결말짓도록 한 것이다."

대판 1999. 1. 29, 98다1584 [손해배상]

[상법 제69조의 규정취지 및 해석]

"상법 제69조는 상거래의 신속한 처리와 매도인의 보호를 위한 규정인 점에 비추어 볼 때, 상인간의 매매에 있어서 매수인은 목적물을 수령한 때부터 지체 없이 이를 검사하여 하자 또는 수량의 부족을 발견한 경우에는 즉시 매도인에게 그 통지를 발송하여야만 그 하자로 인한 계약해제, 대금감액 또는 손해배상을 청구할 수 있고, 설령 매매의 목적물에 상인에게 통상 요구되는 객관적인 주의의무를 다하여도 즉시 발견할 수 없는 하자가 있는 경우에도 매수인은 6월 내에 그 하자를 발견하여 지체 없이 이를 통지하지 아니하면 매수인은 과실의 유무를 불문하고 매도인에게 하자담보책임을 물을 수 없다고 해석함이 상당하다."

Ⅱ. 검사통지의무의 발생요건

1. 쌍방상사매매

상사매매에 관한 특칙규정이 모두 그러하듯 제69조도 쌍방상사매매를 그 적용전제로 한다. 계약의 종류는 당연히 매매여야 하지만 제조물공급계약(Werklieferungsvertrag) 같은 경우에는 그 목적물이 代替性을 지니고 있지 않다면 도급법을 적용하여야 하나, 그것이 대체적 성격(vertretbare Sache)을 지녔다면 매매법의 적용이 가능할 것이고 따라서 상법 제69조도 적용가능할 것이다.[8]

2. 목적물의 수령

목적물을 매수인이 수령(Ablieferung)하였어야 한다. 이 때 목적물을 검사할

---

8) 대판 1987. 7. 21, 86다카2446.

수 있는 상태에 이르러야 하므로 소위 서류상의 거래라 할 수 있는 CIF 거래에서 나타나는 선적서류의 인도는 본조에서 말하는 수령이라 할 수 없다.[9] 나아가 화물상환증이나 선하증권의 교부도 본조에서 말하는 수령이 아니다. 물론 이들의 교부는 물권적 효력이 있어 운송목적물의 소유권이전을 야기시키나 운송물의 현실적 인도는 아니므로 물건을 검사할 수 있는 상태를 제공하지 못한다. 매수인이 목적물을 수령한 시점부터 비로소 목적물의 검사통지의무가 시작된다고 할 수 있다. 매매의 목적물에 대하여 판례는 부동산도 포함시키고 있다.[10] 부동산의 경우 "목적물의 수령"이란 '점유를 이전받는 것'(예컨대 공동주택의 경우 열쇠를 교부받는 것)으로 풀이해야 할 것이다.

대판 1999. 1. 29, 98다1584

"원고가 피고로부터 이 사건 건물에 대한 점유를 이전받은 날부터 6월 내에 피고에게 이 사건 건물에 대한 하자를 발견하여 즉시 통지하지 아니한 사실을 자인하고 있어, 비록 이 사건 건물의 하자가 원고 주장과 같이 그 성질상 점유이전일부터 6월 내에 도저히 발견할 수 없었던 것이었다고 하더라도, 원고는 상법 제69조 제1항이 정한 6월의 기간이 경과됨으로써 이 사건 손해배상청구권을 행사할 수 없다고 판단한 조치는 정당한 것으로 수긍이 가고, 거기에 상고이유로 주장하는 바와 같은 상사매매에 있어서 매도인의 하자담보책임에 관한 법리를 오해한 위법이 있다고 할 수 없다."

3. 물건의 하자나 수량부족

상법 제69조의 적용이 가능하려면 물건의 하자(Sachmangel)나 수량부족(Zuweniglieferung) 등 매매목적물에 물리적 하자가 나타나야 하며, 권리의 하자(Rechtsmangel)는 제외된다. 그러나 하자의 존재를 판별함에 있어서는 객관설과 주관설의 대립이 있다. 객관설에 의하면 매물의 하자는 계약당사자의 주관에 따라 판단되는 것이 아니라 거래계에서 일반적으로 기대되는 정도(Sollbeschaffenheit)에 미치지 못한 상태(Istzustand)를 의미한다. 그러나 주관설에 의하면 이러한 기준을 포기하고 계약당사자가 해당 계약을 통하여 어떤 목적을 추구하였는지를 표준으로 삼게 된다. 예컨대 구멍난 쌀가마가 있다 하자. 이 가

---

9) CIF 거래에 있어서는 매매목적물의 현실인도(actual delivery) 대신에 상징적 인도(symbolic delivery)로 대체되므로 선적서류의 교부가 현실인도를 대신한다.

10) 대판 1999. 1. 29, 98다1584: 이에 대해서는 동산으로 한정시켜야 한다는 반대설도 있다(최·김, 238면).

마니로 쌀을 담을 수는 없다. 따라서 계약당사자가 쌀을 담을 목적으로 이를 사고 팔았다면 이 물건은 하자있는 물건이다. 그러나 이 가마니를 땅에 묻은 김장독을 감싸기 위한 수단으로 사고 팔았다면 이는 하자있는 물건이 아니다. 보온 및 충격방지매체로서 충분히 기능할 수 있기 때문이다. 이렇게 생각하면 주관설이 더 설득력이 있다고 본다. 하자있는 물건인지의 여부는 물건의 객관적 성상을 기준으로 판단할 것이 아니라 이 목적물에 대하여 당사자가 주관적으로 어떤 목적을 설정하였는지가 더 중요하기 때문이다.

다만 상법 제69조는 물건의 하자나 수량부족에 대한 상사매매의 특칙이므로 이른바 불완전이행을 원인으로 손해배상책임을 묻는 청구에 대해서는 그 적용이 없다는 것이 판례의 입장이다.

대판 2015. 6. 24, 2013다522 [구상금]

"상인 간의 매매에서 매수인이 목적물을 수령한 때에는 지체 없이 이를 검사하여 하자 또는 수량의 부족을 발견한 경우에는 즉시, 즉시 발견할 수 없는 하자가 있는 경우에는 6개월 내에 매수인이 매도인에게 그 통지를 발송하지 아니하면 그로 인한 계약해제, 대금감액 또는 손해배상을 청구하지 못하도록 규정하고 있는 상법 제69조 제1항은 민법상 매도인의 담보책임에 대한 특칙으로서, 채무불이행에 해당하는 이른바 불완전이행으로 인한 손해배상책임을 묻는 청구에는 적용되지 않는다."

4. 매도인의 선의

물건의 하자나 수량부족에 대하여 매도인에게 악의가 없어야 한다(상 69). 즉 매도인이 목적물의 인도시 물건의 하자나 수량부족이 있다는 것을 몰랐어야 한다.

5. 특약의 부존재

당사자간에 매수인의 의무에 관하여 다른 약정이 없어야 한다. 상법 제69조는 임의규정이지 강행규정은 아니다. 당사자가 즉시의 검사 및 통지의무를 배제하기로 합의하면 그 합의는 유효하다.

대판 2008. 5. 15, 2008다3671 [지체상금 등]

"상인간의 매매에 있어서 매수인이 목적물을 수령한 때에는 지체없이 이를 검사하여야 하며 하자 또는 수량의 부족을 발견한 경우에는 즉시, 즉시 발견할 수 없는 하자가 있는 경우에는 6월 내에 매수인이 매도인에게 그 통지를 발송하지 아니하면 이로 인한 계약해제, 대금감액 또는 손해배상을 청구하지 못하도록 규정하고 있는 상법 제69조 제1항은 민법상의 매도인의 담보책임에 대한 특칙으로 전문적 지식을 가진 매수인에게 신속한 검사와 통지의 의무를 부과함으로써 상거래를 신속하게 결말짓도록 하기 위한 규정으로서 그 성질상 임의규정으로 보아야 할 것이고 따라서 당사자간의 약정에 의하여 이와 달리 정할 수 있다고 할 것이다."

Ⅲ. 적용효과

상기의 요건이 충족되면 다음과 같은 검사 및 통지의무가 발생한다.

1. 검사의무(Untersuchungspflicht)

매수인은 목적물수령 즉시 그 하자나 수량부족을 조사하여야 한다. 檢査의 방법이나 정도 등은 매매목적물의 종류나 성질에 따라 달라질 수 있으며 수량이 과다할 때에는 표본조사(Stichprobe)로 이루어질 수도 있다.[11] 그러나 어떠한 경우이든 매수인은 상인에게 요구되는 객관적인 주의(Sorgfalt eines ordentlichen Kaufmanns)를 다하여야 한다.

2. 통지의무(Rügepflicht)

상기의 검사의무 이행 후 물건의 하자나 수량부족이 발견되면 즉시 매도인에게 그 사실을 통지하여야 한다(상 69①본). 이렇게 함으로써 비로소 하자담보권을 유지할 수 있다. 이 때 통지의 발송으로 족하므로 상법은 도달주의가 아니라 발신주의를 취하고 있다. 따라서 불도달의 위험은 매도인이 진다.

이러한 통지의 법적 성질은 관념의 통지(Wissenserklärung)이다.[12] 일정한 효과의사를 대외적으로 표시하는 행위가 아니라 물건의 하자나 수량부족이라는 객관적 사실의 존재를 알리는 것이기 때문이다.[13] 그러나 이러한 관념의 통지는 의사표시에 매우 접근되어 있으므로 이에 대해서도 의사표시에 관한 일반규정이 대부분 준용될 수 있다. 따라서 하자의 통지에 있어서는 대리인에 의하

---

11) Heymann-Emmerich, HGB, §377, Rdnr. 31.
12) Heymann-Emmerich, §377, Rdnr. 45.
13) 의사표시는 욕구하는 바를 표시하는 것이요, 관념의 통지는 현상을 묘사하는 것이다. 이러한 면에서 양자는 판이하게 다르다.

여 이를 통지할 수 있고, 또 그 수령도 가능하다.

이러한 통지는 물건의 하자나 수량부족의 발견 즉시 이루어져야 한다. 어느 정도 빨리 매수인이 반응을 하여야 즉시 통지한 것인지는 객관적으로 판단하여야 한다. 따라서 개별 매수인의 주관적 사정 등은 고려의 대상이 될 수 없다.

즉시 발견할 수 없는 하자(versteckte Mängel)의 경우 물건수령 후 6개월 내에 이를 발견한 때에도 발견 즉시 이를 통지하여야 한다(상 $\frac{69}{2문}$).[14]

대판 1999. 1. 29, 98다1584 [손해배상]

"상법 제69조는 상거래의 신속한 처리와 매도인의 보호를 위한 규정인 점에 비추어 볼 때, 상인간의 매매에 있어서 매수인은 목적물을 수령한 때부터 지체 없이 이를 검사하여 하자 또는 수량의 부족을 발견한 경우에는 즉시 매도인에게 그 통지를 발송하여야만 그 하자로 인한 계약해제, 대금감액 또는 손해배상을 청구할 수 있고, 설령 매매의 목적물에 상인에게 통상 요구되는 객관적인 주의의무를 다하여도 즉시 발견할 수 없는 하자가 있는 경우에도 매수인은 6월 내에 그 하자를 발견하여 지체 없이 이를 통지하지 아니하면 매수인은 과실의 유무를 불문하고 매도인에게 하자담보책임을 물을 수 없다고 해석함이 상당하다."

IV. 검사통지의무해태의 효과

매수인이 위 檢査義務를 이행하여 하자 또는 수량부족을 발견하고 이를 통지하지 아니하면 마치 처음부터 그러한 하자가 없었던 것으로 다루어진다. 즉 상인인 매수인은 계약해제(Wandlung), 대금감액(Minderung) 또는 손해배상(Schadensersatz)을 요구할 수 없다(상 $\frac{69}{1문}$).

그러나 上記의 요건에 합치되는 하자의 통지를 하면 각종 하자담보권을 상실하지 않는다. 특정물에 하자가 있는 경우에는 그 하자로 매매계약의 목적을 달성할 수 없는 경우 계약을 해제할 수 있고, 여타의 경우에는 손해배상을 청구할 수 있다($\frac{민 580.}{575}$). 종류물에 하자가 있는 경우에는 계약해제나 손해배상 이외에도 하자없는 물건의 급부(Nachlieferung)를 요구할 수도 있다($\frac{민 581}{Ⅱ}$). 수량부족시에는 수량부족분의 비율로 대금감액을 청구할 수도 있다($\frac{민 574.}{572 Ⅰ}$).

사례풀이 ☞ 본 사례에서는 우선 상법 제69조가 적용될 수 있는지 문제인바

---

14) 대판 1999. 1. 29, 98다1584: 즉시 발견할 수 없는 하자에 대해서는 6개월 후라도 발견 즉시 통지하면 하자담보권을 잃지 않는다는 견해도 있다(이철송, 398면).

매도인 및 매수인이 모두 상인이어야 한다. 이러한 쌍방상사매매가 이루어지는 경우에만 상법 제69조가 적용된다. 그렇다면 과수원을 경영하여 그 중 일부의 과실을 대도시의 위탁매매상에게 위탁매매시키는 A가 상법상 상인인가? 우선 A가 당연상인인지 살펴보자. A가 상법 제46조 1호 소정의 "매매"를 영업으로 하는 상인인가? A는 과수원에서 사과를 수확하므로 이는 원시취득이 되어 "유상승계취득과 유상매각"으로 상법 제46조 1호를 해석하는 한 A의 행위는 同號의 매매가 아니다. 그렇다면 A는 당연상인은 아니다. 그렇다면 의제상인인가? 상법 제5조 1항상의 설비상인의 요건이 충족되는가? A가 설비상인이 되자면 A는 상인적 설비를 갖추어 상인적 방법으로 영업하여야 한다. 그러나 A는 점포 기타 상인적 설비를 갖추고 있는지 불분명할 뿐만 아니라 수확한 과실 중 일부만을 그것도 타인에게 위탁매매시키고 있는 정도이다. 이 정도의 사실관계라면 A가 상인적 방법으로 사과를 매각하고 있다고 하기 어렵다. 그렇다면 A는 회사도 아니므로 상인이 아니다. 따라서 상법 제69조는 적용될 수 없다. 상법 제69조가 적용되지 않으면 당연히 하자의 조사 및 통지의무도 존재하지 않으며 따라서 매수인은 여전히 유효하게 하자담보권을 행사할 수 있어 A의 매매대금청구는 기각될 수밖에 없다. 과심이 썩은 하자가 상법 제69조 1항의 "쉽게 발견할 수 없는 하자"인지 여부는 본 사안에서 그리 중요하지 않다. 어차피 상법 제69조는 적용되지 않기 때문이다(대법원은 본 사건에서 "약 5,000평의 사과나무과수원을 경영하면서 그 중 약 2,000평 부분의 사과나무에서 사과를 수확하여 이를 대부분 대도시의 사과판매상에 위탁매매한다면 이는 영업으로 사과를 판매하는 것으로 볼 수 없으니 상인이 아니다"라고 판시하고 있다. 여기서 영업성을 부인하는 것보다는 설비상인의 상인적 방법이나 상인적 설비를 부정하는 것이 보다 타당한 결과가 아니었을까 생각된다. 同旨, 鄭炳潤, 判例回顧, 商事判例硏究, 상사판례연구회, 1994년, 288 내지 289면 참조).

V. 타종(他種) 계약에 대한 적용가능성

매매 이외의 상인간 계약도 매우 많다. 또한 계약 이행 이후의 신속한 처리가 요구되는 경우도 많다. 이러한 경우 상법 제69조를 유추적용 내지 준용할 수 있는지 의문이다. 그러나 판례는 일단 수량을 지정한 임대차계약에 대해서는 그러한 준용가능성을 부정하였다.

대판 1995. 7. 14, 94다38342

"상사매매에 관한 상법 제69조는, 민법의 매매에 관한 규정이 민법 제567조에 의하여 매매 이외의 유상계약에 준용되는 것과 달리, 상법에 아무런 규정이 없는 이상 상인간의 수량을 지정한 건물의 임대차계약에 준용될 수 없다."

제 5 관 매수인의 보관 및 공탁의무

I. 의   의

상법은 제69조에 따라 매매계약이 해제되는 경우 매수인에게 급부된 목적물을 매도인의 비용으로 保管 또는 供託하도록 의무화하였다($\frac{상}{70}$). 그리고 이 규정을 초과급부분과 잘못 도착한 물건에 대해서도 준용하고 있다($\frac{전}{조}$). 이렇게 계약목적을 달성할 수 없는 하자있는 물건(Schlechtlieferung), 초과급부분(Mehrlieferung) 및 약정한 바와 상이한 물건(Aliudlieferung)에 대하여 상법은 또 하나의 특칙을 두었다.

민법에 따르면 계약이 해제되는 경우 급부물은 원상회복되어야 하고($\frac{민}{548}$), 또 수량초과분이나 오도착 물건에 대해서도 매수인이 이를 보관할 의무를 부담하지는 않는다. 매수인이 자발적으로 이를 보관해 주면 사무관리(Geschäftsführung ohne Auftrag)의 법리가 적용될 수는 있을 것이다. 그러나 이러한 민법상의 결과는 상인간의 격지매매(Distanzkauf)에는 적합하지 않다. 원거리로 처분된 물건을 다시 인도받아 재매각을 시도할 때 여러 가지 불편함이 노정되기 때문이다. 우선 급부된 목적물의 원상회복시 적지 않은 비용이 발생하고 운송중의 위험도 감내해야 할 것이다. 한번 처분된 매매목적물은 가능한 한 매수인의 영업지에서 轉賣되는 것이 매도인의 피해를 최소화하는 길일텐데 원상회복의 결과 그러한 가능성도 사라진다. 이러한 여러 요소들이 민법과 다른 특칙의 출현을 강요하였다.

한편 상법 제60조상의 물건보관의무와 제70조상의 그것을 비교하면 다음과 같다. 우선 전자의 경우에는 청약거절자의 보관의무이므로 아직 계약이 성립되기 전에 발생하는 의무이나, 후자의 경우에는 성립된 계약을 해제한 후의 의무이다. 나아가 상법 제60조의 경우에는 상인의 영업부류에 속한 거래, 즉 영업적 상행위에 대한 청약의 경우에만 발생하나 제70조의 경우에는 상인간의 상행위이기만 하면 되므로 매수인에게 보조적 상행위가 되는 경우에도 그 적용이 있다. 끝으로 제60조의 경우에는 보관할 물건의 가액이 보관의 비용을 상환하기에 부족하거나 보관으로 인하여 손해를 받을 염려가 있는 때에는 보관의무가 면제되나($\frac{상법}{제}^{60}$), 제70조의 경우에는 그러한 예외가 인정되지 않는다.

II. 보관, 공탁 및 경매의무의 발생요건

1. 쌍방상사매매

제70조 및 제71조는 동법 제69조를 전제로 하고 있다. 따라서 매수인의 보관의무 등에도 쌍방상사매매가 그 전제가 된다.

2. 격지매매

상사매수인의 보관 및 공탁의무는 원칙적으로 隔地賣買, 즉 매도인과 매수인의 영업소가 멀리 떨어진 異地賣買를 전제로 한다. 급부된 매매목적물의 원상회복은 원칙적으로 이 경우에만 비용 및 위험부담의 문제를 야기시키기 때문이다. 그러나 이러한 원칙에는 다음과 같은 예외를 인정하지 않을 수 없다. 즉 매도인과 매수인의 영업소가 지역을 달리한다 할지라도 매물의 인도장소가 매도인의 영업소와 동일 지역이면 격지매매의 특성은 사라진다. 원상회복은 용이하고 비용이나 위험부담의 문제는 생기지 않는다. 또한 반대로 매도인과 매수인의 영업소가 동일 지역에 있어도 매수인이 타지역을 인도장소로 지정하여 그곳으로 인도하게 하였다면 이 경우 격지매매의 특성은 부활된다. 즉 송부매매(Versendungskauf)의 경우가 이에 해당할 것이다. 따라서 상법은 본조의 적용을 위하여 원칙적으로 격지매매를 요구하면서도 이러한 예외를 감안하여 목적물의 인도장소가 매도인의 영업소 또는 주소와 동일한 특별시, 광역시, 시, 군에 있을 때에는 본조를 적용하지 않기로 하였다($\frac{상법}{제}^{70}$).

3. 제69조에 의한 매매계약의 해제

매수인은 검사통지의무를 제대로 이행하여 매매계약을 해제하였어야 한다. 즉 물건의 하자나 수량부족으로 인한 하자담보권을 상실하지 않았어야 한다. 물론 제71조의 규정에 따른 수량초과분이나 계약내용과 상위한 물건에 대해서는 계약의 해제를 요구하지 않는다. 이 경우에는 그 초과분이나 상위한 부분에 대해서만 보관의무 등이 나타나기 때문이다. 나아가 본조의 의무는 제69조를 전제로 하므로 매도인이 목적물의 인도시 목적물에 하자가 있거나 수량부족이 있다는 사실을 몰랐어야 한다.

4. 보관, 공탁, 경매의무배제특약의 부존재

끝으로 매매당사자간에 이러한 의무를 배제하기로 하는 특약이 없었어야
한다.

Ⅲ. 적용효과

상기의 요건이 모두 충족되면 다음과 같이 보관, 공탁 및 경매의무가 발생
한다.

1. 보관 및 공탁의무

물건의 하자나 수량부족시에는 이로 인한 계약해제시 그 목적물을 보관 또
는 공탁하여야 한다(상 70). 목적물의 상위나 또는 초과급부분에 대해서는 계약
을 해제함이 없이도 상위한 부분 또는 초과분에 대해서 보관 내지 공탁의무가
발생한다(상). 보관할 것인지 또는 공탁할 것인지는 매수인의 결정사항이며 이
에 소요되는 비용은 매도인의 부담사항이다(상 70 1문).

2. 경매의무

목적물이 멸실 또는 훼손될 염려가 있을 때에는 법원의 허가를 얻어 경매하
여 그 대가를 보관 또는 공탁하여야 한다(상 70 2문). 이를 매수인의 긴급매각(Not-
verkauf)이라 한다. 이렇게 매수인이 긴급매각을 할 때에는 매도인의 자조매각
의 경우와 달리(상 67) 법원의 허가를 얻어야 한다. 왜 매수인의 긴급매각 시에는
매도인의 자조매각의 경우와 달리 공탁과 경매 중 선택권을 누리지 못하는지
상법은 침묵하고 있다. 법원의 허가를 얻어야 비로소 경매할 수 있다면 시간손
실을 감안해야 할 때도 있을 터인데 이에 대한 뚜렷한 이유는 발견되지 않는
다. 독일상법에서처럼 양자를 동등하게 취급하는 것이 입법론적으로 더 타당하
다고 본다(독일상법 379 Ⅱ참조).

경매가 이루어진 경우에는 매수인은 지체없이 매도인에 대하여 그 통지를
발송하여야 한다(상 70).

Ⅳ. 의무위반의 효과

매수인이 제70조와 제71조를 위반하여 보관 또는 공탁을 하지 않거나 목적물에 대한 주의의무를 해태한 때에는 매도인에 대하여 손해배상의무를 부담할 수 있다.

제 5 절 상호계산(상사채권의 특별한 소멸방식)

제 1 관 상호계산의 의의

相互計算(current account; Kontokorrent, laufende Rechnung)이란 상시거래관계에 있는 상인들간에 또는 상인과 비상인간에 일정 기간의 거래로 인한 채권, 채무의 총액을 상계하고 그 잔액을 지급할 것을 약정하는 상법상의 특수한 계약이다($\frac{\$}{?}$). 이러한 상호계산제도는 상사채권의 특수한 소멸방식으로 작용한다.

제 2 관 상호계산의 기능

Ⅰ. 결제의 편의

동일한 당사자간에 채권·채무가 수회에 걸쳐 누적되는 것이 상사거래의 보편적 특징이므로 이들간의 거래를 일정 기간을 단위로 합산하여 총액상계와 잔액지급을 기하면 수회의 채권·채무관계는 능률적으로 정리된다. 특히 은행 등 금융기관 상호간이나 운송인과 운송주선인 등 상호관련있는 업종을 영위하는 상인들간에 있어서는 이러한 기능은 매우 효용가치가 큰 것이다. 거래가 이루어질 적마다 매번 이를 決濟한다는 것은 번거로울 뿐만 아니라 불필요한 비용을 발생시키기 때문이다.

Ⅱ. 신용제공의 기능

결제의 편의를 제공하는 것이 상호계산제도의 주요 기능이지만 이 제도는 부차적으로 信用을 提供하는 효과를 가져온다. 당사자들에게 발생하는 채권·채무를 그때그때 바로 결제함이 없이 일정 기간 그 채무이행을 유예시키는 효과가 있기 때문이다. 즉 채무의 변제를 상호계산기간종료시까지 연장시켜 주므로 이 기간까지 해당 채무액을 여신(與信)한 것이나 다름없는 경제적 효과가 발생한다.

Ⅲ. 담보적 기능

나아가 상호계산제도는 부수적으로 담보적 기능을 수행하기도 한다. 수회에 걸친 채권·채무관계의 누적은 일방(A라 하자)의 채권을 실행함에 있어 타방(B라 하자)의 채권으로 담보되는 효과를 파생시킨다. 채권의 발생시마다 A가 B에게 변제한다면 경우에 따라서는 A의 채권만 변제되지 못하는 일도 일어날 수 있다. 그러나 A와 B가 각각의 채권을 상호계산에 계입시켜 일정 기간 후 총액상계와 잔액지급을 약정하면 각자의 채권은 이 기간 중 상대방의 채권으로 담보되는 경제적 효과를 발생시킨다.

제 3 관 상호계산의 법적 성질

상호계산의 법적 성질에 대해서는 다음과 같은 여러 주장이 있다. 우선 相互的 消費貸借說은 상기의 신용제공기능을 특히 강조하여 상호계산의 법적 성질을 소비대차로 파악하는 입장이고, 猶豫契約說은 상호계산기간만료시까지 계약당사자의 채권이 유예되는 점을 특히 부각시키고 있다. 나아가 相計契約說은 상호계산 기간이 도래하였을 때 총액상계가 이루어지는 점에 초점을 맞추고 있다. 끝으로 獨自契約說은 상호계산제도를 기존의 제도적 틀에 맞추려하지 아니하고 상사채권의 독특한 소멸을 가져오는 상법상의 특수계약으로 보고 있다. 생각건대 상기의 소비대차설, 유예계약설, 상계계약설은 무리하게 기존 제도와 연결시킴으로써 제도적 특성의 일면만을 부각시키는 우를 범하고 있다. 이 제도는 상법상의 특수한 독자제도로 인식하는 것이 바람직할 것이다. 마지막 학설에 찬동한다.

제 4 관 상호계산의 요건

상호계산제도가 성립하자면 다음과 같은 여러 요건이 충족되어야 한다.

I. 당사자 일방의 상인성(당사자요건)

우선 상호계산계약에 참여하는 당사자 중 적어도 一方은 商人이어야 한다. 상호계산은 상인간 또는 상인과 비상인간에 체결되는 계약이기 때문이다(¾). 이 때 상호계산계약은 상인인 당사자에게는 기업결제의 편의를 제공하는 점에서 상인의 영업을 위한 행위이고 따라서 그의 보조적 상행위가 될 것이다(¾). 따라서 계약의 어느 당사자도 상인이 아닌 경우 설사 일정 기간을 단위로 총액상계와 잔액지급의 약정을 하더라도 이는 상법상의 상호계산이라 부르지 않는다. 이를 민사상호계산이라 한다.

II. 상호계산의 대상에 대한 요건

나아가 상호계산계약이 제대로 성립하자면 상호계산에 적합한 채권·채무관계가 존재하여야 한다. 이는 채권관계의 계속성, 상호성, 기간의 한정성 및 상호계산능력 있는 채권·채무 등으로 분설되어야 한다.

1. 채권·채무관계의 계속성과 상호성

상호계산제도가 성립하자면 양당사자간에 채권·채무관계가 繼續되어야 하고 동시에 相互的이어야 한다. 1회의 채권발생으로 끝나는 경우 상호계산제도는 그 활용의 여지가 없다. 또 일방 당사자만이 채권자가 되고 타방은 항상 채무자만 되는 경우에도 상호계산제도는 그 적용이 없다. 즉 채권·채무의 발생이 각 당사자에게 지속적으로 교차하는 경우에만 상호계산계약이 성립될 수 있다. 보통 소매상과 일반 소비자간에 일정 기간을 단위로 그간에 발생한 채무를 일괄변제하는 약정이 이루어지는 때가 있는데 이는 상호계산이 아니다. 이렇게 일방의 외상대금에 대한 합계액을 주기적으로 결제하는 것을 공연한 계산(offene Rechnung) 또는 일방적 상호계산이라 칭하지만 이는 상법상의 상호계산제도와 아무 관련이 없다.

2. 일정 기간 내의 채권·채무

상호계산의 대상이 되는 것은 일정 기간 내의 거래로부터 생긴 채권·채무이다. 이 기간은 당사자가 임의로 정할 수 있다. 그러나 만약 당사자간에 합의가 없는 때에는 상법이 보충적으로 6개월의 기간을 설정하였다(상74).

3. 상호계산능력 있는 채권·채무

나아가 이 채권채무관계는 상호계산능력(Kontokorrentfähigkeit)이 있는 것이어야 한다. 상호계산능력은 총액상계와 잔액지급에 대한 적합성을 의미한다. 즉 相計適狀(Aufrechenbarkeit)에 있는 금전채권(金錢債權)으로서 상호계산기간 내에 만기에 도달하는 것을 상호계산능력있는 채권이라 한다.

이제 이 개념을 좀더 구체화시키기 위하여 상호계산능력이 없는 경우를 살펴보기로 하자. 우선 ① 금전채권 이외의 경우는 상호계산능력이 없다. 상계적상(민492)을 유발시킬 수 없기 때문이다. 그러나 금전채권이라도 성질상 상계적상을 유발하지 못하는 것이 있다. 예컨대 주식인수인의 주식대금납입의무가 그것이다(상334). 따라서 이러한 채권은 상호계산에 計入될 수 없다. 둘째 ② 어음수표채권도 그 권리행사의 방식이 특수하여 상호계산능력을 상실한다. 이들은 지급제시가 필요하고(어38; 수29), 지급이 거절되는 경우에는 소구절차를 밟아야 하는 등 권리행사의 방식이 특수하다. 따라서 상호계산능력을 인정할 수 없다. 그러나 어음수표관계에서 발생한다 하여 모두 상호계산능력을 상실하는 것은 아니다. 예컨대 어음, 수표의 수수로부터 취득되는 어음할인료채권 등이 그것이다. 어음할인료지급의무는 비록 어음의 수수와 관련하여 발생되기는 하지만 어음이라는 유가증권관계로부터 직접 생성되는 것이 아니라 원인관계로부터 파생되기 때문이다. 상법 제73조에서 말하는 "어음 기타 상업증권으로 인한 채권채무"란 상업증권의 대가지급을 위한 채권채무로서 어음상의 채권과는 구별하여야 한다. 셋째 ③ 법정채권채무관계로부터 생성되는 채무는 상호계산능력이 없다. 즉 불법행위, 부당이득, 사무관리관계에서 성립되는 채권은 설사 그것이 금전채권이라 하여도 상법이 규정한 일정한 기간의 거래로 인한 채무가 아니기 때문이다($\frac{상}{72}$). 끝으로 ④ 당사자가 상호계산관계에서 의도적으로 제외시키는 채권은 상호계산능력이 없다. 즉 총액상계의 시점 이전에 변제하기로 당사자가 특약을 하였다면 이 채권은 상호계산관계에서 제외되어야 하는 것이다.

Ⅲ. 상호계산의 약정

상호계산관계가 성립하자면 당사자간에 총액상계와 잔액지급의 약정이 있어야 한다. 이를 상호계산의 約定(Kontokorrentabrede)이라 한다.

제 5 관 상호계산의 효력

상호계산의 효력은 이를 ① 상호계산기간 중의 효력, ② 상호계산기간만료 후의 효력 및 ③ 계산서승인의 효력 등 3단계로 나누어 살펴보아야 한다. 국내 통설은 상호계산기간 중의 효력과 기간만료 후의 효력으로 2분하여 전자를 상호계산의 소극적 효력, 후자를 상호계산의 적극적 효력이라 칭하고 있다. 여기서는 카나리스의 학설과 이를 지지하는 국내 신학설의 입장에 따라 적극적 효력을 기간만료의 효력과 계산서승인의 효력으로 나누어 살펴보기로 한다.

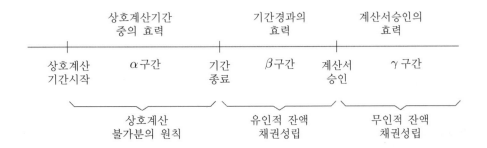

Ⅰ. 상호계산기간 중의 효력(소극적 효력)

상호계산기간 중의 효력은 다시 상호계산 당사자간의 효력과 제3자간의 효력으로 나누어진다.

1. 당사자간의 효력(대내적 효력)

상호계산기간 중의 대내적 효력은 한마디로 相互計算不可分(Unteilbarkeit des Kontokorrents)의 원칙으로 설명된다. 상호계산제도란 채권채무의 총액을 일정 기간 후 일괄상계하여 그 잔액을 지급하는 제도이므로 이 기간 중에 발생한 당사자간의 채권채무는 상호계산관계에 計入되어 모두 그 독립성을 상실한다. 따라서 상호계산의 당사자는 설사 만기에 도달하였다 하여도 이 채권들에 대하여 각개의 訴를 제기하는 등 그 권리를 행사할 수 없다.[1] 그리하여 각 채권은 개성을 상실하여 개별적으로 행사될 수 없을 뿐만 아니라 양도할 수도 없고, 入質이나 압류가 인정되지 않으며, 또한 상호계산관계 밖에서 상계될 수도 없다. 그리하여 이 기간 중에는 시효의 진행[2]이나 이행지체의 문제도 발생되지 않는다. 이렇게 계입된 채권채무는 당사자가 상대방의 동의없이 임의로 제거할 수도 없다. 이것을 상호계산불가분의 원칙이라 한다.

2. 제3자에 대한 효력(대외적 효력)

이렇게 상호계산기간 중 당사자간에는 상호계산불가분의 원칙이 지배하는데 만약 당사자가 이를 어기고 제3자에게 상호계산계입채권(相互計算計入債權)을 양도하거나, 질권설정의 대상으로 삼거나, 또는 압류와 같은 강제집행의 대상으로 하였을 때 그 제3자에 대한 관계는 어떠한지 의문이다. 이에 대해서는 유효설, 무효설, 절충설 등 학설의 대립이 있다.

우선 유효설의 입장부터 보자. 이 입장은 상대적 효력설로도 불리우는데 이에 따르면 상호계산불가분의 원칙은 오로지 계약당사자간에만 미치는 것이므로 당사자 일방이 이를 위반하여 채권을 양도, 입질, 압류한 때에는 이러한 상

---

1) 물론 소제기의 경우 이행의 소(Leistungsklage)는 제기될 수 없지만, 확인의 소(Feststellungsklage)는 제기할 수 있다.

2) 시효의 진행은 정지된다(Hemmung der Verjährung). vgl. §202 BGB.

호계산관계를 모르는 선의의 제3자에 대하여 대항하지 못하고 당사자간에 손해배상의무만 발생시킨다고 한다.

둘째 무효설을 보면, 이는 절대적 효력설로도 불리우는데 이에 따르면 상호계산계약은 특수성과 강행성으로 뒷받침되고 상호계산기간 중에는 각 채권의 독립성이 상실되므로 당사자의 일방이 채권을 양도 또는 입질하더라도 제3자에 대한 관계에서는 그 효력이 없다고 한다. 이 때 제3자의 선의 또는 악의는 묻지 않으며 압류와 같은 강제집행도 인정되지 않는다고 한다.

마지막으로 절충설을 보면 이는 구별설이라고도 하는데, 이 견해는 채권의 양도 및 입질과 채권의 압류를 함께 다루지 아니하고 별도로 취급하는 데에서 이러한 명칭이 붙게 되었다. 이에 따르면 채권양도나 질권설정의 경우에는 선의의 제3자에게 대항할 수 없는 것으로 보고 있고 압류의 경우에는 제3자의 선의, 악의를 불문하고 효력이 있는 것으로 처리하고 있다. 제3자에 의한 압류를 무효처리하면 당사자간의 계약에 의하여 국가의 강제집행권이 미치지 못하는 재산권을 만들어내는 것과 같아진다고 한다.[3]

생각건대 이 절충설의 입장이 상호계산기간 중의 대외적 효력을 가장 잘 설명하고 있다고 생각된다. 채권양도나 입질의 경우는 당사자의 의사에 기한 법률행위적 효력이요, 채권의 압류는 국가의 강제집행권의 행사이므로 이를 똑같이 취급함은 무리라고 본다. 채권양도나 질권설정의 경우는 민법 제449조 2항 단서의 적용대상으로 삼을 수 있을 것이다. 즉 상호계산계약은 이 때 채권양도금지의 약정(pactum de non cedendo)으로 해석되고 따라서 이러한 양도금지의 약정을 위반한 경우 선의의 제3자에 대해서는 대항하지 못하는 것으로 보아야 할 것이다.[4] 이 때 중과실은 선의에 포함되지 않는다.[5] 반면 압류한 경우에는 양도나 질권설정시와는 달리 국가의 강제집행권의 행사이므로 제3자의 선의, 악의를 불문하고 그 효력이 있는 것으로 풀이하여야 할 것이다.

---

3) 정동윤, 183-184면.

4) 최근의 판례에 의하면 양도금지특약을 위반한 채권양도는 원칙적으로 무효이며 이때 채권양수인의 악의 또는 중과실은 양도금지특약으로 양수인에게 대항하려는 자가 주장·증명하여야 한다고 한다(대판 2019. 12. 19, 2016다24284 전원합의체 판결〔공사대금〕).

5) 대판 1996. 6. 28, 96다18281, 판례월보 313호(1996년 10월호), 67면 이하: "민법 제449조 2항이 채권양도금지의 특약은 선의의 제3자에게 대항할 수 없다고만 규정하고 있어 그 문언상 제3자의 과실유무를 문제삼고 있지는 않지만 제3자의 중과실은 악의와 같이 취급하여야 할 것이다.": 同旨의 判例로는 〈대판 2015. 4. 9, 2012다118020〔추심금〕〉이 있다.

대판 2019. 12. 19, 2016다24284 [전원합의체]

[양도금지특약을 위반하여 이루어진 채권양도의 효력]

[다수의견] (가) 채권은 양도할 수 있다. 그러나 채권의 성질이 양도를 허용하지 아니하는 때에는 그러하지 아니하다(민법 제449조 제1항). 그리고 채권은 당사자가 반대의 의사를 표시한 경우에는 양도하지 못한다. 그러나 그 의사표시로써 선의의 제3자에게 대항하지 못한다(민법 제449조 제2항).

이처럼 당사자가 양도를 반대하는 의사를 표시(이하 '양도금지특약'이라고 한다)한 경우 채권은 양도성을 상실한다. 양도금지특약을 위반하여 채권을 제3자에게 양도한 경우에 채권양수인이 양도금지특약이 있음을 알았거나 중대한 과실로 알지 못하였다면 채권 이전의 효과가 생기지 아니한다. 반대로 양수인이 중대한 과실 없이 양도금지특약의 존재를 알지 못하였다면 채권양도는 유효하게 되어 채무자는 양수인에게 양도금지특약을 가지고 채무 이행을 거절할 수 없다. 채권양수인의 악의 내지 중과실은 양도금지특약으로 양수인에게 대항하려는 자가 주장·증명하여야 한다.

(나) 양도금지특약을 위반하여 이루어진 채권양도는 원칙적으로 효력이 없다는 것이 통설이고, 이와 견해를 같이하는 상당수의 대법원판결이 선고되어 재판실무가 안정적으로 운영되고 있다. 이러한 판례의 법리는 다음과 같은 이유에서 그대로 유지되어야 한다.

① 민법 제449조 제2항 본문이 당사자가 양도를 반대하는 의사를 표시한 경우 채권을 양도하지 못한다고 규정한 것은 양도금지특약을 위반한 채권양도의 효력을 부정하는 의미라고 해석하여야 한다. 법조문에서 '양도하지 못한다'고 명시적으로 규정하고 있음에도 이를 '양도할 수 있다'고 해석할 수는 없다. 나아가 민법 제449조 제2항 단서는 본문에 의하여 양도금지특약을 위반하여 이루어진 채권양도가 무효로 됨을 전제로 하는 규정이다. 따라서 양도금지특약을 위반한 채권양도는 당연히 무효이지만 거래의 안전을 보호하기 위하여 선의의 제3자에게 무효를 주장할 수 없다는 의미로 위 단서규정을 해석함이 문언 및 본문과의 관계에서 자연스럽다.

② 이처럼 해석하는 것이 지명채권의 본질과 특성을 보다 잘 반영할 수 있다.

③ 물권에 관하여는 물권법정주의에 따라 법이 규정하는 바에 의하여 물권의 종류와 내용이 정해지는 반면(민법 제185조), 채권관계에서는 사적 자치와 계약자유의 원칙이 적용되어 계약당사자는 원칙적으로 합의에 따라 계약 내용을 자유롭게 결정할 수 있다. 따라서 채권자와 채무자가 그들 사이에 발생한 채권의 양도를 금지하는 특약을 하였다면 이는 채권의 내용을 형성할 뿐만 아니라 그 속성을 이루는 것이어서 존중되어야 한다.

④ 계약당사자가 그들 사이에 발생한 채권을 양도하지 않기로 약정하는 것은 계약자유의 원칙상 당연히 허용되는 것인데, 민법에서 별도의 규정까지 두어 양도금

지특약에 관하여 규율하는 것은 이러한 특약의 효력이 당사자 사이뿐만 아니라 제3자에게까지 미치도록 하는 데 그 취지가 있다고 보아야 한다.

⑤ 채권은 이전되더라도 본래 계약에서 정한 내용을 그대로 유지함이 원칙이고 양도금지특약도 이러한 계약의 내용 중 하나에 속하므로, 원칙적으로 채무자는 지명채권의 양수인을 비롯하여 누구에게도 양도금지특약이 있음을 주장할 수 있다고 보아야 하고, 민법 제449조 제2항 본문은 명문으로 이를 다시 확인한 규정이라 볼 수 있다.

⑥ 양도금지특약이 있는 경우 채권의 양도성이 상실되어 원칙적으로 채권양도가 일어나지 않는다고 보는 것이 악의의 양수인과의 관계에서 법률관계를 보다 간명하게 처리하는 길이기도 하다.

⑦ 양도금지특약이 있는 채권에 대한 압류나 전부가 허용되는 것은 양도금지특약의 법적 성질과 상관없이 민사집행법에서 압류금지재산을 열거적으로 규정한 데에 따른 반사적 결과에 불과하다. 나아가 양수인이 악의라고 하더라도 전득자가 선의인 경우 채권을 유효하게 취득한다는 기존 판례의 입장은 채권의 양도성을 제한하려는 당사자의 의사보다는 거래의 안전을 도모하려는 민법 제449조 제2항 단서의 취지를 중시하여 제3자의 범위를 넓힌 것으로 받아들여야 한다.

⑧ 채권의 재산적 성격과 양도성을 제고하는 것이 국제적 흐름이라 하더라도 이는 대부분 제한적 범위 내에서 해석이 아닌 법규정을 통해 달성되고 있음에 유의하여야 한다. 그러므로 문언상 양도금지특약을 위반한 채권양도의 효력이 부인된다는 의미가 도출되는 민법 제449조 제2항에도 불구하고, 양도금지특약을 위반한 채권양도를 원칙적으로 유효하다고 보는 새로운 해석을 도입하는 데에는 신중할 필요가 있다.

[대법관 권순일, 대법관 김재형, 대법관 안철상, 대법관 노정희의 반대의견] 채권자와 채무자의 양도금지특약은 채권자가 채무자에게 채권을 양도하지 않겠다는 약속이다. 채권자가 이 약속을 위반하여 채권을 양도하면 채권자가 그 위반에 따른 채무불이행책임을 지는 것은 당연하다. 그러나 이것을 넘어서 양도인과 양수인 사이의 채권양도에 따른 법률효과까지 부정할 근거가 없다. 채권양도에 따라 채권은 양도인으로부터 양수인에게 이전하는 것이고, 채권양도의 당사자가 아닌 채무자의 의사에 따라 채권양도의 효력이 좌우되지는 않는다. 따라서 양수인이 채무자에게 채무 이행을 구할 수 있고 채무자는 양도인이 아닌 양수인에게 채무를 이행할 의무를 진다고 보아야 한다. 상세한 이유는 다음과 같다.

① 양도금지특약의 당사자는 채권자와 채무자이므로 그 약정의 효력은 원칙적으로 채권자와 채무자만을 구속한다. 양도금지특약이 당사자뿐만 아니라 양수인을 비롯한 제3자에게 대세적으로 효력을 미치기 위해서는 명백한 근거가 있어야 한다. 계약은 당사자만을 구속하는 것이 원칙이기 때문에, 단순히 채권관계의 당사자가

반대의 의사를 표시한 경우에는 양도하지 못한다는 모호한 규정만으로는 채권의 양도성 자체를 박탈하는 근거가 될 수 없다. 양도금지특약의 효력은 특약의 당사자만을 구속하고 제3자에게 미치지 않는다는 채권적 효력설이 계약법의 기본원리에 부합한다.

② 민법 제449조 제2항 본문의 문언과 체계에 비추어 볼 때 양도금지특약은 당사자 사이에만 효력이 미치는 것으로 보는 것이 합리적이다. 민법 제449조 제2항 본문에서 '양도하지 못한다'고 한 부분은 문언 그대로 당사자가 채권의 양도성에 반하여 양도를 금지하는 약정을 한 경우 채권자가 약정에 따라 채무자에 대하여 '채권을 양도하지 않을 의무'를 부담한다는 취지로 해석함이 타당하다.

③ 민법은 채권의 양도가 가능함을 원칙으로 삼고($_{\text{1항 본문}}^{\text{제449조 제}}$), 예외적인 경우에 한하여 이를 제한하고 있으므로($_{\text{제2항}}^{\text{제449조}}$), 양도금지특약은 채권양도의 자유를 침해하지 않는 범위 내에서만 인정되어야 한다. 당사자 사이의 양도금지특약으로 제3자에 대한 관계에서까지 채권의 양도성을 박탈하는 합의를 인정하는 것은 채권의 양도성을 인정하는 원칙을 무의미하게 만들 수 있다. 계약자유의 원칙에 근거하여 양도금지특약이 인정된다고 하더라도 이를 제한 없이 대세적인 효력을 갖는다고 보아서는 안 된다. 따라서 양도금지특약은 당사자만을 구속할 뿐이고 이를 위반하는 채권양도는 원칙적으로 유효하다고 보아야 한다.

④ 재산권의 귀속주체인 채권자가 투하자본의 조기회수라는 경제적 목적을 달성할 수 있도록 더욱 자유로운 양도가능성이 보장되어야 한다는 관점에서도 채권양도금지특약에 관해서 채권적 효력설을 채택하는 것이 타당하다.

⑤ 채권자와 채무자 그리고 양수인 세 당사자의 이익을 비교해 보더라도 채권적 효력설이 타당하다. 양도금지특약으로 채권의 양도성이 상실된다고 보면, 채권자는 채권양도를 통한 자금조달수단을 상실하고 자산으로서의 채권 활용범위가 축소되는 불이익을 입는다. 양도금지특약에 반하는 채권양도를 원칙적으로 무효로 보면 양수인으로서도 채권 자체를 취득하지 못할 법적 위험에 직면한다. 양수인이 양도금지특약의 존재를 인식하기 쉽지 않고 그로 하여금 일일이 원래의 계약 내용을 확인하도록 하는 것은 불가피하게 불필요한 거래비용을 증가시킨다.

⑥ 채권거래가 증가함에 따라 양도금지특약을 위반한 채권양도에 관하여 채권적 효력만 인정하는 입법례가 많아지고 있다. 뿐만 아니라 우리 민법과 유사한 규정을 두고 있는 나라에서도 판례를 통하여 채권적 효력설을 채택하고 있다.

⑦ 양도금지특약을 위반한 채권양도의 효력에 대한 증명책임의 분배와 선의의 전득자 보호에 관한 판례도 채권적 효력설을 따를 때 합리적으로 설명할 수 있다.

⑧ 양도금지특약이 있는 경우에 채권양도에 따른 채권의 이전은 금지되면서도 전부명령에 따른 채권의 이전을 허용하는 것은 불필요한 혼란을 가져온다.

Ⅱ. 상호계산기간의 경과 후의 효력

1. 잔액채권의 성립

상호계산기간이 경과하면 상호계산기간 중 발생하였던 채권, 채무는 일괄 상계된다. 그 결과 殘額債權(Saldoforderung)이 성립하고 이는 기간경과로 자동 성립된다. 즉 상법 제75조상의 계산서승인을 기다리지 않는다. 종래의 통설 및 독일 판례[6]는 계산서승인으로 비로소 잔액확정의 효과가 도래한다고 설명하나 이 新學說에 의하면 상호계산기간의 경과로 자동적으로 잔액채권이 성립되고 추후 계산서승인을 통하여 새로운 無因的 債權이 발생한다고 한다. 상법 제76 조 1항의 규정도 이 신학설의 입장을 뒷받침하고 있다. 즉 기간폐쇄일 이후의 법정이자가 자동으로 발생한다는 것은 계산서승인 이전에 이미 이러한 유인적 채권이 성립되어 있었음을 입증하고 있는 것이다.

2. 잔액채권의 법적 성질

상호계산기간의 경과로 자동성립된 채권은 유인적 채권이다. 유인적이라 함 은 상호계산기간 중 발생하였던 여러 채권의 법률적 속성이 아직 잔존하고 있 다는 의미이다. 즉 그 특성을 승계하고 있다는 뜻이다. 이와 반대로 계산서 승 인 후에는 상호계산에 계입되었던 채권과는 독립된 별도의 채권, 즉 무인적 채 권이 탄생하는 것으로 보아야 한다. 유인적 채권의 의미는 다음에 살펴볼 잔액 채권의 구성 부분에서 좀더 구체적으로 설명될 수 있다.

3. 잔액채권의 구성

잔액채권의 구성에 대해서는 다음과 같은 학설의 다툼이 있는데 이를 보다 효율적으로 설명하기 위하여 우선 다음과 같은 예를 생각해보기로 한다.

‖ **사 례** ‖ 商人 A와 非商人 B가 상호계산계약을 체결하였다고 하자. 상호계산 기간은 1999년 1월 1일부터 6월 30일까지로 약정되었다. 이 기간 중 A와 B간에 다 음과 같은 채권채무가 발생하였다. 우선 1999년 2월 1일과 3월 1일 두 차례에 걸쳐

---

6) BGHZ 93, 307, 314.

A는 B에 대하여 각 2,500만원의 대여금채권을 갖게 되었다. 4월 1일에는 B가 A에 대하여 5,000만원의 보수금채권을 갖게 되었고, 다시 5월 1일에는 A가 B에 대하여 5,000만원의 매출채권을 갖게 되었다. 2월 1일과 3월 1일 각 발생한 대여금채권은 원래 민법 제162조 1항에 따라 10년의 시효기간을 갖게 되나, A가 상인이고 그에게 영업적 상행위든 보조적 상행위이든 상행위가 된다면 상법 제64조에 의하여 5년의 상사시효의 적용을 받게 될 것이다. 상법 제64조는 일방적 상행위에도 적용될 수 있기 때문이다. 4월 1일 발생한 B의 보수금채권도 5년의 상사시효의 대상이 될 것이다. 5월 1일 발생한 A의 매출채권은 민법 제163조 6호에 의하여 3년의 단기시효가 적용될 것이다.

(1) 비례적 상계설

우선 비례적 상계설(比例的 相計說)에 의하면 총액상계 후 잔액채권자가 되는 상호계산 당사자의 모든 채권을 잔존비율에 따라 계산한 후 그것들을 합산하는 방식을 취하게 된다.[7]

‖ **사 례** ‖ 위의 예를 통하여 살펴보면 6월 30일의 총액상계로 A가 B에 대하여 5,000만원의 잔액채권을 갖게 되는데 이것을 A의 채권총액 1억원으로 나누면 50%의 잔존비율을 산출할 수 있다. 비례적 상계설은 결국 A의 B에 대한 모든 채권을 이 비율로 잔존시킨 후 이들을 합하여 잔액채권을 구성하게 된다. 위의 예에서는 결론적으로 A의 잔액채권 중 50%는 5년의 시효를 갖게 되고 나머지 50%는 3년의 시효를 갖게 된다.

(2) 단계상호계산설

둘째의 학설은 단계상호계산설(Staffelkontokorrenttheorie)이다.[8] 이 견해에 따르면 상호계산기간 중 발생하는 채권들을 시간적 순서에 따라 차례로 상계시킨 후 최후로 남게 되는 채권을 잔액채권으로 보게 된다.

‖ **사 례** ‖ 위의 예에 따르면 2월 1일과 3월 1일 발생한 대여금채권과 4월 1일 발생한 보수금채권은 상계되어버리므로 결국 5월 1일 발생한 매출채권이 시효 3년의 잔액채권으로 남게 된다.

---

7) BGHZ 49, 24, 30.
8) Göppert, ZHR 102, 161 ff.

(3) 변제충당설

끝으로 변제충당설(辨濟充當說)이 있다.[9] 이 학설은 변제충당에 관한 민법규정($\substack{민476, 477, \\ 479}$)을 유추적용하여 잔액채권을 구성하려 한다.

∥사 례∥ 위의 예를 통하여 구체화시켜 보면 A의 B에 대한 채권 중 5,000만원은 5년의 시효기간을 갖게 되고, 나머지 5,000만원은 3년의 시효를 갖게 되므로 B의 반대채권 5,000만원과 상계할 때 시효기간이 긴 것부터 상계시키는 것이 B에게 변제의 이익이 클 것이다($\substack{민477 \\ 2호참조}$). 따라서 이 설은 시효 5년의 대여금채권을 먼저 상계시키고 3년의 시효를 갖는 매출채권을 잔액채권으로 보게 될 것이다.

(4) 사 견

제입장을 비판해보면, 우선 비례적 상계설은 일면 공평한 것처럼 보이나 잡다한 채권을 모두 일정 비율로 잔존시키므로 잔액채권의 구성이 복잡해지고 후속처리가 어려워질 수 있다. 또 외면상으로도 너무 기교적이다. 둘째 단계상호계산설은 상법의 명문의 규정에 반한다. 우리 상법은 일정 기간 중 발생한 채권채무를 총액상계하는 期間相互計算(Periodenkontokorrent)을 전제로 하고 있으므로($\substack{상72, \\ 4}$), 채권이 발생하자마자 계속 상계해 나아가는 단계상호계산의 방식은 비교법적으로는 고려의 여지가 있지만 우리 상법의 해석방법으로는 선택불가이다. 변제충당설은 민법의 변제충당에 관한 일반규정을 유추하여 비교적 합리적인 결과를 제시하고 있다. 이에 동조한다.

4. 잔액채권의 이자발생

상계로 인한 잔액에 대하여 채권자는 계산폐쇄일 이후의 법정이자를 청구할 수 있다($\substack{상76 \\ 1}$). 여기서 계산폐쇄일이란 상호계산기간만료일을 의미하므로 이 규정은 결국 유인적 잔액채권이 계산서승인 이전에 이미 자동적으로 발생한다는 사실을 법문언으로 뒷받침하고 있다. 당사자가 상호계산계입일로부터 이자를 붙이기로 약정하였다면 이에 대해서는 重利의 발생이 가능하다($\substack{상76 \\ 2}$).

---

9) Canaris, Handelsrecht, 24. Aufl., §25 Ⅲ 2 c, Rdnr. 23, S. 380.

Ⅲ. 계산서승인 후의 효력

1. 계산서승인의 법적 성질

상호계산계약의 당사자는 채권채무의 각 항목을 기재한 계산서를 작성하여 이를 상호 승인함으로써 총액상계와 잔액지급절차를 마무리짓게 된다. 그렇다면 이 계산서승인의 법적 성격은 무엇인가? 역시 이에 대해서도 다음과 같은 몇 가지 학설의 대립을 발견할 수 있다.

우선 更改說(Novationstheorie)에 의하면 계산서 승인으로 구채권채무가 소멸하고 그에 갈음하여 새로운 잔액채권이 발생하므로 이는 민법상의 경개계약이라고 한다.[10]

나아가 有因的 確認契約說(Theorie vom kausalen Schuldanerkenntnis)에 의하면 잔액채권은 종래의 채권채무의 합산결과에 불과하므로 구채무의 존속이지 신채무의 창설은 아니라고 한다.[11]

끝으로 無因的 債務承認說(Theorie vom abstrakten Schuldanerkenntnis)에 의하면 상호계산기간경과 후 자동적으로 발생하는 유인적 잔액채권과는 전혀 다른 무인적 잔액채권(abstrakte Saldoforderung)이 계산서승인을 통하여 새로이 발생한다고 본다. 따라서 계산서승인의 법적 성질은 무인적 채무승인[12]의 성격을 띠게 된다고 주장한다.[13]

상기의 제설을 비교해보면 경개설은 유인적 잔액채권이 상호계산기간종료와 더불어 자동적으로 발생하는 이치를 제대로 설명할 수 없고 상법 제76조의 문언도 만족스럽게 설명할 수 없다. 또한 경개의 일반법리를 따를 때 소멸할 채권이 존재하지 않을 경우 경개는 무효이고 신채권도 성립하지 않으며, 구채권의 발생원인에 취소사유가 있을 때 이의를 보류하여 경개하면 차후의 계약취

---

10) BGHZ 93, 307, 313.

11) Kübler, Festellung und Garantie, 1967, S. 157 ff. 유인적 확인계약에 대해서 자세히는 Palandt-Sprau, § 781, Anm. 3.

12) 무인적 채무승인의 빈번한 예를 우리는 도로상의 접촉사고현장에서 자주 목격한다. 보험으로 처리되는 예도 있지만 사고현장에서 직접 손해액을 보상하거나 손해액수를 합의하고 사후 지급해주는 경우도 있다. 피해자가 가해자의 이름, 차번호, 주소, 손해액 등을 기재한 후 가해자로 하여금 서명케 하는 경우 이 종이쪽지는 서면형식의 추상적 채무승인계약으로 해석된다. 이로써 원인관계인 불법행위채무와는 전혀 별개의 새로운 채무가 성립된다. vgl. Palandt-Thomas, BGB, §781, Anm. 2 d.

13) Canaris, S. 382, Rdnr. 28.

소시 신채권은 발생하지 않는다. 그러나 이러한 결과는 상법 제75조의 내용과 합치될 수 없다. 나아가 유인적 확인계약설은 통일된 시효기간, 의무이행지 또는 재판적 등을 확정할 수 없어 불리하다. 무인적 채무승인설이 가장 타당하다.

2. 계산서승인의 효력

계산서승인의 법적 성질을 무인적 채무승인으로 보았으므로 이에 따라 계산서승인의 효과를 정리해본다.

(1) 무인적 잔액채권의 성립

계산서승인 후에는 유인적 잔액채권과는 전혀 다른 새로운 無因債權이 발생하므로 상호계산의 당사자는 계산서의 각 항목에 대하여 이의를 제기하지 못한다(상법75). 그러나 새로운 무인채권이 성립되었다고 상호계산기간경과시 자동 성립된 유인적 잔액채권이 스스로 소멸하는 것은 아니다. 양자는 원칙적으로 병존하다가 잔액지급과 더불어 동시에 소멸한다. 그러나 예외적으로 상호계산계약의 당사자들이 계산서승인과 더불어 유인적 잔액채권이 소멸하는 것으로 합의하였다면 다른 결과가 나타날 수 있다. 이는 마치 어음을 원인채무의 이행을 위하여 교부하였느냐(erfüllungshalber) 아니면 대물변제조로 교부하였느냐(an Erfüllungs Statt)의 문제와 유사하다.[14]

(2) 변제기, 이행지 및 시효기간의 단일화

계산서승인으로 새로운 무인적 채권이 발생하였으므로 이행조건(Leistungs-modalität) 및 시효기간이 단일화한다. 그리하여 당사자간의 특약이 없는 한 이행기는 채무의 이행청구를 받은 때이고(민387II), 변제장소는 채권자의 주소지나 영업소가 되며(민467II,상56), 시효기간도 10년이 된다(민162I).

(3) 담보권의 운명

구채권을 위한 담보는 잔액채권의 범위 내에서 존속한다. 이를 법정담보채권변경(gesetzliche Forderungsauswechselung)이라 한다. 독일상법은 이를 명문의 규정으로 인정하고 있다(독법356). 상기의 경개설을 취하는 한 구채권은 소멸하고 신채권이 발생하므로 기존 채권에 대한 담보는 특약이 없는 한 소멸하는 것으로 보게 될 것이다(민505). 그러나 계산서승인이 있다 하여 채권자의 지위가

---

14) Brox, Schuldrecht BT, 10. Aufl., Rdnr. 350.

악화되어야 할 당위는 없다. 담보권의 존속이 바람직한 결과라고 생각된다.

(4) 계산의 부정확과 승인행위의 하자

상법 제75조 단서는 "착오나 탈루가 있는 때에는 그러하지 아니하다"라고 규정하여 이 경우 계산서승인 이후에도 이의제기가 가능한 듯한 문언을 취하고 있다. 이의 해석을 놓고 부당이득반환청구권설과 승인행위무효설의 대립이 있다. 전자에 따르면 착오나 탈루시 상법 제75조 단서의 문언에도 불구하고 계산서승인행위의 효력 자체를 다툴 수는 없는 것이고 오로지 당사자간에 부당이득법상의 반환청구권만을 발생시킨다고 한다(통설). 반면 후자에 따르면 승인행위 자체의 효력을 다툴 수 있어 착오나 탈루시 잔액채권의 확정 자체를 다툴 수 있다고 한다. 생각건대 통설의 견해가 타당하다. 무인적 채무승인의 성격을 갖는 계산서승인에서 계산서작성상 발생한 액수의 착오나 계입채권의 누락이 있다 하여 이로써 무인적 채무승인 자체의 효력을 사후적으로 다투게 하려는 취지는 아니기 때문이다.

이 문제는 결국 計算錯誤(Kalkulationsirrtum)[15]의 문제로 다루어야 하지 않을까 생각된다. 상호계산기간경과 후 그 기간 중 발생한 각종 채권채무를 계상하는 과정에서 발생한 액수착오나 발생한 채권을 빠뜨리는 경우 이러한 사실은 動機錯誤(Motivirrtum)의 일종으로 다루는 것이 바람직할 것으로 생각되기 때문이다.[16] 따라서 그러한 착오나 탈루에 대하여 상대방이 악의인 경우를 제외해 놓고는 의사표시의 취소사유로 삼을 수 없을 것이다.

그러나 이것과 구별하여야 할 것은 계산서승인행위 자체의 하자이다. 무인적 채무승인은 편무계약이다. 따라서 청약과 승낙의 두 개의 의사표시가 필요한데 이러한 의사표시에 무효나 취소사유가 있을 때에는 민법의 일반원칙에 따라 처리하여야 할 것이다.

---

15) vgl. Wieser, NJW 1972, 708 ff.; Wolf/Neuner, AT, 11. Aufl., § 41 Rdnrn. 71 ff.
16) 이에 대해서는 Wolf/Neuner, AT, 11. Aufl., § 41 Rdnrn. 7 ff.

제 6 관 상호계산의 종료

I. 일반적 종료원인

상호계산계약도 민법 일반의 終了原因에 따라 소멸될 수 있다. 따라서 당사자의 사망이나 회사의 해산 등의 사유가 도래하면 상호계산관계도 종료한다고 볼 수 있다.

II. 특별한 종료원인

1. 해지권의 행사

상호계산은 신용을 기초로 하므로 각 당사자는 언제든지 이를 解止할 수 있다(상법₇₇). 이 경우 계산관계를 폐쇄하고 잔액의 지급을 청구할 수 있다(상법₇₇). 이러한 효과는 해지의 의사표시가 상대방에 도달함으로써 발생할 것이다(민법₁₁₁). 해지의 예고기간(Kündigungsfrist)에 대하여 상법은 아무런 규정을 두지 않았고 따라서 당사자가 특약을 하지 않는 한 언제든지 즉시 해지할 수 있다. 또 해지사유(Kündigungsgrund)에 대해서도 상법은 아무런 규정을 두지 않고 있다.

2. 거래관계의 종식

상호계산제도는 상시거래관계가 있는 상인간 또는 상인과 비상인간에 이루어지는 거래이므로(상법₇₂), 이러한 상시의 거래관계가 종식되었을 때에는 상호계산관계도 종료할 수밖에 없다.[17]

3. 특별법상의 종료원인

상호계산관계는 당사자의 일방이 파산선고를 받거나(채무자 회생 및 파산에 관한 법률 305), 주식회사의 경우 회사정리절차가 개시되었을 때 법정요건에 따라 종료될 수 있다(채무자 회생 및 파산에 관한 법률 49 이하).

---

17) Baumbach/Hopt, HGB. 31. Aufl., §355 Rdnr. 23.

제 6 절 익명조합

제 1 관 익명조합의 의의

I. 개 념

익명조합(匿名組合: stille Gesellschaft)이라 함은 당사자 일방이 상대방의 영업을 위하여 출자하고 상대방은 그 영업으로 인한 이익을 분배할 것을 약정함으로써 성립하는 內的 組合이다($\frac{78}{9}$). 이러한 익명조합은 자본가와 영업자가 협력하는 공동기업의 한 형태이지만 일반 회사제도와 달리 자본가가 외부로 등장하지 않는다는 데에 그 특징이 있다. 즉 외부에서 보면 영업자만이 기업의 주체로 등장한다. 따라서 영업자의 상호는 있을 수 있어도 익명조합의 상호는 있을 수 없다.[1] 그러나 내부적으로는 영업자와 출자자간의 협력관계가 조합계약의 형태로 존속하게 되는 것이다. 그리하여 익명조합을 내적 조합(Innenge-sellschaft)이라 부르고 있다.

"MK버팔로, '안녕 형아' 익명조합 방식 채택"[2]

"지난 9월 인터넷펀드 적법성 논란으로 잠시 모집을 보류했던 영화 '안녕 형아'가 익명조합 방식으로 투자자 모집에 나서기로 했다. MK버팔로(076170)는 12일 "영화 '안녕, 형아'에 제작비 조달과 관련 MK버팔로의 100% 자회사이자 제작사인 명필름이 영업자가 되고 투자자들이 익명조합원으로 사업에 참여하는 상법상 '익명조합' 형태로 사업을 추진하기로 결정했다"며 "다양한 익명조합원 보호 장치를 마련해 오는 23일~24일 조합원을 모집할 예정"이라고 밝혔다. '익명조합'이란 공동기업 경영 형태의 하나로 영업자금을 출자하는 투자자들이 '익명조합원'이 되고 실제 사업수행을 담당하는 명필름이 '영업자'가 돼 익명조합을 결성한 후 출자된 자금을 영화 제작에 사용하고 그에 따른 수익을 익명조합원과 영업자간에 분배하는 방식. MK버팔로는 "종전 인터넷펀드 모집 방식이 간접투자자산운용업법에 저촉될 소지가 있어 보류됐기 때문에 이번에는 간접투자로 오인될 수 있는 요인들을 제거하고 다양한 투자자 보호 장치를 마련했다"며 "법무법인 율촌 등 전문가의 자문을 구했으며 자문기관이 금융감

---

1) Klunzinger, Grundzüge des Gesellschaftsrechts, 5. Aufl., S. 121.
2) [이데일리(edaily) 전설리 기자, 기사입력 2004. 11. 12.].

독기관의 협의를 거쳤다"고 설명했다. 명필름은 익명조합원들의 정당한 이익을 보호하기 위해 제작, 개봉에 따른 현황 파악을 위한 프로덕션·개봉 리포트를 발송하고 조합원들의 서면 이의 제기 및 시정 조치 요구가 가능하도록 했다. 아울러 제작사의 고의 또는 중대한 과실로 조합원들에게 손해가 발생했을 경우 제작사가 손해배상 책임을 지도록 조합원에게 계약해지권을 부여하는 등 보호 장치를 마련하고 익명 조합원의 손실 분담과 관련해 상한을 설정함으로써 손실이 발생할 경우 각 조합원이 출자 금액의 20% 한도에서만 손실을 부담하도록 했다. 명필름은 조만간 '안녕 형아' 투자설명회 및 기자간담회를 갖고 오는 23일~24일 이틀간 MK버팔로 홈페이지 투자자모집 섹션(http://www.mkbuffalo.com/investment)에서 조합원을 모집해 제작비 100%인 19억5,000만원을 조달할 계획이다. 1인 1구좌(100만원)부터 10구좌(1,000만원)까지 출자 가능하며 선착순 마감이다. 수익은 손익분기점인 전국관객 120만명 초과시 초과 1인당 1구좌 0.6원을 배분한다는 방침이다. 영화 '안녕, 형아'는 형이 소아암에 걸린 후 철든 짓을 하기 시작하는 못말리는 말썽쟁이 9살 동생의 이야기로 임태형 감독, 박지빈, 배종옥 주연이다. 지난 10월 11일 크랭크인 해 현재 촬영이 약 50% 가량 진행됐다. 한편 명필름은 지난 1999년 '해피엔드', 2003년 '바람난 가족'에서 일반인을 대상으로 하는 투자자를 모집해 각각 40%, 70%의 투자수익율을 올려 일반 투자자들에게 수익을 배분한 바 있다."

II. 역   사

이러한 익명조합제도는 중세의 코멘다(commenda)제도에서 유래하고 있다. 코멘다계약은 영업자와 자본가가 협력하여 그 영업성과를 자본가에게 분배하는 관계였는데, 약 15세기경부터는 이 중 자본가가 표면에 등장하여 외부 채권자에 대해서도 책임지는 형태와 자본가가 대외적으로 전혀 등장하지 않는 형태로 분화하였다고 한다. 전자를 공연조합(公然組合: compagnia palese), 후자를 익명조합(compagnia secreta)이라 불렀으며 전자는 합자회사의 형태로 발전하였고, 후자는 오늘날의 익명조합제도로 발전되었다고 한다.

III. 법전편제의 재고가능성

이러한 익명조합의 역사적 발전과정을 고려할 때에 상법이 익명조합을 상행위편에 규정하고 있는 것은 의문의 여지가 있다. 우리 상법은 익명조합을 자본가와 영업자간의 계약으로 다루어 이를 상행위편에서 규정하고 있으나 법전의 편별상 이는 회사편에 두는 것이 더 합리적이다. 더 구체적으로 표현하면 독일상법에서처럼 합명회사나 합자회사의 연장선상에서 규율하는 것이 바람직하다는 것이다(통별참조 230-237). 합명회사에서는 모든 사원이 경영에 참여하고 또 모두가 무한책임을 지나 합자회사에서는 무한책임사원만이 회사경영에 참여하고 유한책임사원은 오로지 경영에 대한 감시기능만 부여받는다. 그러나 유한책임사원도 엄연히 대외적으로 합자회사의 사원으로 등장하며 자신의 책임한도 내에서는 외부채권자에 대해서 직접 책임을 부담한다. 익명조합의 출자자의 지위는 합자회사의 유한책임사원의 그것보다 한층 더 약화되어 있다. 익명조합의 출자자는 외부적으로는 전혀 회사의 구성원이 아니며 합자회사의 유한책임사원처럼 대외적으로 책임지는 일도 없다(상80). 출자자는 오로지 내부적으로만 영업자와 관계를 맺을 뿐이다. 이렇게 익명조합원의 지위는 합명회사의 무한책임사원이나 합자회사의 유한책임사원의 연장선상에서 점점 더 그 지위가 약화된 최종단계로 인식할 수 있을 것이다.

Ⅳ. 발생원인

익명조합이 발생되는 원인을 살펴보면 다음과 같다. 우선 출자자의 입장에서는 자신의 출자자력에도 불구하고 사회적 지위나 경영능력 또는 법적 제한 등으로 영업활동에 적극 개입할 수 없을 때 익명의 출자자가 되어 영업이익에 참여할 수 있다. 예를 들면 영업양도를 하여 상법 제41조상의 경업금지의무를 부담하는 양도인이 영업양도의 대가나 이자회수를 위하여 양수인의 익명조합원이 되는 것과 같다. 한편 익명조합계약은 영업자에게도 효용가치가 있다. 자금조달이 여의치 않을 때 익명조합계약을 체결하여 자금의 보충을 꾀하면서도 대외적으로는 자신의 단독기업으로 남게 되므로 출자자에 의한 간섭을 최소화할 수 있다(상86, 277.참조 278). 나아가 사채발행의 경우와 달리 확정률의 이자지급의무도 없으므로 이익이 있을 때에만 이를 분배하면 된다(상78참조). 이렇게 익명조합은 출자자나 영업자 모두에게 이익이 될 때 성립될 수 있을 것이다.

제 2 관 개념요건

익명조합의 개념요건을 상법 제78조를 중심으로 살펴보면 다음과 같다.

I. 당사자에 대한 요건

익명조합의 당사자는 출자자인 익명조합원과 상인인 영업자이다. 출자자는 상인이든 비상인이든 상관없다. 또한 한 사람이건 수인이건 그것도 문제시되지 않는다. 수인의 익명조합원이 있을 때에는 상호간 아무 관련없이 영업자와 독립된 익명조합계약을 복수로 체결하며 병존할 수도 있고, 상호간 민법상의 조합관계를 이루며 공동으로 한 개의 익명조합계약을 체결할 수도 있다.

반면 경영자는 반드시 상인이어야 한다. 상법 제78조는 익명조합원이 상대방의 영업을 위하여 출자한다고 되어 있고 이 때 영업은 상인을 암시하는 것이다. 그러나 개인상인이건 법인상인(회사)이건 모두 가능하며, 나아가 당연상인이건 의제상인이건 이것도 문제시되지 않는다.

II. 익명조합원의 출자

익명조합원은 영업자의 영업을 위하여 出資하여야 한다. 출자의 목적은 금전 기타 재산에 한하며 신용 및 노무출자는 불가능하다($\frac{상}{272}$86). 출자의 목적은 법률상 영업자의 재산에 귀속한다($\frac{상}{79}$). 따라서 익명조합원이 출자한 금전은 영업자의 재산이므로 그 이익금을 영업자가 자기 용도로 소비하였더라도 횡령죄 ($\frac{형}{355}$)를 구성하지 않는다.[3] 나아가 익명조합원이 출자한 금전 기타의 재산은 상대방인 영업자의 재산이므로 영업자가 타인의 재물을 보관하는 것도 아니다.[4]

---

3) 대판 1971. 12. 28, 71도2032.
4) 대판 1973. 1. 30, 72도2704.

Ⅲ. 영업자의 이익분배

익명조합원으로부터 출자를 받은 영업자는 영업으로부터 생긴 이익을 익명조합원에게 분배하여야 한다. 이익분배(Gewinnbeteiligung)는 어디까지나 이익이 있을 때에만 할 수 있는 불확실한 것이어서 사채권자에 대한 확정률의 이자지급과 구별된다. 이러한 이익분배는 익명조합의 필수적 개념요건이므로 당사자간의 특약으로 이를 배제할 수 없다. 그러나 손실분담(Verlustbeteiligung)은 익명조합의 요건이 아니므로 당사자간의 합의로 이를 배제할 수 있다(商82).

제 3 관 익명조합의 법적 성질 및 타 제도와의 비교

Ⅰ. 익명조합의 법적 성질

익명조합은 민법상의 조합의 한 특수형태이다.[5] 익명조합계약은 자본가와 영업자간의 협력관계를 창설하는 상법상의 특수계약이다. 비록 외부적으로 사단관계나 조합관계가 창설되는 것은 아니지만 내부적 협력관계는 존재하므로 익명조합계약도 역시 조직계약(Organisationsvertrag)의 속성을 갖게 된다.[6] 즉 매매계약에서처럼 단순히 급부와 반대급부의 교환만을 약정하는 것은 아니다. 이 계약을 통하여 출자의무와 이익분배의무가 창설되며 이를 기초로 일정 기간 내부적인 협력관계가 수립된다. 그렇다고 출자의무와 이익분배의무가 등가적으로 교환되고마는 쌍무관계는 아니다. 내부조합관계의 창설과 더불어 익명조합원의 자익권인 이익분배청구권과 공익권인 업무집행감시권(商277) 등 사원권적 지위가 나타나기 때문이다. 그러나 이러한 관계는 외부로 드러나지 않는다. 그리하여 合手的 共同財産(Gesamthandsvermögen)이 형성되지 않으며 익명조합의 상호도 없고 익명조합의 대표관계도 있을 수 없다.

익명조합은 단지 내적 조합에 불과하므로 익명조합계약에 하자가 있을 경

---

5) Hopt, Handels-und Gesellschaftsrecht, Bd. Ⅱ, 4. Aufl., Rdnr. 825; Karsten Schmidt, GesR, 3. Aufl., §62 Ⅰ 1 c, S. 1837.

6) Baumbach/Hopt, HGB, 31. Aufl., §230 Rdnr. 9, §105 Rdnr. 47; Wiedemann, Gesellschaftsrecht, Bd. Ⅱ, Recht der Personengesellschaften, §10 Ⅱ 1, S. 886.

우 하자있는 조합이나 하자있는 회사론(Lehre der fehlerhaften Gesellschaft)은 익명조합에는 적용되지 않는다.[7] 독일에서는 익명조합을 전형적인 것(typische stille Gesellschaft)과 비전형적인 것(atypische stille Gesellschaft)[8]으로 나누어 후자의 경우에만 본 이론을 적용하는 것이 다수설이다. 우리 상법에 규정되어 있는 전형적인 익명조합에는 이 이론이 적용될 여지가 없다. 보존되어야 할 기존상태도 없고 또 거래안전의 시각에서도 그 수요가 나타나지 않기 때문이다.[9] 대외적으로는 오로지 영업자만이 기업주체로 등장하므로 그러하다.

이러한 익명조합의 법적 성질로부터 익명조합관계에 적용될 법규를 정리해 보면 우선 사적자치의 기본원칙에 따라 강행법규에 위반되지 않는 당사자간의 특약이 가장 우선하므로 ① 익명조합계약을 최우선 적용순위에 놓아야 하고 다음으로 ② 상법의 익명조합에 관한 제규정($^{상 78-}_{86}$), 그 다음으로는 ③ 민법상의 조합에 관한 규정들이 적용될 가능성이 있다($^{상}_{1}$). 따라서 손익분배에 관하여 익명조합계약에 아무 정함이 없으면 민법의 손익분배에 관한 규정($^{민 711}_{참조}$)이 적용될 수 있을 것이다.

Ⅱ. 타 제도와의 비교

1. 익명조합과 합자회사

양자는 이미 익명조합의 역사적 발전에서 살펴보았듯이 제도적 뿌리를 같이한다. 그리하여 합자회사의 유한책임사원의 지위는 익명조합원의 지위와 비슷하다. 다만 익명조합원이 대외적으로 나타나지 않는다는 점이 다를 뿐이다. 그리하여 상법도 합자회사의 유한책임사원에 관한 규정을 다수 익명조합원에게 준용하고 있다($^{상}_{86}$). 나아가 그 법률적 구성면에서도 유사하다. 익명조합계약이나 합자회사의 정관이나 모두 조직계약이다. 익명조합원의 이익배당청구권($^{상}_{78}$)은 자익권이요, 업무집행에 대한 감시권($^{상 86,}_{277}$)은 공익권인 셈이다. 이렇게 익명조합계약도 출자자에게 사원권을 창설하는 효과가 있다. 다만 대외적으로

---

7) 이에 대해서는 졸고, "하자있는 회사", 고려대 법학논집 제30집(1994), 233면 이하, 265, 266면 참조.

8) 비전형적 익명조합이란 상법 제78조 이하에 규정된 바와 달리 재산관계 또는 업무집행면에서 인적회사에 접근하는 형태이다. 즉 합유재산과 유사한 익명조합원의 지분이 설정되어 있다든지 익명조합원에게도 일부 업무집행권이 부여되어 동업자관계가 성립된 경우 이 개념을 인정한다. vgl. Heymann-Horn, §230, Rdnr. 51.

9) Heymann-Horn, §230, Rdnr. 28.

그러한 지위가 나타나지 않을 뿐이다.

그러나 양자는 다음과 같은 면에서 차이를 드러낸다. 우선 외부관계상 익명조합에서는 영업자만이 권리의무의 주체로 등장하나 합자회사에서는 그 자체가 법인으로서 권리의무의 주체가 되어 외부적으로 나타난다. 둘째 기업의 재산귀속관계도 익명조합에서는 영업자의 재산만이 존재하나(⅜), 합자회사에서는 독자적인 법인의 고유재산이 형성된다. 셋째 출자자의 공시면에서도 유한책임사원은 등기사항이나(⅜₁), 익명조합원은 등기할 수 없고 해서도 안된다. 非公示가 생명이기 때문이다. 넷째 합자회사의 유한책임사원은 비록 일정 한도는 있으나 그 한에서 대외적으로 회사채권자에 대하여 직접책임을 부담한다. 그러나 익명조합원은 상법 제81조상의 외관책임 이외에는 대외적으로 책임지는 일이 없다. 다섯째 합자회사가 파산한 경우 유한책임사원의 출자는 자본이 되므로 다른 채권자를 모두 만족시키고 남는 것이 있을 때에 잔여재산의 분배를 받게 되나, 익명조합의 영업자가 파산한 경우 익명조합원은 다른 파산채권자와 동열에서 출자반환을 요구할 수 있다.[10]

2. 익명조합과 민법상의 조합

민법상의 조합은 외부조합이요, 익명조합은 내부조합이다. 양자간의 차이점을 비교하면 다음과 같다. 우선 조합계약의 당사자를 비교하면 민법상의 조합에서는 2인 이상이나(민703), 익명조합에서는 영업자와 출자자의 2당사자이다.[11] 물론 다수의 익명조합원이 민법상의 조합을 결성하여 영업자와 계약할 수도 있고 복수의 독립된 익명조합계약이 병존할 수도 있으나 이들 익명조합계약은 그 개개의 모습으로 판단할 때 2당사자간 계약이다. 둘째 출자의 목적물을 비교하면 민법상의 조합에서는 금전 기타 재산뿐만 아니라 노무 또는 신용출자가 가능하나(민Ⅱ703), 익명조합에서는 금전 또는 재산출자만이 가능하다(상²⁷²86.). 셋째 영업형태를 비교하면 민법상의 조합은 공동사업을 경영하기 위한 공동조직형태이나, 익명조합은 외부적으로는 영업자의 단독영업이다(⅜). 끝으로 민법상의 조합의 재산소유형태는 합유이나(민704), 익명조합에서는 영업자의 단독소유이다(⅜).

---

10) Klunzinger, a.a.O., S. 134.
11) Hopt, a.a.O., Rdnr. 827.

3. 익명조합과 소비대차

이 양자는 모두 기업자금의 조달수단으로서 유사하나 다음과 같은 차이가 있다. 우선 消費貸借시 대주는 일정률의 이자를 지급받으나 익명조합원은 불확정한 이익분배를 받는다. 나아가 익명조합원의 지위는 원칙적으로 양도불가이나 소비대차의 상환청구권은 채무자에 대한 대항요건만 갖추면 지명채권양도의 방법으로 양도할 수 있다. 끝으로 소비대차계약은 평면적 계약이나 익명조합계약은 내부적으로 조합관계를 창설하는 조직계약이다.

제 4 관   익명조합의 법률관계

Ⅰ. 내부관계

1. 출   자(Einlage)

익명조합원은 계약에서 정한 출자의무를 부담한다($\frac{상}{78}$). 出資의 목적물은 이미 살펴보았듯이 금전 기타 재산에 한한다($\frac{상}{272}$$^{86.}$). 그러나 익명조합원의 출자로 합유재산이 형성되는 것은 아니다. 따라서 출자는 영업자에 대한 출자이지 익명조합 자체에 대한 출자는 아니다. 익명조합원이 출자한 것은 영업자의 재산이 되므로 영업자는 타인의 재물을 보관하는 자가 아니며 따라서 영업자가 영업이익금 등을 임의로 소비했더라도 형법상 횡령죄를 구성하지 않는다.[12]

2. 업무집행(Geschäftsführung)

영업자는 익명조합원의 출자를 계약목적에 따라 사용하여 영업할 의무를 부담한다. 이에 있어 영업자는 선량한 관리자의 주의를 다하여야 한다($\frac{민}{707}$$^{681.}$). 따라서 영업자가 계약에서 정한 바대로 본 의무를 이행하지 않을 때에는 출자자는 그 이행을 요구할 수 있고 영업자가 이에 응하지 않으면 익명조합계약을 해지하거나($\frac{상}{ll}$^{83}), 손해배상을 청구할 수 있다. 그러나 익명조합원 자신은 업무집행에 참여할 수 없다($\frac{상}{278}$$^{86.}$). 설사 그것이 非常事項일지라도 추인권을 갖거나

---

12) 대판 2011. 11. 24. 2020도5014.

이의권(異議權: Widerspruchsrecht)을 유보하지 못한다.

3. 업무집행에 대한 감시기능(Kontrolle)

익명조합원에게는 합자회사의 유한책임사원과 같이 업무집행에 대한 감시권이 있다($^{\Delta}_{277}^{86.}$). 이에 대응한 영업자의 의무를 영업상태개시의무(營業狀態開示義務)라 한다.

4. 이익배당 및 손실분담

익명조합계약상 이익분배는 당사자간의 특약으로도 이를 배제할 수 없으므로 영업자는 영업으로 인한 이익을 분배할 의무를 진다($^{\Delta}_{78}$). 이에 대한 익명조합원의 권리는 자익권인 이익배당청구권(Dividendenanspruch)이다.

이익배당과 달리 손실분담은 익명조합에 있어서 필수적인 요소는 아니다. 그러나 익명조합도 경제적으로는 공동기업의 한 형태라 할 수 있으므로 이익분배와 더불어 손실분담이 요구되는 때가 있을 것이다. 따라서 상법은 당사자간의 특약으로 손실분담을 할 수 있는 것으로 해놓았다($^{\Delta}_{82}$). 물론 상법 규정으로는 당사자간의 특약이 없는 때에는 손실분담의 약정이 있는 것으로 추정해야 할 것이다($^{\Delta}_{85}^{82}$ I. Ⅲ; 상 참조).

5. 구성원의 교체(Gesellschafterwechsel)

익명조합원은 영업자의 허락없이는 자신의 지위를 제3자에게 양도하지 못한다. 익명조합도 내부적으로는 조합관계에 놓이게 되므로 당사자간의 내부적 결속이 작용한다. 만약 익명조합원이 임의로 제3자에게 자신의 지위를 양도한다면 이는 곧 익명조합계약을 한 당사자가 임의로 변개하는 것과 같아질 것이다. 따라서 익명조합원은 자신의 출자의무를 이행한 후라도 영업자의 동의없이는 타인에게 자신의 지위를 양도하지 못한다($^{\Delta \ 276}_{analog}$).

6. 충실의무(Treuepflicht)

익명조합원과 영업자간에도 회사법에서 일반적으로 요구되는 구성원간의 충실의무가 존재한다.[13] 이러한 법적 결속 속에서 일반적으로 영업자에게는 경

---

13) BGHZ 89, 162(166); Paulick/Blaurock, Handbuch der stillen Gesellschaft, §13 Ⅰ 4, Ⅱ 2; Hopt,

업금지의무(Wettbewerbsverbot)가 인정되고 있다. 익명조합원에게는 일반적으로 경업금지의무는 인정되지 않으나 예외적인 경우 가령 자신의 영업장부열람권 등을 통하여 얻게 된 영업정보를 경쟁업체에 유상제공하는 경우 충실의무위반이 될 수 있다.

II. 외부관계

1. 대표 및 책임관계

익명조합에는 상호도 없고 외부적으로는 영업자의 단독영업이므로 당연히 익명조합의 대표관계도 있을 수 없다. 오로지 영업자가 자신의 영업을 자신의 원래의 책임형태로 수행할 뿐이다. 영업자가 개인상인이면 그 형태대로, 회사이면 각종 회사의 책임형태대로 대외적 책임이 결정될 것이다.

2. 익명조합원과 제3자간의 관계

익명조합원은 영업자의 행위에 대하여는 제3자에 대하여 권리나 의무가 없다(§ 80). 대외적으로는 영업자의 단독기업이므로 익명조합원은 제3자에 대한 관계에서는 어떠한 권리나 의무도 취득할 수 없고 익명조합 자신의 상호나 대표관계도 있을 수 없다. 단지 익명조합원이 자기의 성명을 영업자의 상호 중에 사용케 하거나 자기의 상호를 영업자의 상호로 사용할 것을 허락한 경우에는 그 사용 이후의 채무에 대하여 영업자와 연대하여 변제할 책임이 있다(§ 81). 이것은 익명조합원의 명의대여로 인한 외관신뢰책임이라고 할 수 있다.

---

a.a.O., Rz. 836; Baumbach/Duden/Hopt, HGB, 27. Aufl., §230 Anm. 5 D, 6 D; Wiedemann, Gesellschaftsrecht, Bd. II, §10 III 2 b, S. 900.

제 5 관 익명조합의 해산과 청산

I. 해산사유

1. 당사자의 해지권행사

조합계약으로 조합의 존속기간을 정하지 아니하거나 어느 당사자의 종신까지 존속할 것을 약정한 때에는 각 당사자는 6개월의 해지예고기간을 거쳐 영업연도 말에 계약을 해지할 수 있다($^{상\,83}_{I}$). 그러나 부득이한 사유가 있는 때에는 이러한 해지예고기간 없이도 언제든지 해지할 수 있다($^{상\,83}_{II}$).

2. 여타의 해산사유

이외에도 익명조합은 당사자의 파산이나 영업자의 사망 또는 성년후견개시 나아가 영업의 양도나 폐지로 해산한다.

II. 청   산

익명조합이 解散한 경우에는 清算하여야 한다. 그러나 익명조합 자신의 재산이 있을 수 없으므로 일반 회사에서와 같은 청산회사(Liquidationsgesellschaft)는 나타날 수 없다.[14] 따라서 영업자가 계약종료로 인한 청산사무를 담당한다.

그리하여 조합계약이 종료한 때 영업자는 익명조합원에게 그 출자의 가액을 반환하여야 한다($^{상}_{85}$). 출자의 가액을 반환하여야 하므로 현물출자인 경우에는 금전으로 평가한 가액이 반환된다. 그러나 출자가 손실로 감소한 때에는 그 잔액을 반환하면 족하다($^{상\,85}_{단서}$). 영업자의 파산시 익명조합원은 합자회사의 유한책임사원과는 달리 다른 채권자와 동열에서 출자의 반환을 요구할 수 있다.

---

14) 비록 익명조합 자신의 청산은 있을 수 없으나 그렇다고 청산 유사의 관계마저 없는 것은 아니다 (vgl. Wiedemann, Gesellschaftsrecht, Bd. II, Recht der Personengesellschaften, §10 IV, S. 909).

제 7 절 합자조합

제 1 관 합자조합의 의의

I. 개념 및 의의

합자조합(合資組合)은 조합의 업무집행자로서 조합채무에 대하여 무한책임을 지는 조합원과 출자가액을 한도로 하여 유한책임을 지는 조합원이 상호출자하는 공동기업의 일종이다. 2010년의 개정상법은 새로운 기업형태로서 업무집행조합원과 유한책임조합원으로 구성된 미국식 합자조합제도(Limited Partner-ship: LP)를 도입하였다.

세계경제가 지식기반 경제로 급격히 전환하는 가운데 국내에서도 지식기반산업이 급속히 확산되고 있다. 즉 산업구조가 물적자본 중심의 중대형 산업구조에서 인적 자산과 그러한 인적 자산이 생산해내는 아이디어, 노하우, 지적재산권 및 브랜드 등 무형자산 중심의 지식기반경제로 빠르게 이전하고 있다.[1]정부 역시 이러한 흐름을 감안하여 창조경제의 기치 아래 서로 다른 분야의 융·복합을 통한 신지식의 창출 및 신기술의 개발을 국가적 당면과제로 제시하고 있다.

이러한 인적 자산 중심의 기업에 있어서는 유연한 내부조직을 갖추면서도 그 구성원들이 대외적으로 유한책임을 지는 기업형태가 필요하였다. 그러나 기존의 실정법 질서속에서 발견되는 이익결사들은 그 조직의 경직성으로 지식기반산업에 알맞는 유연한 조직구조를 갖추지 못하였다. 다만 몇 개의 특별법에서 사모투자전문회사나 창업투자조합 등 합자조합 유사의 법형태가 인정되었지만 지극히 제한된 영역에 불과하였다. 이에 2010년의 개정상법은 미국식 합자조합제도를 새로이 상법에 도입하게 되었다.

---

1) 정대익, "상법개정안상 새로운 기업유형에 대한 검토", 「상사법연구」, 제28권 제3호(2009), 80-81면.

Ⅱ. 유사개념과의 구별

1. 민법상 조합과의 차이점

합자조합 역시 법인이 아닌 조합임에 틀림없다. 그러나 모든 조합원이 조합채무에 대해 무한책임을 지는 민법상의 조합과 달리 합자조합은 조합채무에 대해 무한책임을 지는 조합원(무한책임조합원)과 유한책임을 지는 조합원(유한책임조합원)이 공존하는 조직형태이다(상법 86의 2).

2. 합자회사와 다른 점

첫째 상법상 합자회사는 법인이다(상법 169). 그러나 합자조합은 법인이 아니다. 법인이 아니므로 법인세를 부담하지 아니하고 세법상으로는 조합 단계가 아닌 조합원 단계에서 소득세가 부과될 것으로 예상된다.[2] 합자회사는 법인이므로 당연히 그 이름으로 권리를 취득하고 의무를 부담한다. 그러나 합자조합은 법인이 아니므로 합자조합 명의로 권리를 취득하거나 의무를 부담하는 등 권리귀속 주체성이 인정되지 않는다. 권리의무의 주체는 조합원들이며 조합재산에 포함된 개개의 권리는 조합원에게 합유적으로 귀속될 것이다.[3]

둘째 설립절차 면에서 차이가 있다. 합자회사의 경우 정관작성과 설립등기가 필요하나, 합자조합의 경우 조합계약만으로 설립이 완성된다.[4] 설립등기가 요구되지 않으므로 간편하고 물적회사처럼 이사나 감사 등의 기관을 설치하지 않으므로 운영이 자유롭다. 그러면서도 유한책임조합원들은 유한책임의 혜택을 누릴 수 있다. 다만 일정 사항에 대해서는 등기의무가 부과된다(상법 86의 4).

셋째 지배구조의 유연성 면에서 차이가 있다. 합자조합에서는 유한책임조합원의 지분은 조합계약에서 정하는 바에 따라 양도할 수 있지만(상법 86의 7 Ⅱ, 상법 86의 3 8호), 합자회사에서 유한책임사원의 지분은 무한책임사원 전원의 동의를 요한다(상법 276). 나아가 합자조합에서는 조합계약에서 달리 정하지 않는 한 업무집행조합원(무한

---

2) 신현윤 감수, 상법총칙·상행위법 해설, 법무부 상법 해설서 시리즈 Ⅰ, (2010년 개정내용), 법무부, 2012년 4월, 38면 참조.

3) 신현윤 감수, 상법총칙·상행위법 해설, 법무부 상법 해설서 시리즈 Ⅰ, (2010년 개정내용), 법무부, 2012년 4월, 39면 참조.

4) 신현윤 감수, 상법총칙·상행위법 해설, 법무부 상법 해설서 시리즈 Ⅰ, (2010년 개정내용), 법무부, 2012년 4월, 37면 참조.

책임조합원)은 원칙적으로 각자 합자조합의 업무를 집행하고 대리한다. 그러나 합자회사에서는 무한책임사원만이 회사의 업무를 집행하고 회사대표권을 가지며 유한책임사원은 업무집행권이나 회사대표권을 갖지 못한다(€ₑ₈). 합자조합은 합자회사보다 지배구조의 설계면에서 훨씬 유연하다.[5]

제 2 관 합자조합의 설립

Ⅰ. 조합계약의 체결 및 그 내용

1. 합자조합계약의 성립

합자조합의 설립을 위하여는 업무집행조합원(무한책임조합원)과 유한책임조합원이 공동으로 합자조합계약서를 작성하고 총조합원이 기명날인 또는 서명을 하면서 합자조합계약을 체결하여야 한다(상₈₆의₃). 이 계약은 업무집행조합원과 유한책임조합원간 상호출자와 공동경영의 약정이며 법적 성질면에서 보면 조직계약(contract of organization)이다. 우리는 이러한 계약유형을 민법상의 조합계약이나 회사의 설립행위에서 관찰할 수 있었다. 이러한 계약형상은 일상의 경제생활에서 수없이 관찰되는 (광의의) 교환계약[6]과 다르며 당사자간의 이해 동질성이 특징이다. 즉 급부와 반대급부의 등가성을 전제로 이해관계가 첨예하게 대립하는 매매 등의 채권적 거래가 아닌 공동체 창설행위이다. 이 계약의 울타리 안에서 업무집행조합원과 유한책임조합원은 공동의 목적을 달성하기 위한 여러 내용에 합의하면서 조합설립의 약정을 하게 되는 것이다.

2. 합자조합계약서의 내용

합자조합의 계약내용에 대해서는 상법이 제86조의3에서 다음 각 사항을 열거하고 있다 이는 ① 목적, ② 명칭, ③ 업무집행조합원의 성명 또는 상호 및 주소, 주민등록번호, ④ 유한책임조합원의 성명 또는 상호 및 주소, 주민등록번호, ⑤ 주된 영업소의 소재지, ⑥ 조합원의 출자에 관한 사항, ⑦ 조합원에 의한 손익분배에 관한 사항, ⑧ 유한책임조합원의 지분의 양도에 관한 사항, ⑨ 둘

---

5) 최완진, 180면.
6) 반면 협의의 교환계약이란 민법전상의 '교환계약'(민법 제596조)을 뜻하게 될 것이다.

이상의 업무집행조합원이 공동으로 합자조합의 업무를 집행하거나 대리할 것을 정한 경우에는 그 규정, ⑩ 업무집행조합원 중 일부 업무집행조합원만 합자조합의 업무를 집행하거나 대리할 것을 정한 경우에는 그 규정, ⑪ 조합의 해산시 잔여재산의 분배에 관한 사항, ⑫ 조합의 존속기간이나 그 밖의 해산사유에 관한 사항, ⑬ 조합계약의 효력발생일 등이다.

II. 등   기

전술한 바대로 회사와 달리 합자조합의 성립요건으로 설립등기가 요구되는 것은 아니다. 합자조합은 법인이 아니며 회사에서처럼 창설적 등기사항인 설립등기를 통하여 법인격을 취득하는 것이 아니기 때문이다. 즉 합자조합은 조합계약의 체결과 더불어 성립한다.[7] 그러나 상법은 일정 사항에 대해서는 합자조합에 대해서도 공시가 필요하다고 보아 부분적 등기의무를 부과하고 있다. 그 내용에 대해 상법은 제86조의4에서 정하고 있다.

1. 등기할 사항

등기할 사항은 상법 제86조의4 제1항에 열거되어 있다. 상법 제86조의3 제1호부터 제5호까지, 제9호, 제10호, 제12호 및 제13호의 사항(이상 $\frac{\text{상 86의}}{4 \text{ 1호}}$)과 조합원의 출자목적 및 재산출자의 경우에는 그 가액과 이행한 부분($\frac{\text{상 86의4}}{2\text{호}}$)이다. 상법 제86조의4 제1항 제1호 소정의 등기사항이란 합자조합의 목적($\frac{1}{\text{호}}$), 명칭($\frac{2}{\text{호}}$), 업무집행조합원과 유한책임조합원의 성명, 상호, 주소 및 주민등록번호($\frac{3\text{호 및 4호: 단 4호의 경우 유한책임조합원이 업}}{\text{무를 집행하는 경우에만 등기의무가 부과된다}}$), 주된 영업소의 소재지($\frac{5}{\text{호}}$), 공동업무집행조합원에 관한 사항($\frac{9}{\text{호}}$), 업무집행조합원의 일부에 대한 권한위임사항($\frac{10}{\text{호}}$), 조합의 존속기간 및 그 밖의 해산사유($\frac{12}{\text{호}}$) 및 조합계약의 효력발생일($\frac{13}{\text{호}}$)이다.

2. 등기의무자 및 등기방법

이상의 사항에 대하여 업무집행조합원은 합자조합의 설립 후 2주내에 조합의 주된 영업소 소재지에서 등기를 하여야 한다($\frac{\text{상 86의}}{4 \text{ 1}}$). 등기의무자 또는 그의

---

7) 신현윤 감수, 상법총칙·상행위법 해설, 법무부 상법 해설서 시리즈 I, (2010년 개정내용), 법무부, 2012년 4월, 37면 참조.

직무대행자 또는 청산인이 위의 등기를 게을리 한 때에는 500만 원 이하의 과태료의 제재가 있다($\frac{상}{의9}^{86}$).

3. 변경등기

위 등기사항이 변경된 경우에는 2주내에 변경등기를 하여야 한다($\frac{상}{4}^{86의}_{II}$). 주된 영업소의 이전시에는 2주간내에 구 소재지와 신 소재지에서 모두 변경등기를 하여야 한다($\frac{상}{182}^{86의8,}_{I}$ $^{269.}_{참조}$).

제 3 관   합자조합의 내부관계

I. 출   자

1. 출자의무

합자조합의 모든 조합원은 조합계약에서 약정한 바대로 출자를 하여야 한다($\frac{상}{3}^{86의}_{6호}$). 업무집행조합원은 재산, 노무 또는 신용출자가 가능하다. 반면 유한책임조합원은 재산출자만 가능하고 신용 또는 노무출자를 하지 못한다($\frac{상}{8}^{86의}_{III,\,272}$). 단 조합계약에서 달리 정하는 경우에는 예외로 한다($\frac{상}{3}^{86의}_{6호}$).

2. 불이행의 효과

합자조합에는 자본금제도나 자본유지에 관한 규정이 없으며 합자조합의 조합원은 조합의 설립시에 출자의 목적을 전부 이행할 필요도 없다($\frac{상}{의}^{86의4}_{참조}{}^{I}$). 다만 재산출자의 경우 그 이행한 부분은 등기로 공시되어야 한다($\frac{상}{의}^{86의4}_{2호}$). 나아가 출자의무를 이행하지 않았다고 제명되지도 않으며 나아가 업무집행권 또는 대표권을 상실하지도 않는다. 적어도 상법의 규정상으로는 합자회사에서 나타나던 사원제명제도($\frac{상}{220}^{269.}$)나 업무집행사원에 대한 권한상실선고제도 또는 대표사원에 대한 대표권상실의 선고가능성($\frac{상}{205,\,216}^{269.}$)이 엿보이지 않는다. 상법 제86조의 8은 합자회사에 관한 해당 규정들을 합자조합에 준용하지 않고 있다. 따라서 조합원의 납입해태 등 채무불이행의 경우 민법의 일반 원칙에 따른 채무불이행의 효과만 도래한다고 풀이된다.

II. 업무집행

1. 업무집행권자

원칙적으로 합자조합에서도 합자회사와 마찬가지로 무한책임조합원이 업무집행권을 가진다($\frac{상}{5}\frac{86의}{1}$). 유한책임조합원은 원칙적으로 업무집행권을 행사하지 못한다($\frac{상 86의8}{III. 278}$). 다만 조합계약이 달리 정하는 경우에는 예외이다. 이 때에는 유한책임조합원도 조합계약에서 정하는 바에 따라 업무집행권을 행사할 수 있다($\frac{상 86의}{8 III}$). 유한책임조합원의 업무집행권에 대해서는 등기의무가 수반된다($\frac{상 86}{의 4}$ $\frac{I 1호}{참조}$).

2. 복수의 업무집행조합원

합자조합은 합자회사와 유사하게 수인이 공동으로 업무집행을 하도록 할 수 있다($\frac{상 86의}{3 9호}$). 이들을 **공동업무집행조합원**이라 한다. 나아가 무한책임조합원 중에서도 그 일부에 대해서만 업무집행을 하도록 허락할 수 있다($\frac{상 86의}{3 10호}$). 복수의 업무집행조합원이 있는 경우 각 업무집행조합원의 업무집행에 대하여 다른 업무집행조합원이 이의를 제기하는 경우에는 해당 업무집행조합원은 즉시 그 행위를 중지하고 총 업무집행조합원 과반수의 결의에 따라야 한다($\frac{상 86의}{5 III}$). 이를 타 업무집행조합원의 이의권(異議權; Widerspruchsrecht)이라 한다.

3. 업무집행에 대한 감시권

원칙적으로 업무집행권이 없는 조합원은 업무집행에 대한 감시권을 갖는다($\frac{상 86의8}{III. 277}$). 유한책임조합원은 영업연도 말의 영업시간 내에 한하여 조합의 회계장부, 대차대조표 기타의 서류를 열람할 수 있고, 조합의 업무와 재산상태를 검사할 수 있다($\frac{상 86의8}{III. 277 I}$). 나아가 중요한 사유가 있는 때에는 언제든지 법원의 허가를 얻어 위의 감시권을 행사할 수 있다($\frac{상 86의8}{III. 277 II}$). 그러나 합자회사의 경우와 달리 이러한 감시권은 조합계약에 의하여 배제될 수 있다($\frac{상 86의8 III: "조합계약에 다른 규}{정이 없으면…" 이라는 문구에 유의}$). 합자조합의 강한 자치성이 반영된 결과이다.

4. 업무집행조합원의 의무

업무집행조합원은 마치 주식회사의 이사처럼 선관주의의무와 충실의무 등 신인의무를 부담한다. 합자조합의 업무집행조합원은 선량한 관리자의 주의로 조합의 업무를 집행하고 대리하여야 한다(상86의5 II). 나아가 합자조합의 업무집행조합원은 합자회사의 무한책임사원과 유사하게 다른 모든 조합원의 동의가 없는 한 경업금지의무를 부담한다(상86의8 II.198). 업무집행조합원은 조합과 자기거래도 하지 못한다(상86의8 II.199). 다만 다른 조합원의 과반수 찬성결의가 있으면 자기 또는 제3자의 계산으로 조합과 거래를 할 수 있다. 그런데 합자조합에서는 이러한 경업금지의무 내지 자기거래금지의무는 조합계약으로 이를 배제할 수 있다(상86의8 II 2호). 이런 점에서 합자조합은 합자회사와 구별된다.

Ⅲ. 조합원의 충실의무

무한책임조합원은 업무집행을 담당하므로 위에서 논한 바대로 선관주의의무와 충실의무를 부담한다. 상법은 유한책임조합원에 대해서도 자기거래금지의무를 규정하고 있다(상86의8 III.199). 다만 유한책임조합원에 대해서 경업금지의무는 부과되지 않는다(상86의8 III.275). 그러나 조합원의 자기거래금지나 경업금지 등 충실의무 부분에 대해서는 조합계약으로 달리 정할 수 있다(상86의8 II 2호, 86의8 III 2). 합자조합의 지배구조는 이처럼 유연하다.

Ⅳ. 손익분배

조합원에 대한 손익분배사항은 조합계약의 필요적 기재사항이다(상86의3 7호). 손익분배면에서도 합자조합은 폭넓은 사적 자치를 누리므로 출자가액에 비례하지 않는 손익분배나 이익없는 배당도 가능하며 조합계약이 정하기 나름이다. 다만 이익없는 배당이 이루어진 경우 유한책임조합원은 배당받은 액수만큼 변제책임의 한도액이 상승한다(상86의6 II).

V. 지분거래

업무집행조합원이 지분을 양도하려면 다른 조합원 전원의 동의가 있어야 한다($\frac{상}{7} \frac{86의}{I}$). 전부 양도건 일부 양도건 다르지 않다. 반면 유한책임조합원의 지분은 조합계약에서 정하는 바에 따라 양도가능하다($\frac{상}{7} \frac{86의}{II}$). 합자회사에서는 무한책임사원 전원의 동의가 있어야 유한책임사원의 지분을 양도할 수 있다($\frac{상}{276}$). 합자조합의 내부관계는 이런 점에서도 폭넓은 사적 자치를 누리고 있다.

제 4 관 합자조합의 외부관계

I. 합자조합의 권리능력 및 소송당사자 능력

합자조합은 법인이 아니므로 일반적인 권리능력을 향유할 수 없다. 2011년 의 상법개정 과정에서는 한때 소송당사자능력을 인정하는 쪽으로 조문을 마련 한 적도 있다. 즉 조합원 전원이 소송당사자가 되어야 하는 불편과 번거로움을 없애고 소송수행상의 편의를 도모하고자 합자조합의 당사자능력을 인정하는 규정을 두었었다($\frac{안}{8} \frac{86조}{의}$).[8] 그러나 이러한 안은 민법상 조합에 소송당사자능력 이 인정되지 않는다는 대법원 등의 반대로 삭제되었다.

따라서 현행 상법상 합자조합의 소송당사자능력은 인정되지 않으며 합자조 합이 소송당사자가 될 경우에는 민법상 조합과 동일한 방식을 취할 수밖에 없 다. 즉 조합원 전원이 또는 조합원 전원을 상대로 하는 고유필수적 공동소송의 방식이 될 것이다. 다만 보존행위($\frac{민}{법서} \frac{272}{}$) 및 조합채무의 이행을 구하는 수동소 송에서는 통상의 공동소송으로서 조합원 각자가 소송을 수행할 수 있을 것이 다. 조합의 능동소송에서는 조합원 전원이 업무집행조합원을 선정당사자로 하 여 소송을 대리하게 하거나($\frac{선정당사자제}{토. 민소 53}$), 업무집행조합원이 조합원들로부터 소송 신탁을 받을 수 있을 것이다.[9]

---

8) 신현윤 감수, 상법총칙·상행위법 해설, 법무부 상법 해설서 시리즈 I, (2010년 개정내용), 법무부, 2012년 4월, 51면 참조.

9) 신현윤 감수, 상법총칙·상행위법 해설, 법무부 상법 해설서 시리즈 I, (2010년 개정내용), 법무부, 2012년 4월, 54면 참조.

II. 조합의 대리

합자조합은 법인이 아니므로 업무집행조합원이 조합을 '대표'할 수 없다. 그리하여 상법도 업무집행조합원이 조합을 '대리한다'는 표현을 쓰고 있다. 여기서 '대리한다' 함은 '조합원 전원을 대리한다'는 의미로 받아들여야 할 것이다. 각 업무집행조합원은 대외적 행위에 대하여 각자 조합을 대리한다($^{상\ 86의}_{5\ I}$). 유한책임조합원은 이러한 조합대리권을 누리지 못하지만($^{상\ 86의\ 8}_{III.\ 278}$) 다만 조합계약이 이를 허용하는 경우에는 예외이다($^{상\ 86의}_{8\ III}$). 조합대리권은 조합의 경영에 관한 재판상 재판외의 모든 권한을 포괄하며($^{상\ 86의\ 8}_{II.\ 209}$), 이러한 대리권에 대한 내부적 제한은 선의의 제3자에게 대항하지 못한다($^{상\ 86의\ 8}_{II.\ 209\ II}$).

III. 대외적 책임

무한책임조합원은 합자조합의 채권자에 대하여 인적, 연대, 무한, 직접의 책임을 부담한다($^{상\ 86의\ 2,}_{86의8,\ 212}$). 합자조합의 유한책임조합원은 합자조합의 채권자에 대하여 출자가액을 한도로 하는 인적, 연대, 유한, 직접의 책임을 부담한다($^{상\ 86의}_{6\ I}$). 이러한 유한책임조합원의 책임은 조합계약에서 정한 출자가액에서 이미 이행한 부분을 뺀 가액을 한도로 하는 것이다. 나아가 유한책임조합원의 유한책임이 개시되는 시기는 거래 안전을 위하여 조합계약 체결시점이 아니라, 합자조합의 등기시로 보아야 할 것이다.[10]

제 5 관   합자조합의 기본변경

I. 해산 및 청산

합자조합의 약정 해산사유는 조합계약에서 정해진다($^{상\ 86의}_{3\ 12호}$). 나아가 무한책임조합이나 유한책임조합원의 전원이 탈퇴한 경우에는 법정 해산사유가 된다

---

10) 정대익, "상법개정안상 새로운 기업유형에 대한 검토", 「상사법연구」, 제28권 제3호(2009), 85면 참조.

($\frac{\text{상}\,86의\,8}{\text{I}.\,285}$). 이 경우 잔존한 조합원은 전원의 동의-조합계속의 결의-로 새로이 유한 또는 무한책임조합원을 가입시켜 조합을 계속할 수 있다($\frac{\text{상}\,86의\,8}{\text{I}.\,285\,\text{II}}$). 합자조합이 해산한 때에는 그 해산사유가 있은 날로부터 주된 영업소의 소재지에서는 2주간내에, 지점소재지에서는 3주간내에 해산등기를 하여야 한다($\frac{\text{상}\,86의\,8}{\text{I}.\,228}$).

파산의 경우 외에는 합자조합의 해산사유가 발생하면 청산절차가 개시된다. 합자조합의 청산인은 업무집행조합원 과반수의 결의로 선임한다($\frac{\text{상}\,86의\,8}{\text{II}.\,287}$). 청산인의 성명 등 일정 사항은 등기사항이다($\frac{\text{상}\,86의\,8}{\text{I}.\,253}$). 합자조합의 청산이 종결된 때에는 청산종결의 등기가 이루어진다($\frac{\text{상}\,86의\,8}{\text{I}.\,264}$).

Ⅱ. 조합원의 가입 및 탈퇴

합자조합 조합원의 가입 및 탈퇴에 대해서는 민법상 조합에 관한 규정이 준용된다($\frac{\text{상}\,86의}{8\,\text{IV}}$). 새로운 조합원의 가입이나 탈퇴는 조합원간 체결된 조직계약의 변경으로서 회사의 경우 정관변경에 해당한다. 따라서 조합원의 가입이나 탈퇴는 합자조합의 기존변경사항이다.

신규 조합원의 가입은 조합원 전원의 동의를 얻어야 할 것이지만 조합계약으로 달리 정할 수 있다고 본다.[11] 조합원의 탈퇴에 관하여는 존속기간을 정하지 아니한 경우 임의탈퇴가 가능하고 존속기간을 정한 경우에도 부득이한 사유가 있는 경우 탈퇴가 가능하다고 풀이된다($\frac{\text{상}\,86의\,8}{\text{IV}.\,민\,716}$). 유한책임조합원 사망시에는 상속인이 그 지분을 승계한다고 해석된다($\frac{\text{상}\,86의\,8}{\text{III}.\,277}$). 조합원의 제명은 민법상 조합에서처럼 조합원 전원의 결의로 가능하다고 해석된다($\frac{\text{상}\,86의\,8}{\text{IV}.\,민\,718}$). 물론 합자조합의 조합계약서에서 제명사유를 구체화하는 것도 가능하다고 풀이된다.[12]

---

11) 황학천, 2011년 개정상법상의 합자조합과 유한책임회사에 관한 연구, 고려대 박사논문, 2011년, 23면.
12) 황학천, 2011년 개정상법상의 합자조합과 유한책임회사에 관한 연구, 고려대 박사논문, 2011년, 23면.

제 2 장 상행위 각칙

제 1 절 독립된 상인의 인적 보조자

상법총칙에서 우리는 상인의 종속적인 인적 보조자를 살펴보았다. 이제는 상법전의 편별에 따라 독립적 성격의 인적 보조자를 살펴보기로 한다. 이에는 대리상, 중개상, 위탁매매상이 있다.

제 1 관 총   설

Ⅰ. 개   념

대리상, 중개상 및 위탁매매상을 우리는 商人의 獨立된 人的 補助者라 한다. 그들은 공통적으로 상인의 기업 외에서 상인을 보조하는 자들이다. 대리상은 특정된 상인을 위하여 상시 그 영업부류에 속하는 거래의 대리 또는 중개를 영업으로 하고(상87), 중개상은 상행위의 중개에 진력하며(상93), 위탁매매인은 자신의 명의로 그러나 위탁자의 계산으로 물건 또는 유가증권의 매매를 영업으로 한다(상101).

Ⅱ. 공 통 점

이들은 공통적으로 모두 독립된 상인으로서 대리상은 상법 제46조의 제10호(체약대리상)와 제11호(중개대리상)의 기본적 상행위를, 중개상은 제46조 제11호의 기본적 상행위를, 나아가 위탁매매인은 제46조 12호의 기본적 상행위를 각각 영업으로 하는 당연상인들이다. 이 점에서 지배인 등의 상업사용인과 구별된다.

Ⅲ. 차 이 점

그러나 이들은 다음과 같은 차이점을 드러낸다. 우선 본인인 위탁자의 범위를 보면 중개상이나 위탁매매상은 불특정 다수의 상인을 위탁자로 하나, 대리상은 단수이든 복수이든 특정된 상인을 위하여 대리 및 중개활동을 한다. 나아가 그 행위의 법적 성질이 다르다. 대리상은 체약대리의 경우 직접대리의 방식을 취하고 중개대리상과 중개상은 타인간의 법률행위의 체결을 돕는 사실행위만 한다. 한편 위탁매매인의 활동방식은 間接代理이다. 즉 자신이 스스로 법률행위상 명의자로 등장하나, 그 경제적 효과는 위탁자에게 귀속된다. 끝으로 수임행위의 범위가 다르다. 대리상의 경우 본인의 영업부류에 속하는 거래로 제한되나 중개인의 경우 상행위여야 한다는 것 외에는 아무런 제한이 없다. 한편 위탁매매인은 물건 또는 유가증권의 매매라는 점에서 제한되나 그 밖의 점에서는 제한이 없다.

제 2 관   대 리 상

Ⅰ. 의   의

代理商이란 일정한 상인을 위하여 상업사용인이 아니면서 상시 그 영업부류에 속하는 거래의 대리나 중개를 영업으로 하는 자이다(¾²¹). 이러한 대리상은 특히 상인의 영업규모가 확장될 때 효용을 발휘한다. 즉 격지에 지점이나 자회사를 설립하는 것은 과다한 비용을 요구할 때가 많고 자신의 상업사용인을 보내는 경우에도 영업성과와 관계없이 고정적 지출을 감내하여야 한다. 이런 경우에는 오히려 독립된 대리상과 대리상계약을 체결하여 영업부류에 속한 거래의 체약대리나 중개대리를 위임하면 자신의 영업조직을 확장하지 않고도 실속있는 경제적 효과를 거둘 수 있는 것이다. 특히 보험업계에서는 이러한 대리상을 통하여 다수의 보험가입자를 흡수할 수 있다.

Ⅱ. 개념요건

상법상의 대리상이 되기 위하여는 상기의 개념정의로부터 다음과 같은 요건충족이 필요하다.

1. 상인의 특정성

대리상은 일정한 상인을 위하여 활동하는 독립된 보조자이다. 따라서 복수이든 단수이든 일단 特定되어야 한다. 이 점에서 불특정 다수의 상인을 상대하는 중개상이나 위탁매매상과 구별된다. 나아가 보조되는 자는 상인이어야 한다. 따라서 비상인에 대한 보조행위는 대리상의 활동영역이 아니다.

2. 대리나 중개행위의 계속성

상법 제87조는 대리상은 "상시 그 영업부류에 속하는 거래의 대리 또는 중개를 영업으로" 한다고 규정하고 있다. 따라서 대리상은 특정 상인을 계속적으로 보조하는 자이다. 대리상계약은 계속적 채권관계(Dauerschuldverhältnis)이다.

3. 영업부류에 대한 대리 또는 중개

대리상은 특정 상인의 영업부류에 속하는 거래의 대리나 중개행위를 하는 자이다. 영업부류에 속한다 함은 바로 그 상인의 영업적 상행위가 되는 행위를 뜻한다. 즉 당연상인의 기본적 상행위나 의제상인의 준상행위가 그것이다. 따라서 매매업을 하는 상인을 위하여 운송계약의 대리나 중개를 하는 자는 상법상의 대리상이 아니다.

나아가 대리상의 활동방식은 직접대리이므로 본인의 명의와 계산으로 활동한다. 따라서 자신의 명의와 타인의 계산으로 주선하는 위탁매매상이나 자신의 계산과 명의로 활동하는 프랜차이즈상 등은 대리상과 구별하여야 한다.

4. 상 인 성

대리상은 상인사용인과 달리 자신이 직접 상인으로 등장한다. 즉 상법 제46조 10호와 11호의 행위를 대상으로 하는 당연상인이다. 이들은 독립적이므로 상인과 근로계약관계를 맺는 것이 아니라 위임관계에 서게 되며 활동방식이나 시간에도 제약을 받지 않는다. 대리상은 자신의 영업소를 스스로의 위험과 비용으로 유지하며 본인인 상인으로부터 수수료의 형태로 보수를 받는다. 또 특정되기만 하면 그러한 상인은 복수라도 상관없다. 이에 반하여 상업사용인은 스스로의 비용이나 위험부담없이 영업주의 영업소 내에서 보조활동을 하고 근로계약상의 임금인 급료를 받을 뿐이다. 나아가 상업사용인은 상법 제17조의 제약이 있으므로 1인의 상인만을 보조할 뿐이다.

5. 명칭의 임의성(소극적 요건)

대리상이 되기 위하여 반드시 상법전에 나와 있는 '대리상'이라는 명칭을 사용하여야 하는 것은 아니다. 어떠한 명칭을 사용하건 상기의 개념요건이 충족되면 대리상이다. 따라서 본인인 상인과 체결하는 대리상계약을 전체적으로 해석하여 이러한 개념요건이 충족되는지 여부를 검토하여야 할 것이다.

대판 1999. 2. 5, 97다26593
"어떤 자가 제조회사와 대리점 총판 계약이라고 하는 명칭의 계약을 체결하였다고 하여 곧바로 상법 제87조의 대리상으로 되는 것은 아니고, 그 계약 내용을 실질적으로 살펴 대리상인지의 여부를 판단하여야 하는바, 제조회사와 대리점 총판 계약을 체결한 대리점이 위 제조회사로부터 스토어(노래방기기 중 본체)를 매입하여 위 대리점 스스로 10여 종의 주변기기를 부착하여 노래방기기 세트의 판매가격을 결정하여 위 노래방기기 세트를 소비자에게 판매한 경우에는 위 대리점을 제조회사의 상법상의 대리상으로 볼 수 없고, 또한 제조회사가 신문에 자사 제품의 전문취급점 및 A/S센터 전국총판으로 위 대리점을 기재한 광고를 한 번 실었다고 하더라도, 전문취급점이나 전국총판의 실질적인 법률관계는 대리상인 경우도 있고 특약점인 경우도 있으며 위탁매매업인 경우도 있기 때문에, 위 광고를 곧 제조회사가 제3자에 대하여 위 대리점에게 자사 제품의 판매에 관한 대리권을 수여함을 표시한 것이라고 보기 어렵다."

대판 2013. 2. 14, 2011다28342
"상법 제87조는 일정한 상인을 위하여 상업사용인이 아니면서 상시 그 영업부류에 속하는 거래의 대리 또는 중개를 영업으로 하는 자를 대리상으로 규정하고 있는데, 어떤 자가 제조자나 공급자와 사이에 대리점계약이라고 하는 명칭의 계약을 체결하였다고 하여 곧바로 상법 제87조의 대리상으로 되는 것은 아니고, 그 계약 내용을 실질적으로 살펴 대리상에 해당하는지 여부를 판단하여야 한다(대법원 1999. 2. 5. 선고 97다26593 판결 참조)."

원심이 적법하게 확정한 사실관계에 의하면, 원고와 피고는 이 사건 메가대리점계약을 체결하면서, 피고가 원고에게 제품을 공급하면 원고는 피고에게 해당 제품의 대금을 지급하고 제품 공급 이후 제품과 관련된 일체의 위험과 비용을 부담하여 자신의 거래처에 제품을 재판매하기로 약정한 후, 실제 피고가 기준가격에서 일정한 할인율을 적용하여 제품을 원고에게 매도하면, 원고가 자신의 판단 아래 거래처에 대한 판매가격을 정하여 자신의 명의와 계산으로 제품을 판매하였다는 것이므로, 원고가 피고의 상법상의 대리상에 해당하는 것으로 볼 수 없다. 그리고 원고의 상고이유 주장처럼 원고가 피고에게 경제적으로 종속되었다고 하더라도 이와 달리 볼 것은 아니다. 따라서 원고가 피고의 상법상 대리상에 해당하지 아니하는 것으로 본 원심판결에는 상법상의 대리상에 관한 법리를 오해한 위법이 있다고 볼 수 없다."

Ⅲ. 대리상의 종류

대리상은 다음과 같은 여러 기준에 따라 아래와 같이 분류된다.

1. 체약대리상과 중개대리상

대리상은 영업의 내용에 따라 체약대리상(締約代理商; Abschlußvertreter)과 중개대리상(仲介代理商; Vermittlungsvertreter)으로 나누어진다. 체약대리상은 직접대리의 방식($_{이하}^{민법114}$)을 취하므로 본인인 상인의 명의와 계산으로 거래가 이루어진다. 반면 중개대리상이란 법률행위의 대리를 하는 것이 아니라 위탁자인 상인과 제3자간에 거래가 이루어지도록 조력하는 사실행위를 영업의 내용으로 삼게 된다. 중개대리상이 중개상과 다른 점은 특정된 상인을 위하여 중개행위를 한다는 점이다.

2. 단상인대리상과 다상인대리상

이는 본인인 상인의 수에 따른 구별이다. 單商人代理商(Einfirmenvertreter)이라 함은 1인의 상인만을 위하여 활동하는 대리상이요, 多商人代理商(Mehr-firmenvertreter)은 복수의 상인을 위하여 활동하는 대리상이다. 대리상의 개념요건상 본인인 상인은 단수이건 복수이건 상관없이 특정되기만 하면 된다.

3. 총대리상과 하수대리상

이는 영업활동의 범위가 넓은 대기업이 다단계의 대리상조직을 이용할 때 나타나는 구별이다. 總代理商(general agency; Generalvertreter)은 대기업의 대리상업무를 총괄하는 자로서 본인인 상인과 대리상계약을 맺고 이렇게 일괄 인수한 대리상업무를 下受代理商에게 분산시키는 경우가 많다. 이 경우 총대리상은 하수대리상의 업무를 총괄 관리하는 역할을 하게 된다. 하수대리상은 다시 眞正下受代理商(echte Untervertreter)과 不眞正下受代理商(unechte Untervertreter)으로 나누어진다. 전자의 경우 본인인 상인은 총대리상과만 대리상계약을 체결하고 총대리상이 하수대리상계약을 체결하는 권한을 갖는 데 반하여 후자에서는 본인인 상인이 총대리상뿐만 아니라 하수대리상과도 직접 대리상계약을 체결한다.

Ⅳ. 대리상의 법률관계

1. 대리상과 본인과의 관계(내부관계)

(1) 대리상계약

대리상과 본인간에는 대리상계약(Handelsvertretervertrag)이 맺어진다. 이것은 불요식의 낙성계약으로서 본인인 상인에게는 영업을 위하여 하는 행위이므로 보조적 상행위를 구성한다. 반면 대리상계약체결행위는 대리상 자신에게는 영업적 상행위가 될 것이다. 대리상은 대리나 중개의 인수를 영업으로 하는 당연상인이기 때문이다(상4 46, 10호 11호). 이러한 대리상계약의 법적 성질은 위임(Auftrag)이다. 따라서 민법이나 상법의 위임에 관한 규정이 대리상계약에도 적용될 수 있다(민 680~692; 상 49). 또 체약대리상의 경우에는 상행위의 대리에 관한 상법 제48조 및 제50조도 적용될 수 있다.

(2) 대리상의 의무

(가) 주의의무(Sorgfaltspflicht)　　대리상계약이 위임이므로 수임자인 대리상은 선량한 관리자의 주의로 체약대리나 중개대리를 하여야 한다(민 681). 이러한 주의의무의 대상에는 여러 가지가 포함될 수 있다. 시장동향, 경업관계 및 거래

상대방의 선택 등에 있어서 대리상은 최선의 주의를 기울여야 하며, 본인의 영업비밀을 누설하지 말아야 한다(상§92③).

대판 2003. 4. 22, 2000다55755, 55782

"중장비를 장기간의 할부로 판매하는 경우에는 감가상각의 정도가 심하여 판매된 중장비 자체에 관한 근저당권 설정만으로는 미수채권의 회수가 충분히 담보되지 못하므로, 건설기계 생산자로부터 2억 원 이상의 고가중장비판매를 위임받은 대리상으로서는 적어도 민법 제681조의 규정 취지에 따라 그 매수인과 연대보증인들의 변제자력을 면밀히 조사하여 계약을 체결함과 동시에 필요한 경우 충분한 담보를 확보함으로써 위임자인 건설기계 생산자의 이익을 해하지 않을 선량한 관리자의 주의의무를 부담한다."

(나) **통지의무**   대리상이 거래의 대리 또는 중개를 하였을 때에는 지체없이 본인에게 그 통지를 발송하여야 한다(상§88). 이러한 통지는 관념의 통지(Wissenserklärung)로서 상법은 이에 대해서도 발신주의를 취하고 있으므로 그 통지가 본인인 상인에게 도달하였는지 여부에 관계없이 발신만 하면 본 의무를 이행한 것이 된다.

일반 민법에서는 수임인은 위임인의 청구가 있을 때에만 위임사무의 처리상황을 보고하도록 되어 있으나(민§683), 대리상의 경우에는 대리나 중개행위가 지속되는 점을 고려하여 매행위시 그 결과를 통지하도록 의무화하였다.

(다) **경업금지의무**   대리상은 본인의 허락없이 자기나 제3자의 계산으로 본인의 영업부류에 속하는 거래를 하거나 동종영업을 목적으로 하는 회사의 무한책임사원 또는 이사가 되지 못한다(상§89). 대리상은 상시 본인인 상인의 영업부류에 속하는 거래의 대리나 중개를 하는 자이므로 이러한 지위로부터 경업금지의무와 정력집중의무가 파생된다. 본 의무에는 상법 제17조 2항 내지 4항이 준용되므로 상업사용인의 경우와 같이 본인인 상인은 그 거래를 안 날로부터 2주, 거래가 있은 날로부터 1년의 제척기간 내에 개입권을 행사할 수 있다(상§89②Ⅱ,Ⅳ). 그리하여 본인인 상인은 대리상이 본인의 영업부류에 속하는 거래를 자기 계산으로 한 때에는 본인의 계산으로 한 것으로 볼 수 있고, 제3자의 계산으로 한 때에는 그 대리상에 대하여 이로 인한 이득의 양도를 청구할 수 있다(상§89②Ⅱ·). 이 역시 상업사용인의 경우와 같이 실질적 개입권의 성격을 갖게 된다. 즉 위반행위의 법률적 명의가 바뀌는 것이 아니라 경제적 효과만을 본인

에게 돌리게 된다. 나아가 본인은 이러한 개입권의 행사와 관계없이 대리상계약을 해지할 수 있고 또 손해가 있다면 그 배상을 청구할 수도 있다(상89Ⅲ).

(3) 대리상의 권리

(가) 보수청구권(Provisionsanspruch) 　대리상은 자기의 활동에 대한 보수로서 일정한 수수료를 청구할 수 있다(상61). 보수청구권의 발생요건[1]으로서 우선 (ⅰ) 대리나 중개행위가 대리상계약에서 정한 내용과 대상에 해당하는 것이어야 하고, 나아가 (ⅱ) 대리 또는 중개행위가 주효하여 거래가 성립되었어야 하며, 끝으로 (ⅲ) 성립된 거래와 대리상의 활동간에 인과관계가 나타나야 한다.

(나) 유치권 　대리상은 거래의 대리 또는 중개로 인한 채권이 변제기에 있는 때에는 그 변제를 받을 때까지 본인을 위하여 점유하는 물건 또는 유가증권을 유치할 수 있다(상91). 이를 대리상의 유치권이라 한다. 이러한 대리상의 유치권도 피담보채권과 유치목적물간의 견련관계(Konnexität)가 필요하지 않다는 점에서 일반 상사유치권(상58)과 같고 민법상의 유치권(민320)과 다르다. 그러나 유치목적물이 반드시 채무자 소유여야 할 필요가 없다는 점에서 또 유치목적물에 대한 점유취득이 채무자와의 상행위로 인하여 야기될 필요가 없다는 점에서 일반 상사유치권과 구별된다. 나아가 운송주선인이나 운송인의 유치권에서는 운송물만이 유치대상이 되나(상147120.) 대리상의 유치권에서는 물건 또는 유가증권이 되어 이 점 일반 상사유치권에서와 같다.

대리상의 유치권에 대한 성립요건을 살펴보면 다음과 같다.

① 당사자 　유치권자는 대리상이고 채무자는 본인인 상인이다. 따라서 양당사자가 모두 상인이어야 한다. 이 점 일반 상사유치권에서와 같다.

② 피담보채권 　피담보채권은 본인인 상인의 영업부류에 속하는 거래의 대리나 중개로 인한 만기의 채권이다. 예컨대 대리상의 보수청구권이나 체당금상환청구권이 이에 해당한다.

③ 유치목적물 　목적물은 본인을 위하여 점유하고 있는 물건 또는 유가증권이다. 따라서 유치목적물이 운송물에 한정되는 운송주선인이나 운송인의 유치권과 다르고 유치목적물이 채무자 소유여야 하는 일반 상사유치권과 다르다. 또 유치목적물에 대한 점유도 본인을 위하여 적법히 점유하고 있으면 족하

---

1) Capelle/Canaris, Handelsrecht, 21. Aufl., S. 205.

고 채무자와의 상행위로 인하여 이를 취득할 필요도 없다.

④ 유치목적물과 피담보채권간의 관계   양자간의 견련성은 필요없으며 이 점에서 일반 상사유치권과 동일하고 민사유치권과 다르다.

⑤ 유치권배제특약의 부존재   일반 상사유치권에서와 같이 대리상의 유치권에서도 당사자간에 유치권배제의 특약이 이루어지면 유치권은 성립될 수 없다($\frac{상법}{제91}$).

이러한 요건이 갖추어지면 대리상의 유치권이 성립하고 그 효력은 민법의 일반규정에 따라 구체화될 것이다($\frac{민법}{이하321}$).

2. 대리상과 제3자간의 관계(외부관계)

(1) 거래상의 책임

대리상은 법률행위를 직접대리의 형식으로 대리하거나 중개라는 사실행위를 수행하므로 제3자에 대하여 직접 권리를 얻거나 의무를 부담하지 않는다. 즉 대리상의 활동결과로 원칙적으로 본인과 제3자간에 법률관계가 형성될 뿐이다.

그러나 체약대리상의 경우에는 상법 제48조가 적용될 수 있을 것이므로[2] 본인을 위한 것임을 표시하지 않은 대리행위의 경우 상대방이 본인을 위한 것임을 알지 못한 때에는 대리인에 대해서도 그 이행의 청구를 할 수 있으므로 이 경우 제3자에 대한 책임이 발생할 수 있다($\frac{상법}{제48}$). 나아가 본인이 사망하여도 대리권이 소멸하지 않으므로 무권대리가 되지 않는다($\frac{상}{50}$).

(2) 통지수령권($\frac{상}{90}$)

이러한 예외적인 거래상의 책임 외에도 상법은 제90조에서 통지수령권을 법정하고 있다. 즉 "물건의 판매나 그 중개의 위탁을 받은 대리상은 매매의 목적물에 하자 또는 수량부족 기타 매매의 이행에 관한 통지를 받을 권한이 있다" 고 하고 있다. 일반적으로 특약이 없는 한 체약대리상은 계약체결의 대리권을 향유함에 그치고 중개대리상은 처음부터 아무런 대리권도 갖지 못한다. 그러나 대리상에게 일정 범위의 수동대리권을 인정할 필요에서 상법은 물건의 판매나 그 중개의 위탁을 받은 대리상의 경우 매물의 하자나 수량부족의 통지는 대리

---

2) 同旨, 이철송, 467면.

상도 이를 수령할 수 있게 하였다. 이는 상법 제69조에 대응한 규정이다. 상인인 매수인은 물건수령 즉시 하자나 수량부족을 통지해야 하는데 대리상은 근거리에 있고 본인은 원거리에 있다면 매수인인 상인으로서는 근거리의 대리상을 상대하는 것이 비용이나 시간면에서 유리할 때가 많을 것이다. 이러한 취지에서 체약대리상이건 중개대리상이건 물건판매나 그 중개를 위탁받은 대리상은 매물의 하자나 수량부족의 통지를 수령할 수 있도록 하였다. 따라서 이러한 관념의 통지가 대리상을 수령인으로 하여 발송된 경우에도 본인에게 발송한 것과 같이 취급될 것이다.

(3) 불법행위책임

대리상이 그 업무를 실행함에 있어서 제3자에게 손해를 가한 경우에는 일반 민법상의 불법행위책임을 스스로 지게 될 것이다. 그러나 본인인 상인은 민법 제756조상의 사용자책임을 지게 되지는 않을 것이다. 사용자-피용자관계라는 종속관계(Abhängigkeitsverhältnis)가 나타나야 하는데 대리상은 상업사용인과 달라 독립적으로 활동하는 상인이므로 이 요건이 갖추어질 수 없다. 그러나 보험업법은 보험대리점이 보험계약자를 모집함에 있어 보험계약자에게 가한 손해에 대해서 본인인 보험사업자에게도 손해배상책임을 인정한다(보험업법 158). 다만 보험사업자가 보험대리점에 위탁을 함에 있어 상당한 주의를 하였고 보험계약자에 대한 손해방지에 진력하였을 때에는 예외로 하고 있다(보험업법 158 2문).

V. 대리상계약의 종료

1. 종료원인

대리상계약은 위임관계이므로 위임 및 계약의 일반적인 종료원인이 종료사유로 작용할 수 있다. 나아가 대리상계약의 존속기간의 만료나 본인 또는 대리인의 영업폐지로 종료할 수 있다.

대리상계약은 당사자의 해지로 종료할 수 있다. 상법은 대리상계약의 종료사유로 당사자의 해지권행사에 대하여 규정하고 있다. 즉 당사자가 존속기간을 정하지 않은 경우 2개월의 해지예고기간을 두어 계약을 해지할 수 있게 하고 있다(상 92). 그러나 부득이한 사정이 있는 경우에는 즉시 해지할 수 있도록 하였다($_{상}^{상}\ _{II}^{92}$ⁱⁱ·).

2. 종료의 효과

(1) 보수 및 손해배상청구권($_{689\ II}^{민\ 686,}$)

이미 처리한 대리 또는 중개에 대한 보수청구를 할 수 있게 되고($_{686}^{민}$), 당사자 일방이 부득이한 사유없이 상대방의 불리한 시기에 계약을 해지한 경우에는 손해배상의 청구도 가능하다($_{II}^{상\ 689}$).

(2) 대리상의 보상청구권[3]

(가) 의 의 대리상의 활동으로 본인이 새로운 고객을 획득하거나 영업상의 거래가 현저하게 증가하고 이로 인하여 계약의 종료 후에도 본인이 이익을 얻고 있는 경우에는 대리상이 본인에 대하여 상당한 보상을 청구할 수 있다($_{2의}^{상\ 92}$). 이를 대리상의 보상청구권(Ausgleichsanspruch des Handelsvertreters)이라 한다. 대리상이란 중개상이나 위탁매매상과 달리 특정된 상인을 보조하는 자로서 대리상과 상인간의 지속적인 거래관계가 청산될 때에는 일정 기간 동안 대리상의 활동결과가 잔존하여 상인에게 계속 이익으로 작용하는 때가 많다. 따라서 대리상에게는 이러한 이익에 대한 보상청구를 허용할 필요가 있었다. 그러나 1995년 상법개정 전에는 이러한 규정이 없어 대리상법에 커다란 입법적 흠결로 남아 있었다. 그리하여 상법은 1995년 독일상법 제89b조를 모델로 한 제92의 2조를 신설하기에 이르렀다.

(나) 법적 성질 대리상의 보상청구권의 법적 성질에 대해서는 ① 계약적 보수청구권설,[4] ② 손해배상 혹은 부당이득반환청구권설,[5] ③ 대리상을 위한 생계비급여청구권설[6] 등의 대립이 있다. 대리상의 보상청구권이란 대리상의 활동으로 고객을 획득하였고 그 결과 본인에게 계속 경제적 이익을 제공하나 본인과의 계약관계가 종료되어 이에 대한 보수가 지급되지 못하는 사정을 고려한 제도이다. 따라서 상기의 여러 입장 중 계약적 보수청구권설(vertraglicher Vergütungsanspruch)이 가장 타당하다고 생각된다. 그러나 아래에서 살펴볼 형평성

---

3) 이에 대해서는 졸고, "대리상의 보상청구권", 석영 안동섭교수 회갑기념논문집, 1995년, 276면 이하.
4) BGHZ 41, 292, 296.
5) LG Hamburg MDR 1955, 44.
6) BGH NJW 1958, 1966, 1967.

의 요건을 고려하면 일반의 보수청구권으로 보기는 어려울 것이다.

(다) 보상청구권의 발생요건   대리상의 보상청구권이 성립되기 위하여는 다음과 같은 요건이 충족되어야 한다.

① 대리상관계의 종료   대리상계약관계가 종료하였어야 한다. 단 대리상에게 책임있는 사유로 종료한 것이 아니어야 한다($\frac{상}{2문}\frac{92의}{2}$). 여타의 사정은 어떤 것이어도 좋다. 대리상계약의 계약기간의 만료, 해제조건의 도래, 영업주와 대리상간의 합의해제, 계약해지권의 행사, 대리상의 사망이나 영업자의 도산 등 모두가 발생가능한 종료원인이 될 수 있을 것이다. 특수한 경우로서 대리상계약이 처음부터 무효인 경우에는 사실상의 근로계약관계(faktisches Arbeitsverhältnis)에 따라 해결점을 찾을 수 있을 것이다. 이는 특히 본인인 상인에 종속될 가능성이 큰 單商人代理商(Einfirmenvertreter)의 경우 그 적용가능성이 예상된다.

사실상의 근로계약관계론(Lehre vom fehlerhaften Arbeitsvertrag)

독일의 판례와 학설에 의하여 개발된 본 이론은 하자있음에도 불구하고 실행된 근로계약의 효과를 소급적으로 인정하여 근로자에게 부당한 결과를 차단하는 효과를 제공하고 있다.[7] 그 전제요건을 살펴보면 우선 ① 하자있는 근로계약(fehlerhafter Arbeitsvertrag)이 있어야 한다. 하자의 의미는 광의로 파악되어야 한다. 무효나 취소사유는 물론이고 무권대리 등도 이에 포함된다. 둘째 ② 그러한 하자있는 근로계약이 그 속에 잉태된 하자에도 불구하고 실행되었어야 한다(Vollzug des Arbeitsvertrages). 셋째 ③ 사실상의 근로계약관계는 근로자의 개인이익보다 우월한 공익이나 타인의 이익이 있을 경우 그 적용이 부정된다(kein vorrangiges Interesse des öffentlichen oder einzelnen). 따라서 우위에 있는 공익이나 개인이익의 부존재를 마지막 요건으로 한다. 이러한 요건이 충족되면 하자있는 상태였던 근로계약관계는 그 발생시로 소급하여 유효한 근로관계로 취급되고 단지 미래에 대해서만 그 효력이 부정된다. 따라서 그간 행해진 근로에 따른 임금청구 등 근로관계의 정상적인 진행으로 기대될 수 있는 모든 청구권들이 인정될 수 있다. 단지 미래에 대해서까지 당사자를 구속할 수는 없는 것이므로 양당사자는 언제든지 일방적 의사표시로 사실상의 근로관계를 해지할 수 있다.[8]

② 본인의 현저한 이익취득   대리상의 활동으로 본인이 새로운 고객을

---

7) BAGE 12, 104; 14, 186; BAG NJW 1976, 1959; BGHZ 41, 288; Hueck-Nipperdey, §32; Söllner, §28 Ⅱ 2 b; Lieb, §1 Ⅱ, S. 13 f.

8) BAGE 12, 104.

획득하거나 영업상의 거래가 현저하게 증가하여 계약의 종료 후에도 본인이 이익을 얻고 있어야 한다. 즉 새로이 취득된 고객권이나 영업상의 거래증가가 대리상관계의 종료 후에도 본인에게 상당한 이익을 제공하고 있어야 한다. 새로운 고객이란 과거에 영업주와 거래관계를 가진 적이 없는 고객을 뜻한다. 나아가 기존 고객과의 거래관계가 현저히 확장된 경우 역시 보상청구권의 발생 대상이 된다. 여기서 고객의 의미는 어느 정도 지속적인 영업거래의 가능성이 있을 때 인정되는 것이다. 따라서 여행사나 주유소에서처럼 계절의 변화에 따른 수요의 증가 등으로 야기되는 잠재적 고객은 이에 포함시킬 수 없다.[9]

③ **보수청구권의 상실로 인한 손해**　　　나아가 대리상은 영업주와 대리상관계가 종료됨으로써 계약존속시 기대할 수 있는 보수청구권(Provisionsanspruch)을 상실하였어야 한다. 이 보수청구권의 상실은 사후적 판단에 따라야 한다(ex post Diagnose). 이를 통하여 대리상이 그 동안 확보한 고객들과 영업주간의 거래가 이루어진 데 대하여 어느 정도의 보수를 기대할 수 있었는지 밝혀질 수 있을 것이다. 이 때 대리상이 기대할 수 있는 수수료의 범위는 체약수수료(Abschlußprovision) 또는 중개수수료(Vermittlungsprovision)에 한정될 것이다. 그 외의 관리수수료(Verwaltungsprovision)나 추심수수료(Inkassoprovision) 등은 고려되지 못할 것이다.

④ **형평성의 요건**(Billigkeitserfordernis)　　　이에 대한 우리 상법 제92조의2 상의 문언은 발견할 수 없다. 그러나 대리상의 보상청구가 본인의 이익과 대리상의 보수청구권상실이라는 단순한 인과관계만으로 정당화될 수는 없다고 본다. 그리하여 독일상법에서처럼 모든 사정을 고려하여 형평의 이념에 부합하는 경우에만 이를 인정하는 것이 타당하다고 본다.[10] 이러한 형평성은 보상청구권의 성립시뿐만 아니라 청구권의 산정시에도 작용하여야 할 것이다. 이 요건을 검토함에 있어서는 계약관계의 종료사유를 포함하여 보상청구권제도의 입법목적과 관련될 수 있는 개별 사안의 모든 정황이 참작되어야 한다.

(라) **효　과**　　　상기의 요건이 갖추어지면 다음과 같은 효과가 발생한다.

① **보상청구권의 발생**　　　상기의 요건이 갖추어지는 경우 대리상에게는 보상청구권이 발생한다(상 92의2 1문). 보상청구권의 발생시점은 계약의 종료시점으

---

9) Karsten Schmidt, Handelsrecht, S. 658; BGH NJW 1974, 1242.

10) 同旨, 정동윤, 220면; 최·김, 291면; 윤남순, 대리상에 대한 유럽 공동체법 연구, 1996년 고려대 박사학위 논문, 139면 참조.

로 보아야 할 것이다.

보상청구권의 산정에 있어서는 우선 영업주의 이익과 대리상이 상실한 보수청구권을 산정하여야 한다. 영업주의 이익을 산정함에 있어서는 대리상이 대리상계약의 존속을 가정할 때 지급하였을 대리상의 보수와 대리상계약의 존속을 가정했을 때 기대되는 매출신장액도 고려하여야 할 것이다. 그러나 보상의 최고한도는 대리상계약의 종료 전 5년간의 평균연보수액이다(상 92의 1문 2). 계약의 존속기간이 5년 미만인 경우에는 그 기간의 평균연보수액을 넘을 수 없다(상 92 의 Ⅱ 2문). 계약기간이 1년에 미달하는 경우에는 1년으로 환산하여 그 연평균보수액을 지급상한으로 삼는 학설도 있으나 이 경우에는 실제거래기간의 평균보수액이 타당한 상한이라고 본다. 즉 6개월의 기간이었다면 평균연보수액의 절반을 상한으로 삼으면 될 것이다.

나아가 보험대리상에 대하여 독일상법은 일반 대리상의 그것보다 그 지급상한을 3배로 상향하고 있다(독법 89b V). 그러나 우리 상법은 그러한 예외를 모른다. 우리 상법상으로는 이러한 명문의 규정이 없으므로 독일상법에서와 같은 차별적인 보상청구상한을 인정하기 어려울 것이다.

② **보상청구권의 행사기간**   대리상의 보상청구권은 대리상계약이 종료한 날로부터 6개월의 제척기간을 갖는다(상 92의 Ⅲ). 이 기간은 제척기간(Aus-schlußfrist)이므로 시효의 중단과 같은 것이 나타나지 아니하고 또 이에 대한 당사자의 주장이 없어도 법원은 직권으로 이를 고려하게 될 것이다. 6개월의 기간 내로 제한시킨 이유는 본인과 대리상간의 관계를 신속히 마무리짓게 하기 위함이다.

(마) **보상청구권의 배제**

① **법정배제사유**   상법은 대리상계약관계의 종료가 대리상의 책임있는 사유로 인한 경우에는 보상청구를 할 수 없게 하고 있다(상 92의 2문 2). 대리상에게 책임있는 사유가 무엇인지는 여러 가지로 해석될 수 있을 것이다. 대리상 자신이 대리상계약을 해지한 경우(Eigenkündigung des Handelsvertreters) 원칙적으로 보상청구권이 발생하지 않는다. 그러나 대리상의 해지로 계약관계가 소멸한 경우에도 영업주가 그 해지원인(Kündigungsgrund)을 제공하였거나 대리상의 연령이나 질병 등으로 영업의 속행이 기대되지 않을 경우 보상청구권이 성립될 가능성이 있다. 나아가 대리상의 과책으로 영업주가 해지권을 행사한 경우 역

시 대리상의 보상청구권은 배제된다.

② **약정배제사유**　　대리상의 보상청구권을 당사자가 합의로 배제할 수 있는지에 대해서는 다툼이 있다. 배제긍정설[11]은 대리상계약의 종료 전에도 특약에 의하여 보상청구권을 배제할 수 있다고 하나 배제부정설[12]은 독일상법 제89b조 제4항의 규정을 근거로 이를 부정한다. 생각건대 대리상의 보상청구권은 특히 단상인대리상의 경우 종속적인 상업사용인 유사의 지위를 함께 고려한 결과라고 본다.[13] 따라서 보상청구권이 발생하기 이전 시점부터 사전적으로 또 포괄적인 방법으로 이를 배제하는 것은 대리상보호라는 본 제도의 취지에 어긋난다고 본다.

(바) **보상청구제도의 적용확장가능성**　　상법 제92조의2의 보상청구권은 비단 고유한 의미의 대리상에만 한정되지는 않을 것이고 이와 유사한 제도에 유추적용될 가능성이 크다.

① **프랜차이즈가맹점**　　대리상과 비교가능한 것 가운데 우선 프랜차이즈가맹점을 들 수 있다. 프랜차이즈제도에서 가맹상은 가맹회사와 법적으로 독립되어 있으나 가맹회사의 영업관리방식을 따르게 되므로 대리상에서와 유사한 현상이 나타날 수 있다. 프랜차이즈거래에서도 한 가맹상이 확보한 고객망을 가맹회사가 프랜차이즈계약종료 후 이를 계속 이용하여 지속적인 영업상의 이익을 보게 될 가능성이 있는 것이다. 물론 가맹회사는 광범위한 상품광고로 판매망을 탈지역적으로 확장할 수 있겠지만 개별 가맹상의 고객관리결과도 무시할 수 없는 것이다. 현재 우리나라의 프랜차이즈거래는 각 분야에서 비약적인 상승을 하고 있는데 이에 비례하여 가맹상과 가맹회사간의 갈등도 커지고 있다. 따라서 대리상의 보상청구제도는 이러한 가맹상의 보호차원에서 유추적용될 가능성이 크다. 특히 종속적 프랜차이즈(Subordinationsfranchise)에서 이러한 준용의 필요성은 커진다고 할 수 있다.[14] 독일의 절대 다수설은 이를 긍정한다.[15]

---

11) 채이식, 243면; 최·김, 294면; 송옥렬, 156면.
12) 이철송, 481면; 윤남순, 전게논문, 142, 143면.
13) 대리상의 노동법상의 지위에 대해서는 Staub, Arbeitsrechtshandbuch, 5. Aufl., §11, S. 43 ff.
14) 이에 대해서 자세히는 Michael Martinek, Moderne Vertragstypen, Bd. Ⅱ, S. 150 f.
15) Canaris, Handelsrecht, 24. Aufl., §18 Ⅱ 2 c), Rdnr. 29; OLG München BB 2002, 2521, 2523; Köhler, NJW 1990, 1690 ff.; Skaupy, Franchsing, 2. Aufl., S. 121 ff.; Martinek, Moderne Vertragstypen, Bd. Ⅱ, 1992, S. 155 ff.; Karsten Schmidt, Handelsrecht, 5. Aufl., 1999, §28 Ⅲ 2 a), aa).

② **특약점**(Vertragshändler)[16]　　　시장에서 명성있는 제조업체의 생산품을
대리점이나 특약점 등의 명칭을 사용하면서 자신의 이름과 계산으로 판매하는
중간상들이 있다. 이들을 특약점이라 하는데 상법상으로는 이들에 대한 명문의
규정은 없다. 이들은 영업주의 이름으로 계약을 체결하는 것이 아니라 자신의
이름과 계산으로 판매하므로 대리상이나 위탁매매상과 구별된다. 이렇게 특약
점의 판매방식이 독립적이기는 하지만 경제적으로는 프랜차이즈가맹상과 유사
하게 종속적 성격을 가질 때가 많다. 즉 상품공급자의 지시와 통제가 수반되며
일반 소비자의 시각에서 보아도 특정 공급자의 매장이나 다름없는 형태로 나
타나는 경우가 많다. 따라서 특약점의 경우에도 이들과 공급자간의 계약관계가
종료될 때 대리상에서와 유사한 이해대립이 나타날 수 있다. 즉 특약점계약종
료시 특약점계약자가 그간 확보한 고객망으로 계약종료 후에도 공급자에게 현
저한 이익이 발생할 수 있는 것이다. 물론 개별 특약점계약에서 이러한 문제에
대한 만족스러운 약정을 해놓고 있다면 모르겠으나 그렇지 않은 경우에는 특
약점계약자의 보호차원에서 상법 제92조의2도 유추적용될 가능성이 있다.[17] 판
례는 일정요건하에 유추적용가능성을 긍정한다.

대판 2013. 2. 14, 2011다28342 [영업보상 등]

[특약점의 보상청구가능성을 긍정하였으나 요건미충족으로 보상청구권을 부정한 예]
　　"상법 제92조의2 제1항은, 대리상의 활동으로 본인이 새로운 고객을 획득하거나
영업상의 거래가 현저하게 증가하고 이로 인하여 계약의 종료 후에도 본인이 이익
을 얻고 있는 경우에는 대리상은 본인에 대하여 상당한 보상을 청구할 수 있다고
규정함으로써, 대리상이 계약 존속 중에 획득하거나 현저히 증가시킨 고객관계로
인하여 계약 종료 후에도 본인은 이익을 얻게 되나 대리상은 더 이상 아무런 이익
을 얻지 못하게 되는 상황을 염두에 두고, 형평의 원칙상 대리상의 보호를 위하여
보상청구권을 인정하고 있다.
　　한편 대리상의 보상청구권에 관한 위와 같은 입법 취지 및 목적 등을 고려할 때,
제조자나 공급자로부터 제품을 구매하여 그 제품을 자기의 이름과 계산으로 판매
하는 영업을 하는 자에게도, ① 예를 들어 특정한 판매구역에서 제품에 관한 독점
판매권을 가지면서 제품판매를 촉진할 의무와 더불어 제조자나 공급자의 판매활동
에 관한 지침이나 지시에 따를 의무 등을 부담하는 경우처럼 계약을 통하여 사실상
제조자나 공급자의 판매조직에 편입됨으로써 대리상과 동일하거나 유사한 업무를 수행하

---

16) 이에 대해서는 심재한, "특약상의 보상청구권", 『경영법률』, 제12집, 2001년, 61면 이하.
17) BGH NJW 1982, 2819: BGHZ 68, 340: BGH NJW 1984, 2102: 정동윤, 221면.

였고, ② 자신이 획득하거나 거래를 현저히 증가시킨 고객에 관한 정보를 제조자나 공급자가 알 수 있도록 하는 등 고객관계를 이전하여 제조자나 공급자가 계약 종료 후에도 곧바로 그러한 고객관계를 이용할 수 있게 할 계약상 의무를 부담하였으며, ③ 아울러 계약체결 경위, 영업을 위하여 투입한 자본과 그 회수 규모 및 영업 현황 등 제반 사정에 비추어 대리상과 마찬가지의 보호필요성이 인정된다는 요건을 모두 충족하는 때에는, 상법상 대리상이 아니더라도 대리상의 보상청구권에 관한 상법 제92조의2를 유추적용할 수 있다고 보아야 한다.

그런데 이 사건에서는 원고가 이 사건 메가대리점계약을 통하여 일정한 판매구역에서 피고의 제품에 관한 독점판매권을 가지면서 제품판매를 촉진할 의무와 더불어 피고의 판매활동에 관한 지침이나 지시에 따를 의무를 부담하는 등 사실상 피고의 판매조직에 편입되었다거나 또는 원고가 획득하거나 거래를 현저히 증가시킨 고객에 관한 정보를 피고가 알 수 있도록 하는 등 고객관계를 이전하여 피고가 계약 종료 후에도 곧바로 그러한 고객관계를 이용할 수 있게 할 계약상 의무를 부담하였다는 점을 인정할 자료가 없기 때문에, 피고로부터 제품을 구매하여 그 제품을 자기의 이름과 계산으로 판매하는 영업을 하는 원고에 대하여 대리상의 보상청구권에 관한 상법 제92조의2를 유추적용할 수는 없다고 보아야 한다.

그렇다면 원심판결 이유 중에 다소 적절하지 아니한 부분이 있지만, 원고에 대하여 대리상의 보상청구권에 관한 상법 제92조의2를 유추적용할 수 없다고 본 원심의 판단은 그 결론에 있어 정당하고, 결국 거기에 대리상의 보상청구권 규정 유추적용에 관한 법리를 오해하여 판결에 영향을 미친 위법이 있다고 할 수 없다."

③ **주선대리상**(Kommissionsagent)   周旋代理商이란 일정한 상인을 위하여 상시 자기 명의로 그러나 위탁자인 상인의 계산으로 물건 또는 유가증권의 매매를 영업으로 하는 자이다. 이러한 중간상은 상법상의 대리상과 위탁매매상이 결합된 형태라 할 수 있다. 이 경우 주선대리상과 제3자간의 관계에서는 위탁매매법이 적용되고, 주선대리상과 위탁자간의 관계에서는 대리상에 관한 규정들이 적용될 수 있다. 따라서 대리상의 보상청구권에 관한 상법 제92조의2 역시 주선대리상에 유추적용될 수 있다고 본다. 독일의 판례와 학설도 이를 인정하고 있다.[18]

(3) 대리상의 영업비밀준수의무

대리상은 계약의 종료 후에도 계약과 관련하여 알게 된 본인의 영업상의 비밀을 준수하여야 한다(상법 92의3). 이는 본인을 보호하기 위하여 1995년 상법개정에

---

18) BGH BB 1964, 823; Karsten Schmidt, Handelsrecht, S. 681.

서 신설된 규정인데 보상청구권과 마찬가지로 독일상법 제90조를 입법모델로 하고 있다. 대리상은 특정된 상인의 영업거래를 계속적으로 대리하거나 중개하는 자이므로 상당한 정도로 자신의 업무수행상 본인인 상인의 영업비밀과 접하게 된다. 따라서 대리상계약종료 후 본인의 영업비밀을 누설하면 경쟁업체에게 유리한 경영전략을 제공하게 되어 결국 본인에게 손해가 발생할 가능성이 크다. 따라서 상법은 대리상계약의 종료 후에도 대리상이 본인의 영업비밀을 준수할 것을 의무화하였다. 계약기간 중에는 당연히 수임자로서의 선관주의의무가 있으므로(민하681) 이에 따라 본인의 영업비밀을 준수하여야 할 것이다.

제 3 관 중 개 상

I. 의   의

仲介人(Handelsmakler : broker)이란 타인간의 상행위의 중개를 영업으로 하는 자이다(상93). 이하 중개인의 개념요건을 구체화시켜 보기로 한다.

1. 중개행위

중개인은 중개를 하는 자이다. 仲介란 타인간의 법률행위의 체결에 진력하는 사실행위이다. 따라서 중개인은 대리권자가 아니다. 중개인은 스스로 계약당사자가 되지 아니하며 체약대리상과 같이 타인의 이름과 계산으로 직접대리(민하114)를 하지 않는다. 나아가 위탁매매상이나 운송주선인에서와 같은 간접대리(mittelbare Stellvertretung)의 방식을 취하지도 않는다. 중개인은 오로지 타인간에 계약이 용이, 신속하게 체결되도록 조력할 뿐이다. 계약당사자를 선정하고 그의 신용상태나 체약에 필요한 각종 자료를 수집하여 위탁자에게 제공함으로써 계약체결의 기회를 제공하고 계약이 성립될 가능성을 높일 뿐이다.

2. 상행위의 중개

나아가 중개인은 상행위의 중개를 하는 자이다. 상행위란 위탁자의 영업적 상행위를 뜻하고 보조적 상행위는 이에 속하지 않는다.[19] 그러나 일방적 상행위이건 쌍방적 상행위이건 그것은 묻지 않는다. 그러나 중개의 대상이 상행위여야 하므로 적어도 그 타인 중 일방은 상인이어야 한다.

상행위 이외의 행위 즉 비상인간의 거래를 중개하는 자를 민사중개인(Zivil-makler)이라 한다.[20] 토지나 가옥의 매매 또는 임대차를 중개하는 부동산중개인이나 혼인을 중개하는 결혼상담소(Eheanbahnungsinstitut) 등이 그 좋은 예이다. 이들은 상법 제46조 제11호의 중개행위를 영업으로 하는 자로서 당연상인이되지만 상법 제93조상의 중개인은 아니다. 그러나 민사중개인에게도 일정 범위내에서 중개인에 관한 규정들이 준용될 수는 있을 것이다.

3. 불특정 타인간의 중개

상법상의 중개인은 타인간의 상행위의 중개를 영업으로 하는 자로서 널리일반 제3자간의 중개활동을 그 대상으로 한다. 이렇게 임의의 제3자간의 상행위를 중개한다는 점에서 중개대리상(Vermittlungsvertreter)과 중개인은 구별된다. 중개대리상도 중개행위를 하는 점에서는 같지만 특정된 상인을 위하여 상시 중개활동을 하므로 상법 제93조상의 중개인은 아닌 것이다.

4. 상 인 성

중개인은 중개의 인수를 영업으로 하는 자이다. 따라서 중개인은 기본적 상행위를 자기 명의로 하는 당연상인이다($\frac{\text{상}4}{\text{제}_\text{호}}$, 46). 중개의 인수를 영업으로 하므로 계속적으로 중개를 하는 자이다. 따라서 우연한 기회에 중개행위를 일회적으로 하게 되는 자(Gelegenheitsmakler)는 중개인이 아니다. 나아가 일정 상인으로부터 상시 중개의 위탁을 받는 자는 중개대리상이지 중개인은 아니다. 이런의미에서 중개인을 '순간적 중개자'(Augenblicksvermittler)라 부르기도 한다.

II. 중개인의 기능

오늘날 보험, 운송 및 금융시장에서 또 유가증권 및 상품의 매매에서 중개인은 큰 역할을 담당하고 있다. 중개인의 경제적 기능은 주로 잠재적인 계약당사자들을 서로 연결시키는 데에서 나타난다.[21] 많은 경제주체들은 서로 계약상

---

19) 보조적 상행위의 중개는 민사중개인의 소관사항이다.

20) 독일에는 Mitfahrzentrale라는 중개인이 있다. 같은 방향으로 여행을 하고자 하는 자들을 중개하고 수수료를 받는다.

대가 될 수 있음에도 불구하고 이에 대한 정보를 공유하고 있지 못하다. 특히 대리상이나 특약점이나 또는 이와 유사한 보조기관을 갖지 못한 상인들은 그러하다. 이러한 자들을 서로 연결시켜 경제적으로 유용한 거래를 성립시키는 것이 중개행위의 주된 효용이다. 영국 로이드의 보험시장[22] 같은 곳에서는 보험중개인의 도움없이는 보험거래가 거의 이루어지지 못한다. 보험중개인은 단순히 중개자의 지위에 머무는 것이 아니라 우월한 시장정보와 숙련된 경험으로 보험시장의 동태를 주도한다.

Ⅲ. 중개계약의 법적 성질

중개계약(Maklervertrag)은 중개인과 상행위의 중개를 위탁하는 자간의 계약이다. 즉 중개계약은 당사자의 일방(위탁자)이 상행위의 중개를 위탁하고 상대방(중개인)이 이를 승낙함으로써 효력이 생기는 낙성계약인데 그 법적 성질은 위임에 가깝다. 그러나 중개인이 특약으로 중개를 위하여 진력하여야 할 의무를 부담한 경우(Maklerdienstvertrag) 고용계약적 성질이 추가되고, 또 중개인이 중개의 결과를 약속한 경우(Maklerwerkvertrag)에는 도급적 성격이 추가된다. 이러한 경우에는 혼합계약적 성격이 짙어진다.[23] 중개계약은 유상계약으로서 무상계약이 원칙인 위임이라고 할 수 없고 또 상기의 성격이 추가된다 해도 이를 전적으로 도급이나 고용계약으로 다룰 수도 없다. 나아가 중개계약의 순수한 형태(reiner Maklervertrag), 즉 쌍방중개의 형태로 인수되고 도급 및 고용계약성이 배제되는 경우 중개인은 중개계약을 체결한 후에도 계약상의 주급부의무를 부담하지 않는다.[24] 즉 중개계약은 중개를 위탁하는 자만이 중개계약상 예정된 계약성립을 정지조건으로 수수료채무를 부담하는 편무계약이다.[25] 독일 민법은 중개계약을 채권각론 부분에 전형계약의 일종으로 성문화하였으나 (동법 652 이하 참조), 우리 민법은 그런 규정을 두고 있지 않다. 따라서 중개계약은 상법상

---

21) Canaris, Handelsrecht, 22. Aufl., S. 301. f.

22) 이에 대해서는 김정호・윤찬영, "Lloyd's Market에 대한 연구", 『경영법률』, 제12집, 2001년, 317면 이하(특히 336, 337면 참조). 나아가 로이즈의 웹사이트 www.lloyds.com도 참조.

23) Canaris, Handelsrecht, 22. Aufl., S. 301.

24) Larenz, SchuldR, BT, 12. Aufl., §54, S. 320.

25) Canaris, Handelsrecht, 22. Aufl., §19 Ⅰ 2, S. 301; Brox, Besonderes Schuldrecht, 10. Aufl., §24 Rdnr. 310.

의 특수계약(Vertrag sui generis)으로 보는 것이 타당할 것이다.

Ⅳ. 중개인의 의무

1. 중개의무

이는 중개계약상의 주급부의무(Hauptleistungspflicht)라 할 수 있겠으나 중개계약의 특성상 중개인에게는 원칙적으로 중개행위에 진력해야 할 주된 의무가 발생하지 않는다.[26] 단지 그의 중개행위로 계약이 성립된 경우 이를 정지조건으로 중개료채권이 성립될 뿐이다. 즉 중개료지급채무는 중개인의 중개의무와 동시이행관계(Zug-um-Zug Leistung)에 놓이지 않는다. 그러나 당사자의 특약으로 특히 일방적 위탁의 경우(Alleinauftrag) 도급이나 고용유사의 관계가 합의되면 이에 상응하는 결과발생이나 중개행위의 진력의무가 나타날 수 있다. 우리 상법은 중개의 원칙적인 모습인 쌍방적 위탁의 경우를 상정하고 있는데 (상법 100 Ⅱ조), 이 경우 위와 같은 특수형태는 잘 나타나지 않을 것이다.

2. 주의의무

중개계약은 위임과 유사한 관계이므로 중개인은 수임인으로서 선량한 관리자의 주의를 다하여야 한다(민 681 analog). 중개계약상 중개인에게는 원칙적으로 주의의무 등 부수의무(Nebenleistungspflicht)만 발생한다. 원칙적으로 중개인은 이해가 상반된 자들을 중개하는 것이므로 중개행위는 양당사자에 대하여 중립적 성격을 견지하여야 한다. 이를 중개인의 中立性原則(Unparteilichkeit des Handelsmaklers)이라 한다. 그러나 일방적 중개위탁의 경우 그 일방 당사자의 이익을 위하여 중개할 수도 있다. 이 의무는 중개인의 충실의무라고도 할 수 있을 것이다.

대판 2012. 11. 29, 2012다69654
[민사중개인의 주의의무 위반과 중개의뢰인의 부주의에 대한 과실상계의 허용여부 (적극)]
"부동산 거래당사자가 중개업자에게 부동산거래의 중개를 위임한 경우, 중개업자는 위임 취지에 따라 중개대상물의 권리관계를 조사·확인할 의무가 있고 그 주

---

26) Heymann-Herrmann, §93, Rdnr. 7.

의의무를 위반할 경우 그로 인한 손해를 배상할 책임을 부담하게 되지만, 그로써 중개를 위임한 거래당사자 본인이 본래 부담하는 거래관계에 대한 조사·확인 책임이 중개업자에게 전적으로 귀속되고 거래당사자는 그 책임에서 벗어난다고 볼 것은 아니다. 따라서 중개업자가 부동산거래를 중개하면서 진정한 권리자인지 여부 등을 조사·확인할 의무를 다하지 못함으로써 중개의뢰인에게 발생한 손해에 대한 배상의 범위를 정하는 경우, 중개의뢰인에게 거래관계를 조사·확인할 책임을 게을리한 부주의가 인정되고 그것이 손해 발생 및 확대의 원인이 되었다면, 피해자인 중개의뢰인에게 과실이 있는 것으로 보아 과실상계를 할 수 있다고 보아야 하고, 이것이 손해의 공평부담이라는 손해배상제도의 기본원리에 비추어 볼 때에도 타당하다."

대판 2011. 7. 14, 2011다21143 [손해배상 및 공제금]

[중개보조인의 고의에 의한 불법행위로 피해자에게 손해배상책임을 부담하는 중개업자가 과실상계를 주장하는 것이 허용되는지 여부(한정적극)]

"[1] 피해자의 부주의를 이용하여 고의로 불법행위를 저지른 자가 바로 그 피해자의 부주의를 이유로 자신의 책임을 감하여 달라고 주장하는 것은 허용될 수 없으나, 이는 그러한 사유가 있는 자에게 과실상계의 주장을 허용하는 것이 신의칙에 반하기 때문이므로, 중개보조원이 업무상 행위로 거래당사자인 피해자에게 고의로 불법행위를 저지른 경우라 하더라도 중개보조원을 고용하였을 뿐 이러한 불법행위에 가담하지 아니한 중개업자에게 책임을 묻고 있는 피해자에 과실이 있다면, 법원은 과실상계의 법리에 좇아 손해배상책임 및 그 금액을 정하면서 이를 참작하여야 한다.

[2] 건물주에게서 임대차계약 체결, 보증금 수령 등 건물 관리 업무 일체를 위임받은 공인중개사 중개보조원이 임대차계약 체결 후 보증금을 건물주에게 지급하지 않고 횡령을 하자 건물주가 공인중개사와 공인중개사협회를 상대로 손해배상을 구한 사안에서, 중개보조원이 수년에 걸쳐 횡령행위를 하면서 장기간 월세도 제대로 입금하지 않고 있는 상황이었음에도 건물주가 임차인에게 계약 내용을 전혀 확인하지 않은 채 중개보조인의 말만 믿고 그에게 계속하여 임대차계약의 진행 일체를 일임하면서 횡령행위를 방치한 사정이 보이고, 그러한 사정은 손해 발생 및 확대에 영향을 주었다고 보아야 하며, 공인중개사나 협회가 건물주의 부주의를 이용하여 고의로 불법행위를 저지른 것으로는 보이지 않으므로, 위 사정을 손해배상책임의 존부와 범위를 심리·판단하면서 참작하였어야 함에도 이를 전혀 참작하지 않은 원심판단에 과실상계 내지 손해배상책임 제한에 관한 법리오해의 위법이 있다"고 한 사례.

3. 견품보관의무

중개인이 그 중개한 행위에 관하여 見品을 받은 때에는 그 행위가 완료될 때까지 이를 보관하여야 한다(⅜). 이를 중개인의 견품보관의무라 한다. 이 의무는 견품매매(Kauf nach Probe)의 경우 나타나는데 견품에 의하여 그 품질을 담보하고 또 분쟁이 생긴 때에는 그 해결을 용이하게 하기 위한 목적이 있다. 따라서 이 의무는 목적물의 품질에 관하여 분쟁이 일어나지 않을 것이 확실시 되는 때까지 계속된다. 즉 상대방의 급부를 승인하였든지, 검사통지의무를 해태하여 하자담보권을 상실하였든지, 계약상 약정된 이의제기기간이 도과하였다든지 또는 시효기간이 만료하였다든지 등 더 이상 물건의 품질을 당사자가 다투지 않게 되었을 때 물건보관의무는 종료한다. 이렇게 보관의무가 종료하였을 때에는 견품을 위탁자에게 반환하여야 한다.

4. 결약서교부의무

(1) 의 의

당사자간에 계약이 성립한 때에는 중개인은 지체없이 각 당사자의 성명 또는 상호, 계약연월일과 그 요령을 기재한 서면을 작성하여 기명날인 또는 서명한 후 각 당사자에게 교부하여야 한다(⅜). 이를 중개인의 계약서 또는 결약서(結約書)교부의무라 한다.

이러한 서면을 결약서(Schlußnote)라 하는데 이에는 위에 기재된 사항 이외에도 계약의 요령으로서 목적물의 명칭, 수량, 품질, 이행의 방법, 시기 및 장소 나아가 계약의 조건, 내용 등이 기재될 것이다.

(2) 결약서의 법적 성질

이러한 결약서의 법적 성질은 단순한 증거서면(Beweisurkunde)에 불과하다. 이는 계약당사자자 작성하고 서명하는 계약서면도 아니고, 계약성립의 요건이 되는 서면형식(Schriftform)도 아니다. 단지 계약이 성립한 후 계약성립 사실과 그 내용을 명확히 하여 당사자간의 차후의 분쟁을 예방하고 만약 그러한 분쟁이 야기된 경우 그 해결의 신속을 기하기 위하여 작성되는 증거서면에 불과하다.

(3) 결약서의 교부의무

결약서는 계약이 즉시 이행되는 경우에는 중개인이 지체없이 작성하여 기명날인한 후 각 당사자에게 교부하여야 하고(상⁹⁶), 계약이 즉시 이행되지 않을 경우에는 중개인은 각 당사자로 하여금 결약서에 기명날인하게 한 후 그 상대방에게 교부하여야 한다(상⁹⁶).

(4) 수령이나 기명날인거부의 통지의무

이 경우 당사자의 일방이 서면의 수령을 거부하거나 기명날인 또는 서명을 하지 아니한 때에는 중개인은 지체없이 상대방에게 그 통지를 발송하여야 한다(상⁹⁶). 이렇게 수령이나 기명날인을 거부하는 경우 향후 분쟁의 소지가 있고 이를 미리 대비시키기 위하여 중개인에게 이에 대한 통지의무를 부과하였다. 수령거부나 기명날인거부의 통지 역시 관념의 통지(Wissenserklärung)로서 상법은 발신주의를 취하고 있으므로 중개인은 발송만 하면 되고 그 도달 여부에 관계없이 본 의무를 이행한 것이 된다.

(5) 의무해태의 효과

상법 제96조는 본 의무해태의 효과에 대해서는 명문의 규정을 두지 않고 있다. 그러나 중개인과 위탁자간에는 중개계약이 존재하므로 이 중개계약에 대한 채무불이행을 근거로 손해배상책임이 발생할 수 있을 것이다(민³⁹⁰). 즉 결약서가 계약성립 후에도 교부되지 않았다든지 수령거부 후에도 이에 대해서 상대방에게 통지하지 않은 경우에는 중개계약상의 채무불이행이 될 것이다.

5. 장부작성 및 등본교부의무

중개인은 제96조에 계기한 사항을 장부에 기재하여야 하고 당사자가 그 장부의 등본교부를 청구한 때에는 이에 응하여야 한다(상⁹⁷). 전자를 일기장작성의무라 하고, 후자를 등본교부의무라 한다.

(1) 일기장작성

중개인의 일기장(日記帳: Tagebuch)이라 함은 중개인이 작성하는 것으로서 계약당사자의 성명 또는 상호, 계약연월일 및 계약의 요령을 기재한 장부이다. 이는 타인간의 상행위를 기재한 것에 불과하고 중개인 자신의 영업상의 재산 및 손익의 상황을 명백히 하기 위하여 작성하는 회계장부는 아니다(상²⁹조 Ⅰ). 따라서 일기장은 상업장부가 아니므로 소상인인 중개인도 일기장작성의무는 면제되지 않는다. 그러나 이러한 법정기재사항 외에 수수료나 기타 중개인 자신의 영업거래에 대한 기재가 추가될 때에는 상업장부의 성격을 가질 때도 있을 것이다.

(2) 등본교부

당사자는 언제든지 자기를 위하여 중개한 행위에 관한 장부의 등본의 교부를 청구할 수 있다(상 97).

6. 성명 및 상호의 묵비의무

당사자가 그 성명 또는 상호를 상대방에게 표시하지 아니할 것을 중개인에게 요구한 때에는 중개인은 그 상대방에게 교부할 결약서와 일기장의 등본에 이를 기재하지 못한다(상 98). 이를 성명 및 상호의 묵비의무라 한다. 당사자가 거래상대방에게 자신을 알리지 않음으로써 거래가 유리하게 이루어질 수 있는 경우 그러한 상태를 유지시킬 필요가 있을 뿐만 아니라 또 일정 거래영역에서는 당사자의 개성이 아예 문제시되지 않으므로 이러한 의무가 부과되었다.

7. 개입의무

중개인이 임의로 또는 성명상호묵비의무를 이행할 목적으로 당사자 일방의 성명이나 상호를 상대방에게 표시하지 않은 경우 상대방은 중개인에 대하여도 이행을 청구할 수 있다(상 99). 이것을 중개인의 介入義務(Pflicht zum Selbsteintritt, Eintrittslast)라 한다. 이러한 중개인의 개입의무가 발생하는 경우에도 계약은 여전히 익명의 당사자와 상대방간에 체결되는 것이므로 중개인은 계약당사자가 아니다. 그러나 익명의 당사자에 대한 이행청구를 보다 확실하게 하기 위하여 상법은 일종의 법정이행담보책임을 중개인에게 부담시킨 것이다.

이러한 개입의무의 법적 성질로부터 중개인의 개입의무와 익명의 당사자가 부담하는 계약상의 채무간에는 부진정연대채무관계가 성립될 것이다. 중개인이 이 의무를 이행하였을 때에는 묵비의 당사자에 대하여 구상할 수 있을 것이다.

V. 중개인의 권리

1. 보수청구권

(1) 중개료의 의의

중개인은 상인이므로 위탁자와의 특약 유무에 불구하고 보수청구권을 행사할 수 있다(㈜). 이러한 중개인의 보수를 중개료(Maklerlohn, courtage, brokerage)라 한다. 중개료지급채무는 계약성립을 정지조건으로 한 위탁자의 주급부의무(Hauptleistungspflicht)이다.[27]

(2) 중개료채권의 발생요건

이러한 중개료청구권이 발생하자면 다음 두 요건이 성립하여야 한다. 첫째 중개된 당사자간에 중개계약의 내용에 부합하는 계약이 성립하였어야 한다. 중개계약상 예정된 내용과 전적으로 일치하지 않아도 되며 양자간에 본질적 동일성이 확인되면 족하다. 계약에 하자가 있거나 예정된 중개계약의 내용과 본질적으로 상이한 계약이 체결되었다면 중개료청구권은 성립되지 않는다. 이러한 성격에서 중개료는 성공보수라 할 수 있다. 둘째 계약의 성립과 중개인의 중개행위간에 인과관계가 성립하여야 한다.[28] 이 경우 중개인의 중개행위가 유일한 원인이 아니어도 좋다.

(3) 중개료채권의 행사시기

중개료채권은 보통 예정된 계약이 당사자간에 성립될 때 이행기에 도달한다.[29] 그러나 보수청구권의 행사시기에 대해서 상법은 원칙적으로 결약서교부의무를 이행한 후로 제한하고 있다(상 100). 물론 당사자간의 특약으로 청구가능시기를 앞당길 수 있을 것이다.

(4) 중개료채권의 채무자

중개료채무는 원칙적으로 당사자 雙方의 균분부담으로 되어 있다(상 100). 상법은 쌍방적 위탁에 의한 중개를 원칙으로 삼아 다른 특약이나 관습이 없는 한 계약 쌍방의 균분부담을 원칙화하였다. 그러나 일방적 위탁의 경우에는 해당

---

27) Heymann-Herrmann, §93 Rdnr. 14.
28) Heymann-Herrmann, HGB, §93 Rdnr. 21.
29) Heymann-Herrmann, §93 Rdnr. 24.

위탁자만이 중개료지급의무를 부담한다고 보는 것이 타당할 것이다.

2. 비용상환청구권(Aufwendungsersatzanspruch)

중개인의 중개료에는 중개의 비용도 포함되는 것이 원칙이므로 특약이 없는 한 별도의 비용상환은 불가할 것이다.

3. 급여수령권한의 부존재

중개인은 그 중개한 행위에 대하여 당사자를 위하여 지급 기타의 이행을 받지 못한다(상법94). 중개인은 중개행위를 할 뿐이요, 자신이 행위의 당사자가 되거나 당사자의 대리인도 아니다. 따라서 특별한 의사표시나 관습이 있는 경우가 아니면(상법94) 당사자를 위한 지급이나 기타 급여의 수령권이 인정되지 않는다.

제 4 관 위탁매매상

Ⅰ. 의   의

委託賣買人이란 자기 명의로 그러나 타인의 계산으로 물건 또는 유가증권의 매매를 영업으로 하는 자이다(상101). 이러한 위탁매매제도는 대리상계약을 맺거나 지점을 설치하는 것과 유사하게 기업활동의 범위를 확대하는 수단으로 이용되고 있다. 일정 거래 분야에서 오랜 경험과 지식을 갖춘 위탁매매인을 이용하여 매도나 매수위탁을 하면 지점설치시보다 비용의 절감을 꾀하면서도 같은 효과를 얻을 수 있다. 나아가 상시 일정 상인을 대리하는 대리상의 경우보다 권한남용의 위험을 줄일 수도 있다. 그러나 다른 한편으로 주선행위에서는 명의와 계산이 분리되는 관계로 자칫 위탁자에게 불리한 결과가 야기될 수 있다. 그리하여 상법은 제103조를 두어 위탁자보호를 꾀하고 있다. 오늘날 위탁매매상은 골동품이나 고가의 미술품 또는 중고차매매 등 非商人間의 거래에서도 중간매개자로 그 기능을 발휘하고 있다.[30]

---

30) Canaris, Handelsrecht, 24. Aufl., §30 Ⅰ 3, Rdnr. 10, S. 456.

II. 개념요건

위탁매매인이 되기 위하여는 상기의 개념정의에 따라 다음의 개념요건이 충족되어야 한다.

1. 명의와 계산의 분리

위탁매매인은 자기의 名義로 그러나 타인의 計算으로 법률행위를 하는 자이다. 이를 주선행위(周旋行爲)라 한다. 자기 명의로 계약을 체결한다 함은 그 법률행위의 효과가 자신에게 귀속됨을 뜻한다. 즉 위탁매매인과 제3자간의 법률행위의 결과 위탁매매인 자신이 그로부터 권리를 얻고 의무를 부담하게 된다. 타인의 계산이라 함은 해당 행위의 경제적 효과가 타인 즉 위탁자에게 귀속됨을 의미한다. 즉 주선행위가 이루어지면 법률효과의 귀속주체와 경제적 효과의 귀속주체가 서로 달라진다. 이러한 행위방식을 달리 간접대리(mittelbare Stellvertretung)라 부르기도 한다.

대판 2008. 5. 29, 2005다6297 [매매와 위탁매매의 구별기준]

"위탁매매라 함은 자기의 명의로 타인의 계산에 의하여 물품을 구입 또는 판매하고 보수를 받는 것으로서 명의와 계산이 분리되는 것을 본질로 하는 것이므로, 어떠한 계약이 일반 매매계약인지 위탁매매계약인지는 계약의 명칭 내지 형식적인 문언을 떠나 그 실질을 중시하여 판단하여야 한다.

원심은 채용 증거를 종합하여 판시와 같은 사실을 인정한 다음, ① 원고와 이란 법인인 소시에테 어노님 이라니엔 드 프로덕션 오토모빌(Societe Anonyme Iranienne de Production Automobile, 이하 '사이파'라 한다) 사이에 1992. 11. 29. 체결된 자동차 부품 등의 수출 기본계약(이하 '수출 기본계약'이라 한다)은 원고가 생산하는 프라이드 자동차 부품을 사이파에 수출하고 향후 사이파가 이를 국산화하는 데 필요한 제반 기술을 제공하는 것을 주요 내용으로 하고, 수출 가격의 결정, 주문, 대금 지급 조건, 기술 이전 및 지원, 애프터 서비스 등에 관한 포괄적이고 상세한 규정이 있는 반면, 파산 전의 해태상사 주식회사(이하 '해태상사'라 한다)와 사이파 사이에는 특별히 수출 관련 일반 계약이 체결된 바 없고, 또한 위 수출 기본계약에는 원고가 수출업무를 대행할 무역회사를 지정하는 내용이 이미 포함되어 있는 점, ② 원고와 해태상사 사이에 1995. 10. 30. 체결된 수출용 물품 공급계약은 그 명칭이 비록 물품 공급계약으로 되어 있고, 대금 결제를 구매승인서로 하며, 해태상사가 원고에게 물품대금을 결제하는 내용($\substack{제4 \\ 조}$)이 포함되어 있기는 하나, 해태상사가 원고의 사이파에 대한 수출 창구로서 원고를 대행함을 명백히 하고 있고($\substack{제1 \\ 조}$), 원고는 해태상사에게 합의된 수출 수수료를 지급하며, 통상의 범위를 넘는 수출 비용이 발생할 경우에는 원고가 이를 최종으로 부담하기로 규정되어 있는 점($\substack{제5 \\ 조}$), ③ 위 수출용 물품 공급계약에 따라 해태상사는 원고에게 합의된 수출 수수료(1996. 4.까지는 3.5%, 그 후에는 3%)를 보수로서 제외한 나머지 수출대금을 모두 원고에게 지급한 점, ④ 위 수출과 관련하여 수출 가격의 인상 내지 조정, 주문량의 결정, 신용장의 개설, 미지급 수출대금의 처리 문제 등에 관하여 실질적으로 사이파와 합의 결정한 당사자는 해태상사가 아니라 원고이었던 점, ⑤ 위 수출과 관련하여 발생한 환차손 및 환차익은 모두 원고에게 귀속된 점 등을 종합하여 고려해 볼 때, 원고와 해태상사 사이에 체결된 이 사건 수출용 물품 공급계약은 비록 형식으로는 매매계약의 요소가 없는 것은 아니나, 실질로는 원고의 사이파에 대한 프라이드 자동차 부품 수출업무를 해태상사가 대행하고, 원고가 해태상사에 일정한 보수(수출 수수료)를 지급하기로 하는 내용의 위탁매매계약에 해당한다고 판단하였다. 위 법리와 기록에 비추어 보면 이러한 원심 판단은 정당하고, 거기에 상고이유의 주장과 같은 위탁매매에 관한 법리오해 또는 채증법칙 위배 등의 위법이 없다."

2. 물건 또는 유가증권의 매매

위탁매매인은 물건 또는 유가증권의 매매를 주선하는 자이다. 물건에는 원래 동산, 부동산을 모두 포함하겠으나($\substack{민법 98, 99 \\ 참조}$), 여기에서 말하는 물건에는 동산으로 한정된다고 본다.[31] 그 이유는 부동산의 경우 등기제도를 통한 공시 때문에 타인의 이름으로 법률행위를 하는 것이 적절치 않기 때문이다. 동산의 경우에는 점유만으로도 처분자격을 현시할 수 있어 위탁매매인과 제3자간의 법률행위는 순조롭게 진행될 수 있으나 부동산의 경우 등기부상 그 소유관계가 공시되어 제3자가 등기부를 열람할 경우 자칫 무자격자의 처분행위로 비춰져 거래상의 신뢰가 깨어질 수 있고(부동산의 매도위탁의 경우),[32] 거래가 성사된 경우에도 등기이전절차를 이중으로 해야 하는 등(부동산의 매수위탁의 경우) 주선행위의 본질에 적합치 않은 결과가 나타날 수 있다.[33] 독일상법도 동산과 유가증

---

31) 부동산제외설로는 박상조, 457면; 이기수·최병규, 417면; 이철송, 상법총칙·상행위, 16판, 2022년, 500면; 최·김, 305면; 김성태, 575면. 부동산포함설로는 강위두, 255면; 정동윤, 232면; 정찬형, 318면; 채이식, 257면.

32) 부동산도 위탁매매의 대상으로 보는 입장에서는 위탁매매인에게 소유권이전등기를 하여 위탁매매인을 소유권자로 한다고 하나, 과도한 등기비용 등을 고려할 때 부동산의 매도위탁이 경제적 실익이 있을지 의문이다. 정동윤, 240면; 채이식, 238면 등 참조.

33) 同旨, 김성태, 575면.

권에만 한정시키고 있다.[34] 그리하여 부동산의 경우에는 중개제도가 보편화되어 있는 것이다.

나아가 위탁매매인은 매매를 주선하여야 한다. 이 점에서 위탁매매인은 운송계약을 주선하는 운송주선인과 다르고($^{\text{상}}_{114}$), 매매 아닌 행위를 주선하는 준위탁매매인($^{\text{상}}_{113}$)과 구별된다.

3. 영 업 성

위탁매매인은 위의 주선행위를 영업으로 하는 자이다. 물론 영업으로 하는 대상은 매매행위 자체가 아니라 매매의 주선을 인수하는 행위이다. 제3자와의 매매계약은 주선인수행위의 이행행위에 불과한 위탁매매상의 보조적 상행위이다.

Ⅲ. 위탁매매의 법률관계

1. 위탁자와 위탁매매인간의 관계(내부관계)

(1) 계약의 종류

위탁자와 위탁매매인간의 관계는 유상의 위임계약이나 사무처리계약(Geschäftsbesorgungsvertrag)이다. 민법상의 위임은 특약이 없는 한 무상이므로($^{\text{민}\ 686}$), 이를 전형적인 위임계약이라고 볼 수는 없을 것이다. 그러나 이러한 점을 제외하면 법적 본질은 위임이므로 상법은 위임에 관한 민법 규정을 위탁매매에 적용하고 있다($^{\text{상}}_{112}$).

(2) 목적물의 귀속

위탁매매에 있어서는 주선행위의 특성상 실행행위의 법률효과와 경제적 효과가 異主體에 귀속되므로 위탁자에게 불리한 결과가 나타날 수 있다.

그리하여 상법은 제103조를 두어 "위탁매매인이 위탁자로부터 받은 물건 또는 유가증권이나 위탁매매로 인하여 취득한 물건, 유가증권 또는 채권은 위탁자와 위탁매매인 또는 위탁매매인의 채권자간의 관계에서는 이를 위탁자의 소유 또는 채권으로 본다"고 규정하였다.

① 매도위탁의 경우　　　매도위탁(Verkaufskommission)의 경우, 상법 제103

---

34) 독일상법은 위탁매매의 대상으로서 상품(Ware)과 유가증권(Wertpapiere)을 들고 있는데, 이 중 상품은 동산에 한정된다. vgl. Heymann-Emmerich, HGB, §1, Rdnr. 38.

조는 원래의 물권변동관계를 단지 주의적으로 보다 확실히 하는 선언적 효력만이 있다. 위탁자로부터 매도를 위하여 건네받은 물건은 위탁매매의 실행으로 제3자에게 처분되기까지 위탁자의 소유로 남게 된다.[35] 따라서 위탁매매인이 중간단계에서 일시적으로 위탁물의 소유자가 되지는 않는다. 즉 위탁매매인은 매도위탁의 경우 위탁물처분에 대한 처분자격만을 부여받은 자이다. 비록 위탁매매인이 위탁물의 소유권자는 아니지만 위탁자로부터 처분에 대한 사전동의를 얻고 있으므로 제3자에 대한 그의 처분은 유효한 것이 된다. 따라서 제3자의 위탁물 소유권취득은 민법 제249조 이하의 선의취득이 아니다. 상법 제103조 전단의 '위탁매매인이 위탁자로부터 받은 물건 또는 유가증권'이란 바로 매도위탁의 대상이 되는 물건이 위탁매매인의 수중에 있을 때를 지칭한다. 위탁의 실행행위가 완료되기 전까지는 위탁자의 소유로 남아 있으므로 상법 제103조는 매도위탁의 경우 특칙이라고 할 수 없고 다만 위탁자와 위탁매매인 그리고 그의 채권자간의 관계에서 이러한 물권변동관계를 보다 분명히 하기 위하여 둔 주의규정의 성격을 띠게 된다.

다만 매도위탁의 실행으로 인한 대금채권에 대해서 만큼은 위탁매매인이 아니라 위탁자의 채권으로 의제시키는 효과가 있다. 즉 위탁매매로 인하여 취득한 채권은 원래 법률적 매도인인 위탁매매인의 것이나 위탁자와 위탁매매인 또는 위탁매매인의 채권자간의 관계에서는 위탁자의 채권으로 보게 되는 것이다($\frac{상법}{제103}$). 이것이 상법 제103조의 가장 주된 효과이다. 그리하여 위탁의 실행으로 취득한 대금채권을 위탁자에게 양도하기 전에 또는 채권을 추심하여 위탁자에게 전달하기 전에 위탁매매인이 파산이나 강제집행을 당할 경우 위탁자는 還取權($\frac{채무자회생 및 파산에}{관한 법률 제407조}$)이나 제3자異議의 訴($\frac{민집}{48}$)를 제기할 수 있다.[36]

대판 2008. 5. 29, 2005다6297 [채권양도절차이행]

"위탁매매인이 위탁자로부터 받은 물건 또는 유가증권이나 위탁매매로 인하여 취득한 물건, 유가증권 또는 채권은 위탁자와 위탁매매인 또는 위탁매매인의 채권자 간의 관계에서는 이를 위탁자의 소유 또는 채권으로 보므로($\frac{상법}{제103조}$), 위탁매매인이 위탁자로부터 물건 또는 유가증권을 받은 후 파산한 경우에는 위탁자는 구 파산법(2005. 3. 31. 법률 제7428호로 폐지된 것) 제79조에 의하여 위 물건 또는 유가증권을 환취할 권리가 있고, 위탁매매의 반대급부로 위탁매매인이 취득한 물건,

---

35) Canaris, a.a.O., S. 435.
36) Heymann/Herrmann, §392, Rdnr. 5.

유가증권 또는 채권에 대하여는 구 파산법 제83조 제1항에 의하여 대상적 환취권 (구 파산법 및 회사정리법, 화의법, 개인채무자회생법을 폐지하고 2005. 3. 31. 법률 제7428호로 제정된 채무자 회생 및 파산에 관한 법률 제410조에서는 '대체적 환취 권'으로 용어가 변경되었다)으로서 그 이전을 구할 수 있다."

② **매수위탁의 경우**   그러나 매수위탁(Einkaufskommission)의 경우는 다 르다. 이 경우에는 물권관계를 위탁자에게 유리하게 의제시키는 창설적 효력이 있다. 즉 '위탁매매로 인하여 취득한 물건 또는 유가증권은 위탁자와 위탁매매 인 또는 위탁매매인의 채권자간의 관계에서는 이를 위탁자의 소유 또는 채권 으로' 보게 되는 것이다. 매수위탁의 실행중 매수인은 위탁매매인 자신이므로 경제적으로는 위탁자에게 귀속시켜야 할 물권이나 일단 위탁매매인의 소유가 된다(Durchgangserwerb). 따라서 위탁매매의 실행으로 취득한 물건이나 유가증 권이 아직 위탁매매인의 수중에 있을 때 위탁매매인이 파산하거나 강제집행을 당할 경우 위탁자는 선의의 피해를 볼 수 있다. 이러한 난점을 극복하기 위하 여 매수위탁의 경우 본조는 위탁자에게 유리하게 물권관계를 의제시키고 있다. 그리하여 만약 위탁매매인이 파산하는 경우 위탁자는 환취권(還取權; Ausson- derungsrecht)을 행사할 수 있고(채무자회생 및 파산에 관한 법률 제407조), 위탁매매인이 강제집행을 당하 는 경우에는 제3자異議의 訴(Drittwiderspruchsklage)를 제기할 수 있다(民執 48).

③ **위탁매매인의 거래상대방 역시 채권자인가?**   그런데 상법 제103조를 해석함에 있어서 '위탁매매인의 채권자'에 위탁매매인과 거래한 매매의 상대방 도 포함시켜야 하는지 의문이다.[37] 다음과 같은 예를 들어보자. 고서화수집가 A가 위탁매매상 B에게 자신의 이름있는 이조시대의 풍속도 한점을 5,000만원 에 매도위탁하였고 이에 기하여 B는 이 그림을 C에게 그 가격으로 매도하였으 나 C는 대금을 지급하지 않고 대신 자신이 B에 대해서 가지고 있던 동액의 반 대채권으로 대금채권을 상계해버렸다. 이 경우 그 상계의 효력은 어떻게 판단 하여야 할까?[38] 만약 여기서 C가 상법 제103조 상의 채권자에 속한다면 B가 취 득한 5,000만원의 매출채권은 이미 A의 채권으로 다루어지므로 아무리 C가 자 신의 B에 대한 채권을 자동채권으로 하여 상계를 시도해도 수동채권이 없어 상계적상에 이르지 못하고 따라서 유효한 상계는 일어나지 못하였을 것이다.

---

37) 이에 대해서는 졸저, 상법사례입문, 제2판, 사례 5, 165면 이하도 참조.
38) 이에 대해서는 상기 졸저, 37면 이하, 〈참고사례 6〉도 참조.

반면 C가 상법 제103조 상의 '채권자'가 아니라면 B의 채권은 그대로 그의 수중에 있을 것이므로 C의 상계는 가능하였을 것이다. 이 문제에 대해서는 긍정설과 부정설의 대립을 보이고 있다.

긍정설, 즉 위탁매매의 실행행위의 상대방도 제103조상의 채권자로 보는 입장에서는 일반 제3채권자와 위탁매매인의 거래상대방을 달리 취급할 필요가 없다고 한다. 즉 위탁매매의 거래에 참여했던 거래상대방이 위탁매매인의 일반 채권자보다 더 보호되어야 할 당위성은 없다는 것이다.[39]

반면 부정설에서는 위탁매매인과 거래하는 제3자는 거래상대방을 위탁자가 아니라 위탁매매인으로 알고 거래에 임하는 것이므로 위탁자와 위탁매매인간의 내부관계가 위탁매매인과 그 상대방간의 관계에 영향을 미칠 수 없다 한다. 다만 상대방이 악의적으로 그러한 상계적상을 유발시킨 경우에는 채권자의 범위에서 제외시킬 수 있다고 한다.[40]

생각건대 위탁매매인과 거래하는 제3자는 위탁자와 위탁매매인간의 내부관계를 모르는 것이 보통이다. 또 위탁매매계약이란 원래 그러한 상황을 이용하는 관계라고도 할 수 있다. 이러한 위탁매매에서 위탁매매인의 거래상대방이 자신도 모르는 위탁매매관계에 영향받아 상계권행사가 제약된다면 이는 부당하다. 위의 예에서 C는 B와 거래한 것이지 A의 존재는 그의 시각 밖이다. 따라서 우연히 A와 B간에 위탁매매의 약정이 있다 하여 본래 상계권을 행사할 수 있는 상황에서 이러한 권리가 배제된다면 이는 C로서는 불측의 사건이다. 부정설이 타당하다.

(3) 매수위탁자가 상인인 경우에는 상사매매에 관한 규정이 준용된다($\frac{상\ 110}{67-71}$).

2. 위탁매매인과 제3자간의 관계(외부관계)

위탁매매인은 간접대리인이므로 제3자에 대한 관계에서 위탁자의 이름으로 거래하지 아니하고 중개인처럼 단순한 사실행위만을 하는 것도 아니다. 자신의 이름으로 등장하여 제3자와 직접 매매계약을 체결한다. 따라서 매매의 효과는 자신에게 직접 발생하므로 매도위탁의 경우 매출채권의 주체가 되고 매수위탁의 경우 매매목적물의 소유권자가 된다. 단지 이렇게 취득한 물권이나 채권을

---

39) K. Schmidt, Handelsrecht, S. 803 f.
40) BGH NJW 1969, 276.

위탁매매계약에 따라 위탁자에게 이전 또는 양도하여야 할 뿐이다($\frac{민}{684}$). 그러나 이는 어디까지나 위탁자에 대한 상대적 의무일 뿐이다.

3. 위탁자와 제3자간의 관계

위탁자와 제3자간에는 원칙적으로 아무런 법률관계도 생기지 않는다. 따라서 제3자가 채무불이행을 하는 경우에도 위탁자는 제3자에 대하여 직접 손해배상을 청구할 수 없다. 그러나 제3자가 채무를 이행하지 않는 경우 위탁매매인은 위탁자를 위하여 이를 이행할 책임을 진다($\frac{상}{105}$). 또한 위탁매매인은 위탁매매의 실행행위에서 취득한 권리나 목적물을 위탁자에게 이전할 의무를 부담한다($\frac{상\ 112;}{민\ 684}$). 제3자가 위탁자에게 직접 이행을 하더라도 당사자간에 법률관계가 직접 발생할 수 없고 제3자는 위탁자에 대해서 갖는 채권으로 상계할 수도 없다.

Ⅳ. 위탁매매인의 의무

1. 선관주의의무

위탁매매인은 위탁자와 위임관계에 놓이므로 선량한 관리자의 주의를 다하여야 한다($\frac{상\ 112;}{민\ 681}$). 위탁매매인은 위탁자의 지시를 준수하고 필요한 제반 상황을 고려하여 위탁업무를 처리하여야 한다.

2. 통지의무와 계산서제출의무

위탁매매인이 위탁받은 매매를 한 때에는 지체없이 위탁자에 대하여 그 계약의 요령과 상대방의 주소, 성명의 통지를 발송하여야 하며 계산서를 제출해야 한다($\frac{상}{104}$). 이러한 통지 역시 그 법적 성질은 관념의 통지(Wissenserklärung)이며 상법은 이에 대해서도 발신주의를 취하고 있다. 따라서 도달 여부의 위험은 위탁자의 부담사항이다.

3. 지정가액준수의무

위탁매매의 실행으로 위탁자가 지정한 가액보다 염가로 매도하거나 고가로 매수한 경우에도 위탁매매인이 그 차액을 부담한 때에는 그 매매는 위탁자에 대하여 효력이 있다($\frac{상}{106}$). 그러나 위탁자가 지정한 가액보다 고가로 매도하거

나 염가로 매수한 경우에는 그 차액은 다른 약정이 없으면 위탁자의 이익으로
한다($\frac{상}{법}$ 106).

위탁매매인은 본래 위탁자의 지시에 따라야 하므로 위탁자의 지정가액보다
염가로 매도하거나 고가로 매수한 경우에는 위탁자의 지시를 준수하지 못한
것이 되어 채무불이행상태에 빠지게 될 것이다. 그러나 매수 또는 매도액과 위
탁자가 지정한 가액간의 차액을 위탁자가 스스로 부담하는 경우 위탁자에게
별도의 손해가 발생하는 것은 아니다. 따라서 상법은 이러한 조건하에 해당 매
매의 효력을 구제해 주고 있다. 이와 반대로 위탁자의 지시보다 고가로 매도하
거나 염가로 매수한 경우에는 위탁자에게 유리한 거래이다. 그러나 상법은 위
탁매매인이 협상력이 뛰어나 이러한 거래를 하였어도 그 거래로부터의 이익이
위탁매매인에게 귀속되지 않는 것으로 하였다. 물론 당사자간에 이와 다른 약
정을 하는 것은 상관없다.

4. 이행담보책임($\frac{상}{105}$)

(1) 의 의

위탁매매인은 다른 특약이나 관습이 없는 한 위탁자를 위한 매매에 관하여
상대방이 채무를 이행하지 아니하는 경우 위탁자에 대하여 이를 이행할 책임
을 부담하는데($\frac{상법}{본문}$105), 이를 위탁매매인의 이행담보책임(Delkrederehaftung)이라
한다. 원칙적으로 위탁매매인의 거래상대방이 채무를 이행하지 않을 때 위탁매
매인이 위탁자에 대한 관계에서 모종의 책임을 질 이유는 없다. 위탁매매인은
위탁자에 대한 관계에서 거래를 성사시키고 수수료를 받을 뿐 거래의 성립과
그 이행을 확약하는 도급계약을 체결하는 것은 아니기 때문이다. 그러나 이렇
게 일반법리에 맡겨 버리면 제3자가 매매계약상의 의무를 제대로 이행하지 않
을 때 위탁자는 경제적 손해를 입게 되지만 법적으로는 위탁자와 제3자간에 아
무런 법률관계가 존재하지 않으므로 위탁자는 이에 관여할 수 없는 결과가 된
다. 이러한 단점을 시정할 목적으로 상법은 위탁매매인의 이행담보책임을 통한
위탁자보호를 꾀하고 있다.

(2) 법적 성질

이행담보책임의 법적 성질에 대해서 독일에서는 보증 혹은 보증유사의 채
무설(Bürgschaftsschuld),[41] 손해담보채무설(Garantieschuld),[42] 중첩적 채무인수

(Schuldbeitritt)나 손해담보채무의 선택설[43] 등의 주장이 있으나 우리 상법의 해석상으로는 이를 그대로 받아들이기는 어렵다. 독일상법은 당사자간의 특약(Delkredereabrede)이나 상관습(Handelsbrauch)이 있는 경우에만 본 책임이 발생하는 것으로 하고 있어 우리 상법의 경우와 다르다($^{\$394}_{HGB}$). 즉 우리 상법은 예외적으로 당사자간의 특약이나 관습으로 이를 배제하지 않는 한 이행담보책임이 발생하는 것으로 규정하고 있다. 물론 이러한 규정방식은 비교법적으로는 비판의 여지가 있다.[44] 하지만 본 책임의 법적 성질을 우리 상법의 문언을 놓고 다룰 때에는 상기한 독일에서의 논의는 거의 쓸모가 없다. 우리 상법상으로는 특수한 법정이행담보책임이라고 봐야 할 것이다.

(3) 책임발생요건

첫째 요건은 위탁매매인의 상대방이 매매에 관한 채무를 이행하지 않았어야 한다. 여기서 매매는 주로 일반 상품위탁매매(Warenkommission)가 될 것이다. 유가증권을 위탁매매하는 경우(Effektenkommission)에는 대부분 거래소의 시세가 있어 개입권이 발생할 가능성이 크기 때문이다($^{107}_{상조}$). 나아가 이행담보책임이 발생하는 거래는 주로 매도위탁(Verkaufskommission)의 실행행위가 될 것이다. 상대방이 매매대금을 지급하지 않는 경우 위탁매매인 자신이 그 대금을 위탁자에게 지급하여야 한다.[45] 물론 매수위탁(Einkaufskommission)의 경우에도 이행담보책임은 발생할 수 있다. 이 경우 상대방의 채무불이행은 이행불능이나 이행지체뿐 아니라 하자있는 급부도 포함한다. 그러나 위탁매매인이 부담하여야 할 이행담보책임은 그 성질상 대체급부가 가능한 채무로 한정된다고 봐야 한다. 따라서 골동품의 매수위탁시와 같이 특정물인도채무를 상대방이 자신의 과실로 이행불능상태에 빠뜨리는 경우에는 이행담보책임의 내용으로 위탁매매인이 대신 금전배상을 하여야 할 것이다.

둘째 요건으로 이행담보책임의 배제에 관한 특약이나 관습이 없었어야 한다($^{105}_{상서}$). 이러한 우리 상법의 규정방식은 비판의 여지가 있다. 위탁매매인은 저렴한 수수료로 거래의 주선을 해 주는 자인데 그에게 반대의 약정이나 관습

---

41) Schlegelberger-Hefermehl, §394 Rdnr. 3.
42) Baumbach/Duden/Hopt, 27. Aufl., §394 Anm. 1 A.
43) Canaris, Handelsrecht, 24. Aufl., S. 460, Rdnr. 26.
44) 同旨, 江頭, 268頁.
45) 대판 1996. 1. 23, 95다39854의 사실관계에서도 그러하였다.

이 없는 한 원칙적으로 이행담보책임을 지라는 것은 매우 가혹한 법률효과이다. 위탁매매인은 결국 자신의 수수료청구권에 담보수수료(Delkredereprovision)를 가산시키게 될 것이고 이는 곧 위탁자의 부담사항으로 작용할 것이다. 따라서 독일상법에서와 같이 우리 상법도 원칙적으로 이행담보책임은 이를 인정하지 않되 당사자가 이에 대하여 합의를 하거나 상관습으로 이러한 책임이 의문시되지 않는 경우에 한해서 이를 인정하는 것이 타당할 것이다.[46]

끝으로 이러한 이행담보책임이 발생하기 위하여 위탁매매인 자신의 고의나 과실 등 과책사유가 요구되지는 않는다. 이 책임은 무과실책임이다.

(4) 이행담보책임의 범위

위탁매매인이 부담해야 할 이행담보책임은 상대방이 위탁매매인에 대하여 부담하는 의무와 동일하다. 따라서 상대방이 위탁매매인에게 대항할 수 있는 항변사유는 위탁매매인도 위탁자에 대한 관계에서 이를 원용할 수 있다.[47] 따라서 상대방이 가졌던 동시이행의 항변(Einrede der Zug-um-Zug Leistung), 유예의 항변(Stundungseinrede), 계약의 무효, 취소사유의 주장 등으로 위탁자에게 대항할 수 있을 것이다.

(5) 이행담보책임의 시효기간

일반 상사시효인 5년의 시효기간을 갖는다. 대법원은 이에 대하여 민법 제163조 6호 소정의 단기시효적용을 배척하였다.

대판 1996. 1. 23, 95다39854
> "1. 3년의 단기소멸시효가 적용되는 민법 제163조 6호 소정의 '상인이 판매한 상품의 대가란 상품의 매매로 인한 대금 그 자체의 채권만을 말하는 것으로서 상품의 공급 자체와 등가성있는 청구권에 한한다.
> 2. 위탁자의 위탁상품공급으로 인한 위탁매매인에 대한 이득상환청구권이나 이행담보책임이행청구권은 위탁자의 위탁매매인에 대한 상품공급과 서로 대가

---

46) 임홍근, 381면; 대리상의 경우 이행담보책임조항의 효력을 부정한 사례가 있다; 대판 2003. 4. 22, 2000다55775, 55782, "건설기계 판매대리계약 중 대리상에 불과한 판매 회사에게 미회수 매매대금에 관한 무조건의 이행담보책임을 지우는 조항은 판매 회사가 수령하는 수수료의 액수에 비하여 고객의 무자력으로 인한 위험부담이 너무 커서 판매 회사에 부당하게 불리할 뿐만 아니라, 건설기계 생산자가 미리 매매대금을 리스금융회사로부터 수령하고 나름대로의 채권확보책을 가지고 있음에도 판매 회사에게 금융비용까지 합한 할부금 전액에 대하여 이행담보책임을 지우는 것은 상당한 이유 없이 건설기계 생산자가 부담하여야 할 책임을 판매 회사에게 이전시키는 것이라고 보아야 하므로 약관의규제에관한법률에 의하여 무효"라고 판단한 사례.

47) Heymann-Herrmann, §394, Rdnr. 6.

관계에 있지 아니하여 등가성이 없으므로, 민법 제163조 제6호 소정의 '상인이 판매한 상품의 대가'에 해당하지 아니하여 3년의 단기소멸시효의 대상이 아니라고 할 것이고, 한편 위탁매매는 상법상 전형적 상행위이며 위탁매매인은 당연한 상인이고 위탁자도 통상 상인일 것이므로, 위탁자의 위탁매매인에 대한 매매위탁으로 인한 위의 채권은 다른 특별한 사정이 없는 한 통상 상행위로 인하여 발생한 채권이어서 상법 제64조 소정의 5년의 상사소멸시효의 대상이 된다고 할 것이다.

3. 시효완성 전에 채무의 일부를 변제한 경우 그 수액에 관하여 다툼이 없는 한 채무승인으로서의 효력이 있어 시효중단의 효과가 발생한다."

5. 위탁물에 대한 통지 및 처분의무

위탁매매인이 위탁매매의 목적물을 인도받은 후에 그 물건의 훼손 또는 하자를 발견하거나 그 물건이 부패할 염려가 있는 때 또는 가격저락의 상황을 안 때에는 지체없이 위탁자에게 그 통지를 발송하여야 한다($\frac{상}{여}$ ^{108}). 그러나 이때 위탁자의 지시를 받을 수 없거나 지시가 지연됨으로써 손해의 위험이 있는 때에는 위탁매매인은 위탁자의 이익을 위하여 적당한 처분을 할 수 있다($\frac{상}{여}$ ^{108}). 이 의무는 위탁매매인의 선관주의의무의 한 형태로서 이를 구체화시켜 놓은 것에 불과하다.

V. 위탁매매인의 권리

1. 보수청구권

위탁매매인은 상인으로서 당사자간에 보수의 특약을 하지 않은 경우에도 위탁자에 대하여 상당한 보수를 청구할 수 있다($\frac{상}{여}$). 이를 위탁매매인의 보수청구권(Provisionsanspruch)이라 한다. 이 보수청구권은 위탁의 실행행위가 이행되었을 때 성립한다($\frac{상 112: }{686 Ⅱ}$ $\frac{민}{}$).

2. 비용상환청구권

위탁매매인은 이러한 보수청구권 이외에도 위탁의 실행에 필요한 각종 비용의 상환을 청구할 수 있다. 이를 위탁매매인의 費用償還請求權(Aufwendungsersatzanspruch)이라 한다. 이러한 비용상환청구의 범주에서 위탁매매인은 위탁의 실행을 함에 있어 필요한 비용에 대해서는 그 선급을 요구할 수 있고($\substack{상112:\\민687}$), 위탁사무의 처리를 위하여 필요한 비용을 체당한 때에는 그 체당금과 체당한 날 이후의 법정이자를 청구할 수 있다($\substack{상:112:민688\\상55Ⅱ}$).

3. 유 치 권

위탁매매인은 대리상과 똑같은 유치권을 행사할 수 있다($\substack{상111.}$).

4. 매수물의 공탁 및 경매권

위탁매매인이 매수의 위탁을 받은 경우 위탁자가 買受한 物件의 수령을 거부하거나 이를 수령할 수 없는 때에는 위탁매매인은 이를 공탁 또는 경매할 수 있다($\substack{상109.}$). 상법 제109조에 따라 상사매매에 관한 제67조가 준용되므로 위탁매매인은 민법상의 경매권과는 달리 법원의 허가 없이도 경매할 수 있으며 공탁권과 경매권을 선택적으로 행사할 수 있다.

5. 개 입 권

(1) 의 의

위탁매매인이 거래소의 시세있는 물건의 매매를 위탁받은 때에는 직접 그 매도인이나 매수인이 될 수 있는데, 이를 위탁매매인의 介入權이라 한다($\substack{상107}$). 이러한 위탁매매인의 개입권은 상업사용인에 대한 영업주의 개입권과는 그 성격이 다르다. 즉 후자는 경업금지의무를 위반한 상업사용인의 거래로부터 그 경제적 효과만을 영업주에게 돌리는 역할을 하나, 전자는 그 행사로 위탁매매인 자신이 직접 계약상의 당사자가 되는 全面的 개입권의 성격을 띤다. 그런 면에서 위탁매매인의 개입권을 법률적 개입권, 상업사용인에 대한 영업주의 개입권을 경제적 개입권이라 부르기도 한다.

이러한 개입권은 상대방, 즉 위탁자의 수령을 요하는 단독행위로서 형성권의 성격을 띤다.

(2) 행사요건

위탁매매인의 상기 개입권이 행사되자면 다음과 같은 요건이 충족되어야 한다. 첫째 거래소의 시세있는 물건에 한해서만 개입권의 행사가 가능하다. '거래소'라 함은 공개 또는 경쟁적인 방법으로 매매가 형성되는 시장을 말한다. '시세'라 함은 거래소에서의 매매를 통하여 형성된 가격을 의미한다. 개입권의 행사는 자칫 위탁자의 이익을 해할 수 있다. 따라서 상법은 거래소의 시세형성으로 매매가가 객관화된 경우에만 개입권의 행사를 인정하고 있는 것이다. 둘째 개입권이 행사되자면 개입권행사금지의 특약이 없어야 한다. 이러한 특약은 명시적 또는 묵시적으로 체결될 수 있다. 셋째 위탁매매의 실행이 이루어지기 전이어야 한다. 이미 위탁이 실행되었을 때에는 그에 따라 취득한 것을 위탁자에게 양도하여야 하므로 자신이 스스로 위탁자의 매도인이나 매수인이 될 수는 없기 때문이다.

(3) 행사방법

위탁매매인의 개입권은 형성권이므로 위탁자의 수령만 요구되지 그 승낙이 필요없는 단독행위이다. 위탁매매인은 선량한 관리자의 주의로 적정한 행사시기를 선택하여 위탁자에게 매매의 통지를 하여야 한다. 이 때 그 매매가격은 통지발송시 거래소의 시세에 따라 결정된다($^{상}_{2}{}^{107}_{}$).

(4) 개입권행사의 효과

개입권이 행사되면 위탁매매인과 위탁자간에 매매계약관계가 창설되고 동시에 위탁자의 위탁도 실행한 결과가 된다. 즉 개입권의 행사결과 위탁매매인은 위탁자에 대한 관계에서 매매의 당사자가 되는 동시에 기존의 위탁매매관계도 존속한다. 개입권이 행사되었다고 위임관계가 해소되고 매매관계가 성립하는 것은 아니다($^{상조}_{}{}^{107\,II}_{}$). 그리하여 위탁매매인은 개입권을 행사한 후에도 보수청구권, 비용상환청구권 또는 유치권($^{상}_{11}$)을 잃지 않으며 매수위탁의 경우에는 매매대금청구권을 갖는다.

6. 준위탁매매업

자신의 명의로 그러나 타인의 계산으로 매매 아닌 행위를 영업으로 하는 자를 준위탁매매인이라 한다($^{상}_{113}$). 명의와 계산이 불일치하는 간접대리의 실질을 취하지만 단지 매매가 아닌 행위유형을 주선하는 자가 바로 準委託賣買人이다. 예컨대 임대차, 도급, 임치 등의 계약을 자신의 명의로 그러나 타인의 계산으로 체결하면 준위탁매매업이 된다. 물론 물건운송계약을 주선하는 자에 대해서는 운송주선인에 관한 별도의 규정이 있으므로 이들은 준위탁매매인이 아니다(체

계해석: systematische Auslegung). 상법은 이들에 대하여도 위탁매매인에 관한 제반규정을 준용하기로 하였다.

판례에 의하면 영화배급대행업을 준위탁매매업으로 보아 상법 제103조를 준용한 예가 있다. 다음 기사와 판례는 이에 관한 것이다.

"충무로 영화배급대행사(스튜디오2.0)사건"

[충무로 휩쓴 '스튜디오2.0 100억대 갈취사건' 충격파] 충무로에 배급사 스튜디오 2.0의 흥행수익 갈취사건이 벌어져 충격을 던져주고 있다. 지난해 흥행에 성공한 두편의 영화 '영화는 영화다'와 '테이큰'의 투자사, 제작사와 수입사가 흥행수익을 받지 못해 소송중이다. 두편의 영화가 받아야 할 수익금이 모두 합쳐 100억원대를 육박한다. 최근 '영화는 영화다'의 투자자들과 제작사 스폰지이엔티와 '테이큰' 수입사 와이즈앤와이드 엔터테인먼트는 배급사인 '스튜디오2.0'으로부터 수익을 받지 못해 소송중이라고 밝혔다. 주연배우 소지섭 강지환을 비롯해 '영화는 영화다'의 투자자들과 투자사 겸 제작사인 스폰지이엔티, 제작사인 염화미소와 김기덕필름이 수익금을 불법적으로 가져갔다고 주장하며 배급사에 대해 반환 요청 소송을 진행하고 있다. '영화는 영화다' 제작사와 투자자는 9일 언론사에 배포한 보도자료를 통해 "스튜디오2.0은 이 영화의 배급대행업무만을 진행하는 배급회사로서 이 영화에 대해 어떠한 권리가 없음에도 불구하고 투자사와 제작사 그리고 배우, 스태프들 몰래 자신들의 채권자들에게 영화의 극장부금을 2008년 9월경 양도했다"고 설명했다. 제작사와 투자자는 이어 "영화가 종영되지도 않은 시점에서 자신들에게는 배급 수수료 외에는 어떠한 금전적인 권리가 없는 배급대행사가 극장부금을 영화의 주인인 투자사와 제작사, 그리고 배우, 스태프를 속이고 양도한 행위는 명백히 불법적인 행위다"고 주장했다. 이에 대해 제작사와 투자자는 "'영화는 영화다'의 메인 투자사인 스폰지이엔티를 비롯한 투자사와 제작사 전체는 스튜디오2.0의 관계자와 모회사인 미디어코프의 대표이사 및 관계자들에게 수차례 불법적인 행위를 중지하고 극장부금의 수령권한이 있는 스폰지이엔티의 권리 행사를 방해하지 말 것을 촉구했으나 미디어코프는 3개월 넘게 시간을 끌면서 아무런 조치도 취하고 있지 않는 상황이다"고 강조했다. 이 영화의 메인 투자사 스폰지이엔티는 불법적으로 극장부금을 양도받은 스튜디오2.0과 미디어코프의 채권자들에게 극장부금을 지급해서는 안된다는 법원의 지급정지가처분결정을 받았으며 미지급된 극장부금을 조속히 지급해달라는 청구소송을 진행중인 상태라고 전했다. 제작사와 투자자는 마지막으로 "스튜디오2.0과 미디어코프는 즉시 이 사태의 근본적인 원인인 스튜디오2.0과 채권자 사이에 체결한 불법적인 극장부금양수도 행위에 대한 모든 법적 문제를 해결하며 극장부금의 수령권한이 있는 스폰지이엔티가 극장부금을 받을 수 있도록 즉각 조치를 취할 것을 촉구한다"고 말했다. '테이큰' 수입사 와이즈앤와이드 측 역

시 극장부금 정산 기한을 넘겼지만 스튜디오2.0으로부터 흥행수익을 받지 못해 법적 소송에 들어갔다. 와이즈앤와이드와 '영화는 영화다'의 투자사, 제작사 스폰지이엔터이 받아야 될 수익금은 각각 60억원과 35억원. 이자까지 더하면 100억원 정도가 될 것으로 보인다."

〈"중앙일보", [뉴스엔 엔터테인먼트부], 입력 2009.01.12 18:21〉

대판 2011. 7. 14, 2011다31645 [채권양도 절차이행 등]

"1. 상고이유 제1점에 대하여

위탁매매라 함은 자기의 명의로 타인의 계산에 의하여 물품을 매수 또는 매도하고 보수를 받는 것으로서 명의와 계산의 분리를 본질로 한다. 그리고 어떠한 계약이 일반의 매매계약인지 위탁매매계약인지는 계약의 명칭 또는 형식적인 문언을 떠나 그 실질을 중시하여 판단하여야 한다(대법원 2008. 5. 29. 선고 2005다6297 판결 참조). 이는 자기 명의로써, 그러나 타인의 계산으로 매매 아닌 행위를 영업으로 하는 이른바 준위탁매매(상법 제113조)에 있어서도 마찬가지이다.

원심은 원고와 주식회사 스튜디오이쩜영(이하 '스튜디오이쩜영'이라고 한다) 사이에 체결된 이 사건 영화에 관한 국내배급대행계약(이하 '이 사건 배급대행계약'이라고 한다)이 준매매위탁계약의 성질을 가지는지 여하에 관하여, 제1심판결을 인용하여 이 사건에서 인정되는 다음과 같은 사정 등을 고려하여 보면 스튜디오이쩜영은 이 사건 배급대행계약에 따라 원고의 계산으로 자신의 명의로 각 극장들과 사이에 영화상영계약을 체결하였다고 봄이 상당하므로 스튜디오이쩜영은 준위탁매매인의 지위에 있다고 판단하였다. 즉 ① 이 사건 배급대행계약서 제1조, 제2조에서 원고가 국내에서 독점적으로 판권을 소유하는 이 사건 영화에 관하여 그 국내배급을 스튜디오이쩜영에게 대행하게 하는 계약을 체결하는 것이라고 명확하게 하고 있듯이, 스튜디오이쩜영은 원고로부터 이 사건 영화의 판권을 매입한 후 배급하는 것이 아니라, 판권을 가지는 원고를 대행하여 이 사건 영화를 배급하기로 하는 배급대행계약을 체결한 것인 점, ② 스튜디오이쩜영이 원고로부터 이 사건 영화의 판권을 일정 가격에 매입한 후 배급하는 경우라면 이 사건 영화의 흥행 결과에 따른 이른바 '부금'의 액수에 따라 손실이 나거나 이익을 볼 수 있을 것이나, 이 사건 배급대행계약에 의하면, 스튜디오이쩜영은 원고를 대행하여 이 사건 영화의 상영계약을 체결하고 부금(이는 개략적으로 말하면 영화를 상영한 극장이 그 상영의 대가로 그가 얻은 입장료 수입의 일정 비율을 배급대행사에 지급하기로 약정한 돈으로서, 배급대행사는 거기서 일정 비율의 배급수수료를 공제한 것을 영화 판권사에 지급하게 된다)을 정산하는 등의 업무를 처리한 후 원고로부터 미리 정하여진 수수료를 지급받음에 그치는 반면, 원고는 이 사건 영화의 판권을 소유하면서 자신의 비용과 책임 아래 영화의 선전활동을 진행한 후 그 흥행의 결과에 따른 부금의 액수에 따라 수익과 손실을 부담하는 점, ③ 스튜디오이쩜영은 선급금으로 5억 원을 지급하였으나 이는 이후 원고에게 지급할 부금에서 공제할 것이어서, 위 선급금은 스튜디오이쩜영의 부금정산의무 등을 담보하기 위하여 원고가 지급받아 둔 것에 불과하고, 또한 스튜디오이쩜영이 프린트대금으로 3억 원을 미리 지급하였지만 이 역시 원고에게 지급할 부금에서 공제할 것이며, 스튜디오이쩜영이 배급을 진행하는 데 필요한 경비도 배급수수료와 별도로 집행할 수 있되 이를 500만 원으로 책정하여 원고에게 지급할 부금에서 공제하기로 하였으므로, 결국 위 돈들은 모두 원고의 부담이 되는 점. ④ 이 사건 영화의 배급방식은 기본적으로 스튜디오이쩜영이 시행하고 있는 방식을 채택하기로 하였으나, 이는 스튜디오이쩜영이 배급대행을 함에 있어서 통상 취하는 방식에 따라 업무를 수행하겠다는 정도의 의미에 불과하며, 오히려 스튜디오이쩜영은 이 사건 영화의 배급에 최선을 다하고, 배급시기 및 방법 등과 관련하여 원고와 협의하고, 이 사건 영화의 개봉 스코어를 매일 집계하여 원고에게 통보하며, 메가박스 코엑스 종영 후 60일 이내에 부금에 관하여 정산한 후 원고에게 정산서를 제출할 의무가 있는데, 이는 상법 제113조, 제104조 소정의 준위탁매매인의 통지의무, 계산서제출의무에 해당하는 점. ⑤ 스튜디오이쩜영이 각 극장들로부터 부금계산서 및 세금계산서를 받아 처리하도록 하고 있으나, 준위탁매매의 경우에는 준위탁매매인이 자신의 명의로 상대방과 계약을 체결하여 계약상대방에 대하여 직접 권리를 취득하고 의무를 부담하게 되는 결과 상대방으로부터 직접 세금계산서 등을 받게 될 수 있다고 할 것이므로, 스튜디오이쩜영이 직접 각 극장들로부터 부금계산서 및 스튜디오이쩜영이 공급자로 표시된 세금계산서를 받는다는 점을 들어 스튜디오이쩜영이 자신의 계산으로 영화상영계약을 체결한 것이라고 할 수 없는 점. ⑥ 상법 제113조, 제105조는 준위탁매매에 있어서 거래행위의 법적 효과가 오직 준위탁매매인에게만 귀속되고 위탁자는 거래상대방에 대하여 직접적인 법률관계에 서지 못하므로 거래상대방으로 하여금 이행을 시키기 위하여는 준위탁매매인을 통하여 이행을 최고하거나 준위탁매매인으로부터 채권을 양도받아 최고를 할 수밖에 없는 점을 참작하여 위탁자를 보호하기 위하여 준위탁매매인에게 이행담보책임을 지울 필요를 인정하여, 준위탁매매인은 위탁자를 위한 계약에 관하여 상대방이 채무를 이행하지 아니하는 경우에는 위탁자에 대하여 이를 이행할 책임이 있다고 규정하고 있는데, 스튜디오이쩜영이 원고에게 부금의 최종 수금 책임을 지고 각 극장들로부터 부금을 지급받지 못하더라도 부금 상당의 돈을 지급하기로 약정한 것 역시 위와 같은 이행담보책임의 한 형태라고 볼 수 있으므로 이 점을 들어 준위탁매매가 아니라거나 스튜디오이쩜영이 자신의 계산으로 영화상영계약을 체결한 것이라고 할 수 없는 점 등이다.

앞서 본 법리에 비추어 살펴보면, 원심의 판단은 정당하고, 거기에 상고이유의 주장과 같이 위탁매매에 관한 법리를 오해하고 필요한 심리를 다하지 아니한 위법이 있다고 할 수 없다.

2. 상고이유 제2점에 대하여

상법 제103조, 제113조는 위탁매매 또는 준위탁매매에서 위탁매매인이 위탁매매로 인하여 취득한 물건, 유가증권 또는 채권은 위탁자와 위탁매매인 또는 위탁매매인의 채권자 사이의 관계에서는 이를 위탁자의 채권으로 본다고 규정한다. 위에서 본 대로 원래 위탁매매인과 상대방 사이에 체결된 위탁매매의 법적 효과는 그 계약의 당사자인 위탁매매인과 상대방에게 귀속하여 위탁매매인이 위탁매매의 목적물이나 그 위탁매매계약상의 채권을 취득하고, 위탁자는 위탁매매인으로부터 그 목적물이나 채권을 양도받음으로써 비로소 그 권리자가 된다. 그러나 앞서 본 상법 규정은 위탁자가 위탁매매인의 배후에 있는 경제적 주체로서 위 물건 또는 채권에 대하여 가지는 직접적 이익을 고려하고 나아가 위탁매매인이 위탁자에 대하여 신탁에서의 수탁자에 유사한 지위에 있음을 감안하여, 위탁자와 위탁매매인 사이 또는 위탁자와 위탁매매인의 채권자 사이의 관계에 있어서는 위탁매매인의 실제의 양도행위가 없더라도 위 물건 또는 채권을 위탁자의 재산으로 의제하는 것이다. 그리고 그렇게 함으로써 위탁매매인이 위 물건 또는 채권에 관하여 한 처분 또는 위탁매매인의 채권자가 위 물건 또는 채권에 대하여 하는 강제집행 등 자기 채권의 만족에 관한 행위는 이미 위탁자에게 속하는 물건 또는 채권에 대하여 행하여진 것이어서 무권리자의 처분 또는 채무자의 재산이 아닌 재산에 대한 강제집행 등임을 이유로 위탁자와의 관계에서 그 효력을 부인하여 위탁자의 이익을 보호하고자 하는 것이다.

따라서 위탁매매인이 그가 제3자에 대하여 부담하는 채무를 담보하기 위하여 그 채권자에게 위탁매매로 취득한 채권을 양도한 경우에 위탁매매인은 위탁자에 대한 관계에서는 위탁자에 속하는 채권을 무권리자로서 양도하였다고 볼 것이고, 따라서 그 채권양도는 무권리자의 처분 일반에서와 마찬가지로 양수인이 그 채권을 선의취득하였다는 등의 특별한 사정이 없는 한 위탁자에 대하여 효력이 없다고 할 것이다. 이는 채권양수인이 양도의 목적이 된 채권의 귀속 등에 대하여 선의이었다거나 그 진정한 귀속을 알지 못하였다는 점에 관하여 과실이 없다는 것만으로 달라지지 아니한다.

원심이 같은 취지에서 스튜디오이쩜영이 이 사건 배급대행계약의 이행으로 극장 운영자인 롯데쇼핑 주식회사(이하 '롯데쇼핑'이라고 한다)와 사이에 영화상영계약을 체결하고 그 계약에 기하여 롯데쇼핑에 대하여 가지게 된 이 사건 부금채권을 자신의 채권자인 피고에게 그 채권의 담보로 양도한 것은 앞서 본 대로 준위탁매매계약상 위탁자의 지위에 있는 원고에 대하여 효력이 없다고 판단한 것은 정당하다. 이와 달리 상법 제103조는 위탁매매인의 채권자가 위탁매매인이 위탁매매로 취득한 채권에 대하여 강제집행을 실시하는 경우 또는 위탁매매인이 도산하여 파산 등 도산 관련 절차가 진행되는 경우 등에만 적용되고 위탁매매인이 위탁매매로 취득한 채권을 자의로 처분한 경우에는 적용되지 아니한다거나, 위 상법 규정은 그 채권의 양수인 등이 채권의 귀속에 관하여 선의인 경우에는 적용의 여지가 없다는 상고이유의 주장은 받아들일 수 없다.”

제 2 절 운 송 업

제 1 관 운송업 서설

I. 의   의

運送業(Frachtgeschäft)이란 사람과 물건의 장소적 이동을 꾀하며 영리를 추구하는 상인의 활동영역이다. 고유의 의미에 있어서의 상이 유형재화의 전환 및 매개에 그쳤다면 운송업은 경제적 의미의 상에 속하는 것으로서 이러한 고유의 의미의 상을 돕는 보조영업으로 등장하게 되었다.

II. 종   류

운송은 우선 무엇을 운송하느냐에 따라 물건운송, 여객운송 및 통신운송으로 나누어진다. 상법은 육상운송과 해상운송을 규율하면서 물건운송과 여객운송을 별도로 다루고 있다. 통신운송은 서신의 전달 등 주로 국가의 체신업무를 통하여 수행되어 왔지만 오늘날에는 민간통신업체[1]의 발달을 보게 되었다. 운송은 나아가 운송이 이루어지는 공간에 따라 육상운송,[2] 해상운송,[3] 항공운송[4]으로 나누어진다. 고대에는 주로 해상을 통하여 운송이 이루어졌지만 오늘날에는 컨테이너기법의 등장으로 해운, 육운, 공중운송의 구별이 무디어지는 복합운송(combined transport)의 형태로 발전해 가고 있다.

---

1) DHL, Fedex, UPS etc.
2) CMR.
3) Hague-Visby-Rules.
4) Warsaw 협약. 상법전 제6편(제896조 내지 935조)

Ⅲ. 운송법의 특색

운송업은 특히 운송인의 사소한 과실로도 거액의 손해배상책임을 부담해야 하는 고위험군 영업에 속한다. 그리하여 상법뿐 아니라 많은 국제조약에서 운송기업주체의 책임을 일정한 범위로 제한하는 것은 운송법의 가장 주된 관심사였다. 민법의 일반원칙에 따라 손해배상책임을 부과하면 운송기업은 그 존립기반이 흔들리며 이러한 결과는 상법이 취하는 기업유지의 이념에도 배치된다. 그리하여 상법은 육상운송이건 해상운송이건 정도의 차이는 있으나 책임제한의 기법을 도입하였고 이러한 규정들은 운송법의 커다란 특색을 형성하고 있다. 상법은 1991년 말과 2007년에 해상운송 분야에서 주로 국제조약을 국내법화하는 대규모의 법개정을 단행하였다. 나아가 2011년에는 제6편에 항공운송에 관한 규정들을 신설하였다. 육상운송 분야에서는 아직 이보다 적극적이지는 못하나 최근 독일의 상법개정(1998년 7월 1일 시행)에서 나타난 바대로 향후 육상운송의 경우에도 해상운송과 유사한 법개정은 불가피할 것으로 전망된다. 즉 개정된 독일상법 제431조는 해상운송인에 대한 개별적 책임제한기법(individual limitation of liability)을 육상운송법에 도입하여 운송물 1킬로그램당 8.33 SDR로 운송인의 책임을 제한하고 있다.[5] 이러한 움직임은 향후 우리 상법에도 많은 영향을 미칠 것으로 생각된다.

일본 상법의 최근 변화 및 우리 상법에의 시사점

2018년 일본 상법에 커다란 변화가 있었다. 상행위법과 해상법 부분의 대대적 개정이 있었다. 세기를 2번 넘기도록 그대로 이던 일본 상법이 120년 만에 대변신을 한 것이다. 특히 육상운송법[6]과 해상운송법[7]에 많은 변화가 있었다. 본서의 범위에 속하는 육상물건운송법을 중심으로 그 내용을 간단히 정리해 보기로 한다.

---

5) 독일의 최근 상법개정에 대해서는 Wolfgang Zöllner, Die Reform des deutschen Handelsrechts von 1998(번역: 이기수 교수), 고려대 법학논집, 34집(1998), 405면 이하 참조.

6) 특히 이 부분에 대해서는 김영주, "2018년 일본 개정상법의 쟁점 검토 -육상물건운송을 중심으로- ", 「商事法研究」, 제38권 제4호(2020), 187-251면; 김인현, "일본상법 운송편의 개정내용", 「해양한국」, 2020년 1월, 157-159면 참조.

7) 특히 이 부분에 대해서는 김인현, "2019년 개정 일본 해상법의 내용과 시사점", 「한국해법학회지」, 제42권 제1호(2020. 5.), 7-36면.

I. 주요 개정 내용

1. 화물상환증제도의 폐지

화물상환증제도의 폐지이다. 우리나라나 일본 같은 경우 화물상환증의 이용은 미미하였다. 운송수단의 기술적 진보는 운송시간을 단축시켰고 화물상환증을 발행한다 해도 이를 법률적으로 이용할 시간대는 점점 줄어들게 되었다. 해상운송이라면 운송구간은 상당 부분 대양(大洋)을 가로 지르고 운송시간도 상대적으로 길어 선하증권 없는 운송화물의 처분은 상상하기 어려웠고 나아가 선하증권없는 대금결제 역시 상상하기 어려웠다. 그러나 화물상환증의 경우 이와 유사한 현상은 나타나지 않았다. 이러한 이유로 육상운송실무에서도 화물상환증은 거의 쓰이지 않았다. 일본에서도 사정은 유사하였다. 이러한 사정을 감안하여 일본 상법은 2018년의 개정에서 화물상환증 제도 자체를 폐기하는 과감한 선택을 하였다. 양국의 상법은 모두 육상운송부분에 화물상환증제도를 두고 있었고 양자 모두 이들을 선하증권에 준용하는 입법방식을 취하고 있었다.[8] 그러나 이번 개정에서 일본 상법은 변화를 택하였다. 화물상환증과 관련된 옛 규정들은 모두 삭제한 다음 과거 국제해상물품운송법에 존재하던 선하증권 관련 규정들을 상법전에 새로이 수용하였다.[9]

2. 평수구역(平水區域)에서의 운송

호천이나 항만 등 이른바 평수구역에서의 운송을 육상운송에서 제외시키고 이를 해상운송 쪽으로 편입시켰다. 우리나라와 마찬가지로 일본에서도 호천이나 항만 등 평수구역의 운송은 육상운송으로 다루어왔으나 이번 개정에서 이를 해상운송법의 적용영역으로 한 것이다. 일반적으로 평수구역에서는 전형적인 바다의 위험 (perils of the sea)이 나타나지 않는다. 이러한 이유로 평수구역은 육상운송 구간으로 다루어 왔다. 그런데 일본에서는 특히 근거리 연안 운항이 빈번했지만 이 경우 육상운송법이 적용되어 감항능력 주의의무 등 해상운송 특유의 규정들이 적용되지 않는다는 여러 지적이 있어 왔다. 이번 개정에서는 이러한 문제점을 반영하여 평수구역에서의 운항 역시 해상운송법의 적용대상으로 하게 되었다(동법 제569조 제2호 참조: '호천 및 항만'의 삭제).

3. 고가물면책에 관한 규정의 변화

이번 개정에서 일본 상법은 ① 운송인이 계약체결 당시 해당 운송물이 고가물임을 알았던 경우 및 ② 운송인의 고의 내지 중과실로 손해가 발생한 경우에는 본 면책규정을 적용하지 않기로 하였다(개정 일본 상법 제577조 제2항).[10] 해석학으로 유사한 결론에 이르던

---

8) 일본 구 상법 제571조 내지 제575조, 제584조.

9) 일본의 2018년 개정 상법 제757조 내지 제760조.

10) 일본 2018년 개정 상법 제577조 (1) 화폐, 유가증권 기타 고가물에 대해서는 송하인이 운송을 위탁함에 있어 그 종류 및 가액을 고지하지 않으면 운송인은 그 멸실, 훼손 및 연착에 대하여 손해배상책임을 부담하지 않는다. (2) 전항의 규정은 다음의 경우에는 그 적용이 없다. 1. 물품운송계약의 체결 당시 운송품이 고가물임을 운송인이 알고 있었던 경우. 2. 운송인의 고의 내지 중과실에 의하여 고가물의 멸실, 훼손 또는 연착이 일어난 경우.

것들을 명문화한 것이라고 할 수 있다.

4. 청구원인을 불법행위로 할 경우의 변화

이번 개정에서 일본 상법은 운송인을 상대로 한 손해배상청구시 청구원인을 불법행위로 하는 경우에도 계약적 책임에 관한 다수의 규정들을 이에 준용하는 과감한 법개정을 시도하였다.[11] 이로써 청구원인의 여하를 불문하고 운송인의 책임을 감면하는 다수의 규정들은 불법행위를 원인으로 하는 청구에 대해서도 적용가능하게 되었다(상법 일본 제587조). 청구원인을 법률행위로 하는 경우와 청구원인을 불법행위로 하는 경우 책임의 범위나 시효, 입증책임의 분배 등 여러 면에서 차이가 나타난다. 나아가 양자간의 관계를 어떻게 정립하느냐 하는 문제는 운송법의 핵심과제이다. 우리 상법상으로도 해상운송 및 항공운송의 경우 이러한 문제는 이미 입법적으로 해결되었다(상법제798조 및 제899조). 그러나 육상운송의 경우에는 명문의 규정이 없다. 일본 상법은 독일 상법과 같이[12] 육상운송의 경우에도 청구원인의 여하를 불문하고 같은 결과에 이르도록 이번 개정에서 명문의 규정을 두게 되었다(개정일본상법 제587조참조). 이러한 규정은 우리 상법 역시 받아들일 필요가 있다고 본다.

5. 피용자의 불법행위책임의 경우

이번 개정에서 일본 상법은 해상운송의 경우 적용가능하던 히말라야 조항(Himalaya Clause)을 육상운송의 경우에도 그 적용을 확대하였다(동법 제588조). 즉 피용자가 하주에 대해 부담하는 불법행위책임에 대해서도 운송인이 주장할 수 있는 면책의 항변이나 책임감경의 항변을 허용하게 되었다(동법 제588조 제1항). 단 피용자의 고의 또는 중과실의 경우에는 그러하지 아니하다(동법 제588조 제2항).

6. 송하인의 위험물 통지의무

2018년 개정 일본 상법은 위험물취급의 적정성을 제고하고 운송의 안전을 도모하기 위하여 위험물에 대한 통지의무를 송하인에게 부과하였다(동법 제572조). 즉 "운송물이 인화성, 폭발성 기타 위험성을 가진 경우 송하인은 운송인에 이를 인도하기 전에 그 뜻과 당해 운송물의 품명, 성질 기타 안전운송에 필요한 제반 정보를 운송인에게 알리"도록 하였다.

II. 우리 법에의 시사점

1998년 독일 운송법의 대대적인 개정이 있었다.[13] 그리고 그 20년 후 일본 역시 대대적인 변신을 하였다. 대륙법계 국가의 대표주자인 이들의 변신은 향후 우리 상

---

11) 정액배상주의(동법 제576조), 고가물 면책(동법 제577조) 및 책임의 소멸에 관한 규정들(동법 제584조, 제585조)이 그것이다.
12) 독일 상법 제434조 제1항 참조.
13) 이에 대해 자세히는 졸고, "독일의 신운송법이 우리 상법에 미칠 수 있는 영향", 「고려법학」, 제37호(2001), 37-59면.

법에도 적지 않은 영향을 미칠 것이다. 특히 두 나라 상법에서 공히 나타나고 있는 불법행위책임 관련규정[14]과 히말라야 조항의 성문화[15]는 향후 우리 상법에도 영향을 미칠 것이다. 우리나라에서도 2010년 운송법 개정시 이 문제가 논의는 되었으나[16] 법개정으로 이어지지는 못하였다. 향후 국내 육상운송법의 최대과제가 될 것이다.

물론 이번 일본 상법의 대변신이 모두 우리 법에 영향을 미치지는 못할 것이다. 특히 화물상환증제도의 전면 폐지 같은 문제는 우리로서는 조금 달리 생각해보아야 할 부분이 있기 때문이다. 우리나라는 섬나라 일본과 달라 대륙과 직접 연결되어 있으며 향후 나타날 운송환경의 변화도 심각히 고려해야 할 것이다. 즉 아시안 하이웨이(AH) 내지 유라시아철도(TSR)의 활성화 등 북한의 정세변화에 따라 미묘하게 바뀔 수 있는 운송환경을 가지고 있다. 따라서 지금까지 활발히 이용되지 않았다는 이유만으로 화물상환증 제도를 일거에 폐기하는 법개정 등은 바람직스럽지 않다고 생각된다. 오히려 이 부분에 대해서는 독일 상법이 우리에게 시사하는 바가 더 크다. 해상운송의 경우와 유사하게 육상운송법을 정비한 독일 상법이야 말로 향후 우리의 운송법 개정시 가장 중요한 선례가 될 것이다. 장차 유라시아 대륙의 동과 서는 철도 및 도로로 더 긴밀히 연결될 것이고 제2. 제3의 실크로드도 더욱 활성화될 것이기 때문이다. 이러한 운송환경하에서는 육상운송법의 국제적 수렴 역시 회사지배구조의 국제적 수렴과 유사한 모습을 보이게 될 것이다.

Ⅳ. 운송법의 규정방식

상법은 육상운송에 대해서는 상행위편에서 규율하고 있고(상_{150}^{125-}), 해상운송에 대해서는 해상편에 별도의 규정을 두었다(상_{864}^{791-}). 나아가 항공운송에 대해서는 제6편에 상세한 규정을 두었다(상_{935}^{896-}). 이로써 상법전은 운송공간의 전 범위에 걸쳐 성문화를 완성하였다. 그러나 운송법의 전반에 걸쳐 국제조약이나 운송약관은 상법전의 해석상 큰 의미를 차지한다. 따라서 비교법적 연구는 매우 긴요하다. 특히 국제조약의 성문화가 거의 이루어지지 않은 육상운송의 경우에는 향후의 법발전을 위하여 CMR 등 국제규범에 대해 철저히 연구하는 자세가 필요할 것이다. 철의 실크로드가 대륙의 동과 서를 연결하고 아시안 하이

---

14) 독일 상법 제434조 제1항: 일본 상법 제587조.
15) 독일 상법 제434조 제2항: 일본 상법 제588조.
16) 당시에도 상법 제135조에 제2항을 신설하여 독일 상법 제434조 제1항 및 일본 상법 제587조와 같은 규정을 두자는 논의가 있었으나 입법으로 이어지지는 못하였다.

웨이 등 이념분쟁의 여파로 지금까지 활발하지 못했던 유라시아 대륙의 대륙
간 육상운송이 활성화되는 경우 육상운송법의 국제적 통일은 현실이 되어야
할 것이다.

박대통령 '유라시아 이니셔티브' 제안

입력: 2013-10-20 20:16 [디지털타임스, 2013년 10월 21일자 23면 기사]

　"박근혜 대통령이 유라시아 대륙의 교통 · 물류 · 교역 · 에너지 분야를 하나로
묶어 거대 단일 시장화하고, 나아가 지역 공동 번영과 평화체제를 공고히 하는 '유
라시아 이니셔티브'를 제안했다. 박 대통령은 18일 서울 신라호텔에서 대외경제정
책연구원과 경제인문사회연구회, 수출입은행이 공동 주최한 '유라시아 시대의 국제
협력 콘퍼런스' 기조연설에서 유라시아를 '하나의 대륙, 창조의 대륙, 평화의 대륙'
으로 만들어 가자고 말했다. 박 대통령은 이를 위해 부산을 출발해 북한, 러시아,
중국, 중앙아시아와 유럽으로 이어지는 '실크로드 익스프레스(SRX)'를 실현해 복
합물류네트워크 구축을 제시했다. 또 유라시아 개별 전력망과 가스관, 송유관 등
에너지 인프라를 잇고 이와 연계해 중국 셰일가스와 동시베리아 석유와 가스도 공
동 개발하자고 제안했다. 박 대통령은 유라시아 지역은 서쪽으로는 EU, 남쪽으로
는 ASEAN, 태평양 건너에는 북미자유무역협정(NAFTA) 등 단일시장을 위한 제
도적 기반을 갖추고 있다며 한-중-일 FTA 논의를 가속화하고 중국 주도의 포괄적
경제동반자협정(RCEP)과 미국 주도의 환태평양경제동반자협정(TPP)의 연계를
통한 거대 무역자유지대화 가능성도 밝혔다.

　유라시아 대륙은 지구 지표 면적의 40%, 세계 인구의 71%, 전 세계 GDP의
60%를 차지하는 거대 시장이지만 그동안 우리는 지역별로 제한적 교류를 해왔다.
한반도의 지경학적 이점을 고려할 때 광역 교류와 협력을 위한 외국의 호응과 여
건, 필요성은 충분했지만 유라시아 대륙으로의 진출은 제한적이었던 게 사실이다.
그 이유는 주지하다시피 북한으로 인한 단절 때문이다. 따라서 이번 박 대통령의
유라시아 이니셔티브 구상의 성패는 북한 참여여부에 달려있다. SRX든 전력망, 송
유관이든 중국과 러시아를 통해 유라시아 내륙으로 뻗어가기 위해서는 반드시 북
한을 통과해야 한다. 북한은 UN 아 · 태경제사회위원회(ESCAP)가 주선해 2005년
7월 아시아 30여 개국이 협정을 체결한 아시안하이웨이에도 도로 접속을 거부하고
있다. 현재 경부고속국도와 국도7호선은 각각 '아시안하이웨이 AH1', '아시안하이
웨이 AH6'라는 도로표지만 쓰여 있을 뿐이다. 도로를 달리는 차량들은 언젠가 북
한을 지나 동남아와 유럽으로, 러시아로 달려갈 수 있길 고대하고 있다.

　박 대통령의 유라시아 이니셔티브는 한반도신뢰프로세스의 진정성을 북한이 이
해할 때 궤도에 오를 수 있다. 박 대통령은 역내 국가들을 대상으로 구상 실현을
위한 외교에 적극 나선다는 복안이다. 이를 통해 북한을 우회적으로 설득할 계획이

다. 중국과는 전략적 동반자 관계로서 관계가 심화 단계로 접어들고 있고 아세안과
도 외교적 노력을 한층 강화하고 있다. 러시아와는 다음 달 블라디미르 푸틴 대통
령이 방한하는 것을 계기로 협력을 다질 예정이다. 이번 한-러 정상회담은 유라시
아 이니셔티브 구상을 위한 첫 단추로서 반드시 결실을 거둬야 한다. 박 대통령의
유라시아 이니셔티브 구상은 그동안 주창돼온 대륙과 대양 간 한반도의 교량적, 가
늠자적 역할에서 한발 나아가 광역 평화구상까지 담고 있다는 데에 의미가 새롭다.
경제번영을 넘어 한반도 평화구축과 통일로 가는 매개 역할을 할 것으로 기대된다.
그러나 꿈이 아닌 현실이 되려면, 외교적 경제적 역량을 총동원해야 할 것이다."

제 2 관 운송인의 의의

상행위편 제9장에서 말하는 運送人(Frachtführer; carrier)이란 육상운송인에
한정된다. 그리하여 상법 제125조도 운송인을 "육상 또는 호천·항만에서 물건
또는 여객의 운송을 영업으로 하는 자"라고 정의하고 있다. 해상운송인은 제5
편 해상 부분에서 선박소유자 또는 정기용선자 등의 별도의 용어로 불리우고
있다. 육상운송인의 개념요건을 구체화시키면 다음과 같다.

Ⅰ. 운송공간

육상운송인은 육상 또는 호천·항만에서 운송하는 자이다. 육상이라 함은
지표에서의 수평운동에 한정되지 아니하고 지하나 지상으로의 수직운동도 이
에 포함된다. 나아가 육상운송인의 활동공간에는 평수구역이라 불리우는 하천
이나 호수, 항만 등이 포함된다.[17] 이러한 내수(內水)구역이 해상운송이 아니라
육상운송구역에 포함되는 이유는 전형적인 바다의 위험(peril of the sea)이 나타
나지 않기 때문이다. 즉 인간의 힘으로 극복할 수 없는 바다의 성격이 내수구
역에서는 잘 나타나지 않는다. 또한 이러한 지역에서는 운송의 규모도 적고 또
운송활동도 공해상보다 빈번하다.

---

17) 상법시행령 제4조 참조.

Ⅱ. 운송의 객체

육상운송의 객체는 물건 또는 여객이다($^{상}_{125}$). 물건이라 함은 동산이나 유가증권을 뜻하며,[18] 상품이 아니어도 상관없다. 여객이란 자연인을 뜻하나 시신인 경우에는 물건운송의 객체가 된다. 그러나 산동물(live animals)은 여기에 포함된다.

Ⅲ. 운송행위

운송행위란 물건이나 여객을 장소적으로 이동시키는 행위이다. 이러한 이동행위는 반드시 수평이동에 한정되지 않고 승강기 등을 이용한 동일 건물 내에서의 수직이동도 포함한다. 장소적 변동이라는 결과가 중요한 것이므로 그 이동거리의 장단은 묻지 않으며 또 운송도구 등에도 제한이 없다. 경우에 따라서는 별도의 운송용구를 사용하지 않고 자연인의 체력만으로 운송을 실행하기도 한다(예컨대 인력거에 의한 운송). 이러한 점에서 해상운송인의 운송수단이 선박으로 한정되는 것과 대조적이다.

Ⅳ. 영 업 성

운송인은 이러한 운송의 인수를 營業으로 하는 당연상인이다($^{상 4, 46}_{13호}$). 따라서 운송인은 이러한 운송을 이윤추구의 의도로 제3자가 인식가능하게 반복적으로 인수하는 자이다.

---

18) 본시 물건이라 함은 동산, 부동산을 모두 망라하겠으나(민 98, 99), 제125조상의 물건이라 함은 당연히 동산에 한정될 것이다. 축소해석의 좋은 예이다.

제3관 운송계약

I. 운송계약의 개념 및 성질

運送契約이란 "당사자 일방이 물건 또는 여객을 한 장소로부터 다른 장소로 이동할 것을 약속하고 상대방이 이에 대해서 보수를 지급할 것을 약속함으로써 성립되는 계약이다."[19]

이러한 운송계약은 물건 또는 여객을 일정한 장소까지 이동시킬 것을 내용으로 하므로 일정한 결과의 완성을 급부의 내용으로 하게 된다. 따라서 운송계약은 도급계약(Werkvertrag)이다.[20]

나아가 운송계약은 낙성계약의 성질을 갖는다. 화물명세서(Frachtbrief)이나 화물상환증(Ladeschein)이 작성되기도 하나 이것이 운송계약의 효력발생요건이나 서면형식(Schriftform)이 되지는 않는다.[21]

끝으로 운송계약은 수하인(Empfänger)과의 관계에서 제3자를 위한 계약의 성격을 갖는다. 제3자를 위한 계약에서 수익의 의사표시를 절대적 요건으로 삼지 않으면 이러한 결과는 쉽게 긍정할 수 있을 것이다. 물론 수익자인 수하인의 권리는 일시에 동일한 내용으로 발생하는 것이 아니라 다단계의 변모를 거친다(상140. 141 참조).

II. 운송계약의 당사자

운송계약은 송하인(Absender)과 운송인간에 체결된다. 운송인은 운송의 실행을 인수하는 계약당사자이고, 송하인은 운송의 위탁자이다. 운송주선인이 등장하는 경우에는 그가 송하인이 되어 자신의 명의로 운송인과 운송계약을 체결한다.

반면 受荷人(consignee; Empfänger)은 운송계약의 당사자가 아니다. 그러나

---

19) 대판 1963. 4. 18. 63다126: MünchKommHGB/Czerwenka, § 407 Rdnr. 88.
20) 대판 1983. 4. 26. 82누92.
21) Canaris, Handelsrecht, 22. Aufl., S. 468.

수하인과의 관계에서 운송계약은 제3자를 위한 계약이 될 수 있으므로 수하인도 그에 따른 법적 지위를 향유하게 된다. 즉 운송물이 도착지에 도착한 때에는 수하인은 송하인과 동일한 권리를 취득하는 것이다($\$^{140}$). 운송계약상 나타나는 수하인의 지위는 별도로 살펴보기로 한다.

Ⅲ. 수하인의 지위

受荷人은 운송계약의 직접적 당사자는 아니지만 상기에 논한 대로 제3자를 위한 계약의 수익자와 유사한 지위를 갖게 된다. 이에 수하인의 지위를 화물상환증이 발행된 경우와 그렇지 않은 경우로 나누어 살펴본다.

1. 수하인의 지위에 대한 학설

수하인의 지위에 대해서는 다음과 같은 여러 학설의 주장이 있다. 우선 ① 送荷人대리설에서는 수하인을 송하인의 대리인으로 파악한다. 그리하여 수하인이 송하인의 대리인으로서 운송계약상의 권리를 행사한다고 하고, ② 사무관리설에서는 수하인이 송하인을 위하여 사무관리를 한다고 본다. 나아가 ③ 권리이전설에서는 송하인의 운송물에 대한 권리가 수하인에게 이전되어 수하인이 그 운송물에 대한 권리를 행사한다고 보며, ④ 제3자를 위한 계약설에서는 운송계약을 수하인을 수익자로 하는 제3자를 위한 계약으로 파악하여 수하인이 수익자의 권리를 행사한다고 주장한다. 끝으로 ⑤ 특별규정설에서는 공간적 장애를 극복하기 위하여 도착지에 운송물을 수령할 자가 필요하므로 물건운송의 이러한 특수성이 고려되어 상법이 수하인의 존재를 특별히 인정하게 되었고 이러한 필요에서 수하인에게 일정한 권리가 인정된 것이라 한다. 현재 국내에서는 제3자를 위한 계약설[22]과 특별규정설[23]만이 지지되고 있다.

생각건대 제3자를 위한 계약설에 찬동한다. 물론 수하인이 운송계약상의 지위를 갖게 될 때 수익의 의사표시가 요구되지 않는 것은 사실이다. 나아가 수하인이 운송계약상의 의무, 즉 운임지급의무 등을 부담하게 되는 것도 사실이다. 그러나 수하인이 자신의 의사에 반하여 의무를 부담하는 법은 없다. 또한

---

22) 채이식, 309면; 이 · 최, 485면.
23) 정동윤, 263-264면; 정찬형, 358면; 김성태, 657면; 손주찬, 339면.

그의 의무는 운송물을 수령한 후에야 비로소 발생한다(상141조). 따라서 운송계약을 수하인에게 부담을 주는 계약(Vertrag zu Lasten eines Dritten)으로 볼 수는 없을 것이다.[24] 수하인의 수익의 의사표시 없이도 수하인의 권리가 발생하기는 하나[25] 이것도 송하인을 통하여 운송계약을 체결하는 시점에 이미 이루어지는 것으로 볼 수도 있다. 운송계약의 체결시점에는 이미 수하인이 정해져 있고, 수하인이 도착지에서 운송물의 인도를 요구한다는 것은 운송인에게도 기정사실이기 때문이다(상126,128 II조참조). 따라서 제3자를 위한 계약설에 찬동한다.[26]

2. 화물상환증이 발행되지 않은 경우

(1) 운송물이 도착지에 도착하기 전(제1단계)

이 때에는 송하인만이 운송계약상의 권리를 갖는다(상139).

(2) 운송물이 도착지에 도착한 경우(제2단계)

이 경우 수하인은 송하인과 동일한 권리를 갖는다(상140). 도착의 시점으로부터 수하인은 운송계약상 송하인이 주장할 수 있었던 모든 권리를 자신의 이름으로 행사할 수 있다. 운송물의 인도뿐만 아니라 송하인에게 발생한 손해의 배상도 요구할 수 있다.

(3) 수하인이 운송물의 인도를 청구하였을 때(제3단계)

운송물이 도착지에 도착한 후 수하인이 그 인도를 청구한 때에는 수하인의 권리가 송하인의 권리에 우선한다(상140).

(4) 수하인이 운송물을 수령한 때(제4단계)

수하인이 운송물을 수령한 때에는 운송인에 대하여 운임 기타 운송에 관한 비용과 체당금을 지급할 의무를 부담한다(상141).

3. 화물상환증이 발행된 경우

이 때에는 수하인이 貨物相換證을 취득한 시점부터 운송물에 대한 소유권, 처분권, 인도청구권 및 손해배상청구권 등을 행사할 수 있게 된다. 즉 운송물 위에 행사할 수 있는 모든 권리를 화물상환증소지인이 향유하게 되는 것이다.

---

24) K. Schmidt, §31 V, S. 835.
25) 운송물이 도착지에 도착하면 자동적으로 수하인의 권리가 발생한다(상 140 I).
26) K. Schmidt, a.a.O., S. 834; Canaris, Handelsrecht, 22. Aufl., S. 468.

대법원은 선하증권의 경우 이를 취득한 자가 운송계약상의 손해배상청구권뿐만 아니라 불법행위상의 손해배상청구권도 취득하게 되고 나아가 이러한 권리취득에는 별도의 채권양도의 통지도 요구되지 않는다고 하였다.[27] 이러한 법리는 화물상환증에도 그대로 적용될 수 있는 것이다.

제 4 관 물건운송

Ⅰ. 운송인의 의무

1. 운송의무(기본적 의무)

운송계약상 운송인이 지는 주된 의무는 운송의 실행의무이다. 운송인은 운송계약의 내용에 따라 선량한 관리자의 주의로 운송물을 운반하여야 한다. 이러한 선관의무는 운송물을 송하인으로부터 수령한 시점에서부터 목적지에 도착하여 수하인이나 기타 수령적격자에게 인도할 때까지 계속된다. 운송인이 이러한 주의의무를 해태하면 상법 제135조에 따라 손해배상책임을 지게 된다.

2. 화물상환증교부의무

운송인은 송하인의 청구로 화물상환증을 발행하여야 한다($\frac{상}{128}$).

(1) 화물상환증의 의의

貨物相換證(bill of lading; Ladeschein)은 운송인이 운송물의 수령을 증명하고 목적지에서 증권소지인에게 운송물을 인도할 의무를 표창하는 유가증권이다. 달리 표현하면 화물상환증은 운송물의 인도(引渡)청구권을 표창하는 유가증권이다. 이러한 화물상환증의 모태는 해상운송에서 쓰이는 선하증권이라 할 수 있다. 역사적으로는 해상운송이 육상운송보다 훨씬 먼저 발달하였고 따라서 선하증권의 역사는 화물상환증의 그것보다 길다. 나아가 해상운송에서는 운송물량이 대규모이고 운송기간도 길어 선하증권의 처분을 통한 경제적 효용은

---

27) 대판 1992. 2. 25, 91다30026; "보증도 등으로 운송물이 멸실된 경우 채무불이행으로 인한 책임은 물론이고 불법행위로 인한 손해배상청구권도 선하증권에 화체되어 선하증권이 양도됨에 따라 선하증권의 소지인에게 이전되는 것이므로 운송물이 멸실된 후에 선하증권을 취득하였거나 배서를 받았다 하더라도 그 선하증권의 소지인은 손해배상청구권을 행사할 수 있고, 별도의 채권양도의 통지가 필요치 않다."

다대하다. 이에 비하면 육상운송의 경우에는 운송기간이 짧고 운송물량도 미미하여 화물상환증은 그 경제적 이용도면에서는 선하증권에 미치지 못한다고 할 수 있다. 그러나 육상운송에서도 운송중인 목적물을 상황(商況)에 맞게 처분할 필요가 있고 또 화물상환증을 통한 금융의 편의를 도모할 수 있으므로 여전히 유용한 유가증권임에 틀림없다.

(2) 화물상환증의 법적 성질

화물상환증은 유가증권으로서 다음과 같은 성격을 갖는다.

(가) 요식증권성　　화물상환증을 발행하자면 상법 제128조 2항 각호의 사항을 기재하고 운송인이 기명날인 또는 서명하여야 한다. 따라서 화물상환증은 요식증권이다. 즉 증서의 기재내용이 법정된 요식성을 갖는다. 그러나 그 정도는 어음이나 수표에서처럼 엄격하지는 않다.

(나) 문언증권성　　화물상환증을 작성한 경우에는 운송에 관한 사항은 운송인과 소지인간에 있어서는 원칙적으로 화물상환증에 적힌 대로 운송계약이 체결되고 운송물을 수령한 것으로 본다. 이를 화물상환증의 문언증권성이라 한다. 그런데 화물상환증의 이러한 성격은 다음 항목에서 다룰 화물상환증의 요인증권성과 조화를 이룰 수 있어야 한다. 가령 운송목적물을 전혀 수령하지 않은 상태에서 수령한 것처럼 화물상환증을 발행한 경우, 즉 공권(空券)의 경우 또는 수량오기 등의 경우에는 화물상환증의 선의취득자에 한하여 문언성을 인정하게 된다. 즉 화물상환증의 문언성은 절대적인 것이 아니며 권리외관이론에 의하여 제한된 범위 내에서만 인정된다. 선하증권의 경우 상법은 제854조에서 이를 명문화하였다. 그리하여 2010년 개정 상법은 선하증권에서와 같은 문언으로 기존의 상법 제131조를 개정하였다. 그리하여 화물상환증이 발행된 경우 운송인과 송하인간에서는 화물상환증에 적힌 대로 운송계약이 체결되고 운송물을 수령한 것으로 추정한다(상 131). 즉 반증이 없는 한 운송인은 상법 제135조에 따라 채무불이행책임을 지게 된다. 화물상환증의 선의취득자에 대하여도 운송인은 화물상환증에 적힌 대로 운송물을 수령한 것으로 보며 또 기재된 대로 운송인의 책임을 지게 된다(상 131). 즉 선의취득자에 대하여도 운송인은 채무불이행책임을 지게 된다. 이 부분에서 대해서는 화물상환증의 채권적 효력 부분에서 보다 자세히 다루기로 한다.

(다) 요인증권성　　화물상환증은 요인증권이다. 즉 증서발행의 원인을 제공

하는 운송관계와 화물상환증상의 유가증권관계가 서로 연결되어 있다. 연결되어 있다 함은 운송계약관계의 효력이 화물상환증에 영향을 미칠 수 있다는 뜻이다. 상법은 제128조 2항에서 화물상환증의 법정기재사항을 나열하고 있는데, 그 기재사항은 대부분 운송계약의 내용에 관한 것들이다. 이처럼 화물상환증은 요인증권이어서 어음수표에서처럼 증서발행의 원인을 제공했던 법률관계와 절연되지 않는다.

(라) 법률상 당연한 지시증권성 화물상환증은 기명식인 경우에도 배서에 의하여 양도할 수 있다($\frac{상법}{130}$). 즉 화물상환증은 태생적 지시증권(geborene Orderpapier)이다. 유가증권상에 권리자가 특정되고 유통을 전제로 하지 않는 것을 기명증권(Rektapapier)이라 하고, 배서에 의하여 차후의 권리자를 지정하는 증권을 지시증권(Orderpapier)이라 하며, 증서의 단순한 소지인이 증서상의 권리자가 되는 유가증권을 무기명증권(Inhaberpapier)이라 한다. 화물상환증은 이 중 지시증권에 속하며 지시증권 중에서도 태생적 지시증권에 속한다. 즉 별도의 지시문구 없이도 배서교부가 가능한 유가증권이다. 이러한 지시증권성에도 불구하고 화물상환증에 배서금지의 문구를 기재하면 기명증권화한다. 이를 기명식 화물상환증(Rektaladeschein)이라 한다($\frac{상법}{130}$).

(마) 상환증권성 화물상환증은 相換證券이다. 화물상환증을 작성한 경우에는 이와 상환하지 아니하면 운송물의 인도를 청구할 수 없다($\frac{상}{129}$). 주권 같은 유가증권에서는 회사에 대한 권리행사가 주권과 상환으로 이루어지지 않는다. 그러나 화물상환증은 어음·수표와 같이 상환증권성을 갖는다. 증서와 상환하지 않고는 운송물인도청구권을 행사할 수 없다.

(바) 처분증권성 화물상환증을 작성한 경우에는 운송물에 관한 처분은 화물상환증으로써 하여야 한다($\frac{상}{132}$). 화물상환증의 교부는 물권적 효력이 있어 운송목적물의 인도와 같은 효력이 있으며($\frac{상}{133}$), 화물상환증이 발행된 경우에는 운송인에 대한 운송의 중지나 운송물의 반환 기타 운송물을 처분하자면 화물상환증의 소지가 필요하다($\frac{상}{139}$).

(3) 화물상환증의 발행

(가) 발행자 화물상환증은 송하인의 청구로 운송인이 발행한다($상 128$). 그러나 화물상환증의 발행이 운송계약의 서면형식이나 그 성립요건은 아니다. 운송계약은 송하인과 운송인간의 의사표시의 합치만으로 성립하는 낙성계약이기

때문이다.

(나) 발행형식 화물상환증의 발행을 위하여는 다음과 같은 법정기재사항과 임의적 기재사항이 기재되어야 한다.

① 필요적 기재사항 이는 상법 제128조 2항 각호의 열거사항이다. 운송인은 다음 사항을 기재하고 기명날인 또는 서명하여야 한다.

- 상법 제126조 2항 제1호 내지 3호의 사항($\frac{^{\!\!\!\!\!\!\!\!상} 128}{조 1호}$) : 이에는 운송물의 종류, 중량 또는 용적, 포장의 종별, 개수와 기호($\frac{^{\!\!\!\!\!\!\!\!상} 126}{조 1호}$), 도착지($\frac{^{\!\!\!\!\!\!\!\!상} 126}{조 2호}$) 및 수하인과 운송인의 성명 또는 상호, 영업소 또는 주소($\frac{^{\!\!\!\!\!\!\!\!상} 126}{조 3호}$) 등이 포함된다.
- 송하인의 성명 또는 상호, 영업소 또는 주소($\frac{^{\!\!\!\!\!\!\!\!상} 128}{조 2호}$)
- 운임 기타 운송물에 관한 비용과 그 선급 또는 착급의 구별($\frac{^{\!\!\!\!\!\!\!\!상} 128}{조 3호}$)
- 화물상환증의 작성지와 작성연월일($\frac{^{\!\!\!\!\!\!\!\!상} 128}{조 4호}$)

이상의 기재사항은 법정기재사항으로서 그 기재가 의무화되어 있다. 그러나 어음·수표에서와 같이 엄격한 것은 아니므로 그 기재내용의 일부가 누락되어도 화물상환증의 효력을 무효화하지는 않는다. 즉 동일성이 인식될 수 있는 정도의 운송물에 대한 묘사, 운송인의 운송물수령사실 및 목적지에서의 인도의무를 증서상 확인할 수 있다면 그러한 화물상환증은 요식성을 갖춘 것으로 다루어질 수 있다. 화물상환증은 완화된 요식증권이다. 그러나 운송인의 기명날인은 반드시 하여야 한다.

② 임의적 기재사항 상기의 필요적 기재사항 이외에도 화물상환증에는 다수의 임의적 기재사항이 기재될 수 있다. 즉 어음이나 수표처럼 엄격하지는 않으므로 강행법규나 화물상환증의 본질에 어긋나지 않는 한 여타의 사항들이 기재될 수 있다. 그리하여 운송증권에는 운송인이 작성한 작은 글씨의 운송약관이 인쇄되어 있는 것이 보통이다.

(4) 화물상환증의 양도

(가) 양도방법 화물상환증은 태생적 지시증권으로서 지시문구없이 발행된 경우에도 배서교부의 방식으로 양도할 수 있다. 그러나 배서금지의 문구 또는 지시금지의 문구가 기재된 때에는 이 방법을 쓸 수 없다. 이 때에는 지명채권양도의 방식과 그 효력으로써만 운송물인도채권을 양도할 수 있다.

대판 2001. 3. 27, 99다17890

"선하증권은 기명식으로 발행된 경우에도 법률상 당연한 지시증권으로서 배서에 의하여 이를 양도할 수 있지만, 배서를 금지하는 뜻이 기재된 경우에는 배서에 의해서는 양도할 수 없고, 그러한 경우에는 일반 지명채권양도의 방법에 의하여서만 이를 양도할 수 있다 할 것이다."

(나) 배서의 효력 다음에는 화물상환증 배서의 효력을 알아보자. 화물상환증의 배서에는 자격수여적 효력과 권리이전적 효력은 있으나 담보적 효력은 없다($^{상\ 65;\ 민\ 508.}_{513,\ 514}$). 이 점이 어음·수표와 다른 점이다. 화물상환증이나 선하증권은 운송물의 인도채권을 표창하므로 어음이나 수표에서처럼 금전채권을 화체하지 않는다. 금전은 누구나 급부할 수 있지만 운송물은 운송인만이 점유하는 것이어서 운송물의 인도의무자는 처음부터 운송인에 한정되고 따라서 화물상환증의 배서인이 운송물의 인도를 담보할 수 없다. 그러나 권리이전적 효력과 자격수여적 효력은 있으므로 배서의 연속있는 화물상환증의 최후의 소지인은 자신의 권리를 입증함이 없이 권리자의 추정을 받으며($^{상\ 65;}_{민\ 513}$), 선의취득과 인적 항변의 절단이 가능하다($^{상\ 65;\ 민}_{514,\ 515}$). 나아가 배서의 연속있는 화물상환증의 소지인에게 선의, 무중과실로 변제하면 설사 그가 무권리자라도 운송인은 면책될 수 있다($^{상\ 65;}_{민\ 518}$).

(5) 화물상환증의 효력

화물상환증에는 운송물인도채권이 표창되므로 채권적 효력을 갖게 되고 나아가 화물상환증의 교부는 운송물을 인도한 것과 같은 결과가 되어 물권적 효력을 갖게 된다. 이하 이 두 가지를 알아보기로 한다.

(가) 채권적 효력 화물상환증의 채권적 효력은 문언증권성($^{상}_{131}$)과 요인증권성($^{상\ 128}$)의 조화 속에서 이해되어야 한다. 화물상환증은 문언증권인 동시에 요인증권이기 때문이다. 따라서 운송인이 전혀 운송물을 수령한 적이 없음에도 불구하고 운송물을 수령한 것으로 화물상환증을 작성하여 송하인에게 교부한 경우(이른바 空券의 경우)나 증서상에 기재된 것과 운송인이 실제 수령한 물건이 다를 경우 특히 채권적 효력이 문제시되고 있다. 이에 대해서는 다음과 같이 요인증권성을 강조하는 학설과 문언증권성을 강조하는 학설의 대립을 보이고 있다.

① 요인증권성을 강조하는 학설 이 설에 따르면 화물상환증은 운송계

약을 원인으로 하는 요인증권이요, 문언증권성의 근거가 되는 '운송에 관한 사항'($\frac{\text{상}}{\text{표조}}$131)이라 함은 운임의 기재와 같이 본질적이 아닌 사항을 의미하는 것으로서 운송물의 수령없이 발행한 화물상환증은 원인없는 증권으로서 권리를 표창하지 않고 무효이므로 공권(空券)에는 운송물의 인도의무를 인정할 수 없다고 한다.[28] 나아가 운송물이 증권에 기재된 것과 다를 때에는 수령한 운송물을 인도하면 된다고 주장한다. 이 입장은 결론적으로 공권이나 목적물 상위시 화물상환증의 소지인에게 불법행위상의 손해배상청구를 인정함으로써 문제를 해결하고자 한다. 물론 이 경우 증권의 소지인은 운송인의 고의, 과실로 인한 손해발생을 입증하여야 할 것이다.

대판 2005. 3. 24, 2003다5535
[선하증권의 경우]

"선하증권은 운송물의 인도청구권을 표창하는 유가증권인바, 이는 운송계약에 기하여 작성되는 유인증권으로 상법은 운송인이 송하인으로부터 실제로 운송물을 수령 또는 선적하고 있는 것을 유효한 선하증권 성립의 전제조건으로 삼고 있으므로 운송물을 수령 또는 선적하지 아니하였는데도 발행된 선하증권은 원인과 요건을 구비하지 못하여 목적물의 흠결이 있는 것으로서 무효라고 봄이 상당하고, 이러한 경우 선하증권의 소지인은 운송물을 수령하지 않고 선하증권을 발행한 운송인에 대하여 불법행위로 인한 손해배상을 청구할 수 있다."

대판 2008. 2. 14, 2006다47585

"선하증권은 운송물의 인도청구권을 표창하는 유가증권인바, 이는 운송계약에 기하여 작성되는 유인증권으로 상법은 운송인이 송하인으로부터 실제로 운송물을 수령 또는 선적하고 있는 것을 유효한 선하증권 성립의 전제조건으로 삼고 있으므로 운송물을 수령 또는 선적하지 아니하였는데도 발행한 선하증권은 원인과 요건을 구비하지 못하여 목적물의 흠결이 있는 것으로서 무효이다."

대판 2015. 12. 10, 2013다3170 [손해배상(기)]

"선하증권은 운송물의 인도청구권을 표창하는 유가증권인데, 이는 운송계약에 기하여 작성되는 유인증권으로 상법은 운송인이 송하인으로부터 실제로 운송물을

---

28) 판례에 의하면 운송물이 이미 수하인에게 적법히 인도된 후에 선하증권(화물상환증)이 발행된 경우에도 마찬가지라고 한다(대판 2015. 12. 10, 2013다3170 ; "...수하인이 목적지에 도착한 화물에 대하여 운송인에게 인도 청구를 한 다음에는, 비록 그 후 운송계약에 기하여 선하증권이 송하인에게 발행되었다고 하더라도 선하증권을 소지한 송하인이 운송인에 대하여 새로 운송물에 대한 인도청구권 등의 권리를 갖는다고 할 수 없다").

수령 또는 선적하고 있는 것을 유효한 선하증권 성립의 전제조건으로 삼고 있으므로, 운송물을 수령 또는 선적하지 아니하였음에도 발행된 선하증권은 원인과 요건을 구비하지 못하여 목적물의 흠결이 있는 것으로서 무효이고(대법원 2005. 3. 24. 선고 2003다5535 판결, 대법원 2008. 2. 14. 선고 2006다47585 판결 등 참조) 이러한 법리는 운송물이 이미 수하인에게 적법하게 인도된 후에 발행된 선하증권의 경우에도 마찬가지이다.

그리고 상법 제854조는 제1항에서 "선하증권이 발행된 경우 운송인과 송하인 사이에 선하증권에 기재된 대로 개품운송계약이 체결되고 운송물을 수령 또는 선적한 것으로 추정한다."라고 규정하는 한편, 제2항에서 "제1항의 선하증권을 선의로 취득한 소지인에 대하여 운송인은 선하증권에 기재된 대로 운송물을 수령 혹은 선적한 것으로 보고 선하증권에 기재된 바에 따라 운송인으로서 책임을 진다."라고 규정하고 있다. 상법 제854조 제2항은 제1항에서 정한 운송인과 송하인 사이의 법률관계와 달리 선하증권을 선의로 취득한 제3자를 보호함으로써 선하증권의 유통성 보호와 거래의 안전을 도모하기 위한 규정이므로, 여기서 말하는 '선하증권을 선의로 취득한 소지인'이란 운송계약의 당사자인 운송인과 송하인을 제외한, 유통된 선하증권을 선의로 취득한 제3자를 의미한다고 봄이 타당하다.

한편 선하증권이 발행되지 아니한 해상운송에서, 수하인은 운송물이 목적지에 도착하기 전에는 송하인의 권리가 우선되어 운송물에 대하여 아무런 권리가 없지만(상법 제815조, 제139조), 운송물이 목적지에 도착한 후 수하인이 그 인도를 청구한 때에는 수하인의 권리가 송하인에 우선한다(상법 제815조, 제140조 제2항).

위와 같은 법리들을 종합하여 보면, 수하인이 목적지에 도착한 화물에 대하여 운송인에게 인도 청구를 한 다음에는, 비록 그 후 운송계약에 기하여 선하증권이 송하인에게 발행되었다고 하더라도 선하증권을 소지한 송하인이 운송인에 대하여 새로 운송물에 대한 인도청구권 등의 권리를 갖는다고 할 수 없다(대법원 2003. 10. 24. 선고 2001다72296 판결 참조)."

② **문언증권성을 강조하는 학설**   이 입장은 "수령하였기 때문이 아니라 기재하였기 때문에 책임진다(non quia recipit, sed quia script)"는 기본전제에서 출발하여 화물상환증이 발행된 경우 증서상의 권리는 운송계약으로부터 독립하여 성립되는 것으로서 운송인은 증권에 기재된 문언에 따라 책임져야 한다고 주장한다. 따라서 운송인이 기재된 바대로 채무를 이행하지 않을 때에는 채무불이행책임을 지게 된다고 한다. 결국 운송인의 손해배상책임은 운송계약에 근거한 것이요, 따라서 상법 제135조에 의한 운송인의 책임이 발생할 것이다. 이 입장을 취하는 한 운송인은 자신의 무과실을 스스로 증명하여야 한다(상135).[29]

③ **양설의 비판**   화물상환증은 그 발행과정을 보아도 운송계약상의 실

---

29) 손주찬, 361면.

질관계가 증서 위에 기재되므로 어음·수표와 같은 무인증권은 아니다($^{\text{상}}_{\text{조}}{}^{128}$Ⅱ).
그러나 화물상환증은 동시에 유통성을 요구하므로 문언성도 고려하여야 한다.
요인성은 증서작성의 실질관계를 고려한 결과이고 문언성은 증서의 유통관계
를 고려한 결과이다. 이 양측면이 상호 모순되기는 하나 이를 그 대립된 상태
로 방치해서는 안되며 양자의 조화를 모색할 필요가 있다. 그리고 그 해결점은
외관이론에서 찾아야 한다. 화물상환증을 취득하는 제3자의 시각에는 일정 사
항의 기재가 법외관으로 작용할 것이고 선의로 이러한 문언기재를 신뢰한 제3
취득자는 보호되어야 할 것이다. 양입장의 어느 하나만 고집해서는 만족스러운
결과가 도출되지 않는다. 화물상환증과 법적 성질이 유사한 선하증권의 경우
상법은 제854조를 두어 증서의 선의취득자를 보호한다. 즉 선하증권이 법정기
재내용대로($^{\text{상}}_{\text{조}}{}^{854}$) 작성된 경우 운송인은 증권에 기재된 대로 운송물을 수령 또
는 선적한 것으로 추정된다. 그러나 선하증권을 선의로 취득한 자에게는 대항
하지 못하도록 하고 있다. 이 규정의 의미는 공권이나 목적물 상위의 경우 운
송인이 이를 반증하지 못하는 한 불법행위책임이 아니라 채무불이행책임을 진
다는 뜻으로 해석된다($^{\text{상}}{}^{854}$). 그러나 설사 운송인이 기재내용대로 선적하지 않
았다는 사실을 반증할 수 있다 해도 그로써 선의의 증서취득자에게 대항할 수
는 없는 것이다($^{\text{상}}{}^{854}$).[30] 이 규정을 따르는 한 선의의 증서취득자에게는 문언증
권성을, 그러나 악의의 취득자에게는 요인성을 강조할 수밖에 없을 것이다. 이
때 악의에는 중과실의 경우도 포함시켜야 할 것이다. 선하증권에 관한 상법 제
854조는 이를 화물상환증에도 준용하는 것이 바람직하였다. 이러한 이유로
2010년 상법개정시 상법 제131조는 상법 제854조와 같은 문언으로 개정되었다.
이제는 선하증권이건 화물상환증이건 채권적 효력의 측면에서는 똑같이 다루
어지게 되었다. 그리하여 空券의 경우 증권의 발행자인 운송인은 적어도 선의
로 증서를 취득한 자에 대해서는 일반적인 불법행위책임이 아니라 외관책임의
한 형태로 채무불이행책임을 져야 할 것이다.

④ **채권적 효력의 범위** 위에서 화물상환증의 채권적 효력을 양설의 대
립 속에서 살펴보았으나 이를 좀더 구체화시키기 위하여 채권적 효력의 범위
를 개관한다. 이는 동시에 화물상환증의 抗辯論(Einwendungslehre des Ladesch-
eins)이 될 것이다.[31]

---

30) 송상현·김현, 해상법원론, 4판, 2008년, 316면 참조.

(i) **악의의 항변**　　화물상환증의 문언적 효력은 어디까지나 증서의 유통성확보를 위한 것이므로 증서상의 기재가 사실과 다르다는 것을 알고 증서를 취득한 악의의 소지인에게는 문언성이 인정될 수 없는 것이다.

(ii) **유효성의 항변**(Gültigkeitseinwendung)[32]　　또한 운송인은 증서작성행위 자체에서 나타난 하자, 즉 사기, 강박 또는 착오로 말미암은 취소사유 등으로 증서소지인에 대항할 수 있다. 그러나 선의의 증서소지인에게는 대항할 수 없다. 상대방이 아는 심리유보(민 107조 2문) 또는 통정허위표시(Scheingeschäft)로 증서를 작성한 경우도 이에 해당한다. 이러한 경우 물론 증서작성은 무효일 것이나 그 무효로 선의의 제3자에게 대항할 수 없는 것이다(민 107조 II. 108). 중과실의 소지인은 악의자이다.

(iii) **귀책가능성의 항변**[33]　　그러나 증서작성 자체에 영향을 미쳤더라도 다음과 같은 사유가 있을 때에는 선의의 제3자에게도 대항할 수 있다. 즉 증서작성인의 행위무능력(Geschäftsunfähigkeit), 절대적 강제(vis absoluta), 위조(Fälschung), 변조(Verfälschung) 또는 화물상환증의 법정기재사항이 본질적으로 흠결되어 증서의 효력이 발생하지 않는 경우(Formmangel)가 그것이다.

(iv) **인적 항변**(persönliche Einwendung)[34]　　운송인은 운송인과 화물상환증소지인간의 개별적 법률관계에서 파생되는 항변사유로 증서의 소지인에게 대항할 수 있다. 그러나 운송인은 화물상환증의 전 소지인에 대하여 주장할 수 있었던 인적 관계의 항변으로 현소지인에게 대항할 수 없다. 그러나 현소지인이 운송인을 해함을 알고 이를 취득한 때에는 예외이다(상 65; 어 515).

(v) **증서상의 항변**(urkundliche Einwendung)　　운송인은 화물상환증의 문면에 기재된 사항을 내세워 소지인에게 대항할 수 있다. 가령 배서금지문구가 기재된 화물상환증을 배서교부의 방식으로 취득한 증서의 소지인에게 운송인은 인적 항변의 승계(Einwendungsdurchgriff)를 주장할 수 있다. 배서가 금지된 기명식 화물상환증을 배서교부의 방식으로 양도해도 지명채권양도의 효력만 있기 때문이다. 즉 화물상환증이 화체하는 운송물인도채권은 선의취득되지 못하고 인적 항변의 절단도 나타나지 않게 된다. 나아가 운송물의 상태나 수량

---

31) 이하의 서술에서 나타난 항변의 종류는 Canaris의 어음항변분류를 모델로 하였다.
32) Heymann-Horn, §364 Rdnr. 16.
33) Heymann-Horn, §364 Rdnr. 15.
34) Heymann-Horn, §364 Rdnr. 19.

등에 대하여 책임지지 않는다는 무담보문구가 기재된 경우에도 문언적 효력은 나타나지 않는다. 예컨대 '운송물의 計量不知' 또는 '內容不知' 등의 不知約款(unknown clause)이 있게 되면 운송인은 모든 증서의 소지인에게 이로써 대항할 수 있다.

대판 2017. 9. 7, 2017다234217 [구상금]

"운송인에 대하여 운송물에 관한 손해배상을 청구하려면 운송계약에 따른 운송 중에 손해가 발생한 사실을 증명하여야 한다. 그 증명 방법으로 운송인이 운송물을 양하할 때 운송물이 멸실·훼손된 사실이 이미 밝혀졌다면 운송물이 하자 없는 양호한 상태로 운송인에게 인도되었음을 증명하는 것으로도 충분하다. 그런데 운송인은 선하증권에 기재된 대로 운송물을 수령 또는 선적한 것으로 추정되므로 (상법제854조제1항), 선하증권에 운송물이 외관상 양호한 상태로 선적되었다는 기재가 있는 무고장 선하증권이 발행된 경우에는 특별한 사정이 없는 한 운송인은 그 운송물을 양호한 상태로 수령 또는 선적한 것으로 추정된다. 그러나 선하증권에 기재되어 추정을 받는 '운송물의 외관상태'는 상당한 주의를 기울여 검사하면 발견할 수 있는 외관상의 하자에 대하여만 적용되는 것이지 상당한 주의를 기울이더라도 발견할 수 없는 운송물의 내부 상태 등에 대하여도 위 추정규정이 적용된다고 할 수는 없다. 따라서 무고장 선하증권이라도 거기에 '송하인이 적입하고 수량을 셈(Shipper's Load & Count)' 혹은 '……이 들어 있다고 함(Said to Contain……)' 등의 이른바 부지문구가 기재되어 있다면 송하인이 운송인에게 운송물을 양호한 상태로 인도하였다는 점은 운송인에 대하여 손해를 주장하는 측에서 증명하여야 한다(대법원 2001. 2. 9. 선고 98다49074 판결, 대법원 2011. 2. 10. 선고 2009다60763 판결 등 참조).

원심은, 이 사건 선하증권에는 "SAID TO BE"의 부지문구가 기재되어 있어, 그와 별도로 외관상 양호한 상태로 선적되었다는 취지의 기재가 있다 하더라도 선하증권 소지인은 송하인이 운송인에게 운송물을 양호한 상태로 인도하였다는 점을 증명하여야 하는데 이 사건에서는 오히려 송하인 측의 포장불충분이 증명되었다고 보아, 원고의 무고장 선하증권의 추정력에 관한 주장을 배척하였다. 원심판결 이유를 위 법리와 기록에 비추어 살펴보면, 원심의 위와 같은 판단은 수긍이 되고, 거기에 상고이유 주장과 같이 운송인의 주의의무, 선하증권의 효력에 관한 법리를 오해하거나 논리와 경험의 법칙에 반하여 자유심증주의의 한계를 벗어나는 등의 잘못이 없다."

대판 2001. 2. 9, 98다49074

"송하인측에서 직접 화물을 컨테이너에 적입(積入)하여 봉인한 다음 운송인에게 이를 인도하여 선적하는 형태의 컨테이너 운송의 경우에 있어서는, 상법 제814

조 제1항 소정의 선하증권의 법정기재 사항을 충족하기 위하여 혹은 그 선하증권의 유통편의를 위하여 부동문자로 "외관상 양호한 상태로 수령하였다."는 문구가 선하증권상에 기재되어 있다고 할지라도, 이와 동시에 "송하인이 적입하고 수량을 셈(Shipper's Load & Count)" 혹은 "……이 들어 있다고 함(Said to Contain……)." 등의 이른바 부지(不知)문구가 선하증권상에 기재되어 있고, 선하증권을 발행할 당시 운송인으로서 그 컨테이너 안의 내용물 상태에 대하여 검사, 확인할 수 있는 합리적이고도 적당한 방법이 없는 경우 등 상법 제814조 제2항에서 말하는 특별한 사정이 있는 경우에는 이러한 부지문구는 유효하고, 위 부지문구의 효력은 운송인이 확인할 수 없는 운송물의 내부상태 등에 대하여도 미친다고 할 것이어서 선하증권상에 위와 같은 부지문구가 기재되어 있다면, 이와 별도로 외관상 양호한 상태로 선적되었다는 취지의 기재가 있다 하여 이에 의하여 컨테이너 안의 내용물의 상태에 관하여까지 양호한 상태로 수령 또는 선적된 것으로 추정할 수는 없다고 할 것이므로, 이러한 경우 선하증권 소지인은 송하인이 운송인에게 운송물을 양호한 상태로 인도하였다는 점을 입증하여야 한다."

(vi) **직접의 항변**(Unmittelbarkeitseinwendung)　화물상환증의 문언적 효력은 어디까지나 증서의 유통성확보를 위한 것이므로 운송인과 증서의 최초의 소지인인 송하인간의 관계에서는 이러한 문언성은 나타나지 않는다. 이들간에는 실질적인 운송관계에 따라 문제를 해결할 수밖에 없다.

나아가 문언적 효력은 증서의 정상적인 유통을 전제로 한다. 정상적인 異主體간의 流通去來(Verkehrsgeschäft)에서만 외관주의가 적용될 수 있기 때문이다. 따라서 형식적인 문언기재로는 상이한 것처럼 보이나 실질적으로는 동일한 거래당사자인 경우 문언성은 인정되지 않는다. 예컨대 지점이 송하인, 본점이 소지인인 경우 또는 송하인인 1인회사(Einmanngesellschaft)가 그 一人株主에게 화물상환증을 배서교부한 경우 등이다. 이러한 경우에는 증서의 선의취득이나 항변절단이 나타나지 않고 운송인은 증서의 소지인에 대하여 운송의 실질관계로 대항할 수 있다.

(vii) **운송인에게 유리한 문언성의 원용**　끝으로 이러한 문언적 효력은 어디까지나 선의의 증서소지인을 보호하기 위한 것이므로 운송인이 자신의 이익을 위하여 이를 원용할 수 없다. 예컨대 실제 수령한 물품개수보다 화물상환증에 적게 기재된 경우 이를 선의의 제3자가 취득하였을 때 운송인이 문언성을 원용하여 운송물인도의무를 기재내용대로 축소시킬 수 없다. 즉 운송인은 이 경우 실제로 수령한 운송물의 전부를 인도하여야 하며 증서의 문언성을 자신

에게 유리하게 주장할 수 없다.

(나) **물권적 효력**　화물상환증의 물권적 효력(Traditionswirkung)은 그 인도증권성에 잘 나타나 있다. 즉 화물상환증에 의하여 운송물을 받을 수 있는 자에게 화물상환증을 교부한 때에는 운송물 위에 행사하는 권리의 취득에 관하여 운송물을 인도한 것과 동일한 효력이 있는 것이다(ⅰ₃₃). 그러나 문제는 이 규정을 민법 제190조와 어떻게 조화시킬 수 있는지이다. 즉 화물상환증의 물권적 효력에 관한 상법 제133조를 반환청구권양도로 인도를 대체하는 민법 제190조와의 관련에서 어떤 위치를 부여해야 하는지 의문이다. 운송계약이 성립하고 송하인에게 운송물을 맡기면 화물상환증은 그 운송물의 반환청구권을 화체하는 유가증권이 된다. 그리고 이 증서를 수취인이나 여타의 제3자에게 교부하면 결국 반환청구권을 양도한 것과 같은 결과가 되어 화물상환증의 교부와 민법 제190조의 소유권이전방식은 유사성을 띠고 있기 때문이다. 이에 대해서는 아래에 소개할 여러 학설이 있는데, 결국 상법 제133조를 민법 제190조로부터 완전히 독립시킬 것인가, 아니면 한 예시로 볼 것인가, 아니면 이 양극단의 어느 중간에서 절충시킬 것인가 그것이 논의의 대상이 되고 있다.

① **학설의 개관**　이에는 엄격상대설, 대표설, 유가증권적 효력설, 절대설 등의 대립이 있다. 하기 도표로 이들을 개관하고 난 다음 그들의 내용을 차례로 알아보기로 한다.

(i) **엄격상대설**(strengrelative Theorie)　이 설은 상법 제133조를 민법 제190조의 한 예시로 보고 있다. 그리하여 민법 제190조에서 요구되는 점유형태와 대항요건요소를 그대로 상법 제133조에서도 요구하고 있다. 민법 제190조에 따라 반환청구권을 양도하여 목적물의 소유권을 이전시키려면 목적물보관자의 점유는 직접점유와 타주점유(Fremdbesitz)의 형태를 취해야 하며, 나아가 반환청구권은 채권적 반환청구권에 한정되므로 민법 제450, 451조에 따라 대항요건을 구비하여야 한다. 이 입장을 따르는 한 운송인의 타주점유와 직접점유 및 대항요건요소가 그대로 상법 제133조에서도 요구되므로 화물상환증의 물권적 효력은 부인된다. 즉 인도증권성을 민법 제190조에 철저히 종속시킴으로써 상법 제133조의 독립적 의미는 아무 것도 남지 않는 결과가 된다.[35] 즉 이 경우 화물상환증이 발행되고 이것이 교부되어도 운송목적물의 소유권이전은 민법

---

35) Hellwig, Die Verträge auf Leistung an Dritte(1899), S. 344 ff.

민법 제190조상의 점유형태와 대항요건 \ 상법 제133조에 대한 각 설의 입장	엄격상대설	대표설	유가증권적 효력설	절대설
운송인의 직접점유	要	要(그러나 민법 제204조상의 점유회복청구권이 있는 경우도 포함)	要(대표설과 같이 민법 제204조상의 청구권이 있는 경우 포함)	不要
운송인의 타주점유	要	要	不要	不要
민법 제450, 451조상의 대항요건	要	不要	不要	不要

제188조에 따른 당사자간의 물적 합의와 민법 제190조에 의한 반환청구권의 양도라는 민법의 원칙이 그대로 유지되는 결과가 된다.

(ii) **대표설**(Repräsentationstheorie)　　　이 입장은 상법 제133조를 민법 제190조에 연결시키기는 하지만 운송증권이 운송물을 '대표'한다고 주장하면서 상법 제133조의 특칙성을 강조한다. 즉 운송물에 대한 간접점유가 증서의 직접점유로 대표된다(repräsentiert)고 한다. 운송인이 운송물을 직접점유하는 것은 필요하지만 직접 점유에는 점유회수의 소권이 있는 경우($^{\text{민법}}_{204}$)도 포함시키고 있고 민법 제450조상의 대항요건을 갖출 것을 요구하지 않는다. 직접점유의 범위는 넓어지고 그 외에는 타주점유만 요구되므로 상법 제133조의 특칙으로서의 의미는 커진다.[36] 이 학설은 화물상환증의 교부가 운송물에 대한 간접점유의 이전을 야기시킨다고 전제하면서도 상법 제133조상의 특수한 간접점유의 이전 방식은 직접점유의 이전과 대등하게 다루어야 한다고 주장한다. 그리하여 운송물의 점유관계는 민법 제190조에서처럼 요구하면서도 반환청구권양도에 대한 대항요건은 요구하지 않는 것이다.

대판 2012. 2. 23, 2011다61624, 61431 ['점유회수의 소'에서 말하는 '점유'의 의미]
"점유자가 점유의 침탈을 당한 때에는 그 물건의 반환 등을 청구할 수 있다($^{\text{민법 제204조}}_{\text{제1항 참조}}$). 이러한 점유회수의 소는 점유를 침탈당하였다고 주장하는 당시에 점유하고 있었는지만을 살피면 되는 것이고, 여기서 점유란 물건이 사회통념상 사람의

---

36) BGHZ 49, 160(163); RGZ 89, 41; Baumbach/Duden/Hopt, §424, Anm. 2 A; Schlegelberger-Hefermehl, HGB, 5. Aufl., (1976), §363 Rdnr. 52.

사실적 지배에 속한다고 보이는 객관적 관계에 있는 것을 말하고 사실상의 지배가 있다고 하기 위하여는 반드시 물건을 물리적·현실적으로 지배하는 것만을 의미하는 것이 아니고 물건과 사람 사이의 시간적·공간적 관계와 본권관계, 타인지배의 배제가능성 등을 고려하여 사회관념에 따라 합목적적으로 판단하여야 한다. 그리고 점유회수의 소의 점유에는 직접점유뿐만 아니라 간접점유도 포함되나, 간접점유를 인정하기 위해서는 간접점유자와 직접점유를 하는 자 사이에 일정한 법률관계, 즉 점유매개관계가 필요하다. 이러한 점유매개관계는 직접점유자가 자신의 점유를 간접점유자의 반환청구권을 승인하면서 행사하는 경우에 인정된다."

(iii) **유가증권적 효력설**[37]　　　이 입장은 화물상환증의 유가증권성에서 출발하여 상법 제133조의 인도증권성을 한층 더 독자적으로 이론구성하고자 한다. 이 설은 기본적으로는 엄격상대설의 입장에서 출발하나 유가증권법적으로 이를 수정한다. 증서화된 반환청구권(verbriefter Herausgabeanspruch)을 화물상환증의 교부로 취득하는 것이므로 원래 민법 제190조상 전제되었던 점유관계에 모종의 수정이 불가피하다고 한다. 그 수정의 정도는 결과적으로 대표설보다 한 걸음 더 나아가게 되나 절대설보다는 한 단계 후퇴한다. 그리하여 민법 제450조상의 대항요건을 갖출 필요도 없고 운송인의 점유는 타주점유일 필요가 없으며 직접점유에는 점유회수의 소권이 있는 경우를 포함시키고 있다.

(iv) **절대설**(absolute Theorie)　　　이 설은 상법 제133조를 민법 제190조의 울타리에서 완전히 해방시켜 전혀 새로운 제도로 인식한다. 이 설을 따르는 한 동산물권의 양도방식은 직접점유의 이전, 간이인도, 반환청구권의 양도, 화물상환증의 교부 등 4가지가 가능하게 된다. 즉 화물상환증의 교부는 상법상의 독자적인 인도대체방식(selbständige Übergabesurrogat)이 되는 것이다. 절대설을 따르는 한 민법 제190조상의 요건들은 상법 제133조의 적용상 아무것도 요구되지 않는다. 운송인이 운송목적물을 직접점유할 필요도 없고 운송물의 처분자가 간접점유자일 필요도 없으며 운송인의 타주점유도 필요없고 대항요건도 요구되지 않는다. 오로지 화물상환증만 건네주면 되는 것이다. 그렇게 하면 운송물의 소유권이 증서의 취득자에게 이전하는 것이다.[38] 즉 이 설에 따르면 운송

---

37) 이 학설의 명칭은 다양하다. Zöllner는 이를 "Theorie von einem wertpapierrechtlichen aber sachenrechtsbezogenen Verkehrsschutz"로 부르고 있다. 또 K. Schmidt는 수정절대설(modifizierte absolute Theorie)이라는 명칭을 사용한다. vgl. Hueck/Canaris, Recht der Wertpapiere, §23 II 5 b; Zöllner, Wertpapierrecht, 14. Aufl., §25 IV, S. 155; K. Schmidt, §23 III 2, S. 620 f.
38) Heymann, Die dingliche Wirkung der handelsrechtlichen Traditionspapiere, in: FS Felix Dahn

목적물의 소유권이전은 운송물 처분당사자간의 물적 합의와 화물상환증의 교부로 달성된다. 즉 화물상환증의 교부는 운송물의 직접점유의 이전을 완전히 대체하는 효력을 갖는다.

② 사 견   절대설은 화물상환증의 요인증권성에 비추어 볼 때 지지하기 힘들다. 즉 운송인의 운송물에 대한 점유를 전제하지 않고도 화물상환증의 교부로 운송물의 소유권이전이 가능하다면 화물상환증은 운송계약관계로부터 완전히 결별된다.

한편 엄격상대설도 지지하기 힘들다. 이 입장은 상법 제133조를 死文化시킬 우려가 있다. 화물상환증의 물권적 효력을 인정하는 것이 아니라 화물상환증을 운송물반환청구권의 양도증서로 전락시키는 결과가 된다. 화물상환증교부에 아무런 독자적 의미가 없다면 굳이 이런 조문을 둘 필요도 없는 것이다.

따라서 중도적 입장을 취하고 있는 대표설이나 유가증권적 효력설이 타당하다고 본다. 한편 이 중에서도 대표설보다는 유가증권적 효력설이 경미한 차이는 있으나 화물상환증의 수취인을 보호하는 측면에서 보다 우수하다고 생각된다. 판례는 대표설이나 유가증권적 효력설을 취하고 있는 것으로 보인다.

대판 1997. 7. 25, 97다19656 [부당이득금반환]

"1. 제1, 2점에 대하여

선하증권은 해상운송인이 운송물을 수령한 것을 증명하고 지정된 양륙항에서 정당한 소지인에게 운송물을 인도할 채무를 부담하는 유가증권으로서, 운송인과 그 증권소지인 간에는 증권 기재에 따라 운송계약상의 채권관계가 성립하는 채권적 효력이 발생하고(상법 제820조, 제131조), 운송물을 처분하는 당사자 간에는 운송물에 관한 처분은 증권으로서 하여야 하며 운송물을 받을 수 있는 자에게 증권을 교부한 때에는 운송물 위에 행사하는 권리의 취득에 관하여 운송물을 인도한 것과 동일한 물권적 효력이 발생하므로(상법 제820조, 제132조, 제133조) 운송물의 권리를 양수한 수하인 또는 그 이후의 자는 선하증권을 교부받음으로써 그 채권적 효력으로 운송계약상의 권리를 취득함과 동시에 그 물권적 효력으로 양도 목적물의 점유를 인도받은 것이 되어 그 운송물의 소유권을 취득한다고 할 것이고(대법원 1983. 3. 22. 선고 82다카1533 판결 참조), 한편, 양도담보는 그 설정을 목적으로 하는 양도담보계약과 그 목적 권리의 이전에 필요한 공시방법을 갖춤으로써 성립하고, 동산 양도담보에 있어서는 그 공시방법으로 인도가 있어야 할 것이다.

원심판결에 의하면 원심은, 원고와 소외 동해철강 주식회사 사이의 1993. 12. 17.

(1905), Bd. Ⅲ, S. 135(161 f.).

자 수입거래약정에 의하면, 소외 회사는 원고에 대한 수입대금채무 또는 그 대금결제를 위한 대출금을 담보하기 위하여 장래에 소외 회사가 수입하는 물품을 원고에 양도하기로 약정하였고(1994. 5. 19. 다시 물품들에 대하여 양도담보설정계약을 체결하였으나 이는 위 수입거래약정상의 양도담보계약을 구체적으로 확인하는 의미가 있을 뿐이고, 위 1994. 5. 19.자 양도담보계약이 없었다고 하더라도 원고는 위 물품에 대한 선하증권 취득시에 양도담보권을 취득한다고 할 것이다), 이에 따라 원고가 자신이 수취인으로 된 위 물품들에 대한 선하증권을 같은 해 5. 20., 같은 해 7. 15. 각 취득함으로써 각 그 날에 위 물품들에 대한 양도담보권을 취득하였다고 할 것이고, 따라서 위 물품들은 이 사건 국세의 법정기일인 1994. 8. 24. 전에 담보의 목적이 된 양도담보재산에 해당하므로 원고는 국세기본법 제42조 단서에 의하여 양도담보재산에 대하여 물적납세의무를 부담하지 아니한다고 판단하였는바, 앞에서 본 법리에 비추어 보면, 원심의 위와 같은 판단은 옳다고 여겨지고, 거기에 상고이유로 주장하는 선하증권 및 국세기본법 제42조에 정한 양도담보권자의 물적납세의무에 관한 법리를 오해한 위법이 있다고 할 수 없다.

2. 제3점에 대하여

이 사건 수입물품에 대한 동산 양도담보는 위에서 본 바와 같이 원고가 이 사건 물품의 인도를 받은 것과 동일한 효력이 있는 선하증권을 취득한 날에 성립된 것으로 볼 것이고, 이 경우 제3자에게 대항하기 위하여 따로 확정일자에 의한 대항요건을 갖출 필요는 없는 것이므로 이 사건 양도담보권자의 물적납세의무는 양도담보권자가 국세의 법정기일 전에 이 사건 물품에 대한 선하증권을 취득하였는지를 기준으로 하여 그 성립 여부를 가려야 할 것이다.

따라서 원심이, 동산 양도담보의 경우에 그 물적납세의무의 부담 여부는 국세의 법정기일과 동산양도담보계약서에 받은 확정일자의 선후에 따라 가릴 것이 아니어서 원고가 국세의 법정기일 후에 이 사건 물품에 대한 양도담보계약서에 확정일자를 받았다고 하여도 그 법정기일 전에 취득한 양도담보재산에 의한 물적납세의무를 부담하지 아니한다는 취지로 판단한 것은 옳고, 거기에 국세의 법정기일 전에 담보의 목적이 된 양도담보재산에 대한 법리오해의 위법이 있다고 할 수 없으므로 이 점을 지적하는 상고이유의 주장도 이유 없다."

③ **물권적 효력의 범위**   이렇게 화물상환증의 물권적 효력은 다음과 같은 결과를 파생시킨다.

(i) **화물상환증의 처분증권성**($\frac{\text{상}}{132}$)   화물상환증이 발행된 경우 운송물에 관한 처분은 화물상환증으로써 하여야 한다.

(ii) **화물상환증의 상환증권성**($\frac{\text{상}}{129}$)   화물상환증이 발행된 경우에는 이것과 상환하지 않고는 운송물의 인도를 청구할 수 없다.

(iii) **운송물의 처분청구권**($\frac{\mathrm{a}}{139}$)　　화물상환증이 발행된 경우에는 화물상환증의 소지인이 운송물에 대한 운송의 중지, 운송물의 반환, 기타의 처분권을 갖는다.

(iv) **운송물의 선의취득자에 대한 관계**　　그러나 위의 결과들은 증권의 정당한 소지인을 보호하기 위한 처분권한의 제한이므로 화물상환증의 물권적 효력이 인정된다 하여도 운송물을 직접 선의취득한 제3자가 있는 경우 혹은 운송물이 멸실된 경우 물권적 효력은 인정되지 않는다. 즉 민법 제249조에 따라 운송물을 선의취득한 자가 있다면 그의 권리가 우선한다. 이러한 경우에는 운송인과 소지인간에 채권적 손해배상관계가 성립될 것이다.

3. 처분의무(지시준수의무)

운송인은 송하인 또는 화물상환증의 소지인이 운송의 중지, 운송물의 반환 기타의 처분을 청구할 때에는 그 지시에 따라야 한다($\frac{\mathrm{a}}{139}$). 운송물의 반환이란 운송물의 현재지에서 송하인에게 인도하는 것이요, 기타의 처분이란 運送路의 변경이나 積荷의 방법 등 운송에 관한 지시를 의미한다. 이 의무에 대응하는 송하인의 권리를 처분권(Verfügungsrecht) 또는 지시권(Weisungsrecht)이라 한다. 이러한 의무는 송하인 또는 화물상환증의 소지인으로 하여금 운송 도중 도래할 수 있는 시장의 상황(商況)이나 매수인의 신용상태의 변동에 대처하기 위함이다.

운송물이 도착지에 도착한 때에는 수하인도 송하인과 같이 처분권을 행사할 수 있으며($\frac{\mathrm{a}}{140}$), 운송물이 도착지에 도착 후 수하인이 그 인도를 청구한 때에는 수하인의 처분권이 송하인보다 우선한다($\frac{\mathrm{a}}{140}$). 그러나 화물상환증이 발행된 경우에는 증서의 소지인이 이를 행사한다.

4. 운송물인도의무

운송인은 운송계약상의 본래의 의무로서 도착지에서 수하인 또는 화물상환증의 소지인에게 운송물을 인도할 의무를 부담한다.

(1) 화물상환증이 발행되지 않은 경우

이 경우에는 운송물이 도착지에 도착한 후 운송계약상의 수하인에게 목적물을 인도하여야 한다. 수하인은 운송물이 도착지에 도착한 후에는 송하인과 동일한 권리가 있어 운송물인도채권을 갖게 되고 이러한 점에서 운송계약은 수하인을 수익자로 하는 제3자를 위한 계약의 모습을 띠게 된다. 물론 수하인의 수익의 의사표시가 요구되지는 않기 때문에 민법상의 전형적인 모습(민 539-542 참조)은 아니다.

(2) 화물상환증이 발행된 경우

이 경우 운송물은 증서의 소지인에게 증서와 상환으로 인도된다(상129).

(3) 가도(假渡) 또는 보증도(保證渡)의 문제

(가) 가도의 의의   위와 같이 화물상환증이 발행되었을 때에는 원칙적으로 화물상환증과 상환하지 않고는 운송목적물을 인도할 수 없다(상129). 그러나 상관습적으로 이러한 인도증권(Traditionspapier)과 상환함이 없이도 운송물을 인도해 주는 경우가 있다. 이러한 경우를 통칭하여 가도 또는 공도(空渡)라 한다. 그리고 이러한 가도 중에서도 특히 은행이나 기타 금융기관이 운송인을 위하여 차후 화물상환증의 상환을 확약하고 이것이 제대로 이루어지지 않을 때에는 운송인에 대하여 손해배상을 하겠다는 보증서(letter of guarantee)를 교부하는 경우 이를 보증도라 한다.

이러한 보증도의 문제는 특히 오랜 운송기간을 갖는 해상운송의 경우 거의 국제적인 상관습법으로 발전하여 왔다. 물론 육상운송의 경우에도 이것이 불가능한 것은 아니다. 그러나 해상운송에서처럼 빈번하지는 않다. 그러나 1990년대 초 우리 대법원은 보증도의 상관습이 있다 해도 원칙적으로 운송인은 선하증권과 상환하지 않고는 운송목적물을 인도할 수 없으며 상법 제129조상의 상환성에는 운송인에게 선하증권의 제시가 없는 경우 운송물의 인도를 거부할 의무가 포함된다고 해석하였다.[39] 그리하여 보증도의 상관습을 따르는 것은 순전히 운송인의 위험부담사항으로서 차후 정당한 소지인에 의하여 선하증권이 제시될 경우 그 소지인에게 손해배상책임을 지게 된다고 하였다. 이러한 대법원 판례가 수차례 계속되자 선박회사들의 보증도관행에는 상당한 타격이 가해졌으나 보증도의 상관행은 아직도 세계적인 것임에는 틀림없다.

---

39) 수차례에 걸친 대법원 판례의 사실관계는 이른바 5공 말기 국내 동원실업이 1987년 4월경부터 동남아와 미주, 유럽지역으로부터 대량의 알미늄괴와 구리봉 등을 수입하여 그 대금을 결제하지 아니한 상태에서 신용장 개설은행 명의의 보증장(L/G)을 위조하여 수입물품을 타에 매각처분한 후 도주한 사건과 관련되어 있다. 이와 관련한 대법원 판례들은 대판 1991. 12. 10, 91다14123; 대판 1992. 2. 14, 91다4249; 대판 1992. 2. 25, 91다30026 등이다.

대판 2019. 4. 11, 2016다276719

[Surrender B/L[40]; 保證渡와의 區別点]

　"무역실무상 필요에 따라 출발지에서 선하증권 원본을 이미 회수된 것으로 처리함으로써 선하증권의 상환증권성을 소멸시켜 수하인이 양륙항에서 선하증권 원본 없이 즉시 운송품을 인도받을 수 있도록 하는 경우가 있다. 이 경우 송하인은 운송인으로부터 선하증권 원본을 발행받은 후 운송인에게 선하증권에 의한 상환청구 포기(영문으로 'surrender'이며, 이하 '서렌더'라 한다)를 요청하고, 운송인은 선하증권 원본을 회수하여 그 위에 '서렌더(SURRENDERED)' 스탬프를 찍고 선박대리점 등에 전신으로 선하증권 원본의 회수 없이 운송품을 수하인에게 인도하라는 서렌더 통지(surrender notice)를 보내게 된다. 이처럼 서렌더 선하증권(Surrender B/L)이 발행된 경우 선박대리점은 다른 특별한 사정이 없는 한 선하증권 원본의 회수 없이 운송인의 지시에 따라 운송계약상의 수하인에게 화물인도지시서(Delivery Order)를 발행하여 수하인이 이를 이용하여 화물을 반출하도록 할 수 있다."

　(나) 운송인과 화물상환증소지인간의 관계　　운송인은 화물상환증의 소지인에게 운송물을 인도할 의무가 있으므로 만약 운송물의 인도청구자가 정당한 권리자가 아닌 경우 운송물을 다시 회수하여 소지인에게 인도하여야 한다. 이에 이르지 못할 경우 운송인은 운송계약상의 주의의무위반으로 인한 손해배상책임을 지게 된다($^{商}_{135}$). 이러한 채무불이행책임 이외에도 운송인은 동시에 불법행위책임도 지게 되며($^{民\ 750,}_{756\ 등}$) 양책임은 청구권경합관계에 놓인다.

　(다) 운송인과 청구인간의 관계　　운송물인도청구자가 화물상환증의 정당한 권리자가 아니었던 경우에는 청구인의 청구나 그 수령행위는 불법행위를 구성하게 될 것이며, 청구인이 운송물을 소비하였다면 이는 형법상의 횡령죄를 구성하게 될 것이다. 청구인과 운송인간에는 가도로 인하여 운송인이 입는 모든 손해에 대해서 청구인이 배상할 것을 약정하는 묵시적 합의(담보계약)가 이루어진 것으로 보아야 할 것이다.

　설사 가도의 청구자가 운송물을 인도받았다 할지라도 그가 화물상환증의 정당한 소지인이 될 수 없는 자였다면 그 운송물의 소유권을 취득할 수 없다. 물론 그로부터 제3자가 운송물을 선의취득할 가능성은 있다.

　(라) 운송인과 보증은행간의 관계　　화물선취보증장을 발행한 은행 등의 금

---

　40) 이에 대해 보다 자세히는 김인현, 해상법, 5판, 법문사, 306-308면; 中村眞澄/箱井崇史, 海商法, 第2版, 2013年, 232-233頁.

융기관은 차후 화물상환증의 제시도 운송물의 반환도 이루어지지 않아 정당한 화물상환증소지인에게 운송인이 손해배상을 하는 경우 운송인에 대하여 담보계약상의 이행책임을 지게 된다.

5. 육상물건운송인의 손해배상의무

‖**사례 1**‖ 서울의 가구제조상 A(주)와 부산의 목재상 B(주)간에 다음과 같은 거래가 이루어졌다. 2001년 3월 1일 A는 말레이시아산 특수원목 3톤을 톤당 500만원에 매수하고 A의 요구로 B가 C운송주식회사에 서울까지의 운송을 위탁하였다. C의 운전사 F의 과실로 원목 중 3분의 1은 목재에 금이 가는 훼손으로 사용불가이다. 한편 C가 발행한 화물상환증 이면의 운송약관 제9조에는 "운송물의 멸실이나 훼손의 경우 저희 회사는 운송물 1톤당 100만원 이상은 책임지지 않습니다"라고 되어 있었다. A는 C로부터 무엇을 주장할 수 있는가?

‖**사례 2**‖ A보험(주)은 1988년 9월 30일 S주식회사와 그 소유의 시분할교환기(t.d.x.) 1대를 S사 구미공장에서 서울 한국전기통신 공릉전신전화국까지 컨테이너로 운송함에 있어 발생할 손해에 대하여 S사를 각 보험계약자 및 피보험자로 하고 보험가액과 보험금액을 각 5억 5천만원으로 하는 운송보험계약을 체결하였다. 한편 T운수(주)는 같은 해 10월 1일 S와 위 교환기 1대를 구미에서 서울까지 운송하기로 하는 운송계약을 체결하였고 T운수의 운전사 K는 같은 해 10월 6일 20시 트럭에 교환기를 적재한 컨테이너를 실은 후 서울로 향하였다. S사가 T에 운송을 위탁할 때 S사는 운송물의 가액이나 종류를 전혀 알리지 않았다고 한다. 그 다음날 새벽 4시 30분경 K가 과천 서울대공원 앞 교각 높이 3.9m의 고가다리를 통과하다가 차체를 포함한 화물의 높이가 4.2m로 교각보다 높아 화물이 고가다리에 부딪히는 바람에 컨테이너와 교환기가 파손되어 S사는 3억원의 손해를 입었다. 이에 A보험회사는 위 보험계약에 따라 S사에 3억원을 지급한 후 T운송(주)을 상대로 상법 제682조에 기한 보험자대위권을 행사하고 있다. 이 청구권을 검토하라(대판 1991. 8. 23. 91다15409. 법원공보 1991. 2408면, 일부수정. 축약).[41]

(1) 책임발생요건

운송인은 자기 또는 운송주선인이나 사용인 기타 운송을 위하여 사용한 자가 운송물의 수령, 인도, 보관과 운송에 관하여 주의를 게을리 하지 아니하였음을 증명하지 아니하면 운송물의 멸실, 훼손 또는 연착으로 인한 손해를 배상할

---

41) 이에 대한 평석으로는 呂美淑, "고가물에 대한 운송인의 책임", 「상사판례연구」(최기원교수 화갑기념), 제1권, 「총칙 · 상행위 · 회사」, 237면 이하 참조.

책임이 있다($^{\text{상}}_{135}$).

(가) **운송에 관한 주의의무위반** 본 책임이 발생하자면 우선 운송인이 자신의 注意義務를 해태하였어야 한다(Sorgfaltpflichtverletzung). 이 규정의 법적 성격은 운송계약에 대한 채무불이행책임의 성격을 띠며 운송인의 주의의무의 내용은 수령(reception), 인도(delivery), 보관(preservation) 및 운송(carriage)에 관한 주의의무의 해태시 본 책임이 발생한다. 이러한 주의의무는 운송물의 수령시에 시작되어 수하인이나 기타 화물상환증의 소지인 등 수령적격자에게 운송물을 인도할 때까지 계속된다.

(나) **운송인의 과책** 나아가 본 책임이 발생하기 위하여는 운송인의 고의나 과실 등 주관적 과책사유가 필요하다. 이 규정은 운송인의 손해배상책임을 포괄적으로 망라하고 있는데, 운송인 자신의 과책(aus eigenem Verschulden)뿐만 아니라 이행보조자의 과책(aus fremdem Verschulden)으로 인한 손해배상책임에 대해서도 함께 규정하고 있다. 제135조는 이행보조자를 운송주선인이나 사용인 기타 운송을 위하여 사용한 자로 구체화하고 있다. 이러한 규정이 없었어도 민법 제391조에 따른 운송인의 책임발생은 가능할 것이다. 그러나 상법 제135조는 이러한 이행보조자의 과책을 그 적용범위에 포함시킴으로써 입증책임의 전환(Beweislastumkehr)을 가져오고 있다. 즉 이행보조자의 과실에 대한 입증책임은 원래 채무불이행책임을 주장하는 채권자가 부담하나 상법 제135조의 특칙으로 운송인이 자신의 이행보조자의 무과실을 입증하여야 하는 것이다.[42]

(다) **적하이해관계인의 손해발생** 끝으로 적하이해관계인에게 손해가 발생하여야 한다. 배상할 손해에 대해서는 멸실손해, 훼손손해 및 연착손해로 제한

---

42) Baumgärtel, Handbuch der Beweislast im Privatrecht, Bd. 1, §278 BGB, Rz.1; Palandt-Heinrichs, BGB, 43. Aufl., §278, Anm. 8; 물론 이러한 입장은 입증책임에 관한 특칙이 없을 때이다. 가령 독일민법 제282조는 채무자의 과책으로 인한 이행불능의 경우 채무자에게 입증책임이 있다고 하고 있다. 이러한 경우에는 채무자가 이행보조자의 무과실을 입증하여야 할 것이다. 그러나 이러한 특칙적 규정이 없을 때 독일 통설은 이행보조자의 과실에 대하여 채권자에게 입증책임이 있다고 보고 있다. 이에 반하여 우리나라에서는 이행보조자의 과실에 대한 입증책임 역시 채무자의 부담사항이라고 보는 것이 현재 통설적 견해이다. 그러나 상법 제135조상의 손해란 운송물의 멸실, 훼손, 연착으로 인한 손해로서 이행불능이나 이행지체로 인한 손해가 아니라 불완전이행 또는 적극적 채권침해(positive Forderungsverletzung)로 인한 손해들이다. 독일에서는 적극적 채권침해에 있어서는 이행불능이나 이행지체와 달리 채권자에게 입증책임을 부담시키는 것이 타당하다고 주장되고 있다(통설 및 판례; BGH NJW 1983, 998; BGH NJW 1988, 62; Filkentscher, SchuldR, 9. Aufl., Rdnr. 390). 이렇게 파악한다면 상법 제135조는 입증책임에 관한 한 민법에 대한 특칙적 성격을 갖는다고 보는 것이 타당할 것이다.

되어 있다.

① **멸실손해**　　멸실손해(Verlustschaden)라 함은 물리적 멸실뿐만 아니라 법률적 멸실도 포함된다. 전자는 자연과학적으로 판단된 운송객체의 소멸을 의미한다. 불에 타서 없어졌거나 물에 불어서 해체된 경우 등이다. 그러나 후자는 도난, 몰수 또는 제3자의 선의취득 등 운송인이 주관적으로 자신의 운송물인도의무를 이행불능상태에 빠뜨린 경우이다. 전자를 절대적 멸실, 후자를 상대적 멸실로 부를 수 있을 것이다.

② **훼손손해**　　훼손손해(Beschädigungsschaden)라 함은 운송물의 경제적 가액을 감소시킴으로써 발생한 손해이다.

③ **연착손해**　　연착손해(Verspätungsschaden)란 운송물이 약정한 일시나 통상 도착하여야 할 시점까지 도착하지 못함으로 말미암은 손해이다.

④ **여타의 손해**　　이러한 종류 이외의 손해, 가령 화물상환증의 발급지체나 誤記를 통하여 발생한 손해 등에 대해서는 어떻게 처리하여야 하는가?[43] 이에 대해서는 주의적 규정설과 특별규정설의 대립이 있다. 전자에서는 멸실, 훼손 또는 연착으로 인한 손해는 상법이 주의적으로 예시한 것에 불과하므로 이러한 손해 이외의 것도 상법 제135조의 책임발생사유에 포함된다고 한다. 반면 후자에서는 상법 제135조는 멸실, 훼손 및 연착손해에 대해서만 규정하고 있으므로 그 외의 손해에 대해서는 상법 제135조가 아니라 일반 민법 제390조를 적용하여야 한다고 한다. 어느 설을 취하건 배상액을 정형화하고 있는 상법 제137조의 적용에 있어서는 멸실손해, 훼손손해 또는 지연손해만으로 한정된다. 그렇다면 상법 제135조에 있어서는 법적용의 안정성을 고려하여 특별규정설을 취하는 것이 타당하다고 본다. 그리하여 멸실, 훼손 또는 지연손해 이외의 것에 대해서는 민법의 규정으로 처리하는 것이 바람직할 것이다.

(라) 인과관계의 존재　　상법 제135조상의 인과관계는 두 가지 측면에서 나타나야 한다. 하나는 운송인의 주의의무위반과 운송물의 멸실, 훼손 및 연착간의 인과관계이고, 다른 하나는 운송물의 멸실, 훼손, 지연도착과 적하이해관계인의 손해발생간의 인과관계이다. 전자를 책임설정적 인과관계(haftungsbegründende Kausalität), 후자를 책임완성적 인과관계(haftungsausfüllende Kausali-

---

43) 여기서의 오기에는 공권(空券)이나 수량부족, 운송계약과 다른 물건의 적재 등은 포함되지 않는다. 이러한 경우는 모두 운송물의 법률적 멸실에 해당한다. 여기서의 오기는 예컨대 용적이나 포장을 잘못 기재하여 물건인수시 발생한 손해나 도착지의 오기로 증대된 인수비용 등을 말한다.

tät)라 한다. 양자 모두 상당인과관계의 성립으로 족하다.

(마) **입증책임**   입증책임면에서는 민사소송의 일반원칙이 수정되어 적하 이해관계인이 운송인의 과실을 입증하는 것이 아니라 운송인이 자신의 무과실을 입증하여야 한다($\frac{\text{상}}{\text{연}} \frac{135}{\text{참조}}$).

(2) 손해배상액

상법상 운송인의 책임에 관한 특색은 그 책임발생의 요건 측면에서는 입증책임의 전환현상이 나타나지만 책임발생의 효과면에서는 배상액의 정형화현상이 나타난다는 점이다. 그 중에서도 가장 의미있는 것은 역시 후자이다. 상법은 기업유지의 이념을 실현하기 위하여 채무불이행으로 인한 손해배상책임의 범위를 제한하고 있는 것이다. 운송인이 부담하여야 할 손해배상액과 관련하여서는 법정제한사유, 약정제한사유, 불법행위책임에서의 배상액 등 셋으로 나누어 알아본다.

(가) **법정제한사유**   이에는 상법 제137조와 제136조가 해당된다.

① **정액배상주의**($\frac{\text{상}}{137}$)   채무불이행의 일반원칙에 따르면 채무자가 부담할 손해배상액은 민법 제393조에 의하여 통상손해의 경우 채무불이행과 상당인과관계있는 모든 손해가 되고 특별손해의 경우 채무자가 그 특별한 사정을 알았거나 알 수 있었을 때로 한정된다. 그러나 운송인의 책임을 이렇게 민법의 일반원칙에 맡겨버리면 위험업종자인 운송인에게 가혹하다. 이러한 결과는 대량의 운송물을 저렴한 운임으로 신속하게 취급하여야 하는 운송기업의 보호이념에 합치하지 않는다. 그리하여 상법은 일반법인 민법 제393조로부터 해방된 제137조의 특칙을 두게 되었다.

그리하여 상법은 운송물의 전부멸실 또는 연착의 경우 인도할 날의 도착지가격으로 손해배상액을 정형화하였고($\frac{\text{상}}{137}$),[44] 운송물의 일부멸실이나 훼손손해의 경우 인도한 날의 도착지가격으로 책임을 제한시켰다($\frac{\text{상}}{137}$). 이러한 경우에는 도착할 날이나 도착한 날의 도착지가격으로 책임이 제한되는데, 실질적으로 송하인이 입은 손해가 시장가격보다 저가인 경우에도 역시 이 가격으로 배상된다.[45]

그러나 이러한 책임제한혜택에는 주관적 조각사유가 있다. 즉 운송인이 고

---

44) 2010년의 상법개정에서 과거 '인도한 날'을 '인도할 날'로 문언을 수정하였다.
45) Baumbach/Duden/Hopt, §430, Anm. 1 B.

의나 중과실로 운송물의 멸실, 훼손 또는 연착을 야기하였을 경우에는 모든 손해를 배상하여야 한다($_{第}^{註137}$). 이러한 경우 운송인의 책임제한은 형평의 이념에 맞지 않고 또 기업유지라는 상법의 정적 이념에도 부합하지 않는다. 고의나 중과실의 운송인은 더 이상 보호가치가 없기 때문이다. 따라서 이 때에는 운송인의 행위와 상당인과관계있는 모든 손해가 배상의 범위에 포함될 것이다($_{393}^{頁}$).

② 고가물면책($_{136}^{商}$)　　화폐, 유가증권 기타 고가물에 대하여는 송하인이 운송을 위탁할 때에 그 종류와 가액을 명시한 경우에 한하여 운송인이 배상할 책임이 있다($_{136}^{商}$).

(i) 입법취지　　고가물은 멸실 또는 훼손될 위험이 크고 나아가 작은 부주의로도 거액의 손해가 발생하므로 원칙적으로 운송인의 면책사유로 규정하였다. 다만 송하인이 운송을 위탁할 때에 그 종류와 가액을 명시한 경우에는 운송인이 책임지도록 하였다. 이 규정은 송하인의 고지를 통하여 운송인의 주의를 환기하고 보다 고도의 주의를 기울일 수 있게 하기 위함이다.

(ii) 고가물의 의미　　高價物(Kostbarkeiten)이란 사회통념상 크기나 부피에 비하여 상대적으로 높은 價値를 갖는 물건을 말한다.[46] 상법 제136조는 화폐나 유가증권[47]을 대표적인 고가물의 예시로 들고 있으나 이에 한정되는 것은 아니다. 이외에도 보석, 귀금속, 예술품, 골동품이 고가물임은 물론이다. 고가물인지 여부의 판단은 일반적인 사회통념에 따를 수밖에 없다.[48] 그러나 구체적으로 일정 물건이 고가물인지 여부는 애매할 때가 많다. 따라서 이 분야에도 풍성한 판례법이 형성되지 않고서는 고가물의 外延은 쉽게 드러나지 않을 것이다.

건설중장비 또는 값비싼 자동차나 피아노 같은 물건은 비록 그 물건의 가치가 고가일지라도 상법상 고가품이라 하지 않는다. 그 크기나 부피와 경제적 가치를 함께 고려할 때 양자간의 비례를 부정할 정도의 큰 경제적 가치를 갖지 않기 때문이다. 그러나 미술품이나 골동품은 중량이 무겁고 부피가 크더라도 고가품이 될 수 있다.[49] 크기 내지 부피와 경제적 가치간의 격차가 훨씬 큰 폭

---

46) Heymann-Honsell, HGB, §429 Rdnr. 28: "Unter Kostbarkeiten sind Gegenstände zu verstehen, denen gemessen an ihrem Umfang und Gewicht ein ungewöhnlicher Wert zukommt."; Baumbach/ Duden/Hopt, 27. Aufl., §429 Anm. 3.

47) 여기에는 협의의 有價證券(Wertpapier)뿐만 아니라 證據證券(Beweisurkunde)과 免責證券(Legitimationspapier)도 포함될 수 있다(Baumbach/Duden/Hopt, 28. Aufl., §429 Anm. 3 A c).

48) RGZ 105, 204; RGZ 116, 114.

으로 나타날 수 있기 때문이다.

대법원판례에 의하면 흡입압착롤(suction press roll)[50]이나 시분할교환기(t.d.x.)[51]를 고가물이라고 판시한 바 있다. 그러나 絹織物 같은 것은 비록 과거에는 고가물로 다루어질 수 있었을지 모르나 오늘의 사회경제적 관점에서는 고가물이라고 할 수 없을 것이다.[52] 이처럼 고가물인지의 판단에는 時代的 觀點도 함께 고려되어야 한다.[53]

(iii) **명시의 방법**   明示의 대상은 운송물의 種類와 價額이다. 이에는 특별한 방식이 예정되어 있지 않다. 보통 送狀(invoice)에 운송물의 종류나 가액을 명시하는 것이 일반인데 이러한 방법 이외에 구두로도 가능하다. 명시의 時限은 운송물을 탁송하기 위하여 운송인에게 이를 引渡할 때까지이다.[54] 상법은 '송하인이 운송을 위탁할 때에'라고 표현하여 運送契約成立時 등 一定時點을 지칭하는 듯한 문언을 사용하고 있지만 운송목적물의 인도시점까지만 명시가 이루어지면 된다. 명시(告知)의 상대방은 운송인이다. 운송인의 의뢰를 받은 이행보조자에 대해서까지 고가물의 종류와 가액을 고지할 필요는 없는 것이다.[55]

(iv) **명시의 효과**

a) 배상책임의 발생: 고가물의 종류와 가액을 명시한 경우에는 운송인은 손해배상책임을 진다. 고가물의 종류와 가액을 명시하는 것은 결국 운송인의 손해배상책임을 발생시키는 조건으로 作用한다.[56] 이러한 조건이 성취되었을 때에만 운송인의 손해배상책임이 발생하기 때문이다. 그러나 상법 제136조는 제135조의 特則이 아니라 고가물불고지로 인한 면책규정일 뿐이다.[57] 同條는 상법 제137조와 더불어 법정면책사유를 구성한다(체계해석).

b) 배상해야 할 손해의 범위: 배상되어야 할 손해는 어떤 범위인

---

49) 최·김, 353면.

50) 대판 1991. 1. 11. 90다8947(공보 1991. 721).

51) 대판 1991. 8. 23. 91다15409.

52) 대판 1967. 10. 23. 67다1919(집 15 ③, 민 222).

53) 呂美淑, "高價物에 대한 運送人의 責任", 「商事判例研究」, 제1권(崔基元敎授 華甲 및 서울大在職 30年 紀念論文集) [總則·商行爲·會社], 1996년, 博英社, 237면 이하, 265, 266면.

54) Heymanns-Honsell, §429 Rdnr. 30.

55) 대판 1991. 1. 11. 90다8947(직지제조용 조직기의 하역을 운송인의 의뢰를 받아 수행중 흡입압착롤이 파손된 사건에서 하역작업을 했던 중기회사에 대해서까지 고가물임을 알릴 의무는 없었다고 판시하였다).

56) Baumbach/Duden/Hopt, §429 Anm. 3: Heymanns-Honsell, §429 Rdnr. 25 f.:(이들 주석서에는 고가물의 경우 운송인이 부담하는 책임을 bedingte Haftung이라 표현하여 이를 분명히 밝히고 있다).

57) 대판 1991. 8. 23. 91다15409, 법원공보 1991. 2408.

가? 송하인에게 발생하는 손해도 여러 종류이다. 운송물의 멸실손해, 훼손손해, 연착손해 등 다양할 수 있다. 이 중 상법 제136조의 보호범위에 드는 것은 멸실손해와 훼손손해라고 해석된다. 연착손해는 운송물이 고가이건 아니건 똑같은 정도로 발생할 수 있다. 그러나 멸실손해나 훼손손해의 경우에는 운송물에 대해 어느 정도의 주의를 기울이느냐에 따라 손해의 정도가 달라질 수 있다. 구 독일상법 제429조 2항은 이를 明定하여 멸실손해와 훼손손해에 대해서만 고가물면책을 허용한다.

c) 명시가액과 실제가액의 불일치: 명시가액과 운송물의 실제가액이 같을 때에는 당연히 그 가액으로 책임지게 되겠지만, 양자가 일치하지 않을 때에는 어떻게 손해를 배상하여야 하는지 의문이다. 明示價額이 實際價額보다 클 때에는 운송인은 실제가액을 증명하고 그 범위 내에서 손해를 배상하면 된다. 고지된 가액이 그대로 운송인을 구속하는 것은 아니기 때문이다.[58] 고가물에 관한 상법 제136조는 고가물에 대한 명시를 통하여 운송인에게 보다 고도의 주의를 촉구하기 위한 규정이므로 실제의 가액보다 더 큰 액수가 고지되었다고 이를 그 책임내용으로 확정한다면 이는 송하인의 부당이득을 幇助하는 결과가 되고 말 것이다. 따라서 실제가액보다 고액이 고지되었더라도 실제가액이 책임의 상한선이 된다.

그러나 逆으로 實際價額이 明示價額보다 클 때에는 명시가액이 책임의 上限(Obergrenze)으로 作用하게 된다. 運送人은 일일이 운송물의 실제가액을 조사할 수 없다. 설사 송하인이 실제가액을 증명한다 해도 운송인은 告知된 가액에 準한 주의를 기울이면 면책될 수 있어야 한다. 운송인에게 고지된 가액보다 더 높은 실제가액을 探知하라고 의무화할 수 없기 때문이다. 따라서 이 경우 실제가액과 명시가액간의 不一致는 송하인의 危險負擔事項이 되어야 한다.

(v) 불명시의 효과 송하인이 고가물의 종류와 가액을 명시하지 않았을 때에는 어떤 효과가 도래하는가? 원칙적으로 운송인은 이 경우 면책된다($\frac{\text{상}}{136}$).

a) 보통물로서의 책임: 원칙적으로 이 경우 운송인은 고가물로서의 책임은 지지 않겠지만($\frac{\text{상}}{136}$), 普通物로서의 책임은 부담하는가? 즉, 보통물로서의 책임은 殘存하는가가 문제시되고 있다. 이에 대해서는 다음과 같은 학설의 다툼이 있다.

---

58) 이는 오로지 송하인만을 구속할 따름이다(Baumbach/Duden/Hopt, a.a.O., §429 Anm. 3 B).

하나는 完全免責說로서 송하인이 고가물임을 고지하지 않은 경우 운송인은 보통물로서의 책임도 지지 않는다고 한다. 상법 제136조는 고가물의 明示를 촉구하여 운송인에게 불측의 손해를 방지하는 규정이므로, 고가물에 대한 명시가 이루어지지 않은 경우 송하인을 제재하는 의미에서도 완전면책이 정당하다고 한다. 만약 보통물로서 책임지게 하면 상법 제136조의 입법목적은 退色하고, 고가물을 보통물로 換價한다는 것도 개념상 어색하다고 한다(_통^설).

다른 하나는 普通物責任說이다. 즉 고가물로서의 책임은 면하는 것이지만 보통물로서의 책임은 殘存한다는 것이다. 이 견해에 의하면 보통물로서의 주의의무를 다한 경우에는 당연히 완전면책되겠지만, 보통물로서의 주의를 해태한 경우에는 이에 대한 결과책임을 지는 것이 마땅하다는 것이다. 이 때 손해배상의 범위는 과실상계 등에서처럼 배상액산정의 폭을 넓게 잡을 수 있으므로 보통물로서의 손해배상액도 산정가능하다고 한다.[59]

생각건대 상법 제136조는 고가물의 경우 송하인으로 하여금 명시를 촉구하여 육상운송기업주체에 대한 불측의 손해를 방지하려는 규정이다. 이러한 입법취지를 충분히 살리려면 불고지의 경우 송하인에게 일정범위의 제재가 있어야 할 것이다. 또 보통물로서 책임진다면 그 배상액은 어떻게 산정할 것인가? 보통물책임설에서는 법원이 배상액을 산정함에 있어서 과실상계 등 탄력적인 잣대를 동원할 수 있다고 주장한다. 그러나 가령 고가물인 다이아반지를 보통물로 환가한다면 어떤 기준을 동원할 수 있을 것인가? 그 부피를 따져서 정할 것인가, 그 무게를 기준으로 할 것인가? 배상액산정상 구체화 작업이 쉽게 이루어지기 어려울 것이다. 물론 이러한 난점을 극복할 수 있다 해도 보통물책임설은 상법 제136조의 입법취지와 合一되기 어렵다. 송하인의 행위는 비난의 대상이 되어야 하기 때문에 운송인의 완전면책이 타당하다.[60]

　b)고가물임을 우연히 안 경우:　　비록 송하인은 운송물이 고가물임을 알리지 않았지만 운송인측에서 나중에 우연한 경로로 고가물임을 알게 되었을 때에는 어떻게 되는가? 이 경우에 있어서는 다음과 같은 세 가지 입장이 대립하고 있다.

제1설은 完全免責說이다. 이 입장은 운송인이 우연한 경로로 고가물임을 알

---

59) 이철송, 536-537면.
60) 同旨, 채이식, 상법강의(상), 개정판, 1996년, 298면: 송옥렬, 189면.

게 되었다고 보통물로 또는 고가물로 책임지게 된다면 운송인에게 가혹한 결과가 된다고 한다. 고가물임을 우연히 알게 된 주관적 사유를 책임의 기준으로 삼을 수는 없다고 한다. 따라서 이 학설에 의하면 처음부터 전혀 모른 경우나 우연히 안 경우나 차별을 두어서는 안된다고 한다.[61]

제2설은 普通物注意·高價物責任設이다.[62] 이 입장에 의하면 운송인이 우연히 알았더라도 송하인이 명시한 것도 아니고 고가물로서 고액의 운임을 받은 것도 아니므로 제대로 명시한 경우와 같게 다룰 수는 없으나 그래도 우연히 알게 된 이상 보통물로서의 주의의무는 다하여야 하는 것이고, 만약 이를 게을리 했을 때에는 고가물로서 책임져야 한다고 한다.

제3설은 高價物注意·高價物責任設이다.[63] 운송인이 고가물임을 안 이상 고가물로서의 주의를 기울여야 하고, 또 이를 게을리하면 고가물로서 책임져야 한다고 한다.

생각건대 제2설이 타당하다고 생각된다. 물론 제1설은 운송인이 우연히 고가물임을 알게 된 것을 기화로 책임의 내용을 差別化시켜서는 안된다고 주장하는 점에서는 共感이 가나 전체적인 결과로서는 타당성을 상실한다. 어떠한 경로로든 고가물임을 알게 된 후에는 일단 운송인으로서 주의를 다하여 탁송 운송물을 정상적인 상태로 引渡할 수 있도록 노력하여야 할 것이다. 한편 제3설도 타당성을 결하고 있다. 송하인이 처음부터 고가물임을 고지한 경우와 이러한 고지가 전혀 이루어지지 않은 경우를 똑같이 취급하고 있기 때문이다. 제2설은 보통물로서의 주의를 다하면 면책될 수 있다는 점에서 전혀 고지하지 않은 경우와 고지한 경우를 구별하고 있고, 보통물로서의 주의도 결여된 경우에는 고가물로 책임지게 하는 점에서 신의칙적 형평감각에 부합한다. 제2설에 찬동한다.

c) 고의로 멸실시키거나 훼손시킨 경우: 비록 객이 고가물임을 명시하지 않았더라도 운송인은 이 경우 모든 손해를 배상하여야 한다. 이 경우에는 운송인의 책임을 경감시키려는 상법 제136조나 제137조의 입법취지와 아무 관련이 없기 때문이다. 즉 운송인은 이 경우 보호가치가 없다.

d) 운송인이 중과실로 고가물임을 모른 경우: 이러한 경우 상법 제

---

61) 채이식, 상게서, 298면.
62) 박상조, 524; 이기수·최병규, 477면; 정찬형, 363면; 정동윤, 254면; 최준선, 382면.
63) 강위두, 상법강의(상), 3판, 2009년, 283면; 손주찬, 344면; 이철송, 537면.

137조 3항을 유추하여 운송인이 우연히 안 경우와 동일시할 수도 있겠으나, 상법 제136조의 입법취지가 운송인보호에 있으므로 송하인제재의 차원에서 또 명시를 촉구한다는 측면에서 면책시킬 수 있다고 본다.

(vi) **불법행위책임과의 관계**   상법 제136조는 法定免責事由로서 원칙적으로 운송계약관계를 전제로 한 채무불이행책임에만 적용된다. 그러면 이러한 책임면제의 효력은 운송인의 불법행위에 기한 손해배상책임에도 연장 적용될 수 있는가? 원칙적으로 이 규정은 운송계약관계의 존재를 前提로 하지 않는 불법행위책임과는 거리가 멀다. 그러나 이러한 思考를 고집한다면 불법행위책임은 계약책임과 독립적으로 성립되어 상법 제136조의 면책효과를 비웃을 것이다. 고가물면책규정이 운송인을 보호하려 해도 이와 무관한 불법행위책임이 제한 없이 경합하면 同條文의 존재가치는 현격히 떨어질 것이다. 여기에 청구권경합의 복잡한 문제가 대두되는 것이다. 이에는 다음과 같은 학설의 다툼이 있다.

첫째는 순수한 청구권경합설이다. 운송인의 채무불이행책임과 불법행위책임은 그 성립요건이나 소멸시효, 나아가 입증책임의 분배 등에서 독립된 별개의 제도이므로 양자의 성립요건이 동시에 갖추어지는 경우 양책임은 경합하여 병존한다고 한다. 나아가 이 입장에서는 채무불이행책임에 적용되는 면책사유나 책임제한규정($^{商\ 136,\ 137,\ 146,}_{147,\ 121}$)은 불법행위책임에는 그 적용이 없다고 한다.[64] 대법원 판례는 이 입장에 따라 시분할교환기사건에서 운송인의 사용자책임($^{民}_{756}$)을 인정하면서도 고가물면책규정은 이에 적용될 수 없다고 보았다. 대신 過失相計의 법리($^{民\ 763,}_{396}$)를 끌어들여 구체적 타당성을 추구하고 있다.

둘째는 법조경합설이다. 이 입장은 채무불이행책임과 불법행위책임의 상호관계를 특별법과 일반법의 관계로 생각하여 양자의 책임발생요건이 모두 충족되는 때에도 특별법인 채무불이행책임만 잔존한다고 한다.

셋째는 수정된 청구권경합설이다. 이 입장은 근본적으로는 청구권경합설의 입장에 서면서도 계약책임의 감면에 대한 특칙은 불법행위법에도 부분적으로 적용시킬 수 있다고 주장한다. 이렇게 함으로써 청구권경합의 이점을 積荷利害關係人에게 제공하면서도 각종 계약적 면책규정을 불법행위법에 끌어들일 수 있어 운송인의 보호도 겸할 수 있다고 한다. 그리하여 고가물의 명시가 없는

---

64) 대판 1991. 8. 23. 91다15409 [시분할교환기(TDX) 사건].

경우 운송인은 고의가 있는 때에 한하여 불법행위책임을 부담한다고 한다. 따라서 단순한 과실의 경우에는 고가물면책의 효력이 불법행위책임에도 미치는 셈이다.

생각건대 청구권경합설을 순수한 형태로 관철하면 상법 제136조의 입법취지는 퇴색한다. 계약적 손해배상책임은 사라지지만 불법행위상의 책임은 제한되지 않은 채 남아 있기 때문이다. 한편 법조경합설은 원칙적으로 적하이해관계인의 보호에 적합치 않다. 따라서 일단 청구권경합설을 취하되 일정한 경우에는 운송계약을 전제로 한 면책규정을 불법행위책임에도 확장하여 적용시킬 수 있어야 할 것이다. 상법은 해상운송의 경우 제798조에서 근본적으로 수정된 청구권경합설을 따르고 있다. 제3설이 무난하다고 생각된다.

물론 이러한 수정된 청구권경합설의 입장에도 단점은 있다. 이 입장은 불법행위상의 손해배상책임도 계약적 손해배상책임과 같이 완전히 사라지느냐 그대로 잔존하느냐, 이른바 'all or nothing'의 성격을 갖고 있다. 이에 반하여 판례가 지지하는 청구권경합설의 입장은 비록 상법 제136조가 민법 제756조상의 책임에는 영향을 미치지 못하지만 過失相計의 법리에 따라 천가지 또는 만가지의 처방이 가능하다는 장점이 있다. 즉 운송인과 송하인의 과실을 개별 사안에 적절히 반영하면 구체적 정의의 실현도에서는 훨씬 더 앞선 처방이 될 수 있다는 것이다. 판례가 이를 선호하는 이유도 여기에 있지 않을까? 0과 1 사이에 무수히 많은 소수가 있듯이 개별사안의 特性을 적절히 반영할 수 있고 나아가 책임이 있다, 없다로 단정짓는 것이 아니라 운송인과 송하인이 적절히 거래상의 위험을 나누어 가질 수 있다는 장점이 발견되는 것이다.

③ 개별적 책임제한규정　　　상법은 해상운송의 경우 제797조와 같은 규정을 두어 운송물 포장당 666.67 SDR로 책임을 제한하고 있다. 그러나 육상운송의 경우 상기 두 규정 이외에 추가적인 법정책임제한사유는 없다. 비교법적으로 조심스럽게 관찰할 것은 최근 독일의 운송법개정이다. 독일 상법전은 1998년 7월 1일부로 개정되어 신규정 제431조에 개별적 책임제한규정을 두었다.[65] 그리하여 운송물의 멸실이나 훼손시 탁송화물의 매킬로그램당 8.33 SDR을 한도로 운송인의 책임을 제한하였다. 이러한 외국의 입법적 동향은 우리 상법의 향후의 발전에도 적지 않은 영향을 미칠 것이다. 육상운송인이 해상운송인보다

---

65) 그 입법적 모델은 CMR(국제도로운송협약)이다.

낮은 위험을 부담한다고 할 수는 없을 것이다. 다만 해상운송의 경우 역사가 깊을 뿐 아니라 운송물량이 다대하고 또 전형적인 바다의 위험을 가정하였으므로 육상운송법보다 먼저 발달하였을 뿐이다. 우리 상법의 입법론으로서도 심각히 고려하여야 할 당면과제이다.

(나) 약정제한사유   운송인의 책임에 관한 상법규정들은 임의규정이므로 당사자들은 강행법규에 어긋나지 않는 한 이들을 상대화할 수 있다. 그리하여 보통운송약관 등 보통거래약관의 형식으로 법정책임범위를 한층 더 제한하거나 특정 사유가 도래하는 경우 아예 운송인을 면책시키는 경우도 있다. 이 경우 어느 정도까지 이들의 효력을 인정하여야 할 것인가? 이러한 추가적인 약정 책임제한사유들은 대부분 보통거래약관의 형식으로 인쇄되어 있으므로 우리는 이들을 약관규제법으로 그 내용통제를 할 수밖에 없을 것이다. 특히 동법 제6조나 제7조상의 내용통제가 가능할 것이다. 동법 제7조에 따라 상당한 이유없이 운송인의 손해배상범위를 제한하거나 고의, 중과실의 운송인에게도 책임을 제한시키는 약관은 무효로 보아야 하고 또한 신의칙에 위반한 불공정약관 역시 무효로 보아야 할 것이다(⌊꙰ᆯ⌋). 다만 이러한 내용통제시에는 운송사업과 관련된 여러 가지 주변요소를 함께 고찰하여야 한다. 약관상 나타난 내용만으로 판단할 수 없고 주변정황을 함께 고려하여야 한다는 것이다. 즉 해당 운송업종의 운임과 운송물의 가액간의 관계, 해당 운송업종에서의 운송보험가입실태 및 그 보험료의 액, 국제적으로 비교가능한 운임들의 비교, 지금까지 일어난 운송사고의 유형과 그 배상실태, 운송회사의 재무구조 등 여러 가지를 고려하여 적정한 배상범위의 하한을 정하여야 할 것이다. 해상운송에서는 보통 적하보험에 부보하므로 운송위험은 운송인과 보험자에게 적정히 분산된다. 끝으로 상기 독일상법 규정과 같은 외국 입법례도 함께 고려하여야 할 것이다.

(다) **불법행위책임에서의 배상액**   상기의 법정 또는 약정책임제한사유는 원칙적으로 운송계약관계를 전제로 하는 채무불이행책임에만 적용되는 것이다. 그러나 대부분의 운송사고에서는 불법행위상의 손해배상책임도 동시에 발생한다. 불법행위책임과 채무불이행책임은 로마법 이래 민사책임발생의 양대 지주인바 이들의 책임발생요건이 동시에 충족될 경우 이를 어떻게 처리하여야 하며 또 상기의 책임제한사유들이 불법행위책임에 작용할 수 있는 것인지 의문시되고 있다.

① 양 책임간의 관계　　우선 상법 제135조상의 책임과 불법행위책임간의 상호관계에 대해서는 청구권경합설(Anspruchskonkurrenz)과 법조경합설(Gesetzes-konkurrenz)의 대립이 있다. 전자는 채부불이행책임과 불법행위책임이 각각 상이한 책임발생요건을 갖고 있어 서로 독립적으로 발생하는 만큼 이들이 서로 병존한다고 보고, 적하이해관계인은 이들을 선택적으로 주장할 수 있다고 한다. 그리하여 적하이해관계인은 두터이 보호될 수 있다고 한다.

반면 법조경합설에서는 이와 반대로 채무불이행책임은 운송계약을 바탕으로 운송인과 송하인 또는 화물상환증의 소지인간에 특별한 법률관계를 전제로 하므로 그러한 특별한 계약관계없이도 성립될 수 있는 불법행위책임에 대해서 우선할 수 있다고 한다. 그리하여 운송인의 채무불이행책임이 성립하면 동시에 불법행위책임이 발생하여도 서로 법조경합을 일으키어 채무불이행책임만 성립된다고 한다. 생각건대 적하이해관계인을 두터이 보호하는 청구권경합설을 따르는 것이 옳다고 본다.

그러나 청구권경합관계를 그 순수한 형태로 그대로 인정하여 양책임의 병존을 꾀할 경우 기업주체의 보호면에서 배상의 범위가 달라 상법의 기업유지의 이념이 사실상 퇴색하는 경우가 있으므로 아래에서 보는 바대로 불법행위책임의 배상범위에는 수정이 불가피할 것이다. 결국 양책임은 입증책임과 소멸시효 부분에서는 독자적으로 원래의 것이 적용될 것이고 다만 그 배상범위면에서는 수정이 요구된다고 본다. 그러한 점을 감안할 때 그 한도에서 수정된 청구권경합 내지 작용적 청구권경합설로 불러도 좋을 것이다.

② 불법행위책임에서의 책임제한　　그렇다면 문제는 위에 논거한 여러 가지 책임제한의 법리가 채무불이행책임을 전제로 하고 있는데, 이러한 책임제한의 법리는 불법행위책임에도 적용 또는 준용되어야 하는가? 이에 대해 상법은 해상운송 부분에서는 명문의 규정을 두어 이를 해결하고 있다. 상법 제798조가 그것이다. 이 규정은 거슬러 올라가면 대법원의 Christian Maersk호 사건[66]에 기인하고 있다. 운송인의 고의나 중과실의 경우를 제외하고는 국제조약의 정신에 맞게 해상운송인의 불법행위책임도 계약적 손해배상책임과 같은 정도로 제한시켜야 한다는 전원합의체 판례였다. 육상운송 부분에는 이와 같은 규정은 없다. 결국 학설이나 판례에 이를 맡겼다고 보아야 한다.

---

66) 대판 1983. 3. 22, 82다카1533.

(i) **상법 제136조 및 동법 제137조**　　우선 상법 제136조나 제137조의 경우를 보면 상법이 취하는 고가물면책규정이나 정액배상주의는 불법행위책임에도 적용되어야 한다. 이들 규정은 운송계약관계를 전제하고 있다. 그러나 이러한 채무불이행책임과 병존하여 발생한 불법행위책임에 대하여 이들을 적용하지 않는다면 어떤 결과가 되겠는가? 불법행위책임에서도 민법 제393조에 의하여($\frac{\mathbb{l}}{763}$) 손해배상의 범위는 상당인과관계있는 모든 손해가 된다. 고가물면책의 경우에도 마찬가지다. 결국 청구권경합설을 취하는 한 적하이해관계인은 상법 제135조보다는 비록 입증책임면에서 불리하기는 해도 민법 제750조나 제756조를 청구원인으로 하여 발생된 전손해의 배상을 요구할 것이다.[67] 만약 이러한 청구가 인용된다면 운송기업주체의 보호라는 상법의 이념은 퇴색된다. 법정책임제한규정의 입법목적은 사라지고 불법행위로 우회된 청구주장은 운송인에게 보다 높은 운임책정을 강요할 것이며 그것은 결과적으로 적하이해관계인의 부담사항이 될 것이다.

(ii) **면책약관**　　운송약관상의 면책약관이나 배상액제한약관의 경우도 마찬가지이다. 이들도 강행법규에 위반되지 않는 한 운송인의 책임을 추가적으로 제한할 터인데 만약 책임제한이 이루어지지 않는 불법행위책임이 있어 이에 따라 발생한 손해의 전액배상이 강요된다면 이들 약관의 존재의미는 아무것도 남지 않는다. 단, 운송인이 고의로 또는 중과실상태에서 야기한 손해라면 이러한 책임제한의 혜택은 불법행위책임에서도 이를 인정할 필요가 없다. 결론적으로 상법 제798조는 이를 육상운송인에도 준용하는 것이 바람직하다고 본다.

(iii) **히말라야 조항**　　나아가 운송인의 불법행위책임이 성립되는 경우 운송인의 이행보조자 역시 책임제한에 관한 상법 규정이나 운송약관상의 책임제한조항을 자신의 이익을 위하여 원용할 수 있는지 의문이다. 이러한 문제는 해상운송에서는 히말라야약관(Himalaya Clause)[68] 문제로 통칭되는데, 이것을

---

67) 불법행위책임에서도 민사소송의 일반원칙에 따라 손해배상을 청구하는 자가 청구권성립의 요건사실을 증명하여야 한다. vgl. Baumgärtel, Handbuch der Beweislast, a.a.O., §823 Rdnr. 1.

68) Himalaya Clause란 이행보조자의 책임이 운송인 자신의 경우와 마찬가지로 제한 또는 면제된다는 운송약관조항을 뜻한다. 이 명칭은 영국의 Adler v. Dickson, [1955] Q. B. 158: [1954] 2 Lloyd's Rep. 267 사건에서 연유되고 있다. 원고인 Adler 夫人은 영국의 유명한 P&O 기선회사(Peninsula and Oriental Steam Navigation Co.)의 여객선 히말라야號의 선객으로 해안산책(shore excursion)을 한 후 귀선하기 위하여 步版(gangway)을 건너던 중 그것이 불안정하여 안벽으로 추락 중상을 입었다. 그런데 승선권에는 선객은 그 자신의 위험으로 운송되고 회사는 그 사용인의 과실에 대하여 면책된다는 약관을 두고 있었다. 원고는 운송인의 사용인인 선장과 갑판장을 상대로 불법행위에 기한 손해배상청구를 하였다. 피

육상운송의 경우에도 적용시킬 수 있는지 의문이다. 국내 판례와 학설은 이를 부정하고 있다.[69] 그러나 해상운송인과 육상운송인을 기업유지의 원칙상 그렇게 달리 취급하여야 할 당위성은 없다. 해상운송인에 관한 상법 제798조 제2항 역시 육상운송인에 준용되어야 할 것이다. 참고로 독일상법은 운송물의 멸실이나 훼손에 대한 이행보조자의 불법행위책임에 대해서도 운송계약상의 면책 또는 책임제한에 관한 동법 규정 및 약관조항을 이행보조자도 원용할 수 있도록 허용하고 있다(독법₄₃₆). 그러한 경향을 종합하면 결국 육상운송인과 해상운송인의 책임은 이제 더 이상 별개의 책임체계에 속한다고 할 수 없을 것이다.

2010년 상법개정시의 논의사항

참고로 지난 2010년 상법개정 당시 해상운송인의 불법행위책임에 관한 상법 제798조와 유사하게 상법 제135조에 "(2) 이 절의 운송인의 책임에 관한 규정은 운송인의 불법행위로 인한 손해배상책임에도 적용한다"는 제2항 신설안이 있었다. 이러한 입장은 독일 상법 제434조와 일치하는 것으로서 필자의 사견으로는 매우 적절한 개정안이었다고 생각된다. 그러나 이러한 상법 제135조 제2항 신설안은 불행하게도 입법과정에서 삭제되었다. 국회 법사위 법안심의반은 "육상운송인의 운송물은 해상운송인의 운송물에 비하여 저가이고 운송기간도 짧기 때문에 육상운송의 위험도가 상대적으로 낮아 육상운송인을 해상운송인과 같이 보호할 필요가 없다"고 판단하였다고 한다. 성문법규의 발전 측면에서는 매우 아쉬운 부분이다. 그러나 필자의 판단으로는 결국 '제135조 2항 신설안' 쪽으로 가지 않을까 예측한다. 특히 유라시아 대륙의 동과 서를 연결하는 유라시안 하이웨이나 유라시안 철도가 개통되는 미래에는 육상운송법의 세계적 통일은 불가피한 현상이기 때문이다.

(3) 손해배상책임의 소멸

상법은 운송인의 책임소멸에 관하여 제146조에 특칙을 두고 있고 나아가 별도의 단기시효제도를 두고 있다. 차례로 알아보기로 한다.

(가) 운송인의 책임소멸(상₁₄₆)   운송인의 책임은 수하인 또는 화물상환증 소지인이 유보없이 운송물을 수령하고 운임 기타의 비용을 지급한 때에는 소멸한다(상 146_{1문}). 그러나 운송물에 즉시 발견할 수 없는 훼손 또는 일부멸실이 있는 경우 운송물을 수령한 날로부터 2주간 내에 운송인에게 그 통지를 발송한 때에

고들은 선주의 면책약관을 자기를 위하여 원용하였으나 법원은 이를 기각하였다. 이는 여객운송에 관한 사건으로서 물건운송의 경우는 그 후 이러한 항변사유의 제기를 인정하게 되었다.

69) 김성태, 649면; 대판 1991. 8. 23, 91다15409(상법 제136조를 운송인의 이행보조자가 그 불법행위책임상 이를 원용할 수 있는지 문제시되었다)(소극).

는 운송인의 책임은 소멸하지 않는다($\frac{\text{상}\ 146}{2\text{문}}$). 이러한 책임소멸은 운송인 또는 그 사용인이 악의인 경우에는 적용하지 않는다(상^{146}). 상법이 이러한 규정을 둔 이유는 가급적 빠른 시일 내에 운송인의 책임을 소멸시켜 운송주체를 보호하기 위함이다.

(나) 운송인책임의 시효기간($\frac{\text{상}\ 147.}{121}$)　　운송인의 손해배상책임은 수하인이 운송물을 수령한 날로부터 1년을 경과하면 시효가 완성한다($\frac{\text{상}\ 147}{121\ \text{I}}$). 운송물이 전부멸실한 경우에는 그 운송물의 인도일로부터 시효기간이 시작한다($\frac{\text{상}\ 147}{121\ \text{II}}$). 그러나 이러한 단기시효는 악의의 운송인에게는 적용하지 않는다($\frac{\text{상}\ 147}{121\ \text{III}}$).

사례 1 풀이 🅰🔄 A의 C에 대한 손해배상청구권

A는 C에게 운송계약상의 채무불이행과 운송물의 소유권침해로 인한 불법행위를 이유로 손해배상을 구할 가능성이 있다.

1. A의 청구인적격

먼저 A가 이러한 청구권의 주체가 될 수 있는지 알아보아야 한다. 왜냐하면 A는 수하인으로서 직접 C와 운송계약을 체결한 당사자가 아니기 때문이다. 그러나 운송계약상의 수하인도 운송물이 목적지에 도착한 후에는 송하인과 동일한 권리를 갖게 되고(상^{140}), 나아가 화물상환증이 발행된 경우에는 운송물의 멸실·훼손시 발생하는 손해배상청구권도 화물상환증에 화체되어 증서의 소지인에게 이전하므로 본 사안의 A는 손해배상청구권의 주체가 될 수 있다. 나아가 불법행위상의 청구에 있어서는 화물상환증의 물권적 효력으로 인하여 증서의 소지인이 운송물의 소유권자가 되므로 운송물에 대한 훼손이나 멸실은 증서소지인의 소유권을 침해하는 결과가 될 것이다. A의 청구인 적격은 양 청구원인 모두에 걸쳐 존재한다.

2. 손해배상책임의 발생

(1) 운송계약상의 채무불이행($\frac{\text{상}}{135}$)：　운송인은 상법 제135조에 따라 자기 또는 사용인의 무과실을 입증하지 못하는 한 운송물의 훼손이나 멸실로 인한 손해배상책임을 진다. 본 사안에서는 운전사 F의 과실로 손해가 야기되었으므로 본조의 요건이 충족되어 손해배상책임이 발생하였다.

(2) 불법행위상의 손해배상책임($\frac{\text{민}\ 750.}{56}$)：　C가 화물상환증의 소지인이므로 C는 증서소지인의 운송물에 대한 소유권을 위법, 유책하게 침해하였다. 불법행위상의 손해배상의무도 그 성립요건상 의문이 없다.

(3) 양 청구원인간의 관계：　채무불이행책임과 불법행위책임간의 상호관계에 대해서는 법조경합설과 청구권경합설의 대립이 있다. 적하이해관계인의 보호에 보다 충실한 청구권경합설을 취하기로 한다. 이것이 또한 판례 및 통설의 입장이기도 하

다. 이에 의하면 양 청구원인은 개별 독립적인 것이므로 적하이해관계인은 하나의 청구가 좌절되어도 다른 청구원인의 요건사실을 입증하여 운송물에 대한 손해배상을 청구할 수 있을 것이다. 물론 순수한 청구권경합설의 입장보다는 오늘날 작용적 청구권경합설이 유력설로 제기되고 있으므로 이에 따라 각 청구원인간에 합리적인 범주 내에서 상호 交互作用을 인정하여야 할 것이다.

3. 손해배상책임의 제한

운송인의 상기 손해배상책임에는 다음과 같은 제한사유가 작용한다.

(1) 정액배상주의($\frac{\text{상}}{137}$)와 고가물면책($\frac{\text{상}}{136}$): 먼저 운송인이 고의나 중과실로 손해를 야기하지 않은 한 운송물의 가액으로 손해배상책임이 제한된다. 상법 제137조는 민법 제393조의 특칙으로 작용한다. 나아가 고가물에 대해서는 그 종류와 가액을 명시하여 임치하지 않으면 운송인은 손해배상책임을 면한다. 물론 우리의 사안에서 목재는 고가물에 해당하지 않는다.

(2) 배상액제한약관: 상기 사안에서는 운송물의 가액인 톤당 500만 원보다 더 손해배상책임을 제한하는 보통거래약관이 사용되고 있다($\frac{\text{살기운송약}}{\text{관 제9조}}$). 이러한 운송약관의 효력을 인정할 수 있는지 그 결과 톤당 100만 원으로 C의 책임을 추가적으로 제한할 수 있는지 의문이다. 이러한 약관에 대해서는 약관규제법상 내용통제를 시도해야 할 것이고 이러한 통제를 하고 난 다음에도 그 효력이 유지된다면 추가적인 책임제한의 효력을 인정할 수 있을 것이다. 본 약관이 상당한 이유없이 사업자의 손해배상범위를 제한하거나 신의칙에 반하여 공정성을 잃을 정도로 책임제한을 가하고 있는지 살펴보아야 한다. 이를 위하여는 해당 업종에서의 보험가입실태, 운송물의 가액과 운임 및 보험료의 비교 등을 함께 고려하여야 할 것이다. 물론 이 경우에도 운송인의 고의나 중과실의 경우에는 추가적인 책임제한의 혜택을 박탈하여야 할 것이다.

(3) 불법행위상의 책임에 적용하는 문제: 상법 제137조에 의한 책임제한이나 운송약관상의 추가적인 책임제한이나 운송계약을 전제로 한 것들이므로 이러한 책임제한사유가 불법행위를 원인으로 한 손해배상청구에도 적용될 수 있는지 의문이다. 상기의 작용적 청구권경합의 입장과 상법의 기업유지이념을 함께 고려하건대 청구원인이 다르다 하여 책임제한가능성을 부정하면 운송기업주체의 보호라는 상법의 대전제가 파기되므로 해상운송인에 관한 상법 제798조 제1항을 유추, 상기 책임제한사유는 불법행위를 이유로 한 손해배상책임에도 같은 정도로 작용한다고 보아야 할 것이다.

사례 2의 풀이 🔁

본 사안에서는 운송인 T의 S에 대한 손해배상책임을 보험자 A사가 대위하는 것이므로 T의 S에 대한 책임을 구체화시켜야 하는데 이에 있어서 운송물인 시분할교환기가 상법 제136조상의 고가물인지, 만약 그러하다면 高

價物不告知시 동조문은 불법행위책임에도 면책의 효력을 갖는지 의문이다. 판례는 시분할교환기가 고가물임을 전제로 상법 제136조는 운송계약에 따른 채무불이행책임에만 면책규정으로 작용하고 불법행위책임에는 그 적용이 없다고 한다. 판례는 사실 본 사건의 시분할교환기가 고가물인지 여부에 대해서는 적극적으로 판단하지 않았다. 그러나 사실관계를 종합적으로 검토해 볼 때 운송물의 용적이나 중량에 대한 상세한 설명은 없지만 적재차량의 총높이가 4.2m에 이르는 것으로 보아 그 용적이나 중량이 상당하다는 점을 고려하지 않을 수 없고 그렇다면 상법 제136조상의 "고가물"성을 부정할 여지도 있다.[70] 어쨌든 본 사안에서 T는 S에 대하여 상법 제135조와 민법 제750조 내지 민법 제756조의 책임을 부담할 수 있고 이들간에는 통설적 입장을 취할 때 청구권경합관계를 인정할 수 있다. 상법 제135조에 따른 채무불이행책임의 경우에는 상법 제136조가 면책규정으로 작용하겠지만, 불법행위를 청구원인으로 손해배상책임을 추궁하는 경우에는 대법원의 입장을 취할 경우 상법 제136조는 적용되지 않는다. 이러한 결론은 운송인의 보호라는 고가물면책규정의 입법취지에 반하므로 상법 제798조 제1항을 준용하는 것이 바람직하다고 본다. 물론 판례의 입장을 따르는 경우에도 고가물에 대한 가액이나 종류를 운송인에게 고지하지 않은 경우 이를 過失相計할 수는 있을 것이다($\frac{민}{396}$763.). 나아가 운송인의 이행보조자나 피용자에 대한 불법행위책임을 묻는 경우에도 해상운송의 히말라야약관규정과 유사하게 운송인 자신에 대한 책임제한의 항변은 이행보조자도 이를 원용할 수 있다고 풀이하여야 할 것이다($\frac{상\ 798\ \mathrm{II}}{\mathrm{analog}}$). 또 본 사안에서처럼 보험자가 대위권을 행사하는 경우 보험자가 대위하는 권리는 피보험자의 운송인에 대한 배상청구권이므로 운송인은 피보험자에 대한 항변으로 보험자에 대항할 수 있다고 새겨야 할 것이다.

Ⅱ. 운송인의 권리

1. 운송물인도청구권

운송계약의 성립에 따라 운송인은 송하인에게 운송물을 인도해 줄 것을 청구할 수 있다.

2. 화물명세서교부청구권[71]

송하인은 운송인의 청구에 의하여 화물명세서를 교부하여야 한다($^{상\ 126}_{1}$). 화

---

70) 呂美淑, 전계평석, 266면 참조.

71) 2007년 7월 3일 개정되고 동년 8월 3일 공포된 해상법 개정법(법률 제8581호)에 따라 '운송장'은 '화물명세서'로 이름이 바뀌었다.

물명세서(Frachtbrief; invoice)란 운송관련자들의 운송준비와 운송비용의 예상 등을 위하여 송하인이 작성하는 증거증권이다. 화물명세서는 운송인의 청구로 송하인이 작성하며, 유가증권이 아니고 또 운송계약의 성립을 위한 서면형식도 아니다. 단지 해상운송에서는 선적서류(document of shipment)의 하나로서 수출하환어음의 매입을 위한 첨부서류가 된다.

화물명세서의 기재사항에 대해서는 상법 제126조 2항에 규정되어 있다. 즉 운송장에는 ① 운송물의 종류, 중량 또는 용적, 포장의 종별, 개수와 기호 ② 도착지 ③ 수하인과 운송인의 성명 또는 상호, 영업소 또는 주소 ④ 운임과 그 선급 또는 착급의 구별 ⑤ 화물명세서의 작성지와 작성연월일 ⑥ 송하인의 기명날인이 기재되어야 한다(상¹²⁶).

화물명세서에 허위기재를 하였을 때에는 운송인이 이에 대하여 악의인 경우를 제외하고는 송하인은 운송인에 대하여 이로 인한 손해를 배상하여야 한다(상₁₂₇). 운송인도 손해발생에 대하여 과실이 있는 경우에는 과실상계(Mitverschulden)의 법리에 따라 처리될 것이다(민₃₉₆).

3. 운임청구권

(1) 의무자

운임청구권의 계약상의 의무자는 송하인이다. 그러나 수하인도 운송물을 수령한 후에는 운송인에 대하여 運賃을 지급할 의무가 있다(상₁₄₁). 이렇게 수하인이 운임채무를 부담하는 이유는 무엇일까? 이미 살펴본대로 운송계약의 법적 성질을 제3자를 위한 계약으로 보느냐 특별규정설로 보느냐에 따라 결과가 달라질 것이다. 특별규정설에서는 수하인이 운송계약의 당사자가 아니기 때문에 계약상의 의무가 아니고 법률이 예외적으로 인정한 의무라고 한다. 제3자에게 부담을 주는 계약은 있을 수 없다고 한다. 그러나 위에서 살펴보았듯이 수하인의 운임지급의무는 운송물수령 후에야 발생하는 효과이고 또 수하인이 의욕하지 않았다면 운송계약상의 수하인으로 지정되지도 않는다. 국제매매에서는 대개 CIF나 FOB조건을 선정하면서 계약상의 부속약정으로 운임지급에 관하여 사전에 결정한다. 내국거래에서도 송하인과 수하인간에는 대개 운임의 약정을 하게 마련이다. 그렇다면 수하인의 운임지급의무는 제3자를 위한 계약의 성질을 갖는 운송계약상의 의무라 할 수 있다.

(2) 이행기

운송계약은 도급계약의 성질을 가지므로 특약이 없는 한 후급을 원칙으로 한다($^{민}_{665}$). 상법도 운임채권의 후급성을 확인해 주고 있다($^{상}_{줄조}^{141}$). 단지 운송계약의 당사자가 선급의 특약을 하였거나 상관습이 있을 때에는 이에 따르게 될 것이다. 운임채권의 발생을 가능케 하는 운송의 완료시점에 대하여 대법원은 운송물을 인도할 수 있는 상태를 마침으로써 충분하다고 보고 있다.[72]

(3) 운임청구권의 상실($^{상}_{134}$)

운송물의 전부 또는 일부가 송하인의 책임없는 사유로 인하여 멸실한 때에는 운송인은 그 운임을 청구하지 못한다($^{상}_{1문}^{134}$). 이 경우 운송인이 이미 그 운임의 전부나 일부를 받은 때에는 이를 반환하여야 한다($^{상}_{2문}^{134}$). 이 규정은 채무자위험부담주의에 관한 민법 제537조의 구체적 예시에 불과하다. 그러나 특약에 의한 반대의 약정은 가능하다.[73]

그러나 반대로 송하인의 과실로 인하여 멸실한 때에는 운송인은 운임의 전액을 청구할 수 있다($^{상}_{}^{134}$). 이 규정 역시 민법 제538조의 예시규정에 불과하다. 운송물의 전부 또는 일부가 그 성질이나 하자로 인하여 멸실한 때에도 운임채권이 존속하는데 이 경우도 따지고 보면 송하인의 과실로 다룰 수 있을 것이다. 따라서 운송물의 성질이나 하자로 인한 운송물의 멸실은 송하인의 과실로 인한 멸실의 한 예가 될 것이다.

나아가 운송인이 송하인이나 화물상환증소지인의 지시에 따라 운송의 중지나 운송물의 반환 기타 처분을 한 경우에는 未履行 운송구간에 대한 운임청구권을 상실한다. 그러나 이 경우 이미 운송한 비율에 따라 부분운임을 청구할 수 있다($^{상}_{2문}^{139}$).

(4) 운임채권의 시효

운송인의 운임채권은 운송물인도 후 1년간 행사하지 않으면 시효소멸한다($^{상}_{122}^{147.}$).

---

72) 대판 1993. 3. 12. 92다32906; "운임은 특약 또는 관습이 없는 한 상법이 인정하는 예외적인 경우를 제외하고는 운송을 완료함으로써 청구할 수 있는 것이고, 운송의 완료라 함은 운송물을 현실적으로 인도할 필요는 없으나 운송물을 인도할 수 있는 상태를 갖추면 충분하다."

73) 대판 1972. 2. 22. 72다2500.

4. 비용상환청구권

운송인은 운임에 포함되지 않은 비용 등의 지급이 있었던 경우 그 상환을 청구할 수 있다. 예컨대 통관비용이나 창고비용 또는 보험료 등이 그것이다. 이러한 비용에 대해서는 송하인과 수하인간에 대개 매매계약성립시부터 약정이 있게 마련이며 이를 매매가액에 반영시키고 있다. 국제매매에서도 인코텀즈 (incoterms)를 통한 명확한 비용의 분담이 있게 되므로 운송인으로서는 이에 따라 해당 의무자에게 이를 청구하든지 아니면 운임에 반영시키면 될 것이다.

5. 유 치 권

‖**사 례**‖ 아이코스코리아주식회사(이하 X社라 한다)는 (주)대한통운(이하 Y 社라 한다)과 1988년 4월 이래 매 1년단위로 운송계약을 체결하여 X의 토건용 장비를 운송하여 왔고, 1990년 10월부터 1991년 3월까지 X는 Y에 총 1,648만 2,950원의 미결재 운임채무를 지게 되었다. 1991년 3월 21일 X와 Y는 재차 운송계약을 체결하여 X가 화순야적장과 나주야적장에 보관중이던 강철재 657,427.78kg을 본 물건의 매수인인 Z를 위하여 영산포야적장으로 운송하여 줄 것을 Y社에 의뢰하여 Y社는 위 강철재 중 트럭 10대분(80톤)을 영산포야적장까지 운송하여 하역을 완료하였고, 화순야적장에서 운송해 온 트럭 2대분(16톤)은 영산포야적장에 도착한 후 X社의 도산소식을 듣고 이를 유치하였다. 또한 나주야적장에서 운송해 온 트럭 3대분(24톤)은 운송 도중 이를 유치하였다. Y社는 상기 16톤 및 24톤 도합 40톤의 강철을 유치하면서 이 운송계약상의 수하인인 Z(매수인)의 강철재인도요구에 1,648만여원에 달하는 운임채권을 피담보채권으로 유치권을 행사한다고 맞서고 있다. 이에 Z는 유치된 강철재 40톤이 수하인에게 인도되지 아니하였으니 피담보채권인 운임채권이 발생하지 아니하여 Y社가 행사하는 유치권은 근거가 없다고 주장한다. Z와 Y社간의 법률관계를 설명하라(대판 1993. 3. 12, 92다32906. 법원공보 943호, 39면 이하).

운송인은 운송물에 관하여 받을 보수, 운임 기타 적하이해관계인을 위한 체당금이나 선대금에 관하여서만 그 운송물을 留置할 수 있다($\frac{\text{상}}{120}^{147.}$). 그 성립요건을 살펴보면 다음과 같다.

(1) 당사자에 대한 요건

피담보채권의 채권자인 운송인은 상인이지만 채무자는 비상인이어도 무방하다. 이 점에서 당사자 쌍방이 모두 상인이어야 하는 일반 상사유치권($\frac{\text{상}}{58}$)과 다르다.

(2) 피담보채권에 대한 요건

피담보채권은 운임, 운송물에 관하여 받을 보수 기타 체당금이나 先貸金에 한정된다. 替當金이란 금전소비대차에 의하지 않고 널리 타인을 위하여 금전을 출연하는 것이다. 즉 운송인의 영업부류에 속하는 상행위로 인하여 발생된 채권으로 제한된다. 이 점에서 쌍방적 상행위로 인하여 발생한 모든 채권에 대하여 성립될 수 있는 일반 상사유치권과 다르다. 이렇게 피담보채권을 제한한 것에 대하여 대법원은 다음과 같이 설명하고 있다.

대판 1993. 3. 12, 92다32906

"상법 제147조, 제120조 소정의 운송인의 유치권에 관한 규정의 취지는 운송실행에 의하여 생긴 운송인의 채권을 유치권행사를 통하여 확보하도록 하는 동시에 송하인과 수하인이 반드시 동일인은 아니므로 수하인이 수령할 운송물과 관계가 없는 채권 기타 송하인에 대한 그 운송물과 관계가 없는 채권을 담보하기 위하여 그 운송물이 유치됨으로써 수하인이 뜻밖의 손해를 입지 않도록 하기 위하여 그 피담보채권의 범위를 제한한 것이라고 볼 것이다."

(3) 유치목적물

유치목적물은 운송물로 제한된다. 그러나 그 물건이 위탁자 또는 송하인 소유인지는 묻지 않는다. 이 점에서 유치목적물이 피담보채권의 채무자 소유여야 하는 일반 상사유치권과 다르다.

(4) 유치목적물과 피담보채권간의 관계

유치목적물과 피담보채권간에는 개별적 견련성(牽連性)이 있어야 한다. 이 점 민사유치권($\frac{민}{320}$)과 동일하고 일반 상사유치권($\frac{상}{58}$)과 다르다.

(5) 유치권배제특약의 부존재

이에 대한 명문의 규정은 없으나 해석상 유치권배제특약이 있을 경우 이에 따라 유치권성립이 배제될 것이다.

사례풀이 💡🔁 Z의 Y사에 대한 강철재 인도청구권

1. Z의 운송물반환청구권($\frac{상\ 140\ \text{I};}{민\ 213\ 본문}$)

Z는 Y에 대하여 운송계약과 소유권에 기하여 운송물의 반환을 구할 수 있을 것

이다. 운송계약상 운송물이 도착지에 도착한 때에는 송하인과 동일한 권리를 가지므로(^{상140}) 수하인인 본 사안의 Z는 도착한 운송물에 대하여 그 점유의 반환을 구할 수 있을 것이다. 나아가 Z는 운송물의 소유권자로서 역시 이에 기하여 점유의 반환을 구할 수도 있다.

2. Y사의 항변권

그러나 이러한 Z의 청구는 Y의 항변권에 부딪힐 가능성이 있다. Y가 주장할 수 있는 점유반환의 항변은 그의 유치권행사로 정당화될 가능성이 있다. Y의 유치권은 운송인의 유치권, 일반상사유치권 및 민법상의 유치권 등에서 파생된다. 이러한 항변권은 계약적 반환청구권에는 항변사유로 작용하고, 물권적 반환청구권에는 민법 제213조 단서상의 점유권(Recht zum Besitz)을 구성하게 될 것이다.

(1) 상법상 운송인의 유치권(^{상147.}₁₂₀) : 운송인은 운송주선인과 같은 유치권을 행사할 수 있으므로 "운송물에 관하여 받을 보수, 운임 기타 위탁자를 위한 체당금이나 선대금에 관하여 운송물을 유치할 수 있다(^{상147.}₁₂₀). 그 성립요건을 보자. 우선 유치목적물을 보면 운송물로 한정되는데 상법 제58조에서와 달리 반드시 채무자소유일 것을 요하지 않는다. 본 사안상 이미 영산포야적장에 도착하여 하역을 완료한 80톤분은 유치하지 못하였고 화순야적장에서 운송해 온 16톤분과 나주야적장에서 운송해 온 24톤, 도합 40톤이 유치목적물이 되었다. 둘째 피담보채권에 대한 요건을 보면 운송물에 관하여 받을 보수, 운임 기타 위탁자를 위한 체당금이나 선대금에 관하여서만 운송물을 유치할 수 있다. 본 사안에서는 이에 관한 Y와 Z의 주장이 엇갈리고 있다. Y는 X가 1990년 10월부터 1991년 3월까지 사이에 발생한 운임채권 전액을 피담보채권으로 주장하여 이의 지급이 없으면 유치된 40톤을 반환할 수 없다고 주장하나, Z의 주장은 아직 운송물의 현실적인 인도가 이루어지지 못하여 운임채권은 발생조차하지 않았다고 하고 있다. Y의 주장 중 수하인 Z와 직접 관련이 없는 운임채권부분은 피담보채권의 범위에서 제외시켜야 할 것이다. "상법 제147조 및 제120조의 규정취지는 운송의 실행에 의하여 생긴 운송인의 채권을 유치권행사를 통하여 확보하도록 하는 동시에 송하인과 수하인이 반드시 동일인은 아니므로 수하인이 수령할 운송물과 관계가 없는 운송물에 관하여 생긴 채권 기타 송하인에 대한 그 운송물과 관계가 없는 채권을 담보하기 위하여 그 운송물이 유치됨으로써 수하인이 뜻밖의 손해를 입지 않도록 하기 위하여 그 피담보채권의 범위를 제한한 것"이기 때문이다. 나아가 화순야적장에서 운송해 온 트럭 2대분 16톤의 강철재는 비록 하역 전에 Y사가 유치하였지만 이에 대한 운임은 피담보채권에 포함시키는 것이 타당하다. 운임은 특약 또는 관습이 없는 한 상법이 인정한 예외를 제외하고는 운송을 완료함으로써 청구할 수 있는 것이지만 '운송의 완료'라 함은 '운송물을 현실적으로 인도할 필요는 없고 이를 인도할 수 있는 상태'를 갖추면 충분하기 때문이다(상기 판례 참조). 결국 하역이 모두 끝난 80톤분에 대한 운임채

권과 위의 16톤. 도합 96톤분에 대한 운임채권이 피담보채권이 된다. 끝으로 피담보채권과 상기 유치목적물간에 민법 제320조에서와 같이 개별적 견련성이 나타나야 한다. 본 사안상 문제시되는 것은 하역이 끝난 80톤분에 대해서는 운임채권이 성립되어 있지만 운송 도중 유치된 24톤에 대해서는 아직 운임채권이 발생하지 않았으므로 위 96톤분에 대한 운임채권으로 이 24톤이 포함된 40톤을 유치할 수 있는지이다. 그러나 유치목적물 중 아직 운임채권이 발생하지 않은 24톤분이 포함되어 있지만 위 96톤분에 대한 운임채권과 40톤의 유치목적물은 동일한 법률관계에서 파생하고 있으므로 양자간에는 개별적 견련성을 인정하여야 할 것이다. "동일한 기회에 동일한 수하인에게 운송하여 줄 것을 의뢰받은 운송인이 그 운송물의 일부를 유치한 경우 위 운송물 전체에 대한 운임채권은 동일한 목적물과 견련관계를 인정하여 피담보채권의 범위에 속한다고 할 수 있을 것이고, 이와 같이 보는 것이 수하인의 보호와 아울러 운송인의 채권확보를 목적으로 한 위 상법규정의 취지에도 부합"하기 때문이다. 따라서 위의 96톤분에 대한 운임채권과 위 40톤의 강철재 간에는 개별적 견련관계가 성립되고 있다. Z는 Y에 대하여 96톤분의 운임을 지급하지 않는 한 40톤의 인도를 주장할 수 없다(상환급부판결).

(2) 일반상사유치권이나 민법상의 유치권: 본 사안의 유치목적물이 운송물이고 피담보채권이 운임채권인 한 상법 제147조 및 제120조의 규정은 상법 제58조나 민법 제320조의 특칙이다. 따라서 이들 조문은 그 적용이 배제된다고 풀이하여야 할 것이다.

6. 공탁 · 경매권($\frac{\text{상}}{142}$)

(1) 공탁권

수하인을 알 수 없거나 수하인이 운송물의 수령을 거부하거나 또는 수령할 수 없을 때 운송인은 운송물을 供託할 수 있다($\frac{\text{상}}{143}\frac{142.}{}$). 운송인이 공탁하였을 때에는 송하인에게 지체없이 통지를 발송하여야 한다($\frac{\text{상}}{143}\frac{142}{I}^{\text{Ⅲ}}$).

(2) 경매권

수하인의 불명. 운송물의 수령거부 내지 수령불능의 경우 운송인은 송하인 또는 알고 있는 화물상환증의 소지인에게 상당한 기간을 정하여 그 처분에 대한 지시를 催告하여야 한다($\frac{\text{상}}{142}$). 그러나 수령거부나 수령불능의 경우에는 송하인에 대한 최고를 하기 전에 수하인에 대하여도 상당기간을 정하여 운송물의 수령을 최고하여야 한다($\frac{\text{상}}{143}$). 이 기간 내에도 아무런 지시가 없을 때에는 해당 운송물을 競賣할 수 있다($\frac{\text{상}}{II.}\frac{142}{143}$).

송하인. 화물상환증소지인과 수하인을 알 수 없는 때에는 운송인은 권리자

에 대하여 6개월 이상의 기간을 정하여 그 기간 내에 권리를 주장할 것을 관보
나 일간신문에 2회 이상 공고해야 하고 이 기간 내에도 권리를 주장하는 자가
없을 경우 해당 운송물을 경매할 수 있다($\frac{\hat{\pm}}{144}$).

Ⅲ. 수인의 운송인

1. 의   의

오늘날 운송구간의 확대로 수인의 운송인(Mehrheit von Frachtführer)이 동일
한 운송물의 운송을 위하여 함께 참여하는 順次運送關係가 보편화되었다. 특히
컨테이너의 발달은 과거 육상운송이나 해상운송 등 어느 한 종류의 운송수단
만을 취하던 단조로운 운송형태를 잠재우고 이들의 경계를 무너뜨리며 'door to
door' 또는 'warehouse to warehouse' 등의 용어로 대변되는 복합운송시대를 열
었다. 수인의 운송인이 구간을 나누어 참여하는 경우 이를 널리 通運送(Dur-
chfracht; through carriage)이라 하는데, 이는 다음과 같은 여러 형태로 구체화될
수 있다.

2. 종   류

(1) 부분운송

部分運送(Teilfrachtvertrag)이란 동일한 운송물을 수인의 운송인이 각자 독
립하여 각 특정 구간의 운송을 인수하는 형태이다. 이 경우 수개의 운송계약이
각 운송구간마다 독립적으로 성립하며 이들 상호간에는 아무 관계도 없다. 즉
송하인은 수인의 운송인과 각 부분운송구간마다 별개의 운송계약을 체결하는
것이다. 예컨대 서울부터 대전까지는 甲이 운송을 인수하고 대전부터 부산까지
는 乙이 운송을 담당하는 형태이다. 이 경우 송하인이 직접 각 구간의 운송인
들과 구간별 운송계약을 체결하기도 하고, 최초의 운송인이 송하인의 대리인으
로 제2의 운송인과 해당 운송계약을 체결하기도 한다.

(2) 하수운송

下受運送(Unterfrachtvertrag)이란 1인의 운송인이 전구간의 운송을 인수하
고, 그 전부 또는 일부의 운송을 실행하기 위하여 다른 운송인과 운송계약을

체결하는 경우이다. 전구간의 운송을 인수하는 자를 元受運送人(Hauptfracht-führer)이라 하고, 원수운송인과 계약을 체결하는 제2, 제3의 운송인을 하수운송인이라 한다. 하수운송인은 원수운송인의 이행보조자(Erfüllungsgehilfe)가 된다($^{民}_{391}$).

(3) 동일운송

同一運送(Samtfrachtvertrag)이라 함은 수인의 운송인이 처음부터 공동으로 전구간의 운송을 인수하는 계약을 송하인과 체결하고 내부적으로 각자의 운송구간을 정하는 방식이다. 이 때 수인의 운송인은 연대채무자가 되어 공동으로 운송인이 된다($^{상}_{57}$).

(4) 공동운송

共同運送(durchlaufender Frachtvertrag)이란 송하인이 최초의 운송인과 운송계약을 체결하나 수인의 운송인이 각 구간별로 운송을 인수인계하는 연락관계에 있어 최초의 운송계약으로 나머지 운송인의 운송조직도 이용하는 형태이다. 連帶運送이라고도 한다. 이 형태는 최초의 운송인만이 송하인과 운송계약을 체결하는 점에서는 하수운송과 동일하나 복수의 운송인간에 성립되어 있는 기존의 연락체계를 이용한다는 점에서 이것과 구별된다. 나아가 하수운송에서는 제1의 운송인이 자신의 계산으로 제2 이하의 운송인을 선임하나 공동운송의 경우 송하인의 계산으로 이것이 이루어지는 점에서 하수운송과 구별된다. 제2 이하의 운송인을 中間運送人(Zwischenfrachtführer)이라 부르며, 보통 전운송구간에 걸쳐 通運送狀(durchlaufender Frachtbrief)이 발행된다.

3. 상법상의 순차운송($^{상}_{138}$)

(1) 순차운송의 운송유형

상법 제138조는 수인의 운송인이 順次로 운송할 경우 운송물의 멸실, 훼손 및 연착손해에 대하여 연대책임을 인정하고 있다. 이러한 상법의 입장으로 보아 수개의 운송계약이 독립적으로 병존하는 부분운송이나 최초의 운송인만이 전구간의 운송을 인수하는 하수운송은 상법상의 순차운송이 될 수 없을 것이다. 남는 것은 공동운송과 동일운송이다. 동일운송의 경우 이미 연대채무의 효과가 상법 제57조 1항에 의하여 도래하므로 굳이 상법 제138조와 같은 규정을 둘 필요는 없을 것이다. 그렇다면 상법상의 순차운송은 공동운송의 형태를 지칭한다고 해석된다(通說).

(2) 순차운송인의 손해배상책임

수인이 순차로 운송할 경우 각 운송인은 운송물의 멸실, 훼손 또는 연착으로 인한 손해를 연대하여 배상할 책임이 있다(상138). 순차운송에 있어서는 어느 구간에서 손해가 발생하였는지 쉽게 파악되지 않을 때가 많고 적하이해관계인에게 만족스러운 배상을 가능케 하기 위하여 연대책임으로 하였다. 운송인 중 1인이 손해를 배상한 경우에는 그 손해의 원인이 된 행위를 한 운송인에 대하여 구상권이 있다(상138). 그러나 손해의 원인이 된 운송인을 파악할 수 없을 때에는 각 운송인이 운임의 비율로 손해를 분담한다(상138①본). 이 때에도 자신의 운송구간에서 손해가 일어나지 않았음을 증명한 운송인은 손해분담의 책임을 지지 않는다(상138②본).

(3) 순차운송인의 대위

수인이 순차로 운송을 하는 경우 후자는 전자에 갈음하여 그 권리를 행사할 의무를 부담한다(상147Ⅰ). 이 경우 후자가 전자에게 변제한 때에는 전자의 권리를 취득한다(상147Ⅱ). 이러한 대위의무와 대위권제도는 순차운송의 특성에서 연유하고 있다. 운송인은 자신의 권리를 행사하는 데 있어서 운송물의 점유 내지 유치가 필요한 때가 많다. 그러나 순차운송관계에 놓여짐으로써 이러한 운송물의 점유를 놓칠 때가 많으므로 후순위 운송인이 이를 대신 행사하지 않으면 권리를 실행하기 어려운 경우가 많을 것이다. 이러한 점을 고려하여 상법은 후자의 대위의무를 규정하였다. 또 후자가 전자에게 미리 변제해 준 때에는 전자의 권리를 대위할 필요가 있을 것이다. 그리하여 상법은 후자의 변제대위권을 인정하게 되었다.

4. 복합운송에 관한 특칙[74]

2013년 11월 법무부는 복합운송관련 상법개정안을 입법예고하였다. 이하 그 주요내용을 알아 보기로 한다.

---

74) 이에 대해 보다 자세히는 이정원, "복합운송계약과 운송인의 손해배상책임", 「선진상사법률연구」, 제91호(2020. 7.), 129-154면.

(1) 법안의 제안이유 및 주요내용

(가) 제안이유   "오늘날 물류운송은 컨테이너의 개발 등으로 육상, 해상, 항공 운송구간을 한 번에 연결하여 화물을 운송하는 복합운송이 일반적임에도 그 법률관계를 규율할 법규가 충분하지 못하여 화주와 운송인의 권리 및 의무관계가 명확하지 못하고 화물사고 발생 시 신속한 분쟁해결을 기대하기 어려우므로 변화된 물류운송환경에 맞도록 일부 육상운송규정을 수정하고 복합운송에 관한 규정을 신설함으로써 육상 및 복합운송 법률관계의 법적 안정성과 예측가능성을 제고하고 운송에 관한 체계를 완결적으로 구축하여 물류산업발전을 위한 제도적 기반을 마련하려는 것"이다.[75]

(나) 주요내용

① 운송인의 책임제한(안 137의2 신설)   복합운송물의 손해발생과 관련하여 육상운송규정이 적용되는 경우에는 운송인의 손해배상책임은 운송물의 포장당 또는 선적단위당 666.67 계산단위(국제통화기금 1 특별인출권에 상당하는 금액) 또는 중량 1 킬로그램당 2 계산단위로 계산되는 금액 중 많은 금액을 한도로 제한할 수 있도록 하되 운송인의 고의 등으로 인하여 운송물의 손해가 발생한 경우 또는 송하인이 운송인에게 운송물을 인도할 때 운송물의 종류와 가액을 고지하고 복합운송증권 등 운송계약을 증명하는 문서에 기재한 경우에는 책임의 한도에 관한 규정을 적용하지 않도록 하였다.

② 비계약적 청구에 대한 적용(안 137의3 신설)   운송인의 불법행위로 인한 손해배상의 책임에도 운송인의 책임에 관한 규정이 적용됨을 분명히 하는 한편, 운송인의 사용인 또는 대리인에 대해서도 운송인의 책임에 관한 규정이 적용되도록 하였다.

③ 운송인의 책임경감금지(안 137의4 신설)   운송인의 책임에 관한 규정에 반하여 운송인의 의무 또는 책임을 경감하거나 면제하는 당사자 사이의 특약, 운송물에 관한 보험의 이익을 운송인에게 양도하는 약정 또는 이와 유사한 약정은 효력이 없도록 하였다.

④ 운송물의 일부 멸실·훼손에 관한 통지(안 146)   수하인이 운송물의 일부 멸실 또는 훼손을 발견한 경우에는 수령 후 지체 없이 그 개요에 관한 서면통

---

75) 2013년 11월 25일 법무부 "복합운송법제 정비 및 항공운송인의 책임한도액 인상을 위한 상법 일부개정법률안"의 입법예고안 중 '2. 제안이유' 참조.

지를 발송하도록 하되, 그 멸실 또는 훼손이 즉시 발견할 수 없는 것일 때에는 수령한 날부터 7일 이내에 그 통지를 발송하도록 하고 그 통지가 없는 경우 인도된 것으로 추정하며 운송인 및 그 사용인이 악의인 경우에 적용하지 않도록 하는 등 운송인과 화주 사이에 이해관계의 균형과 법률관계의 신속한 확정을 도모하였다.

⑤ 운송인의 채권·채무의 소멸($^{안\ 146의}_{2\ 신설}$)　　운송인의 송하인 또는 수하인에 대한 채권 및 채무는 그 청구원인에 관계없이 운송인이 수하인에게 운송물을 인도한 날 또는 인도할 날부터 2년 이내에 재판상 청구가 없으면 소멸하도록 하되, 이 기간은 당사자의 합의에 따라 연장할 수 있도록 명확히 하였다.

⑥ 복합운송계약의 의의($^{안\ 150의}_{2\ 신설}$)　　복합운송계약은 운송인이 두 가지 이상의 다른 운송수단으로 물건을 운송할 것을 인수하고, 송하인이 이에 대하여 운임을 지급하기로 약정함으로써 그 효력이 생기도록 하여 복합운송계약의 기본 요건을 정하고 그 적용범위를 명확히 하였다.

⑦ 복합운송증권 및 전자복합운송증권($^{안\ 150의\ 3\ 및\ 150}_{의\ 4\ 신설}$)　　복합운송계약을 체결한 경우 운송인은 운송물을 수령한 후 송하인의 청구에 따라 송하인이 서면으로 통지한 운송물의 종류, 중량 또는 용적, 포장의 종별·개수와 기호, 송하인·운송인의 성명 또는 상호 등을 기재한 복합운송증권을 발행하도록 하고 복합운송증권에 선하증권과 같은 법정 유가증권성을 인정하는 한편, 복합운송증권 대신에 전자복합운송증권 및 복합화물운송장을 발행할 수 있도록 하였다.

⑧ 복합운송인의 손해배상책임($^{안\ 150의}_{5\ 신설}$)　　복합운송인은 운송물의 손해발생 운송구간이 확인되는 경우에는 해당 운송구간에 적용되는 규정에 따라 책임을 지고, 손해발생 운송구간이 불분명하거나 특정한 운송구간으로 한정되지 아니하는 경우에는 운송거리가 가장 긴 운송구간에 적용되는 규정에 따라 책임을 지도록 하여 이종책임(異種責任)제도를 채택하였다.

⑨ 비계약적 청구에 대한 적용($^{안\ 150의}_{7\ 신설}$)　　복합운송물의 손해발생 운송구간이 불분명하거나 특정한 운송구간으로 한정되지 아니하는 경우 운송인의 불법행위로 인한 손해배상의 책임에도 복합운송인의 책임에 관한 규정이 적용됨을 분명히 하는 한편, 복합운송인의 사용인 또는 대리인에 대해서도 복합운송인의 책임에 관한 규정이 적용되도록 하였다.

⑩ 복합운송물의 일부 멸실·훼손에 관한 통지($^{안\ 150의}_{8\ 신설}$)　　복합운송의 경우

수하인이 운송물의 일부 멸실 또는 훼손을 발견한 경우에는 수령 후 지체 없이 그 개요에 관한 서면통지를 발송하도록 하되, 그 멸실 또는 훼손이 즉시 발견할 수 없는 것일 때에는 수령한 날부터 6일 이내에 그 통지를 발송하도록 하였다.

⑪ **복합운송인의 채권·채무의 소멸**($^{안 \ 150의}_{9 \ 신설}$)   복합운송물의 손해발생 운송구간이 불분명하거나 특정한 운송구간으로 한정되지 아니하는 경우 운송인의 송하인 또는 수하인에 대한 채권 및 채무는 그 청구원인에 관계없이 운송인이 수하인에게 운송물을 인도한 날 또는 인도할 날부터 1년(항공운송구간의 거리가 가장 긴 복합운송의 경우에는 2년) 이내에 재판상 청구가 없으면 소멸하도록 하되, 이 기간은 당사자의 합의에 따라 연장할 수 있도록 하였다.

⑫ **책임경감의 금지**($^{안 \ 150의}_{10 \ 신설}$)   복합운송인의 책임에 관한 규정에 반하여 운송인의 의무 또는 책임을 경감하거나 면제하는 당사자 사이의 특약, 운송물에 관한 보험의 이익을 운송인에게 양도하는 약정 또는 이와 유사한 약정은 효력이 없도록 하였다.[76]

(2) 주요내용에 대한 총평

우선 본 법안은 운송인이 두 가지 이상의 다른 운송수단으로 물건을 운송할 것을 인수하는 복합운송의 개념을 법문화하여 명확히 하고 있다($^{안}_{2}$^{150}). 나아가 사고가 발생한 운송구간이 확인되는 경우에는 해당 운송구간에 적용되는 규정에 따라 처리하고 반면 손해가 발생한 운송구간이 불분명하거나 특정한 운송구간으로 한정되지 않는 경우에는 최장 운송거래 구간에 적용되는 규정을 따르는 이종책임(異種責任)제도를 채택하고 있다($^{안}_{의}$$^{150}_{5}$). 이로써 본 법안은 국제적으로 보편적인 복합운송이 이루어질 경우 화주와 운송인간 법률관계를 명쾌히 할 것으로 기대된다. 셋째 이종책임제도의 채택으로 우리나라와 관련된 물류운송 중 상당부분은 최장운송거리가 주로 해상운송이 될 것이므로 손해발생 운송구간이 불분명한 경우 사실상 해상물건운송인의 손해배상책임 체계가 육상운송구간에도 적용될 것으로 예상된다($^{안}_{의}$$^{137}_{2}$).[77] 넷째 청구원인이 계약불이행이건 불법행위이건 가리지 않고 책임한도를 통일하는 해상운송인의 책임방식을 채택하고 있다($^{안}_{의}$$^{137}_{3}$). 현행 상법상 육상운송인에 대해서는 해상운송인에 적용

---

76) 2013년 11월 25일 법무부 "복합운송법제 정비 및 항공운송인의 책임한도액 인상을 위한 상법 일부 개정법률안"의 입법예고안 중 '3. 주요내용' 참조.

77) 이에 대해 자세히는 김인현, "2010년 법무부 복합운송법 제정안의 성립경위와 중요 내용", 「상사법연구」, 제30권 1호(2011. 5.), 269-302면 참조.

되는 상법 제798조가 없어 많은 문제를 야기할 수 있는데 이에 대한 입법적 보
완이 이루어질 것으로 평가된다. 다섯째 복합운송관련 종이운송증권($^{앞}_{의}$$^{150}_{3}$)과
전자운송증권($^{앞}_{의}$$^{150}_{4}$)에 대한 법적 근거를 마련한 점에 의미가 있다.

(3) 최근의 판례

대법원은 최근 복합운송과 관련한 사례에서 손해발생구간이 불분명하거나
성질상 특정 지역으로 한정할 수 없는 경우 해상운송구간이 가장 길다면 해상
운송에 관한 규정을 적용하여야 한다고 판시하였다($^{상법}_{816조}$).

대판 2019. 7. 10, 2019다213009

복합운송 과정에서 운송물의 멸실·훼손 등으로 인하여 손해가 발생한 경우에 운
송인에게 어느 운송수단에 적용되는 법에 따라 책임을 물을 것인지가 문제 된다.
복합운송인의 책임에 관하여 상법은 손해가 발생한 운송구간에 적용될 법에 따라
책임을 지도록 규정한다($^{상법 제816}_{제1항}$). 그리고 어느 운송구간에서 손해가 발생하였는지
불분명한 경우 또는 손해의 발생이 성질상 특정한 지역으로 한정되지 아니하는 경
우에는 운송인은 운송거리가 가장 긴 구간에 적용되는 법에 따라 책임을 지되, 운
송거리가 같거나 가장 긴 구간을 정할 수 없는 경우에는 운임이 가장 비싼 구간에
적용되는 법에 따라 책임을 진다고 규정한다($^{제}_{2항}$). 따라서 손해가 발생한 운송구간이
불분명하거나 그 성질상 특정한 지역으로 한정할 수 없는 경우, 해상운송 구간이 가장 길
다면 해상운송에 관한 규정을 적용하여야 한다."

제 5 관 여객운송

Ⅰ. 여객운송의 의의

자연인을 출발지에서 목적지까지 이동시키는 것을 旅客運送이라 한다. 그리
고 여객운송을 인수하는 계약을 여객운송계약이라 한다.

Ⅱ. 여객운송계약

여객운송계약의 당사자는 운송인과 위탁자가 되며 그 법적 성질은 물건운
송계약과 마찬가지로 도급의 성격을 띤다. 여객 자신이 반드시 계약당사자가

아니어도 좋다. 위탁자가 여객 자신이 아닐 때에는 여객을 수익자로 하는 제3자를 위한 계약으로 파악될 것이다. 여객운송계약은 낙성계약으로서 별도의 형식을 요구하지 않는다. 승차권이 발매되는 경우 보통 이 시점에 여객운송계약의 성립을 인정할 수 있고, 승차권이 발매되지 않는 경우에는 승차시에 운송계약도 성립된다고 본다.

Ⅲ. 승 차 권

여객운송에서는 보통 운송채권을 표창하는 유가증권으로서 승차권이 발행된다. 乘車券의 법적 성질은 발매행식에 따라 각각 다음과 같이 파악할 수 있다.

1. 무기명식 승차권

무기명식 승차권은 여객이 이를 구입한 때 운송계약이 성립하고 특약이 없는 한 자유스러운 양도가 보장되는 유가증권이다. 그러나 개찰 후에는 특정 여객에 대해서만 운송채무를 부담하게 되므로 양도성을 상실한다.

2. 기명식 정기승차권

이는 기명증권(Rektapapier)으로서 특정 여객의 운송채권을 표창하는 유가증권이다. 보통 일정 기한부로 발행되며 양도성이 없다.

3. 무기명식 회수승차권

승차구간, 통용기간, 금액 및 승차등급과 발행번호가 기재되어 수회에 걸쳐 사용하도록 발매되거나 또는 같은 목적으로 금액만이 권면상 인쇄된 무기명식 증서를 무기명식 회수승차권이라 한다. 이것의 법적 성질도 유가증권으로 보아야 한다. 즉 회수승차권의 발매로 포괄적인 운송계약이 성립하고 이러한 포괄적인 운송계약상의 운송청구권을 행사하기 위하여는 증서의 제시가 요구되므로 유가증권적 성질을 갖는다.

Ⅳ. 여객운송인의 손해배상책임

1. 인적 손해($\frac{상}{148}$)

여객운송인은 자기 또는 사용인이 운송에 관한 주의를 해태하지 아니하였음을 증명하지 아니하면 여객이 운송으로 인하여 받은 손해를 배상할 책임을 면하지 못한다($\frac{상}{148}$). 상법은 물건운송인과 유사하게 운송인 자신뿐만 아니라 그 이행보조자의 과실에 대해서도 여객운송인의 배상책임을 인정하고 있고 아울러 입증책임도 무과실의 입증을 운송인이 스스로 부담하도록 하였다. 여객이 운송으로 인하여 받은 손해라 함은 생명이나 신체에 대한 손해뿐만 아니라 착용하고 있던 피복에 가해진 손해 또는 연착 등으로 인한 기대이익의 상실도 포함될 수 있다.

배상액을 산정함에 있어서 상법은 민법 제393조의 특칙을 마련하였다. 그리하여 여객의 손해배상액을 산정함에 있어서는 피해자와 그 가족의 정상을 참작하도록 하였다($\frac{상}{148}$).

대판 1971. 12. 28, 71다2434

[철도여객운송사고시 상법 제148조의 적용가능성(적극)]

"피고(대한민국)가 경영하는 철도에 의한 여객운송을 하다가 여객이 사망하였으면 피해자는 피고를 상대로 상법 제148조에 의하여 채무 불이행으로 인한 손해배상도 청구할 수 있다 할 것이므로 이러한 청구는 불가능하다는 입장에서 이론을 전개하는 논지는 채용할 수 없다."

대판 1993. 2. 26, 92다46684

[상법 제148조에 따른 철도여객운송인의 책임을 부정한 예]

"원심판결 이유에 의하면 원심은 거시증거에 의하여 원고가 1991.1.5. 22:10경 여수역에서 영등포역까지 가기 위하여 여수발 서울행 제158 무궁화호 열차 승차권을 구입하고 승차하여 가던 중 같은 달 6. 05:02:30경 영등포역에서 위 열차가 정차위치로부터 약 60미터 진행한 지점에 추락하여 판시와 같은 상해를 입은 사실을 인정한 후, 원고가 피고에 대하여 상법 제148조 제1항 소정의 여객운송인으로서의 손해배상책임을 묻는 데 대한 피고의 면책항변, 즉, 피고나 그 피용자들로서는 여객운송에 관한 주의의무를 다하였으며 위 사고는 원고가 영등포역에서 출발한 직후 뒤늦게 달리는 열차에서 뛰어내린 자신의 과실로 인하여 발생한 것이라는 주장에 대하여 다음과 같은 이유를 들어 이를 배척하였다.

즉, 거시증거에 의하면 당시 위 열차의 승무원들은 여수역 출발 이후 매 정차역 발차시마다 열차운행 중 승강대승차 금지, 매달리기 금지, 뛰어타고 뛰어내리기 금지, 객차 밖으로의 신체노출 금지 등 내용의 안내방송을 실시하였고, 영등포역 도착 5분 전에는 도착예고 및 내릴 홈의 위치를 알리는 안내방송을 실시한 다음 자고 있는 여객이 깨어나도록 음악방송을 실시한 사실, 위 열차는 1991.1.6. 05:00:30경 영등포역에 도착하여 2분간 정차하였는데, 영등포역 역무원인 소외 임홍묵, 최정환이 3호객차와 6호객차 앞 플랫홈에 서서 하차하는 여객들을 유도안내하고 더 이상 하차하는 여객이 없는 것을 확인한 다음 열차 여객전무인 소외 이길철에게 발차하여도 좋다는 신호(발차신호)를 보냄에 따라 위 열차가 승강구 출입문이 폐쇄되지 않은 상태로 시속 약 20킬로미터로 출발한 사실, 그런데 원고는 위 열차가 영등포역에 도착한 줄도 모르고 객실좌석에서 계속 잠을 자다가 정차시간 내에 하차하지 못하고 열차가 출발할 무렵 잠에서 깨어나 옆에 앉은 승객에게 물어보고 비로소 영등포역 도착사실을 알고는 황급히 객실 뒤쪽 승강구로 나가 이미 출발하여 서서히 진행중인 열차의 열려있는 출입문 승강대 계단을 내려와 승강대 손잡이를 잡고 있다가 그대로 플랫홈으로 뛰어 내리는 바람에 위 열차와 플랫홈 사이에 다리가 빠지면서 다소 끌려가 위 열차의 정차위치로부터 약 60미터 진행한 지점에 추락한 사실을 인정할 수 있는바, 위 무궁화호 열차는 자동개폐식 출입문이 아니므로 열차의 기관사 또는 여객전무가 열차출발에 즈음하여 출입문을 폐쇄하였거나 영등포역의 역무원이 뒤늦게 열차를 타고 내리는 승객이 있는지 여부를 계속 확인한 후 발차신호를 보냈더라면 이 사건 사고를 예방할 수 있었을 텐데 그러한 조치를 취하지 아니한 데에 피고나 그 피용자들의 과실이 있다는 취지이다.

그러나 피해자가 스스로 진행중인 열차에서 밖으로 뛰어 내리다가 사고를 당한 이 사건에 있어, 출입문이 열려 있었다는 점이 사고발생의 원인이라 보기도 어려울 뿐 아니라(대법원 1991.11.8. 선고 91다20623 판결 참조), 기록에 의하면 위 열차는 당시 11개 이상의 차량을 달고 있었고 영등포역에서 2분간을 정차하는 중에 하차한 승객만도 150여명에 달하였다는 것이므로 그러한 상황에서 당시 여객운송을 책임지고 있던 소수의 피고 피용자들에게 사고예방을 위하여 위와 같이 안내방송 및 유도안내를 실시하는 등 조치를 취하는 이외에 열차의 출발전에 모든 객차의 여객이 자유로히 개폐할 수 있는 출입문을 일일이 폐쇄할 것을 기대할 수는 없다 할 것이고, 한편 영등포역 역무원들이 당시 예정된 정차시간 경과 후 더 하차하는 승객이 없음을 확인한 후 발차신호를 보낸 것이므로 그들에게 어떠한 과실이 있다 할 수도 없는 것이다.

결국 이 사건 사고발생에 피고측의 과실이 경합되어 있다고 보아 피고의 면책항변을 배척한 원심판결에는 사고당사자의 과실내용에 관한 심리미진 또는 운송인의 과실책임에 관한 법리를 오해함으로써 판결에 영향을 미친 위법이 있다 할 것이므로 이를 지적하는 논지는 이유있다."

2. 물적 손해(수하물에 대한 책임: 상 149, 150)

(1) 인도받은 수하물에 대한 책임(상 149)

여객운송인은 託送受荷物에 대해서는 운임을 받지 않은 경우에도 물건운송인과 동일한 책임이 있다. 즉 이 경우에는 상법 제135, 136, 137조 등이 준용되므로 여객운송인이 무과실의 입증책임을 부담하며 고가물면책이나 정액배상주의도 그대로 적용된다. 나아가 수하물이 도착지에 도착한 날로부터 10일 내에 여객이 그 인도를 청구하지 아니한 때에는 공탁 또는 경매권도 행사할 수 있다.

(2) 인도받지 않은 수하물에 대한 책임(상150)

휴대수하물에 대해서는 운송인은 자기 또는 사용인의 과실이 없으면 손해를 배상할 책임이 없다. 이 경우 탁송수하물의 경우와 달리 여객이 운송인의 과실을 입증하여야 한다. 휴대수하물에 대한 손해배상의 범위에 대하여 상법은 별도의 규정을 두고 있지 않다. 그러나 해석상 상법 제137조의 정액배상주의는 휴대수하물의 경우에도 준용되어야 할 것이다. 이를 인정하지 않으면 일반 민법이 적용되어(민393) 탁송수하물 때보다 오히려 휴대수하물에 대하여 더 큰 손해배상을 하여야 하기 때문이다. 이러한 결과가 부당함은 자명하다.

제 3 절 운송주선업[1]

제 1 관 운송주선인의 의의

I. 경제적 기능

오늘날의 상품유통체계는 지극히 광범위하게 발전되어 상품의 제조 및 매매상이 이를 매도하면서 직접 적절한 운송인을 찾아 운송계약을 체결하는 것은 사실상 예외적인 일이다. 그리하여 대부분의 경우 運送周旋人(forwarding agent)이라 불리우는 독립된 상인이 그 중간매개역할을 담당하고 있다. 이들은

---

1) 이에 대해서는 졸고, "독일의 신운송법이 우리 상법에 미칠 수 있는 영향", 「고려법학」, 제37호(2001년), 27면 이하.

개개 운송인의 운송능력, 하주의 동태, 적절한 운송수단의 연결방법, 운송약관 및 통관규정 등을 잘 알고 있어 이들이 없으면 물류의 흐름에 커다란 지장이 생길 정도이다.[2] 로이드와 같은 거대한 보험시장에서도 보험중개인이 없으면 보험업이 영위되지 못하듯이 운송업에서도 운송주선인은 그 의미를 날로 더해 가고 있다.

Ⅱ. 개념요건

1. 운송주선인의 개념진화

운송주선인(Spediteur)이란 자기 명의로 물건운송의 주선을 영업으로 하는 자이다(제114조).[3] 그러나 오늘날 다수의 운송주선인은 동시에 운송인 내지 운송대리점의 역할도 수행하며 때로는 운송인과 운송주선인의 경계가 불분명한 경우도 많다. 이러한 상황을 고려하여 독일 상법은 1997년의 개정에서 운송주선인을 '화물탁송을 관리하는 자'로 넓게 규정하고 있다(동법 제453조). 향후 우리 상법의 입법론으로도 참조의 여지가 있다고 생각된다.

독일 상법상의 운송주선인[4]

물류와 관련된 상행위 중 상법이 규정하고 있는 3대업종은 운송업, 운송주선업 및 창고업이다. 19세기의 입법자들은 그 중 운송주선인을 탁송인(Versender)의 계산과 자신의 명의로 운송계약을 체결하는 간접대리인으로 분류하였다. 현행 우리 상법의 입장도 그렇지만 개정전 독일 상법상으로도 운송주선인은 위탁매매인과 같은 주선행위자여서 운송주선업에는 위탁매매법(Kommissionsrecht)이 널리 준용되었다. 법전의 규정 순서 역시 이러한 상관관계를 존중하여 위탁매매업 바로 다음에 운송주선업을 규정하여 왔다. 그러나 20세기를 두루 거치면서 운송주선업에는 많은 변화가 수반되었다. 고유한 의미의 운송주선, 즉 탁송인의 간접대리인으로서 운송계약을 체결하는 것 이외에도 운송물의 포장, 적재, 운송중의 중간입고(Zwischenlagerung)와 그 관리, 운송서류의 취득 나아가 통관 등 각종 공법상의 의무이행이 그의 활동영역에 포함되었다. 또한 확정운임운송주선계약(Spediteurvertrag mit fixen Spesen)을 체결하거나 개입권을 행사하는 경우 실질적으로 운송인과 같

---

2) 그러나 오늘날 운송인, 운송주선인, 운송대리점의 영업은 겸영형태가 많다. http://www.korex.co.kr(대한통운의 웹사이트)도 참조.

3) 독일상법상으로는 '화물탁송을 처리하는 자'이다(동법 제453조 1항 참조).

4) 아래의 내용은 졸고, "독일의 신운송법이 우리 상법에 미칠 수 있는 영향", 「고려법학」, 제37호, 2001년, 37-59면, 그 중에서도 38-39면, 53-54면에서 전재함.

은 지위를 취득하므로 외부적으로 양자를 뚜렷이 구별하기 힘들었고 운송계약의
체결방식도 법전에 규정된 간접대리의 방식만을 고집하는 것이 아니라 위탁자의
직접대리인으로 자주 등장하였다. 그리하여 운송업이나 운송대리점을 경영하는 상
인이 운송주선업을 겸영하는 것은 일상적인 일이었다. 이제 그는 더 이상 소극적인
주선행위자가 아니라 '물류전문가'(Spezialist im Warenumschlags) 더 정확하게 표현하면
'물류의 큰 흐름을 주도하며 그 한복판에 서 있는 관리자'로 변신한 것이다.

독일의 신운송법(이하 '신운송법'이라 한다)은 이러한 경제현실을 감안하여 운
송주선법에 일대 수술을 가하였다. 1998년 7월 1일 이후로 독일상법상 운송주선인
은 더 이상 주선행위자가 아니다. 오히려 '탁송화물의 운송에 관한 종합적인 관리
자'로 불러야 할 것이다. 그 결과 법전상의 규정순서도 바뀌어 위탁매매인 다음에
위치하던 운송주선인은 운송인 다음으로 그 자리를 바꾸었다. 이로써 운송업, 운송
주선업 및 창고업이 이 순서대로 나란히 규정됨으로써 법전의 편제를 경제현실에
보다 가까이 접근시켰다. 또한 위탁매매인에 관한 포괄적 준용규정도 폐지하였다.
단 하나의 예외는 위탁자보호에 관한 동법 제392조($^{우리}_{103}$ ^{상법})이다.[5]

이미 위에서 상론하였듯이 신운송법의 가장 큰 변화는 운송주선인을 단순한 주
선행위자(周旋行爲者)에서 해방시켰다는 점이다. 그리하여 신운송법은 운송주선업
을 완전히 새로이 입법하는 자세로 대하고 있다. 1998년 7월 1일부로 독일 상법상
운송주선인은 더 이상 간접대리인이 아니다. 자신의 이름으로 그러나 위탁자의 계
산으로 운송주선행위만 하는 상인은 존재하지 않았다고 한다. 지난 100년간 독일의
운송업계는 그러한 상인을 거의 관찰하지 못했다고 한다.[6] 반면 운송인이 운송주선
업 및 운송대리점을 겸영하는 경우는 허다 하여 오히려 이러한 영업방식이 일반인
들에게는 'Spedition'의 개념형상에 맞는 것이었다고 한다. 그리하여 일반인들은
'Spedition'이라는 단어를 운송계약에도 그대로 사용하고 있었고 나아가 이러한 현
상은 매우 자연스러운 것이었다고 한다.

이러한 현실을 신운송법은 그대로 받아들여 운송주선인을 '물건탁송의 수임을
받아 그 장소적 이동의 제 단계를 기획하고 관리하는 자'로 새로이 인식하게 되었
다($^{453}_{참조}$ᴵ). 즉 그의 행동범위는 소극적인 주선행위에 머물지 않고 운송경로의 확정,
운송수단의 결정, 운송인의 선정 및 계약체결, 탁송화물의 포장 및 표시, 중간입고
및 그 관리, 운송을 위하여 필요한 각종 서류의 취득과 교부, 통관 등 공법적 의무

---

5) MünchKomm. HGB-Aktualisierungsband, TranspR/Basedow, Beck, 2000, Einl., Rdnr. 11.

6) 운송주선인이 탁송인과 주선계약을 체결하는 경우 객관적으로 최종가격을 제시하지 않으면 실질적
으로 거래가 이루어지지 않았다고 한다. 따라서 운송주선인이 타인의 계산으로 그러나 자신의 명의로 운
송계약을 체결하고 수수료만 기대하는 영업방식은 운송업계의 실제와는 너무나 거리가 먼 허구였다고 한
다. 운송주선인은 항시 자신의 계산으로 등장하였으며 포장, 표시, 운송계약의 체결, 운송서류의 취득과
그 제공 등 포괄적인 급부의 최종가격을 제시하며 탁송인과 거래하는 것이 운송주선업의 실제였다고 한
다(vgl. Griesshaber, Das gesetzliche Leitbild des Spediteurs und das Speditionsgewerbe, VersR, 1998,
31, 32: Müglich, Das neue Transportrecht, Bundesanzeiger Verlag, 1999, Köln, § 453 HGB, Rdnr. 1, S.
277).

의 이행 등 매우 광역화하였다. 나아가 간접대리의 행위방식도 상대화하여 탁송인으로부터 대리권을 수여받고 그의 이름으로 운송계약을 체결하는 직접대리의 방식도 명문의 규정으로 허용하기에 이르렀다($\overset{454}{\text{III}}$). 나아가 운송계약을 체결할 때 반드시 탁송인의 계산으로 할 필요도 없다. 어차피 개입권을 행사할 때에는 예외이고 나아가 확정운임운송주선계약의 경우에는 자신의 계산으로 행동한다.

이처럼 운송주선인의 개념형상은 20세기를 두루 거치면서 극심한 변화를 경험하였고 그는 이제 운송인과 더불어 '物流의 動的[7] 區間을 책임지는 관리자'로 인식되어야 할 것이다. 단지 운송인과 다른 것은 운송인의 경우 운송의 실행 그 자체가 급부의무의 내용임에 반하여, 운송주선인의 경우 물건운송의 실행이 아니라[8] 탁송화물의 장소적 이동을 전반적으로 기획하고 이를 관리하는 데에 있다.[9]

2. 현행 상법상 운송주선인의 개념요소

(1) 명의와 계산

운송주선인이란 위탁매매인과 같이 주선행위 즉 간접대리의 형태로 활동하는 독립된 상인이다. 따라서 운송주선인도 자신의 名義로 그러나 위탁자의 計算으로 운송계약을 체결한다. 이 점에서 직접대리인인 체약대리상이나 사실행위만 하는 운송중개인과 다르다. 이러한 주선행위의 공통된 속성으로부터 상법은 운송주선인에 대하여 위탁매매인에 관한 규정을 준용하고 있다($\overset{\text{상}}{123}$).

(2) 물건운송의 주선

운송주선인의 주선대상은 物件運送의 周旋이다. 따라서 여객운송주선행위는 운송주선에 해당하지 않고 준위탁매매업에 해당한다($\overset{\text{상}}{113}$). 그러나 운송수단에는 아무런 제한이 없다. 따라서 육상운송뿐만 아니라 해상운송이나 항공운송도 그 주선이 가능하다.

(3) 상인성

운송주선인은 물건운송의 주선을 자기 명의로 또 영업으로 하는 자이기 때문에 상법 제46조 제12호의 기본적 상행위를 자기 명의로 하는 당연상인이다.

---

7) 物流의 靜的 區間을 책임지는 자는 倉庫業者이다.
8) 물론 운송주선인이 개입권을 행사하는 경우 운송의 실행까지 그의 의무범위에 포섭되게 된다.
9) MünchKommHGB-Aktualisierungsbd., TranspR/Bydlinski, §454 Rdnr. 1.

제 2 관 운송주선인의 종류

운송주선인에는 다음과 같은 분류가 가능하다. 우선 送付운송주선인(Ver-
sandspediteur)과 受領운송주선인(Empfangsspediteur)의 구별이 있다.[10] 보통의
운송주선인이란 전자를 의미한다. 즉 자신의 명의로 운송계약상의 송하인이 되
어 직접 운송계약을 체결하고 그 경제적 효과는 위탁자에게 돌리는 전형적인
운송주선인이 송부운송주선인이다. 후자는 도착할 물건을 揚荷港(port of dis-
charge)이나 여타의 引渡地(Ablieferungsort)에 가서 자신의 이름으로 인수하여
이를 실수요자에게 전달하는 운송주선인이다. 물론 이러한 수령운송주선인을
과연 운송주선인으로 볼 수 있을지에 대해서는 다소 의문점도 없지 않다.[11]

운송주선의 다른 분류는 수인의 운송주선인이 함께 운송주선을 할 때 나타
난다. 최초의 운송주선인이 전구간의 운송주선을 인수하고 주선업무의 전부 또
는 일부를 다른 운송주선인에게 수행시킬 경우 최초의 운송주선인을 원수(元
受)운송주선인(Hauptspediteur), 그 다른 운송주선인을 하수(下受)운송주선인
(Unterspediteur)이라 한다. 수인의 운송주선인이 각 운송구간별로 별도의 위탁
을 받을 때에 각 구간별 운송주선인을 부분운송주선인(Teilspediteur)이라 한다.
나아가 제1의 운송주선인이 자신의 명의로 위탁자의 계산으로 제2의 운송주선
인을 선임하는 경우 제2 이하의 운송주선인을 중간운송주선인(Zwischenspediteur)
이라 한다.[12]

제 3 관 운송주선의 법률관계

Ⅰ. 당사자간의 법률관계

운송주선인은 위탁자로부터 운송주선의 위탁을 받아 스스로 송하인이 되어
운송인과 운송계약을 체결하는 자이다. 따라서 위탁자(Versender)와 운송주선

---

10) Canaris, Handelsrecht, 22. Aufl., S. 447.
11) 대판 1987. 10. 13, 85다카1080(상법상의 운송주선행위로 보지 않음): 이에 대해 보다 자세히는 弥
永, 119頁, 脚註 9.
12) Canaris, a.a.O., S. 447; Brox/Henssler, Handelsrecht, 22. Aufl., Rdnr. 465, S. 253.

인간에는 운송주선계약이 체결되고, 운송인과 운송주선인간에는 운송계약이 체결된다. 운송주선계약의 법적 성질은 보통 위임으로 파악되고 있다. 우리 상법은 운송주선인에 대하여 보충적으로 위탁매매에 관한 규정을 준용하고 있고 ($\frac{\text{상}}{123}$), 다시 위탁자와 위탁매매인에 대하여는 보충적으로 민법의 위임에 관한 규정이 적용되므로($\frac{\text{상}}{112}$) 우리 상법의 해석상 이러한 결과도출이 가능하다. 그러나 운송주선계약은 도급적 성격이 강한 업무처리계약이다.[13] 운송주선인은 일정한 일의 결과를 책임지기 때문이다. 따라서 순수한 위임이라기보다는 도급적 요소가 강한 위임계약으로 보는 것이 타당할 것이다.

반면 위탁자(Versender)와 운송인간에는 아무런 법률관계도 생기지 않는다. 송하인(Absender)의 지위를 갖는 운송주선인이 운송인에 대한 자신의 권리를 양도하여야 비로소 위탁자가 운송인에 대하여 일정한 권리를 행사할 수 있다.

운송주선계약

Ⅱ. 운송주선인의 의무

1. 운송주선실행의무

(1) 주급부의무

운송주선인은 위탁받은 대로 운송주선을 실행하여야 한다. 이것이 운송주선인의 주된 의무이다. 이 때 운송주선인은 선량한 관리자의 주의로 운송을 주선하여야 한다($\frac{\text{상}}{681}$ $\frac{123,}{112}$). 이러한 주의의무는 비단 운송인과 운송계약을 체결할

---

13) 카나리스는 운송주선계약을 원칙적으로 도급계약으로 풀이한다. vgl. Canaris, a.a.O., S. 448; K.Schmidt, §33 Ⅱ 1 b. 이외에도 특수계약설(Vertrag sui generis)을 지지하는 학설로는 Großkomm-Helm, §§407-409, Rdnr. 7.

때뿐만 아니라 운송을 안전·용이하게 준비하는 일체의 행위에 적용된다. 선량한 관리자의 주의란 객관적으로 정상적인 상인에게 요구되는 정도의 주의(Sorgfalt eines ordentlichen Kaufmanns)를 뜻한다.[14]

(2) 부수의무

이러한 주된 의무 이외에도 운송주선인은 다양한 내용의 부수의무를 부담한다. 운송물의 적절한 포장, 계량, 수령, 인도, 필요한 서류의 작성, 운송인에 대한 지시 및 운송경로의 선택 등 모든 경우에 객관적으로 상인에게 요구되는 정도의 주의를 다하여 행동하여야 한다. 이 중 포장이나 운송물의 계량 등은 운송주선인의 고유한 부급부의무(副給付義務)에 속하지는 않겠으나 당사자의 특약이나 관습으로 이를 부담할 수도 있다.[15]

대판 2018. 12. 13, 2015다246186 [보험금]

"운송주선인은 위탁자를 위하여 물건운송계약을 체결할 것 등의 위탁을 인수하는 것을 본래적인 영업 목적으로 하나, 이러한 운송주선인이 다른 사람의 운송목적의 실현에 도움을 주는 부수적 업무를 담당할 수도 있는 것이어서 상품의 통관절차, 운송물의 검수, 보관, 부보, 운송물의 수령·인도 등의 업무를 담당하고 있는 것이 상례이다."

2. 손해배상책임

(1) 발생원인

운송주선인은 자기나 그 사용인이 운송물의 수령, 인도, 보관, 운송인이나 다른 운송주선인의 선택 기타 운송에 관하여 주의를 해태하지 아니하였음을 증명하지 아니하면 운송물의 멸실, 훼손 또는 연착으로 인한 손해를 배상할 책임을 면하지 못한다($^{상}_{115}$). 운송인에서와 유사하게 우리 상법은 운송주선인의 경우에도 과실책임주의를 취하고 있고 이행보조자의 과실에 대하여도 책임지도록 함과 동시에 무과실의 입증책임을 스스로 부담하도록 하였다. 판례에 의하면 '이행보조자'로서의 피용자는 채무자의 의사 관여 아래 그 채무의 이행행위에 속하는 활동을 하는 사람이면 충분하다고 한다.

---

14) Heymann/Honsell, HGB, §408, Rdnr. 14.
15) 독일 신상법(1998. 7. 1. 시행) 제455조는 운송물의 포장이나 내용물의 표시는 위탁자(Versender)의 부담사항으로 보고 있다.

대판 2018. 12. 13, 2015다246186 [보험금]

"상법 제115조에 의하면, 운송주선인은 자기나 그 사용인이 운송물의 수령, 인도, 보관, 운송인이나 다른 운송주선인의 선택, 기타 운송에 관하여 주의를 해태하지 아니하였음을 증명하지 아니하면 운송물의 멸실, 훼손 또는 연착으로 인한 손해를 배상할 책임을 면하지 못한다. 한편 민법 제391조에 정하고 있는'이행보조자'로서 피용자는 채무자의 의사 관여 아래 그 채무의 이행행위에 속하는 활동을 하는 사람이면 충분하고 반드시 채무자의 지시 또는 감독을 받는 관계에 있어야 하는 것은 아니다. 따라서 그가 채무자에 대하여 종속적인 지위에 있는지, 독립적인 지위에 있는지는 상관없다."

[판례해설] "甲 주식회사는 복합화물운송주선사업 등을 영위하는 회사로 乙 보험회사와 화물배상책임보험계약을 체결하였고, 그 후 丙 주식회사 등과 운송주선계약을 체결하여 수입화물에 대한 해상운송, 보세창고 보관, 통관작업 진행, 국내 배송을 위임받았는데, 위 화물이 인천항에 도착한 후 甲 회사와 거래하던 丁 주식회사 운영의 보세창고에 입고되었다가 원인 불명의 화재로 모두 전소되자, 甲 회사가 乙 회사를 상대로 책임보험금의 지급을 구한 사안에서, 甲 회사는 위 화물의 운송과정에서 운송인의 선택과 운송계약 체결뿐만 아니라 인천항 보세창고 보관, 통관절차 진행, 국내 배송(또는 그 운송계약 체결)까지 위임받았고, 위임받은 사무를 선량한 관리자의 주의로써 이행할 의무가 있으며, 丁 회사의 위 화물에 대한 보관은 甲 회사의 의사 관여 아래 이루어진 甲 회사의 채무이행행위에 속하는 행위이므로, 丁 회사를 甲 회사의 이행보조자라고 봄이 타당한데도, 이와 달리 본 원심판결에 복합운송주선계약, 운송주선인의 손해배상책임에 관한 법리오해의 잘못이 있다고 한 사례"이다. [위 판결요지 3번].

대판 2007. 4. 27, 2007다4943

"운송주선인인 자기나 그 사용인이 운송물의 수령, 인도, 보관, 운송인이나 다른 운송주선인의 선택 기타 운송에 관하여 주의를 게을리하지 않았음을 증명하였으므로 상법 제115조에 따른 손해배상책임을 지지 않는다."

(2) 멸실, 훼손, 연착 이외의 손해

상법 제115조에서도 그 해석상 운송물의 멸실, 훼손 또는 연착으로 인한 손해 이외의 것에 대해서는 어떻게 처리하여야 하는가 문제될 수 있다. 이에 대해서는 예시규정설[16]과 제한열거설[17]의 대립이 있다. 전자가 국내 통설의 입장

---

16) 최완진, 219면; 최·김, 324면; 최준선, 357면; 이·최, 440면; 정찬형, 336면; 이철송, 574면; 김홍기, 216면.

17) 정동윤, 285면; 임홍근, 400면; 김성태, 602면.

이라 할 수 있고 후자는 소수설이다. 전자에 따르면 멸실, 훼손 또는 연착 이외의 손해에 대해서도 제115조가 적용될 수 있다고 하나, 후자는 상기 3자의 손해로 한정시킨다. 생각건대 상법 제115조의 책임은 불완전이행에 따른 손해배상책임의 성격을 갖고 있다. 즉 전면적으로 급부이행이 이루어지지 못하였던 경우, 즉 이행불능이나 이행지체의 경우가 아니라 운송주선의 실행에 착수하여 급부를 이행하던 중 주의의무를 해태하여 위탁자에게 손해를 끼친 경우를 규율대상으로 삼고 있다. 이러한 경우를 위하여 입증책임에 관한 특칙을 만든 것이고 또 제121조는 이에 대한 소멸시효의 특칙이다. 그렇다면 상법 제115조는 운송물의 멸실, 훼손, 연착으로 인한 손해에만 적용시키는 것이 타당하다고 본다. 후설에 찬동한다. 이렇게 본다면 제115조에 열거된 손해 이외의 것에 대해서는 민법 제390조와 제391조에 따라 처리하면 될 것이다.

(3) 불법행위책임과의 관계

상법 제115조상의 책임에 대해서도 불법행위책임과의 관계가 논의된다. 본 책임은 운송주선계약관계를 전제로 하는 채무불이행책임이므로 운송주선인이 불법행위상의 구성요건도 동시에 충족시킬 때에는 양자간의 관계가 문제시된다. 이에 대해서도 운송인에서와 같이 청구권경합설(Anspruchskonkurrenz)과 법조경합설(Gesetzeskonkurrenz)의 대립이 있으나 위탁자보호에 충실한 청구권경합설이 타당하다고 본다. 단지 운송주선인의 경우에는 상법 제137조와 같은 정액배상주의의 적용이 없으므로(삼조^{124}) 상법 제115조에 의하건 불법행위책임에 의하건 손해배상의 범위에 대해서는 큰 차이가 없을 것이다.[18]

문제는 운송주선인의 불법행위책임에 대해서도 운송인에서와 같은 정도의 책임제한이 정당화되는지 의문이다. 본시 운송인의 책임제한과 이러한 책임제한의 원리가 운송계약상의 채무불이행책임과 청구권경합관계에 놓이는 불법행위책임에 대해서도 같은 정도로 이루어져야 한다는 것은 운송기업이 갖는 위험성과 이러한 위험성에 근거한 기업유지의 이념이 작용한 결과이다. 운송주선인은 운송인과는 다르다. 그는 그야말로 운송계약을 주선하는 자이지 물건의 공간적 이동을 실행하는 자는 아니다. 그리하여 우리 상법도 손해배상의 범위를 정하면서 운송인에서와 같은 정액배상주의를 지양하고 민법의 일반원칙을

---

18) 그러나 私見으로는 정액배상주의는 운송주선인의 경우에도 적용시키는 것이 바람직할 것이다(vgl. §§429, 461 HGB).

수용하였다. 물론 고가물불명고시(高價物不明告示)의 책임($^{\text{상}}_{136}$)은 그대로 수용하였으나 상법 제137조는 적용되지 않고 있다. 이렇게 운송주선관계가 운송인과는 그 위험도 면에서 다르다는 것은 명확하나 만약 당사자가 운송주선약관에 면책특약이나 배상액제한약관을 두었을 때 이를 운송주선인의 채무불이행책임에만 적용시키는 것이 타당한 것인지 의문이다. 비록 운송인과 같지는 않다 할지라도 운송주선인은 개입권을 행사하여 운송인과 같은 지위에 놓일 수 있다($^{\text{상}}_{116}$). 그것도 위탁매매인의 개입권처럼 거래소의 시세가 있을 때에만 허용되는 것이 아니라 반대의 약정이 없는 한 원칙적으로 항상 허용된다($^{\text{상}}_{1}$^{116}). 이런 것들을 함께 고려하면 운송주선인은 사실상 운송인의 지위를 잠재적으로 가지고 있다고 보아야 할 것이고 따라서 배상액제한약관 등 본시 운송주선계약의 존재를 전제로 하는 채무불이행책임에만 적용되는 약관규정들은 불법행위책임에 대해서도 그 적용이 있다고 새기는 것이 좋을 것이다.

참고로 1998년 7월 1일부터 시행에 들어간 독일의 개정상법은 운송주선인에 대해서도 운송인과 같은 정도의 책임제한을 인정한다. 그리하여 운송주선인의 계약적 손해배상책임을 운송물 중량 1킬로그램당 8.33 SDR로 제한할 수 있도록 하였을 뿐만 아니라 이러한 개별적 책임제한의 원리를 그대로 운송주선인에 대한 불법행위책임에 대해서도 적용할 수 있게 하였다($^{\text{독법 } 429, 431,}_{434, 461 \text{ 참조}}$). 우리 상법의 향후의 운영에 있어서 이러한 외국의 입법동향은 많은 영향을 미칠 것이다. 따라서 이에 대한 주도면밀한 분석이 이루어져야 할 것이다.[19]

(4) 손해배상의 범위

손해배상의 범위에 대해서는 상법 제137조와 같은 정액배상주의의 적용이 없으므로 채무불이행책임의 일반원칙이 적용된다($^{\text{민}}_{393}$). 따라서 운송주선인은 원칙적으로 채무불이행과 상당인과관계있는 모든 손해를 배상해야 한다($^{\text{민}}_{393}$).

특별손해는 운송주선인이 알았거나 알 수 있었을 때에 한하여 책임지게 될 것이다($^{\text{민}}_{393}$). 그러나 고가물면책규정은 운송주선인에게도 적용된다($^{\text{상}}_{136}$^{124}). 이것이 현재 우리 상법의 문언상 해석해 낼 수 있는 유일한 결과이다. 그러나 참고로 최근 개정된 독일상법은 운송주선인의 손해배상책임에 대해서도 운송인에 적용되는 定額賠償主義를 도입하였고($^{\text{독법 } 429,}_{461 \text{ 참조}}$), 나아가 개별적 책임제한(in-

---

19) 졸고, "독일의 신운송법이 우리 상법에 미칠 수 있는 영향", 「고려법학」, 제37호, 2001년, 37면 이하 참조.

dividual limitation of liability)의 원칙을 수용하여 운송물 중량 1킬로그램당 8.33 SDR로 운송주선인의 책임을 제한할 수 있게 하였다(동법431, 461 참조).

운송주선인의 손해배상의무에 관한 상법 제115조 역시 임의규정이므로 당사자가 특약으로 운송주선인의 책임을 보통거래약관 등의 형태로 제한하는 것은 가능할 것이다. 그러나 운송주선인이 고의인 경우에도 그의 책임을 면제하거나 제한하는 약관이 있다면 이는 약관규제법상의 내용통제 때문에 유효한 약관조항으로 남기 어려울 것이다(약관규제법6, 7 참조).

(5) 책임의 소멸

운송주선인의 책임은 운송주선인이나 그 이행보조자에게 악의가 없는 한 수하인이 운송물을 수령한 날로부터 1년을 경과하면 소멸시효가 완성한다(상121). 운송물이 전부멸실한 경우에는 그 운송물을 인도할 날로부터 기산한다(상 121). 이러한 단기시효기간은 운송물의 멸실, 훼손, 연착으로 인한 손해의 경우로 한정된다. 따라서 그 밖의 사유로 인한 손해에 대하여는 상법 제64조를 적용하여 5년의 시효기간을 인정하게 될 것이다.

3. 위탁매매규정의 준용에 따른 의무

운송주선인에 관하여는 위탁매매인에 관한 규정이 준용된다(상123). 따라서 지정가액준수의무(상106 123.), 통지 또는 계산서제출의무(상104 123.), 위탁물에 대한 통지, 긴급처분의무(상108 123.) 등은 그대로 운송주선인에게도 적용된다.

4. 수하인에 대한 의무

상법은 제124조에서 동법 제140 및 141조를 운송주선업에 준용하고 있다. 그 의미는 운송주선인이 운송물이 도착지에 도착한 후에는 운송주선계약상 受荷人으로 지정된 자에 대하여 위탁자에 대한 의무와 같은 의무를 부담한다는 것이 된다(상140 124.). 또 수하인이 운송물을 수령한 때에는 운송주선인에 대하여 보수 기타의 비용지급의무를 부담하게 된다(상141 124.). 대법원도 운송주선인의 국내대리점이 항공화물운송장(Airway Bill) 등 운송서류를 수하인이나 통지처가 아닌 제3자에게 임의로 교부한 사안에서 수하인에 대한 불법행위책임을 긍정한 바 있다.[20]

III. 운송주선인의 권리

1. 보수청구권

운송주선인은 운송물을 운송인에게 인도한 때에는 즉시 報酬를 청구할 수 있다(상 119). 이는 운송주선인이 상인으로서 상법 제61조에 기하여 주장할 수 있는 보수청구권이다. 운송주선계약은 도급적 성격을 띠었고 따라서 후급의 원칙이 나타나는 바 운송주선인이 운송물을 운송인에게 인도한 후에야 그 보수청구가 가능한 것이다.

그러나 이러한 보수청구권은 확정운임운송주선계약(確定運賃運送周旋契約; Spedition zu festen Spesen)이나 혼재운송주선계약(混載運送周旋契約; Sammelladungsspedition)의 경우에는 발생하지 않는다. 전자는 운송주선인이 운송주선계약에서 운임을 확정한 경우로서 이 경우 특약이 없는 한 운송주선인은 별도의 보수를 청구하지 못한다(상 119). 보수청구권이 배제되는 근거에 대하여는 다음과 같은 학설의 대립이 있다. 첫째 입장은 ① 개입설(介入說)로서 확정운임운송주선계약은 운송주선인이 확정운임과 현실운임의 차액을 얻기 위하여 운송을 인수하는 것이므로 개입의 한 경우로 보아야 한다고 한다.[21] 둘째는 ② 운송계약설로서 이 입장에 따르면 확정운임운송주선계약을 운송계약으로 보아 운송주선인과 위탁자간의 법률관계에 대하여 운송에 관한 규정을 적용하여야 한다고 주장한다.[22] 셋째 ③ 보수운임부 운송주선계약설에 따르면 확정운임운송주선계약은 당사자가 운송주선계약을 체결하였을 때 운송주선인의 보수와 운송인의 운임을 포괄하여 확정한 것이므로 운송주선인에게 별도의 보수청구권이 발생하지 않는다고 한다.[23] 끝으로 ④ 구별설에 따르면 위탁자와 주선인간의 관계가 운송계약인지 아니면 운송주선계약인지에 관하여 특별한 정함을 하지 않은 경우에는 운송계약의 성립을 인정할 수 있지만 확정운임을 지급키로 한 통상의 경우에는 개입권행사의 한 경우로 보아야 한다고 주장한다.[24] 생각건대

---

20) 대판 1996. 9. 6, 94다46404.

21) 서돈각, 상법강의(상) 제3정, 209면; 김용태, 전정 상법(상), 171면.

22) 대판 1987. 10. 13, 85다카1080; 정동윤, 287-288면; 이·최, 445면; 정찬형, 340면; 이철송, 577면; 최준선, 362면.

23) 강위두, 331-332면; 채이식, 279면.

24) 김성태, 606-607면.

개입설은 의제적 성격이 강하다. 확정액의 운임에 합의하였다고 운송주선인이 개입권을 행사하였다고 보기는 어려울 것이다. 개입권은 형성권으로서 상대방 있는 단독행위인데 확정운임의 합의, 즉 계약 속에 이러한 형성권행사의 효과를 의제시킴은 타당치 않다고 본다. 또한 셋째 학설에 따라 확정운임운송주선계약의 당사자가 보수가 포함된 확정운임을 약정한 것에 불과하다고 볼 수도 있겠으나 운송주선인에게 보수청구권이 배제되는 결과를 너무 경미하게 다룬다는 비판이 가능하다. 운송주선인에게서 보수청구권이 배제된다면 해당 계약은 이미 주선행위의 속성을 잃고 있다고 보아야 할 것이다. 즉 확정운임의 합의 속에는 묵시적인 운송계약의 성립을 의욕하는 당사자의 의사가 있다고 보는 것이 타당할 것이다(^{동일상법 제459}_{조 참조}). 그리하여 이 경우 운송주선인은 위탁자에 대한 관계에서는 운송인을 자신의 이행보조자로 투입하여 운송의무를 실행한다고 보면 된다.[25] 물론 당사자가 확정운임 속에 보수도 포함된 운송주선계약을 체결하기로 별도의 약정을 한 경우에는 예외일 것이다. 마지막 구별설도 부분적이나마 개입권행사를 의제하는 점에서 찬동키 어렵다. 운송계약설의 입장은 독일상법(1998년 7월 1일부로 개정된) 제459조의 입장이기도 하다.

한편 혼재운송주선계약이란 운송주선인이 다수의 위탁자로부터 동일한 운송경로를 거치는 동종의 운송물을 일괄하여 자기의 계산으로 하나의 혼재운송계약(Sammelladungsvertrag)을 체결하는 경우이다. 혼재운송주선의 관행을 살펴보면 다음의 3단계로 진행된다.[26] 첫 단계에서는 위탁자로부터 송부운송주선인(Versandspediteur)이 직접 운송물을 수령하여 운송인에게 환적한다. 이는 말하자면 예비단계(Vorlauf)이다. 둘째 단계에서는 운송주선의 본단계(Hauptlauf)로서 운송주선인이 운송을 실행시켜 도착지의 수령운송주선인(Empfangsspediteur)에게 운송되도록 한다. 마지막 단계는 수령운송주선인이 혼재된 운송물을 개개의 수하인에게 배달하는 단계이다. 후속정리단계(Nachlauf)라 할 수 있다. 이러한 혼재운송주선의 경우에는 개입권행사의 한 특별한 예로 보는 것이 독일의 통설적 입장이다.[27]

---

25) Canaris, Handelsrecht, a.a.O., S. 457.

26) Baumbach/Duden/Hopt, HGB, 27. Aufl., §413, Anm. 2 A.

27) Canaris, a.a.O., S. 457; Baumbach/Duden/Hopt, a.a.O., §413, Anm. 2 A; BGHZ 83, 90; BGH NJW 1972, 866.

2. 비용상환청구권

운송주선인은 운송인에게 지급한 운임 기타의 주선으로 인하여 지출한 비용을 위탁자에게 청구할 수 있다(상 123, 112: 민 687, 688).

3. 유 치 권

운송주선인은 운송물에 관하여 받을 보수, 운임 기타 위탁자를 위한 체당금이나 선대금에 대하여 해당 운송물을 유치할 수 있다(상 120). 이는 운송인의 유치권과 같고 상세는 이미 그곳에서 설명하였다.

4. 개 입 권

(1) 의 의

운송주선인은 다른 특약이 없으면 운송인과 운송계약을 체결하지 않고 직접 운송할 수 있다(상 116 1분). 이를 운송주선인의 介入權이라 한다.

(2) 개입의 요건

우선 개입금지의 특약이나 위탁자의 지시가 없어야 하고, 개입의 시기는 주선계약체결 후 주선의 실행 전이어야 한다. 나아가 개입의 대상은 운송의 실행행위에 한정되고 운임에 관한 시세의 존재는 개입의 요건이 아니다. 운송주선인의 개입권은 위탁매매인의 개입권과 달리 거래소의 시세있음을 요하지 않는다. 이것은 운송주선의 경우 운임이나 운송방법이 정형화되어 있기 때문이다.

(3) 개입의 방법

개입권의 행사는 위탁자에 대한 명시 또는 묵시의 의사표시로 할 수 있다. 운송주선인이 단순히 운송을 실행하는 경우(tatsächliche Beförderung)는 묵시의 의사표시에 의한 개입권행사로 보아야 할 것이다.

(4) 개입의 효과

개입권행사의 결과 운송주선인과 위탁자간에 운송계약이 성립된다(상 116 2분). 그렇다고 운송주선계약관계가 소멸하는 것은 아니다. 운송주선관계와 운송관계는 병존한다. 따라서 개입권을 행사한 운송주선인은 보수청구권과 운임청구권을 동시에 행사할 수 있다.

(5) 개입의 의제

상법은 운송주선인이 위탁자의 청구에 의하여 화물상환증을 작성한 때에는 개입권을 행사한 것으로 의제하고 있다(상 116). 화물상환증의 발행자는 운송인이므로 화물상환증의 작성행위에 개입의 묵시적 의사표시를 읽을 수 있기 때문이다. 나아가 앞서 살펴본 대로 확정운임운송주선시에도 개입의제로 보는 학설이 있다. 그러나 운송주선인이 단지 운송인의 대리인으로서 운송계약을 체결한 경우에는 이러한 효과를 기대할 수 없다.

대판 2007. 4. 27, 2007다4943

"운송주선인이 상법 제116조에 따라 위탁자의 청구에 의하여 화물상환증을 작성하거나 같은 법 제119조 제2항에 따라 운송주선계약에서 운임의 액을 정한 경우에는 운송인으로서의 지위도 취득할 수 있지만, 운송주선인이 위 각 조항에 따라 운송인의 지위를 취득하지 않는 한, 운송인의 대리인으로서 운송계약을 체결하였더라도 운송의뢰인에 대한 관계에서는 여전히 운송주선인의 지위에 있다."

5. 운송주선인의 권리의 시효

운송주선인의 위탁자 또는 수하인에 대한 채권은 1년간 행사하지 않으면 소멸시효가 완성한다(상 122). 시효의 기산점은 위탁자나 수하인에 대하여 권리를 행사할 수 있는 때이다(민 166).

Ⅳ. 순차운송주선

1. 의의 및 종류

운송인의 경우와 마찬가지로 운송주선인의 경우에도 수인이 주선업무에 관여하는 것이 가능하다. 이를 順次運送周旋關係라 하며 다음과 같이 분류된다.

(1) 하수운송주선(Unterspedition)

최초의 운송주선인이 전구간의 운송주선을 인수하고 주선업무의 전부 또는 일부를 다른 운송주선인에게 수행케 하는 것을 下受運送周旋이라 한다. 최초의 운송주선인만이 주선계약의 당사자가 되며 다른 운송주선인은 최초의 운송주선인의 이행보조자가 되는 방식이다.

(2) 부분운송주선(Teilspedition)

수인의 운송주선인이 각 구간의 운송에 관하여 위탁자로부터 개별적으로 운송주선의 위탁을 받는 경우이다. 이 경우는 부분운송에서와 같이 수개의 독립된 운송주선계약이 체결되고 각 운송주선구간을 담당하는 부분운송주선인(Teilspediteur)들은 각기 독립적이다.

(3) 중계운송주선

제1의 운송주선인이 자기의 명의로 위탁자의 계산으로 제2의 운송주선인을 선임하는 경우 이를 중계운송주선이라 하며 제2 이하의 운송주선인을 중계 또는 중간운송주선인(Zwischenspediteur)이라 한다. 상법 제117조에서 말하는 순차운송주선인은 이 세번째의 중간운송주선인을 의미한다.

2. 중간운송주선인의 상법상의 지위

후순위 운송주선인은 전순위 운송주선인에 갈음하여 그 권리를 행사할 의무가 있다($\frac{상}{117}$). 즉 후자가 전자를 위하여 보수청구권, 비용상환청구권 또는 유치권 등을 행사하여야 한다. 이러한 권리행사의무를 부여한 것은 운송주선관계가 순차로 진행됨에 따라 전자가 운송물의 점유를 상실하여 유효적절하게 그 권리를 행사하는 것이 어려워지기 때문이다. 따라서 이 때에는 후순위 운송주선인에게 이 행사의무를 부과하는 것이 타당하기 때문이다.

나아가 후순위 운송주선인이 전순위 운송주선인에게 변제한 경우에는 후자가 전자의 권리를 취득하며($\frac{상}{117}$), 운송주선인이 운송인에게 변제한 때에는 운송인의 권리를 취득한다($\frac{상}{118}$). 이 때에는 민법상의 변제자대위의 법리가 적용되고 있다. 후순위 운송주선인이나 운송인에게 변제하는 운송주선인은 모두 변제할 정당한 이익이 있는 자로서 변제 후 전자 또는 운송인의 권리를 대위한다($\frac{민}{481}$).

제 4 절 창 고 업

제 1 관 창고업의 의의

倉庫業者(Lagerhalter)는 타인을 위하여 창고에 물건을 보관함을 영업으로 하는 자이다(½³⁵). 이 개념을 요건별로 좀더 구체화시키면 다음과 같다.

I. 임치목적물의 타인귀속성

창고업자는 타인의 물건을 창고에 보관하는 자이다. 任置目的物의 소유권이 창고계약의 성립으로 변동하는 것은 아니다. 물건은 동산으로 한정되며 창고계약의 성립으로 임치인과 창고업자간에는 점유매개관계(Besitzmittlungsverhältnis)가 성립된다. 그리하여 창고업자는 타주점유(Fremdbesitz)로서 직접점유를 하고 임치인은 간접점유를 한다. 물론 창고임치계약의 법적 성질은 민법상의 임치계약으로서 要物契約(Realvertrag)이 아니다. 따라서 임치물의 入庫와 상관없이 창고업자와 임치인간의 의사의 합치만으로 성립되는 낙성계약(Konsensualvertrag)이다.[1] 임치목적물은 특정물임을 요하지 않으므로 이른바 혼장임치(混藏任置; Mischlagerung)도 가능하다.

II. 보관행위성

창고업자는 타인을 위하여 창고에 물건을 보관하는 자이다. 따라서 그의 주된 급부의무는 보관행위를 통하여 이루어진다. 보관행위란 목적물의 점유를 취득하여 이를 자기의 지배하에 두면서 그 물건의 원상을 유지하는 행위이다.[2] 창고업자의 보관행위는 개념상 목적물을 창고라는 공간 내의 일정한 곳에 갖다 놓는 행위와 그 물건의 원상을 유지하는 행위의 둘로 나누어질 수 있다. 전

---

1) Baumbach/Duden/Hopt, a.a.O., §416 Anm. 3.
2) MünchKomm-Hüffer, §688 Rdnr. 10.

자를 입고(入庫: Einlagerung), 후자를 현상보존(Aufbewahrung)이라 할 수 있을 것이다.[3]

Ⅲ. 상 인 성

창고업자는 입고물의 보관을 영업으로 하는 자이다. 즉 창고업자는 상법 제 46조 14호상의 행위(임치의 인수)를 영업으로 하는 자로서 당연상인이다($^상_4$).

제 2 관 창고업자의 의무

Ⅰ. 임치물의 보관의무

창고업자는 선량한 관리자의 주의로 任置目的物을 保管하여야 한다($^상_{62}$). 원래 임치인과 창고업자간에는 창고임치계약(Lagervertrag)이 성립되고 그 법적 성질은 민법상의 임치계약이라 할 수 있다. 민법상의 임치에서 무상수치인은 자기 재산과 동일한 주의만 기울이면 되지만($^민_{695}$), 상법상의 창고업자는 상인으로서 그 영업범위 내에서 물건의 임치를 받은 자이므로 보수를 받지 않은 때에도 선량한 관리자의 주의를 다하여야 한다($^상_{62}$).

Ⅱ. 임치물의 조사·적취·보존행위의 허용의무

임치인 또는 창고증권의 소지인은 영업시간 내에는 언제든지 창고업자에 대하여 임치물의 검사 또는 견품의 摘取를 요구하거나 그 보존에 필요한 처분을 할 수 있다($^상_{161}$).

Ⅲ. 임치물의 훼손 또는 하자의 통지의무

창고업자가 임치목적물을 인도받은 후 그 물건의 훼손이나 하자를 발견하거나 부패할 염려가 있는 때에는 지체없이 임치인에게 그 통지를 발송하여야

---

3) Baumbach/Duden/Hopt, a.a.O., §416 Anm. 1 A.

한다($\substack{\text{상} 168 \\ 108 \text{ I}}$). 이 경우 임치인의 지시를 받을 수 없거나 그 지시가 지연되는 때에는 창고업자는 임치인의 이익을 위하여 적당한 처분을 할 수 있다($\substack{\text{상} 168 \\ 108 \text{ II}}$). 상법 제168조는 제108조를 제한없이 준용하는 문언을 취하고 있지만 상법 제108조 1항상의 "가격저락의 商況을 안 때"까지 이에 대한 통지의무와 처분의무를 부여하기는 어렵다고 본다. 이는 위탁매매인의 경우에는 적절한 의무이다. 위탁매매인은 어차피 위탁받은 대상이 목적물의 위탁매매이기 때문이다. 그러나 단지 창고임치만을 채무의 내용으로 하는 창고업자의 경우 임치물의 가격저락시 이를 통지하거나 그 처분을 창고임치계약상 요구하는 것은 기대가능하지 않다. 국내 통설은 제168조가 제108조를 제한없이 준용하는 것을 입법론적으로 비판하고 있으나 어차피 제168조는 제108조를 '준용'하는 것이므로 창고계약의 본질이나 취지에 합당한 부분만이 그 준용대상이 될 것이다. 또는 합목적적 축소해석을 통하여 그 준용범위를 합리적으로 조절하는 것도 얼마든지 가능할 것이다.

Ⅳ. 손해배상책임($\substack{\text{상} \\ 160}$)

1. 책임발생원인

창고업자는 자기 또는 사용인이 임치물의 보관에 관하여 주의를 해태하지 아니하였음을 증명하지 아니하면 임치물의 멸실 또는 훼손에 대하여 손해를 배상할 책임을 면하지 못한다($\substack{\text{상} \\ 160}$). 상법은 운송인이나 운송주선인의 손해배상책임과 매우 유사한 형태로 창고업자의 손해배상책임을 규정하고 있다.

그 책임발생원인을 보면 임치물의 보관에 관한 주의의무해태(Sorgfaltspflichtverletzung)이다. 그리고 이러한 객관적 주의의무해태에 대하여 임치인이나 그 사용인의 주관적인 과책(Verschulden)이 요구된다. 운송인의 경우와 마찬가지로 창고업자도 자신의 고의나 과실뿐만 아니라 이행보조자의 과실에 대하여도 손해배상책임을 진다.

배상의무를 발생시키는 손해는 임치목적물의 멸실 또는 훼손이다. 멸실 또는 훼손손해 이외의 것에 대해서는 일반 민법의 규정에 따라 처리할 수밖에 없을 것이다($\substack{\text{민} 390, \ 391, \\ 393}$). 예컨대 창고증권의 발급이 늦어 목적물의 처분이 제때에 이루어지지 못한 경우 등이다.

2. 입증책임

창고업자가 자신 또는 사용인의 무과실을 입증하여야 한다.

대구고법 2012. 8. 22, 2012나359

"감자보관계약에 의하여 감자를 보관하는 창고업자는 자기 또는 사용인이 임치물인 감자의 보관에 관하여 선량한 관리자의 주의의무를 다하였음을 주장, 입증하지 못하는한, 상법 제160조에 따라 감자에 발생한 흑색 심부병으로 인하여 보관자가 입은 손해를 배상할 책임이 있다. 다만 보관자의 과실이나 감자의 특성 또한 손해의 발생및 확대에 기여하였다고 보이므로, 손해의 공평 부담의 원칙상 이러한 사정을 고려하여 창고업자의 배상책임을 50%로 제한하기로 한다."

3. 배 상 액

(1) 상법 제137조의 준용가능성(소극)

창고업자에 대해서는 상법 제137조와 같은 규정이 없다. 이러한 정액배상주의는 운송인에게만 특유한 것이었다. 즉 상법은 운송기업주체의 특성을 고려하여 민법 제393조를 배제시키고 정액배상주의를 운송업에 도입한 것이다. 창고업의 경우에는 이렇게 책임을 원칙적으로 제한시켜야 할 이유가 없다. 일정한 장소에 목적물을 입고시킨 후 그 경제적 가치를 보존하는 행위는 목적물의 장소적 이동을 급부대상으로 하는 운송업과는 비교가 되지 않기 때문이다. 따라서 상법 제153조(공중접객업자의 고가물에 관한 책임)나 제137조(육상운송인의 정액배상주의)를 창고업자에게도 준용시켜야 한다는 학설[4]에는 동조할 수 없다. 운송주선인의 경우에는 개입권의 행사나 개입의 의제 등으로 그 법적 지위가 운송인과 매우 가까워진다. 또한 운송주선업과 운송업을 겸영하는 상인도 많다. 따라서 운송주선인의 경우에는 상법 제124조의 규정에도 불구하고 상법 제137조를 준용시킬 필요가 있다고 본다. 독일상법은 심지어 중량 킬로그램당 책임을 제한시키는 운송인의 책임제한 규정을 운송주선인에게도 준용시키고 있다(1998년 7월 1일부로 개정된 독일상법 461 참조). 그러나 창고업자에게는 이러한 규정은 준용되지 않는다.[5] 어찌 본다면 운송인이나 창고업자나 모두 상품유통의 보조영업자라고 할 수

---

4) 최・김, 404면; 김성태, 705면.
5) 落合・大塚・山下, 266면; 송옥렬, 209면; 최준선, 423; 정동윤, 298면.

있다. 창고증권이나 화물상환증은 그 법적 성질도 비슷하다. 그러나 영업의 본질에서 나타나는 위험도 면에서는 현격한 차이가 있다. 한쪽은 상품의 이동상태를 책임지나 다른 한쪽은 이들의 정지상태를 책임지기 때문이다.

(2) 약관에 의한 책임제한 가능성

물론 상법 제160조가 강행규정은 아니다. 따라서 당사자간에 이와 다른 규정을 두어 책임의 면제나 감경을 꾀하는 것은 가능할 것이다. 특히 보험제도를 통하여 임치목적물에 대한 손해를 적절히 분산시키는 것은 창고임치료의 합리적 조절면에서도 바람직하다고 본다. 따라서 어느 정도 임치목적물에 대한 위험을 종별로 객관화시킬 수 있다면 약관조항으로 합리적인 책임제한을 꾀할 수 있을 것이다.

(3) 과실상계법리의 적용례

판례에 의하면 민법 제396조상 과실상계의 법리를 적용하여 창고업자의 손해배상책임을 감경한 예가 있다.

> **대구고법 2012. 8. 22, 2012나359**
>
> "감자보관계약에 의하여 감자를 보관하는 창고업자는 자기 또는 사용인이 임치물인 감자의 보관에 관하여 선량한 관리자의 주의의무를 다하였음을 주장, 입증하지 못하는 한, 상법 제160조에 따라 감자에 발생한 흑색 심부병으로 인하여 보관자가 입은 손해를 배상할 책임이 있다. 다만 보관자의 과실이나 감자의 특성 또한 손해의 발생 및 확대에 기여하였다고 보이므로, 손해의 공평 부담의 원칙상 이러한 사정을 고려하여 창고업자의 배상책임을 50%로 제한하기로 한다."

4. 불법행위책임과의 관계

창고업자의 손해배상책임의 경우에도 상법 제160조는 창고계약에 기한 채무불이행책임이기 때문에 이와 동시에 발생할 가능성이 있는 불법행위책임과의 관계가 문제시된다. 이에 대해서도 청구권경합설과 법조경합설의 대립을 상상할 수 있으나 임치인의 보호에 더 충실할 수 있는 청구권경합설을 따라야 할 것이다. 이렇게 본다면 입증책임이나 소멸시효면에서 서로 상이한 두 청구권의 병존을 인정할 수 있을 것이다.[6] 그러나 손해배상책임의 범위면에서는 차이가

---

6) 즉, 상법 제160조상의 책임은 창고업자가 스스로 무과실의 입증을 부담하나 불법행위책임에서는 창고임치인이 창고업자의 과실을 입증하여야 한다. 소멸시효면에서도 계약적 책임은 상법 제166조 1항에 따라 출고일로부터 1년이나 불법행위책임은 민법 제766조에 따라 손해 및 가해자를 안 날로부터 3년, 불

생기지 않을 것이다($_{763}^{민.393.}$). 물론 창고약관으로 창고업자의 손해배상책임을 합리적으로 감경하는 경우 그러한 책임면제나 배상액제한약관이 유효하다면 이러한 책임제한은 불법행위책임에도 적용시키는 것이 타당하다고 본다. 보험제도를 통하여 책임을 분산시키는 등 합리적 책임제한을 당사자가 모색하였다면 이러한 당사자들의 의사는 고려되어야 할 것이기 때문이다(제한된 청구권경합의 입장).

5. 책임의 소멸

창고업자의 책임은 특별소멸사유와 시효기간의 도래로 소멸된다($_{상\ 166}^{상\ 168,\ 146:}$).

(1) 책임의 특별소멸사유

창고임치인이나 창고증권의 소지인이 유보없이 임치물을 수령하고 보관료를 지급한 때에는 창고업자의 책임은 소멸한다($_{1문}^{상\ 168,\ 146}$). 그러나 임치물에 즉시 발견할 수 없는 훼손 또는 일부멸실이 있는 경우에 임치물을 수령한 날로부터 2주간 내에 창고업자에게 그 통지를 발송한 때에는 소멸하지 않는다($_{2문}^{상\ 168,\ 146}$). 물론 창고업자나 그 사용인이 악의인 경우에는 적용되지 않는다($_{146\ II}^{상.168.}$).

(2) 시 효

임치물의 멸실 또는 훼손으로 인하여 생긴 창고업자의 책임은 그 물건을 출고한 날로부터 1년이 경과하면 소멸시효가 완성한다($^{상\ 166}$).[7] 이러한 단기시효는 창고업자나 그 사용인이 악의인 경우에는 적용되지 않으며($^{상\ 166}$), 임치목적물이 전부멸실한 경우에는 임치인과 알고 있는 창고증권소지인에게 그 멸실의 통지를 발송한 날로부터 시효기간이 기산된다($^{상\ 166}$).

대판 1978. 9. 26, 78다1376 [보관물품반환]

"창고업자가 임치물을 반환받을 정당한 권리자가 아닌 자에게 임치물을 인도함으로써 정당한 권리자가 그의 반환을 받지 못하게 된 경우에도 상법 제166조의 멸실에 해당하여 1년의 경과로 창고업자의 책임은 시효소멸하지만 이 경우에 창고업자 또는 그 사용인이 악의가 아니었다는 점을 입증하지 못하면 책임을 면할 수 없다."

법행위일로부터 10년의 시효를 갖게 될 것이다.

7) 대판 2004. 2. 13, 2001다75318: "상법 제166조 소정의 창고업자의 책임에 관한 단기소멸시효는 창고업자의 계약상대방인 임치인의 청구에만 적용되며 임치물이 타인 소유의 물건인 경우에 소유권자인 타인의 청구에는 적용되지 아니한다."

V. 창고증권교부의무

1. 창고증권의 의의

倉庫證券(Lagerschein)이란 창고업자에 대한 임치목적물의 반환청구권을 화체하는 유가증권이다. 창고증권이 발행됨으로써 임치인은 보관중인 임치물에 대하여 손쉽게 이를 양수인에게 양도할 수 있다. 이는 유형재화의 전환을 매개하는 상품유통구조에서 필수적으로 이용되는 유가증권이라고 할 수 있다.

2. 법적 성질

창고증권의 법적 성질은 화물상환증이나 선하증권과 거의 같다. 그리하여 상환증권성, 당연한 지시증권성, 문언증권성, 처분증권성 및 인도증권성을 갖는다($\frac{상.157,}{129\text{-}133}$).

3. 창고증권에 대한 입법주의

이에는 다음과 같은 세 가지 입법주의가 있다. 첫째 ① 단권주의(單券主義)는 單券의 창고증권으로 소유권이전이나 질권설정 등이 모두 가능한 입법주의로서 우리나라, 미국, 독일, 네덜란드, 스페인 등에서 취하고 있다. 둘째는 ② 복권주의(復券主義)로서 창고업자는 예탁증권(양도용 증권)과 입질증권(담보용 증권)을 따로 발행하여 임치인은 우선 입질증권으로 금융의 편의를 얻을 수 있는 장점이 있다. 그러나 법률관계가 복잡해질 수 있다는 단점도 있다. 프랑스, 이탈리아, 벨기에 등이 이를 취하고 있다고 한다. 끝으로 ③ 병용주의에서는 단권주의와 복권주의를 모두 인정하여 임치인의 선택에 맡기고 있는 바 일본상법의 입법주의라 한다($\frac{日商\ 598,}{627}$).[8] 우리 상법은 기술한 대로 단권주의를 취하고 있다.

4. 창고증권의 발행

창고증권은 임치인의 청구로 창고업자가 제156조 2항상의 내용을 기재하고

---

8) 落合誠一·大塚龍觀·山下友信, 商法 I, 5판, 259면.

기명날인 또는 서명함으로써 발행된다. 제156조 2항상의 기재사항은 필요적 기재사항이긴 하지만 어음이나 수표에서처럼 엄격하지는 않다. 나아가 이러한 필요적 기재사항 이외에도 여러 가지 임의적 기재사항이 기재될 수 있다.

5. 창고증권의 효력

창고증권의 채권적, 물권적 효력 및 창고업자의 창고증권소지인에 대한 항변가능성에 대해서는 화물상환증에서 논의된 것들이 참고될 수 있다.

Ⅵ. 임치목적물의 반환의무

창고임치계약이 종료하면 창고업자는 임치인의 청구로 임치물을 반환하여야 한다. 창고증권이 발행된 경우에는 증권과 상환으로만 임치목적물을 반환하여야 한다($\frac{상}{129}$157.). 반환청구권양도의 방식($\frac{민}{190}$)으로 임치목적물반환청구권이 양도된 경우에는 창고업자에 대한 대항요건을 갖추어야 하므로 통지된 양수인에게 반환하면 될 것이다.

제 3 관 창고업자의 권리

Ⅰ. 보관료 및 비용상환청구권

창고업자는 임치물의 출고시 보관료 기타의 비용과 체당금의 지급을 청구할 수 있다($\frac{상}{}$162). 그러나 보관기간경과 후에는 출고 전에도 그 청구가 가능하다. 一部出庫시에는 상기 금액의 비율에 따른 지급청구권이 발생한다($\frac{상}{}$162). 보관료청구권의 시효기간은 출고일로부터 1년이다($\frac{상}{167}$).

Ⅱ. 유 치 권

상법은 창고업자에 대해서는 유치권에 관한 별도의 규정을 두고 있지 않다. 즉 운송인, 운송주선인 또는 대리상에서와 다르다. 따라서 창고업자는 상법 제58조상의 일반상사유치권이나 민법 제320조의 민사유치권을 행사할 수 있을 것이다. 이를 배제하는 약관조항은 무효이다.

대판 2009. 12. 10, 2009다61803(본소), 2009다61810(반소) [유치권배제약관의 무효확인]

"약관의 규제에 관한 법률은 제6조 제1항에서 "신의성실의 원칙에 반하여 공정을 잃은 약관조항은 무효이다"라고 규정하고, 제11조에서 "고객의 권익에 관하여 정하고 있는 약관의 내용 중 다음 각 호의 1에 해당되는 내용을 정하고 있는 조항은 이를 무효로 한다"고 규정하면서 그 제1호에 '법률의 규정에 의한 고객의 항변권, 상계권 등의 권리를 상당한 이유 없이 배제 또는 제한하는 조항'을 들고 있다. 따라서 공평의 관점에서 창고업자에게 인정되는 권리인 유치권의 행사를 상당한 이유 없이 배제하는 내용의 약관 조항은 고객에게 부당하게 불리하고 신의성실의 원칙에 반하여 공정을 잃은 것으로서 무효라고 보아야 한다.

원심이 적법하게 인정한 사실관계와 기록에 의하면, ① 원고(반소피고, 이하 '원고'라 한다)는 소외인에게 26,000,000원을 대여하면서 냉동 갈치 850박스(이하 '이 사건 냉동갈치'라 한다)에 관하여 담보한도액을 34,000,000원으로 하는 양도담보계약(한정근담보)을 체결한 사실, ② 소외인은 창고업자인 피고(반소원고, 이하 '피고'라 한다)와 이 사건 냉동갈치에 관하여 임치계약을 체결한 사실, ③ 원고는 위 양도담보권의 실효성을 확보하기 위하여 소외인 및 피고로부터 확약서를 제출받았는데, 그 확약서의 '라'항(이하 '이 사건 조항'이라 한다)에 의하면 "창고주(담보물 보관자)는 원고(채권자)가 담보물 임의처분 또는 법적 조치 등 어떠한 방법의 담보물 환가와 채무변제 충당시에도 유치권 등과 관련된 우선변제권을 제기할 수 없다"는 문구가 부동문자로 인쇄되어 있는 사실, ④ 원고는 냉동 수산물에 관하여 양도담보를 설정한 후 대출을 실행할 경우 화물보관자인 창고업자로부터 2종류의 확약서를 제출받는데, 대출가능금액에서 6개월간의 보관료를 공제한 나머지 금액을 대출금액으로 산정하여 대출할 경우에는 '유치권 행사를 허용'하는 내용이 들어 있는 확약서 양식을 사용하고, 대출가능금액 전액을 대출금액으로 산정하여 대출할 경우에는 '유치권 행사를 배제'하는 내용이 들어 있는 확약서 양식을 사용하여 온 사실, ⑤ 피고를 포함하여 법정에 증인으로 나온 창고업자는 유치권 행사를 배제하는 내용이 확약서에 들어있었음을 명확히 인식하였다면 이를 금융기관에 제출하지 않았을 것이라고 주장하고 있는 등 약관이 아니라 개별약정이었다면 유치권 배제 합의가 이루어지지 않았을 개연성이 보이는 점, ⑥ 한편, 이 사건 조항에서 유치권 행사를 배제하는 이유는 원고의 양도담보권 실행에 있어서 일방적으로 우선적 지위를 보장받기 위한 것으로 보일 뿐, 달리 '상당한 이유'를 발견하기 어려운 점 등을 알 수 있다.

위와 같은 사실 또는 사정을 앞서 본 법리에 비추어 보면, 이 사건 조항은 창고업자(피고)가 보관료 징수 등을 위하여 공평의 관점에서 보유하는 권리인 유치권의 행사를 상당한 이유 없이 배제하고 일방적으로 양도담보권자인 금융기관(원고)의 담보권실행에 유리한 내용의 약관 조항으로서, 고객에게 부당하게 불리하고 신의성실의 원칙에 반하여 공정을 잃은 것으로서 무효라고 할 것이다.

그럼에도 불구하고 이 사건 조항이 불공정한 조항으로 무효라는 피고의 주장에 대하여, 위 조항이 예문에 불과하다고 인정하기에 부족하다는 이유만으로 이를 배척한 원심의 판단에는 약관의 규제에 관한 법률에 정한 불공정한 약관에 대한 법리오해 또는 심리미진으로 판결에 영향을 미친 위법이 있고, 이를 지적하는 상고이유의 주장은 이유 있다."

Ⅲ. 공탁·경매권($\substack{상 165, \\ 67}$)

임치인 또는 창고증권의 소지인이 임치물의 수령을 거부하거나 수령이 불가한 때에는 창고업자는 상법 제67조 1항 및 2항의 규정에 따라 이를 공탁 또는 경매할 수 있다.

Ⅳ. 손해배상청구권

창고업자도 임치물의 성질 또는 하자로 인한 손해가 발생하였을 때에는 이에 대한 손해배상청구가 가능하다($\substack{민 \\ 697}$).

Ⅴ. 시 효

창고업자의 임치인 또는 창고증권소지인에 대한 채권은 그 물건을 출고한 날로부터 1년간 행사하지 않으면 시효가 완성한다($\substack{상 \\ 167}$).

제 5 절 공중접객업

제 1 관 의   의

I. 개념요건

극장, 여관, 음식점 그 밖의 공중이 이용하는 시설에 의한 거래를 영업으로
하는 자를 公衆接客業者라 한다(商151). 이를 分說하면 다음과 같다.

1. 공중이 이용하는 시설

첫째 공중접객업자는 "공중이 이용하는 施設에 의한 거래"를 하는 자이다.
'공중이 이용하는 施設'이라 함은 不特定多數人이 集來하여 利用하기에 적합한
人的・物的 시설을 뜻한다.[1] 이에는 상법이 예시하고 있는 극장・여관・음식점
이외에도 이발소・미장원・다방・당구장・목욕탕・골프장[2] 등이 포함될 수 있
다.[3]

2. 그 시설에 의한 거래

(1) 그 시설에 '의한' 거래

이러한 '시설에 의한 거래'라 함은 그 시설에서 契約의 履行이 이루어지는
去來를 뜻한다.[4] 상법 제151조상의 '시설에 의한 거래'를 어떻게 새길 것인가에
대해서는 다음과 같은 두 가지 학설의 대립이 있다. 하나는 설비이용설(設備利用
說)로서 이 입장은 공중의 집래에 적합한 설비를 갖추어 놓고 이를 객에게 이
용시키는 자가 공중접객업자라고 한다(국내의 과거통설).[5] 이 입장은 객의 설비

---

1) 이・최, 560면; 최・김, 392면.
2) 최준선, 412면; 김홍기, 247면; 서울민사지방법원 1991. 3. 20, 90나24290.
3) 일본에서도 골프장을 '공중이 이용하는 시설'에 해당한다고 본 판례가 있다(名古屋地判, 昭和 59年
6月 29日, 判例 タイムズ 531号, 176頁).
4) 대판 1992. 10. 9, 92도361; "단순히 茶類나 우유 기타의 음료수를 판매하는 시설을 갖추고 이를 판
매하는 것만으로는 다방영업을 하였다고 할 수 없으며, 이러한 판매시설 이외에 고객들이 위 茶類 등을
마시면서 휴식을 취할 수 있는 客席을 갖춘 경우에 한하여 다방영업을 하였다고 할 수 있을 것이다."; 정
동윤, 304-305면; 이기수 外, 상법총칙・상행위법, 7판, 2010년, 544면.

이용의 측면을 중시하고 있다. 다른 하나는 수요행위설(需要行爲說)로서 이는 객의 집래에 적합한 시설을 갖추어 놓고 집래하는 객의 수요에 응하는 자가 공중접객업자라 한다(일본).⁶ 이 입장은 객에 의한 설비이용의 측면은 중시하지 않는 견해이다. 가령 이발소나 미장원 같은 경우 공중접객업자와 객간의 거래는 객에 의한 설비이용의 측면보다는 객의 수요에 응하는 데에 重點이 놓인다고 할 수도 있을 것이다. 반면 당구장이나 목욕탕 같은 경우에는 객에 의한 시설이용이 더 특징적이다. 그러나 어떠한 경우든 공중접객업자는 자신이 제공하는 시설 내에서 객을 만족시키는 자이므로 설비라는 공간적 요소는 불가결의 개념요소가 된다. 따라서 양설 중 어느 하나에 의하여 결론을 내릴 것이 아니라 상호보완적으로 결합시켜 이해하면 될 것이다. 공중접객업의 특성은 설비라는 공간적 요소와 이와 연계된 영업자의 급부행위가 합쳐진 가운데 나타나기 때문이다. 결론적으로 상법 제151조에서 말하는 '시설에 의한 거래'란 客의 集來를 위한 시설에서 契約의 履行이 이루어지는 去來로 새기면 될 것이다.

(2) 거래의 법적 성질

공중접객업자와 객간에 체결되는 거래의 법적 성질은 영업에 따라 천차만별이므로 통일적 설명은 불가능하다. 예컨대 우리가 음식점을 이용할 때를 생각해보자. 食事契約(Speisevertrag)은 대표적인 混合契約(kombinierter Vertrag)이다. 이 계약에는 우선 제공되는 음식물의 매매, 식사장소의 제공을 위한 임대차 그리고 종업원에 의한 노무제공의 다양한 요소가 결합되어 있다. 그러나 기존 전형계약의 어느 한 형태일 때도 있다. 예컨대 宿泊契約(Beherbergungsvertrag)은 客室제공과 이에 대한 대가지급을 내용으로 하는 賃貸借契約이다. 물론 추가로 아침을 제공해 준다면 혼합계약적 성격을 갖게 될 것이다. 공중접객업자와 객간의 거래가 이렇게 다양성을 띠므로 법적용면에서도 다양성이 나타날 수밖에 없다. 당사자간의 계약을 해석하여 기존 典型契約 중 어느 하나에 해당되면 민법이나 상법전상의 조문을 적용하면 될 것이지만, 그렇지 못할 때에는 해당 거래에 가장 가까운 성문규정을 유추해 보고 또 그런 가능성도 없다면 상관습과 신의칙도 고려해야 할 것이다.

그러나 법적용면에서 중요한 것은 어떤 형태의 계약이건 공중접객업의 특

---

5) 서돈각, 제3전정 상법강의(상), 1985년, 238면: 정희철, 상법학(상), 1989년, 246면.

6) 大隅, 商行爲法, 168면: 神崎, 商行爲 I, 20면.

성이 고려되어야 한다는 것이다. 그 특성이란 위에서도 언급하였듯이 시설이라는 공간제공과 관련되어 있다. 공중접객업자는 객과 체결한 계약을 해당 施設 內에서 履行한다. 따라서 공중접객업자는 채무이행의 공간에 대하여는 객보다 훨씬 더 잘 認知하고 있다고 보아야 한다. 자신이 제공한 시설 내에서 채무의 이행이 이루어지는 점에서 주의의무의 정도도 그만큼 높아져야 할 것이다. 이 것이 여타의 日常去來와 다른 점이다.[7]

대판 2010. 10. 14, 2009다67313

"법률행위의 해석은 당사자가 그 표시행위에 부여한 객관적인 의미를 명백하게 확정하는 것으로서, 사용된 문언에만 구애받는 것은 아니지만, 어디까지나 당사자 의 내심의 의사가 어떤지에 관계없이 그 문언의 내용에 의하여 당사자가 그 표시 행위에 부여한 객관적 의미를 합리적으로 해석하여야 하는 것이고, 당사자가 표시 한 문언에 의하여 그 객관적인 의미가 명확하게 드러나지 않는 경우에는 그 문언 의 형식과 내용, 그 법률행위가 이루어진 동기 및 경위, 당사자가 그 법률행위에 의 하여 달성하려는 목적과 진정한 의사, 거래의 관행 등을 종합적으로 고려하여 사회 정의와 형평의 이념에 맞도록 논리와 경험의 법칙, 그리고 사회일반의 상식과 거래 의 통념에 따라 합리적으로 해석하여야 한다(대법원 2009. 5. 14. 선고 2008다90095, 90101 판결, 대법원 2010. 7. 8. 선고 2010다9597 판결 등 참조). 이러 한 법리는 비전형의 혼합계약의 해석에도 적용된다고 할 것인데, 비전형의 혼합계약에서 는 다수의 전형계약의 요소들이 양립하면서 각자 그에 상응하는 법적 효력이 부여될 수 있으므로, 당사자가 그 표시행위에 부여한 객관적인 의미를 있는 그대로 확정하는 것이 필요하다."

3. 영 업 성

공중접객업자는 상기의 거래를 영업으로 하여야 한다. 공중접객업자는 객의 집래를 위한 시설에 의한 거래를 자기명의로 또 영업으로 하므로 당연상인이 다(상법 제4조, 제46조 9호).

Ⅱ. 공중접객업에 대한 법적 규제

공중접객업은 불특정다수인을 상대로 특정시설을 통하여 이루어지는 영업 이므로 일반공중에 대한 영향력이 매우 크다. 따라서 공중접객업에 대하여는

---

7) 대판 1994. 1. 28, 93다43590(객실제공에 있어서도 일반 임대차와 달리 고객에게 안전하고 편안한 객 실을 제공하여 객의 안전을 배려해야 하며 이를 위한 高度의 注意義務가 있다고 판시함).

다양한 법적 규제가 불가피하다. 물론 상법은 제152조 이하에서 *私法上의 責任*
規定을 두고 있지만, 공중접객업에 대해서는 여러 가지 *公法的* 규제가 이루어
지고 있다. 이를 위한 대표적인 행정법규로는 공중위생관리법($\frac{1999년, 법률}{제5839호}$)이 있다.

제 2 관 공중접객업자의 책임

‖**사례 1: 사라진 소나타**‖ A는 1990년 2월 5일 23시 40분경 B가 경영하는 국
화장여관에 투숙하면서 위 여관 건물 건너 정면 길(노폭 6m) 건너편에 있는 주차
장에 그 소유의 소나타승용차를 주차시켜 놓았다. 그런데 이 주차장은 A가 이 여
관의 부대시설의 하나로 설치한 것으로서 그 출입구가 위 여관의 계산대에서 마주
볼 수 있는 위치에 있기는 하나 시정장치가 부착된 출입문도 없고 도난방지를 위
한 특별한 시설을 하지 아니한 채 그 입구에 "국화장주차장"이라는 간판을 세운
정도이다. 주차장의 외곽은 천으로 된 망을 쳐놓고 차를 세울 부분에 비와 눈에 대
비한 지붕을 설치하여 만든 것에 불과한 것이고, 위 주차장에 주차된 차량을 경비
하는 일을 하는 종업원이 따로 있지도 않았다. 그러나 A는 투숙할 때 여관종업원
에게 주차사실을 알리지 않았다. 문제의 자동차는 투숙중 도난당하였다. 그후 A는
C보험회사로부터 도난차량에 대한 보험금을 지급받았다. A에게 보험금을 지급한
C는 여관측을 상대로 보험자대위권을 행사하고 있다. 이 청구주장을 검토하시오.

‖**사례 2**‖ A호텔에 투숙한 고객 甲은 동 호텔 내의 사우나 탕에서 목욕을 하
고 나오면서 옷보관함 속에 둔 고가의 다이아몬드반지(금액 500만원 상당)를 분실
하였음을 알게 되었다. 갑은 그 직후 호텔주차장에 둔 자동차도 도난당하였음을 알
게 되었다. 이 경우 A호텔은 갑에 대하여 어떤 법적 책임을 부담하는가에 대하여
논하시오(제41회 사법시험, 상법 제1문).

Ⅰ. 임치를 받은 물건에 대한 책임($^{상 152}$)

공중접객업자는 자기 또는 그 사용인이 고객으로부터 임치받은 물건의 보
관에 관하여 주의를 게을리하지 아니하였음을 증명하지 아니하면 그 물건의
멸실 또는 훼손으로 인한 손해를 배상할 책임이 있다($^{상 152}$).

1. 책임의 법적 성격

상법 제152조 1항의 문언은 본래 무과실 결과책임으로 되어 있었다("…불가

항력으로 인함을 증명하지 않으면 손해배상책임을 면치 못한다"). 그러나 이 규정은
2010년의 상법개정으로 위와 같이 바뀌었다. 유럽에서는 고래(古來)로 선주(船
主), 역사(驛舍), 여관(旅館) 등의 직업층에 대한 신뢰부족과 잦은 분쟁으로 로
마법 이래 레셉툼책임(Receptumhaftung)을 부과해왔다. 이는 무과실 결과책임
으로 근대 사법의 기본원칙인 과실책임주의에 반하는 것이었으나 우리나라나
일본에서도 서구법의 계수과정에서 그대로 시행되었고 또 그 전통을 그대로
이어왔다. 아직도 일본 상법은 이러한 레셉툼책임의 원칙을 그대로 고수하고
있다(일본상법
596조참조).[8] 개정전 상법 제152조 1항은 무상수치인(無償受置人)의 주의의무
(민
695)뿐만 아니라 상인의 임치물에 대한 주의의무(상
62)보다도 한층 강화된 주의
의무를 공중접객업자에게 부과하고 있었다. 2010년의 상법개정 과정에서는 이
러한 책임정도가 과도하다고 보아 이를 과실책임주의로 바꾸었다. 즉 국가의
경찰력이 희박한 고대 로마시대의 레셉툼 책임을 현대 사회에서 그대로 존치
시킬 이유가 없으며, 영미 등 커먼로 국가에서도 판례법으로 인정되던 레셉툼
책임을 성문입법으로 희석시키고 있다는 것이 그 이유이다.[9]

공중접객업자 중 숙박업자에게도 개정법을 적용할 것인가?

이러한 개정 상법 제152조 1항의 개정취지에 대해서는 수긍이 가는 부분도 있지
만 적어도 숙박업자에 대해서는 개정법의 내용에 확신이 가지 않는다. 우선 다른
나라들의 입법례가 그러하다. 독일 민법은 임치 여부를 기준으로 차이를 두지는 않
지만 객에 의해서 반입된 물건 모두에 대하여 엄격책임을 부과하면서 이와 병행하
여 책임제한제도를 시행하고 있다(독일민법
701). 숙박업자나 사용인의 과실이 있었을 경
우에는 책임제한을 허용하지 않는다(독일민법
702). 다만 물품의 손해가 불가항력, 임치
물의 하자, 자연소모 또는 객의 과실로 인한 때에는 숙박업자의 책임을 면제시킨다
(독일민법
701 Ⅲ).[10] 프랑스 민법은 숙박업자나 운송인에 대해 여전히 엄격책임을 부과한
다(프랑스민법
1953). 일본 상법 역시 위에서 보았듯이 객의 임치물에 대해서는 불가항력의
경우에만 숙박업자의 책임을 면제한다(일본상법
596). 대륙법계 국가 모두에서 적어도 숙
박업(Gastwirt)에 대해서 만큼은 객의 임치물에 대해 레셉툼책임의 원칙을 고수하
고 있는 것이다. 그 이유에 대해서는 여러 가지 논의가 있을 수 있겠지만 적어도
다음과 같은 정황을 고려해야 할 것이다.

---

8) 이 조문의 내용은 사실상 2010년 개정전 우리 상법 제152조와 같다.
9) 신현윤 감수, 상법총칙·상행위법 해설, 법무부 상법 해설서 시리즈 Ⅰ, (2010년 개정내용), 법무부,
2012년 4월, 76-77면 참조.
10) 신현윤 감수, 상법총칙·상행위법 해설, 법무부 상법 해설서 시리즈 Ⅰ, (2010년 개정내용), 법무부,
2012년 4월, 81면 하단 참조.

첫째는 숙박업의 특수한 상황을 고려하여야 할 것이다.[11] 숙박업의 특성상 호텔이나 여관에서는 객의 교체가 빈번하다. 이러한 상황으로 인하여 객이 어떤 손해를 입더라도 그가 가해자를 특정하여 권리를 실행하기가 어렵다(客의 立證困難).[12] 나아가 어느 손님을 받을 것인지 어떤 직원을 채용할 것인지 등 객의 손해를 최소화할 수 있는 제반 조치는 숙박업자만이 할 수 있는 그의 고유한 권한사항이다. 끝으로 숙박업자의 책임을 이렇게 엄격히 하는 경우 종국적으로는 객에게 여행에의 유인(誘引)을 제공하여 숙박업계의 진흥에도 기여한다는 사실이다.

둘째로 고려해야 할 상황은 객이 여관이나 호텔 등에 투숙하는 경우 수면(睡眠) 중에는 사실상의 가사(假死)상태에 놓인다는 사실이다. 즉 수면시간 중 투숙객의 투숙공간에 대한 지배력은 영(零)으로 수렴한다는 사실을 잊어서는 안될 것이다.[13] 호텔방으로 가기 전에 객은 프론트에서 일정 물건의 보관을 의뢰한다. 이러한 경우라면 명시적으로 임치계약이 성립한다. 그러나 객이 타고온 차량 등은 여러 경우가 있을 수 있다. 그러나 어떤 상황이건 그것이 임치에 해당할 경우에는 호텔 금고에 별도로 맡겨진 귀중품과 다르지 않다. 어쨌든 객이 그후 객실로 들어가 수면상태로 접어드는 순간 어떤 물건이든 해당 임치물에 대해서는 여관주인이나 호텔만이 지배력을 행사한다. 본시 호텔 등에서는 객과 호텔영업자간 호텔 공간에 대한 인지도도 크게 차이가 날 것이다.

개정전 상법이 제152조에서 임치물(상 152)과 휴대물(상 152)으로 나누어 객이 반입한 물건에 대해 공중접객업자의 민사책임을 별도로 규정해 온 데에는 이러한 이유가 도사리고 있었다. 객과 공중접객업자간 숙박공간에 대한 지배력의 차이, 임치물과 휴대물에 있어 해당 물건에 대한 객의 지배정도의 차이 그 차이를 고려하여 입법한 것이 바로 우리 상법 제152조요, 일본 상법 제594조였다. 이제 우리 상법상으로는 임치물이건 휴대물이건 그러한 차이는 사실상 무디어졌다. 입증책임의 주체만 다를 뿐이다. 과연 이러한 결과가 옳은 것인가? 다른 공중접객업자라면 몰라도 호텔 등의 숙박업에 대해서만큼은 상법 제152조 1항의 개정이 타당한 것이었는지 묻지 않을 수 없다. 적어도 숙박업자에 대해서는 현행 상법 제152조 1항을 적용대상에서 제외하는 목적해석이 필요하다고 생각된다. 합목적적 축소해석(合目的的 縮小解釋; teleologische Reduktion)을 제안하는 바이다. 나아가 독일 민법에서처럼 민법 채권편의 전형계약으로 또는 상행위편에 공중접객업자와는 별도로 특칙을 두어 "숙박업자"의 책임규정을 마련하는 것이 바람직할 것으로 생각된다.

---

11) MünchKomm-Hüffer, §701 Rdnr. 1; Hohloch, Grundfälle zur Gastwirthaftung, JuS 1984, 357 f.

12) MünchKomm-Hüffer, §701 Rdnr. 1; 양창수, "投宿客의 自動車 盜難에 대한 宿泊業者의 책임", 「商事判例研究」, 제1권(如松 崔基元敎授華甲/서울대 在職30年紀念論文集), 287면 이하, 특히 295, 296면 참조.

13) 대판 1994. 1. 28, 93다43590("…여관의 객실 및 관련시설, 공간은 오로지 숙박업자의 지배 아래 놓여 있는 것…").

2. 입증책임

상법 제152조 1항의 임치물에서는 공중접객업자가 자기 또는 사용인이 임치물의 보관에 관하여 주의를 게을리 하지 않았음을 증명하여야 한다. 객은 물건의 멸실이나 훼손 사실만 주장하면 된다. 반면 상법 제152조 2항에서는 객이 공중접객업자나 그 사용인의 과실로 멸실 또는 훼손되었음을 입증하여야 한다. 상법 제152조 1항에서는 객의 물건을 공중접객업자가 수치(受置)하였기 때문에 그 점유를 이전받은 상태였고, 반면 제152조 2항에서는 객이 여전히 휴대물에 대한 직접점유를 유지하므로 이러한 차이는 정당화된다.

3. 임치를 받은 물건의 의미

'임치를 받은 물건'의 의미에 대해서는 구체적인 해석이 필요하다. 임치를 받은 물건이 되자면 첫째 공중접객업자와 객간에 임치계약이 성립되어야 하고 나아가 이러한 임치계약에 따라 객이 공중접객업자에게 해당 목적물의 점유를 맡겼어야 한다.[14] 즉 임치계약은 要物契約이 아니라 낙성계약이지만 임치계약상 주급부의무인 임치물의 보관의무는 임치물의 직접점유의 이전으로부터 시작될 것이다. 따라서 임치계약의 성립과 이에 이은 임치물의 점유이전을 '임치받은 물건'의 의미로 새기고자 한다(점유기준설). 이에 대해서 최근 대법원은 다음과 판례를 남겼는데, 이는 바로 위의 의미로 해석할 수 있을 것이다.

대판 1998. 12. 8, 98다37507

"[1] 공중접객업자와 객 사이에 임치관계가 성립하려면 그들 사이에 공중접객업자가 자기의 지배영역 내에 목적물보관의 채무를 부담하기로 하는 명시적 또는 묵시적 합의가 있음을 필요로 한다고 할 것이고, 여관 부설 주차장에 시정장치가 된 추문이 설치되어 있거나 출입을 통제하는 관리인이 배치되어 있는 등 여관측에서 그 주차장에의 출입과 주차시설을 통제하거나 확인할 수 있는 조치가 되어 있다면, 그러한 주차장에 여관투숙객이 주차한 차량에 관하여는 명시적인 위탁의 의사표시가 없어도 여관업자와 투숙객 사이에 임치의 합의가 있는 것으로 볼 수 있다.

[2] 공중접객업자가 이용객 등의 차량을 주차할 수 있는 주차장을 설치하면서 그 주차장에 차량출입을 통제할 시설이나 인원을 따로 두지 않았다면, 그 주차장은 단지 이용객의 편의를 위한 주차장소로 제공된 것에 불과하고, 공중접객업자와 이

---

14) 졸저, 상법사례입문, 제2판, 박영사, 504면.

용객 사이에 통상 그 주차차량에 대한 관리를 공중접객업자에게 맡긴다는 의사까지는 없다고 봄이 상당하므로, 공중접객업자에게 차량시동열쇠를 보관시키는 등의 명시적이거나 묵시적인 방법으로 주차차량의 관리를 맡겼다는 등의 특수한 사정이 없는 한, 공중접객업자에게 선량한 관리자의 주의로써 주차차량을 관리할 책임이 있다고 할 수 없다.”

4. 면책의 게시

상법 제152조는 강행법규는 아니다. 따라서 공중접객업자와 객간의 특약으로 이를 상대화시킬 수 있다. 그러나 객의 휴대물에 대하여 책임을 지지 않는다는 일방적인 免責의 揭示만으로는 면책의 효과가 나타나지 않는다(商 152). 이러한 면책게시는 공중접객업자의 일방적인 고지에 불과한 것으로서 객과 공중접객업자간의 합의를 전제로 한 것이 아니기 때문이다. 물론 이러한 게시문언은 객에 대한 주의촉구 내지 주의환기의 의미로 해석될 수는 있을 것이다. 따라서 면책게시의 경우에 객에 대한 손해배상책임은 과실상계의 법리로 감경될 가능성이 있다.[15]

II. 임치를 받지 않은 물건에 대한 책임

공중접객업자는 객으로부터 임치를 받지 않은 경우에도 그 시설 내에 휴대한 물건이 자기 또는 그 사용인의 과실로 인하여 멸실 또는 훼손된 때에는 그 손해를 배상할 책임이 있다(商 152). 이를 공중접객업자의 휴대물에 대한 책임이라고 한다. 위에서 본 임치물 책임과 달리 객이 공중접객업자 또는 사용인의 과실 나아가 그 과실과 손해간의 인과관계를 입증하여야 한다. 객이 휴대하고 있는 물건에 대해서까지 공중접객업자의 책임을 인정하는 것은 시설관리의 제반 책임이 공중접객업자에게 있기 때문이다. 다만 객이 해당 물건을 관리할 수는 있었기 때문에 제152조 1항과 달리 객에게 입증책임을 부과한다. 이러한 과실책임의 적용전제가 되는 공중접객업자의 주의의무에 대해서는 공중접객업의 특성이 가미되어야 할 것이다.

---

15) 강위두, 340면.

대판 1994. 1. 28, 93다43590

"공중접객업자인 숙박업을 경영하는 자가 투숙객과 체결하는 숙박계약은 숙박업자가 고객에게 숙박을 할 수 있는 객실을 제공하여 고객으로 하여금 이를 사용할 수 있도록 하고 고객으로부터 그 대가를 받는 일종의 일시사용을 위한 임대차계약으로서… 여관의 객실 및 관련시설, 공간은 오로지 숙박업자의 지배 아래 놓여 있는 것이므로 숙박업자는 통상의 임대차와 같이 단순히 여관의 객실 및 관련시설을 제공하여 고객으로 하여금 이를 사용수익하게 할 의무를 부담하는 것에서 한 걸음 더 나아가 고객에게 위험이 없는 안전하고 편안한 객실 및 관련시설을 제공함으로써 고객의 안전을 배려해야 할 보호의무를 부담하며, 이러한 의무는 앞서 본 숙박계약의 특수성을 고려하여 신의칙상 인정되는 부수적인 의무로서 숙박업자가 이를 위반하여 고객의 생명, 신체를 침해하여 동인에게 손해를 입힌 경우 불완전이행으로 인한 채무불이행책임을 부담한다."

상기 판례는 비록 객의 생명이나 신체에 대한 인적 손해를 적시하고 있으나 그 기본취지는 객이 휴대한 물건에 대한 물적 손해에 대해서도 적용된다. 즉 공중접객업자는 자신이 운영하는 공중접객을 위한 공간에 대하여 객과는 비교도 안될 정도로 이를 잘 인지하고 있고, 따라서 그 공간의 지배의 정도가 우월하므로 그의 주의의무의 정도도 일반 채권법상의 그것보다 더 높다고 해야 한다. 가령 잠금장치가 없거나 주차요원을 배치하지 아니한 호텔 부설 주차장 등에 열쇠를 리셉션에 맡김이 없어 주차해 놓은 상태에서 차량을 도난당하였다면 이는 객으로부터 임치받은 물건은 아니지만 적어도 객이 휴대한 물건에 해당할 것이고 이러한 경우 주차공간은 객을 위한 임대공간으로서 이에 대해서도 공중접객업자는 고도의 주의의무가 요구되어 객의 재산상의 손해가 발생하지 않도록 주의하여야 한다. 상법 제152조 2항의 경우에도 동조 제3항의 적용이 있다(단순한 면책게시의 효력부인).

서울민사지방법원 1991. 3. 20, 90나24290
[골프장 측의 일방적인 면책의 게시문언 만으로는 면책의 효력이 없다는 판결]

"골프장이 많은 이용객으로 항시 붐비는 상태인데도 이용객의 소지품 도난을 방지하기 위하여 경비원 수를 늘리거나 현관에 있는 골프가방거치대에 시정장치를 하지 아니한 잘못으로 이용객이 위 거치대에 놓아 둔 골프가방을 도난당하였다면, 위 골프장이 대중골프장(퍼블릭 코스)으로서 일반골프장과 달리 이용객이 보조자(캐디)없이 스스로 운반용 카트를 골프가방을 싣고 다니도록 되어 있고 그 사용요금도 현저히 저렴하며 위 골프장의 현관 등에 골프가방의 보관, 관리는 본인이 하여야 하고 분실시 책임지지 않는다는 안내문을 게시하였다 하더라도, 위 골프장 경영자는 상법 제152조 제2항, 제3항에 따라 위 이용객이 위 골프가방을 도난당함으로써 입게 된 손해를 배상할 책임이 있다."

Ⅲ. 고가물에 대한 책임(상153)

화폐, 유가증권 기타의 高價物에 대하여는 객이 그 종류와 가액을 명시하여 임치하지 아니하면 공중접객업자는 그 물건의 멸실 또는 훼손으로 인한 손해를 배상할 책임이 없다(상153). 이 면책사유는 운송인이나 운송주선인에 관한 상법 제124조나 제136조의 입법정신과 바탕을 같이한다. 고가물에 대한 고지가 있었더라면 공중접객업자는 더 깊은 주의를 기울일 수 있을 것이다. 이러한 사정을 고려한 것이 본조의 입법취지이다. 그리하여 고가물에 대한 告知가 없었던 경우 공중접객업자는 상법 제152조 1항상의 책임뿐만 아니라 동조 제2항상의 책임도 지지 않는다.

Ⅳ. 책임의 시효

공중접객업자의 책임은 공중접객업자가 임치물을 반환하거나 객이 휴대물을 가져간 후 6개월이 경과하면 소멸시효가 완성한다(상154). 이러한 단기시효는 공중접객업자나 그 사용인이 악의인 경우에는 적용되지 않으며(상154), 임치물이 전부멸실한 경우에는 객이 그 시설을 퇴거한 날로부터 시효기간을 기산한다(상154).

Ⅴ. 불법행위책임과의 관계

상법 제152조 내지 제153조의 규정이 있다 하여도 이와 별도로 공중접객업자에게는 불법행위에 기한 손해배상책임이 발생할 수 있다. 운송인이나 창고업자의 책임에서와 마찬가지로 상법 제152조상의 책임과 불법행위책임간에는 청구권경합관계를 인정해야 할 것이다.[16]

---

16) 대판 1965. 2. 23, 64다1724; 대판 1992. 2. 11, 91다21800.

고가물에 대한 告知가 없었던 경우에는 운송인에서와 마찬가지로 불법행위 책임도 지지 않는다고 풀이해야 할 것이다. 고가물에 대한 객의 고지가 있었더라면 공중접객업자는 더 고도의 주의를 기울일 수 있었을 터인데 고지가 이루어지지 않았기 때문에 공중접객업자는 이에 해당하는 기회를 빼앗긴 셈이다. 따라서 청구권경합관계에 놓이는 불법행위책임에 대해서도 이러한 사정을 고려하는 것이 타당할 것이다.

단, 공중접객업자나 그 사용인이 악의인 경우 또는 객의 고지가 없었음에도 불구하고 우연한 사정으로 객의 휴대품이 고가물임을 알게 된 경우에는 예외를 인정해야 할 것이다. 이러한 결과는 상법 제137조 3항, 제797조 제1항 단서 및 제798조 제1항의 유추적용으로도 가능하다고 생각된다.[17]

사례 1의 풀이 ▨▧▨   C의 B에 대한 보험자대위권은 그 내용이 투숙객 A의 국화장여관주인 B에 대한 손해배상청구권이므로 B가 도난당한 소나타승용차에 대해 어떤 책임을 지는지 이것이 문제의 핵이다. 먼저 상법 제152조 1항상의 책임이 성립하려면 B가 객 A로부터 소나타승용차를 임치받았어야 한다. 이러한 요건이 충족되자면 A와 B간에 소나타승용차의 보관을 주급부의무로 하는 임치계약이 성립하여야 하고 그 이행을 위하여 B가 객 A로부터 승용차의 占有를 이전받았어야 한다. 그런데 사안의 내용을 보면 객이 여관주인에게 승용차의 열쇄를 맡긴 적도 없었고 또 주차장의 상태가 入車 및 出車를 통제하는 시정장치나 물리적 시설을 갖추고 있지 못하였고 나아가 별도의 주차요원이 활동하고 있지도 않았다. 이런 점을 감안해보면 소나타승용차의 점유는 투숙중 여전히 객에게 있었다. 결론적으로 상법 제152조 1항상의 책임은 성립하지 않는다.

나아가 상법 제152조 2항상의 책임을 살펴보면 비록 승용차가 B에게 임치된 것은 아니었지만 객이 공중접객시설 내에 휴대한 것이므로 B는 객이 자신의 시설을 이용하는 동안 그 휴대물에 대하여 아무런 해를 입지 않도록 주의를 다하여야 할 것이다. 그러나 B나 그의 사용인들이 이러한 주의를 다하지 못하여 승용차의 도난이라는 휴대물의 상대적 멸실에 이르게 되었다. 따라서 상법 제152조 2항상의 책임은 성립된다. 단, 객으로서도 프론트에 차량열쇄를 맡기거나 주차사실을 고지하는 등 여관측에 주의를 환기하였어야 하나 이에 이르지 못하였으므로 공동과실이 있다고 보지 않을 수 없다. 이러한 A측의 공동과실이 참작되어 손해배상액은 그만큼 줄어들 것이다.

끝으로 B의 책임은 불법행위법상으로도 나타난다. 불특정 다수의 객이 집래하는

---

17) 물론 객의 과실에 대해서는 과실상계의 법리가 도입되어야 할 것이다.

여관이라는 시설을 운영하는 B로서는 객에게 인적·물적 손해가 발생하지 않도록 주의하여야 할 去來安全注意義務(Verkehrssicherungspflicht)가 부과된다. B는 이러한 의무를 해태하여 객이 주차한 승용차가 도난되는 법익침해를 유발하였다. 나아가 이러한 가해행위는 위법, 유책하였고 그 결과 B는 불법행위상으로도 손해배상의무를 부담한다. 다만 상법 제152조 2항의 경우와 마찬가지로 객 자신의 과실을 고려하여 일정비율의 과실상계를 하여야 할 것이다($\frac{민}{396}^{763.}$). 상법 제152조 2항상의 책임과 불법행위상의 책임은 청구권경합관계에 놓인다.

사례 2의 풀이 이에 대해서는 졸고, 제41회 사법시험 2차시험, 상법 제1문 채점평, 고시계, 1999년 12월호, 234-240면 참조.

제 3 장   신종 상행위

제 1 절   금융리스업

I. 리스의 개념

리스(lease)라 함은 광의로는 운용리스(operating lease)와 금융리스(financing lease)를 포괄하나 협의로는 후자만을 지칭한다. 좁은 의미로 리스는 시설대여자가 일정 기간 일정률의 사용료를 받고 특정 설비를 임차인에게 사용수익케 하되 시설이용기간이 만료되면 임차인이 리스대상물의 소유권 취득 여부를 스스로 결정할 수 있는 설비조달방법이다. 상법은 제46조 19호에서 리스를 "기계·시설 기타 재산의 物融에 관한 행위"라고 규정하면서 이를 기본적 상행위의 하나로 다루고 있는데 이 역시 좁은 의미의 리스인 것이다. 상법은 지난 2010년의 개정에서 이러한 협의의 리스, 즉 금융리스를 대상으로 제168조의2부터 제168조의5까지 4개의 조문을 신설하게 되었다. 이하 우리는 협의의 리스, 즉 금융리스만을 고찰의 대상으로 삼기로 한다.

우리나라의 리스산업은 짧은 역사에도 불구하고 성장을 거듭하여 1990년의 리스거래 실적은 미화 6조 8천억달러에 달하여 세계 8위를 기록하고 있으며, 리스를 통하여 조달되는 산업설비는 전체 설비조달액의 16%를 차지하고 있다.[1] 이러한 수치는 리스를 통한 생산설비의 조달방식이 이미 우리 경제에 강하게 안착하였다는 확실한 증거가 되고 있다

---

[1] 리스産業情報, 1992년 6월호, 한국리스협회, 138면 참조.

Ⅱ. 리스계약의 법적 성격[2]

이에 대해서는 다음과 같은 여러 학설이 제기되었다.

1. 임대차계약설[3]

이 입장은 리스거래의 본질을 임대차계약에서 찾으려 한다. 즉 리스의 본질을 임대차거래의 입장에서 조명하여 이를 특수한 임대차의 하나로 구성한다. 이 입장에 의하면 금융리스의 경우에도 리스료지급의 법적 의미는 리스물 이용의 사용대가에 불과하다고 한다. 그러나 이 설은 리스물의 이용측면만 강조하다보니 리스가 갖는 금융기능을 제대로 설명할 수 없다. 나아가 리스와 임대차간에는 결정적인 차이가 있다. 즉 리스물의 위험이전과 유지·보수의무의 분산률이 다르다. 리스기간 중 리스물의 멸실위험을 이용자가 진다든지 유지보수비용을 이용자가 부담하는 것 등은 리스가 단순한 임대차와 전혀 다른 제도임을 보여주고 있는 것이다.

2. 매매계약설[4]

리스제도의 초창기부터 현재까지 꾸준히 주장되는 또 하나의 학설은 매매계약설이다. 이 설은 리스거래의 본질을 사용권매매(Nutzkauf) 또는 소유권유보부 금융매매(finanzierter Abzahlungskauf)로 파악한다. 이 입장은 금융리스에서 발견되는 위험분산이나 급부의무의 배분은 제대로 설명하고 있으나, 다른 한편 금융리스가 갖는 부분적 임대차성은 만족스럽게 설명할 수 없다. 사실 금융리스에 있어서 리스회사의 지위는 매도인의 그것과 유사하다. 리스기간 중 리스물의 멸실위험을 이용자가 부담한다든지, 리스기간종료 후 이용자에게 리스물의 買受請求權(Kaufoption)을 부여한다든지, 유지·보수비용을 이용자의 부담으로 한다든지 이런 것들은 모두 금융리스가 매매에 접근함을 보여주고

---

2) 이에 대해서는 졸고, "리스물의 하자와 리스이용자의 보호", 성곡논총 제24집, 1993년, 1303면 이하, 특히 1304면 이하 참조.

3) 서울民事地方法院 1982. 6. 18, 81가단989; 서울民事地方法院 1984. 2. 14, 82다1361, 1362; BGH NJW 1977, 195, 196; BGHZ 71, 196, 204; Flume, DB 1972, 1 ff., 4 ff.; Blomeyer NJW 1978, 973 ff.; Sonnenberger NJW 1983, 2217, 2218.

4) Ebenroth, JuS 1978, 588 ff., 593.

있다. 그러나 이러한 매매유사성에도 불구하고 리스계약상 리스물의 소유권은 법적으로 리스회사에 귀속되며, 설사 이것이 법형식에 불과하다고 반박할 수는 있겠지만, 리스이용자가 리스물에 대해서 가지는 권리는 物的인 것이 아니라 채권적 사용권에 그치는 것이다. 그런 점에서 매매계약설도 역시 리스의 본질을 설명함에 있어서는 만족스러운 결과를 제시하지 못하고 있다.

3. 소비대차설[5]

이 설은 리스계약이 갖는 금융기능을 특히 강조하여 리스계약을 소비대차계약 내지 與信契約(Kreditvertrag)으로 파악한다. 리스계약의 본질을 리스물의 사용관계로부터 파악하지 않고 리스회사의 금융기능에서 찾으려 한다. 그러나 이 설 역시 난점이 지적된다. 리스회사는 리스기간 중 여전히 리스물의 소유자이며 리스기간종료 후에도 리스이용자는 동종동질의 물건으로 반환하는 것이 아니라 리스된 특정물을 그 상태대로 반환하는 것이다.

대판 2013. 7. 12, 2013다20571[6]

"원심은 주식회사 유라이프와 피고 사이의 이온정수기 대여계약(이하 '이 사건 대여계약'이라 한다)이 금융리스에 해당한다고 보아 그 월 대여료 채권의 소멸시효 기간은 5년이라고 판단하여 피고의 소멸시효 완성 항변을 배척하였다. 그러나 원심의 이러한 판단은 그대로 수긍하기 어렵다.

민법 제163조 제1호에서 3년의 단기소멸시효에 걸리는 것으로 규정한 '1년 이내의 기간으로 정한 채권'이란 1년 이내의 정기로 지급되는 채권을 말한다(대법원 1996. 9. 20. 선고 96다 25302 판결, 대법원 2007. 2. 22. 선고 2005다65821 판결 등 참조). 그리고 금융리스는 리스이용자가 선정한 특정 물건을 리스회사가 새로이 취득하거나 대여받아 그 리스물건에 대한 직접적인 유지·관리 책임을 지지 아니하면서 리스이용자에게 일정 기간 사용하게 하고 그 대여 기간 중에 지급받는 리스료에 의하여 리스물건에 대한 취득 자금과 그 이자, 기타 비용을 회수하는 거래관계로서, 그 본질적 기능은 리스이용자에게 리스물건의 취득 자금에 대한 금융 편의를 제공하는 데에 있는 것이다(대법원 1997. 11. 28. 선고 97다26098 판결 참조).

그런데 원심이 적법하게 채택한 증거에 의하여 알 수 있는 다음과 같은 사정들, 즉 이 사건 대여계약은 주식회사 유라이프가 보유하는 이온정수기를 그 사용을 원하는 피고 등 불특정 다수를 대상으로 대여하기 위하여 체결한 것으로서 그 본질이 리스물건의 취득 자금에 대한 금융 편의 제공이 아니라 리스물건의 사용 기회

---

5) Borggräfe, Die Zwangsvollstreckung im beweglichen Leasinggut, S. 50 ff., 72.

6) 본 판례에 대한 해설로는 임형민(법무법인 로고스), "정수기 대여계약에 기한 월 대여료채권의 소멸시효기간", 대한변협신문, 제464호(2013. 9. 30.), 13면 참조.

제공에 있는 점, 이 사건 대여계약에서 월 대여료는 주식회사 유라이프가 피고에게 제공하는 취득 자금의 금융 편의에 대한 원금의 분할변제와 이자·비용 등의 변제 성격을 가지는 것이 아니라 이온정수기의 사용에 대한 대가인 점, 또한 일반적인 금융리스와 달리 36개월의 계약기간 동안 피고가 언제든지 계약을 해지할 수 있으며 주식회사 유라이프가 이온정수기에 대한 정기점검 서비스를 제공하고 피고의 부주의가 아닌 사유로 발생한 고장에 대한 수리와 필터 교환을 무상으로 하여 주기로 한 점 등을 앞서 본 금융리스의 개념에 관한 법리에 비추어 살펴보면 이 사건 대여계약은 금융리스에 해당한다고 볼 수 없다.

따라서 앞서 본 민법상 단기소멸시효에 관한 대법원판례에 비추어 이 사건 대여계약에 기한 월 대여료 채권은 민법 제163조 제1호에 정한 3년의 단기소멸시효 기간에 걸리는 '사용료 기타 1년 이내의 기간으로 정한 금전의 지급을 목적으로 한 채권'으로서 그 소멸시효 기간은 3년이라고 보아야 할 것이다.

그럼에도 원심은 이 사건 대여계약을 금융리스라고 본 나머지 그 월 대여료 채권의 소멸시효 기간이 5년이라고 판단하였으니, 이러한 원심의 판단에는 민법상 단기소멸시효에 관한 대법원의 판례에 상반되는 판단을 하여 판결 결과에 영향을 미친 위법이 있고, 이를 지적하는 상고이유의 주장에는 정당한 이유가 있다. 그러므로 원심판결을 파기하고, 사건을 다시 심리·판단하도록 원심법원에 환송하기로 하여 관여 대법관의 일치된 의견으로 주문과 같이 판결한다."

4. 위임계약설[7]

이 입장은 리스계약을 위임계약 내지 독일민법상 성문화되어 있는 사무처리계약(Geschäftsbesorgungsvertrag)으로 본다. 이에 의하면 리스회사는 자신의 이름으로, 그러나 리스이용자의 계산으로 리스물을 조달한다고 설명한다. 리스회사가 리스물의 공급자와 체결하는 매매계약은 매수위탁의 실행이 되어 간접대리행위가 된다고 한다. 그 결과 리스회사는 리스이용자에 대하여 비용상환청구권과 보수청구권을 갖게 되는데 이러한 청구권들을 여신의 객체로 삼기 위하여 금전대차관계가 추가적으로 창설된다고 한다. 이 입장은 리스회사의 금융 기능과 리스이용자의 실수요를 설명함에 있어서는 우수하다. 그러나 여전히 리스관계에는 임대차와 유사한 사용수익성이 도사리고 있는 것이다.

---

7) Canaris, NJW 1982, 305 f.; ders., AcP 190(1990), 410 ff., 452.

5. 3당사자 1계약설[8]

지금까지의 학설들이 리스거래상의 삼각관계를 3당사자 2계약관계로 파악하였음에 반하여 이 설은 리스계약을 공급자-리스회사-이용자간의 單一계약으로 본다. 즉 리스거래란 동일한 경제적 목적을 달성하기 위하여 3당사자가 유기적으로 결합하는 경제현상이라고 한다. 따라서 이러한 특수성을 감안할 때 리스를 기존 법체계의 울타리에 그대로 방치하는 것은 잘못이며 리스의 본질은 기존의 울타리를 떠나야 비로소 제대로 감지된다고 한다. 이 설은 리스관계의 특수성을 3당사자의 경제적 협력관계에서 찾고 있고 또 이를 강조하는 점에서는 경청할 만하다. 그러나 아무리 3당사자가 경제적으로 유기적 협력관계를 구축한다 하여도 법률적으로 리스물의 공급계약과 리스계약은 별개의 것이며 양자의 효력은 독립적으로 파악하여야 한다. 물론 회사의 정관에서 발견되는 조직계약은 다자간에 체결된 하나의 계약으로 볼 수 있겠지만 리스계약은 이와 다르다. 조직계약에서는 공동체창설의 효과의사가 당사자들에게 공통되나 리스거래에서는 그러한 요소를 찾을 수 없다. 3당사자가 유기적으로 경제적 협력관계를 구축하는 것은 사실이지만 조직계약에서처럼 이들이 통일된 하나의 계약속에 묶여 있다고 보기는 어려울 것이다. 결론적으로 이 입장은 리스거래를 둘러싼 경제적 협력관계를 유기적으로 묘사하는 점에서는 칭찬할 만하나 기존의 계약법질서를 현저히 일탈한다는 점에서 허구적이라 평가하지 않을 수 없다.

6. 특수계약설(Vertrag sui generis)[9]

끝으로 특수계약설이 있는데 이 입장은 리스거래를 기존 전형계약의 어느 것에도 귀속시킬 수 없는 신종의 특수계약으로 설명한다. 즉 리스거래는 임대차, 매매, 위임 또는 소비대차 등 기존 제도의 어느 하나 또는 그들의 단순한 결합으로는 설명할 수 없는 특수한 신종계약으로 본다. 결론적으로 이 설은 리스거래를 독자적 성격의 금융형 사용수익계약으로 설명하고 있다. 이 계약속에서 리스회사는 리스이용자에게 리스물을 확보하여 이를 사용수익케 하고 리스

---

8) 국제금융리스에 관한 협약안 제1조 및 제10조 참조.
9) Larenz, SchuldR BT, 12. Aufl., §63 II S. 453 f.; Klammroth BB 1982, 1949, 1951; Lieb, JZ 1982, 561.

이용자는 이에 대한 반대급부로서 리스료를 지급한다고 한다.

7. 사　　견

지금까지 우리는 금융리스의 본질을 둘러싼 여러 학설을 살펴보았고 그 결과 이 제도가 기존 법체계의 울타리 안에서 만족스럽게 설명될 수 없음을 알게 되었다. 이렇게 리스가 임대차, 매매, 위임, 소비대차 등 기존의 어느 제도와도 합일될 수 없다면 이 제도는 독자적 성격의 특수계약으로 보아야 할 것이다. 이 특수성 속에 리스거래의 임대차적 성격과 금융적 성격이 융합되어 있으며 우리는 이러한 요소들을 고려하여 금융리스를 "物的 金融" 내지 축약하여 "物融"이라 부르게 되었다. 이 양자는 그 중 어느 하나도 포기하거나 무시할 수 없는 불가결의 요소이므로 양자의 병존을 무시하는 어떠한 이론구성도 용납되지 않는 것이다. 결론적으로 특수계약설에 찬동한다.

Ⅲ. 리스거래의 전개과정

리스거래에서 발생되는 여러 문제점들을 제대로 파악하자면 먼저 리스거래가 시간적으로 어떻게 진행되는지 알아둘 필요가 있다.

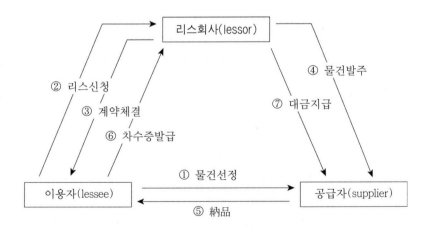

1. 물건공급조건의 결정

리스이용자는 자신이 구입하고자 하는 기계나 설비에 대하여 직접 공급자와 그 공급조건에 대하여 협의한다. 물론 리스회사가 법률적으로는 공급계약상의 매수인이 되지만 결국 리스이용자가 실수요자이므로 리스할 물건의 성능, 납품시기, 기종, 납품 후의 A/S조건 등 제반 사항을 공급자와 협의하여 결정하여야 한다. 즉 금융리스업자가 독자적으로 리스이용자에 대하여 리스물건의 인도의무나 리스대상물건의 검사·확인의무를 부담하지는 않는다. 리스회사는 특별한 사정이 없는 한 리스이용자가 공급자로부터 적합한 물건을 수령할 수 있도록 협력할 의무를 부담할 뿐이다($^{\text{상}168의}_{3\ \text{Ⅱ}}$).

대판 2019. 2. 14, 2016, 2016다245418, 245425, 245432

"금융리스계약의 법적 성격에 비추어 보면, 금융리스계약 당사자 사이에 금융리스업자가 직접 물건의 공급을 담보하기로 약정하는 등의 특별한 사정이 없는 한, 금융리스업자는 금융리스이용자가 공급자로부터 상법 제168조의3 제1항에 따라 적합한 금융리스물건을 수령할 수 있도록 협력할 의무를 부담할 뿐이고, 이와 별도로 독자적인 금융리스물건 인도의무 또는 검사·확인의무를 부담한다고 볼 수는 없다."

2. 리스계약의 체결

이용자가 공급자와 공급조건을 결정하고 나면 이용자는 리스회사와 리스계약의 제반 조건을 협의한 후 리스계약을 체결하게 된다. 이 때 리스회사는 이용자의 신용을 조사하여 리스기간이 만료될 때까지 이용료의 지급이 정상적으로 이루어질 수 있는지 등 제반 거래조건을 조사하고 필요한 경우에는 채권보전책을 강구한 후 리스계약을 체결한다. 보통 리스거래는 약관거래로 이루어지므로 각 리스회사가 사용하는 보통거래약관의 내용에 따라 리스계약이 구체화될 것이다.

3. 물건의 발주와 납품

리스회사는 이용자와 리스계약을 체결한 후 스스로 매수인이 되어 직접 공급자와 리스물에 대한 매매계약을 체결한다. 이 때 리스물은 이용자에게 직접 인도되도록 합의한다. 리스회사는 發注書에 물건의 구입신청이 리스계약을 전제로 한 것임을 명시하며 사후 리스물의 유지 및 관리서비스도 직접 리스이용자를 상대로 할 것임을 적시한다.

4. 차수증의 발급과 리스료의 지급

리스이용자는 물건 도착 후 이를 조사한 후 하자가 없으면 리스회사에 借受證을 발급한다. 이로써 리스기간이 개시되며 이 때부터 리스이용자는 리스료지급의무를 지게 된다(상의 168 3Ⅱ).

5. 물건대금의 지급 및 물건의 이용

리스회사는 차수증 획득 후 공급자에게 직접 물건대금을 지급하고 리스이용자는 리스계약의 내용에 따라 리스물을 사용수익한다.

6. 리스기간의 종료

약정된 리스기간이 종료하면 리스회사와 이용자는 리스약관에 합의된 대로 리스물을 반환하거나, 재리스하거나 또는 물건의 매입선택권(Kaufoption)을 행사하여 거래관계를 종료시킨다.

Ⅳ. 리스와 관련된 법적 문제점

리스거래의 특성이 야기하는 몇 가지 법률적 문제점을 부각시켜 보기로 한다.

1. 리스거래약관의 내용통제

리스계약은 국내외적으로 모두 보통거래약관에 의하여 체결된다. 계약내용의 정형화는 거래의 신속과 합리화에 기여하지만 경제적 약자인 리스이용자의 보호면에서는 법률적 死角地帶가 형성될 수 있다. 리스이용자가 대부분 법에 문외한이므로 legal adviser는 이에 대한 다각적인 자문을 제공하여야 할 것이다. 특히 지금까지의 리스거래는 주로 기업설비의 조달방법으로 이용되어 왔으므로 리스이용자는 발주물건에 대해 어느 정도 전문지식을 갖추는 경우가 많았다. 그러나 이 제도가 일반 소비자에게 확산될 경우에는 그러한 사전지식도 기대할 수 없으므로 더 세밀한 법적 자문이 필요할 것이다. 이하 리스거래의 특성에서 나타나는 몇몇 정형조항의 효력을 살펴보기로 한다.

우선 대부분의 리스약관이 채용하는 하자담보책임배제조항(瑕疵擔保責任排

除條項)을 살펴보기로 한다. 리스회사는 공급회사에 대한 하자담보권을 리스이용자에게 양도하고 자신은 면책된다. 과거 서울민사지방법원은 리스계약의 법적 성질을 임대차로 보아 이러한 담보책임배제조항의 효력을 부인하고 민법 제652조와 제627조를 적용하여 이용자의 계약해지권을 인정한 바 있다.[10] 그러나 대법원은 리스회사의 중간금융자적 지위를 강조하여 담보책임배제조항의 효력을 긍정하고 있다.[11] 이러한 대법원의 입장은 타당하다. 금융리스가 물적 금융의 성격을 갖는 것이라면 리스회사의 지위는 中間金融者(Zwischenfinan-zierer)에 불과한 소극적인 것이고 따라서 리스물의 하자시에도 하자담보권을 리스이용자에게 양도하였다면 자신은 면책되는 것이 타당할 것이다. 그러한 점에서 보면 담보책임배제조항은 약관규제법 제7조 3호("상당한 이유없이 사업자의 담보책임을 배제 또는 제한하는 약관조항의 무효")에 저촉된다고 볼 수 없을 것이다. 단, 리스회사가 자신의 담보책임을 이렇게 배제하였더라도 리스이용자가 양도된 하자담보권을 행사하여 매매계약이 해제된 경우 사정변경의 원칙상 리스료지급이 중지될 가능은 있다(下記 사례참조).

다음으로 살펴볼 것은 위험부담전가조항(危險負擔轉嫁條項)이다. 리스기간 중 리스이용자가 리스물의 멸실, 도난, 훼손에 따른 위험을 스스로 부담한다는 약관조항이 그것이다. 그러나 이 조항 역시 그 효력을 긍정하여야 할 것이다. 리스는 위에서 살펴보았듯이 임대차계약은 아니므로 임대차에서의 위험분산룰은 리스거래에 적용될 수 없다. 실수요자인 리스이용자가 리스물의 점유를 취득한 후에도 중간금융자에 불과한 리스회사가 그 위험을 부담해야 한다면 이는 지나치게 부당한 결과가 된다.

셋째는 유지관리의무조항(維持管理義務條項)이다. 리스약관은 리스이용자에게 리스물의 유지관리책임을 부과하고 있다. 그러나 이러한 약관조항 역시 금융리스의 특성을 고려하여 그 효력을 인정하여야 한다. 리스가 임대차는 아니므로 임대차에서와 달리 리스이용자가 리스기간 중 발생하는 유지관리비용을

---

10) 서울민지판 1984. 2. 14. 82다1361, 1362.
11) 대판 1996. 8. 23. 95다51915: "시설대여(리스)는 시설대여회사가 대여시설이용자가 선정한 특정 물건을 새로이 취득하거나 대여받아 그 물건에 대한 직접적인 유지관리책임을 지지 아니하면서 대여시설이용자에게 일정 기간 사용하게 하고 그 기간종료 후에 물건의 처분에 관하여는 당사자간의 약정으로 정하는 계약으로서 형식에서는 임대차계약과 유사하나 그 실질은 대여시설을 취득하는 데 소요되는 자금에 관한 금융의 편의를 제공하는 것을 본질적인 내용으로 하는 물적 금융이고 임대차계약과는 여러 가지 다른 특질이 있기 때문에 이에 대하여는 민법의 임대차에 관한 규정이 바로 적용되지 아니한다."

부담하여야 하고 또 그러한 시설유지의 주체가 되어야 할 것이다. 금융리스의 특성상 이러한 리스이용자의 지위는 부당하지 않다.

넷째 계약해지제한조항(契約解止制限條項)이 있다. 즉 기본리스기간 중 리스이용자가 리스계약을 해지할 수 없다는 약관조항이 그것이다. 이러한 약관조항의 효력도 역시 그 효력을 인정하여야 할 것이다. 임의의 중도해지를 허용하면 리스료는 중도에 지급정지되고 리스회사는 불측의 손해를 입게 될 것이다. 리스회사가 단순한 중간금융자에 불과한 점을 고려하면 이러한 결과는 리스회사의 지위를 지나치게 악화시킨다고 생각된다. 물론 매매계약이 리스계약의 존속근거로 작용할 수 있으므로 사정변경의 원칙에 따른 예외적 해지가능성은 신의칙상 유보되어야 할 것이다(下記 사례참조).

2. 리스물의 하자와 리스이용자의 보호[12]

‖사 례‖   산부인과의 A는 의료기기상 B로부터 최신형의 초음파검진기의 홍보물을 받고 자신의 병원에 가장 적합한 형태를 선택하였다. 그 후 B와 가격협상에 들어가게 되었다. B는 초음파기의 가격이 거액임에 비추어 X종합금융주식회사를 통한 리스계약체결을 추천하면서 자신의 점포에 비치되어 있던 X사의 계약서양식과 동사의 리스약관을 건네주었다. 동 약관에는 특히 다음 내용이 들어 있었다.

"**제4조(리스물의 소유권)** (1) 리스물은 항상 리스임대인(이하 '甲'이라 한다)의 소유이며 리스임차인(이하 '乙'이라 한다)은 甲이 동 물건에 대한 소유권을 명시하는 표시나 표지 등의 부착을 요구할 때에는 이에 응하여야 한다.

제6조(물건의 하자) (1) 물건의 인수시 규격·성능 등에 부적합, 불완전, 기타의 하자가 있을 때에 乙은 즉시 甲에게 이를 통지하고 물건검사증서에 그 내용을 기재하여야 한다. 물건의 하자가 기재되지 아니한 검사증서가 甲에게 도달한 순간부터 리스계약은 그 효력이 시작된다.

(2) 리스물건의 하자에 대하여 甲은 매매계약으로부터의 모든 하자담보권을 乙에게 양도한다. 이 때 甲은 리스계약으로부터는 별도의 책임을 지지 아니한다.

제7조(물건의 멸실 및 훼손시의 책임) (1) 천재지변 기타 여하 사유를 막론하고 乙은 리스기간 중 리스물의 도난·멸실·훼손 등에 대한 모든 책임과 위험을 부담한다.

제8조(리스물의 유지 및 관리) (1) 乙은 리스물건을 정상적인 상태 또는 충분히 기능을 발휘할 수 있는 상태로 유지·보전하여야 한다.

---

12) 이에 대해서는 졸고, "리스물의 하자와 리스이용자의 보호," 성곡논총 제24집, 1993년, 1303면 이하; 졸저, 상법사례입문, 제2판, 박영사, 1996년, 〈사례 1〉 참조.

(2) 乙은 전항의 유지나 보전을 위하여 부품의 改替, 물건의 보수, 정기 또는 부정기검사 기타 필요한 일체의 행위를 하며 그 경비는 乙이 부담한다.

제12조(중도해약의 금지) (1) 乙은 리스기간만료시까지 리스계약의 해약을 요구할 수 없다."

A는 자신이 선정한 XA-81형의 초음파검진기를 월 리스료 50만원, 기간은 60개월로 리스하기로 X사와 합의하였다. 초음파검진기는 A의 정상적인 이용에도 불구하고 인수 후 4주 후부터 화면이 보이지 아니하였다. 당황한 A는 B에 대하여 수차에 걸쳐 수리해 주거나 하자 없는 검진기로 바꾸어 줄 것을 요구하였으나 B는 이에 응하지 아니하였다. 이에 A는 리스약관 제6조 2항에 따라 B에게 공급계약의 해제를 통보하였다. 한편 X사에 대해서도 A는 리스계약을 해지하였고 그 후 A는 리스료의 지급을 중단한 상태이다. 이에 X사는 리스약관 제6조 2항 2문을 원용하며 미지급 리스료의 지급을 요구하고 있다. 당사자간의 법률관계는?

리스대상물건에 하자가 있는 경우 리스이용자는 이를 정상적으로 이용할 수 없게 된다. 그 결과 계약목적달성이 불가한 경우 양도된 하자담보권을 내세워 매매계약을 해제하거나 대금감액 또는 하자 없는 물건으로의 대체급부를 요구하게 될 것이다. 그런데 리스약관상 리스회사는 물건의 하자시 자신의 면책을 규정하는 것이 보통이어서 리스이용자가 피해를 볼 우려가 있다. 이러한 경우 리스이용자를 보호하기 위하여는 리스계약과 리스물 공급계약간의 상호관련성을 강조하여야 할 것이다. 비록 두 계약이 법적으로 독립된 것이기는 하나 리스회사, 리스이용자 및 공급자는 경제적 협력관계에 놓여 있으므로 매매계약과 리스계약의 독립성만을 내세우는 것은 신의칙에 반한다. 오히려 매매계약의 정상적인 존속은 리스계약의 기반을 형성한다고 보아야 할 것이다. 달리 표현하면 매매계약이 정상적으로 존속하는 한에서만 리스계약도 그 효력을 유지할 수 있다고 보아야 한다. 사정변경의 원칙 또는 '행위기초의 소멸론'(Lehre vom Wegfall der Geschäftsgrundlage)에 근거하여 리스이용자는 리스물의 하자로 공급계약이 해제된 뒤에는 리스료의 지급을 거절할 수 있다고 풀이하여야 할 것이다.

3. 공리스와 이중리스의 문제

리스물이 리스이용자에게 인도되면 리스이용자는 차수증을 교부하여 이를 리스회사에 통지하게 되고 차수증의 도래는 리스계약의 효력발생시기가 된다.

이 때 리스이용자와 공급자가 서로 공모하여 물건도래의 사실이 없음에도 불구하고 차수증을 발급하는 경우 이를 '空리스'라 한다. 리스회사는 보통 리스물의 인도시 이용자의 영업소나 주소지에 나타나지 않으며 리스물의 선정과 이에 부가된 공급조건은 전적으로 리스이용자와 공급자에 의하여 결정되므로 리스이용자가 리스회사의 이러한 소극적 측면을 악용하면 이와 같은 문제가 발생한다. 어쨌든 이는 리스의 금융기능을 악용한 예라 할 수 있을 것이다. 이 경우 리스이용자는 리스물의 不存在나 未引渡를 이유로 리스계약을 해지할 수 없음은 물론 리스료의 지급도 거부할 수 없다. 나아가 공급자 역시 리스회사가 매매계약을 해제하는 경우 물건대금을 반환하여야 하고 일정한 경우에는 손해배상책임도 부담하여야 할 것이다.

반면 동일한 물건에 대하여 동일한 리스이용자가 복수의 리스회사와 중복된 리스계약을 체결하고 판매대금을 편취하는 경우 이를 '二重리스'라 한다. 이 역시 리스의 금융기능을 악이용하는 예라 할 수 있겠는데 이 경우 최초의 리스회사는 리스물의 소유권을 제대로 취득할 수 있으나 제2의 리스회사는 정상적인 권리취득이 불가하다. 이 경우 리스이용자가 제2의 리스회사에 대해서도 차수증을 교부하였다면 공급자의 대금취득 후 리스이용자는 제2의 리스료지급을 거부할 수 없을 것이다.

4. 리스물건의 양도와 리스이용자의 하자담보책임

리스이용자가 리스물을 제3자에게 매도하고 리스관계를 승계시키면서 매매대금과 장래 리스료 채무의 차액 상당을 매수인으로부터 지급받은 경우 그 리스이용자는 리스회사와의 리스관계에서는 탈퇴하지만 소유권이전이나 하자담보책임 등 매수인에 대한 매도인의 의무는 여전히 부담한다.

대판 2013. 6. 13, 2012다100980

"리스회사가 리스물건인 자동차의 구입대금 중 일부를 리스이용자에게 금융리스의 형태로 제공하고 리스회사 명의로 자동차소유권 등록을 해 둔 다음 공여된 리스자금을 리스료로 분할 회수하는 리스계약관계에서, 리스이용자가 그 자동차를 제3자에게 매도하고 리스계약관계를 승계하도록 하면서 매매대금과 장래 리스료 채무의 차액 상당을 매수인으로부터 지급받은 경우, 그 리스이용자는 리스회사와의 리스계약관계에서는 탈퇴하지만 매수인에 대한 소유권이전의무 및 매도인으로서의 담보책임은 여전히 부담한다고 할 것이다."

5. 금융리스이용자에 대한 리스업자의 의무

최근의 판례에 의하면 리스대상물건의 공급을 직접 담보하기로 약정하는 등 특별한 사정이 없는 한 금융리스업자는 적합한 리스대상물건을 수령할 수 있도록 협력할 의무를 부담할 뿐 이와 별도로 독자적인 리스대상물건의 인도 의무 내지 검사·확인의무까지 부담하는 것은 아니라고 한다.

대판 2019. 2. 14, 2016다245418, 245425, 245432[13]
[채무부존재확인·규정손해금·규정손해금]

"금융리스계약은 금융리스업자가 금융리스이용자가 선정한 기계, 시설 등 금융리스물건을 공급자로부터 취득하거나 대여받아 금융리스이용자에게 일정 기간 이용하게 하고 그 기간 종료 후 물건의 처분에 관하여는 당사자 사이의 약정으로 정하는 계약이다(상법 제168조의2). 금융리스계약은 금융리스업자가 금융리스이용자에게 금융리스물건을 취득 또는 대여하는 데 소요되는 자금에 관한 금융의 편의를 제공하는 것을 본질적 내용으로 한다. 금융리스업자는 금융리스이용자가 금융리스계약에서 정한 시기에 금융리스계약에 적합한 금융리스물건을 수령할 수 있도록 하여야 하고(상법 제168조의3 제1항), 금융리스이용자가 금융리스물건수령증을 발급한 경우에는 금융리스업자와 사이에 적합한 금융리스물건이 수령된 것으로 추정한다(상법 제168조의3 제3항).

이러한 금융리스계약의 법적 성격에 비추어 보면, 금융리스계약 당사자 사이에 금융리스업자가 직접 물건의 공급을 담보하기로 약정하는 등의 특별한 사정이 없는 한, 금융리스업자는 금융리스이용자가 공급자로부터 상법 제168조의3 제1항에 따라 적합한 금융리스물건을 수령할 수 있도록 협력할 의무를 부담할 뿐이고, 이와 별도로 독자적인 금융리스물건 인도의무 또는 검사·확인의무를 부담한다고 볼 수는 없다."

---

13) 본 판례에 대한 평석으로는, 백숙종, "금융리스계약에 기해 금융리스업자가 금융리스이용자에게 부담하는 의무-대상 판결: 대법원 2019. 2. 14. 선고 2016다245418 판결 - ", 「BFL」, 제96호(2019. 7.), 103-118면; 박수영, "금융리스업자의 금융리스이용자에 대한 의무", 상사판례백선, pp. 183~192.

제 2 절 채권매입업

I. 채권매입업(팩터링)의 개념

해외여행중 외국의 상가에서 물건을 사고 'Tax Refund' 서류를 교부받은 후 외국의 공항에서 세금을 되돌려 받고 귀국하는 것은 우리가 흔히 체험할 수 있는 일이 되었다. 이 때 외국의 공항에서 서류를 받고 수수료를 공제한 후 세금을 현금으로 내주는 사업자가 있기에 이러한 현상이 가능한 것이다. 이들은 관광객으로부터 세금반환채권을 수수료와 이자를 공제한 저가에 매입한 후 나중에 전액을 추심함으로써 중간이익을 노리는 상인들이다. 이러한 상인들의 활동이 바로 여기서 살펴보고자 하는 팩터의 역할과 관련이 있는 것이다.

전문적 의미에서 팩터링이란 금융기관인 팩터(factor)의 총체적 업무로서 개별계약마다 그 내용이 일정하지는 않다. 그러나 이들의 공통부분을 추려보면 거래기업의 매출채권을 추심하고 여타 이와 관련된 부가업무를 인수하는 것으로 파악되고 있다. 오늘날 미국에서 행해지는 전통적 의미의 팩터링(factoring)이란 금융기관인 팩터가 거래기업의 외상매출채권을 상환청구권 없이 매입하고 거래기업의 채무자에게 채권인수를 통지하며, 스스로 그 채권의 관리, 회수 및 이와 관련된 장부를 작성하되, 채무자의 지급불능시에는 스스로 손실을 부담하고, 거래기업의 요청이 있을 때에는 채권의 매입대가를 先給하며 나아가 채권의 회수와 관련된 신용조사, 경영상담 등 일체의 부가용역을 제공하는 것이다.[1] 참고로 재무부시달 팩터링업무운용지침은 팩터링업무의 취급범위를 다음과 같이 열거하고 있다[2]: ① 채권매입업무(신용보증기능), ② 채권회수업무(채권회수촉진기능), ③ 금융업무(자금공급원활화기능) a. 매입된, 받을 채권의 전도에 의한 금융, b. 재고를 담보로 하는 금융 c. 기타의 자산을 담보로 하는 금융, ④ 회계업무(받을 채권의 장부작성기능), ⑤ 컴퓨터서비스업무(경영관리자료제공기능), ⑥ 컨설턴트 업무(경영지도 및 정보제공기능)가 그것이다.

---

1) 정동윤, "새로운 유형의 상행위(基二): 팩터링에 관하여", 安二濬博士華甲紀念, 민사법과 환경법의 제문제, 박영사, 1986년, 833면.
2) 재무부공문, 이삼: 1224.2-1884(1980. 10. 29. 자).

2010년의 개정 상법은 이러한 팩터링을 채권매입업으로 지칭하면서 "타인
이 물건·유가증권의 판매, 용역의 제공 등에 의하여 취득하였거나 취득할 영
업상의 채권을 매입하여 회수하는 것을 영업으로 하는" 것으로 규정하였다
(상168
의11). 나아가 상법 제168조의12에서는 그러한 채권매입업자의 상환청구를 규
정하는 등 두 개의 조문을 두어 상행위편 제14장에 채권매입업의 법적 근거를
마련하였다.

Ⅱ. 팩터링의 종류

1. 상환청구권 있는 팩터링과 상환청구권 없는 팩터링

이는 팩터링회사가 양수채권을 채무자로부터 회수하지 못하는 경우 거래기
업에 대하여 償還請求權을 갖느냐 갖지 않느냐에 따른 구별이다. 상환청구권
있는 팩터링(factoring with recourse)에서는 팩터가 채무자의 신용위험을 인수하
지 않고 매출채권을 매입하는 것이다. 이 경우 팩터는 전도금융을 제공하였음
에도 양수채권이 만기에 지급되지 않을 경우 거래기업에게 채권액을 구상할
수 있다(상168의
12 본문). 반면 상환청구권 없는 팩터링(factoring without recourse)이란 채
권매입시 채무자의 신용위험을 팩터가 스스로 부담하는 방식이다(상168의
12 단서). 이
방식은 신용사회가 정착하고 채무자의 신용조사가 전문적으로 이루어지는 사
회에서만 가능하다. 우리나라에서는 아직 신용사회의 미성숙으로 상환청구권
있는 팩터링이 관례로 되어 있다고 한다. 독일에서는 전자를 不眞正팩터링
(unechtes Factoring), 후자를 眞正팩터링(echtes Factoring)이라는 용어로 표현하
고 있다.

2. 통지팩터링과 비통지팩터링

이는 거래기업이 팩터에게 매출채권을 양도하는 경우 이를 채무자에게 통
지하느냐 통지하지 않느냐에 따른 구별이다. 通知팩터링(notification factoring)
이란 채권양도시 거래기업이 채무자에게 이 사실을 통지하는 것이고 非通知팩
터링(non-notification factoring)에서는 이러한 양도통지가 이루어지지 않는 것이
다. 영미에서는 통지방식이 보편적이나 독일 내지 일본 등에서는 비통지방식도
선호된다고 한다. 우리나라에서는 거래기업이 채무자로부터 채권양도에 관한

승낙서를 취득하여 이를 팩터에게 제출하는 것이 관례라 한다.

3. 선급팩터링과 만기팩터링

이는 매입채권의 변제기 전에 거래기업의 요청이 있을 때 팩터가 그 대가를 선급하느냐 않느냐에 따른 구별이다. 先給팩터링(advance factoring)의 경우 팩터는 채권의 대가를 미리 현금으로 내어 주므로 팩터는 단기금융자가 된다. 반면 滿期팩터링(maturity factoring)의 경우 이러한 신용제공기능이 없고 단지 만기에 변제받아 그 대가를 거래기업에 제공할 뿐이다. 따라서 후자의 경우 팩터의 역할은 매출채권의 추심과 관리에 그친다.

4. 도매팩터링과 소매팩터링

이는 채무자의 업종에 따른 구별이다. 都賣팩터링(wholesale factoring)의 경우 거래기업과 채무간의 거래가 도매로 이루어지며, 小賣팩터링(retail factoring)의 경우에는 그것이 소매로 이루어진다. 전자는 대기업과 중소기업간 거래에서 자주 나타나고 후자는 제조회사가 백화점이나 슈퍼마켓 또는 일반소비자와 직접거래를 할 때 자주 나타난다.

5. 국내팩터링과 국제팩터링

팩터, 거래기업, 채무자가 동일국적인이냐 아니냐에 따른 구별이다. 국내팩터링(domestic factoring)의 경우 참여당사자는 모두 동일 국적인이고 보통 팩터링하면 이를 지칭한다. 반면 국제팩터링(international factoring)이란 거래당사자의 국적이 어떤 형태로든 다른 경우로서 다시 수입팩터링(import factoring)과 수출팩터링(export factoring)의 구별이 있다. 전자의 경우에는 수입국의 팩터가 수출국의 거래기업과 팩터링계약을 체결하며, 반면 후자에서는 수출회사가 自國의 팩터와 계약을 체결하여 외국의 수입자에 대한 매출채권을 추심시킨다. 후자의 경우에는 수출국의 팩터가 수입국의 팩터와 연계하여 수입업자의 신용을 조사한다. 우리나라의 많은 短資社는 수출팩터의 역할을 담당하고 있다고 한다.[3]

---

3) 박주환, "팩터링에 대한 법적 연구", 고려대 석사논문, 1991년, 26면.

Ⅲ. 팩터링의 거래구조

미국에서 행해지는 전형적인 팩터링을 중심으로 팩터링의 거래구조를 알아
본다.

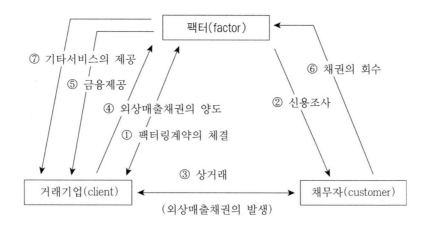

① **팩터링계약의 체결**　　　제일 먼저 팩터와 거래기업간에 팩터링계약이
체결된다. 이 계약은 기본계약이라 불리우며 이에 따라 팩터링회사의 업무범위
나 양도채권의 범위, 계약의 유효기간이 정해진다.

② **신용조사**　　　팩터링계약이 체결되면 팩터는 신용위험을 피하기 위하여
채무자의 신용을 조사하여 지급능력을 심사한다. 이를 통하여 각 채무자의 신용
상한도 파악된다. 팩터는 이를 거래기업에 통지하여 업무의 안전을 도모한다.

③ **상품의 출하**　　　거래기업은 팩터로부터 지급능력을 인정받은 거래상대
방에게 그 신용한도 내에서 상거래를 개시한다.

④ **매출채권의 양도**　　　거래기업은 팩터링계약에서 정하여진 범위와 조건
을 준수하여 외상매출채권을 팩터에게 양도한다. 이는 채권의 처분이 되는데 부
진정팩터링의 경우에는 단순한 추심대리권만을 수여하는 때도 있다. 채권양도
시에는 거래기업이 채무자로부터 받은 양도승낙서를 첨부하는 것이 상례이다.

⑤ **선급금융의 제공**　　　팩터는 거래기업의 요청이 있을 경우 매출채권의
변제기 전에도 先給金融(advance)을 제공할 수 있다. 이 때에는 물론 선급이자

와 수수료가 채권관리비용에 추가될 것이다.

⑥ 채권의 회수   팩터는 변제기에 채무자를 상대로 외상매출채권의 지급을 청구하여 채권을 현금화한다. 만약 채무자가 거래기업과의 관계에서 발생한 항변을 주장하는 경우에는 팩터도 신채권자로서 이에 대항할 수 없으므로 이러한 추심불가의 경우에는 양수받은 매출채권을 다시 거래기업에게 반환하여야 할 것이다.

⑦ 기타 서비스의 제공   이렇게 매출채권의 회수를 주된 업무로 하겠으나 팩터는 그외에도 이와 관련된 회계, 장부유지, 경영상담, 전산관리, 채무자의 신용조사 등 거래기업에 유익한 각종 용역을 제공한다.

IV. 팩터링의 법적 성질

1. 기본계약의 법적 성질

이는 테두리계약(Rahmenvertrag)이라고도 불리우며 이를 통하여 팩터와 거래기업은 채권회수 및 각종 부가용역에 대한 약정을 하게 된다. 이 계약은 거래기업과 채무간의 개별 상거래가 이루어졌을 때 나타나는 채권양도와는 개념상 구별하여야 한다. 이러한 채권양도는 기본계약의 이행을 위한 별도의 법률행위로 보아야 할 것이다. 이 기본계약은 일정 기간을 전제로 하므로 팩터와 거래기업간에는 이로써 계속적 채권채무관계가 창설된다. 이 기본계약에는 채권회수뿐만 아니라 이에 부수된 각종 용역제공이 부가되는 것이 일반이므로 사무처리계약(Geschäftsbesorgungsvertrag)의 성질이 강하나 팩터가 선급금융을 약정하는 경우에는 信用開設契約(Krediteröffnungsvertrag)의 요소가 이에 추가될 수 있다. 결론적으로 기본계약의 법적 성질은 특수한 종류의 혼합계약(kombinierter Vertrag)으로 보아야 할 것이다.

2. 개별채권양도의 법적 성질

기본계약의 테두리 내에서 거래기업은 채무자에 대하여 발생한 매출채권을 채권의 발생시마다 팩터에게 양도한다. 이러한 개개의 채권양도는 기본계약에 바탕을 두고 있기는 하나 그 내용에는 포함되지 않고 기본계약의 이행을 위한 별개의 채권행위로 보아야 할 것이다. 이러한 개별계약의 법적 성질에 대해서는 전통적으로 매매계약설, 소비대차설 및 절충설의 대립이 있으나, 前二者는 팩터링거래를 전체적으로 원만히 설명할 수 없으므로 眞正팩터링과 不眞正팩터링을 구분하여 前者에 대해서는 매출채권의 매매로 보고, 後者에 대해서는 매출채권을 담보로 한 소비대차계약으로 파악하는 절충설이 가장 타당하다고 생각된다. 이 설이 또한 독일의 판례와 통설의 입장이기도 하다.[4]

眞正팩터링의 경우 팩터링계약은 매출채권에 대한 매매계약이다. 팩터가 현금을 선급할 경우 매출채권은 거래기업의 반대급부가 된다. 물론 이 경우 팩터는 채무자의 신용위험(credit risk)을 인수하므로 거래기업은 상환청구를 당하지 않는다. 따라서 양도된 매출채권은 담보기능을 갖지 않는다. 결국 진정팩터링의 경우 개별계약은 권리매매(Rechtskauf)의 일종이다.

不眞正팩터링의 경우 개별 팩터링계약은 소비대차계약이다. 이 경우에는 팩터가 채무자의 신용위험을 부담하지 않으므로 매출채권의 양도는 담보부 채권양도(Sicherungszession)가 된다. 팩터가 선급금융을 제공하는 경우 이는 금전소비대차가 되며 이 계약상의 반환청구권은 피담보채권이 된다.

V. 팩터링과 연장된 소유권유보부매매[5]

‖ 사례: 순탄치 못한 자전거매매[6] ‖ F는 B은행으로부터 1991년 2월 자전거판매점을 개점할 목적으로 5,000만원의 대부를 받을 수 있었다. 계약서에 F는 은행에 금전대부를 위한 담보조로 향후 자전거를 고객에게 매도할 경우 발생할 매출채권을 일괄양도(Globalzession)하는 것으로 하고 F가 신채권자 B은행을 대신하여 추심권한을 갖는 것으로 약정한다.

F는 1991년 4월 초 자전거제조공급원인 L社로부터 3,000만원 상당의 스포츠형 산악자전거를 50대 구입한다. 이 때 계약쌍방은 자전거업계의 유통구조에서 자주 쓰이는 연장된 소유권유보부매매(verlängerter Eigentumsvorbehalt)에 합의하였다. 이에 따라 F는 정상적으로 자전거를 매각하되 그 때마다 발생하는 매출채권을 자신의 이름으로 회수할 권한이 부여된다. 그러나 F는 자신의 매출신장에만 전념하기 위하여 매출채권의 추심은 B은행에 위임하였다. 이 때 회수된 액수 중 5%는 은

---

4) K. Schmidt, Handelsrecht, 3. Aufl., S. 919; Rolf Serick, Eigentumsvorbehalt und Sicherungsübereignung Ⅳ, §52 Ⅱ 2; Canaris, Bankvertragrecht, S. 1655; BGHZ 58, 364, 367; BGHZ 69, 254, 257; BGHZ 71, 306, 308.

5) 이에 대해서는 박주환, 전게논문, 56면 이하 참조.

6) 이 사례에 대해서는 졸저, 상법사례입문, 제2판, 〈사례 2〉, 117면 이하 참조.

행에 대한 추심수수료로 지급되고, 15%는 대출금의 원리금상환, 80%는 F의 거래
구좌로 입금처리하기로 약정하였다.

1991년 6월 16세의 K가 부모의 생일선물로 자전거를 사도록 75만원을 받은 후
이를 소지한 채 F의 점포에 나타났다. K가 L사 제품의 산악자전거를 선택하자 K
와 F는 대금지급 후 조립하여 인도하기로 약정하였다. K는 이틀 후 F에게 전화를
걸어 75만원의 현금지급이 어려우니 10개월의 분할지급을 청하였다. F는 일시지급
의 약정이 할부거래로 바뀌는 데에 불만이었으나 결국 이에 합의해주었다. 잠시 후
F는 K가 과거에도 자신의 점포에서 자전거를 사갔을 때 대금지급을 제때에 하지
않은 것을 상기하게 되었다. 이에 F는 산악자전거 조립 후 '대금완납시까지 F의 소
유권으로 함'이란 꼬리표를 부착하여 K에게 배달하였다. 자전거배달시 K는 집에
없었고 그의 부모들만 있었는데 이들은 자전거에 부착된 꼬리표를 본 후 배달확인
증에 서명하기를 거부하였다. F는 배달물량이 많아 자전거를 그냥 K의 부모에게
맡기고 다른 배달처로 향하였다.

K는 F가 그의 부모를 통하여 독촉하였음에도 불구하고 제1회 할부금도 내지 않
았다. K는 산악자전거의 성능에 실망하였고 F가 자전거의 주행성능을 잘못설명하
였다고 불평하였다. 그러나 이는 사실과 달랐다. K는 결국 자전거를 다시 가져와서
는 계약을 취소하였다. F는 "너와의 일은 모두 끝났다"고 하면서 자전거를 재차 자
신의 점포에 세워두었다. K의 부모들은 K의 자전거매입건에 대하여 침묵으로 일
관하였다.

한편 1991년 6월 3일 F와 K간의 매매를 알아낸 B은행은 K로부터 매매대금의
지급을 요구하고 있다. K의 부모는 K가 B에게 대금을 지급하여야 하는지 묻고 있
다. 당사자간의 법률관계는?

팩터링제도는 연장된 소유권유보부매매와 충돌할 가능성이 있다. 상기의 사
례에서도 나타나듯 매출채권을 담보목적으로 신용제공자에게 양도하는 것은
매우 보편적인 일이다. 그런데 동일한 매출채권이 금전신용제공자와 물품신용
제공자에게 이중으로 양도되는 경우가 있고 이 때 누가 우선적 지위를 갖게 되
는지 다투어질 때가 많다. 상기 사안에서는 일괄양도가 두 차례에 걸쳐 이루어
졌다. 이하에서는 이들 채권양도의 효력을 함께 생각해 보기로 한다.

우선 1991년 5,000만원 대출의 담보조로 이루어진 제1차 채권양도의 효력부
터 살펴본다. 채권의 이중양도에는 원칙적으로 시간적 우선주의가 지배한다.
즉 시간적으로 먼저 이루어진 채권양도가 후에 이루어진 채권양도보다 그 효
력이 우선한다는 것이다. 따라서 상기 사례에서도 먼저 금전차입의 담보조로
장래의 매출채권을 일괄양도하였고 나중에 연장된 소유권유보부매매를 위하여

재차 채권양도가 이루어졌으므로 시간적 우선주의에 따르면 은행에 대한 일괄 양도가 효력상 우선할 것이다. 그러나 이러한 시간적 우선주의에는 한계가 있 다. 즉 은행이 향후의 매출채권을 일괄양도받는 것이 선량한 풍속 기타 사회질 서에 위반하여 무효인 경우가 그러하다. 보통 은행은 대출담보조로 사업자의 매출채권을 일괄양도시키지만 일정 업종에 있어서는 향후의 매출채권을 사전 에 일괄양도받는 조건으로만 매출상품이 공급된다. 이러한 경우 은행 등 금전 신용제공자는 제2의 일괄양도가 필연적으로 후속한다는 사실을 인식하면서 그 럼에도 불구하고 매출채권을 사전에 양수받는 경우 양속위반의 비난을 면키 어렵다. 경제적 약자를 금전대출과정에서 완전히 예속시킨다는 점에서 양속에 위반되는 것이다. 결론적으로 1991년 2월 이루어진 일괄양도는 양속위반의 무 효를 면치 못한다.

그러나 1991년 4월 F는 재차 B에게 매출채권을 양도하였다. 사안에는 단순 히 추심권한만 양도한 것으로 되어 있으나 추심위험을 은행이 부담한다는 점 에서 眞正팩터링으로 풀이되고 그 법적 성질은 매출채권의 매매인 것이다. 제2 의 채권양도에서 B은행은 팩터로 등장한다. 그런데 이 제2의 일괄양도도 L에 대한 채권양도와 충돌한다. 이러한 경우 양자 중 어느 것이 우선할까? 제1의 채권양도의 경우와 달리 팩터인 B은행에 대한 채권양도는 양속위반의 비난을 받지 않는다. 팩터가 선급금융을 제공하는 경우 F는 팩터에 매출채권을 추심케 하고 그로부터 매출채권액을 선급받아 이를 L에게 전달할 것이다. 만약 팩터에 게 채권회수를 위임하지 않았다면 F는 K에 대한 매출채권을 직접 추심해서 이 를 L에게 전달할 것이다. 이 경우 F가 추심한 액수를 L에게 전달하지 않고 달 리 처분하면 L에게 손해가 발생하는데 이를 전달위험(Weiterleitungsrisiko)이라 한다. 이러한 전달위험의 측정상 팩터에게 추심을 의뢰하여 그로부터 先給金融 을 얻어 이를 L에게 전달하는 경우나, 직접 추심하여 이를 L에게 전달하는 경 우나 전달위험의 정도면에서는 아무런 차이가 없다. 그리하여 독일대법원은 적 어도 선급금융이 제공되는 팩터링채권양도의 경우 이것이 소유권유보부매매상 의 일괄양도와 충돌한다 하여도 양속위반을 이유로 이를 무효처리하지 않는 다.[7] 이러한 결론은 양 채권양도의 시간적 순서와도 관계가 없다고 생각된다.[8]

---

7) BGHZ 69, 254 ff.
8) BGHZ 72, 15 f.

결국 B에 대한 제2의 一括讓渡(Globalzession)는 유효하였다.

제 3 절 가 맹 업

I. 서   론

'맥도널드', '버거킹', '롯데리아', '피자헛', '켄터키프라이드치킨'에서 패스트
푸드식품을 먹으며, '이랜드', '헌트', '체이스컬트' 등의 점포에서 기성복을 사입
고, 'SK엔크린', '오일뱅크', 'GS칼텍스' 등의 간판이 붙은 주유소에서 기름을 넣
고 달리다, '홀리데이인', '인터콘티넨탈', '하얏트' 등의 간판이 붙은 객지의 호
텔에서 밤을 보내는 것은 이미 현대인의 일상사가 되었다. 대량소비시대의 이
러한 경제현상은 모두 프랜차이즈라는 거래유형에 바탕을 두고 있다. 이 유통
기법은 상호, 상표 또는 서비스표 등의 영업표지와 일정한 노하우를 바탕으로
다수의 가맹상을 모집, 이들에게 동일한 로고, 상품진열 및 경영기법을 제공한
후 광범한 지역에서 대규모의 매출을 노리는 새로운 경영기법이다. 일상의 경
제생활에서 느껴지는 친숙도나 그 매출규모를 고려하건대 실로 프랜차이즈는
前世紀의 가장 창조적이고 획기적인 마케팅기법 중의 하나라고 평가하여야 할
것이다.

　　그러나 이 제도의 이러한 장점에도 불구하고 가맹상과 가맹회사간에는 긴
장관계가 조성될 수 있고 일반 소비대중도 채무불이행이나 불법행위에 따라
피해를 볼 때 양자 중 누구를 상대로 손해배상을 청구하여야 할지 난감한 경우
도 있다. 이에 2010년의 개정 상법은 제168조의6부터 제168조의10에 이르기까
지 5개의 조문으로 상행위편 제13장에 새로이 가맹업(프랜차이즈업)에 관한 규
정을 두게 되었다. 이하 프랜차이즈제도의 여러 문제점을 짚어보기로 한다.[1]

---

1) 현재 '가맹사업거래의공정화에관한법률'(2002. 5. 13. 법률 제6704호, 이하 "가맹사업법"이라 약칭한
다)이 시행중이다.

II. 프랜차이즈의 개념

1. 프랜차이즈의 정의

프랜차이즈계약(franchise)이란 가맹업자가 다수의 가맹상을 모집하여 자기의 상호·상표·서비스표 등 영업을 상징하는 표지와 자신이 개발한 노하우를 이용하여 일정 사업을 하게 하고, 가맹상은 그 반대급부로 가맹료(franchise fee)나 상품대금 등을 지급하는 새로운 유형의 상행위이다.[2] 국제프랜차이즈협회(IFC)는 프랜차이즈를 "가맹업자가 가맹상의 영업에 대해서 노하우나 연수 등의 분야에서 계속적으로 이익을 제공하고 가맹상은 자기자본으로 가맹업자가 보유 또는 통제하는 상호나 양식 기타 절차에 따라 영업을 하는 계약관계"라고 정의내리고 있다.[3]

2010년의 개정 상법은 가맹상(加盟商)을 "자신의 상호·상표 등을 제공하는 것을 영업으로 하는 자(이하 '가맹업자'라 한다)로부터 그의 상호 등을 사용할 것을 허락받아 가맹업자가 지정하는 품질기준이나 영업방식에 따라 영업을 하는 자"로 규정하고 있다(상법 $\frac{168}{6}$).

2. 프랜차이즈의 개념표지

(1) 영업표지의 사용허가

프랜차이즈가 성립하자면 우선 가맹업자는 일정 영업표지를 가맹상들에게 사용하게 해야 한다. 대표적인 영업표지는 위에서도 열거하였듯이 상호, 상표, 서비스표, 로고 등이다. 물론 가맹상계약에서 말하는 영업표지란 이것에 한정되지는 않는다. 가맹업자의 동일성을 인식시킬 수 있는 선전탑, 광고, 디자인, 조명 등 모든 표현물이나 표현방식이 모두 이에 해당될 수 있다.

---

2) Black's Law Dictionary, 17th ed., St. Paul, Minn., 1999, p. 668; "[franchise] To grant(to another) the sole right of engaging in a certain business or in a business using a particular trademark in a certain area."; 최영홍, "프랜차이즈계약에 대한 연구", 고려대 박사논문, 1990년, 1면, "프랜차이즈란 상호·상표, 서비스표 등의 영업표지와 노하우 등의 영업비밀을 매개로 다수의 가맹상을 모집하여 그들로 하여금 동일한 외관과 영업방식으로 점포를 운영하게 하고 그 대가를 취득하는 새로운 유형의 상행위이다."

3) 가맹사업법 제2조 1호 참조.

(2) 가맹업자의 조력과 통제

프랜차이즈계약의 두번째 요소는 가맹업자의 조력과 통제이다. 가맹업자는 다수의 가맹상을 순회하며 기술을 지도하고 영업방식을 통제한다. 이는 가맹업자가 개발한 특정 기술이나 영업상의 로고를 약정한 바대로 유지하여 대외적인 이미지를 통일하기 위함이다. 이러한 노력이 이루어지지 않으면 다수의 소비대중에게 가맹상의 외관을 유지시킬 수 없다. 가령 패스트푸드가맹상의 경우 일정 온도로 조리하고 일정한 조미료를 사용하며 통일된 포장지를 사용하여야 기업의 대외적 이미지가 통일되고 이미 형성된 대중의 인식이 유지될 것이다. 그러나 이러한 가맹업자의 통제는 자칫 가맹상에게 불리한 결과를 가져올 수도 있다. 많은 프랜차이즈약관이 가맹업자의 해지권을 남용하여 사소한 기술수준의 불일치에도 가맹상 계약을 해지할 수 있게 하여 다수의 가맹상이 피해를 볼 가능성이 매우 큰 것이다.

(3) 가맹상의 독립적 지위

가맹상은 가맹업자의 지점도 아니고 지사도 아니며 대리상도 아니다. 가맹상과 가맹업자는 그야 말로 상호 독립된 상인이다. 외관상으로는 동일한 영업표지를 사용하므로 단일기업으로 인식될 소지가 있으나 이들은 엄연히 독립된 별개의 영업주체이다. 단지 일정한 사용료를 지불하고 각종 영업표지나 로고를 함께 쓸 뿐이다. 이러한 대외적 오인가능성은 제3자와 가맹업자 혹은 제3자와 가맹상간의 외부관계에서 특히 문제시될 것이다. 일반 소비대중의 보호와 가맹상의 보호를 어떻게 조화시키느냐의 문제이다.

(4) 가맹료의 지급

프랜차이즈계약은 당연히 유상계약이다. 이미 전국적으로 잘 알려진 일정한 서비스표의 사용은 시장에 새로이 진입한 가맹상에게 많은 이익을 가져다 주고 다양한 기술지도로 시행착오를 줄여주며 일정 지역을 할당받음으로써 상권을 확보할 수 있다. 이러한 급부에 대하여 가맹상은 가맹료를 지급한다. 이것이 가맹상계약의 넷째 요소이다.

3. 프랜차이즈계약의 법적 성질

프랜차이즈계약은 한마디로 전형계약의 틀을 벗어난 특수계약으로서 혼합계약적 성격을 갖는다. 우선 상호나 상표 또는 기술의 이용을 허여하는 라이센스계약의 요소가 들어 있고, 나아가 경영지도나 기술지도 등을 해 주므로 도급 내지 위임계약적 요소가 포함되며, 일정 상품의 공급이 이루어지면 계속적인 상품공급관계가 추가될 것이다. 결론적으로 프랜차이즈 계약의 법적 성질은 특수형태의 혼합계약(kombinierter Vertrag eigener Art)으로 보아야 할 것이다.[4]

Ⅲ. 프랜차이즈의 기능과 역기능

1. 프랜차이즈의 순기능

(1) 가맹상에 대한 기능

프랜차이즈제도는 가맹상에게 다음과 같은 이점이 있다.

(가) 시장진출의 용이   프랜차이즈제도의 가장 탁월한 장점이 바로 여기에 있다. 시장에 처음 뛰어드는 사업자(new comer)도 이미 잘 알려진 상호나 상표 및 서비스표를 사용하므로 어려움 없이 사업을 개시할 수 있다. 이로써 프랜차이즈본부는 독자적인 추가투자를 하지 않고도 가맹상을 모집하여 상업적 지배공간을 확장해 갈 수 있는 것이다. 나아가 이미 개발된 우수한 기술과 영업비밀을 그대로 사용할 수 있으므로 R&D 투자를 면할 수 있고 이로써 유동성관리를 개점시부터 여유있게 할 수 있다. '새로운 사업의 90%는 실패하나 새로운 프랜차이즈의 90%는 성공한다'는 프랜차이즈예찬론자의 주장이 결코 근거 없는 루머는 아닌 것이다.

(나) 경영위험의 최소화   일반 물류유통방식보다 쉽게 가맹업자로부터 전문적 지식이나 경험을 전수받으므로 시행착오를 줄일 수 있다. 또 전국적 규모의 프랜차이즈라면 각 가맹상의 경험을 통계자료화하여 소비대중의 움직임을 예측할 수도 있을 것이다. 나아가 영업중 발생하는 각종 골치아픈 문제들을 가맹업자의 지도나 조언으로 효율적으로 해결할 수 있다. 또 다수의 사례를 집적하여 많은 선례를 제공함으로써 개별 가맹상이 분쟁가능성을 예측하고 사전에 이에 대비할 수 있는 장점도 있다. 이로써 프랜차이즈는 실패할 위험을 최소화하는 마케팅기법으로 자리잡게 되었다.

---

4) 천승태, "가맹상계약(Franchise)에 대한 법률문제 연구-당사자의 법률관계를 중심으로-", 고려대 대학원 석사논문, 1995년, 23면, 주 45 참조.

(다) 경쟁력의 제고   가맹업자가 전국적으로 시행하는 광고 등의 판촉활동은 모든 가맹상에게 이롭게 작용하고 가맹업자가 통일적으로 실시하는 직원교육은 개개의 가맹상이 하는 것보다 훨씬 규모의 경제를 누릴 수 있다. 또 가맹업자가 물량을 대단위로 매입하여 매출원가를 낮추면 경쟁력이 제고된다.

(라) 불필요한 경업의 방지   가맹업자가 가맹상들을 적절히 배치하면 불필요한 지역적 경쟁관계는 처음부터 사라진다. 가맹업자가 점포의 입지선정을 도와주며 매출효과가 극대화되는 지역안배를 시행하면 불필요한 경쟁을 막고 매출을 극대화할 수 있다.

(2) 가맹업자에 대한 순기능

우선 프랜차이즈회사는 소규모의 중앙조직만으로도 커다란 위험부담 없이 이윤을 획득할 수 있고, 나아가 가맹상의 자금으로 창구가 개설되므로 대자본을 투자하지 않고도 사업의 성장속도를 극대화할 수 있다. 따라서 최소의 비용으로 최단기간 내에 전국적 브랜드로 성장할 수 있는 가능성이 주어진다. 나아가 각 가맹상은 대개 해당 지역에 밝은 자이므로 이들의 지역적 인지도나 인간관계를 활용함으로써 사업의 성장속도를 가속화하고 영업효과를 제고시킬 수 있다.

2. 프랜차이즈의 역기능

이러한 순기능에 불구하고 프랜차이즈제도도 역시 다른 제도와 마찬가지로 여러 가지 역기능을 갖고 있다.

(1) 가맹상에 대한 역기능

가맹업자로부터 지속적인 통제를 받아야 하므로 독자적인 비즈니스모델을 개발할 수 없다. 또한 가맹업자의 간섭이 지나쳐 이를 따르지 않을 경우 계약을 해지당할 위험이 있고 이렇게 되면 투하자본의 회수가 어려워진다. 일정한 사업방식을 전제로 투자한 것이므로 뜻하지 않게 가맹업자로부터 조기에 해지당할 경우 투하자본을 회수하여 다른 방식으로 재투자한다는 것은 상당히 어려운 일이며 커다란 모험이기 때문이다. 실제 우리나라의 많은 유통체인프랜차이즈에서 이런 사례가 빈발하여 가맹상의 법적 보호가 사회문제로 비등하기도 하였다. 나아가 가맹업자로부터 계속적으로 상품을 공급받는 상품프랜차이즈의 경우에는 가맹업자의 할당량만 소화하는 판매창구로 전락하기 쉽다.

(2) 가맹업자에 대한 역기능

프랜차이즈제도는 가맹업자의 각종 노하우를 각 가맹상에게 이용시키고 그 대가를 받는 유통기법이므로 장차 자신과 경쟁자가 될 사업자를 지도할 가능성이 있다. 나아가 사업능력이나 경영감각이 떨어지는 가맹상을 모집하면 매출실적의 부진으로 가맹료의 회수도 어려워진다. 나아가 품질이나 서비스가 기준대로 지켜지는지를 지속적으로 살펴야 하므로 이에 대한 경영비용의 부담이 있다.

Ⅳ. 프랜차이즈의 종류

1. 제1세대 프랜차이즈와 제2세대 프랜차이즈

이는 프랜차이즈의 발전과정에 따른 분류이다. 제1세대 프랜차이즈(first generation franchise)란 달리 제조자프랜차이즈 또는 상품프랜차이즈라고도 한다. 이는 기본적으로 상품의 분배 내지 유통을 위한 프랜차이즈이다. 대표적인 예로 연쇄주점(tied pub)과 자동차판매특약점(car dealer)을 들 수 있다. 연쇄주점의 경우 주점의 경영자는 주점의 소유자이긴 하나 특정 회사의 주류만을 공급받아 이를 판매한다. 초기의 소박한 프랜차이즈방식이라 할 수 있다.

반면 제2세대 프랜차이즈(second generation franchise)란 사업형식프랜차이즈 또는 용역프랜차이즈라 불리운다. 제1세대 프랜차이즈와 달리 여기서는 단순한 상품공급 이외에도 가맹업사의 노하우나 영업비밀, 비즈니스모델 등이 함께 제공되고 가맹점주나 그 직원교육이 통일적으로 이루어지며 점포관리에 필요한 각종 컨설팅을 해 주기도 한다. 한마디로 제1세대 때보다 한단계 더 발전된 프랜차이즈기법이라 할 수 있을 것이다.

2. 상품프랜차이즈와 용역프랜차이즈

프랜차이즈의 대상사업에 따른 분류이다. 상품프랜차이즈(product franchise)란 제조된 상품의 판매를 위한 마케팅 기법으로 개발된 프랜차이즈이다. 이는 다시 상품제조프랜차이즈와 상품판매프랜차이즈로 세분된다. 전자의 예로 세계 각국의 코카콜라제조회사(local Coca-Cola company)나 지금도 점포의 수가 끝없이 늘어나는 맥도널드점(McDonald's)을 들 수 있으며, 후자의 예로는 상기한 연쇄주점프랜차이즈(tied pub)를 들 수 있다. 반면 용역프랜차이즈(service franchise)는 용역제공을 사업대상으로 하는 프랜차이즈이다. 대표적인 예는 국제적인 호텔체인을 들 수 있다. 하얏트나 힐튼 등의 호텔프랜차이즈는 세계적인 가맹회사로 발전하였다.

V. 프랜차이즈와 관련된 법률문제

1. 법률문제의 특성

프랜차이즈제도는 경제계의 실수요에 따라 발전된 제도로서 기존 법제도의 울타리 속에 안착시키기 어려운 면이 있고, 나아가 가맹상과 가맹업자간의 내부관계에서는 양자가 독립된 사업주체이나(internal independence), 이들과 프랜차이즈이용고객간의 외부관계에서는 균일성(outside uniformity)이 지배하여 대조적인 성격을 보이고 있다. 그리하여 프랜차이즈를 둘러싼 법률문제는 매우 다양하나 내부관계에서는 가맹상보호, 외부관계에서는 소비자보호가 주된 관심사로 등장한다.

2. 내부관계상의 문제점

가맹업자와 가맹상간의 법률관계는 이들이 체결한 계약 나아가 약관에 따라 그 내용이 결정된다. 특히 최근에 부각된 문제점은 프랜차이즈계약을 가맹회사가 자의적으로 해지하여 가맹상들이 피해를 보는 경우이다. 특히 해지의 통제문제와 가맹상이 프랜차이즈계약을 청산하였을 때 대리상에 준한 보상청구의 가능성은 없는지 문제시되고 있다.

(1) 해지권행사의 적정성[5][6]

가맹업자는 지속적인 기술지도와 경영통제로 자신이 개발한 브랜드의 평가

---

5) 가맹사업법은 계약해지시 해지일로부터 2개월 이상의 유예기간(해지예고기간)을 두게 하고 나아가 3회 이상 해지사유를 기재한 문서로 그 시정을 요구하게 하고 있으며, 이러한 사전절차 없는 가맹계약의 해지는 그 효력을 인정하지 않고 있다(동법 제14조 참조).

6) 대판 2000. 6. 9, 98다45553, 45560, 45577, 판례월보 370호, 7면 이하 [Family Mart 사건]: 이에 대한 평석으로는 구재군, 판례월보 370호(2001. 7.), 7면 이하.

가치를 일정 수준 그대로 유지시켜야 한다. 이러한 목적하에 대부분의 가맹회
사는 약관규정으로 기술수준을 제대로 준수하지 않는 가맹상에 대하여 해지권
을 행사할 수 있다고 규정하고 있다. 그러나 이러한 해지권의 행사시기도 때로
는 문제시되고 있다.

‖ **사례: McDonald's-Fall**[7] ‖   1977년 8월 6일 원고와 피고는 '가맹상계약'을 체
결하였다. 여기서 가맹업자는 가맹상에게 맥도널드식의 점포건립을 허용하였고 경
영권을 부여하였다. 동 계약서 제1조 4항 a, b호에 의하면 가맹상은 가맹업자의 지
침을 준수하도록 규정하고 있었다. 나아가 동 계약서 제3조와 제4조는 개별상품의
가열온도를 규정하고 있었는데, 햄버거는 177°C로 가열하여야 하며, 통닭은 191°C
로 가열하여야 하였다. 몇차례 가맹업자의 검사에서 가맹상은 불합격판정을 받았
다. 수차례 이러한 확인이 있고 난 후 가맹업자는 약 8개월이 지난 후 계약을 해지
하였다. 독일연방대법원은 이렇게 시간이 경과한 후 해지권을 행사한 것은 신의칙
상 유효한 해지권행사로 볼수 없다고 판시하며 계약해지의 효력을 부인하였다. 지
나치게 장기의 기간이 경과한 후 계약을 해지함으로써 가맹상이 기대할 수 있는
한계를 일탈하였다는 것이다.

(2) 가맹상의 보상청구권

현행 상법은 제92조의2에서 대리상의 보상청구권을 규정하고 있다. 대리상
관계가 종료하고 난 다음에도 기존 대리상의 활동으로 말미암은 이익이 계속
상인에게 잔존할 경우 대리상은 본인에게 그 보상을 요구할 수 있게 하고 있
다. 비록 대리상제도와 프랜차이즈는 서로 상이하나 계약관계가 종료한 후 과
거의 활동에 기인한 後續效果(Nachwirkung)가 발생할 수 있다는 점에서 양 제
도는 유사하다. 따라서 대리상의 보상청구제도는 프랜차이즈에도 준용시키는
것이 바람직할 것이다. 독일의 절대 다수설은 이를 긍정한다.[8]

최근 대법원은 특약상의 보상청구권에 대해 대리상의 보상청구권에 관한
상법 규정을 유추하는 판결을 내놓았다. 이러한 판례법의 발전은 프랜차이즈
가맹상에도 영향을 미칠 것이다.

---

7) BGH NJW 1985, 1894.

8) Canaris, Handelsrecht, 24. Aufl., §18 Ⅱ 2 c), Rdnr. 29; OLG München BB 2002, 2521, 2523;
Köhler, NJW 1990, 1690 ff.; Skaupy, Franchsing, 2. Aufl., S. 121 ff.; Martinek, Moderne Ver-
tragstypen, Bd. Ⅱ, 1992, S. 155 ff.; Karsten Schmidt, Handelsrecht, 5. Aufl., 1999, §28 Ⅲ 2 a), aa).

대판 2013. 2. 14, 2011다28342 [영업보상 등][9]

[특약점의 보상청구가능성을 긍정하였으나 요건미충족으로 보상청구권을 부정한 예]

"상법 제92조의2 제1항은, 대리상의 활동으로 본인이 새로운 고객을 획득하거나 영업상의 거래가 현저하게 증가하고 이로 인하여 계약의 종료 후에도 본인이 이익을 얻고 있는 경우에는 대리상은 본인에 대하여 상당한 보상을 청구할 수 있다고 규정함으로써, 대리상이 계약 존속 중에 획득하거나 현저히 증가시킨 고객관계로 인하여 계약 종료 후에도 본인은 이익을 얻게 되나 대리상은 더 이상 아무런 이익을 얻지 못하게 되는 상황을 염두에 두고, 형평의 원칙상 대리상의 보호를 위하여 보상청구권을 인정하고 있다.

한편 대리상의 보상청구권에 관한 위와 같은 입법 취지 및 목적 등을 고려할 때, 제조자나 공급자로부터 제품을 구매하여 그 제품을 자기의 이름과 계산으로 판매하는 영업을 하는 자에게도, ① 예를 들어 특정한 판매구역에서 제품에 관한 독점판매권을 가지면서 제품판매를 촉진할 의무와 더불어 제조자나 공급자의 판매활동에 관한 지침이나 지시에 따를 의무 등을 부담하는 경우처럼 계약을 통하여 사실상 제조자나 공급자의 판매조직에 편입됨으로써 대리상과 동일하거나 유사한 업무를 수행하였고, ② 자신이 획득하거나 거래를 현저히 증가시킨 고객에 관한 정보를 제조자나 공급자가 알 수 있도록 하는 등 고객관계를 이전하여 제조자나 공급자가 계약 종료 후에도 곧바로 그러한 고객관계를 이용할 수 있게 할 계약상 의무를 부담하였으며, ③ 아울러 계약체결 경위, 영업을 위하여 투입한 자본과 그 회수 규모 및 영업 현황 등 제반 사정에 비추어 대리상과 마찬가지의 보호필요성이 인정된다는 요건을 모두 충족하는 때에는, 상법상 대리상이 아니더라도 대리상의 보상청구권에 관한 상법 제92조의2를 유추적용할 수 있다고 보아야 한다.

그런데 이 사건에서는 원고가 이 사건 메가대리점계약을 통하여 일정한 판매구역에서 피고의 제품에 관한 독점판매권을 가지면서 제품판매를 촉진할 의무와 더불어 피고의 판매활동에 관한 지침이나 지시에 따를 의무를 부담하는 등 사실상 피고의 판매조직에 편입되었다거나 또는 원고가 획득하거나 거래를 현저히 증가시킨 고객에 관한 정보를 피고가 알 수 있도록 하는 등 고객관계를 이전하여 피고가 계약 종료 후에도 곧바로 그러한 고객관계를 이용할 수 있게 할 계약상 의무를 부담하였다는 점을 인정할 자료가 없기 때문에, 피고로부터 제품을 구매하여 그 제품을 자기의 이름과 계산으로 판매하는 영업을 하는 원고에 대하여 대리상의 보상청구권에 관한 상법 제92조의2를 유추적용할 수는 없다고 보아야 한다.

---

9) 본 판례에 대한 반대평석으로는 최영홍, "대리상의 보상청구권의 유추적용여부－대법원 2013. 2. 14. 선고 2011 다 28342 판결에 대한 평석－", 「상사법연구」, 제32권 제2호, 2013년 8월, 215-242면; 이와 관련된 논문으로는 윤남순, "Commission Agent의 법리－Marvrona & Sia OE v. Delta Etaireia Symmerochon AE, formerly Delta Protypos Viomichania Galaktos AE－", 「상사판례연구」, 제19집 제2권, 2006년 6월, 73-106면.

그렇다면 원심판결 이유 중에 다소 적절하지 아니한 부분이 있지만, 원고에 대하여 대리상의 보상청구권에 관한 상법 제92조의2를 유추적용할 수 없다고 본 원심의 판단은 그 결론에 있어 정당하고, 결국 거기에 대리상의 보상청구권 규정 유추적용에 관한 법리를 오해하여 판결에 영향을 미친 위법이 있다고 할 수 없다."

(3) 가맹상의 손해배상청구권

가맹점계약위반으로 가맹상에게 손해가 발생한 경우 영업이익의 감소분만큼 가맹회사의 손해배상의무를 인정한 판례가 있다.[10] 나아가 가맹회사가 계약갱신을 거절한 경우에도 가맹상의 손해배상청구를 인용한 사례도 있다.[11]

대판 2020. 7. 23, 2019다289495

"[1] 가맹사업거래의 공정화에 관한 법률(이하 '가맹사업법'이라고 한다) 제13조 제2항은 "가맹점사업자의 계약갱신요구권은 최초 가맹계약기간을 포함한 전체 가맹계약기간이 10년을 초과하지 아니하는 범위 내에서만 행사할 수 있다."라고 규정하고 있다. 계속적 계약관계에 해당하는 가맹사업(프랜차이즈) 계약관계에서 가맹사업법상의 위 계약갱신요구권 행사기간이 경과하였고, 가맹계약에 계약의 갱신 또는 존속기간의 연장에 관하여 별도의 약정이 없거나 그 계약에 따라 약정된 가맹점사업자의 계약갱신요구권 행사기간마저 경과한 경우에는, 당사자가 새로이 계약의 갱신 등에 관하여 합의하여야 한다. 그 경우 가맹본부는 가맹점사업자의 갱신요청을 받아들여 갱신 등에 합의할 것인지 여부를 스스로 판단·결정할 자유를 가진다. 다만 가맹본부의 갱신거절이 당해 가맹계약의 체결 경위·목적이나 내용, 계약관계의 전개 양상, 당사자의 이익 상황 및 가맹계약 일반의 고유한 특성 등에 비추어 신의칙에 반하여 허용되지 아니하는 특별한 사정이 있는 경우에는 그러하지 아니하다.

[2] 甲이 치킨 프랜차이즈 가맹본부를 운영하는 乙과 가맹계약을 체결한 후 약 12년간 가맹점을 운영하고 있었는데, 乙이 甲에게 가맹본부의 중요한 영업방침인 조리 매뉴얼을 위반하였다고 시정요구를 하였으나 甲이 이에 불응한다는 등의 이유로 가맹계약 갱신을 거절하자, 甲이 乙을 상대로 손해배상을 구한 사안에서, 제반 사정에 비추어 甲이 乙과 가맹계약을 체결한 지 10년이 경과하여 가맹사업거래의 공정화에 관한 법률상 계약갱신요구권 내지 가맹계약상 계약갱신요구권이 인정되지 않는 경우라고 하더라도, 乙의 가맹계약 갱신거절에는 신의칙에 반하여 허용될 수 없는 특별한 사정이 있다고 보이므로, 乙이 우월한 거래상 지위를 남용하여 부당하게 가맹계약 갱신을 거절함으로써 甲에게 불이익을 부과하였다고 보아 乙의 손해배상책임을 인정한 사례."

---

10) 서울중앙지법 2007. 5. 22, 2006가합26545(법률신문 3563호, 2007. 6. 18, 9면).
11) 대판 2020. 7. 23, 2019다289495.

3. 외부관계상의 문제점

가맹상은 독립된 상인으로서 자기의 계산과 명의로 자신의 사업을 수행하는 자이므로 가맹상이 제3의 고객과 거래를 하여도 그 효과가 가맹업자에 미치는 것이 아니다. 나아가 가맹상이 제3자에게 불법행위를 한 경우에도 이는 어디까지나 가맹상의 불법행위이지 가맹업자가 책임질 법적 근거는 없다. 그러나 가맹상과 가맹업자는 외부적으로는 동일한 상표와 로고 등을 사용하므로 전체적으로 하나의 기업주체인 듯한 외관을 작출한다. 따라서 이를 신뢰하고 거래한 고객을 보호하기 위하여는 내부관계의 독립성을 외부로 현시된 균일성으로 수정할 필요가 있다. 그리하여 미국과 같은 나라에서는 이를 위한 여러 가지 이론구성이 시도되고 있다.

(1) 대위책임(vicarious liability)의 이론구성

미국에서는 가맹업자의 제3자에 대한 代位責任을 인정하고 있는데 그 근거로 사용자-피용자론(master & servant theory)이 주장되기도 하고 대리제도(principle & agent)가 원용되기도 한다. 이에 의하면 가맹업자는 계약책임의 경우 가맹상의 본인으로서 외관법리에 따른 표현책임을 부담할 수도 있고, 불법행위 책임의 경우에는 사용자로서 대외적 책임을 부담할 수 있다고 한다.

(2) 직접책임(direct liability)의 이론구성

가맹상은 가맹업자로부터 독립되어 있으므로 앞서 논의한 대위책임론은 이론구성상 어려움을 겪을 때가 많다. 그리하여 미국의 법원은 최근에 와서 가맹업자의 직접책임을 도출하려고 노력하고 있다. 이를 위한 이론적 근거로는 생산자책임론(product liability), 담보책임론(warranty theory) 및 엄격책임론(strict liability theory) 또는 무과실책임론 등이 주장되고 있다. 생산자책임론에 의하면 가맹업자가 일정 상품을 생산한 후 상품프랜차이즈를 이용하여 마케팅할 때 동원될 수 있을 것이다. 담보책임론은 미국통일상법전 §2-314조에 그 근거를 두고 있으며, 엄격책임론은 하자 있는 상품을 제조, 판매하는 자는 유통과정상 제3자에게 손해를 끼치지 말아야 한다는 원칙을 바탕으로 가맹회사의 직접책임을 유도하려 한다. 이는 독일법상 강조되는 去來安全注意義務(Verkehrssicherungspflicht)와 내용상 유사하다고 생각된다.

판례색인

사항색인

외국어색인